공급사슬관리

권오경

Supply Chain Management

博 英 社

공·급·사·슬·관·리

Supply Chain Management

* 머리말

공급사슬관리가 기업의 지속가능한 경쟁우위 창출을 위한 핵심 경영 전략의 하나로 부상하고 있다. 토머스 프리드먼은 그의 저서 '세계는 평평하다'에서 세계를 평평하게 하는 10가지 동력의 하나로 공급사슬을 제시하고 있다.

기업을 둘러싼 경영환경이 하루가 다르게 급변하고 있다. 세계경제가 하나의 거대한 시장으로 통합되면서 국경 없는 글로벌 경쟁시대를 맞이하고 있다. 아웃 소싱과 글로벌 소싱의 확산에 따라 공급시장의 범위 또한 확대되고 있다. 제품과 서비스의 공급사슬이 길어지고 복잡해짐에 따라 기업들은 이제까지의 부분적이고 제한적인 혁신과는 차원이 다른 새로운 경영혁신을 요구받고 있다.

기업의 기본적인 역할은 고객과 수익을 창출하는 데 있다. 이를 위해 기업은 무엇보다 경쟁력 있는 제품과 서비스를 적기에 공급할 수 있는 능력을 갖추는 것이 중요하다. 이와 함께 가치창출의 원천이 되는 고객수요를 정확히 예측·관리하고, 변화하는 고객수요에 신속하게 대응할 수 있는 능력을 갖추어야 한다.

공급사슬관리란 고객가치를 극대화하고 지속가능한 경쟁우위를 확보하기 위해 공급업체, 자사, 고객들을 연결하는 전체 공급사슬 프로세스와 활동들을 총체적인 관점에서 관리하고 혁신하려는 전략이다.

리앤펑 그룹의 빅터 펑 회장은 "오늘날 경쟁이란 기업 대 기업이 아니라 하나의 공급사슬과 다른 공급사슬과의 경쟁을 의미한다"고 주장하였다. 이처럼 공급사슬관리는 기업경영과 경쟁 전략의 패러다임이 개별기업에서 공급사슬 차원으로 확대된다는 것을 의미한다. 그렇다면 성공적인 공급사슬관리를 위해서는 어떤 전략들과 기법들이 요구되는 것일까?

이 책은 독자들이 공급사슬 전략, 계획과 관리를 위해 다루어야 할 이슈들을 균형 있게 이해할 수 있도록 저술되었다. 이 책은 전체 4부 15장으로 구성되어 있다. 1부에서는 공급사슬관리의 개념과 전략에 관련된 이슈들을 다루었다. 2부에서는 공급사슬 계획과 관련된 이슈와 기법들을 소개하였다. 3부에서는 공급사슬의 주요 프로세스, 협업 그리고 성과에 관련된 이슈들을 다루었다. 마지막으로 4부에서는 공급사슬관리의 새로운 이슈를 중심으로 서비스 공급사슬관리와 공급사슬관리의 미래에 대한 최근 동향을 소개하였다.

이 책은 대학원과 학부 고학년 수준에서 공급사슬관리에 대한 이론과 기법을 학습할 수 있는 교재로 기획되었다. 또한 산업계에서 공급사슬관리에 관심이 있는 경영자 및 실무자들이 활용할 수 있도록 사례와 최신 동향을 포함시키기 위해 노력하였다. 방대한 내용을 다루다 보니 부족한 점이 많지만, 이 책이 우리나라 공급사슬관리 분야의 이론적·실무적 발전을 위해 작은 모퉁이 돌이 되기를 소망해 본다.

이 책이 기획되고 저술되는 동안 동기를 주고 조언을 아끼지 않은 선배 및 동료 교수님들께 감사드리며, 관련 과목을 수강한 많은 학생들에게도 감사드린다. 이 책의 발간을 위해 적극적으로 도와 주신 박영사 홍석태 차장과 관계자 분들께도 감사의 마음을 전하고자 한다.

마지막으로 작은 재능을 허락하신 하나님께 감사드리며, 이 책을 소천하신 두 분 부모님과 사랑하는 남숙, 지혜, 태성에게 바치고자 한다.

경인년 초여름 연구실에서

저 자

본 저서는 인하대학교의 지원에 의하여 연구되었음.

*차 례

제 1 부 공급사슬 전략의 이해

Supply Chain Management

공급사슬관리(SCM)

PART I

제 1 부

공급사슬 전략의 이해

제 1 장

공급사슬관리의 개요

Chapter 1

사례 읽기 1-1 똑똑한 SCM 덕에 엄청 팔았어요

추수감사절 직후 펼쳐진 미국 최대 세일 성수기 '블랙 프라이데이(지난해 11월 28~29일)'때 월마트에서 팔린 삼성전자의 LCD TV는 36만대에 달했다. 당시 이틀 동안 월마트에서 팔린 LCD TV의 양이 거의 한 달치 미국 판매량(지난해 6월)과 맞먹었다.

삼성전자는 이같이 놀라운 실적을 낼 수 있었던 비결로 전 세계의 재고 상황을 한눈에 파악할 수 있는 공급망관리(SCM)를 꼽았다. 삼성전자의 신종균 무선사업부장(부사장)은 "SCM을 통해 삼성전자 제품이 전 세계에서 돌아다니는 현황을 손금 보듯 실시간으로 파악하고 있다"고 말할 정도다. 블랙 프라이데이때도 미국에서 수요가 급증하자 SCM을 통해 현황을 파악한 뒤 인근 국가에 있던 물량 등을 적기에 공급해 줬다.

삼성전자는 2005년 전까지만 해도 일주일 단위로 진행되는 생산·판매계획을 2007년부터는 3일 단위로 전환했다. 그러나 현재는 SCM으로 일부 사업장에서 1일 단위로 전환하는 방안까지 추진하고 있다. 삼성전자는 국내 데스크톱PC의 경우 대리점에 항상 재고가 있어야 한다는 고정관념을 없앴다. 주문이 없으면 생산하지 않는다는 원칙이다. 이 때문에 전자업계의 '고질병'이었던 '재고 밀어내기'도 사라졌다.

'똑똑한' 공급망이 불황기를 이기는 기업의 숨은 공신 역할을 톡톡히 하고 있다. 국내외 주요 기업들이 첨단 SCM을 구축한 덕에 실적이 호전되고 있기 때문이다. IBM글로벌비즈니스서비스의 김성열 SCM 총괄파트너는 "일부 국내 기업은 공급망을 단순히 비용절감 방안으로 인식하기도 하지만 세계 주요 기업은 SCM을 재고감축 기법뿐만 아니라 전략무기로 활용하고 있다"며 "SCM의 수준에 따라 업계 판도가 뒤바뀔 정도"라고 말했다.

출처: 중앙일보, 2009년 7월 14일.

사례 읽기 1-2 리앤펑(Li & Fung Ltd.)의 글로벌 공급사슬관리

- 세계의 공장을 지휘하는 '글로벌 객주'
- 단추 중국에서, 지퍼 일본에서, 꿰매기는 방글라데시에서…
- 공장 없이, 재봉사 없이 年 20억벌 의류 생산
- 전 세계 3만여 개 공장 오케스트라처럼 연결

홍콩을 대표하는 기업 중에 리앤펑(Li & Fung Ltd.)이란 회사가 있다. 의류와 장난감, 액세서리 등 소비재를 생산하고 수출하는 회사다. 작년 매출은 한화로 19조원이 조금 넘는다.

여기까지는 그리 놀랄 만한 이야기가 아닐지도 모른다. 삼성전자 매출의 4분의 1 정도이니 말이다. 그러나 지난해 비즈니스위크는 이 회사를 세계에서 가장 영향력 있는 회사 29개 중 하나로 선정했고, 포브스는 아시아에서 가장 놀랄 만한 50개의 기업 중 하나로 꼽았다.

이 회사가 주목을 받고 있는 이유는 바로 독특한 비즈니스모델에 있다. 이 회사는 단 하나의 공장도 소유하고 있지 않으며, 단 한 명의 재봉사도 고용하고 있지 않다. 그러면서 매년 20억벌 이상의 의류를 생산한다.

방법은? 예를 들어 미국의 어느 의류회사가 이 회사에 남자 반바지 30만벌을 주문했다고 하자. 그러면

이 회사는 단추는 중국, 지퍼는 일본, 실은 파키스탄에 주문한다. 파키스탄에서 받은 실은 중국에 보내 직물로 짜서 염색하게 한다. 이 모든 것을 꿰매는 일은 방글라데시의 공장에 맡긴다. 고객이 빠른 배달을 원하기 때문에 세 개의 공장에서 나누어 작업한다.

이 회사는 이런 방식으로 전 세계 40개국에 퍼져 있는 3만개의 공급업자(공장)와 200만명 이상의 공급업체 직원들을 움직인다. 이 회사가 직접 월급을 주는 종업원은 그 1%도 안 된다.

이 회사의 모토는 이렇다. "원하는 것이 무엇이든 말만 하십시오. 그러면 당신에게 맞는 '가상의 공장'을 만들어 드리겠습니다. 3만개의 공급업자로 이루어진 네트워크가 중국 시안(西安)의 진시황 무덤을 지키는 적갈색 군인들처럼 준비돼 있습니다."

경영계에서는 이 회사가 하는 일을 '공급사슬관리(Supply Chain Management) 서비스'라고 표현한다. 제조 원가가 싼 공장을 찾는 것은 이 회사가 하는 일의 일부에 불과하다. 디자인, 원자재 조달, 제조 관리, 운송, 통관에 이르기까지 고객사가 원하는 모든 일을 대행한다.

리앤펑그룹의 빅터 펑(Victor Fung) 회장은 자신을 오케스트라의 지휘자에 비유했다. "오늘날 경쟁이란 기업 대 기업이 아니라 팀 대 팀, 즉 하나의 공급사슬과 다른 공급사슬 간의 경쟁을 의미합니다. 이때 중요한 것은 지휘자의 역할입니다. 오케스트라 지휘자가 재능 있는 음악가들을 이끌어가는 것처럼, 강한 공급업자의 네트워크를 설계하고 이끌어가는 키잡이가 필요합니다."

출처: 조선일보, 2009년 5월 23일.

공급사슬관리의 개념

글로벌 시장 환경에서 경쟁의 심화, 제품 수명주기의 단축, 고객의 기대수준 향상 등으로 기업들은 이제까지의 부분적이고 제한적인 경영혁신 방법과는 차원이 다른 새로운 경영혁신을 요구 받고 있다. 기업이 경쟁우위를 확보하기 위해서는 무엇보다 경쟁력 있는 상품과 서비스를 개발하고 공급할 수 있는 능력을 갖추는 것이 중요하다. 이와 함께 가치창출의 원천이 되는 고객의 수요를 정확히 예측하고, 변화하는 고객 수요에 신속히 대응할 수 있는 능력을 갖추는 것 또한 매우 중요하다.

최근 선도적인 기업들은 경쟁우위의 확보를 위해 자사의 역량을 강화하는 내부적인 노력과 함께, 공급업체, 자사, 고객들을 연결하는 공급사슬(supply chain)상에서 상품(products), 서비스(service), 정보(information), 자금(cash)의 흐름을 총체적인 관점에서 통합하고 관리하려는 '공급사슬관리(supply chain management)'를 핵심 전략으로 도입하고 있다.

공급사슬관리의 개념은 전통적인 기업경영에서 나타나는 두 가지 현상을 인식하는 데서 출발한다. 첫째, 최종 이용자에게 도달되는 모든 상품과 서비스는 기본적으로 여러 조직들의 축적된 노력의 결과물이라는 것이다. 이때 이들 조직들의 집합체를 공급사슬이라 부른다. 둘째, 이러한 공급사슬은 실제 오랜 기간 존재해 왔으나 대부분의 조직들이 자사 내에서 이루어지고 있는 활동들에 대해서만 주된 관심을 기울여 왔다는 것이다. 즉 최종 고객에게 제품을 제공하는 활동들을 전체 공급사슬의 관점에서 이해하고 관리하려는 노력이 부족하였다는 것이다.

이러한 관점에서 공급사슬관리는 고객 가치를 극대화하고 지속 가능한 경쟁우위를 달성하기 위해 전체 공급사슬 활동들을 보다 총체적으로 그리고 능동적으로 관리하려는 접근방법이라 할 수 있다.

1. 공급사슬이란?

공급사슬(supply Chain)이란 무엇인가? 예를 들어, 어떤 고객이 세제를 구입하러 Wal-Mart 매장에 간다고 가정하자. 이때 공급사슬은 세제를 구매하고자 하는 고객의 니즈에서 시작된다. 공급사슬의 다음 단계는 고객이 방문하는 Wal-Mart 매장이다. Wal-Mart는 자체적으로 혹은 제 3 자가 운영하는 물류센터와 배송차량을 이용하여 완제품 재고를 매장으로 배송한다. 이때 완제품 재고를 P&G가 공급한다고 하자. P&G는 해당 제품의 생산을 위해 여러 공급업체로부터 필요한 원자재를 구매하며 이들 공급업체들은 다시 하위단계의 공급업체로부터 원자재를 공급받는다. 예를 들면 P&G는 Tenneco와 같은 제지업체로부터 포장재를 공급받고, Tenneco는 또다른 하위단계의 공급업체로부터 포장재를 만들기 위한 원자재를 공급받는다.

공급사슬은 매우 역동적이며, 각 단계들 간에는 끊임없이 제품, 정보, 현금의 흐름이 이루어진다. 공급사슬의 각 단계는 서로 다른 프로세스들을 수행하면서 또한 다른 단계와 밀접한 상호 작용을 하게 된다. Wal-Mart는 고객에게 제품 자체뿐만 아니라 제품의 가격, 재고 유무와 같은 정보를 함께 제공한다. 고

그림 1-1 공급사슬(Supply Chain)의 예시

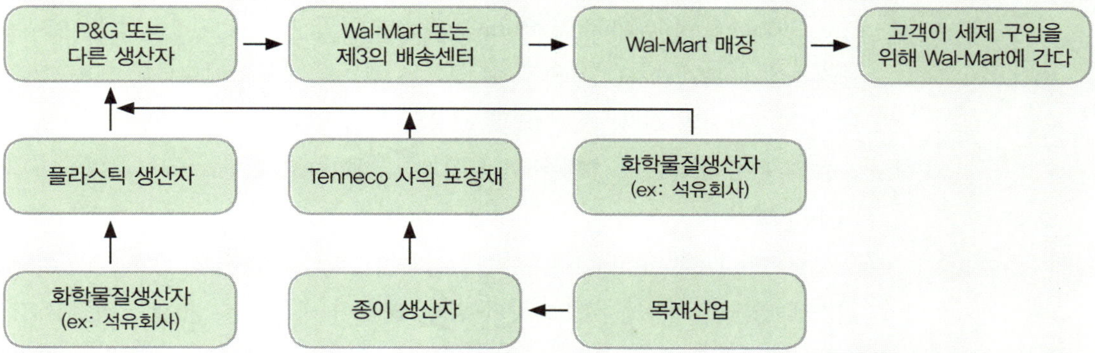

객은 구매의 대가로 현금을 Wal-Mart에 제공한다. Wal-Mart는 재고보충 주문뿐만 아니라 매장의 판매 데이터를 물류센터로 전송한다. 물류센터는 이러한 재고보충 주문에 근거하여 완제품 재고를 Wal-Mart 매장으로 배송한다. 재고보충이 완료된 후 Wal-Mart는 해당 공급업체에게 자금을 결제한다. 또한 공급업체는 제품에 대한 가격, 배송계획 등의 정보를 Wal-Mart에 보낸다. 이와 유사한 제품, 정보, 현금의 흐름은 전 공급사슬에 걸쳐 일어나게 된다.

이러한 예는 고객이 공급사슬의 가장 중요한 부분이라는 것을 보여준다. 공급사슬은 고객의 주문에서 시작하여 고객이 지불을 마쳤을 때 끝이 난다. 이처럼 공급사슬이 존재하는 목적은 이윤을 발생시키기 위해 고객의 니즈를 충족시키는 것이다.

2. 공급사슬관리의 정의

공급사슬의 목적은 공급사슬 전체의 가치를 극대화하는 데 있다. 공급사슬이 발생시키는 가치(value)는 고객에게 제공되는 최종 완제품의 가치와 고객 니즈를 충족시키는 데 소요된 노력에 대한 가치의 차이로 설명될 수 있다. 이를 공급사슬 수익성(supply chain profitability)이라고 말하며, 구체적으로 고객으로부터 발생하는 수입과 공급사슬에 걸쳐 발생하는 총비용과의 차이를 의미한다.

공급사슬관리(SCM, Supply Chain Management)란 공급사슬 수익성, 즉 총이윤을 극대화하기 위해 공급사슬의 각 단계 간의 흐름을 관리하는 활동이다.

Global Supply Chain Forum에 의하면 공급사슬관리란 "고객 및 이해 관계자들에게 부가가치를 창출할 수 있도록 최초의 공급업체로부터 최종 소비자에 이르기까지의 상품, 서비스 및 정보의 흐름이 이루어지는 비즈니스 프로세스들을 통합적으로 운영하는 전략"이라고 정의하고 있다(Lambert, Cooper and Pagh, 1998).

Simchi-Levi, et al.(2008)은 공급사슬관리란 "고객의 요구를 만족시키면서 시스템 전반의 비용을 최소화하기 위해, 제품이 적정한 수량으로, 적정한 장소로, 적정한 시간에 생산, 유통될 수 있도록 공급업체, 제조업체, 물류업체, 소매업체들을 효율적으로 통합하기 위한 일련의 접근방법"이라고 정의하고 있다.

CSCMP(Council of Supply Chain Management Professionals)는 공급사슬관리를 다음과 같이 정의하고 있다. 공급사슬관리는 조달 및 구매, 가공에 관련된 모든 활동과 모든 물류관리 활동의 계획과 관리를 포괄한다. 중요한 점은 공급사슬관리가 공급자, 중계자, 3자 서비스제공자와 같은 채널 파트너 간 조정(co-

그림 1-2 SCM의 기본 개념

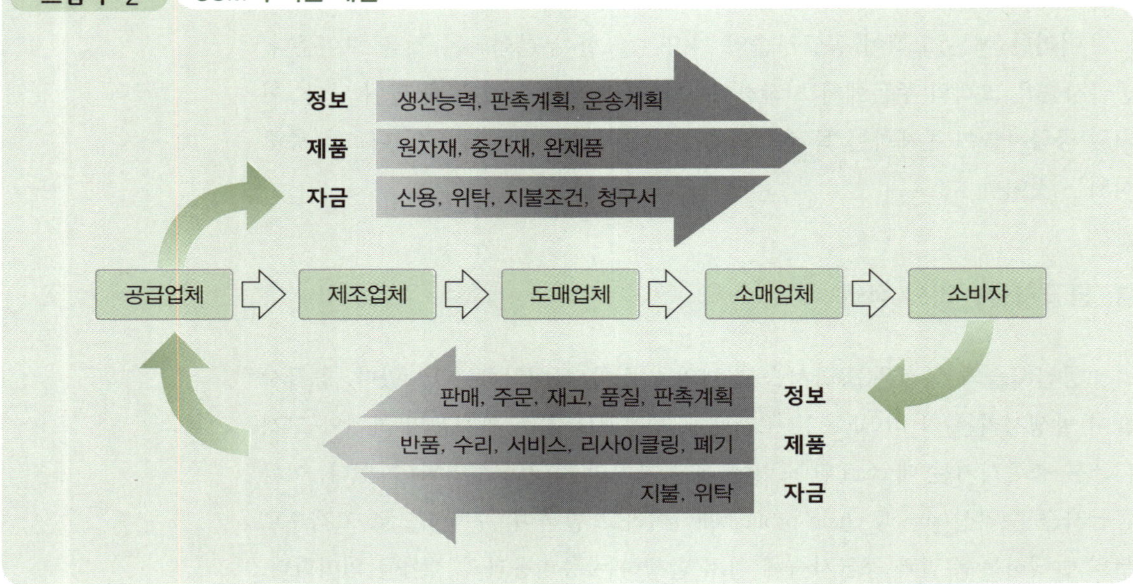

ordination)과 협업(collaboration)을 포함한다는 것이다. 본질적으로 공급사슬관리는 기업 내 및 기업 간 공급 및 수요관리를 통합하는 데 초점을 둔다.

공급사슬관리는 〈그림 1-2〉에서 볼 수 있듯이 고객, 공급업체, 제조업체 및 유통업체로 이루어지는 네트워크에서의 자재, 정보 및 자금 흐름을 다룬다. 자재의 흐름은 사슬을 통한 공급업체에서 고객으로의 물리적인 제품의 흐름과 함께 반품, 서비스, 리사이클링, 폐기에 따른 역방향 흐름을 포함한다. 정보의 흐름은 주문정보의 전송, 배달상태 등을 다룬다. 재무흐름은 신용상태, 지불일정 등을 다룬다. 이들 흐름은 기업 내 및 기업 간 복수의 관련 부서에 걸쳐 발생하게 된다. 따라서 기업 내 및 기업 간에 이루어지는 이러한 흐름들의 조정 및 통합이 효과적인 공급사슬관리의 핵심이 된다.

이러한 흐름들을 효과적으로 관리하는 것은 매우 어려운 과제로, 글로벌 기업에서는 특히 그러하다. 다국적 기업의 제품 및 서비스의 공급사슬은 매우 복잡할 수 있으며, 최근의 수직적 계열의 해체 추이는 이를 더욱 복잡하게 만들고 있다. 글로벌 기업의 공급사슬은 세계 여러 나라에 위치한 복수의 기업들로 구성되며, 이들 각 기업은 국제조달, 생산, 주문충족, 고객 서비스 등의 공급사슬 활동

그림 1-3 공급망(Supply Network)의 개념

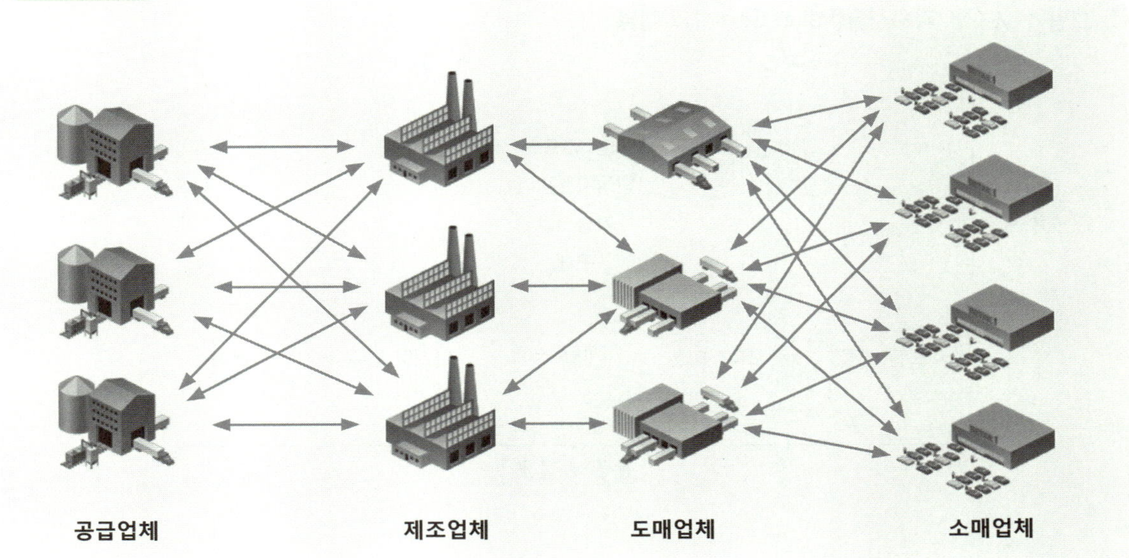

을 수행하게 된다. 또한 복수의 공급업체가 복수의 고객을 지원하거나 특정 공급업체가 경우에 따라 고객이 되거나 사슬의 다른 부문에서는 경쟁자가 되는 등 복잡한 관계를 가지게 된다. 이러한 복잡성을 고려하여 공급사슬(supply chain)을 '공급망(supply network)' 내지 '공급웹(supply web)'으로 부르기도 한다.

공급사슬관리 개념의 발전

1. 가치사슬과 공급사슬

Michael Porter에 의해 제시된 가치사슬(value chain)은 기업 내 제품 흐름에 대해 가치를 부가하는 일련의 활동 – 조달물류, 오퍼레이션(혹은 생산), 판매물류, 판매 및 마케팅, 서비스 – 들로 구성된다. 각 활동의 수행을 통해 제품에 '가치'가 부가되며 궁극적으로 최종 고객에게 보다 높은 가치를 가진 완제품을 제공할 수 있게 한다. 이러한 부가가치 활동에는 제품 생산, 신속한 배송, 제품 가용성 증대를 위한 물리적 이동과 보관, 판매 후 지원과 서비스 등이 포함된

그림 1-4 가치사슬(Value Chain)의 개념

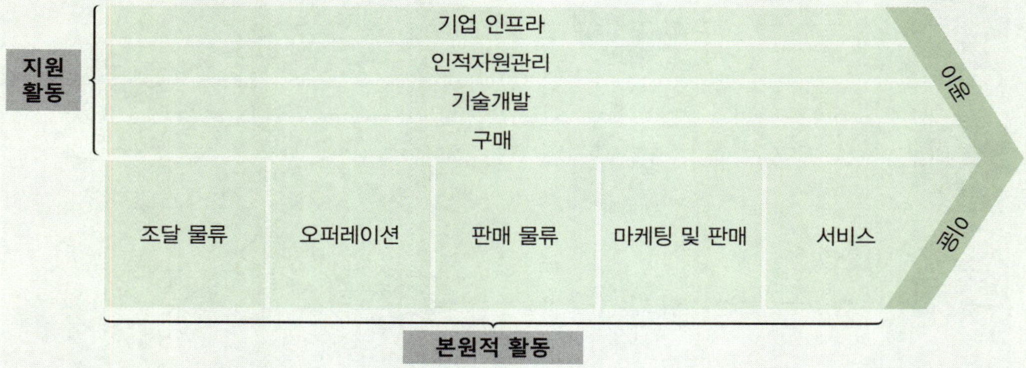

그림 1-5 확장된 가치사슬과 공급사슬

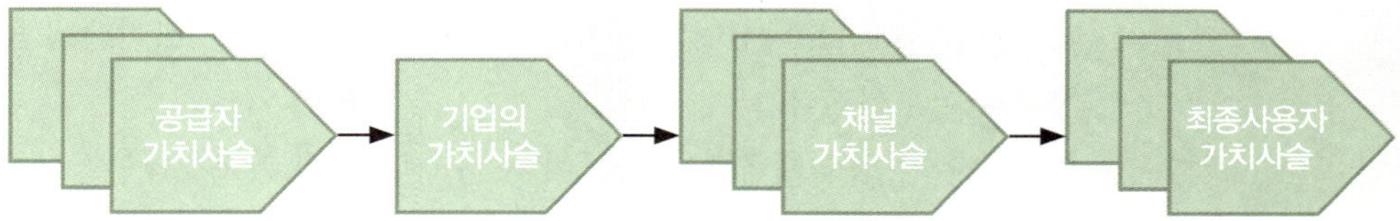

다. 특히 이들 활동들이 효과적으로 통합될 때 보다 높은 가치를 구현할 수 있다고 주장하였다.

Porter는 나아가 개별 기업의 단일 가치사슬 시스템은 외부 기업들과의 연결을 통해 확장된 가치사슬(extended value chain)로 구성, 관리될 수 있다고 보았다. 즉, 가치사슬 내 활동 간 그리고 가치사슬 간에 중복되거나 불필요한 활동들을 제거하거나 이전함으로써 보다 효율성이 높은 가치사슬을 구축할 수 있다는 것이다. 이러한 Porter의 가치사슬, 특히 확장된 가치사슬의 개념은 이후 공급사슬(supply chain) 개념으로 발전하게 된다.

2. 확장된 기업과 공급사슬

확장된 기업(extended enterprise)이란 자신들의 경제적 산출물을 결합하여 시장에 제품이나 서비스를 제공하기 위해 느슨하게 연결된 독자적인 기업들의 네트워크를 의미한다. 확장된 기업에 속한 기업들은 시장 메커니즘을 통해 독립적으로 혹은 협약과 계약을 통해 협력적으로 운영될 수 있다.

공급사슬 혹은 가치사슬이라 부르기도 하는 확장된 기업은 특정 제품이나 서비스의 제공에 관련된 참여 기업들의 커뮤니티라고 할 수 있다. 예를 들어, McDonalds와 관련된 확장된 기업에는 McDonalds뿐만 아니라 McDonalds의 프랜차이즈와 합작 파트너, 그리고 3자 물류업체, 광고대행사, 식자재 및 주방용품 공급업체, 빌딩 서비스업체, 공공서비스, Happy Meal 장난감 디자인업체 등이 포함된다.

확장된 기업은 매우 다양한 연결성(connectivity)의 형태, 수준, 지속성을 포함한다는 점에서 공급사슬보다 포괄적인 용어로 받아들여지기도 한다. 연결은 계약에 의해, 파트너십이나 제휴에 의해, 혹은 개방된 시장거래에 의해 다양한 형태로 이루어진다.

확장된 기업의 개념은 기업들이 보다 전문화되고, 상호 연결성이 높아지고, 교역이 글로벌화되고, 프로세스들이 표준화되고, 정보의 가용성이 높아짐에 따라 그 중요성이 부각되고 있다. 예를 들어, 비즈니스 프로세스의 표준화는 기업이 직접 수행하던 많은 활동들을 구매 가능한 서비스로 만들어 주게 되었다. 운송, 창고, 구매, 정보기술 등 특정 비즈니스 기능의 아웃소싱에 의해 기업들은 자신들의 자원을 보다 높은 수익성을 담보할 수 있는 투자와 활동들에 집중함으로써 핵심역량을 강화할 수 있게 되었다.

3. 로지스틱스관리와 공급사슬관리

로지스틱스(Logistics)의 개념의 발전과정은 크게 다음과 같은 3단계로 나누어 살펴볼 수 있다.

- 물류관리(Physical Distribution Management)
- 로지스틱스관리(Logistics Management)
- 공급사슬관리(SCM, Supply Chain Management)

물류관리(Physical Distribution Management)

첫 번째 단계는 1970년대 이전까지로 물류문제에 대한 인식단계이다. 이 기간 동안 물류는 단순히 운송, 보관 등 생산과 판매를 위한 상품의 이동과 보관을 담당하는 말단의 운영활동으로 간주되었다. 즉 공급과 수요에 따른 거래의 결과로 발생하는 후처리 업무로서 물류관리를 수행하던 시대라고 할 수 있다.

기업들이 운송관리의 합리화, 창고관리의 효율화, 재고비용의 절감 등 주로 기능별 물류비용의 감소에 초점을 둔 시기라고 볼 수 있다.

로지스틱스관리(Logistics Management)

두 번째 단계는 1970년대에 들어서 총비용관리(total cost management)에 초점을 둔 시기라고 할 수 있다. 이 시기에는 개별 물류기능들을 통합함으로써 운송, 창고, 재고, 고객서비스 간의 상호 작용을 더욱 밀접하게 관리할 수 있게 만들고 각 기능을 어떻게 전체적인 시스템의 관점에서 최적화시킬 수 있는가에 대해 관심을 둔 시기였다. 즉 개별 물류활동의 비용보다 총물류비용을 최소화시키기 위한 계획과 관리에 중점을 둔 시기라고 할 수 있다.

로지스틱스관리(logistics management)의 개념이 체계적으로 정립된 것은 1980년대 들어서이다. 기업들은 물류를 합리화하기 위해 기존에 분산되어 있었던 물류기능을 통합하고 이를 위한 물류조직을 만들기도 하는 등 나름대로 노력을 기울이고 있다. 그러나 물류부문에서 재고를 줄이려고 해도 마음대로 되지 않는 경우가 많다. 이는 생산부문과 판매부문이 협력하지 않기 때문이다. 생산부문은 가동률과 생산성에 초점을 두기 때문에 가능한 한 제품을 계속하여 대량생산하려는 경향이 있다. 반면 판매나 구매부문은 제품이나 원재료가 부족한 현상이 없도록 가능한 재고를 많이 가지고 가려는 경향이 있다. 이러한 이유로 물류비용에 초점을 두어 주로 기능별 물류효율화를 추구하던 물류관리에 대한 새로운 접근이 필요하게 되었다.

즉, 로지스틱스관리는 고객서비스의 개선이라는 공동의 목표를 가지고 원재료의 조달을 담당하는 구매부문, 생산을 담당하는 생산부문, 제품의 판매를 담당하는 판매부문이 효율적이고 비용 효과적인 물류프로세스를 실현하기 위한 경영 전략이라고 할 수 있다.

로지스틱스관리는 기업 전체의 물류프로세스를 효율화하여 부분 최적화보다는 전체 최적화를 추구하는 개념이다. 특히 정보기술의 발전으로 기업 내 부문 간 정보교환이 보다 용이하게 되면서 이러한 통합적인 물류관리의 도입이 빠르게 확산되었고 실제 기업의 물류프로세스를 개선하는 데 크게 기여한 것으로 나타났다.

공급사슬관리(Supply Chain Management)

1990년대 중반 이후 최초의 공급자에서 시작하여 최후의 고객에 이르는 제품과 정보의 흐름을 관리하기 위해 조직 경계를 넘어 기업 간에 전략적 관계를 형성하는 경영전략을 의미하는 공급사슬관리(supply chain management)가 확산되게 된다.

로지스틱스관리와 공급사슬관리

공급사슬관리는 로지스틱스관리와 유사한 개념으로 받아들여지기도 한다. CLM(Council of Logistics Management)은 로지스틱스란 "고객의 요구를 충족시키기 위한 목적으로 공급지에서 소비지까지 원자재, 중간재, 최종재 및 관련 정보의 효율적이고 비용 효과적인 흐름과 저장을 계획, 실행, 통제하는 프로세스"라고 정의한 바 있다.

즉, 로지스틱스관리는 고객서비스의 개선이라는 공동의 목표를 가지고 원재료의 조달을 담당하는 구매부문, 생산을 담당하는 생산부문, 제품의 판매를 담당하는 판매부문이 효율적이고 비용 효과적인 물류프로세스를 실현하기 위한 경영 전략이라고 할 수 있다.

공급사슬관리와 로지스틱스관리는 비용절감과 서비스 수준 향상을 위해 시스템 내의 각기 다른 구성요소 간의 통합을 강조하고 있다는 점에서는 두 개념은 공통점을 가진다고 볼 수 있다. 하지만 로지스틱스관리가 주로 특정기업의 물류프로세스의 통합관리에 초점을 두는 반면 공급사슬관리는 공급사슬 내의 참여기업 간 물류프로세스의 통합관리에 초점을 둔다는 점에서는 두 개념은 차이점을 가진다고 볼 수 있다.

이러한 차이점을 고려하여 공급사슬관리를 로지스틱스관리의 확장된 개념으로 받아들이는 것이 최근의 경향이다. 최근 CSCMP(Council of Supply Chain Management Professionals)는 로지스틱스관리란 "고객의 요구를 충족시키기 위해 공급지에서 소비지 사이의 상품, 서비스 및 관련 정보의 효율적이고 효과적인 전후방 흐름과 저장을 계획, 실행, 통제하는 공급사슬관리의 한 분야"라고 새롭게 정의하고 있다.

구체적으로 공급사슬관리에는 다음과 같은 새로운 관점들이 포함되어 있다. 첫째, 특정 기업의 조달, 생산, 유통활동에 수반되는 전체 물류프로세스 효율화에 초점을 두었던 로지스틱스관리가 공급업체, 제조업체, 유통업체, 고객을 포함하는 공급사슬 전반의 효율화에 초점을 두는 공급사슬관리로 발전한다는 것이다. 둘째, 공급사슬관리는 전체 공급사슬을 효율적이고 비용 효과적으로 만드는 데 있기 때문에, 비용측면에서 공급사슬 전반에 걸쳐 발생하는 비용, 즉 자재의 조달, 제품의 유통, 제품의 재고관리 및 운송에 이르기까지 관련된 모든 비용을 최소화해야 한다. 즉, 공급사슬관리는 부분적인 최적화보다는 전체 시스템의 최적화를 강조하는 개념이다. 셋째, 공급사슬관리는 공급업체, 제조업체, 유통업체, 물류업체 등 공급사슬 구성원 간의 효과적인 협력관계를 기초로 이루어질 수 있기 때문에 파트너 관계의 형성, 정보의 공유, 협력적 운영 등 보다 장기적이고 전략적인 차원의 접근이 요구된다.

공급사슬 프로세스의 구성

기업 내부에서는 수많은 활동들이 수행되며, 외부의 다른 기업과 다양한 형태의 공급사슬 관계를 가지게 된다. 두 기업 간에 특정한 관계가 형성되면 그들의 내부활동들도 서로 연계되게 된다. 또한 이들 기업은 각자가 속한 공급사슬의 다른 구성원과도 내부활동들이 서로 연계되기 때문에 이러한 연결고리들이 전체적으로 하나의 공급사슬 네트워크를 형성하게 된다. 예를 들어, 제조업체의 내부활동은 공급업체의 내부활동과 연계되어 상호 영향을 미치게 되며 또한 고객기업 내지 유통업체의 내부활동과도 연계되어 상호 영향을 미치게 된다. 따라서 성공적인 공급사슬관리를 위해서는 기존의 개별 기능 위주의 관리에서 이들 기능과 활동들이 통합된 비즈니스 프로세스 관점의 관리로의 변화가 필요하다.

Chopra and Meindl(2007)은 공급사슬에서 수행되는 프로세스는 공급사슬의 두 개의 연속적인 단계들이 연결되는 부분에서 수행되는 일련의 주기(cycle)들로 나누어질 수 있다고 보고 있다. 〈그림

그림 1-6 공급사슬 프로세스 주기

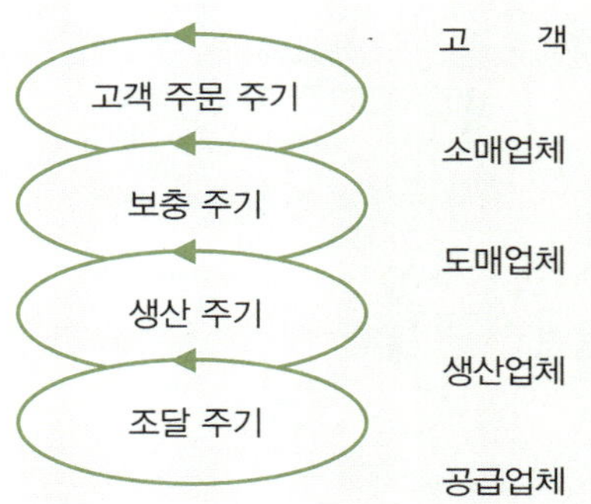

출처: Chopra and Meindl(2007).

1－6〉과 같이 5단계로 이루어진 전통적인 공급사슬의 경우, 공급사슬 프로세스는 다음과 같은 4개의 프로세스 주기로 구성될 수 있다.

- 고객 주문 주기(Customer order cycle)
- 보충 주기(Replenishment cycle)
- 생산 주기(Manufacturing cycle)
- 조달 주기(Procurement cycle)

각 주기는 공급사슬의 두 개의 연속적인 단계 사이에서 발생한다. 모든 공급사슬이 명확히 구분되는 4개의 공급사슬 프로세스 주기를 가지는 것은 아니다. 소매업체가 완제품 재고를 관리하고 제조업체나 도매업체로부터 보충을 받는 식료품 공급사슬의 경우에는 모든 4개의 주기를 가질 가능성이 높다. 반대로 Dell이나 Amazon의 경우처럼 도매업체나 소매업체를 거치지 않고 고객에게 직접 판매를 하는 경우에는 일부 주기들이 생략될 수 있다.

이와 함께 Chopra and Meindl(2007)은 개별 기업의 공급사슬 프로세스는 다음 같은 3가지 매크로 프로세스(macro process)로 구성되며, 성공적인 공급사슬관리를 위해서는 이 3가지 프로세스의 통합이 매우 중요하다고 주장하였다.

- 고객관계관리(CRM, Customer Relationship Management): 기업과 고객들 간 연계와 관련된 모든 프로세스

그림 1-7 공급사슬의 매크로 프로세스

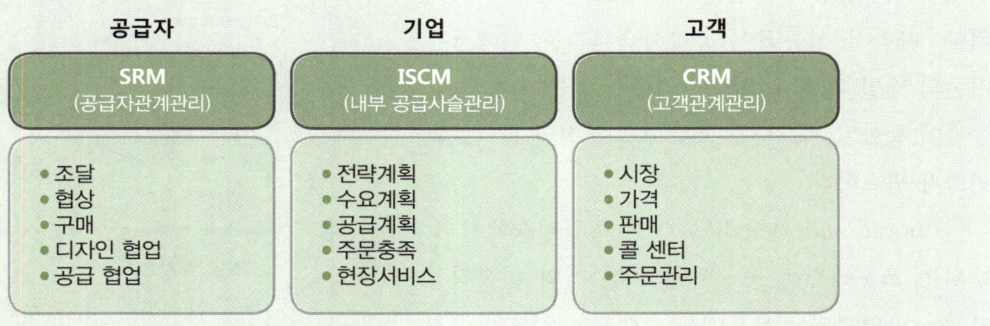

출처: Chopra and Meindl(2007).

- 내부 공급사슬관리(ISCM, Internal Supply Chain Management): 기업 내부의 모든 프로세스
- 공급자 관계관리(SRM, Supplier Relationship Management): 기업과 공급자 간 연계와 관련된 모든 프로세스

CRM 프로세스는 고객의 수요를 창출시키고, 주문에 따른 물류활동을 개선하는 것을 목표로 한다. ISCM 프로세스는 CRM 프로세스에 의해 창출된 수요를 적시에 최소의 비용으로 충족하는 것을 목표로 한다. SRM 프로세스는 다양한 제품을 위한 공급자의 선정, 공급자와 가격과 배송조건에 대한 협상, 공급자와 수요 및 공급계획의 공유, 재고보충 주문의 발주 등을 포함한다.

Supply Chain Council(SCC)이 개발한 SCOR 모델에서는 개별 기업의 공급사슬 프로세스가 계획(plan), 조달(source), 생산(make), 배송(혹은 인도, deliver), 회수(return)의 5가지 프로세스로 구성된다고 정의하고 있다. 특정 기업에 조달 프로세스는 공급자의 배송 프로세스 그리고 배송 프로세스는 고객의 조달 프로세스와 연결을 통해, 공급자 및 고객 공급사슬과 연결된다. 그리고 기업의 공급사슬 전략에 따라 공급사슬의 범위가 달라지며, 경우에 따라 공급자

그림 1-8 SCOR 모델의 공급사슬 프로세스

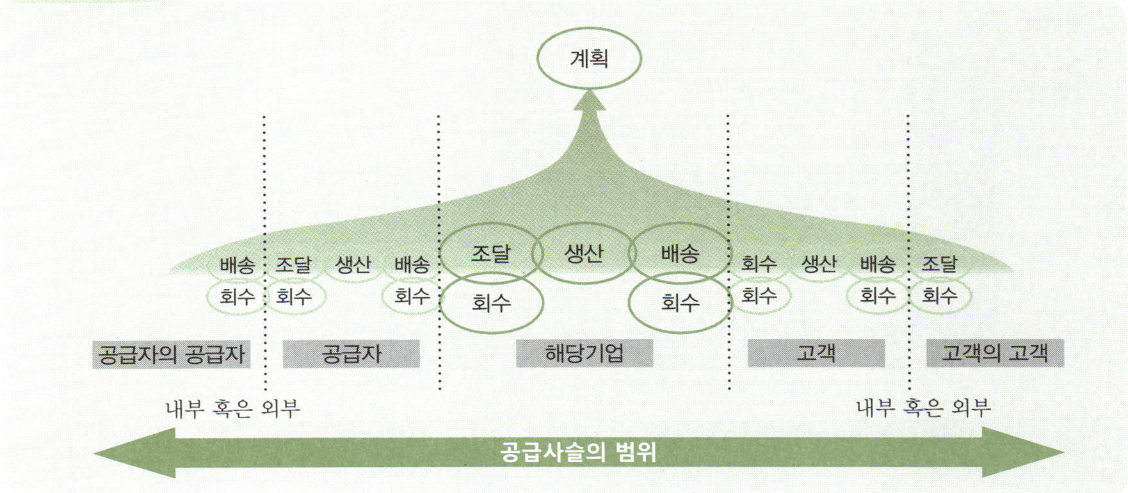

출처: Supply Chain Council.

의 공급자, 고객의 고객까지, 혹은 그 이상까지 공급사슬의 범위가 확대될 수 있다.

공급사슬 프로세스의 분석과 설계를 위한 SCOR 모델에 대해서는 9장에서 보다 상세히 다루기로 한다.

공급사슬관리의 의사결정구조

성공적인 공급사슬관리는 정보, 제품, 자금의 흐름과 관련된 여러 의사결정을 필요로 한다. 각 의사결정은 공급사슬 이윤(surplus)을 증대시킬 수 있도록 이루어져야 한다. 이들 의사결정은 각 의사결정의 빈도와 의사결정이 영향을 미치는 기간에 따라 세 가지 카테고리 내지 단계로 구분할 수 있다.

공급사슬 전략

이 단계에서 기업은 주어진 마케팅과 가격정책에 근거하여 향후 수 년간 공급사슬의 구조를 어떻게 가져가야 할 지를 결정한다. 어떤 공급사슬구조(configuration)를 가질 것인지, 자원을 어떻게 할당할 것인지, 각 단계에서 어떤 프로세스를 수행할 것인지 등을 결정한다. 이러한 전략적 의사결정에는 특

그림 1-9 공급사슬의 의사결정구조

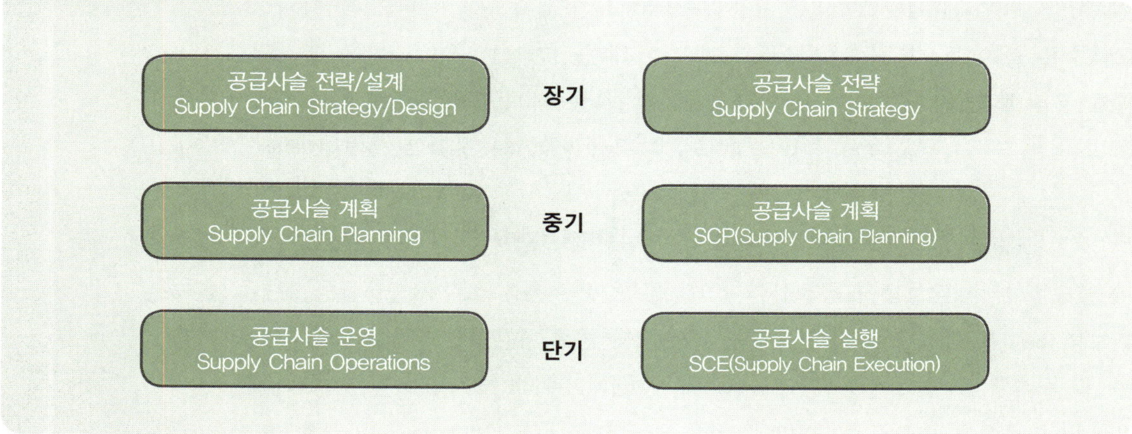

정 공급사슬 기능을 자사에서 수행할 것인지 아니면 아웃소싱할 것인지, 생산 및 창고시설의 입지와 규모, 공장과 창고에 대한 제품 할당, 운송수단의 결정, 정보시스템의 형태 등이 포함된다. 이때 공급사슬구조가 기업의 전략적 목표를 지원하고 공급사슬 이윤을 증대시킬 수 있는지를 평가하여야 한다.

공급사슬 설계와 관련된 의사결정은 장기 의사결정이기 때문에 단기간에 이를 변경하기 위해서는 매우 높은 비용이 소요된다. 따라서 반드시 향후 수 년간 예상되는 시장 상황의 불확실성을 고려하여 이루어져야 한다.

공급사슬 계획

이 단계는 4분기에서 일년 정도의 기간을 대상으로 한 의사결정을 다룬다. 공급사슬구조는 전략단계에서 이미 결정되어 있다. 이러한 공급사슬구조는 계획을 위해 고려해야 하는 제약조건을 형성하게 된다. 계획수립의 목적은 전략단계에서 설정된 제약조건하에서 계획기간에 걸친 공급사슬 이윤을 극대화하는 데 있다. 계획의 첫 번째 단계는 계획기간 동안 서로 다른 시장에서 발생할 수요를 예측하는 것이다. 계획에는 공장 및 창고에 대한 시장 할당, 생산 외주계획, 재고정책, 그리고 마케팅과 가격 촉진의 시기와 규모 등이 포함된다.

계획단계에서 기업은 수요의 불확실성, 환율, 계획기간에 걸친 경쟁여건 등을 반드시 고려해야 한다. 설계단계에 비해 단기적이며 보다 우수한 예측치를 가질 수 있기 때문에 공급사슬의 유연성을 확보하여 최적의 성과를 달성하는 데 초점을 두어야 한다.

공급사슬 운영

이 단계는 주 단위 내지 일 단위 의사결정을 다루며, 기업은 개별 고객주문과 관련된 의사결정을 하게 된다. 공급사슬구조가 정해져 있고, 계획 정책도 결정되어 있다. 공급사슬 운영의 목표는 고객주문을 최적의 방식으로 처리하는 것이다. 이 단계 동안 기업은 개별주문에 재고나 생산을 할당하고, 주문충족 시점을 정하고, 창고에서 피킹 리스트를 생성하고, 각 주문에 운송방식을 할당하고, 배송 스케줄을 정하고, 보충주문을 발주한다.

운영적 의사결정은 단기간에 이루어지기 때문에 수요정보에 관련된 불확실성은 낮게 나타난다. 운영단계의 목표는 공급사슬구조와 계획정책에 따른 제약조건하에서 불확실성을 줄이고 성과를 최적화할 수 있는 방안을 모색하는 것이다.

공급사슬관리 도입의 필요성과 효과

1. 공급사슬관리 도입의 필요성

부가가치의 원천

제조업의 예를 들면, 전체 부가가치의 60~70%가 제조공정 외부의 공급사슬에서 발생한다. 전체 리드타임 중 제조소요시간보다 공급사슬의 타 부분에서 소요되는 시간이 훨씬 길고 주문처리, 물류, 구매조달 등에서 개선의 여지가 더 많으며, 적은 규모의 투자로 의미 있는 개선이 가능하다. 제조업의 물류비용은 평균적으로 매출원가의 7~15%에 달할 정도로 큰 비중을 차지하는 등 물자의 흐름과 관련된 부분에서 많은 비용이 발생하고 있다.

외부 불확실성의 증대

수요, 주문납기, 수량, 품질 등 외부적 불확실성이 점점 더 심화되고 있다. 고객들이 원하는 요구조건이 더 까다로워지고 있기 때문에 제조업체 입장에서 볼 때, 불확실성은 점점 더 증대되어 제조부문에서 수동적으로 이를 흡수하고 대응하는 것은 한계에 다다랐다. 이러한 외부로부터의 변동에 대해 비용 효과적인 방법으로 대응하려는 방안을 강구하게 되었다.

채찍효과(Bullwhip Effect)의 심화

공급사슬의 복잡성은 관련 주체 간의 의사소통과 정보의 적시 전송을 아주 어렵게 만들 수 있다. 특히 공급사슬 상류(upstream)로 갈수록 수요정보가 왜곡되는 현상이 나타날 수 있다. 이러한 왜곡현상은 과다 재고, 유휴 능력, 높은 생산 및 수송비용, 고객 불만을 초래할 수 있다. 공급사슬 효율성의 달성을 위해서는 정확하고 적시의 정보를 필요로 하게 된다. 그리고 공급사슬의 형태가 복잡할수록 이러한 필요성은 높아지게 된다. 따라서 공급사슬 구성원 간 정보공유, 조정 및 협력이 중요한 과제로 부각되고 있다.

대량 고객화(Mass Customization)와 제품 수명주기의 단축

오늘날의 고객들은 보다 질 높은 서비스를 요구하며 보다 고객맞춤형의 제품과 서비스를 요구하고 있다. 경쟁이 심화됨에 따라 이러한 경향은 더욱 확산될 것이며, 이러한 제품의 폭과 깊이의 증가는 판매예측, 재고관리, 생산계획, 고객 서비스 등을 한층 어렵게 만들 것이다.

제품의 수명주기가 보다 짧아지고 있는 것도 공급사슬관리에 영향을 미치게 될 것이다. PC와 같은 기술제품의 주기는 이제 수개월 이내로 짧아지고 있다. 기술이 급변하고 있으며 신제품들이 지속적으로 출시되고 있어서, 특정 업체가 출시하는 제품의 수가 증가하고 있을 뿐만 아니라 이들 제품들이 시기적으로 중복 출시되는 경우도 늘어나고 있다. 때문에 제품라인, 나아가 기업의 성공 여부는 신제품, 기존 제품 모두의 공급사슬을 여하히 효과적으로 관리할 수 있는가에 달려 있다.

글로벌화에 따른 물류의 복잡성 및 리드타임의 증대

기업활동이 글로벌화되면서 공급사슬의 지리적 거리와 리드타임이 길어지고 불확실해지고 있다. 또한 부품 조달비용, 인건비, 금융비용, 생산성, 운송 및 물류비용 등의 국가별 지역별 편차, 관세 및 환율과 수출입 법규의 차이, 지역별 제품사양의 차이 등으로 글로벌 물류 프로세스가 복잡해지고 있다. 따라서 글로벌 물류 프로세스에 대한 합리적인 계획, 관리, 조정 및 통제가 보다 중요해지고 있다.

정보기술의 발달

ERP의 도입 등으로 기업 내 업무가 통합되고, EDI, 인터넷 등 정보기술의 발달로 공급사슬의 가시성(visibility)이 향상되고 공급사슬을 통합할 수 있는 여건이 마련되고 있다. 공급사슬 계획과 운영을 지원하는 다양한 솔루션의 개발도 보다 세련된 공급사슬관리를 가능케 하고 있다.

글로벌 경쟁의 심화와 공급사슬 혁신사례의 확산

글로벌 경쟁의 심화에 따라 비용우위, 서비스우위 또는 차별화를 달성하기 위한 공급사슬 혁신이 매우 중요해지고 있다. 특히 Wal-Mart, P&G, Dell 등의 SCM 성공사례가 발표되면서 기업들의 공급사슬 혁신에 대한 관심이 그 어느 때 보다 높게 나타나고 있어 기업 간에 자연스럽게 자리잡아가고 있다. 이러한 흐름으로 인해 이들 기업의 경쟁기업 그리고 이들 기업과 거래하는 기업들도 공급사슬 혁신을 추진해야만 하는 상황에 놓이게 되었다.

2. 공급사슬관리 도입의 효과

공급사슬관리의 도입은 다음과 같은 관점에서 기업의 경쟁우위를 확보할 수 있는 기회를 제공하게 된다.

- 보다 경쟁력 있는 가치를 제공하면서 고객의 수요에 신속히 대응할 수

그림 1-10 공급사슬 가치나무(Value Tree)

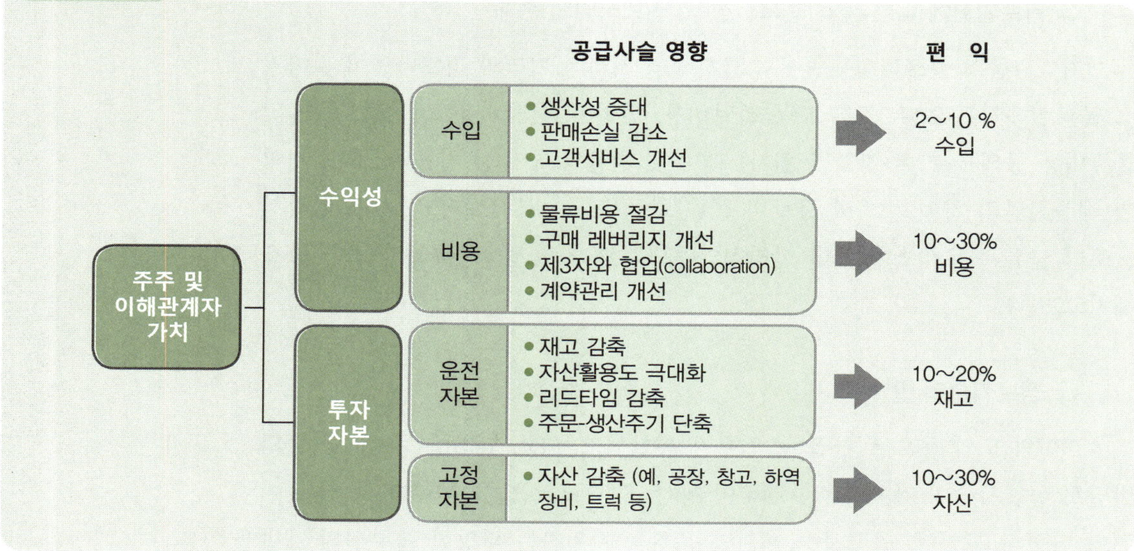

있다.

- 비용을 절감하고 이익을 증대시킨다.
- 공급사슬 파트너십을 통해 핵심역량에 집중할 수 있다.
- 경쟁력을 갖춘 채널 파트너(channel partners)와 협력관계를 통해 장래 경쟁우위를 확보할 수 있다.
- 공급사슬의 위험을 감소시킬 수 있다.

이러한 경쟁기회를 확보하기 위해 많은 기업들이 경쟁전략을 도입함에 있어서 공급사슬관리에 높은 우선순위를 부여하고 있다.

공급사슬관리를 효과적으로 추진하고 있는 기업들은 상품개발 리드타임의 단축, 생산성의 향상, 품질의 개선 등 많은 편익을 얻고 있으며, 이들 분야에서 10~30% 정도의 개선효과를 달성하고 있는 것으로 나타나고 있다.

Kurt Salmon Associates(1993)의 연구결과에 따르면 미국 식품산업에서 효과적인 공급사슬관리 전략을 도입할 경우 전체 비용의 10.8%에 달하는 연간 300억 달러를 절감할 수 있는 것으로 분석하고 있다.

PRTM의 자회사인 PMG(Performance Measurement Group)의 공급사슬관리

그림 1-11 공급사슬관리 벤치마킹 결과

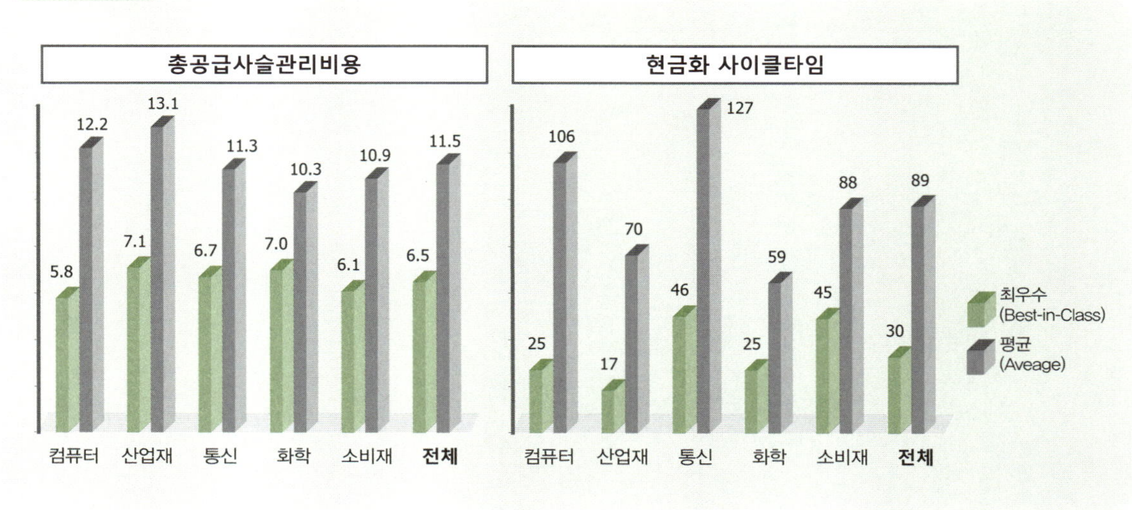

출처: PRTM, 1997 Integrated Supply-Chain Benchmarking Study.

벤치마킹 결과에 의하면 가장 효율적으로 공급사슬을 운영하고 있는 기업과 평균적인 기업의 총공급사슬비용(total supply chain management cost)의 차이가 매출액의 3~6%에 이르는 것으로 나타났다. 이는 공급사슬관리를 효율화할 경우 매출 이익률이 3~6% 개선된다는 것을 의미하는 것이다. 또한 원자재 구매에서 판매대금 회수까지 소요되는 시간을 나타내는 현금화 사이클타임(cash-to-cash cycle time)도 효율적인 기업과 평균적인 기업 간에 40~65%의 차이가 있는 것으로 조사되고 있다. 즉, 공급사슬에 대한 효율적인 관리가 기업의 경쟁력 확보에 매우 중요한 영향을 미칠 수 있다는 것을 보여주고 있다.

참고문헌

- 권오경, 글로벌 경쟁력과 SCM 전략, 경제연구총서 355, 대한상공회의소, 2001.
- 김태현 외 공저, 전략적 물류경영, 한진물류연구원·범한, 2007.
- Chopra, Sunil and Peter Meindl, Supply Chain Management, 3rd Edition, Pearson, 2007.
- Kurt Salmon Associates, Efficient Customer Response: Enhancing Consumer Value in the Grocery Industry, 1993.
- Lambert, Douglas M., Martha C. Cooper and Janus D. Pagh, "Supply Chain Management: Implementation Issues and Research Opportunities", The International Journal of Logistics Management, Vol. 9, No. 2, 1998.
- Simchi-Levi, David, Philip Kaminsky, Edith Simchi-Levi, Designing and Managing the Supply Chain, 3rd Edition, McGraw-Hill, 2008.

제 2 장

공급사슬 통합의 필요성과 전략

Chapter 2

사례 읽기 2-1 Cisco의 재고 대재앙

2001년 Cisco사는 재고에 있어서 21억 달러의 대손상각(write-off)을 기록하였다. 2000년 매출이 급속히 상승하면서 영업부서의 낙관적 전망에 따라 Cisco사는 부족이 예상되는 부품들에 대해 미리 대량의 주문을 하게 된다.

과거 수년간 만성적인 재고부족과 긴 리드타임을 경험하였던 판매사원들은 자신들의 고객수요 예측에 약간의 여유분(cushion)을 추가하였다. Cisco사 고객들도 자신들의 주문량에 약간의 여유분을 추가하였다. 또한 필요한 장비를 적시에 확보하기 어렵다는 것을 알고 있었기 때문에 Cisco사의 경쟁사들에게도 이중 삼중으로 주문을 발주하기도 하였다. 유사한 할당게임(shortage gaming)이 Cisco사의 계약생산자(CMs)들에게도 나타났다. 그 결과 실제 주문이 수 배로 과장되어 Cisco사에 재고 대재앙(fiasco)을 초래하게 되었다.

이러한 실수로부터 커다란 교훈을 얻은 Cisco사는 이후 주요 공급자들의 재고와 주문 상태를 정확히 파악할 수 있는 정보 플랫폼인 e-Hub를 구축하게 된다. 이러한 가시성(visibility) 확보를 통해 CM들과 Cisco사에 의한 과잉 구매발주를 효과적으로 방지할 수 있을 것으로 기대하고 있다.

사례 읽기 2-2 Dell의 공급사슬 전략

Dell사는 비교적 짧은 시간에 세계 최대의 PC 생산업체로 성장하였다. 2004년 Dell사는 매출액 410억 달러, 순익 26억 달러의 성과를 달성하였다. 이 기업이 이룬 성공의 상당 부분은 공급사슬 내 제품, 정보, 자금의 흐름을 관리하는 방식에서 기인한다.

Dell사는 총판과 소매업체를 거치지 않고 고객에게 직접 판매하고 있다. 고객과 밀접한 접촉과 고객 니즈의 이해는 Dell사에 보다 우수한 예측을 가능케 하고 있다. 공급과 수요를 일치시키기 위해 Dell사는 고객이 전화나 인터넷을 통해 실시간으로 PC 사양(configurations)을 구성, 주문할 수 있도록 지원하는 데 많은 노력을 기울이고 있다.

운영측면에서 Dell사는 생산과 재고를 소수의 위치로 집중화하고 주문이 도착하기 전까지 최종 조립을 지연(postpone)시키고 있다. 그 결과 Dell사는 매우 낮은 재고를 유지하면서도 매우 다양한 PC 사양을 제공할 수 있게 되었다. 2004년 Dell사는 5일 분 미만의 재고를 유지한 반면 소매업체를 통해 판매하는 경쟁사들은 수 주 분의 재고를 유지한 것으로 나타났다. 만약 Intel사가 새로운 칩을 출시 할 경우, Dell사는 낮은 수준의 재고를 유지하기 때문에 경쟁사들보다 빨리 이 칩을 내장한 PC를 출시할 수 있다. 가격이 갑자기 떨어지더라도 Dell사는 낮은 재고 수준으로 인해 경쟁사들 보다 가치 손실이 적게 나타난다. 예를 들어 Sony사가 생산하는 모니터 같은 일부 제품에 대해서는 아예 재고를 보유하지 않는다. 운송업체는 텍사스주 오스틴에 있는 Dell사 공장으로부터 컴퓨터를 멕시코에 있는 Sony사로부터 모니터를 픽업한 후 고객의 주문과 매치(match)시키는 과정을 거친 후 배달한다. 이러한 과정을 통해 Dell사는 모니터 재고를 관리하는 데 들어가는 시간과 비용을 절감할 수 있다.

Dell사 공급사슬의 성공은 정교한 정보교환에 의해

가능하게 되었다. Dell사는 실시간 데이터를 공급업체들에게 제공하고 있다. 공급업체들은 일일 생산 소요량과 함께 공장의 자사 부품에 대한 재고 수준을 파악할 수 있다. Dell사는 주요 공급업체들이 수요 예측치와 고객 관련 정보들을 볼 수 있도록 맞춤형 웹 페이지를 제공하고 있다. 이를 통해 공급업체들에게 고객 수요에 대한 보다 양질의 정보를 제공함은 물론 그들의 생산 스케줄을 Dell사의 그것과 보다 잘 일치시킬 수 있도록 지원하고 있다.

Dell사의 낮은 재고 수준은 많은 양의 제품에 결함이 발생하지 않는 데 기여하기도 한다. 신제품이 출시될 때 공급업체 엔지니어가 공장에 상주하면서 고객이 문제를 제기할 경우 생산을 일시 중단하고 결함을 실시간으로 해결하도록 하고 있다.

Dell사는 나아가 현금 흐름을 매우 효과적으로 관리하고 있다. 재고, 매출채권, 매입채무를 면밀하게 관리함으로써, 2004년 현금전환주기(cash conversion cycle)가 −36일로 나타났다. 즉, Dell사는 타인의 자금으로 사업을 운영하였다고도 말할 수 있다.

Dell사의 공습사슬 설계와 제품, 정보, 자금에 대한 관리는 분명 이 기업의 성공에 핵심적인 역할을 하고 있다. 하지만, 변화하는 시장환경에서 현재 이 기업의 공급사슬은 새로운 도전에 직면해 있다. 이 기업이 저비용으로 높은 수준의 고객화(customization)를 제공하는 데 적합한 공급사슬을 가지고 있으나, 이러한 하드웨어 고객화가 Dell사가 판매하는 PC나 다른 제품들에 계속 효과적일지는 분명하지 않다. 미래에도 Dell사가 성공을 지속하기 위해서는 현재의 공급사슬 설계와 운영에 대해 재검토가 필요할지도 모른다.

출처: Chopra and Meindl, Supply Chain Management, 3rd Edition, Pearson, 2007, pp.23-24.

공급사슬 통합의 결여와 채찍효과

만약 공급사슬의 모든 단계들이 함께 공급사슬의 총이익을 증대시키기 위한 행동들을 취한다면 공급사슬 협력은 당연히 개선될 것이다. 공급사슬 협력을 위해서는 공급사슬의 각 단계에서 이루어지는 행위가 다른 단계에 미치는 영향을 고려해야 한다.

협력의 결여는 공급사슬의 각기 다른 단계가 서로 상충되는 목표를 가지고 있거나 혹은 다른 단계로의 정보 흐름이 지연되거나 왜곡되는 경우에 나타나게 된다. 공급사슬 각 단계의 소유주체가 다를 경우에도 서로 상충되는 목표를 가질 수 있다. 이 경우 공급사슬의 단계들이 자신의 이익만을 극대화하기 위해 노력하게 되고 결과적으로 공급사슬의 총체적인 이익을 감소시킬 수 있다.

예를 들어 WidgetMaker라는 하나의 공장과 WidgetStore라는 하나의 소매업체만 있는 단순한 제품 공급사슬을 가정해보자. WidgetStore의 연간 제품 수요는 5,200단위이고 제품은 WidgetMaker로부터 매주 공급된다. 만약 WidgetStore의 주문량 변동폭이 낮다면 WidgetMaker는 매주 약 100단위 정도를 공급할 수 있는 생산 및 공급능력만이 필요할 것이다. 그러나 만일 주별 주문량의 변동이 매우 높아서 어떤 주에는 400단위를 공급하여야 하고 어떤 주에는 전혀 그렇지 않다고 한다면 전자의 경우 공급능력은 상당히 높아야만 할 것이고 후자의 경우에는 여유능력이 존재하게 된다. 다른 방안으로 WidgetMaker가 수요가 낮은 주에 재고를 축적하였다가 수요가 높은 주에 이를 공급할 수도 있을 것이다. 그러나 이 경우에는 재고비용이 증가하게 된다.

실제 여러 공급업체들과 소매업체들은 특정 제품에 대한 고객들의 수요 변화는 그리 크지 않은데 비해 공급사슬을 거슬러 올라갈수록 주문이나 재고의 변동(variability)이 심화되는 현상을 경험한 바 있다.

P&G사는 Pampers 기저귀의 공급사슬에서 채찍효과(bullwhip effect)를 관찰하였다. 공급사슬의 하류(downstream)에 위치한 소매업체의 판매량은 거의 일정하였고 다른 시기에 비해 수요가 특별히 높거나 낮은 날이나 달이 없었다. 하지만 소매업체가 P&G에 발주하는 주문량은 판매량에 비해 그 변동이 크다는 것을 발견하였다. 나아가 P&G가 공급업체들에 발주하는 주문량의 변동은 이보다 더 크게 나타났다.

이탈리아의 파스타 제조업체인 Barilla사는 슈퍼마켓이 발주하는 주간 주문량(물류센터의 주간 출고량)은 3배 이내의 범위에서 변동이 나타나는 반면, 지

그림 2-1 4단계 공급사슬

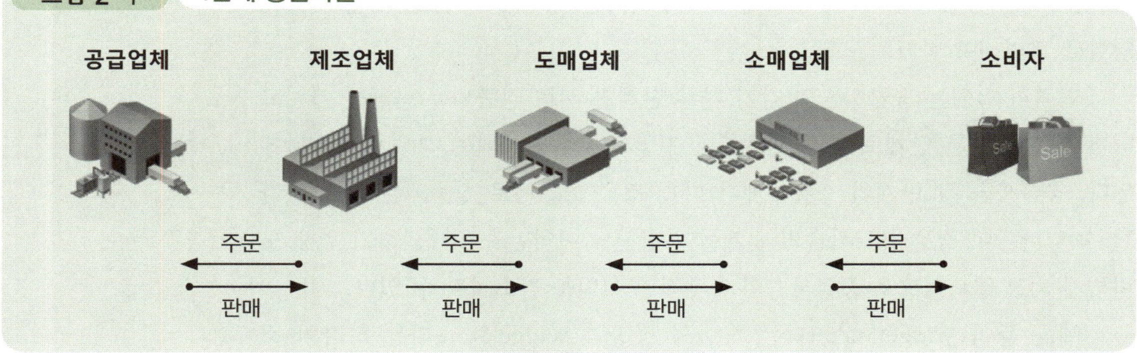

역물류센터(RDC)에 의해 발주되는 주간 주문량은 일년 동안 70배까지 변동이 발생하는 현상을 관찰할 수 있었다.

각각 하나의 소비자(consumer), 소매업체(retailer), 도매업체(wholesaler), 제조업체(manufacturer), 공급업체(supplier)의 4단계로 이루어진 매우 단순한 공급사슬을 가정하자. 이 때 각 단계는 서로 독립적으로 운영된다고 가정하자. 소매업체는 고객의 수요를 관찰하여 도매업체에게 주문을 발주한다. 도매업체는 소매업체의 수요(주문량)를 관찰하여 제조업체에게, 제조업체도 동일한 방식으로 도매업체의 수요를 관찰하여 공급업체에게 주문을 발주한다.

〈그림 2-2〉는 시간이 경과함에 따라 공급사슬상의 각 구성원들의 주문량이 어떻게 변하고 있는지를 보여주고 있는데, 소비자로부터 제조업체 방향, 즉 공급사슬의 상류(upstream)로 갈수록 주문량의 변동이 점차 증가하는 현상을 보여주고 있다. 이러한 현상을 '채찍효과(bullwhip effect)'라고 한다.[1]

공급사슬상에서 변동의 증가가 미치는 영향을 이해하기 위해 공급사슬의 두 번째 단계에 위치한 도매업체를 고려해보자. 도매업체는 소매업체로부터 주문을 받아 상위 공급업체인 제조업체에게 주문을 발주한다. 주문량을 결정하기 위해 도매업체는 소매업체의 수요를 예측해야 한다. 만약 도매업체가 고객들의 수요데이터를 직접 획득할 수 없다면 수요예측을 위해서 소매업체의 주문자료를 이용하여야 할 것이다.

소매업체의 주문량의 변동이 고객수요량의 변동보다 크기 때문에 도매업체는 소매업체보다 많은 안전재고를 가져가거나, 소매업체와 동일한 서비스 수준을 유지하기 위해서는 소매업체보다 많은 양의 제품을 보유하여야 한다. 이러한 논리는 도매업체뿐만 아니라 공급업체에도 적용될 수 있다. 결과적으로 공급업체에서는 보다 높은 재고 수준과 비용증가가 초래되게 된다.

채찍효과(bullwhip effect)는 Forrester(1958)에 의해 'Forrester effect'라는 개념으로 처음 소개되었다. Forrester는 공급사슬 내 이기적인 주체들 간 정보, 자재, 자금의 흐름의 작용/반작용 및 상호 작용이 채널을 통한 정보 및 물리적 제품 흐름에 있어서 지연, 변동 및 증폭을 초래할 수 있다는 것을 발견하였다.

---

1 whipsaw effect, whiplash effect, acceleration principle 등의 용어가 사용되기도 함.

그림 2-2 채찍효과의 관찰

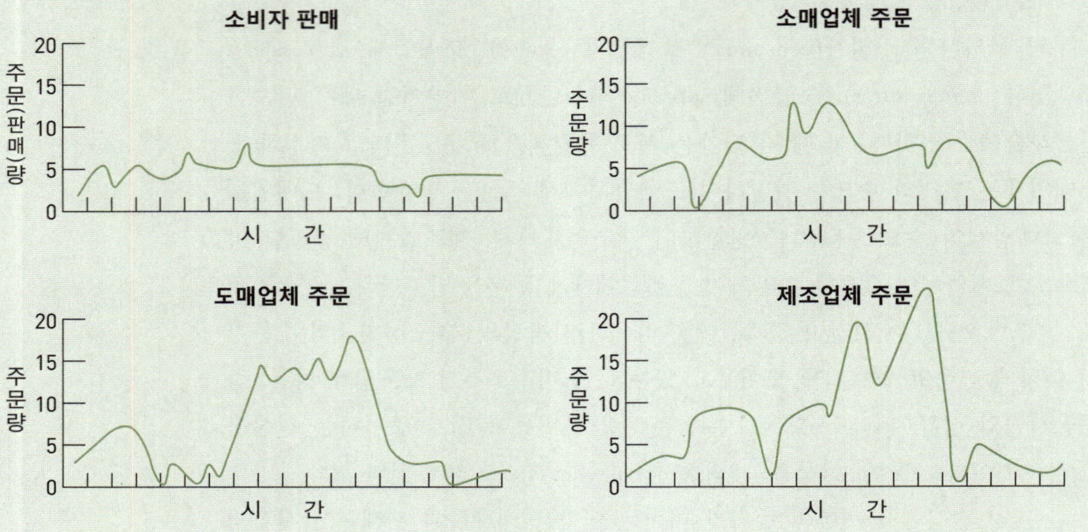

이후 오랜 기간 산업계에서 왜 이러한 현상이 나타나는지 대한 논의가 전개되었다. 공급사슬의 관점에서 bullwhip effect(채찍효과)의 발생원인과 해소방안을 논리적으로 해석한 연구는 Lee, Padmanabhan and Whang(1997)에 의해 이루어졌다.

1. 채찍효과의 발생원인

전통적인 수요예측의 문제

공급사슬 각 단계별로 수행되는 주문정책과 전통적인 재고관리기법과 수요예측(demand forecasting) 관행이 bullwhip effect의 원인이 된다.

통상적인 재고정책하에서는 재고처의 재고 수준이 재주문점(reorder point)보다 낮아지면 이미 설정된 목표 재고량(order-up-to-level)까지 재고를 보충하게 된다. 목표 재고량, 안전재고 등은 장래 수요패턴에 대한 예측을 바탕으로 이루어지기 때문에, 수요가 변화하면 주문시점과 주문량이 변화하게 되고 정도의 차이는 있지만 공급사슬의 모든 단계에서 주문량과 재고량의 변동을 가져오게 된다.

보다 근본적인 문제점은 기업의 전통적인 예측관행이 시장에서 소비자들의 실제 수요에 의존하지 않고, 자사에 들어 온 주문량에 근거하여 이루어진다는 점이다. 공급사슬 구성원, 특히 소비자와의 접점에서 시장수요를 직접 관찰하기 어려운 제조업체, 공급업체들이 실제 시장수요가 아니라 자신들에 들어온 주문량만 의존하여 독립적으로 수요를 예측할 경우 공급사슬의 상류(upstream)로 갈수록 수요가 왜곡되고 변동이 증가하는 결과를 낳게 된다.

긴 리드타임

공급사슬 각 단계들 사이의 리드타임(lead time)이 길어질 경우 변동성이 증가된다.

안전재고와 재주문점의 산정에는 일일 수요량의 평균 및 표준편차와 함께 리드타임이 함께 고려된다. 때문에 리드타임이 길어지거나 변동이 있으면 수요 변동의 작은 변화도 안전재고와 재주문점 그리고 주문량에 변동을 초래하게 된다.

일괄 주문

일괄 주문(order batching)의 영향은 쉽게 이해될 수 있다. 만일 소매업체가 일괄 주문 방식을 취하고 있다면, 도매업체는 얼마간은 주문이 없다가 한꺼번에 주문이 집중되는 현상을 관찰할 수 있다. 만약 도매업체, 제조업체가 같은 형태의 주문방식을 취한다면 공급사슬의 상류(upstream)로 갈수록 변동폭이 심한 수요패턴이 나타나게 된다.

기업들이 일괄 주문을 하는 데는 여러 이유가 있다. 첫째, 고정비용인 주문비용을 줄이기 위해 일괄 주문을 하게 된다. 둘째, 운송비용이 큰 비중을 차지할 경우 소매업체는 운송비용 할인의 이점을 취할 수 있는 수준까지 주문량을 늘려서 발주할 수 있다. 이는 어떤 주에는 대량주문이 또 어떤 주에는 전혀 주문이 발생하지 않는 현상을 초래하게 된다. 마지막으로 많은 기업에서 발견될 수 있는 분기별 또는 연도별 목표 판매량의 달성과 이에 따른 인센티브 정책도 비 주기적인 대량주문을 발생시키는 데 기여할 수 있다.

가격 변동

가격 변동(price fluctuations)도 bullwhip effect의 주된 원인으로 작용한다. 가격 변동이 있을 경우 소매업체들은 가격이 낮을 때 더 많은 양을 구매하려는 경향이 있다. 업계에서 폭넓게 이루어지고 있는 특정 시기나 특정 품목에 대해 실시하는 판촉과 가격할인이 공급사슬에 있어서 주문량의 변동성 증대시키는 원인이 되고 있다.

과잉 주문

소매업체에 의한 과잉 주문(inflated orders)은 대개 특정 상품의 수요가 공급을 초과하여 품절이 발생할 가능성이 있는 경우에 발생한다. 제조업체의 공급량이 부족하고 공급량이 주문량에 비례하여 할당될 것이라고 예상하는 경우, 소매업체는 실제 수요보다 과장된 주문을 할 수 있다. 이처럼 수요가 증가할 것에 대비해서 필요 이상의 주문을 하거나, 수요가 갑자기 떨어지면 기존 주문을 취소하기도 하는 등의 관행들이 결국 제조업체나 공급업체의 수요 추정에 왜곡을 가져오게 된다.

전통적인 기업조직과 행태의 문제

공급사슬의 각 구성원은 대개 자신의 입장에만 행동을 취하게 되며, 자신의 행동이 다른 구성원들에 어떤 영향을 미칠지를 고려하지 않거나, 고려하고자 하더라도 이를 파악하는 것이 매우 어렵다.

공급사슬 구성원들은 어떤 문제가 발생할 경우 근본적인 원인을 밝혀내려는 노력보다는 당면한 지엽적 문제에만 대응하려는 경향이 있다. 때문에 변동이 발생할 경우 공급사슬의 다른 구성원들을 비난하게 되고 공급사슬로 연결된 다른 구성원들을 파트너로 만들기보다는 적으로 만들게 된다.

공급사슬의 어떤 구성원도 자신의 행동이 공급사슬 전체에 어떤 영향을 초래할지 이해하기 어렵다. 이는 공급사슬의 한 단계에서 이루어지는 행동의 가장 중요한 결과는 전혀 다른 단계나 부분에서 나타날 수 있기 때문이다.

공급사슬 파트너들 간 신뢰의 결여는 전체 공급사슬 성과를 희생하더라도 자신의 이익만 추구하는 기회주의적인 태도를 초래할 수 있다. 나아가 신뢰의 결여는 동일한 문제에 대해 노력이나 투자의 중복문제를 발생시키기도 한다. 보다 중요한 점은 서로를 신뢰하지 못하기 때문에 다른 구성원들이 가지고 있는 유용한 정보가 공유되지 않거나 아예 무시되기도 한다는 점이다.

2. 채찍효과의 해소방안

불확실성의 감소

Bullwhip effect를 감소하거나 제거하기 위해 가장 많이 제안되는 방안의 하나는 수요정보의 공유와 집중화(centralization)를 통해 공급사슬상의 불확실성을 감소시키는 방안이다. 즉, 공급사슬의 모든 단계들이 실제 고객수요에 대한 정보를 공유하는 것이다.

하지만 각 단계가 동일한 수요 데이터를 이용하더라도 서로 다른 예측기법을 사용하거나 서로 다른 구매관행이나 기법을 가지고 있다면 이 또한 bullwhip effect의 원인으로 작용할 수 있다. 하지만 모든 단계가 동일한 수요 데이터, 동일한 예측기법, 동일한 주문정책을 사용한다 하더라도 bullwhip effect를 완전히 제거할 수는 없다.

변동성의 감소

고객수요 프로세스에 내재하는 변동성을 감소시킴으로써 bullwhip effect를 감소시킬 수 있다. 예를 들어, 소매업체는 EDLP(Everyday Low Pricing)와 같은 수요관리 전략을 통해 고객수요의 변동을 감소시킬 수 있다. 이는 결국 공급사슬의 상류(upstream)에 위치하는 도매업체나 제조업체에 대한 수요의 변동을 감소시키는 데 기여하게 될 것이다.

언급한 바와 같이 EDLP 전략을 활용하면 고객수요의 변동을 효과적으로 줄일 수 있다. 특히 가격할인 시 발생하는 고객수요의 급격한 변화를 효과적으로 제거할 수 있기 때문에 전반적으로 안정된 고객수요 패턴을 달성할 수 있다.

EDLP(Every Day Low Pricing, 최저가격 전략)란 쿠폰, 판촉을 위한 가격할인, 비교구매 등이 없이 최저가격을 고객에게 약속하는 가격 전략으로, 가치가격 전략(value pricing)이라고 불리우기도 한다. EDLP는 소매업체에게 주기적인 가격할인에 따른 시간과 비용을 절감시켜 주고, 제조업체에게 쿠폰의 배포 및 처리에 따른 비용을 절감시켜 주고, 나아가 고객의 로열티를 증대시켜 주는 효과도 있다. EDLP는 Wal-Mart와 P&G에 의해 성공적으로 도입되었으며 최근 다른 유통업태로 확산되고 있다. EDLP와 반대되는 용어가 High-Low 가격 전략이다. High-Low 가격 전략하에서 가격은 EDLP보다 높으나 시즌 말 과잉재고가 있을 때 판촉행사 등을 통해 가격할인을 실시하는 전략이다. High-Low 가격 전략이 채찍효과(bullwhip effect)의 주된 요인으로 작용한다.

리드타임의 단축

리드타임의 단축을 통해 공급사슬 전반의 bullwhip effect를 상당히 감소시킬 수 있다.

리드타임에는 제품의 생산과 인도에 소요되는 주문 리드타임과 주문처리에 소요되는 정보 리드타임이 포함되어 있다. 이 중 주문 리드타임은 크로스도킹(cross-docking)의 도입을 통해 효과적으로 감소시킬 수 있고, 정보 리드타임은 적절한 정보시스템의 도입을 통해 감소시킬 수 있다.

전략적 파트너십

여러 가지 전략적 파트너십(partnership)의 도입을 통해서도 bullwhip effect를 해소할 수 있다.

전략적 파트너십을 통해 정보의 공유와 공급사슬 관점의 재고관리가 이루어질 경우 bullwhip effect의 영향을 해소할 수 있다. 예를 들어, VMI(Vendor Managed Inventory)하에서는 제조업체가 소매업체 매장의 자사제품 재고를 관리하며, 때문에 소매업체 매장의 재고 수준과 매 기간의 제품공급량을 자체적으로 결정하게 된다. 그러므로 VMI에서는 제조업체가 소매업체가 발주한 주문에 의존하지 않기 때문에 bullwhip effect 자체를 피할 수 있게 된다.

앞서 설명한 바와 같이 수요정보의 중앙집중화도 공급사슬의 상류(upstream) 단계에서 관찰되는 변동을 획기적으로 감소시킬 수 있었다. 그러므로 소매업체는 고객수요 정보를 공급사슬의 나머지 단계에게 제공하고 상류업체는 소매업체에게 인센티브를 제공하는 전략적 파트너십의 형성을 통해 상호 편익을 얻을 수 있을 것이다.

VMI(Vendor Managed Inventory, 공급자주도형 재고관리)는 주문자와 공급자 간에 전략적인 제휴를 통해 주문자는 판매정보 또는 생산 및 조립의 스케줄 및 진도와 재고현황 등의 정보를 공급자에게 제공하고 제품 또는 부품 재고의 주문 및 관리를 공급자에게 일임하는 방식이다. 이에 따라, 전통적인 주문과정을 생략하고 공급자 자율에 의해 최적으로 공급 스케줄 및 재고를 관리하여 공급 리드타임 단축, 재고 감축, 결품 방지 등을 추구한다. 이를 위해서는 공급자와 주문자 간에 판매, 재고, 주문, 물류 등의 정보가 공유되고 관련 프로세스가 통합되어야 한다.

공급사슬 통합의 차원과 전략

글로벌 공급사슬 환경하에서 고객수요 변화와 제품 다양성의 증가 등에 효과적으로 대응하기 위해서는 공급사슬에 참여하는 파트너들 간의 결속력 있는 통합을 요구하게 된다. Hau Lee(2000)는 이러한 공급사슬 통합(supply chain Integration)을 구현하는 3가지 핵심적인 차원으로 ① 정보의 통합(information integration), ② 조정과 협력(coordination), 그리고 ③ 조직의 연계(organizational linkage)를 제시하였다.

그림 2-3 공급사슬 통합의 차원

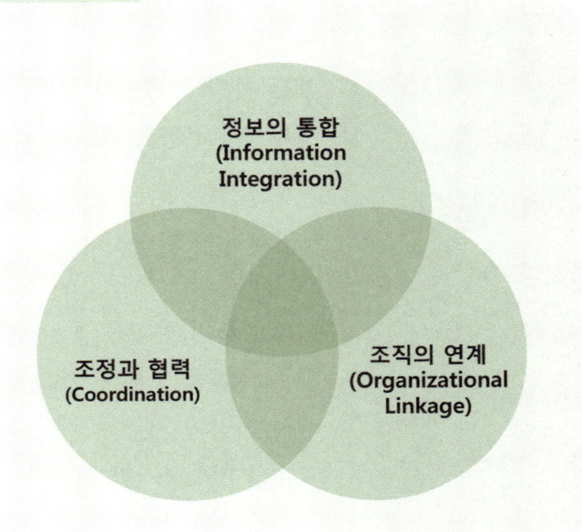

정보의 통합(information integration)이란 공급사슬 구성원들 간의 정보와 지식의 공유를 의미한다. 이들은 수요정보, 재고상태, 용량계획, 생산일정, 판촉계획, 수요예측, 수송계획 등을 공유하며, 예측과 재고보충을 위해 서로 협력하게 된다.

조정과 협력(coordination)이란 공급사슬

구성원 간에 의사결정 권한, 업무, 자원을 최적으로 재배치하는 것을 의미한다. 예를 들면, 한 업체가 전통적으로 재고보충계획을 직접 수립해 왔던 방식을 포기하고 공급업체에게 재고보충과 관련된 의사결정 권한을 위임할 수 있다. 즉, 공급업체가 제품, 전체 시장, 예측기법에 있어서 보다 나은 지식을 갖추고 있기 때문에 재고보충을 더 잘 수행할 수 있다고 보는 것이다. 이러한 사고가 현재 널리 활용되고 있는 VMI(Vendor Managed Inventory), CR(Continuous Replenishment)과 같은 프로그램의 근간이 되고 있다.

기업들은 또한 공급사슬 전체의 효율을 높이기 위해 그들이 수행하는 업무를 이전시킬 수도 있다. PC 산업의 채널어셈블리(channel assembly) 방식이 그 예가 될 수 있다. 현재 일부 PC 제조업체는 전통적으로 '직접' 수행해 왔던 최종 제품조립 및 테스트를 유통업체나 물류업체가 '대신' 수행하도록 하고 있다. 나아가 자원을 재배치, 통합, 공유하고 있는 경우가 있는데 이를 통해 공급사슬 구성원들에게 편익을 증대시키고 있다. 공동창고, 공동재고관리, 공동구매 등이 그 예가 될 수 있다.

서로 다른 기업들 간에 긴밀한 조직 간 연결관계가 성립되지 않는 한 완전한 통합이라고 볼 수 없다. 공급사슬 파트너들 간에 명확한 의사소통 채널이 정의, 유지되어야 한다. 이를 위해서는 EDI, 인터넷 등이 활용될 수 있다. 또한 공급사슬 구성원들을 위한 공급사슬 성과지표가 명확히 정의되고 이를 상시 모니터링할 수 있어야 하며, 이를 바탕으로 공급사슬 구성원 간에 책임과 권한의 소재를 분명히 하여야 한다. 이처럼 참여자들 간의 인센티브에 대한 분배방식이 명확해야 공동의 목표를 위해 긴밀히 협력할 수 있게 된다.

1. 정보의 통합

정보의 통합은 공급사슬 통합을 위한 기반이 된다. 기업들이 자재, 정보, 재무 흐름을 조정하기 위해서는 공급사슬 상태를 파악할 수 있는 정보에 대한 상시 접근이 가능해야 한다. 정보의 통합이 없이는 전반적인 공급사슬 통합의 효과를 기대하기가 어렵다.

통합의 첫 번째 단계는 공급사슬 구성원 간 수요정보의 공유이다. 실제 일부 전문가들은 공급사슬의 모든 활동이 반드시 실제 고객의 니즈(needs)에 기초해야 한다는 것을 강조하기 위해 공급사슬관리를 '수요사슬관리(demand chain management)'라고 부르기도 한다. 즉, 고객의 주문이 나머지 공급사슬의 활동을 좌우한다고 보는 것이다.

정보공유는 'bullwhip effect'로 알려진 공급사슬상의 수요왜곡현상을 해결할 수 있는 가장 효과적인 대안이다. 이를 위해 하류(downstream)업체는 고객 또는 고객의 고객에 대한 매출정보를 상류(upstream)업체와 공유하게 되며, 이러한 정보공유의 범위가 클수록 bullwhip effect의 영향이 낮아지게 된다. 이와 유사하게 상류업체는 재고 수준, 생산능력, 수송계획 등의 정보를 하류업체와 공유하게 되며, 이를 통해 하류업체는 공급업체의 공급능력에 대한 명확한 그림을 가짐으로써 과다주문과 같은 비효율적 행위를 최소화할 수 있게 된다. 나아가 공급업체는 자신의 재고 및 생산능력 정보뿐만 아니라 자신들의 공급업체에 대한 데이터도 공유할 수 있다. 이상적인 공급사슬하에서는 모든 정보가 공급사슬 전반에 걸쳐 투명하게 된다.

정보통합의 다음 단계는 공급사슬 구성원 간의 지식의 공유이다. 이를 위해서는 파트너 간의 보다 깊은 신뢰가 전제되어야 한다. 일례로 이러한 지식의

그림 2-4 정보공유와 단일수요 시그널(single demand signal)의 형성

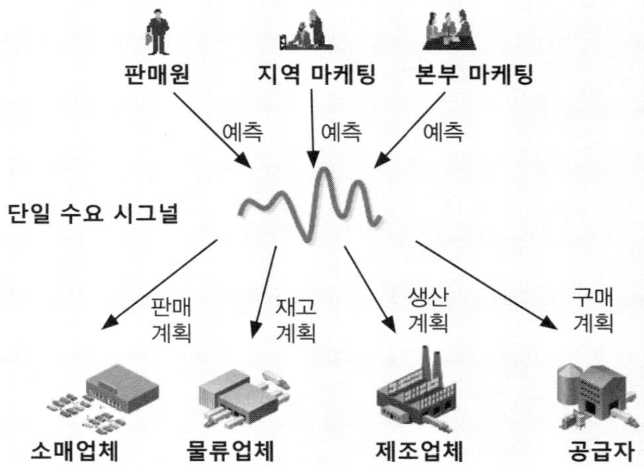

교환은 Wal-Mart와 Warner-Lambert 간의 의약품 및 건강보조제품에 대한 예측 및 재고보충에 대한 협력프로그램의 기초가 되고 있다. Wal-Mart와 같은 소매업체는 매장에서 소비자와의 상호 작용, POS 데이터의 보유 등을 통해 소비자의 기호를 가장 잘 파악할 수 있고, 제약업체는 그들이 생산하는 제품에 대한 지식과 함께 다양한 외부정보를 활용하여 제품의 수요패턴을 예측하는 데 도움을 줄 수 있다. 두 업체는 각자의 지식을 활용하여 재고보충계획을 위해 상호 협력하고 있다.

이와 유사하게 Seven-Eleven Japan은 공급업체들과 점포 간의 폭넓은 협력을 통해 새로운 고객맞춤형의 제품을 소개하고 있다. 또한 이 업체는 시간별, 요일별로 다른 지역에 위치한 많은 고객들의 개별화된 수요를 만족시킬 수 있도록 신속한 재고보충을 실현하고 있다. 이러한 고도의 맞춤화(customization) 전략은 고객과의 관계를 향상시킬 뿐만 아니라 Seven-Eleven Japan 성공을 뒷받침하는 핵심요소가 되고 있다.

또 다른 성공적인 지식공유의 예는 미국 식품·잡화산업에 적용되고 있는 CPFR(Collaborative Planning, Forecasting and Replenishment)에서 살펴볼 수 있다. 시장과 제품에 대한 지식의 교환은 소매업체와 제조업체가 최적의 판촉계획과 신제품 출시계획을 수립하는 데 도움을 주고 있다. 최근에는 CPFR을 기반으로 소매업체와 제조업체가 공동으로 신제품을 개발하는 경우도 나타나고 있다.

2. 조정과 협력

정보와 지식의 공유가 어느 단계까지 이루어지면, 공급사슬 파트너들은 보다 높은 수준의 통합을 진행할 수 있게 된다. 즉, 상호 간에 의사결정 권한, 업무, 자원 등의 교환 등 관련 업무에 대한 조정을 추진하게 된다. 의사결정 권한의 교환을 위해서는 기본적인 조건으로의 정보통합과 함께 보다 높은 수준의 상호 신뢰가 요구된다. 만약 특정 공급사슬 파트너가 다른 파트너에 비해 보다 우수한 의사결정을 내릴 수 있고, 이러한 의사결정이 한 파트너에 의해 다른 파트너로 위임된다면, 전반적인 공급사슬 효율성이 증대될 것이다.

미국 식품·잡화산업에 도입된 조정 전략을 그 예로서 살펴볼 수 있는데,

정보왜곡현상에 대응하여, 당해 산업에서는 CRP(Continuous Replenishment Program)와 VMI(Vendor Managed Inventory) 프로그램을 적극적으로 도입하였다. 이들 프로그램은 재고보충에 대한 권한을 소매업체로부터 제조업체로 이전하는 것에 초점을 두고 있다. 즉, 소매업체가 주문 의사결정을 수행하는 것이 아니라 제조업체가 소매업체가 제공하는 POS와 재고정보를 바탕으로 이를 수행하는 것이다. 이들 프로그램들은 의미 있는 비용절감 효과를 나타내었다.

사례 읽기 2-3 VMI 프로그램 도입 사례

이탈리아의 대형 파스타 제조업체인 Barilla SpA와 대형유통업체인 Cortese가 이 프로그램을 도입하여 커다란 성공을 거둔 바 있으며, 도입 전에 비해 재고 수준이 46%나 절감되었고 결품률(stockout rate)이 6~7%에서 거의 0%대로 떨어지는 결과를 가져왔다.

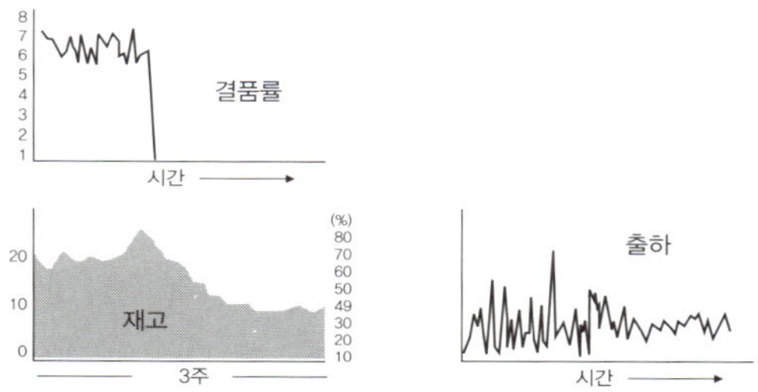

또 다른 예로 3M은 P&G의 Pampers 생산라인에 대한 자재(테이프)의 재고보충을 위한 VMI 프로그램에 참여하고 있으며, 재고보충은 P&G의 생산계획 및 재고 수준을 고려하려 이루어지고 있다. 이미 P&G가 Wal-Mart와 VMI 프로그램을 실시하고 있기 때문에, 현재는 공급사슬 내의 3주체(3M, P&G, Wal-Mart)가 VMI 프로그램에 함께 참여하고 있다.

VMI 프로그램에 있어서 의사결정권한의 교환은 bullwhip effect를 줄일 뿐만 아니라 예측 및 재고보충 의사결정을 개선하고 있다. 이와 함께 공급업체가 상품의 재고보충을 위한 수송계획의 분석, 조정에 있어서도 최적의 위치에 있다는 것을 일깨워 주었다. 예를 들어, 공급업체는 복수의 고객에 대한 재고보충계획을 조정하여 트럭운행의 적재율을 높일 수도 있다. 이를 통해 고객의 서비스 요구에 신속하게 대응하면서 운임을 크게 절감할 수 있게 해 준다.

다음 단계는 업무(work)의 재조정이다. 이는 전체 공급사슬의 효율성을 높이기 위해 공급사슬 파트너들 간에 물리적인 활동들을 재분배하는 전략이다. 이러한 재분배는 정보와 지식의 공유가 이루어지고 있을 때 가능하게 된다.

PC 산업이 이러한 업무 재조정의 좋은 예가 될 수 있다. 전통적으로 PC 산업에 있어서 최종 제품의 사양은 제조업체에 의해 결정되며 대개 조립이 완성된 상태로 보관하게 된다. 도매업체와 소매업체(채널이라고 부르기로 함)는 제조업체에게 완성된 제품을 주문을 하며 판매를 위해 특정 장소에 전시, 보관한다. 최종 고객은 어느 한 채널에 방문하여 채널로부터 제품을 구매하게 된다.

하지만 오늘날에는 이러한 전통적인 공급사슬구조에 많은 변화가 일어나고 있다. 예를 들어, 판매 및 고객서비스, 제품 고객화(customization) 및 배달 등의 핵심활동들이 제조업체와 채널 간에 재분배되는 현상이 나타나고 있다.

직접판매 모델(direct sales model)의 경우 제조업체가 판매, 고객서비스와 함께 제품 고객화 및 배송을 책임지고 있다. 이 모델하에서는 제품이 제조업체로부터 고객에게 직접 배달된다. Dell, Gateway 등이 이 모델의 전형적인 예이다.

간접판매 모델(indirect sales model)에서는 제조업체가 물리적인 제품 고객화를 담당하고 채널이 판매 및 고객서비스를 담당하고 있다. Hewlett-Packard, Compaq 등의 컴퓨터 제조업체가 이러한 모델을 이용하고 있다. 제품의 가격이 높은 경우 제조업체 입장에서는 채널상에 재고를 유지하는 것보다 제조업체가 재고를 유지하면서 고객에게 직접 배달하는 것이 보다 매력적인 대안이 된다.

채널어셈블리 모델(channel assembly model)에서는 IBM과 같은 제조업체는 제품의 기본사양만을 제공하고, 채널이 판매 및 고객서비스뿐만 아니라 고

그림 2-5 PC산업에서 핵심 활동의 재배치 패턴

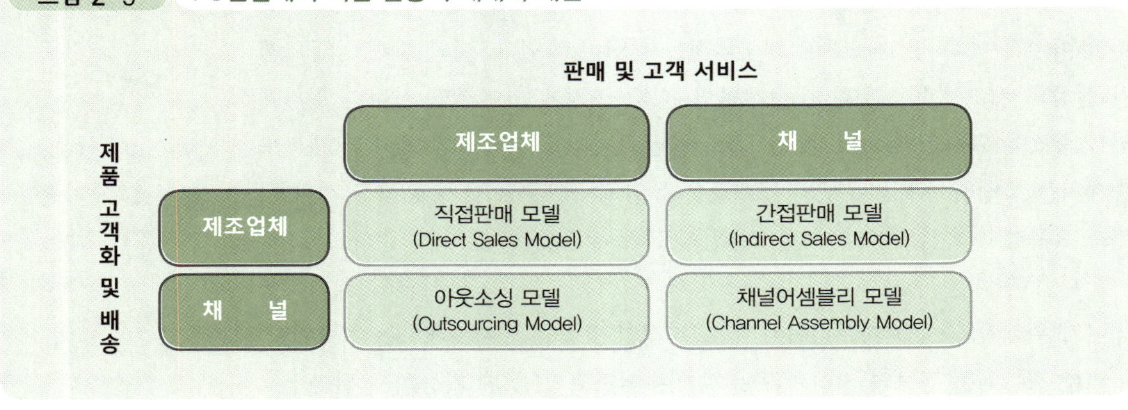

출처: Lee(2000).

객의 니즈에 적합한 제품사양의 제공을 책임지게 된다. 채널은 고객과의 밀접한 관계를 통해 고객의 다양한 니즈를 만족시키는 옵션을 제공할 수 있는 보다 유리한 위치에 있다. 판매후 서비스는 제조업체, 채널 양자에 의해 제공될 수 있다. 이는 고객이 품질보증기간 동안 판매후 서비스를 제공받기 위해 제조업체를 직접 접촉할 수 있기 때문이며, 제조업체의 입장에서도 고객의 서비스 콜이 향후 제품개선을 위해 유용한 피드백을 제공해 주기 때문이다. 하지만 제조업체가 고객의 판매 후 서비스 요청에 신속히 대응하기 위한 서비스 네트워크를 보유하기가 일반적으로 어렵기 때문에, 지리적으로 보다 광범위한 시설을 보유한 채널이 이러한 서비스를 제공하는 데는 보다 유리한 입장에 있다. 예를 들어 HP의 경우 서비스 콜은 직접 접수하지만 직접적인 고객서비스는 유통업체가 수행하고 있다.

마지막으로 아웃소싱 모델(outsourcing model)에서는 제조업체가 판매 및 고객서비스를 담당하고 채널은 제품 고객화 및 배달을 담당하는 방식을 취한다.

이러한 업무의 재배치는 웹을 통한 고객의 직접구매의 진전에 따라 가속화되고 있다. 제조업체는 전통적으로 도매업체, 소매업체가 수행해 왔던 주문충족기능을 보다 직접적으로 수행하려는 추이를 보이고 있다. 따라서 도매업체, 소매업체는 이러한 새로운 공급사슬에서의 역할을 재정립할 필요가 있다.

의사결정 권한, 업무의 재조정과 함께, 공급사슬 파트너들 간에 시너지 효과를 위한 자원의 공동이용도 이루어질 수 있다.

3. 조직의 연계

정보의 공유, 업무의 조정만으로는 완전한 공급사슬의 통합을 구현할 수 없으며 조직적 요소가 개입되어야 한다.

조직의 연계를 위해서는 공급사슬 전체에 걸친 성과측정지표의 설정이 요구된다. 통합이 진전될수록 전통적인 내부 성과측정지표의 유용성이 떨어지게 된다. VMI 프로그램의 경우를 예로 들면 재고관리의 효율성은 기업내부의 활동뿐만 아니라 공급업체의 성과에 의해서도 영향을 받게 된다.

새로운 성과측정지표는 통합된 활동들의 성과를 적절히 측정할 수 있어야 한다. 왜냐하면 공급사슬 파트너들이 공급사슬 성과에 공동으로 책임을 지기 때문이다. 이를 위해서는 광범위한 성과측정지표가 파악될 수 있어야 하며 공급사슬 파트너들이 이들 지표를 상시 활용할 수 있어야 한다.

공급사슬 통합의 장애요인

공급사슬 통합의 진전은 종사자나 관리자에게 기존의 안전지대에서 걸어 나올 것을 요구하게 되며, 이러한 기존 조직문화의 변화에 대한 요구는 공급사슬 통합을 어렵게 하는 최초의 장애요인으로 작용하게 된다. 이러한 문화적 장애요인이 극복된다고 하더라도, 기업 간 조직문화, 정보시스템, 업무태도, 성과측정시스템 등의 차이를 어떻게 융합할 것인지가 또 다른 과제로 남게 된다.

기업들이 공급사슬 통합을 고려함에 있어서 가지는 질문에는 대개 다음과 같은 것들이 있을 수 있다.

- 누가 실제로 책임을 지는가?
- 타 공급사슬 참여자를 신뢰할 수 있는가?
- 공급사슬관리가 우리 부서의 성과에 어떠한 영향을 미치는가?
- 통합공급사슬 환경에서 우리 부서는 어떤 책임을 지게 되는가?
- 새로운 "팀" 환경에서 성공하기 위해 나는 어떠한 능력을 개발해야 하는가?
- 경쟁우위를 제고하기 위해 누가 가장 우수한 파트너인가?
- 부가가치를 어떻게 측정할 것인가?
- 얼마나 많은 공급사슬과 효과적으로 관련 업무를 수행할 수 있나?

많은 조직들이 처음에는 이러한 질문에 대한 답을 제시할 수 없으며 이러한 점이 공급사슬관리의 도입을 주저하게 만드는 요인으로 작용하기도 한다.

관리자가 공급사슬 통합의 개념을 활용하여 하부조직의 성과를 높이고 장기적으로 고객 충성도(royalty)를 높이고자 하는 경우 무엇보다 이를 저해하는 장애요인을 잘 인식할 필요가 있다. 이러한 장애요인에는 다음과 같은 것들이 있다.

- 최고 경영자 지원의 결여
- 협조와 협력을 방해하는 조직의 구조
- 조직 내 및 조직 간 목표와 목적의 불일치
- 정확하고 적시의 정보를 공유할 의지나 역량의 부족
- 조직 내 및 조직 간 성과측정에 대한 일관성 결여
- 조직 내 및 조직 간 역할과 책임에 대한 불명확한 정의
- 경로 구성원 사이의 기회주의적 행동

오직 최고 경영자만이 공급사슬관리의 도입을 위해 조직문화를 바꾸고 필요한 자원을 배분할 수 있다. 오랜 기간 유지되어 온 기능별 조직문화를 타파하기가 쉽지 않으며 이 점이 공급사슬의 성공적인 도입을 위해 반드시 필요한 협력적 관계의 설립을 매우 어렵게 만들게 된다.

기존의 조직문화

세계 최대의 파스타 제조업체인 Barilla SpA는 고객 서비스를 강화하기 위한 조직정비의 차원에서 판매와 물류부서를 시험적으로 통합하였다. 그 결과 고객수요에 대한 대응성이 향상되었고 동시에 재고를 효과적으로 절감하게 되었다. 하지만 JIT 방식의 배송시스템을 적용하기 위한 조직정비와 주 부서 간의 갈등을 해소하는 데 6년이라는 기간이 소요되었다.

정보공유

리더십과 조직도 중요하지만 성공적인 공급사슬관리의 도입은 조직 구성원이 공통된 철학과 목표를 공유할 것을 요구한다. 조직 구성원이 정보를 공유함으로써 이들의 노력이 동기화되어야 한다. 정보기술에 대한 높은 투자에도 불구하고 많은 공급 관리자들이 자사의 정보기술 역량에 불만을 가지고 있는 것으로 나타나고 있다. 고비용이 수반되는 ERP 시스템은 최근 수년 동안 집중적인 관심을 받아 왔으나 기업의 기존 정보시스템에 통합되기가 쉽지 않고 효과적인 공급사슬 의사결정을 위해 필요한 유연하고 실시간의 정보를 충분히 제공하지 못하고 있는 것으로 나타나고 있다.

최근 일부 기업들이 공급자와의 정보공유를 위해 설계된 웹 기반 시스템을 성공적으로 구축한 사례도 있으나(예, Rockwell Collins, Wal-Mart) 아직은 대부분의 기업들이 정도의 차이는 있으나 정보공유 역량을 개선하기 위한 노력을 기울이고 있는 단계에 있다.

성과측정시스템

나아가 많은 기업들은 공급사슬관리의 도입에 따른 새로운 성과측정시스템을 개발하지 못하고 기존의 기능별 시스템을 계속 활용하고 있다. 이러한 기능별 성과측정시스템은 기능 간, 조직 간 프로세스 통합을 위한 동기를 충분히 부여하지도 못하기 때문에 공급사슬관리 도입의 또 다른 장애요인으로 작용하고 있다.

공급사슬관리의 성공적인 도입을 위한 조건

공급사슬관리란 기존 조직의 경계를 넘어 서로 다른 조직 간에 부가가치 활동을 어떻게 조정하고 통합할 것인지를 다루기 때문에, 무엇보다 최고 경영자의 지원이 확보되어야 한다. 적절한 목표가 설정되어 있을 경우 부가가치 활동을 통합하기 위한 Fawcett(2000)는 다음 4가지 전략의 도입 여부가 공급사슬관리의 성공적인 도입을 결정한다고 보고 있다.

조직 간 프로세스 통합

프로세스 통합은 기존의 역할이나 책임에 관계없이 해당 활동을 최적의 공급사슬 구성원이 수행함으로써 공급사슬 효율성을 최적화하려는 전략이다. 이를 위해서는 우선 리드타임, 재고 수준, 핵심 부가가치 활동의 역할 등을 포함하는 프로세스 지도(process map)를 도출하여야 한다. 이러한 지도들은 총비용과 사이클타임에 대한 분석을 가능케 함으로써 기존의 역할과 책임들이 과연 어떤 공급사슬 구성원에게 이전되는 것이 가장 적합한지를 판단할 수 있도록 한다.

예를 들어, 일부 구매조직은 핵심 공급자들과 함께 전체 구매소요를 파악하고 공급사슬의 1차 및 2차 공급자에 걸친 수요를 통합함으로써 레버리지를 증가시킬 수 있다는 것을 발견하였다. 1차 공급자들을 대신하여 2차 공급자들과 직접 계약을 체결함으로써 구매조직이 전체 공급사슬의 효율성 증대를 도모할 수 있다. 이러한 2차 구매계약은 공급사슬 구성원 사이에 역할과 책임을 이전하는 대표적인 예라 할 수 있다.

브라질 Resende에 위치한 Volkswagens 트럭조립공장의 경우 조립 프로세스에서 모든 주요 모듈을 운영하고 있는 직원의 90%가 공급업체에서 파견된 인력이다. 또한 공급업체는 차량이 최종 검사를 완료하고 생산 프로세스가 종료되기 전까지는 부품과 인력에 대한 비용을 청구하지 않는다.

정보시스템 지원

정보교환은 다양하고 가끔은 지리적으로 분산된 공급사슬 구성원들을 연결하는 역할을 한다. 정보의 공유에는 두 가지 이슈가 있다. 첫째는 관계의 강점과 신뢰에 바탕을 둔 의지이다. 많은 기업들은 공급자와 수요패턴과 같은 민감한 정보를 공유하는 것을 꺼려하게 된다. 반대로 공급자는 기술이나 비용구조를 고객과 공유하는 것을 꺼려하게 된다. 둘째는 연결성에 대한 문제로 적시에 정확하고 신뢰도를 가진 정보를 공유할 수 있는 적절한 정보시스템 플랫폼을 갖추고 있는가 하는 것이다. 정보공유의 수준이 낮으면 공급사슬 전방에 재고가 증가할 수 있다. 또한 정보공유는 지연 전략(postponement), 연속재고보충(continuous replenishment) 또는 여타 시간기반(time-based) 경쟁전략을 통해 사이클타임을 압축하는 핵심요인이다.

일부 선도기업들의 경우 완전한 주문 이력과 예측 수요패턴과 같은 자료를 공급자와 공유하는 웹 기반 정보시스템을 개발·운영하고 있다.

성과측정시스템

올바른 전략적 방향을 설정하고, 경로 구성원 사이의 통합을 촉진하고, 지속적인 프로세스 개선을 위해서는 적절하고 일관된 성과측정이 공습사슬 구성원 간에 이루어져야 한다. 성과측정은 핵심 고객의 니즈를 구체적으로 파악할 수 있도록 해 주며, 공급사슬 구성원의 부가가치 역량을 이해할 수 있도록 하고, 공급사슬 전반의 행동에 대해 영향을 미칠 뿐만 아니라, 공급사슬 활동의 결과와 관련한 정보를 제공해 준다.

최근 구매 분야에 있어서 공급자 측정시스템이 확산되고 있다. 가장 널리 사용되는 기법으로 공급자 성과 스코어카드를 들 수 있다. 이러한 스코어카드는 기업의 규모나 공급사슬 내의 위치에 관계없이 적용할 수 있다. 많은 기업들이 성과평가 결과의 요약자료를 웹에 게시하여 공급자들이 자신들의 상대적인 성과를 진단할 수 있도록 하고 있다.

총비용 분석이나 ABC(Activity-Based Costing) 등의 기법도 확산되고 있으며, 이들 기업들을 활용하여 구매자들은 제품, 공급자, 경로 수익성 등을 보다 구체적으로 평가할 수 있는 기반을 갖추게 되었다.

제휴관리(Alliance Management)

제휴관리 또한 통합적 메커니즘의 실현을 위해 중요한 부분을 차지한다. 제휴(alliance)란 두 조직이 상호 편익을 얻기 위해 보다 밀접하게 업무를 수행하는 공식적인 협약의 형태라 할 수 있다. 특히 공급사슬관리에 있어서는 기존의 구매자/공급자 간 쌍무적인 제휴를 전체 공급사슬 구성원 간의 제휴로 확대되어야 한다. 공급사슬 통합과 공급사슬관리 전략의 차원에서 구매자/공급자 제휴는 매우 중요한 과제로, 개략적으로 다음과 같은 요건을 갖추는 것이 필요하다.

- 제휴 파트너의 선정을 위한 명확한 가이드라인과 절차의 활용
- 제휴를 모니터링할 수 있는 명확한 가이드라인과 절차의 활용
- 보다 우수한 역량을 갖추기 위한 제휴 파트너 간 경험과 자원의 공유
- 위험과 보상의 공유
- 장기적이고 공식적인 계약관계의 수립

사례연구 Seven Eleven Japan의 Triple-A 공급사슬

Seven Eleven Japan(이하 SEJ)은 공급사슬 혁신을 통해 유통기업이 어떻게 경쟁사들보다 앞서갈 수 있는지를 보여주는 대표적인 사례이다. 210억 달러 규모의 편의점 체인인 SEJ는 결품률이 특히 낮으며, 2004년도 재고자산 회전율은 55회에 육박한다. 매출이익이 30%에 달하는 SEJ는 전 세계에서 가장 수익성이 높은 소매업체이기도 하다. 9,000여 개의 매장을 거느린 소매업체가 어떻게 10년 이상 동안 높은 성과를 계속 유지해 올 수 있었을까?

SEJ는 신속한 또는 저비용의 제품 판매가 아니라 급변하는 시장수요에 적절히 대응할 수 있는 방향으로 자사의 공급사슬을 설계하였다. 또한 고객 선호도의 변화를 포착해 내고 모든 매장에서의 판매상황 및 고객(성별 및 연령)에 대한 정보를 추적할 수 있는 실시간 시스템을 구축하였다. 인터넷 시대가 오기 오래 전부터 SEJ는 인공위성과 ISDN 회선을 이용해 자사의 모든 매장과 유통센터, 공급업체 및 물류업체를 연결시키는 정보시스템을 구축하였다. 여기서 생성되는 데이터를 통해 SEJ는 자사의 공급업체로 하여금 각 매장들에서의 고객수요 변화를 포착하고, 요구사항의 변동 가능성을 미리 알려 주며, 각 매장 간의 재고상황을 재조정하며, 적기에 재고보충을 할 수 있도록 하고 있다. SEJ는 각 매장에 대한 상품공급 지연이 최대 10분을 넘지 않도록 스케줄을 수립한다. 또한, 매장의 직원들은 매일 최소한 3번 이상 상품진열을 재배치함으로써, 시간대별로 달라지는 고객층과 그들의 수요에 부응할 수 있도록 하고 있다.

SEJ는 장기간에 걸쳐 자사의 공급사슬을 자사의 전략에 맞게 수정해 왔다. 몇 년 전, 동사는 전국 곳곳에 매장을 개설하기보다는 핵심지역에 매장을 집중하기로 결정하였다. 그러나 이로 인해 동사가 이들 매장에 상품을 공급할 때마다 교통체증이 발생할 수 있는 소지가 커지게 되었다. SEJ가 매장들에 대한 재고보충을 하루에 3~4회 실시하기로 결정함에 따라, 이 문제는 더욱 심각해지게 되었다. 교통체증으로 인한 매장 상품공급상의 차질을 최소화하기 위해 동사는 자사의 유통체계를 새롭게 정비하였다. 동사는 같은 지역에서 오는 공급업체들로 하여금 한 대의 트럭에 상품을 혼재(consolidate)하도록 요청하였다. 이를 통해 유통센터에 입고하는 트럭의 수를 최소화하고, 유통센터에서는 크로스도킹을 실시하였다.

SEJ 공급사슬 운영의 핵심은 자사의 이익과 파트너들의 이익을 긴밀히 연계하는 데 있다. 무엇보다 Incentive와 Disincentive를 명확히 설정하였다. "SEJ가 성공하게 하라, 그러면 그에 대한 성과는 나눠 가질 것이다." "정시 납품에 실패할 경우, 페널티를 지불해야 한다." 일견, 너무 가혹한 발상으로 보일 수도 있으나, SEJ는 자사의 파트너들을 철저히 신뢰함으로써 당근과 채찍의 양쪽 중 어느 한쪽으로 치우치지 않고 적절한 균형을 유지해 나갈 수 있었다. 예를 들어, 운송회사에서 상품을 매장에 인도할 때, 검수/검품과정이 생략된다. 따라서 트럭 운전자는 해당 상품만 하역해 주면

표 2-1 | Triple-A 공급사슬의 특징

차 원	목 적	방 법
민첩성 (Agility)	수요와 공급의 단기 변화에 신속하게 대응, 외부의 장애에 원활히 대응	• 공급업체 및 고객과 정보흐름을 촉진 • 공급업체와 협업관계(collaborative relationships)의 개발 • 지연전략(postponement) 설계 • 고가는 아니지만 핵심적인 부품에 대한 적절한 완충재고(inventory buffer) 유지 • 신뢰할 수 있는 물류시스템과 파트너 확보 • 위기대응계획 및 위험관리방안 수립
적응역량 (Adaptability)	시장의 구조적 변화에 대응하기 위해 공급사슬 설계를 조정, 전략, 제품 및 기술에 대응하여 공급 네트워크 수정	• 세계 경제의 동향을 모니터링하고 새로운 공급 기반과 시장 발굴 • 새로운 공급업체를 발굴하고 신뢰성 있는 물류시스템을 구축 • 중간 거래자가 아닌 최종 소비자의 니즈를 파악 • 제품설계의 유연성 확보 • 기술 및 제품 수명주기의 관점에서 제품의 포지셔닝을 명확화
제휴역량 (Alignment)	보다 우수한 성과를 위한 인센티브 시스템 개발	• 벤더 및 고객과 자유로운 정보 및 지식 교환을 활성화 • 공급업체 및 고객과 역할, 임무, 책임 등을 명확히 규정 • 개선대안 추진에 따른 위험, 비용 및 이득을 균등하게 부담

더 이상 해당 상점에서 시간을 지체할 일이 없기 때문에, 운송업체들은 시간과 비용을 절약할 수 있다.

SEJ는 새로운 사업기회를 포착할 경우, 자사의 공급업체들과 함께 신제품을 개발하고 수익을 공유한다. 일례로, 2년 전 SEJ는 6개 파트너사들과 함께 7dream.com이라는 e-commerce 회사를 설립하였다. 이를 통해, 소비자들은 온라인 또는 SEJ 매장에 설치된 키오스크(Kiosk)를 이용해 주문을 하고, SEJ의 어떤 매장에서든 해당 제품을 픽업할 수 있게 되었다. SEJ의 파트너사들은 SEJ의 방대한 물류 네트워크를 활용하여 상품들을 매장에 효율적으로 운송할 수 있었을 뿐만 아니라, 각 매장들의 좋은 입지를 활용할 수 있게 되었다. SEJ는 파트너사들로 하여금 게임, 티켓, CD 등을 매장 내에서 판매할 수 있는 멀티미디어 키오스크를 설치하도록 유도함으로써, SEJ는 파트너사들에게 있어서 일종의 아웃렛(manufacturing outlet) 역할을 하게 된 것이다. SEJ는 자사의 이익과 파트너사들의 이익을 최대한 연계시키고 있다.

Hau Lee(2004)는 이처럼 민첩성(Agility), 적응역량(Adaptability), 제휴역량(Alignment)을 갖춘 우수한 공급사슬을 Triple-A 공급사슬이라고 부르고 있다.*

토의문제

1. Seven Eleven Japan(SEJ)의 공급사슬이 민첩성, 적응역량, 제휴역량 3가지 관점에서 어떤 역량을 갖추고 있는가?
2. 이러한 역량들이 SEJ의 경쟁우위에 어떻게 기여하고 있는가?

* 출처: Lee, Hau L., "The Triple-A Supply Chain", Harvard Business Review, October 2004.

부록

채찍효과의 계량화와 정보공유의 효과

1. 채찍효과의 계량화

Bullwhip effect를 보다 잘 이해하고 적절히 통제하기 위해서는 공급사슬의 각 단계에서 발생하는 변동의 증가현상을 계량화하여 살펴보는 것이 도움이 될 수 있다. 이를 통해 변동의 증가를 설명하는 데 뿐만 아니라 예측기법, 리드타임, 변동의 증가 사이의 관계를 이해하는 데도 도움이 될 수 있다.

공급사슬상의 변동의 증가를 계량화하기 위해 고객수요를 관찰하는 하나의 소매업체와 주문을 발주하는 하나의 제조업체가 있는 단순한 2단계 공급사슬을 가정한다. 소매업체에 대한 고정 리드타임이 L이며 기간 t의 말에 소매업체가 발주한 주문은 기간 $t+L$의 초에 도착된다. 또한 소매업체가 매 기간 재고 수준을 목표 수준까지 끌어올리기 위해 주문을 발주하는 목표재고량 재고정책을 채택하고 있다고 가정한다. 이때 목표재고량은 다음과 같이 산출된다. 여기서 AVG와 STD는 고객수요량의 평균과 표준편차이다. z는 리드타임 기간 동안 재고품절(stockouts)이 발생할 수 있는 확률이 목표 서비스 수준과 같게 되도록 통계표에서 결정되는 값이다.

$$L \times AVG + z \times STD \times \sqrt{L}$$

이러한 재고정책을 적용하기 위해서 소매업체는 관찰된 고객수요를 기초로 수요량의 평균과 표준편차를 추정해야 한다. 때문에 실제 목표재고량은 평균과 표준편차의 현재 추정치에 따라 매일 변화할 수 있다. 구체적으로 특정 기간 t의 목표재고량 y_t는 관측된 수요로부터 다음과 같이 추정된다. 여기서 $\hat{\mu}_t$와 S_t

는 기간 t의 일일 고객수요량의 평균과 표준편차의 추정치이다.

$$y_t = \hat{\mu}_t L + z\sqrt{L}S_t$$

소매업체가 가장 간단한 예측기법인 이동평균법(moving average method)을 사용한다고 가정하자. 다시 말하면, 매 기간 소매업체는 이전에 관찰된 p회의 수요 관측치를 이용하여 수요량의 평균과 표준편차를 추정하게 된다. D_i는 기간 i의 고객수요이다.

$$\hat{\mu}_t = \frac{\sum_{i=t-p}^{t-1} D_i}{p}$$

$$S_t^2 = \frac{\sum_{i=t-p}^{t-1} (D_i - \hat{\mu}_t)^2}{p-1}$$

위 식에서 주목할 점은 소매업체가 매 기간 가장 최근 p회의 수요 관측치를 바탕으로 평균과 표준편차를 추정한다는 것이다. 그러므로 매 기간 평균과 표준편차의 추정치가 변하기 때문에, 목표재고 수준도 매 기간 변하게 된다.

이 경우, 제조업체가 당면하는 변동을 산출하고 이를 소매업체가 당면하는 변동과 비교함으로써, 변동의 증가를 계량화할 수 있게 된다. 만일 소매업체에 의해 관측된 고객수요의 분산(variance)이 $Var(D)$라면 소매업체가 제조업체에게 발주한 주문량의 분산 $Var(Q)$는 다음과 같은 식을 만족시키게 된다.

$$\frac{Var(Q)}{Var(D)} \geq 1 + \frac{2L}{p} + \frac{2L^2}{p^2}$$

〈그림 2-6〉은 리드타임 L값이 주어질 경우 p값의 변화에 따른 변동의 증가에 대한 하한 값을 그래프로 보여주고 있다. 예를 들어 L값이 작고 p값이 큰 경우에는 예측오류로 인한 bullwhip effect는 매우 낮다. 반면 리드타임 L이 증가하고 수요의 관측횟수 p가 감소하면 bullwhip effect는 커지게 된다.

예를 들어 소매업체가 과거 5회의 수요 관측치를 이용하여 평균수요를 추정한다고 하자. 만일 기간 t의 말에 소매업체가 발주한 주문은 기간 t+1의 초에

그림 2-6 p값의 변화에 따른 변동의 증가에 대한 하한 값

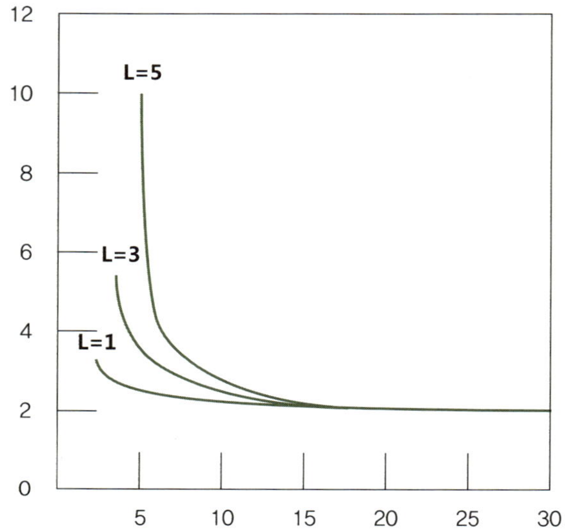

도착된다면 리드타임 L은 1이 된다. 이 경우 소매업체가 제조업체에 발주하는 주문량의 분산은 소매업체에 의해 관찰된 고객수요량의 분산보다 적어도 40%는 커지게 된다.

$$\frac{Var(Q)}{Var(D)} \geq 1.4$$

이제 동일한 소매업체가 과거 10회의 수요 관측치를 이용하여 수요의 평균과 표준편차를 추정한다고 가정하자. 이때는 소매업체가 제조업체에 발주하는 주문량의 분산이 소매업체에 의해 관찰된 고객수요량의 분산에 비해 적어도 1.2배가 될 것이다. 바꾸어 말하면 이동평균법에 사용되는 관측치의 증가를 통해 소매업체가 제조업체 발주하는 주문량의 변동을 상당 수준 줄일 수 있다는 것이다.

2. 정보공유의 효과

Bullwhip effect를 줄이기 위해 가장 자주 제안되는 방법의 하나가 공급사슬 내의 수요정보를 중앙집중화(centralize)하는 것이다. 즉, 공급사슬의 각 단계별에 대해 실제 고객수요에 대한 완전한 정보를 제공한다는 것이다. 왜 중앙집중화된 수요정보가 bullwhip effect를 줄일 수 있는지를 이해하기 위해서는, 수요정보가 집중화될 경우 공급사슬 내의 각 단계에서 실제 고객수요보다 왜곡된 전 단계의 주문정보에 의존하지 않고 실제 고객수요 데이터를 이용함으로써 예측의 정확도를 높일 수 있다는 것을 주목해야 한다.

공급사슬 내에서 고객수요정보를 공유할 경우에 나타나는 효과를 살펴보기로 하자. 이를 위해 다시 앞에서 설명된 4단계 공급사슬을 고려하자. Bullwhip effect에 대한 중앙집중화된 수요정보의 영향을 살펴보기 위해, 중앙집중화된 수요정보의 경우를 분산된 수요정보의 경우와 구분해서 살펴보기로 한다.

중앙집중화된 수요정보를 가진 공급사슬

중앙집중화된 공급사슬에서는 소매업체(첫 번째 단계)가 고객수요를 관찰하고 p회의 수요 관측치를 이용하여 이동평균법으로 평균 수요량을 예측한다. 이 수요 예측치를 바탕으로 목표재고 수준을 결정하고 도매업체에 주문을 발주한다. 도매업체(두 번째 단계)는 소매업체의 예측 평균수요에 따른 주문량을 수주하고, 이 예측치를 이용하여 자신의 목표재고 수준을 결정하고 제조업체에 주문을 발주한다. 이와 유사하게 제조업체(세 번째 단계)는 소매업체의 예측 평균수요에 따른 주문량을 수주하고, 이 예측치를 이용하여 자신의 목표재고 수준을 결정하고 공급업체(네 번째 단계)에 주문을 발주한다.

이 중앙집중화된 공급사슬에서 공급사슬의 각 단계는 소매업체의 예측 평균수요를 전달받고 이 평균수요에 근거하여 목표재고 수준을 결정하게 된다. 이러한 경우 우리는 중앙집중화된 수요정보, 예측기법, 재고정책을 가지고 있다고 할 수 있다.

앞서 설명한 방법을 따라 공급사슬 각 단계에서 발주하는 주문량의 분산,

$Var(Q^k)$과 고객수요의 분산, $Var(D)$과의 관계를 다음과 같이 수식화할 수 있다. 여기에서는 i단계와 $i+1$단계 사이의 리드타임이다.

$$\frac{Var(Q^k)}{Var(D)} \geq 1 + \frac{2\sum_{i=1}^{k-1} L_i}{p} + \frac{2(\sum_{i=1}^{k-1} L_i)^2}{p^2}$$

예를 들어 만일 소매업체와 도매업체 사이, 도매업체와 제조업체 사이, 그리고 제조업체와 공급업체 사이의 리드타임이 각각 2라면, 소매업체로부터 공급업체까지의 전체 리드타임은 6이 된다.

$$L_1 + L_2 + L_3 = 6$$

공급사슬의 k단계에서 발주되는 주문량의 분산에 대한 이러한 수식은, 단일 단계의 리드타임 L을 k단계의 리드타임 $\sum_{i=1}^{k-1} L_i$ 로 대체하면, 앞서 다루었던 소매업체가 발주한 주문량의 분산에 대한 수식과 매우 유사하다. 따라서 공급사슬의 각 단계에서 발주한 주문량의 분산은 각 단계와 소매업체 사이의 총리드타임에 대한 증가함수로 나타난다는 것을 알 수 있다. 즉, 공급사슬의 상위 단계로 올라갈수록 주문량의 분산이 커지게 되어, 공급사슬의 두 번째 단계에 의한 주문량의 변동이 소매업체(첫 번째 단계)보다 크고, 세 번째 단계에 의한 주문량의 변동은 두 번째 단계보다 크게 나타날 것이라는 것이다.

분산된 수요정보를 가진 공급사슬

두 번째 공급사슬의 형태는 분산된 공급사슬이다. 소매업체는 공급사슬 내의 다른 구성원들에게 예측평균수요 정보를 제공하지 않는다. 대신 도매업체는 소매업체로부터 수주한 주문량에 근거하여 평균수요를 추정한다.

도매업체가 p회의 관측치를, 즉 소매업체가 발주한 최근의 p회의 주문량 관측치를 이용하여 이동평균법으로 평균수요를 예측한다고 가정하자. 도매업체는 이 예측치를 이용하여 목표재고 수준을 결정하고 제조업체에 주문을 발주한다. 이와 유사하게 제조업체는 도매업체가 발주한 p회의 주문량 관측치와 이동평균법을 이용하여 수요의 평균과 표준편차를 예측하고 목표재고 수준을 결정한다. 제조업체의 목표재고 수준은 공급사슬의 네 번째 단계로의 주문 발주에 사용된다.

이러한 시스템에서의 공급사슬의 k번째 단계에 의한 주문량의 분산, $Var(Q^k)$와 고객수요의 분산, $Var(D)$의 관계는 다음과 같이 수식화될 수 있다.

$$\frac{Var(Q^k)}{Var(D)} \geq \prod_{i=1}^{k-1}\left[1+\frac{2L_i}{p}+\frac{2L_i^2}{p^2}\right]$$

공급사슬의 k번째 단계에 의한 주문량의 분산에 대한 이 수식은 중앙집중화된 공급사슬에서 소매업체의 주문량의 분산에 대한 수식과 매우 유사하지만, 이 경우 분산이 공급사슬상의 각 단계에서 곱으로 증가한다는 것을 살펴볼 수 있다. 다시 한번 공급사슬의 상위 단계로 올라갈수록 주문량의 분산이 커지게 되어, 도매업체가 발주한 주문량의 변동이 소매업체가 발주한 주문량의 변동보다 커진다는 것을 알 수 있다.

중앙집중화된 정보의 가치

지금까지 우리는 중앙집중화된 공급사슬과 분산된 공급사슬 각각에서 공급사슬의 상위 단계로 올라갈수록 주문량의 분산이 커지게 되어, 도매업체가 발주한 주문량의 변동이 소매업체가 발주한 주문량의 변동보다 커지는 현상을 살펴보았다. 두 가지 형태 공급사슬의 차이점은 한 단계에서 다음 단계로 이동할 때 변동이 어느 정도로 커지는가 하는 데 있다.

위에서 설명된 결과를 살펴보면 중앙집중화된 공급사슬에서는 주문량 분산의 증가가 덧셈(additive) 형태로 나타나는 반면 분산화된 공급사슬에서는 이 증가가 곱셈(multiplicative) 형태로 증가한다는 것을 보여주고 있다. 바꾸어 말하면, 소매업체만이 고객수요를 알고 있는 분산화된 공급사슬은 고객수요 정보가 각 단계에서 이용 가능한 중앙집중화된 공급사슬에 비해, 특히 리드타임이 길 경우, 변동의 정도가 매우 높게 나타난다는 것이다. 이러한 이유로 우리는 수요 정보의 중앙집중화를 통해 bullwhip effect를 상당히 줄일 수 있다는 결론을 도출할 수 있다.

〈그림 2-7〉에서는 공급사슬의 단계 k에서 발주한 주문량의 분산과 고객수요의 분산과의 비율을 중앙집중화된 공급사슬과 분산화된 공급사슬을 비교하여 보여주고 있다. 또한 소매업체가 발주한 주문량의 변동과 고객수요의 변동과의 비율도 함께 보여주고 있다($k=1$).

이제 공급사슬 각 단계에서의 정보공유를 통해 bullwhip effect를 상당히 줄일 수 있다는 사실이 명확해졌다. 수요정보가 중앙집중화될 경우 공급사슬의 각 단계에서 평균수요를 추정하기 위해 고객수요 데이터를 이용할 수 있게 된다. 반면 수요정보가 공유되지 않는다면 각 단계는 평균수요의 추정을 위해 전 단계에서 발주한 주문량을 이용해야만 한다. 이미 살펴보았듯이 이러한 주문량은 실제 고객수요 데이터보다 변동이 크기 때문에, 이러한 주문량을 이용한 예측치의 변동 또한 커지게 되어, 결국 주문량의 변동이 커지게 된다.

마지막으로 수요정보가 완전하게 중앙집중화되고 공급사슬의 모든 단계에서 동일한 예측기법과 재고정책을 사용한다고 하더라고 여전히 bullwhip effect

그림 2-7 중앙집중화, 분산화된 공급사슬에 있어서 변동의 증가

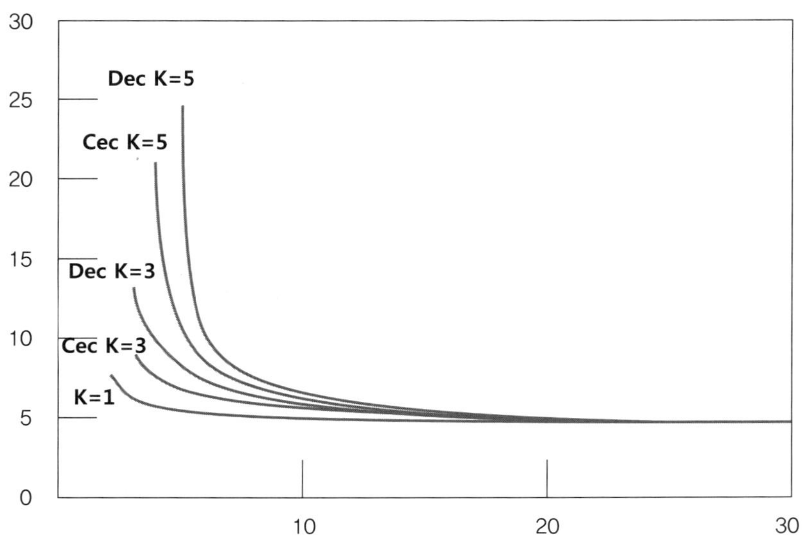

는 존재한다는 사실을 인식하여야 한다. 다시 말하면 공급사슬의 모든 단계에서 단순한 목표재고량 재고정책을 채택하고 각 단계가 동일한 고객수요 데이터와 예측기법을 사용하여 기대수요를 예측한다고 하더라도, 여전히 bullwhip effect를 관찰할 수 있다는 것이다. 하지만 이상의 분석결과가 의미하는 바는 만일 정보가 중앙집중화되어 있지 않다면, 즉 공급사슬의 각 단계에 고객수요 정보가 제공되지 않는다면, 변동의 증가가 더욱 심화될 수 있다는 것이다. 그러므로 중앙집중화된 수요정보는 bullwhip effect를 상당히 감소시킬 수는 있으나 완전하게 제거할 수는 없다는 결론에 이를 수 있다.

참고문헌

- Fawcett, Stanley E., The Supply Chain Environment, Volume 2 of the NAPM Supply Management Knowledge Series, NAPM, 2000.
- Forrester, J. W., "Industrial Dynamics: A Major Break-Through for Decision Makers", Harvard Business Review, July/August 1958.
- Lee, Hau L., V. Padmanabhan, and Seungjin Whang, "The Bullwhip Effect in Supply Chains", Sloan Management Review, Spring 1997.
- Lee, Hau L., "Creating Value through Supply Chain Integration", Supply Chain Management Review, September/October 2000.
- Lee, Hau L., "The Triple-A Supply Chain", Harvard Business Review, October 2004.
- Simchi-Levi, David, Philip Kaminsky, Edith Simchi-Levi, Designing and Managing the Supply Chain, 3rd Edition, McGraw-Hill, 2008.

제 3 장

공급사슬 전략의 포지셔닝

Chapter 3

사례 읽기 **3-1** Sport Obermeyer사와 Campbell사의 공급사슬 전략

Sport Obermeyer사와 Campbell사는 수요환경과 그 결과로 나타나는 목표와 전략이 어떻게 달라질 수 있는가를 보여주고 있다.

Sport Obermeyer사는 패션 스키의류 제조업체이다. 매년 이 기업이 생산하는 95%의 제품이 신제품이며 수요예측 오류가 200%에 달하는 경우도 있다. 판매시즌이 수 개월에 불과하기 때문에 시장의 수요변화에 대응할 수 있는 시간적 여유가 거의 없다.

반면, Campbell사의 경우 단지 5% 정도가 매년 새롭게 출시되는 제품이다. 출시된 지 수년이 되는 기존 제품의 판매는 예측이 용이하기 때문에 Campbell사는 완제품 재고를 활용하여 거의 완벽에 가까운 98% 이상의 수요충족률을 달성하고 있다.

두 가지 서로 다른 환경하에서 두 기업의 목표와 전략은 어떤 차이를 보일까?

Campbell사는 이미 높은 수준의 서비스 수준을 달성하고 있기 때문에 시장조정(market mediation)[1] 비용에서는 개선의 여지가 거의 없었다. 따라서 이 기업은 효율성을 개선하기 위해 1991년 지속적 재고보충(continuous replenishment)이라는 SCM 프로그램을 도입하였다. 이를 통해 참여 소매업체들의 재고회전율을 두 배나 증대시키는 성과를 달성하였다.

Sport Obermeyer사의 불확실한 수요는 특정 스타일의 판매부진이나 재고품절(stockouts)로 인한 판매기회의 상실과 같은 시장조정 비용의 상승을 초래하게 된다. 이 기업의 공급사슬 개선 노력은 속도와 유연성의 증대를 통한 시장조정 비용의 절감에 초점을 두어 왔다.

출처: Fisher, Marshall L., "What is the Right Supply Chain for Your Product?", Harvard Business Review, March-April 1997.

경쟁 전략과 공급사슬 전략

공급사슬 전략은 기업의 경쟁전략과 조화를 이룰 필요가 있다. 기업의 목표고객이 낮은 가격이나 신속한 수요충족을 원한다면 기업은 규모의 경제를 통한 비용절감, 신속한 배송과 같은 효율적 공급사슬의 구축을 통해 고객의 니즈를 충족시키는 데 초점을 두어야 할 것이다. 고객이 낮은 가격보다는 고객화나 신속한 신제품 출시라면 기업은 반응적인 공급사슬의 구축을 통해 경쟁력을 확보할 수 있을 것이다.

공급사슬 전략을 경쟁전략과 조화시키기 위해서는 목표시장(target market)

1 시장조정(market mediation)이란 고객 니즈의 다양성과 제품의 다양성을 연결시켜 주는 역할을 의미한다. 시장조정 비용이란 공급이 수요를 초과하여 손실을 보고 판매하게 되거나, 수요가 공급을 초과하여 판매기회를 상실하는 기회비용을 의미한다.

그림 3-1 전략적 적합성 영역

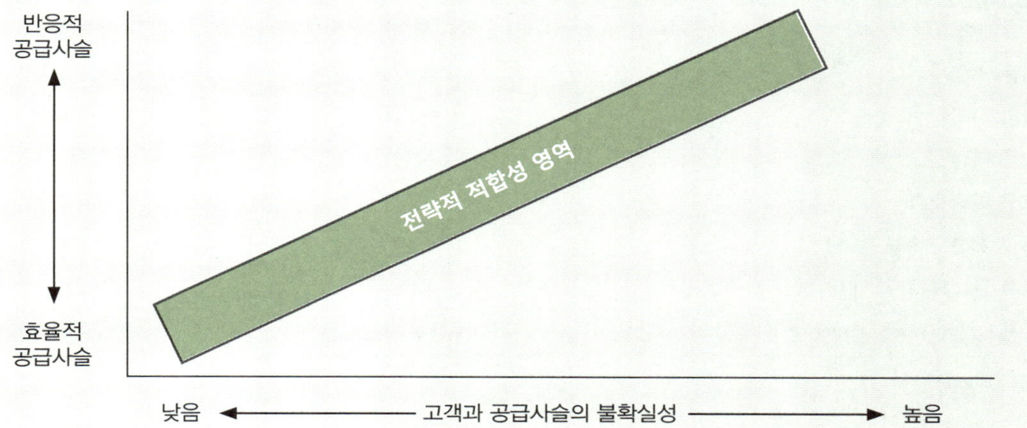

출처: Chopra and Meindl(2007).

의 특성, 특히 고객과 공급사슬의 불확실성을 명확히 파악하고, 기업의 공급사슬 능력과 선택할 수 있는 공급사슬 대안을 이해하고, 최적의 공급사슬 전략의 채택을 통해 경쟁 전략과의 전략적 적합성을 달성하는 과정이 필요하다.

최적의 공급사슬 전략은 기업의 경쟁전략과의 전략적 적합성을 갖춘, 구체적으로 목표시장의 특성, 특히 고객과 공급사슬의 불확실성에 가장 효과적으로 대응할 수 있는 공급사슬 전략의 탐색과정을 필요로 한다.

제품의 특성과 공급사슬 전략

Fisher(1997)는 기업이나 산업의 특성에 따라 공급사슬 전략이 차별화될 필요가 있다고 주장하였다. 그는 이러한 특성을 기업이 생산하는 제품의 수요측면의 특성에서 찾고자 하였다.

제품은 수요측면의 특성에 따라 기능적(functional) 제품과 혁신적(innovative) 제품으로 구분할 수 있다. 기능적 제품은 안정적이고 예측 가능한 수요 패턴을 가지고 있으며 제품 수명주기가 긴 것이 특징이다. 이러한 안정성으로 인

표 3-1 | 기능적(functional) vs. 혁신적(innovative) 제품

	기능적 제품	혁신적 제품
수요예측	용이	어려움
제품 수명주기	2년 이상	3개월에서 1년
이익 마진	5~20%	20~60%
제품 다양성	낮음	높음
평균 예측오류	10%	40~100%
평균 재고부족률	1~2%	10~40%
시즌 말 정상가격 대비 평균 가격할인	0%	10~25%
주문-생산(make-to-order) 리드타임	6개월~1년	1일~2주

출처: Fisher(1997).

해 경쟁이 치열해지고 낮은 이익 마진을 초래하게 된다. 혁신적 제품은 높은 이익 마진을 가질 수 있게 한다. 하지만 예측이 어렵고 제품 수명주기가 짧은 특징을 가지고 있다. 짧은 제품 수명주기는 예측을 더욱 어렵게 만드는 요인이 된다. 이러한 두 가지 제품은 서로 다른 수요 특성을 가지고 있기 때문에 서로 다른 성격의 공급사슬의 구축을 필요로 한다.

제품의 특성을 파악하였다면 두 번째 단계는 전략적 적합성이 높은 공급사슬 전략을 찾아내는 것이다.

표 3-2 | 효율적(efficient) vs. 반응적(responsive) 공급사슬

	효율적 공급사슬	반응적 공급사슬
주된 목적	최저가격으로 예측 가능한 수요를 효율적으로 공급	재고품절, 시즌 말 가격할인 등을 최소화하기 위해 예측 불가능한 수요에 신속하게 대응
생산초점	높은 가동률의 유지	잉여 생산능력 보유
재고 전략	높은 재고회전율과 공급사슬 재고의 최소화	부품 및 완제품 완충(buffer)재고 배치
리드타임 초점	비용이 증가되지 않는 한 리드타임 단축	리드타임 단축을 위한 공격적 투자
공급자 선택방식	비용과 품질을 고려	속도, 유연성 및 품질을 고려
제품디자인 전략	성과 극대화, 비용 최소화	제품 차별화를 위한 지연(postponement)을 달성하기 위해 모듈(modular)디자인 활용

출처: Fisher(1997).

기능적 제품의 경우 수요 예측이 용이하기 때문에 수요충족은 비교적 원활히 이루어질 수 있다. 이 경우에는 예측 가능한 수요를 최소비용으로 대응하기 위한 효율적(efficient) 공급사슬을 구축하는 전략이 중요하다.

하지만 혁신적 제품의 경우 이러한 전략을 적용하기 어렵다. 수요예측이 어렵기 때문에 적게 생산하면 판매기회를 상실하는 기회비용이 생기고 많이 생산하면 과잉재고에 따른 비용이 발생하게 된다. 이러한 제품의 경우 수요의 정확한 예측과 함께 시장수요의 변화에 신속하고 유연하게 대응할 수 있는 반응적(responsive) 공급사슬을 구축하는 전략이 중요하다.

Sport Obermeyer사와 Campbell사의 공급사슬 전략 사례는 제품의 특성에 따라 공급사슬 전략이 달라져야 한다는 점을 보여주고 있다. 제품의 특성과 자사의 공급사슬에 대한 이해를 바탕으로 기업은 최적의 공급사슬 전략을 선택할 수 있다.

Fisher 매트릭스(Fisher's Matrix)는 4가지 가능한 제품과 공급사슬의 조합을 보여주고 있다. 이 매트릭스를 이용하여 자사의 공급사슬이 전략적 적합성을 가지는지는 판단할 수 있다. 만약 혁신적인 제품에 효율적 공급사슬을 채택하고 있거나 기능적 제품에 반응적 공급사슬을 채택하고 있다면 기존의 공급사

그림 3-2 Fisher 매트릭스

공급사슬 유형 \ 제품 유형	기능적 제품	혁신적 제품
효율적 공급사슬	일치	불일치
반응적 공급사슬	불일치	일치

출처: Fisher(1997).

슬 전략을 수정해야 할 것이다. 기능적 제품에 반응적 공급사슬을 구축한 사례를 관찰하기는 어렵지만 혁신적 제품임에도 효율적 공급사슬을 추구하는 경우는 자주 관찰되고 있다. 특히 혁신적 제품의 경우 일반적으로 공급사슬 반응성 혹은 대응성 개선에 따른 편익이 효율성 개선에 따른 효과에 비해 매우 높게 나타나기 때문에 반응적 공급사슬의 구축이 매우 중요하다.

수요/공급의 불확실성과 공급사슬 전략

Lee(2002)는 Fisher(1997)의 이론적 틀을 확대하여 제품의 불확실성에 공급측면의 불확실성을 추가하고 수요/공급의 불확실성에 따라 4가지의 공급사슬 전략의 포지셔닝을 제안하였다.

1. 수요와 공급의 불확실성

먼저 수요의 불확실성에 따라 제품을 기능적 제품과 혁신적 제품으로 구분할 수 있다. 이는 Fisher의 구분과 동일하다.

또 다른 불확실성은 공급측면에서 나타나게 되며 이는 적합한 공급사슬의 채택에 수요측면 못지 않는 중요성을 가진다.

안정화된(stable) 공급 프로세스는 생산 프로세스와 관련 기술이 성숙되어 있고 공급기반이 잘 구축된 경우이다. 불안정한(evolving) 공급 프로세스는 생산 프로세스와 관련 기술이 아직 초기 발전단계에 있고 빠르게 변화하고 있는 경우이다. 결과적으로 공급 기반이 규모나 경험 측면에서 제한되어 있다.

안정화된 공급 프로세스의 경우 제조공정의 복잡성이 낮고 관리 가능하다. 따라서 고도로 자동화되어 있고 장기적인 공급계약이 일반적이다. 불안전한 공급 프로세스의 경우 제조공정에 지속적인 개선이 요구되고 단절과 불확실성이 나타날 수 있다. 공급 기반 또한 신뢰도가 낮은데 이는 공급자 스스로 프로세스 혁신을 필요로 하는 경우가 있기 때문이다.

기능적 제품의 경우 비교적 성숙되고 안정화된 공급 프로세스를 가지고

표 3-3 I 공급 프로세스의 특징

	기능적 제품	혁신적 제품
공급단절(breakdowns)	낮다	취약하다
수익성(yield)	안정적이고 높다	변동적이고 낮다
품질문제	낮다	존재한다
공급처 수	충분하다	제한적이다
공급자 신뢰도	높다	낮다
프로세스 변동성	낮다	높다
능력제약	낮다	존재한다
공급자 전환(changeover)	쉽다	어렵다
유연성	높다	낮다
리드타임 일관성	안정적이다	변동적이다

출처: Lee(2002).

있는 경향이 있지만 항상 그런 것은 아니다.

〈그림 3-3〉은 서로 다른 수요/공급 불확실성을 가진 제품 사례를 보여주고 있다. 일반적으로 수요의 불확실성이 높은 매트릭스 우측에 속한 제품이 좌측에 속한 제품에 비해, 그리고 공급 프로세스가 불안정한 매트릭스 하단에 속

그림 3-3 서로 다른 수요/공급 불확실성을 가진 제품 사례

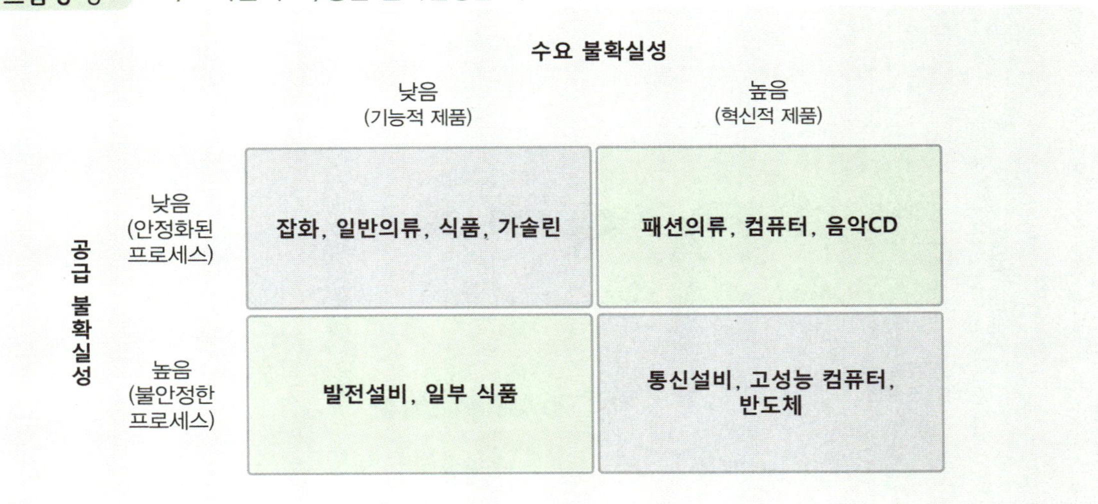

한 제품이 상단에 속한 제품에 비해 공급사슬의 운영이 어려운 특징을 가진다.

때문에 공급사슬 전략을 채택하기 전에 공급사슬에 내재된 불확실성의 원인을 충분히 이해하고 가급적 이들 불확실성을 해소하기 위한 방안을 모색하는 과정이 선행되어야 한다.

2. 불확실성 해소 전략

수요가 불확실한 환경에서 공급사슬을 운영하는 것은 그렇지 않는 경우에 비해 어렵다. 마찬가지로 공급이 불확실한 환경에서 공급사슬을 운영하는 것 또한 그렇지 않는 경우에 비해 어려운 것이 사실이다. 공급사슬 전략을 설정하기 전 이들 불확실성의 원천을 이해하고 이를 해소하기 위한 방안을 모색하는 것이 필요하다.

〈그림 3-4〉에서 제품의 불확실성을 우측에서 좌측으로 아래에서 위로 이동할 수 있는 방안을 추진하게 되면 공급사슬 성과는 개선될 것이다.

수요와 공급측면의 불확실성을 해소할 수 있는 구체적인 방안들을 살펴보기로 하자.

그림 3-4 불확실성 해소 전략

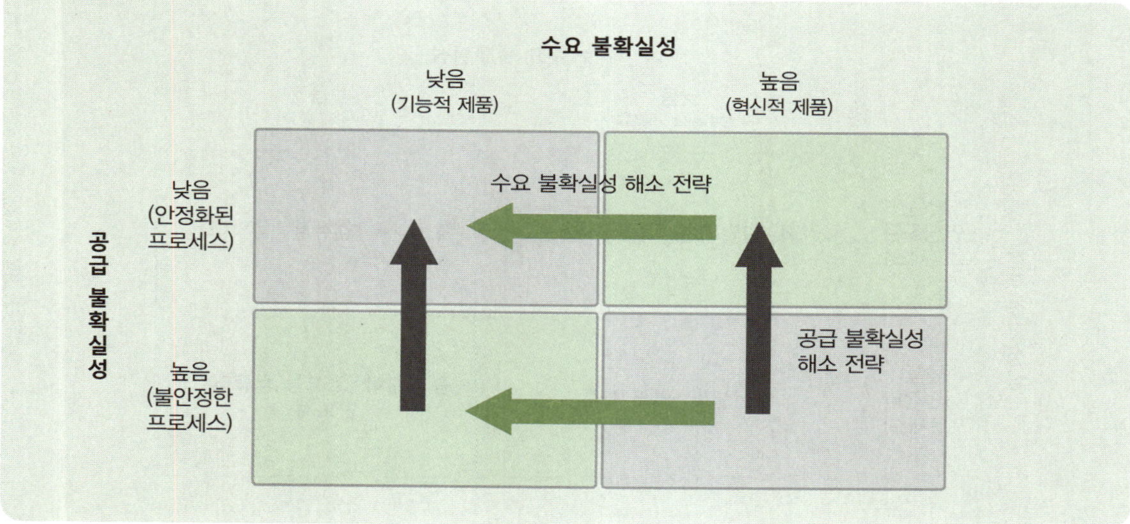

수요의 불확실성 해소 전략

많은 경우 제품에 대한 최종 소비자의 수요가 안정적임에도 불구하고 공급사슬의 상류(공급자 방향)로 갈수록 수요가 왜곡되는 현상이 발생할 수 있다. 결과적으로 공급사슬의 상류로 갈수록 수요의 변동 폭이 증가하게 된다. 이러한 현상을 채찍효과(bullwhip effect)라고 한다. 어떤 경우에는 제품의 수요 자체는 안정적이라고 하더라도 공급사슬의 여러 부품들은 예측이 어려운 경우가 발생하기도 한다. 이처럼 수요의 불확실성이 존재하는 경우 공급사슬 전반의 비용 효율성을 달성하기가 어렵게 된다.

정보공유와 협업의 강화는 공급사슬 효율성을 통제하기 위한 매우 유용한 수단이 될 수 있다. 이탈리아 파스타 제조업체인 Barilla SpA의 경우 정보공유와 협력적 재고보충 프로그램의 도입을 통해 공급사슬 효율성을 획기적으로 개선한 바 있다. 재고는 50% 수준으로 감소되었으며 품절률은 거의 제로에 가깝게 감소하였다. VICS(Voluntary Industry Commerce Standards Committee)는 이를 더욱 발전시켜 협력적 계획, 예측 및 보충을 위한 CPFR(Collaborative Planning, Forecasting, and Replenishment) 프로그램을 위한 프로세스 모델과 기술을 개발하고 이를 산업계에 확산시키는 노력을 전개하고 있다.

공급의 불확실성 해소 전략

제품개발 단계를 포함한 전체 제품 수명주기 동안 정보의 자유로운 교환이 공급자 실패로 인한 위험을 감소시킬 수 있는 매우 효과적인 방안으로는 알려지고 있다. 생산계획/일정 정보의 공유 또한 매우 유용한 전략이다.

최근 전자산업에서 제품개발 단계에서부터 공급자를 참여시켜 신제품 출시 속도를 높이는 등 적극적인 협업 전략을 전개하는 사례들이 관찰되고 있다. 공급자를 제품설계 단계부터 참여시키는 디자인 협업(design collaboration)도 확산되고 있다. 최근 자동차산업에서 스마트 자동차나 하이브리드 자동차 개발에 이러한 디자인 협업이 이루어지는 것을 관찰할 수 있다.

공급자 허브(supplier hub)는 제품 생산라인의 공급 위험을 감소키기기 위해 활용되는 전략이다. 이는 공장 인근에 공급자 허브 역할을 하는 창고를 두고 부품 및 자재의 재고와 조달물류(inbound logistics)를 체계적으로 관리하고 생산일정에 맞추어 부품의 적기 투입이 가능하도록 하는 전략이다. Apple, Compaq, HP, Dell, Cisco, 3Com, Volkswagen 등이 공급자 허브를 활용하고 있다. 이러한 공급자 허브 창고를 제3자 물류업체에 위탁하여 운영하는 경우도 있다.

3. 공급사슬 전략의 포지셔닝

수요와 공급의 불확실성하에서, 상이한 제품에 대해서는 상이한 내지 차별화된 공급사슬 전략이 필요하게 된다. Lee(2002)는 수요/공급의 불확실성 정도에 따라 전략적 적합성을 가지는 4가지의 공급사슬 전략을 제안하였다.

수요와 공급의 불확실성이 낮은 제품은 효율성의 제고를 통해 경쟁우위를 확보하게 된다. 예측 가능한 수요패턴을 가지고 있고 공급 프로세스가 안정적인 경우, 기업은 공급사슬 '효율화'를 통해 고객에게 최저의 비용으로 제품을 공급하는 데 초점을 두게 된다.

수요는 안정적이지만 공급 프로세스가 아직 불안정할 경우, 기업은 공급 프로세스의 불안정성을 해소할 수 있는 '리스크 헤징' 전략을 우선적으로 모색해야 한다.

그림 3-5 공급사슬 전략의 포지셔닝

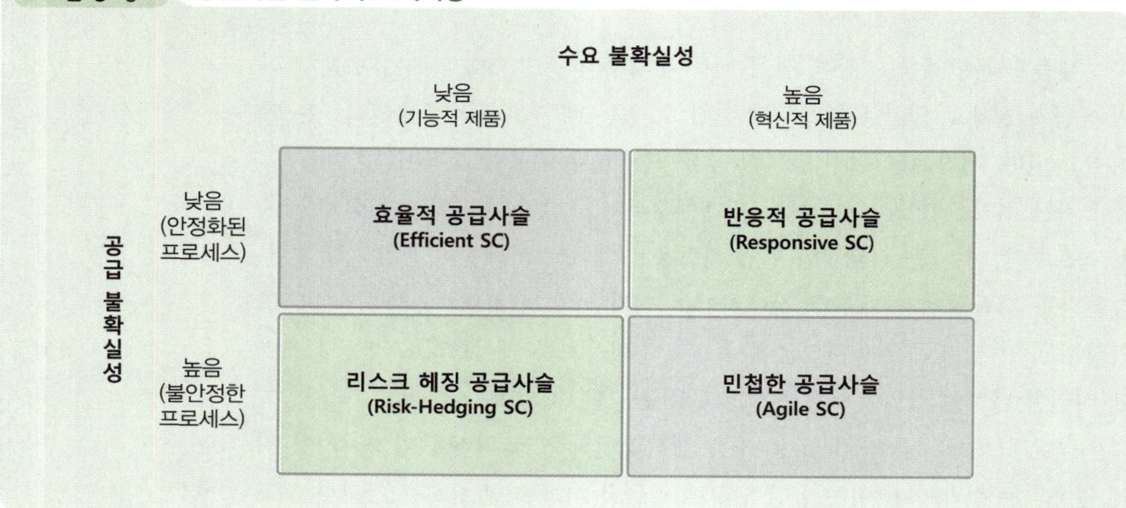

출처: Lee(2002).

수요 예측이 어려운 경우, 과잉재고가 발생할 수 있다. 특히 혁신적 제품은 제품 수명주기가 짧아 재고비용이 매우 높게 나타나기 때문에, 기업은 시장의 수요변화에 신속하게 대응할 수 있는 '반응적' 공급사슬을 구축하는 데 초점을 두어야 한다.

혁신적 제품과 불안정한 공급 프로세스를 가진 기업은 '리스크 헤징'과 '반응적' 전략을 적절히 조합한 전략을 구사해야 한다. 이를 '민첩한' 공급사슬이라 부를 수 있다.

효율적 공급사슬(Efficient Supply Chains)

효율적 공급사슬은 공급사슬의 비용 효율성을 극대화시킬 수 있는 전략의 활용에 초점을 둔다.

이러한 비용 효율성을 달성하기 위해서는 비부가가치(non-value-added) 활동들이 제거되어야 하고, 규모의 경제(scale economies)가 추구되어야 하며, 생산과 유통분야에 있어서 능력의 활용도를 제고하기 위해 최적화 기법이 활용되어야 하고, 공급사슬 전반에 걸쳐 효율적이고, 정확하고, 비용효과적인 정보의 전달을 위한 정보 연계가 실현되어야 한다.

반응적 공급사슬(Responsive Supply Chains)

반응적 공급사슬은 변화하고 다변화되는 고객의 니즈에 대한 대응성과 유연성을 확보할 수 있는 전략의 활용에 초점을 둔다.

이러한 반응성을 달성하기 위해 기업들은 주문생산(build-to-order) 및 대량고객화(mass customization) 프로세스를 활용한다. 이러한 고객화 프로세스는 유연하게 설계되어야 한다. 대량고객화의 성공을 위해서는 주문 정확도(order accuracy)의 확보가 관건이 된다.

리스크 헤징 공급사슬(Risk-Hedging Supply Chains)

리스크 헤징 공급사슬은 공급사슬상에서 자원을 공유함으로써 공급사슬 장애(disruptions)로 인해 발생할 수 있는 위험을 분산 내지 공유하기 위한 전략의 활용에 초점을 둔다.

공급처의 다면화, 안전재고의 증대, 타 기업과 핵심부품에 대한 안전재고 공유와 같은 재고 풀링(inventory pooling), 재고 및 수요에 대한 가시성(visibility) 확보 등의 전략이 활용될 수 있다.

민첩한 공급사슬(Agile Supply Chains)

민첩한 공급사슬은 재고나 능력의 풀링을 통해 공급부족이나 단절의 위험을 헤징(hedging)하면서 동시에 고객 니즈에 '반응적이고 유연하게 대응하기 위한 전략의 활용에 초점을 둔다. 이러한 공급사슬은 "헤징" 전략과 "반응적" 전략을 결합하는 전략을 취하게 된다. 그리고 공급측면의 위험을 최소화하면서 이와 동시에 예측이 어려운 고객 수요에 대해 적기에 대응할 수 있는 역량을 갖춘다는 점에서 민첩한 공급사슬이라 부를 수 있다.

포지셔닝에 영향을 주는 다른 요인들

복수의 제품과 고객집단

대부분의 기업들은 서로 다른 특성을 가진 복수의 제품을 여러 고객집단에 제공한다. 백화점의 경우 양말과 같이 수요 불확실성이 낮은 제품과 함께 패션의류와 같은 수요 불확실성이 높은 제품을 함께 취급하고 있다. 이 경우 기업이 선택할 수 있는 대안에는 몇 가지가 있다.

1. 하나는 각각의 제품 또는 고객집단별로 독립적인 공급사슬을 구축하는 것이다.
2. 다른 대안은 공급사슬을 여러 제품이나 고객집단이 공유하는 부분과 독립적으로 운영되는 부분으로 구성하는 것이다. 예를 들어 모든 제품이 한 공장의 같은 라인에서 생산될 수 있지만 운송수단을 차별화하여 대응성을 조정할 수 있다.
3. 나아가 동일한 공급사슬 내에서도 원자재 조달 프로세스는 효율성을 추구하고 완제품 판매 프로세스는 대응성을 추구하는 전략을 채택할 수 있다.

그림 3-6 제품의 수명주기에 따른 공급사슬 전략의 변화

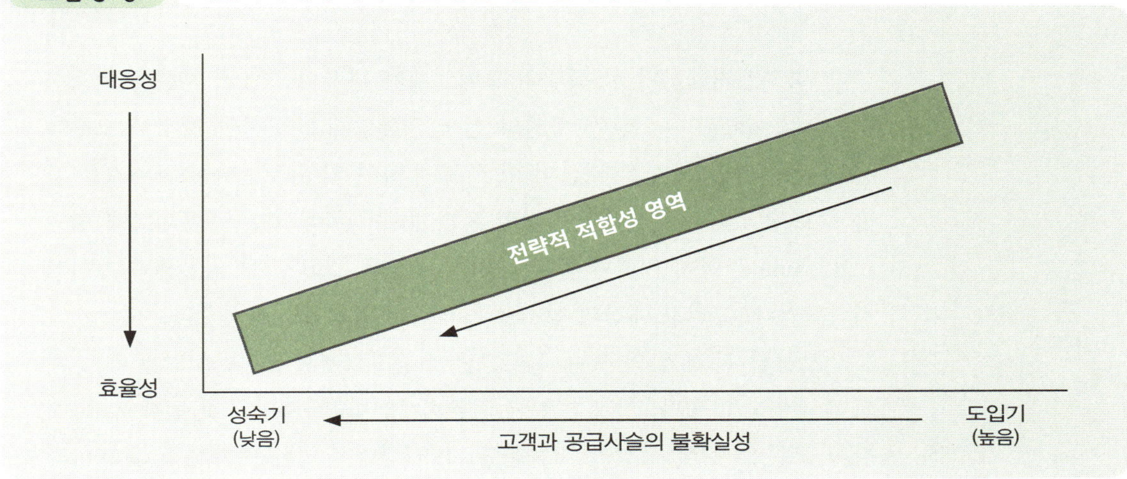

출처: Chopra and Meindl(2007).

제품 수명주기

제품의 수명주기에 따라 수요의 특성과 고객의 니즈가 변하게 된다. 공급의 특성 또한 제품과 기술이 성숙함에 따라 변하게 된다.

제품의 도입기와 성장기에는 대응성을 강조하고 성숙기에는 효율성을 강조하는 방향으로 공급사슬을 운영할 수 있다.

경쟁구도의 변화

경쟁구도가 변하게 되면 기업은 경쟁전략을 바꾸어야 하고, 기업은 전략적 적합성을 유지하기 위해 공급사슬 전략 또한 바꾸어야 한다.

사례연구 Zara의 Rapid-Fire Fulfillment

1975년 거래하던 한 독일의 도매업체가 대량의 란제리 주문을 취소하였을 때, Amigo Ortega는 자신의 신생 의류업체가 도산이 될지도 모른다는 생각이 들었다. 모든 자본이 이 주문에 묶여 있었으며 다른 구매자를 찾을 수도 없었다. 이 절망적인 상황을 타개하기 위해 그는 스페인 북서지역 La Coruña 근처에 위치한 공장 근처에 매장을 열고 직접 의류를 판매하기 시작하였다. 그리고 매장의 상호로 Zara라는 명칭을 사용하였다.

오늘날 전 세계 약 50개국의 고급 쇼핑지역에서 650개가 넘는 Zara 매장이 운영되고 있다. 그가 설립한 의류회사인 Inditex사는 첫 번째 Zara 매장을 오픈한 이래 성장을 거듭하여, 1991년에서 2001년까지 Inditex사의 매출은 – 매출의 70%를 차지하는 Zara의 성장에 힘입어 – 367백만 유로에서 4.6십억 유로로 12배 성장하였으며 순이익도 31백만 유로에서 447백만 유로로 14배 증가하였다. 지난 3년간 많은 경쟁기업들이 어려움을 겪고 있는 가운데 Zara의 매출과 순수익은 연 20% 이상의 성장을 지속하였다.

Ortega가 초기 위협으로부터 얻은 교훈은 성공하기 위해서는 "공장을 잡은 다섯 개의 손가락과 고객을 잡은 다섯 개의 손가락이 필요하다."는 것이었다. 이를 해석하자면 고객이 제품을 구매할 때까지 제품에 무슨 일이 일어나는지를 통제하라는 것이다. 이러한 철학에 충실하기 위해 Zara는 매우 반응적인 공급사슬(super responsive supply chain)을 개발하게 된다. 현재 이 기업은 15일이면 새로운 의류제품을 디자인, 생산하고 이를 전 세계 매장들에 배송, 전시할 수 있다. 이러한 속도는 디자이너들이 다음 시즌을 위해 통상 수개월을 소비하는 패션산업에서는 전례가 없는 일이다. Zara는 다양한 최신 디자인들을 신속하게 그리고 한정된 수량으로 제공할 수 있기 때문에, 소매 의류에 대해 정가의 85%를 회수하고 있다. 반면 산업 평균은 60~70% 정도이다. 결과적으로 경쟁사에 비해 높은 순이익을 달성하고 있다. 예를 들어 2001년 Inditex사의 순이익은 10.5%에 달했지만 Benetton사는 7%, H&M사는 9.5%, Gap사는 거의 0% 였다.

Zara는 공급사슬이 어떻게 운영되어야 하는지에 대한 통념들을 대부분을 무시하고 있다. 실제 일부 Zara의 정책은 개별적으로 보면 다분히 문제의 소지가 있어 보인다. 소매의류 분야의 많은 기업들이 아웃소싱을 추진하고 있는 것과는 달리 Zara는 생산의 거의 절반을 사내에서 수행하고 있다. 공장의 산출을 극대화하기보다는 의도적으로 여유 생산능력을 남겨둔다. 규모의 경제를 따르기보다 제품을 소량으로 분산하고 있다. 외부 파트너들에게 의존하는 대신 이 기업은 모든 디자인, 창고, 배송 및 물류 기능들을 직접 관리하고 있다. 일상적인 운영 프로세스도 전통적인 관행과는 차이가 있다. 소매 매장들은 고정된 시간표에 따라 주문 발주와 상품 입고를 해야 한다. 가격태그는 대개 매장에서 부착하는 것이 관행이지만 이 기업은 가격태그를 출하 전 아이템에 미리 부착하고 있다. 비싼 소매 매장에도 충분한 여유공간을 남겨 둔다. 일시적 품절(stock-outs)을 묵인하고 장려하기까지 한다.

이 기업은 다음의 3가지 원칙에 바탕을 두고 공급사슬을 운영하고 있다. 첫째, 의사소통 고리를 연결하라. Zara의 공급사슬은 매장에서부터 Inditex사 디자이너와 생산담당자에 이르기까지 데이터와 정보를 신속하고 편리하게 전달할 수 있도록 조직되어 있다. 또한 매장에 진열된 재고를 포함하여 자재와 제품을 모두 실시간으로 추적할 수 있다. 주된 목적은 최종 사용자와 상류(upstream)의 디자인, 구매, 생산 및 물류 운영 사이의 정보 고리를 가능한 신속하고 직접적으로 연결, 통합하는 데 있다.

둘째, 전체 사슬에 걸쳐 리듬에 충실하라. Zara에서는 신속한 타이밍과 동시화(synchronocity)가 매우 중요하다. 이 기업은 공급사슬 전반의 속도와 대응성(responsiveness)을 증대하고 강화하기 위해서는 투자를 아끼지 않는다.

셋째, 공급사슬 유연성(flexibility)을 높이기 위해 자산 레버리지를 활용하라. Zara는 생산과 유통시설에 대규모 자본을 투자하여 왔으며 이를 새롭고 변화하는 수요에 대한 공급사슬의 대응성을 높이는 데 활용하고 있다. 복잡한 제품은 사내에서 직접 생산하고 단순한 제품은 아웃소싱하고 있다.

Close the Communication Loop: 의사소통 고리를 연결하라

Zara 매장에서 고객들은 항상 새로운 제품을 발견할 수 있으나 공급량이 제한되어 있다. 고객을 애타게 만든다는 개념을 도입하여 매장에 여유 공간이 있더라도(매장의 평균 면적은 약 1,000m²이다) 소량의 아이템만 진열하는 방식을 취하고 있다. 고객들에게 "초록색 셔츠가 맘에 드는데 한 개밖에 없네. 지금 사지 않는다면 기회를 놓치게 될 거야"라고 생각하게 된다.

이러한 소매 개념을 적용하기 위해서는 새로운 제품을 주기적으로 출시하고 제품을 소량으로 신속하게 보충할 수 있는 역량이 뒷받침되어야 한다. Zara의 디자이너들은 연간 약 40,000개의 새로운 디자인을 만들어 내고 있으며, 이 중 10,000개 정도가 실제 생산으로 연결된다. 일부 제품은 최신의 패션디자이너 작품과 유사하게 만들기도 하지만, 때로 거의 동일한 제품을 덜 비싼 원단으로 만들어 저가로 출시함으로써 고급 패션 하우스와 경쟁하기도 한다. 대부분의 의류가 5~6가지 색상과 5~7가지 사이즈로 생산되기 때문에 Zara 시스템은 매년 300,000개 정도의 새로운 단품(SKU, stock-keeping unit)을 취급해야 한다.

이러한 "페스트 패션(fast fashion)" 시스템을 위해서는 Zara 공급사슬의 모든 부분－고객에서 매장 관리자, 매장 관리자에게서 시장 전문가(market specialists)와 디자이너, 디자이너에게서 생산 담당자, 구매자에게서 하청계약자, 창고 관리자에서 총판 등－에 걸쳐 지속적인 정보의 교환이 요구된다. Zara의 조직, 운영 프로세스, 성과지표, 심지어 사무실 배치에 이르기까지 모든 것이 정보전달이 편리하게 이루어질 수 있도록 설계되어 있다.

Zara의 중앙 디자인/생산센터는 La Coruña에 있는 Inditex 본사에 위치하고 있다. 이 센터는 각각 여성용, 남성용, 그리고 아동용 제품라인을 담당하는 3개의 홀(hall)로 구성되어 있다. 각 제품라인에는 전담 디자이너, 판매, 구매 그리고 생산계획을 담당하는 인력이 별도로 배치되어 있다. 개별 매장은 매 주 La Coruña로부터 각 채널에 소속된 시장 전문가로부터 3번의 전화를 받을 수도 있다. 셔츠를 만드는 공장은 동시에 두 명 이상의 제품라인 관리자를 동시에 상대해야 할 수도 있다. 3개의 채널을 별로도 관리하기 위해서는 더 많은 비용이 들기는 하지만, 각 채널의 정보흐름이 신속하고 직접적으로 이루어질 수 있고, 다른 채널의 문제에 방해 받지 않기 때문에 공급사슬을 보다 반응적으로 만들게 된다.

각 홀은 스페인 전원 풍경을 조망할 수 있도록 바닥에서 천장까지 유리로 만들어져 형식에 구애 받지 않고 개방된 분위기에서 작업할 수 있도록 배려하고 있다. 디자이너들은 별도의 공간에 배치하는 기업들과는 달리 200명의 Zara 디자이너들은 생산 프로세스 한 가운데 배치되어 있다. 3개의 제품라인으로 나누어져 이들은 시장 전문가, 구매 및 생산 계획 담당자들 바로 옆에서 작업을 수행한다. 커다란 원형 테이블에서 수시로 미팅을 가질 수 있고 벽들은 최신 패션잡지와 카탈로그가 채워져 있다. 각 홀의 코너에는 시제품(prototype)을 전시하는 공간이 갖추어져 있어서 개방 중인 제품에 대한 의견을 자유롭게 개진할 수 있도록 하고 있다.

세 그룹의 물리적이고 조직적인 인접성은 디자인 프로세스의 속도와 품질을 향상시키는 데 기여하고 있다. 디자이너들은 초기 스케치들을 동료들과 신속하게 검토하고 의견을 들을 수 있다. 매장 관리자들과 지속적으로 접촉하는 시장 전문가(이들 중 상당수는 매장 관리자 출신)들은 새로운 디자인의 외관(스타일, 색상, 원단 등)에 대해 신속한 피드백을 제시하고 예상 가격에 대한 제안도 한다. 구매 및 생산계획 담당자들은 개략적으로 제조원가를 추정하고 가용 생산능력이 있는지를 검토한다. 이들 협업 팀(cross-functional team)은, 필요한 경우, 수시간 내에 디자인을 선택하고 생산과 출시에 필요한 자원을 배정하게 된다.

Zara는 이러한 정보교환을 위해 최신 정보기술을 신중하게 도입하고 있다. 맞춤형 핸드 PC들은 소매 매장과 La Coruña를 연결한다. 이들 PDA들은 매장 관리자들과 이들을 담당하는 시장 전문가 사이의 주기적 전화 통화를 보강하는 역할을 한다. PDA와 전화 통화를 통해 매장은 주문, 판매 추이, 그리고 제품에 대한 고객반응 등의 다양한 정보를 La Coruña에 전달한다.

팀이 생산을 위한 시제품을 선정하면 디자이너들은 다시 CAD(computer-aided design) 시스템에서 색상과 원단 등을 세밀하게 조정한다. 아이템의 생산이 공장에 배정되면 이들은 공장 내 절단기계와 타 시스템으로 제품 사양을 직접 전송하게 된다. 그리고 바코드를 활용하여 생산, 유통, 및 배송 전 과정을 추적한다.

최신 정보의 지속적인 흐름은 채찍효과(bullwhip effect)를 경감시키는 데 기여한다. 통상 의류업계는 시즌 시작 후 소매업체에게 최대 20%까지 주문을 변경하는 것을 허용하고 있다. Zara는 40~50%까지 변경을 허용하고 있다. 이러한 방식으로 Zara는 높은 비용이 수반되는 과잉생산과 업계에서 널리 행해지는 세일과 가격인하를 방지하고 있다.

끊임없는 소량의 신제품 출시는 아이러니하게도 특정 아이템의 품절에 수반되는 비용을 줄이는 데 기여하고 있다. 실제로 Zara는 품절을 당연한 것으로 받아들이고 있다. 고객들은 항상 선택할 수 있는 새로운 제품을 발견할 수 있기 때문에 특정 제품이 품절되더라도 다른 매장으로 발길을 돌리는 것은 아니다. 고객들은 뜻밖에 새로운 것을 얻는 데서 기쁨을 얻을 수도 있기 때문에, 한 아이템의 품절이 다른 아이템의 판매에 도움을 주기도 한다. 실제 Zara는 2~3주 후에는 팔리지 않는 아이템들을 다른 곳으로 이동하는 비공식 정책을 가지고 있다. 이러한 방식이 일반 매장에서는 높은 비용을 초래하지만, Zara 매장은 소량으로 입고하고 재고를 거의 유지하지 않기 때문에 그 위험이 상대적으로 적다. 팔리지 않은 아이템의 비중이 재고의 10% 이하로 업계 평균인 17~20%에 비해 상당히 낮은 수준이다. 뿐만 아니라 신제품들이 소량으로 진열되고 구매할 수 있는 기간이 짧기 때문에 다른 매장에 비해 고객들이 Zara 매장을 보다 자주 방문하게 만든다. 런던 도심의 의류매장 고객들이 연 4회 정도를 방문하는 반면 Zara 고객들은 평균 연 17회 정도 매장을 방문하는 것으로 나타났다. 이러한 현상은 광고의 필요성을 낮추는 효과를 가져온다. Zara는 경쟁사들의 3~4%에 비해 매우 낮은 수준인 매출의 0.3%를 광고비로 사용하고 있다.

Stick to the Rhythm: 리듬에 충실하라

Zara는 경쟁사들에 비해 공급사슬에 대한 통제 수준이 매우 높은 편이다. 모든 제품을 직접 디자인, 배송하고 있으며, 경쟁사에 비해 낮은 수준으로 생산의 일부만을 아웃소싱하고 있고, 매장도 거의 대부분 직접 소유하고 있다. 오랜 기간 공급사슬관리의 선도기업으로 인식되어 온 Benetton도 이러한 통제 수준에 미치지 못하고 있다. 대부분의 Benetton 매장은 프랜차이즈 매장이다. 이로 인해 소매 재고에 대한 통제력이 낮고 공급사슬의 중요한 마지막 단계인 고객에 대한 직접 접근에도 한계를 가지고 있다.

소매 수준의 통제력은 Zara에게 제품과 정보 흐름의 속도를 향상시키는 데 도움을 주고 있다. 전체 공급사슬은 조립에 있어서 Toyota의 “탁트 타임(takt time)” 혹은 Dell의 구매, 생산, 배송 시스템의 “재고 속도(inventory speed)”와 유사하게 빠르면서도 예측 가능한 리듬으로 움직인다. 전체 사슬의 타이밍을 신중하게 설정하여 하나의 스텝을 급하게 수행하고 다음 스텝을 위해 기다리는 일상적인 문제점을 예방하고 있다.

정확한 리듬은 소매 매장에서 시작된다. 스페인이나 남유럽 지역의 매장 관리자는 매주 수요일 오후 3시와 토요일 오후 6시, 그리고 나머지 다른 지역은 화요일 오후 3시와 금요일 오후 6시 주 2회 주문을 발주한다. 이러한 마감시간은 엄격하게 시행되고 있다. Barcelona의 매장이 수요일 마감시간을 놓칠 경우 토요일까지 기다려야 한다.

주문충족(order fulfillment) 또한 동일한 엄격한 리듬을 따르게 된다. La Coruña에 위치한 중앙창고는 야간시간에 모든 매장을 위해 출하준비를 한다. 트럭에 선적되는 즉시 인근 공항으로 이동하거나 유럽 내 매장으로 직접 운송된다. 매장의 주 2회 주문을 맞출 수 있도록 모든 트럭과 연결 항공편은 버스 서비스처럼 미리 설정된 스케줄에 따라 운영된다. 대부분의 유럽 매장에는 24시간, 미국 매장에는 48시간, 일본 매장에는 72시간 내에 주문한 제품이 도착된다. 따라서 매장 관리자는 주문한 물량이 언제 도착할 것인지를 정확하게 알고 있다.

트럭이 매장에 도착해도 빠른 리듬을 계속된다. 모든 아이템들에 가격 태그가 미리 부착되어 있고 대부분은 랙(rack)에 걸린 채로 배송되기 때문에 매장 관리자는 아이템들을 입고 즉시 진열할 수 있다. 배송이 98.9% 정확하게 이루어지고 손실률(shrinkage)도 0.5% 미만이기 때문에 매장에서 이를 별도로 관리할 필요성이 없다. 마지막으로, 단골 고객들은 정확하게 언제 신제품이 입고되는지를 알고 있기 때문에 이 날들에 더 많은 매장 방문이 이루어지게 된다.

이상과 같은 다소 직관에 반하는 정책들이 성과를 나타내고 있다. Zara는 엄격한 리듬을 유지하고 있다는 것을 보여주고 있다. 경쟁사들에 비해, 낮은 재고 수준(매출의 10% 미만, Benetton, H&M, Gap은 14~15%)을 유지하고 있으며, 높은 순이익, 높은 매출 성장을 달성하고 있다.

Leverage Your Asset: 자산 레버리지를 활용하라

제품 수명주기가 짧은 변덕스러운 시장에서는 가급적 적은 자산을 소유하는 것이 낫다는 것이 경영계의 통념이다. Zara는 이러한 로직(logic)과는 반대로 움직이고 있다. 이 기업은 제품의 절반 정도를 자체 공장에서 생산하고 있다. 원단의 40%를 Inditex 계열사인 Comditel사로부터 구매하고 있으며(Comditel사 매출의 90%를 차지), 염료 또한 또다른 Inditex 계열사로부터 구매하고 있다. 이러한 수직계열화(vertical integration)는 업계에서 이미 유행이 지난 개념이다. 예를 들어, Gap과 H&M 같은 경쟁사들은 생산시설을 보유하지 않고 있다. 하지만 Zara 경영진은 자본자산에 대한 투자가 전반적인 유연성을 높여 줄 것이라는 생각을 가지고 있다. Zara 경영진은 생산자산을 소유함으로써 외부 공급자들에게 전적으로 의존할 경우, 특히 이들이 지구 반대편에 있는 경우, 도저히 달성하기 어려운, 스케줄과 생산능력의 통제력을 가질 수 있다고 주장하고 있다.

전통적 색상을 가진 단순한 제품들은 유럽, 아프리카, 아시아의 공급자들에게 아웃소싱하고 있다. 하지만 새로운 계절 색상을 채택한 여성 정장 같이 보다 복잡한 제품들을 위해서는 자체 생산시설을 가지고 있다(La Coruña 18개, Barcelona 2개, Lithuania 1개, 기타 소수의 합작회사). Zara가 자체 생산을 할 경우 생산 프로세스에서 바느질과 같은 단순하고 노동집약적인 단계들은 지역 소규모 하청업체들을 이용한다.

Zara는 여러 공장을 통상 단일 시프트(single shift)로 운영하기 때문에 특정 제품에 대한 생산을 신속하고 편리하게 늘리거나 줄일 수 있다. 고도로 자동화된 이들 공장들은 계절 또는 예측하지 못한 수요를 맞추기 위해 추가시간을 가동할 수 있다. 의류별로 특화된 공장들은 생산 프로세스를 고객화하고 혁신을 추구하기 위해 Toyota에 의해 개발된 JIT 시스템을 채택하고 있다. 또한 속도와 유연성을 높이기 위해 Benetton과 같이 전략적 지연(postponement)을 활용하고 있으며, 50% 이상의 원단을 염색하지 않은 상태로 구매함으로써 시즌 중 색상 변화에 신속하게 대응하고 있다.

모든 완제품들은 매주 약 2.5백만 아이템을 출하하는 La Coruña 내 5층, 500,000m^2에 달하는 물류센터로 이동된다. 물류센터의 바닥 면적, 배치, 장비 등은 Zara가 공장들에 적용하는 동일한 로직을 따른다. 많은 제품의 보관과 출하가 랙을 이용하기 때문에 추가 창고 공간과 정교한 취급 장비들이 필요하게 된다. 운영시간은 매주 주문의 리듬을 따르게 된다. 통상 4일은 24시간 운영되며 나머지 3일은 1～2 시프트 정도만 운영된다. 800명의 인원(8시간 근무)이 주문충족을 수행하며, 피크 시즌의 경우 최대 400명의 임시직 직원이 리드타임 유지를 위해 투입된다.

이 물류센터가 아직 연중 대부분의 기간 여유공간을 가지고 있음에도 Zara는 Madrid 북서쪽에 위치한 Zaragoza에 1억 유로를 투자, 120,000m^2 규모의 새로운 물류센터를 오픈하였다. 왜 Zara는 시설능력에 대해 이처럼 관대한 것일까? Zara의 경영진은 능력에 여유가 없고 수요가 변동적일수록 대기시간은 기하급수적으로 증가한다는 대기행렬 모델(queuing model)의 기본원리를 충실히 따르고 있다. 공장과 물류센터의 낮은 자산활용도를 감내함으로써 피크나 기대하지 못한 수요에 경쟁사보다 신속하게 대응하고 있다.

놀랍게도 이러한 정책들이 투자금액을 소모시키지 않고 있다. 공장과 물류센터의 반응성으로 인해 Zara는 운영자본(working capital)의 필요성을 크게 절감시켜 왔다. 이 기업은 생산 후 수일 내 제품을 판매할 수 있기 때문에 마이너스 운영자본으로 운영할 수 있다. 개선된 현금 흐름이 추가 능력을 위한 투자를 상쇄시키고 있는 것이다.

이상에서 설명한 3가지 원칙 어느 것도 특별히 새롭거나 급진적인 것은 아니다. 각각의 원칙이 모두 어떤 기업의 공급사슬에 대해서도 반응성을 개선시킬 수 있다. 하지만 이들 3가지를 함께 적용할 때 상호 증강효과가 나타나 강력한 힘을 발휘하게 된다. 여기에 "Zara 모델"의 성공의 비밀을 풀어 줄 열쇠가 있지 않을까?*

토의문제

1. 패션의류 제품의 디자인, 생산, 유통, 물류 프로세스에는 통상 어떤 문제점들이 있는가?
2. Zara는 이러한 문제들에 어떻게 효과적으로 대처하고 있는가?
3. "Zara 모델"의 한계점은 무엇인가?
4. "Zara 모델"을 다른 산업에도 적용할 수 있을까?

---

* 출처: Ferdows, Kasra, Michael A. Lewis, and Jose A.D. Machuca, Rapid-Fire Fulfillment, Harvard Business Review, November 2004.

참고문헌

- Chopra, Sunil and Peter Meindl, Supply Chain Management, 3rd Edition, Pearson, 2007.
- Fisher, Marshall L., "What is the Right Supply Chain for Your Product?", Harvard Business Review, March-April 1997.
- Lee, Hau L., "Aligning Supply Chain Strategies with Product Uncertainties", California Management Review, Vol. 44, No. 3, 2002.

공급사슬관리

제 4 장

제품 전략과 공급사슬 디자인

Chapter 4

사례 읽기 4-1 Dell의 공급사슬구조와 프로세스

Dell의 공급사슬구조와 프로세스는 다음과 같은 세 가지 모델로 특징지어진다.

- 직접판매모델(Direct Sales Model)
- 주문생산(Build-to-Order) 방식
- 밀기-끌기(Push-Pull) 전략

직접판매모델과 주문생산모델

전통적인 간접판매모델(indirect sales model)에서는 제조업체가 물리적인 제품 고객화를 담당하고 채널이 판매 및 고객서비스를 담당한다. 직접판매모델(direct sales model)의 경우 제조업체가 판매, 고객서비스와 함께 제품 고객화 및 배송을 책임진다. 간접판매모델의 경우 공급사슬이 부품 제조, 부품 구매, 조립, 유통, 제품 구매 및 지불, 서비스의 순으로 진행된다. 직접판매모델은 이 과정이 역순으로 이루어진다. 고객의 주문이 이루어진 후 제품 조립과 배송이 이루어지게 된다. 즉, Dell은 주문에 의한 생산이 이루어지는 주문생산(build-to-order) 방식을 취하고 있다.

이 모델에서는 전통적인 유통채널을 통한 유통단계가 생략되어 유통비용과 완제품 재고를 효과적으로 절감할 수 있다. 때문에 간접판매모델에 비해 원가우위를 가질 수 있다. 하지만 주문-배송 리드타임이 길어질 수 있다는 단점이 있는데, Dell의 경우 배송프로세스에 전문물류기업을 이용함으로써 리드타임을 효과적으로 단축시켰다. Dell의 경우 주문-조립이 24시간 이내에 이루어지며 주문-배송이 2~5일 내에 이루어지는 공급사슬 프로세스를 구축하고 있다. 이처럼 중간 유통단계의 생략과 주문-배송 리드타임의 단축을 통해 간접판매모델에 비해 1/10 정도의 재고를 유지하고 있다.

그림 4-1 Dell의 공급사슬구조

직접판매 모델의 편익

부품제조	구매	조립	유통	서비스
1. 공급자가 생산시점까지 재고를 보유(소유)할 것을 요구	1. 전화 및 인터넷 판매를 통해 즉각적 현금 전환	1. 재고생산(make-to-stock)이 아닌 주문생산(build-to-order)	1. 전통적인 유통채널 비용 절감	1. 양방향 커뮤니케이션을 통한 제품과 서비스에 대한 고객의 피드백이 가능
2. 부품은 구매 전까지 주문되지 않음	2. 고객과 직접 대응으로 수요에 신속하게 대응할 수 있음	2. Time to market의 단축	2. 채널 갈등이 없음	2. 직접 서비스 및 지원을 통한 신속대응
		3. 가격/성과곡선에 따라 신속한 생산량 조정	3. 채널 재고가 없음	

밀기-끌기 전략

Dell의 고객주문에 대한 주문충족 역량은 부품의 원가 경쟁력과 공급자의 공급 역량에 의해 영향을 받게 된다. Dell은 이를 위해 생산 및 조립과 관련된 부분은 직접판매모형을 기반으로 하는 주문생산방식으로 운영하고, 부품 구매와 관련된 부분은 예상되는 소비자의 수요에 따라 계획구매를 통해 부품을 확보하고 이를 JIT 생산방식으로 적기에 조립라인으로 부품을 공급하는 프로세스를 구축하고 있다. 즉, 공급자 물류센터까지는 밀기(push) 방식, 이후 단계는 끌기(pull) 방식으로 공급사슬을 운영하는 밀기-끌기(push-pull) 전략을 채택하고 있다.

Dell은 이러한 혁신적인 공습사슬구조의 프로세스의 구축은 이후 Dell이 세계 최고 수준의 컴퓨터 기업으로 성장하게 된 핵심 성공요인으로 작용하게 된다.

그림 4-2 Dell의 밀기-끌기 전략

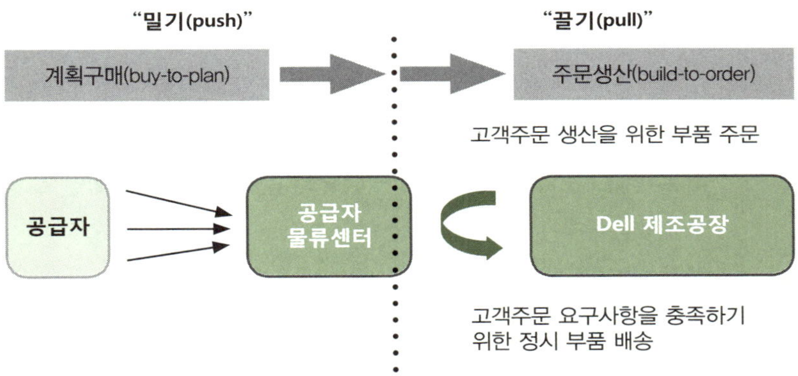

밀기, 끌기, 밀기-끌기 전략

1. 예측적 VS. 반응적 비즈니스 모델

산업혁명 이후 대부분의 비즈니스 모델은 미래 고객의 수요를 예측하는 과정을 요구해 왔다. 하지만 소비자 구매행태와 관련된 정보를 쉽게 얻을 수 없었고, 유통채널상에서 결속력이 약한 기업들이 서로의 계획을 공유할 당위성을 느끼지 못했기 때문에, 비즈니스 운영은 각자의 예측에 의해 좌우될 수밖에 없

그림 4-3 예측적 vs. 반응적 비즈니스 모델

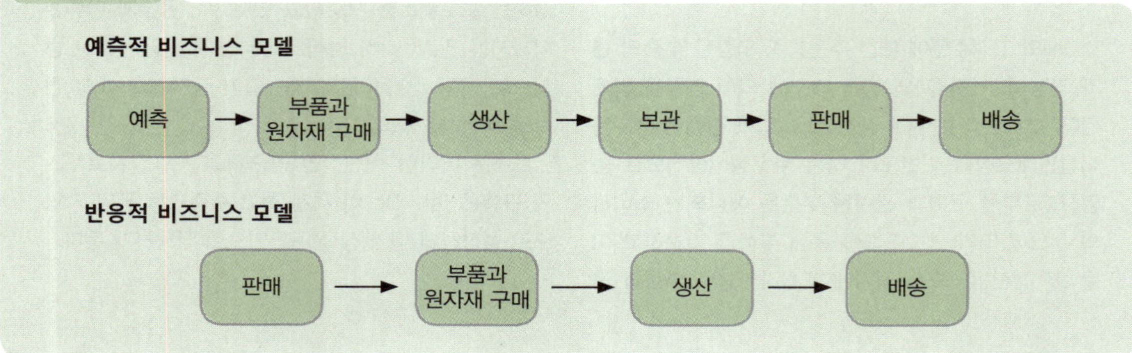

출처: Bowersox, Closs and Cooper(2007).

었다. 예를 들어 소매업체가 제조업체로부터 구매하는 재고는 오직 자신만의 예측과 판촉계획에 근거하여 이루어졌다. 하지만 이런 예측 결과들은 오류가 있을 수밖에 없고 결국 계획되지 않은 재고를 초래하게 된다. 또한 예측에 기초하여 비즈니스를 영위하는 데서 오는 높은 비용과 위험들로 인해 거래 파트너들 간의 관계는 어느 정도 적대적이었고 개별기업은 오직 자신의 이익을 보호하는 데 초점을 두었다.

〈그림 4-3〉은 수요를 예측하고 원자재를 구매하고 제조하고 보관하고 판매하고 배송하는 예측적 비즈니스 모델의 전형적인 프로세스를 보여준다.

이에 반해 반응적 비즈니스 모델은 공급사슬 참여자 간의 정보공유와 공동계획을 통해 예측에 대한 의존도를 줄이거나 아예 없애는 방안을 모색한다. 정보기술의 발전과 경제성 확보로 공급사슬 파트너들 간의 정보공유가 확대되면서 예측기반에서 반응적 비즈니스 모델로의 전환이 더욱 촉진되고 있다.

〈그림 4-3〉은 고객의 주문에 따라 생산하거나 조립하는 반응적 비즈니스 모델을 보여준다.

2. 밀기 VS. 끌기 공급사슬

앞서 설명한 예측적 비즈니스 모델에 기반을 둔 공급사슬을 밀기식(push-based) 공급사슬이라고 한다. 또한 반응적 비즈니스 모델에 기반을 둔 공급사슬을 끌기식(pull-based) 공급사슬이라고 한다. 최근 들어 많은 기업들이 이 두 가지 방식을 혼합한 밀기-끌기(push-pull) 공급사슬 패러다임을 채택하고 있다.

밀기식 공급사슬

밀기식(push-based) 공급사슬에서 생산과 유통에 대한 의사결정은 장기예측을 기반으로 이루어진다. 일반적으로 제조업체는 소매업체로부터의 주문을 기반으로 수요예측을 하게 된다. 따라서 밀기식 공습사슬의 경우 변화하는 시장 여건에 대응하는 데 긴 시간이 소요되며 다음과 같은 결과를 초래할 수 있다.

- 변화하는 수요 패턴에 신속히 대응할 수 없음
- 공급사슬 단계별 안전재고의 필요성으로 과잉재고 발생
- 고객서비스 수준의 저하

즉, 밀기식 공급사슬에서는 전형적인 채찍효과(bullwhip effect)가 발생하게 된다.

끌기식 공급사슬

끌기식(pull-based) 공급사슬에서 생산과 유통은 수요에 기반을 두고 이루어지며, 예측된 수요가 아닌 최종 고객수요에 의해 조정된다. 순수 끌기 시스템(pure pull system)에서는 기업이 재고를 전혀 보유하지 않으며 오직 특정 주문

그림 4-4 밀기 vs. 끌기 공급사슬

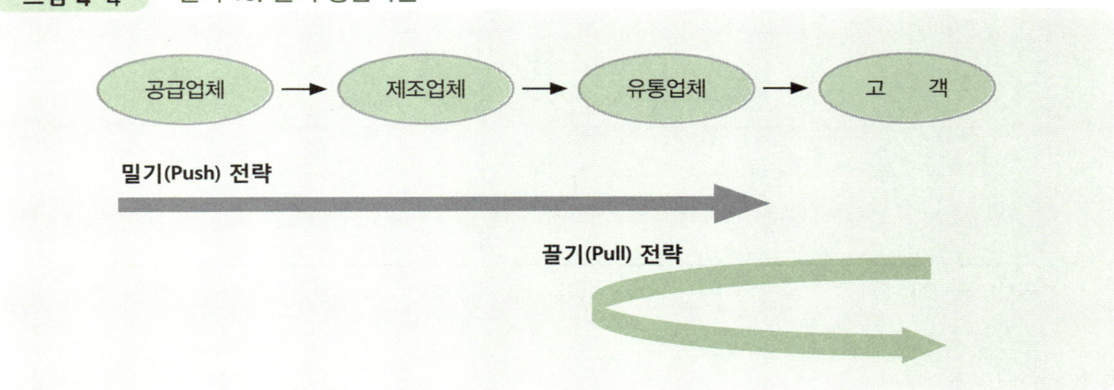

에만 대응하게 된다. 이러한 시스템은 고객수요에 관한 정보(예, POS 데이터)를 여러 공급사슬 참여자들에게 신속히 전달할 수 있는 정보 메커니즘이 있을 경우 가능하다. 끌기 시스템의 장점은 다음과 같다.

- 소매업체의 주문에 대한 예측 역량을 향상시키고 리드타임을 단축시킨다.
- 리드타임 감소에 따라 소매업체의 재고가 감소한다.
- 리드타임 감소로 인해 시스템의 변동성, 특히 제조업체가 직면하는 수요 변동성을 감소시킨다.
- 변동성의 감소로 제조업체의 재고가 감소한다.

밀기-끌기 전략

일반적으로 끌기식 공급사슬은 밀기식 공급사슬에 비해 시스템 재고 수준이 낮고, 자원관리 능력이 향상되며, 시스템 비용이 낮게 나타나는 특징을 가진다. 반면 끌기식 시스템은 리드타임이 너무 길어서 수요정보에 대응하는 것이 어려울 경우 이를 적용하기가 어렵다. 또한 시스템이 미리 계획될 수 없기 때문에 제조나 운송에 있어서 규모의 경제를 달성하기가 어려운 측면이 있다.

밀기-끌기(push-pull) 전략은 밀기와 끌기 기반 공급사슬이 갖는 장점을 취한 새로운 공급사슬 전략이다. 밀기-끌기 전략에서는 공급사슬의 일부 단계들, 대개 초기 단계들은 밀기 기반으로 수행되고, 나머지 단계들은 끌기 기반으로

그림 4-5 밀기–끌기 전략

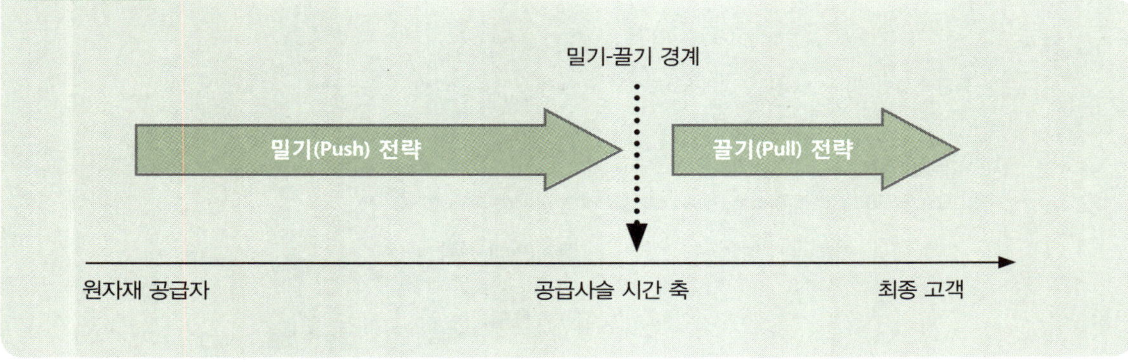

출처: Simchi-Levi, et al.(2008).

수행된다. 이때 밀기 단계에서 끌기 단계로 전환되는 시점을 밀기-끌기 경계(push-pull boundary)라고 한다.

재고생산(build-to-stock) 방식을 취하고 예측에 기반하여 모든 생산과 유통에 대한 의사결정을 내리는 PC 제조업체를 고려해 보자. 이는 전형적인 밀기 시스템이다.

반대로 밀기-끌기 전략의 사례로는 주문생산(build-to-order) 방식을 취하는 제조업체이다. 이 경우 부품 재고는 예측에 기초하여 관리되지만 최종 조립은 특정 고객 주문에 대응하여 이루어진다. 즉, 이 제조업체 공급사슬의 밀기 부분은 조립 이전까지이고 끌기 부분은 실제 고객수요에 기초하여 조립단계부터 시작된다. Dell이 이 전략을 매우 효과적으로 활용하고 있으며 밀기-끌기 전략을 통해 공급사슬 성과를 개선한 대표적인 사례라고 할 수 있다. 지연(postponement) 혹은 차별화 지연(delayed differentiation) 전략도 밀기-끌기 전략의 좋은 사례라 할 수 있다.

〈표 4-1〉은 공급사슬에서 밀기와 끌기 부분이 가지는 특징을 보여주고 있다. 공급사슬 밀기 부분에서는 불확실성이 상대적으로 낮고 서비스 수준이 큰 이슈가 되지 않기 때문에 비용 최소화에 초점을 둘 수 있다. 이 부분은 낮은 수요 불확실성과 생산이나 운송에 있어서 규모의 경제를 가지는 한편 긴 리드타임과 복잡한 공급사슬구조를 가진다. 재고, 운송 및 생산 비용을 최소화하면서 동시에 생산 및 유통을 위한 자원의 활용도를 개선함으로써 비용 최소화를 달성하는 데 초점을 두게 된다.

공급사슬 끌기 부분은 높은 수요 불확실성, 단순한 공급사슬구조, 그리고

표 4-1 | 밀기 vs. 끌기 전략의 특징

	밀기(Push)	끌기(Pull)
목 적	비용 최소화	서비스 수준 극대화
복 잡 성	높 음	낮 음
초 점	자원 활용도	반 응 성
리드타임	길 다	짧 다
적용 프로세스	공급사슬 계획	주문충족

출처: Simchi-Levi, et al.(2008).

짧은 사이클 타임이라는 특징을 가진다. 따라서 이 부분의 초점은 서비스 수준이다. 유연하고 반응적인 공급사슬, 즉 고객수요에 신속하게 적응할 수 있는 공급사슬을 구축함으로써 높은 서비스 수준을 달성하는 데 초점을 두게 된다.

이는 공급사슬의 부분에 따라 다른 형태의 프로세스가 적용될 필요가 있다는 것을 의미한다. 공급사슬의 끌기 부분은 서비스 수준에 초점을 두기 때문에 대개 주문충족(order fulfillment) 프로세스가 적용된다. 공급사슬 밀기 부분은 비용과 자원 활용도에 초점을 두기 때문에 수주 혹은 수개월 간 적용될 수 있는 효과적인 전략을 개발하기 위해 공급사슬 계획(supply chain planning) 프로세스가 사용된다.

공급사슬의 밀기와 끌기 부분은 밀기-끌기 경계에서 상호 작용이 이루어진다. 밀기-끌기 경계는 완충재고(buffer inventory)를 통해 두 가지 공급사슬 전략이 조정되는 공급사슬 시간 축의 한 지점이다. 이러한 재고는 그 위치에 따라 다른 역할을 하게 된다. 밀기 부분에서는 완충재고는 전술적 계획 프로세스를 통해 얻어진 산출요소지만 끌기 부분에서는 주문충족 프로세스를 위한 투입요소가 된다. 끌기 부분에서 얻어진 수요자료에 기초하여 얻어진 예측치는 공급사슬 계획 프로세스로 연결되고 또한 주문충족을 위한 완충재고를 결정하게 된다.

제품 전략과 밀기-끌기 전략

1. 제품 전략과 밀기-끌기 전략

기업이 어떤 제품 전략과 생산시스템을 채택하는가에 따라 공급사슬 프로세스의 형태가 달라지게 된다. 제품 전략과 이에 따른 생산시스템은 크게 재고 생산형(MTS, Make-to-Stock), 주문 조립형(ATO, Assemble-to-Order), 주문 생산형(MTO, Make-to-Order), 그리고 주문 설계형(ETO, Engineer-to-Order) 등으로 구분할 수 있다.

- 재고 생산형(MTS) 시스템이란 주로 수요예측(실제 고객주문이 아닌)에 따

그림 4-6 제품전략과 밀기-끌기 경계

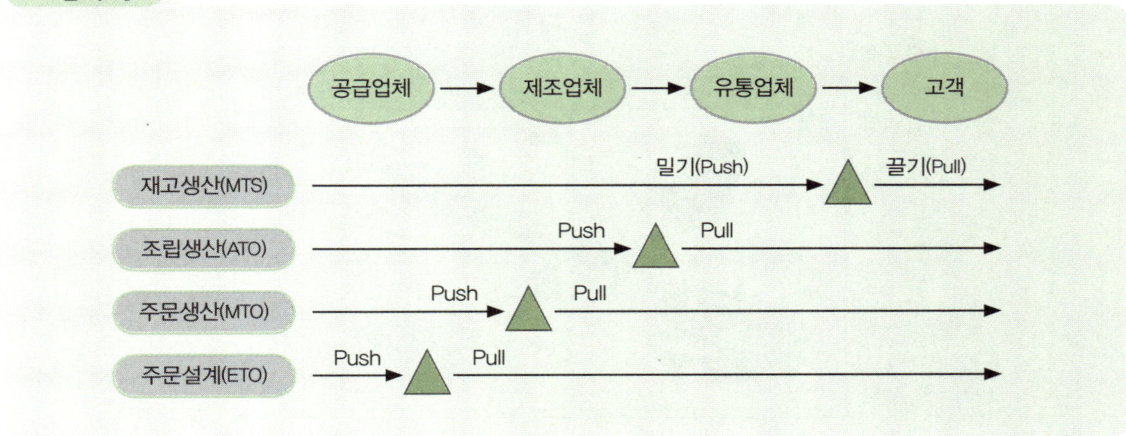

라 생산하며, 즉각적인 조달이 필수적이므로 완제품 형태로 재고를 유지하는 방식이다.

- 주문 생산형(MTO) 시스템이란 완제품 재고를 거의 보유하지 않고 고객의 주문을 받은 후에 제품을 생산하는 방식이다.
- 주문 조립형(ATO) 시스템이란 재고생산과 주문생산 방식의 중간형태로 중간 제품이나 주요 부품의 형태로 재고를 보유하고 있다가 고객의 주문이 있으면 이들을 완제품으로 조립하는 방식이다.
- 주문 설계형(ETO) 시스템이란 고객이 주문하는 사양에 근거하여 새롭게 제품을 설계, 생산하는 방식이다.

이 중 재고 생산형은 밀기 전략, 주문 설계형은 끌기 전략, 주문 조립형과 주문 생산형은 밀기-끌기 전략을 채택한 생산시스템이라 할 수 있다.

〈그림 4-6〉은 제품 전략과 생산시스템의 형태에 따라 각각 밀기 및 끌기 전략이 적용되는 부분과 밀기-끌기 경계의 위치를 보여주고 있다.

2. 제품과 밀기-끌기 전략의 적합성

그렇다면 특정 제품을 취급하는 기업은 밀기 전략, 끌기 전략, 밀기-끌기

그림 4-7 제품과 밀기-끌기 전략의 적합성

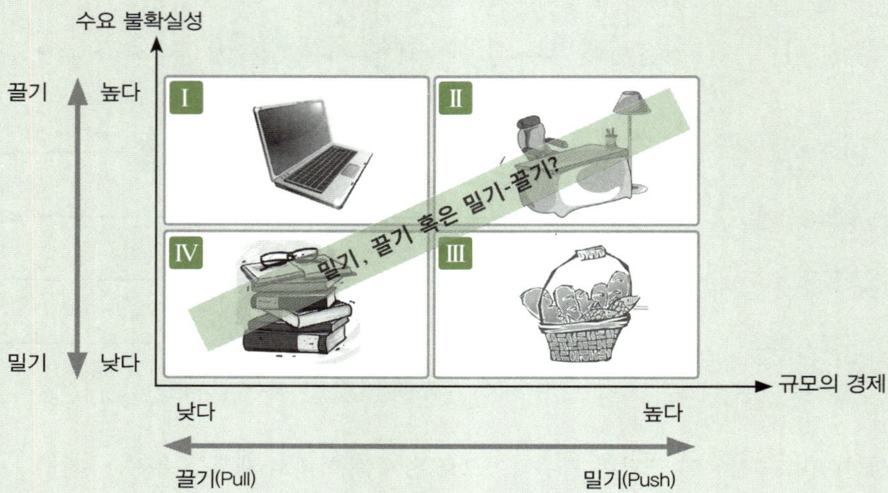

출처: Simchi-Levi, et al.(2008).

전략 중 어떤 전략을 채택하는 것이 가장 적합한가?

〈그림 4-7〉은 제품과 산업에 적합한 공급사슬 전략을 선택할 수 있는 프레임워크를 제시하고 있다. 가로축은 생산이나 유통에 있어서 규모의 경제의 중요도를, 세로축은 고객수요의 불확실성 정도를 나타낸다.

다른 조건이 동일하다면 수요 불확실성이 높을 경우 실수요에 기반을 둔 공급사슬관리, 즉, 끌기 전략을 선호할 것이다. 반대로 수요 불확실성이 낮을 경우 장기 예측에 기초한 공급사슬관리, 즉 '밀기 전략'을 선호할 것이다. 이와 마찬가지로, 다른 조건이 동일하다면, 비용 절감과 같은 규모의 경제의 중요성이 높을 경우 장기 예측에 기초한 공급사슬관리, 즉, 밀기 전략을 선호할 것이다. 규모의 경제가 중요하지 않다면 '끌기 전략'이 적합한 대안이 될 것이다.

Ⅰ은 컴퓨터 산업처럼 불확실성이 높고 제조, 조립 또는 유통과정에서 규모의 경제가 중요하지 않은 산업이나 제품을 나타낸다. 이 경우 끌기 전략이 가장 적합하며, 이는 Dell이 채택한 전략과 정확히 일치한다.

Ⅲ은 낮은 수요 불확실성과 높은 규모의 경제를 가지는 식품 및 잡화가 해당된다. 이들 제품의 수요는 상당히 안정적이며 운송 효율을 높이는 등 규모의

경제를 달성하는 것이 공급사슬 비용 통제를 위해 중요하다. 이 경우 원칙적으로 밀기 전략이 적합하다.

Ⅰ, Ⅲ과는 달리 Ⅱ, Ⅳ에 해당하는 제품의 경우 불확실성과 규모의 경제 두 가지 속성에 의해 적합한 공급사슬 전략을 선정하는 것이 쉽지 않다. 이 경우 혼합전략인 '밀기-끌기 전략'이 대안으로 검토되어야 한다.

밀기-끌기 전략을 채택할 경우 다음 질문은 밀기-끌기 경계를 과연 어디에 위치하는 것이 가장 적합할 것인가 하는 것이다. 동일한 제품이라 할지라도 밀기, 끌기, 혹은 밀기-끌기 시스템 채택 여부에 따라 비용과 고객 서비스에 미치는 영향이 달라지게 된다.

지연 전략

1. 지연 전략이란?

공급사슬에서 밀기와 끌기 전략이 가지는 장점을 결합하여 대량고객화(mass customization) 추이에 대응하기 위한 밀기-끌기 전략의 대표적인 예가 지연(postponement) 전략이다.

그림 4-8 지연 전략

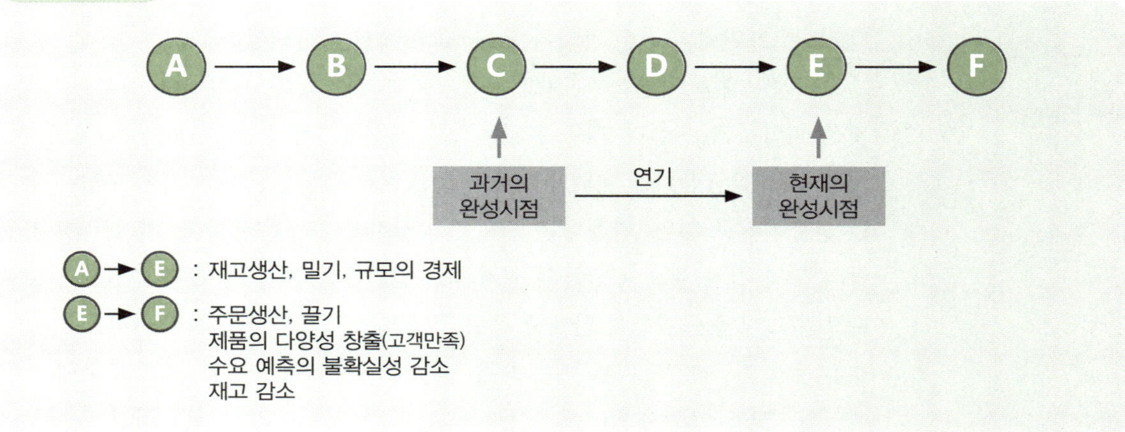

지연 전략이란 제품 구조, 제조 및 공급사슬 프로세스를 적절히 설계함으로써 제품의 완성시점을 고객의 정확한 요구가 파악되는 시점까지 연기하고 이를 통해 다양한 제품들에 대한 고객의 변화하는 수요에 보다 유연하게 대응하려는 전략이다.

지연(postponement)의 개념은 처음 Alderson(1950)에 의해 마케팅 비용을 절감할 수 있는 방안으로 제시되었다. Alderson은 "마케팅 시스템의 효율성을 제고하기 위한 가장 일반적인 방법은 차별화의 지연(postponement of differentiation)이다… 형태의 변화를 마케팅 흐름에 있어서 가능한 최후의 시점까지 연기하고, 재고 위치의 변화를 최후의 시점까지 연기하라"고 주장하였으며, 이 접근방법이 마케팅 운영과 관련된 불확실성을 줄일 수 있다고 믿었다.

이후 Bucklin(1965)은 지연 전략이 유용한 개념이 될 수 있으나 특히 재고생산(make-to-stock)에 기반을 둔 제조 및 유통 환경에서는 적용되기 어려울 것이라는 주장을 제기하였다. 그는 유통채널 내 일부 주체들은 제품 다양성과 관련된 위험을 가질 수밖에 없으며, 지연 전략은 단지 유통채널 내 한 주체의 위험을 다른 주체로 이전시킬 뿐이라고 주장하였다.

하지만 이후 제조업체들이 전통적인 재고생산 환경에서 벗어나기 시작하면서 지연 전략은 매력적인 대안으로 부상하게 된다.

지연 전략의 가장 유명한 예의 하나는 HP의 DeskJet-Plus 프린터 사례이다. 국가별로 전원 공급장치(power supply)의 기준이 다르기 때문에 HP는 미국, 유럽 극동지역 시장에 서로 다른 완제품 프린터 모델을 생산할 필요가 있었다. 모든 프린터 버전은 캐나다 Vancouver에서 생산되었다.

HP는 제품 차별화가 전원 공급장치가 설치되는 시점에서 이루어진다는 것을 파악하고 프린터 제조 프로세스를 재설계하였다. 즉, Vancouver 공장에서는 전원 공급장치를 제외한 표준적인 프린터만을 생산하고 최종 조립은 국가별 물류센터로 지연, 완성되는 새로운 공급사슬을 구축하였다. 이러한 지연 전략의 도입 결과 필요한 만큼의 완제품 프린터를 생산할 수 있게 되었으며 고객수요의 기대에 근거하여 완제품 프린터 재고를 보유하지 않게 되었다.

지연 전략의 또 다른 예는 의류 제조업체인 Benetton의 제조 프로세스 사례이다. 직조 프로세스(dyeing process)에 긴 리드타임이 소요되었기 때문에

그림 4-9 Benetton의 지연 전략

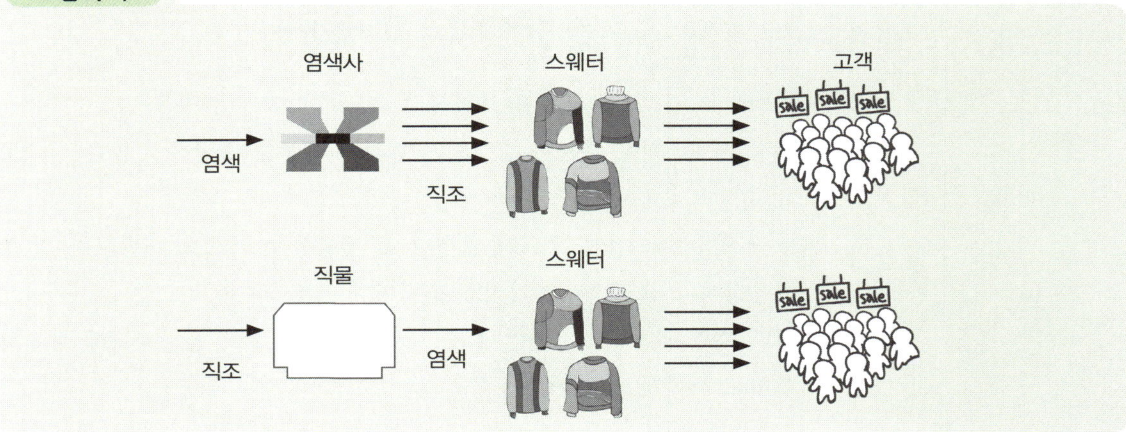

Benetton은 먼저 실을 서로 다른 색상으로 염색한 후 직조하는 과정을 거쳐 완제품 의류를 생산하였다. 이러한 프로세스는 서로 다른 색상을 가진 의류의 수요를 정확하게 파악하는 것이 요구된다. 하지만 서로 다른 색상을 가진 의류의 수요에는 매우 높은 변동성이 존재하기 때문에 Benetton은 색상별 수요예측에 어려움을 겪었다. 어떤 색상의 의류는 판매가 저조하였고 어떤 색상의 의류는 재고가 부족한 상황을 초래하기도 하였다.

Benetton은 의류의 제품 차별화가 색상을 결정하는 염색 프로세스에 있으며, 색상을 고려하지 않은 규격별 총괄 수요의 예측 정확도가 색상별 수요 예측 정확도보다 더 높다는 점을 파악하고, 염색과 직조 프로세스의 순서를 바꾸는 지연 전략을 도입하였다. 즉, 염색이 되지 않은 실로 의류를 직조하고, 주문이 접수되거나 해당 시즌에 대한 색상별 수요가 확실할 때까지 염색 프로세스를 지연시키는 방식으로 의류 제조 프로세스를 변경하였다. 이를 통해 Benetton은 재고 수준, 특히 판매부진으로 인한 재고손실을 감축시켰고 고객 서비스 또한 향상시키는 편익을 얻게 된다.

2. 지연 전략의 유형

Zinn and Bowersox(1988)는 지연 전략을 적용 분야에 따라 라벨링(labeling) 지연, 포장(packaging) 지연, 조립(assembly) 지연, 제조(manufacturing) 지연, 그리고 시간(time) 지연의 5가지 유형으로 제시하고 있다.

- 라벨링 지연: 표준 제품을 보관하고 수요에 따라 라벨링을 변경
- 포장 지연: 최종 주문이 접수되기 전까지 제품을 포장하지 않은 상태로 유지
- 조립 및 제조 지연: 수요가 발생한 후 제품을 고객으로 배송하기 전 조립공장이나 창고에서 추가적인 조립이나 제조를 수행
- 시간 지연: 제품을 소매업체 창고로 배송하지 않고 중앙창고에 보관하면서 고객에게 직접 배송

서로 다른 지연 전략은 서로 다른 비용과 편익을 수반하게 된다. 예를 들어 포장 지연의 경우 표준제품을 보관하기 때문에 재고비용은 감소하지만 포장비용은 증가하게 된다. 이와 유사하게 제조 및 조립 지연의 경우 부품비용이 증가할 수 있으며 보다 복잡한 공정이 요구될 수 있다. 나아가 제조나 시장환경에 따라 각기 다른 비용과 서비스 성과를 가진 복수의 지연 전략을 함께 활용할 수 있을 것이다.

그림 4-10 지연 전략의 유형

제조 \ 물류	투기 (분산재고)	지연 (집중화된 재고 or 직배송)
투기 (재고생산)	**완전투기 전략**(Full Speculation) + 낮은 제조원가, 낮은 배송비용, 높은 고객서비스 − 높은 재고비용	**물류지연 전략**(Logistics Postponement) + 낮은 제조원가 − 높은 배송비용, 중간 재고비용, 중간 고객서비스
지연 (주문생산)	**제조지연 전략**(Manufacturing Postponement) + 낮은 배송비용, 높은 고객서비스 − 높은 제조원가, 높은 재고비용	**완전지연 전략**(Full Postponement) + 낮은 재고비용 − 높은 제조원가, 높은 배송비용, 낮은 고객서비스

출처: Page and Cooper(1998).

Page and Cooper(1998)는 〈그림 4-10〉과 같이 지연 전략을 제조 또는 물류, 투기(speculation) 또는 지연(postponement)에 따라 4 가지 유형으로 구분하고 있다.

- 완전투기 전략: 예측에 의해 표준화된 제품을 생산하고 고객에 가까운 위치에 저장 및 분산
- 제조지연 전략: 제품을 가능한 특정 제품으로 구체화하지 않고 공용으로 사용할 수 있는 상태로 유지
- 물류지연 전략: 생산된 제품 재고를 전략적 위치에 집중화된 방식으로 유지
- 완전지연 전략: 제조와 물류 프로세스를 주문 접수 후 시작

Zhang and Tan(2001)은 지연 전략을 〈표 4-2〉와 같이 형태 지연(form postponement), 시간 지연(time postponement), 장소 지연(place postponement)의 세 가지 유형으로 구분하고 있다.

Yang and Burns(2003)은 지연을 순수지연 전략으로부터 순수투기 전략에 이르기까지 구매 지연, 제조 지연, 조립 지연, 포장/라벨링 지연, 물류 지연의 5 가지 유형을 구분하고, 〈그림 4-11〉에서 볼 수 있듯이 이를 제품 전략과 연계하여 가로축의 7가지 제품 전략별(예측생산에서 주문설계까지)로 세로축의 지연 시점(decoupling point), 즉 밀기-끌기 경계가 형성되는 시점을 제시하고 있다.

표 4-2 I 지연 전략의 유형

유형	정 의	초 점
형태 (기능)	제품 차별화를 지연시키기 위해 기능을 부가하는 제조 프로세스를 재설계	• 프로세스의 상위(upstream) 단계들을 표준화 • 기능성들을 모듈화
시간	제품 차별화를 지연시키기 위해 프로세스와 제조시점을 재구축	• 프로세스를 재설계 • 제품의 형태와 기능을 결정하는 활동의 적용시점을 연기
장소	제품 차별화를 지연시키기 위해 프로세스의 지리적 위치를 재설계	• 차별화 작업을 최종 공정과 제조의 하위(downstream)단계로 연기 • 제품의 하위단계로의 이동을 연기 • 재고의 선 배치(forward deployment)를 연기

출처: Zhang and Tan(2001).

그림 4-11 지연 전략과 밀기-끌기 전략

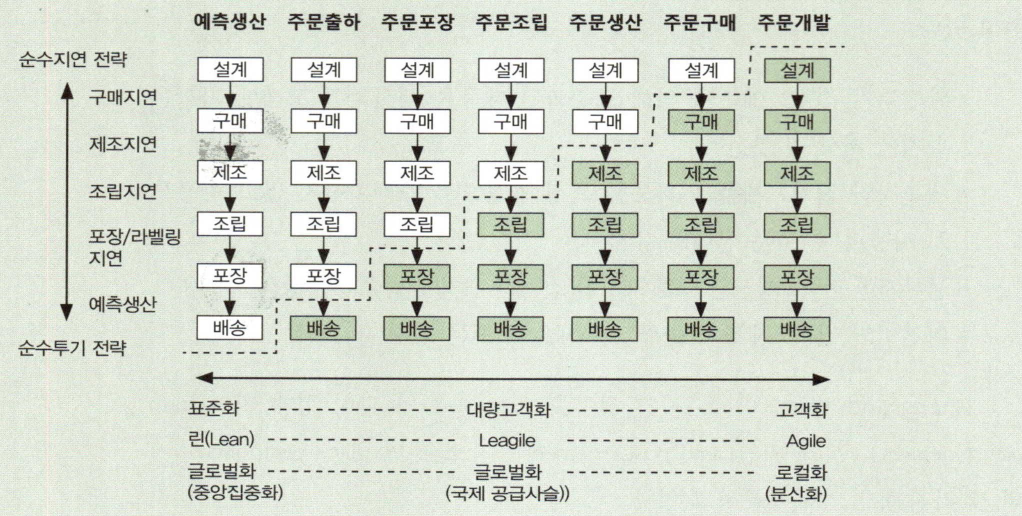

출처: Adapted from Yang and Burns(2003).

3. 지연 전략 구현을 위한 접근방법

지연 전략을 성공적으로 구현하기 위해서는 다음과 같은 접근방법이 활용될 수 있다(Lee and Tang, 1997).

- 프로세스 표준화(Process standardization)
- 프로세스 재구축(Process restructuring)
- 모듈화 설계(Modular design)

프로세스 표준화

표준화에는 부품과 프로세스 표준화가 포함된다. 프로세스 표준화란 제품 라인에 걸친 프로세스의 초기 단계를 표준화하고, 이후 단계에서 제품 차별화를 위한 특성을 부가하도록 하는 접근방법이다.

HP는 흑백 프린터와 컬러 프린터에 대해 차별화 지연을 도입하였다. 프린터의 제조 프로세스는 크게 인쇄회로(PCA) 조립, 최종 조립 및 테스트(FA&T), 최종 고객화의 3가지 단계로 구성된다. 프린터에 대한 차별화 지연은 PCA나 FA&T 단계를 표준화함으로써 달성될 수 있다. PCA 단계를 표준화하기 위해서는 흑백과 컬러 프린터 모델에 공통으로 사용되는 프린터 헤드구동기판(head drive board)으로 알려진 핵심 부품이 표준화되어야 한다. FA&T 단계를 표준화하기 위해서는 두 프린터 모델의 프린터 장치 인터페이스(printer mechanism interface)가 표준화되어야 한다. HP는 기존에 별개로 이루어지던 흑백과 컬러 프린터 제조 프로세스에서 PCA 및 FA&T 프로세스를 표준화함으로써 부품과 완제품에 대한 재고비용을 절감하고 차별화 지연을 통해 고객화를 성공적으로 달성한 바 있다.

프로세스 재구축

프로세스 표준화를 보완하는 접근방법이 프로세스 재구축(process restructuring)이다. 프로세스 재구축이란 가급적 표준화된 공통 프로세스는 초기에 실행하고 제품 차별화를 창출하는 프로세스는 나중에 실행하도록 기존의 프로세스들을 재배열(re-sequencing)하는 접근방법이다.

프로세스 표준화와 프로세스 재구축 두 접근방법의 공통된 편익은 가급적 초기단계에는 차별화가 이루어지지 않도록 하여 규모의 경제를 달성하게 하고, 나아가 이후 차별화 지연을 통해 다양한 제품들에 대한 수요변화에 유연하게 대응할 수 있도록 한다는 점이다.

앞서 언급한 바와 같이 Benetton은 의류 제조공정에서 실을 염색한 후 직조하던 것을 직조 후 염색으로 프로세스 순서를 바꾸는 프로세스 재구축을 통해 지연 전략을 성공적으로 도입한 사례이다.

모듈화 설계

모듈화(modularity)란 하나의 시스템을 보다 작은 하부시스템(subsystem), 모듈(module), 부품 수준으로 분해할 수 있는 정도를 의미한다. 모듈화 설계(modular design)는 표준화된 구성요소들의 집합으로 다양한 제품을 산출하기 위한 제품설계 방식이다. 모듈을 구성하는 부품을 표준화하여 부품의 범용성과

규모의 경제를 달성할 수 있고, 나아가 공급자에 대한 구매력을 향상시킬 수 있게 된다. 또한 한정된 모듈로부터 다양한 제품을 산출함으로써 차별화 지연을 달성할 수 있기 때문에 지연 전략을 구현하기 위한 핵심요소이다.

사례연구 LG Display의 생산지연 전략

LG DISPLAY 소개

LG Display는 TV, 노트북, 모니터 및 기타 어플리케이션에 탑재되는 TFT-LCD 패널을 제조하여 세계유수의 PC메이커와 가전업체에 이를 공급하는 부품 제조업체이다. 1987년 금성사 중앙연구소에서 TFT-LCD 개발이 시작되어, 1993년에 LG전자 내 LCD 사업부가 설립되었으며, 1999년 9월에 LG전자와 필립스전자가 50:50 합작법인으로 LG.Philips LCD를 출범하게 되었다. 2008년 LG Display로 사명을 바꾸고 LCD와 플렉서블 디스플레이, OLED 등 디지털 디스플레이 전문기업으로 발돋움하고 있다.

〈표 4－3〉에서 보는바와 같이 TFT-LCD 시장점유율에서 이미 대만, 일본업체들과는 상당한 차이를 보이고 있으며, 국내 삼성LCD(S-LCD)와는 신규공장 투자경쟁을 통해 TFT-LCD 시장점유율에서 1, 2위를 다투고 있다.

표 4-3 | TFT-LCD 시장점유율

	2002	2003	2004	2005	2006	2007	2008
S-LCD	17.3 %	19.9 %	22.4 %	21.3 %	22.7 %	22.1 %	24.8 %
LGD	**19.9 %**	**22.0 %**	**20.9 %**	**22.0 %**	**20.8 %**	**21.1 %**	**21.4 %**
AUO	12.2 %	12.0 %	13.8 %	14.2 %	16.5 %	19.7 %	17.0 %
CMO	5.6 %	7.1 %	10.1 %	11.9 %	12.3 %	13.3 %	14.8 %
Sharp	8.2 %	6.2 %	6.9 %	6.5 %	5.5 %	6.2 %	7.9 %
Others	36.9 %	32.7 %	25.9 %	24.1 %	22.2 %	17.6 %	14.2 %

출처: DisplaySearch.

TFT-LCD 생산 프로세스

먼저 TFT-LCD 생산 프로세스를 살펴보면 다음과 같다. TFT-LCD공장의 생산라인은 TFT, Color Filter, Cell, Module Shop 크게 4개의 Shop으로 이루어진다. TFT공정은 반도체 제작공정과 매우 유사하며, 증착공정

(deposition) 및 사진식각공정(Photolithography), 식각공정(Etching)을 반복하여 유리기판 위에 박막트랜지스터를 배열하여 제작하는 공정이다. Wafer 대신에 유리를 사용한다는 점에서 반도체와 다르며, 반도체 공정은 1,000℃ 정도의 공정온도를 갖는 반면 TFT 공정은 유리기판을 사용하기 때문에 300～ 500℃의 공정온도를 유지해야 하므로 오히려 반도체보다 까다로운 기술이다. Color Filter 공정은 증착공정, 사진식각공정, 식각공정을 반복하여 빛의 삼원색인 Red, Green, Blue Color가 유리판 위에 코팅되도록 제작하는 공정이다. Cell 공정은 TFT 하판과 Color Filter가 형성된 상판에 배향막을 형성하고, 배향막에 액정이 잘 정렬할 수 있도록 배향을 한 후, Spacer를 산포하고 Seal 인쇄를 하여 합착한다. 합착 후에 모세관 현상을 이용하여 액정을 내부에 주입한 후, 주입구를 봉지함으로써 TFT-LCD 공정은 마무리가 된다. Module 공정은 최종적으로 사용자에게 전해지는 제품 품질을 결정하는 단계이다. 완성된 CELL에 편광판을 부착하고 Driver-IC를 실장한 후 PCB(Printed Circuit Board)를 조립하여 최종적으로 Backlight unit과 기구물을 조립함으로써 Module은 완성된다.

공정별로 살펴보면 TFT, Color Filter, CELL Shop은 핵심기술/공정인데 비해, Module Shop은 CELL에 전자부품을 부착하는 단순 조립라인이다. TFT, Color Filter Shop의 완성품은 CELL을 만들기 위한 원재료 성격을 띠

그림 4-12 TFT–LCD 공정흐름

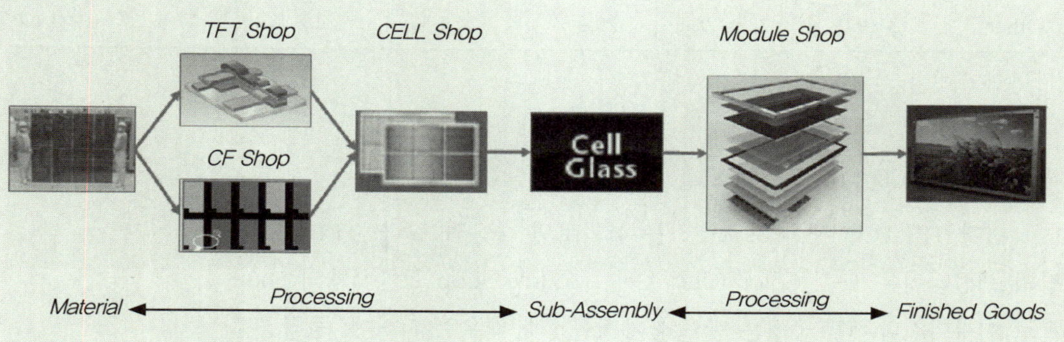

고 있으며 CELL Shop 공정을 통해 두 장의 Glass가 합착되어 하나의 반제품 상태의 CELL을 구성하게 된다. Module Shop의 공정은 CELL이라는 반제품 형태의 표준품을 가지고 고객마다 다른 특성, 사양, 요구에 따라 다른 광학필름과 전자부품을 조립하여 최종 Module을 완성하게 된다.

생산계획은 일반적으로 수요예측을 근거하여 월 단위로 수립되면 TFT, Color Filter, CELL 그리고 Module 모두를 고려한 계획이 작성된다. 생산방식은 MTS(Make-to-Stock)방식을 적용하여 완제품을 미리 예측해서 만들어 놓고 고객의 주문에 대응하고 있다. TFT-LCD 생산 리드타임은 원재료의 투입에서 완성까지 약 5일이 소요된다. 공정별로는 TFT와 Color Filter가 각기 다른 Shop에서 동시에 생산되며 TFT 공정은 약 3일, Color Filter 공정은 약 1.5일이 소요된다. 이후 Cell 공정은 약 1.5일이 소요되고 다시 Module 공정에서 6시간이 소요된다.

생산, 재고관리의 문제점

LG Display에서는 TFT-LCD Module을 만들어 전 세계 시장에 공급하고 있다. 생산하는 모델은 가전업체에서 요구하는 기술적인 요소에 의해 세분화된다. 그러므로 고객의 다양한 사양과 특성에 맞는 제품을 만들다 보니 복잡성이 증가하여 제품의 종류와 수량을 치밀하게 계산해야 한다. 그럼에도 불구하고 수요의 변화나 모델 사양의 변화가 생기면 바뀐 요구사항이 전달되고 변화에 맞추어 대응하기 위해서 전체적인 생산일정 변경, 새로운 제품의 부품 준비 등 리드타임이 길어져 민첩성이 매우 낮은 상태였다.

게다가 LG Display는 고객수요를 예측하여 여러 종류의 완제품을 미리 만들어 재고로 보유하면서 고객의 주문 시 제품을 공급하여 주는 MTS(Make-to- Stock) 생산방식을 적용하고 있었다. 즉, 수요예측에 기초한 월 단위의 생산 및 조립계획을 작성하여 Glass투입부터 TFT, Color Filter, CELL 그리고 Module까지 연속 생산하여 창고에 보관하는 방식을 적용하고 있었다.

이는 고객의 수요변화와 공급과잉, 비수기 시 재고의 증가로 이어져 여러 가지 문제점들을 유발시켰다. 투입과 생산량 조절이 어려운 산업특성으로 인해 창고 내 재고의 수는 큰 폭으로 증가하였고, 이는 곧 사내 창고공간의 부족한 결과를 가져왔다. 무엇보다도 가장 큰 악영향은 늘어난 재고자산은 LG Display의 현금 흐름을 방해하는 요소로 작용했다는 점이다. 하지만 재고 조절을 위한 생산라인의 중단이나 생산량의 감산은 LG Display에게는 비용이나 생산효율면에서 최후의 마지막 선택이었다. 그러므로 문제 해결을 위해서는 투입량과 생산량 조절의 최소화와 총 재고수의 감소라는 두 가지 문제를 동시에 해결해야 했다.

생산지연 전략

투입과 생산량 변동의 최소화와 재고의 감소라는 두 가지 문제를 해결하기 위한 방안으로 LG Display에서는 생산지연 전략을 적용하였다.

TFT-LCD 생산공정 중에서 TFT, Color Filter, CELL Shop의 공정은 연속생산이 이루어져야 하므로 패널공장 내에서 3개의 Shop이 연속적으로 이어져 있지만, Module Shop은 전 공정인 CELL Shop과 물리적으로 떨어져 있다. CELL Shop과 Module Shop이 떨어져 있다는 것은 두 Shop 간에 물리적인 이동이 있고 이는 Module Shop의 투입량이 임의로 조절될 수 있다는 것을 의미한다.

또한 Module Shop은 TFT, Color Filter, CELL Shop에 비해 생산공정

그림 4-13 LG Display 적용된 생산지연 전략

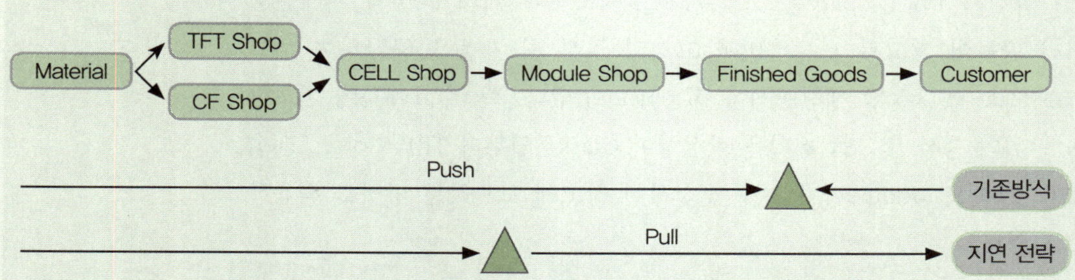

의 단축과 조절이 상당히 유연하게 운영할 수 있는 조립라인이라는 점이다. 전 공정(TFT, Color Filter, CELL Shop)이 고가의 첨단장비를 이용하여 24시간 운영되는 공정인 반면, Module Shop은 단순 조립라인과 이를 운영하는 인원, 그리고 포장, 품질검인원으로 크게 이루어져 있다. 그러므로 투입량의 축소가 실시되었을 때 유휴인원은 개인휴가 내지는 업무교육으로 대체할 수 있고, 장비는 가동률을 낮추고 장비의 보수와 수리로서 운영을 유연하게 운영할 수 있었다.

이러한 Module Shop의 특징을 이용하여 TFT, Color Filter, CELL Shop 생산라인의 투입과 생산량은 유지하면서 상대적으로 조절이 가능한 Module Shop의 투입과 생산량을 줄이는 방식을 적용했다. 즉 제품 보관의 형태를 완제품 상태인 Module뿐만 아니라 표준품인 CELL 반제품 상태로도 일부 보관하기 시작했다. 결과적으로 제품의 완성시점을 Module Shop에서 Cell Shop으로 지연시킨 결과를 가져왔으며, 늘어난 CELL 반제품 재고는 기존 일관된 예측생산과는 달리 고객수요가 결정되는 순간 바로 생산하는 ATO(Assemble-to-Order) 전략을 적용할 수 있게 되었다.

지연 전략의 성공요인

오랫동안 생산 분야의 핵심 과제 중 하나는 어떻게 고객의 요구에 맞는 다양한 제품을 낮은 원가구조와 짧은 리드타임을 사용하여 창출할 수 있는가 하는 것이었다. 고객은 주문을 접수시킨 시점부터 최대한 단납기를 원한다. 그러므로 지연 전략이 성공하기 위한 조건으로 기존의 프로세스에서 지연된 마지막 생산공정의 리드타임이 짧을수록 유리한 전략이라 할 수 있다.

기존 주문접수 후 창고에서 바로 고객에게 제품을 배송하던 인도 리드타임(Delivery Lead Time)과 지연 전략 후 고객에게 배송되는 인도 리드타임(Delivery Lead Time)의 차이는 지연된 생산공정의 리드타임만큼 증가되기 때문에 지연된 생산공정의 리드타임이 길게 되면 고객입장에서는 느끼는 인도 리드타임(Delivery Lead Time)은 더 길게 느껴질 수밖에 없다. 그러므로 지연된 생산공정의 리드타임이 짧다는 것은 고객입장에서 느낄 수 있는 시간적 서비스 불만을 최소화하고 보다 더 효과적인 전략으로 이용될 수 있다는 것을 의미한다.

앞에서 설명한 TFT-LCD 각 생산공정의 리드타임을 비교해보면 TFT, Color Filter, CELL Shop의 생산 리드타임은 총 4.5일 정도 소요되는 데 반해 Module Shop은 단순 조립라인으로서 리드타임은 약 6시간 정도로 앞 공정에 비해 상당히 짧다. 그러므로 CELL 반제품 재고를 보유하고 있다가 고객의 수요가 결정되어 생산을 시작하여도 고객입장에서 느끼는 시간적 불편은 크게 문제가 되지 않는다.

실제로 LG Display에서 이러한 지연 전략은 비수기와 공급 과잉기에 시행하였다. 성수기에는 충분한 수요가 존재하므로 기존과 같이 MTS 전략을 사용해서 생산량을 일정하게 유지하다가 비수기, 공급과잉기일 때는 재고부담이 적은 반제품 상태의 CELL을 보유하고, 고객의 사양과 수요가 결정되면 Module 생산을 완료하는 방법을 취했다. 결과적으로 최종 생산단계의 일부를 지연함으로써 LG Display는 기업의 판매정확도 향상과 재고의 감소, 창고부족 해결, 생산량 조절의 최소화, 그리고 현금 흐름의 개선의 효과를 한꺼번에 얻을 수 있었다.

생산지연 전략의 효과

판매계획 정확도 향상

재고는 가장 가시적인 형태의 낭비일 것이다. 고객은 즉각적인 제품의 제공을 요구하는 반면 고객이 무엇을 얼마만큼 필요로 하는지 정확하게 예측하기가 어렵다. 그러므로 예측의 변동은 재고의 증가로 실제적인 비용이 발생된다.

LG Display는 평상시 MTS 전략을 사용해서 생산량을 일정하게 유지하고 고객의 요구에 따라 배송하는 전략을 사용하다가 비수기와 공급 과잉기에 일정기간 재고관리의 목적으로 생산지연 전략을 사용함으로써 기존의 MTS 생산방식의 수요예측 변동에서 일어나는 문제점을 조절함과 동시에 생산량을 조절할 수 있었다.

TFT-LCD의 Model은 고객이 요구하는 기술적인 요소, 즉 Module Shop에서 각기 다른 전자부품을 사용하면서 결정된다. 그러므로 생산지연 전략을 사용할 경우 표준품인 CELL을 보관하고 있다가 고객의 사양이 결정되는 순간 정확한 모델을 생산하여 공급함으로써 고객의 수요예측의 변동 Risk를 줄이고 판매정확도를 높일 수 있었다. 그 결과 LG Display는 2008년 Module 생산량 9,530만개 대비 9,340만대의 판매 실적을 거둠으로써 98%의 높은 판매 정확도를 보였다.

재고비용의 감소

수요 예측의 변동이 커질수록 재고의 필요성은 커지게 된다. 재고의 보유에는 실질적으로 재고유지비용이 발생될 뿐만 아니라 창고에 보관된 재고로 인해 기업경영면에서 운영자금의 흐름을 방해한다고 볼 수 있다. 그러므로 경영 악화 시 기업의 입장에서는 재고의 최소화가 기업 자금의 유동성 해결이라는 가장 큰 문제의 해결책이 될 수 있을 것이다.

LG Display 입장에서 LCD산업은 대규모의 자본 투자와 자금의 흐름이 큰 산업으로 공급과잉, 비수기로 인한 판매 감소 시 재고의 증가는 기업경영에 치명적일 수밖에 없다. 가장 손쉬운 방법은 보유한 재고자산의 매각을 하거나 생산을 줄임으로써 재고를 조정하는 것이다. 그러나 앞서 설명했듯이 TFT-LCD 산업은 투입과 생산의 조정을 통해 재고를 조절하는 것이 어려운 상황에서 단지 생산지연 전략을 사용하는 것만으로도 자연스럽게 재고비용을 감축할 수 있었다.

LG Display에서 생산지연 전략을 사용한 결과 재고자산의 형태가 Module에서 CELL 형태로 바뀌는 결과를 가져왔다. 반제품 상태의 CELL과 Module의 제조원가를 비교해 보면 CELL 반제품 상태의 제조원가는 Module 완제품 원가의 약 60%를 차지한다. 총생산수량 다시 말해 Module 생산수량과 Module + CELL 생산수량의 숫자는 동일할지라도 CELL 반제품 상태로 전환된 수량만큼 둘 사이의 제조원가 차이를 이용하여 재고비용을

표 4-4 I LG Display 재고자산의 변화(2008년)

2008년	자산	재고자산	비율
1월	140,878 억원	8,449 억원	6.0 %
2월	144,435 억원	8,807 억원	6.1 %
3월	152,377 억원	10,310 억원	6.8 %
4월	159,319 억원	11,422 억원	7.2 %
5월	164,818 억원	12,479 억원	7.6 %
6월	168,331 억원	13,869 억원	8.2 %
7월	165,015 억원	15,186 억원	9.2 %
8월	173,689 억원	15,519 억원	8.9 %
9월	178,266 억원	15,122 억원	8.5 %
10월	180,831 억원	14,073 억원	7.8 %
11월	193,248 억원	14,984 억원	7.8 %
12월	173,884 억원	11,367 억원	6.5 %

출처: www.lgdisplay.com 공시자료.

개선할 수 있었다. 재고비용 감소효과는 지연되는 공정간 제조원가의 차이가 클 경우 그 효과가 더욱 크게 나타날 수 있으므로 자금의 유동성이 어려운 기업의 입장에서는 지연 전략을 적용할 경우 보유하는 재고자산의 형태의 변화와 자금흐름의 효과를 계산해 보고 적절히 적용되어야 할 전략으로 볼 수 있다.

〈표 4-4〉는 2008년 LG Display의 전체 재고자산금액을 월별로 나타낸 것이다. 생산지연 전략을 수행하여 전체 재고의 20%에 해당하는 수량을 CELL 반제품 재고로 운영한 결과 2008년 8월 1조5519억원(8.9%)까지 늘어난 재고자산은 12월에 1조1367억원(6.5%)까지 줄일 수 있었다.

창고 활용도 증가

LG Display는 생산라인의 끝에 창고를 운영하고 고객의 수요가 결정되면 비로서 공장에서 출하가 이루어지고 있다. 고객의 요구에 의해 해외에 Hub를 일부 운영하고 있을 뿐 내/외부에 창고공간을 추가 확보하기란 현실적으로 불가능 했다. 공급과잉과 비수기 시에는 출하량이 줄어들고 출하시점이 월말로 미뤄지는 현상이 발생하였기 때문에 창고공간의 과부족의 현상이 심했다.

형태별, 즉 Module 완제품과 CELL 반제품 상태에서 보관되는 부피 차이를 비교해보면 상호간에 약 5~10배의 차이가 발생한다. CELL은 두 장의 유리(TFT, Color Filter)를 붙여 놓은 상태로 평평한 면을 이용하여 CELL을 순차적으로 쌓아서 보관할 수 있지만 Module은 CELL에 PCB, Drive IC, Back Light, Frame 등이 붙어서 두꺼워졌을 뿐만 아니라 완제품의 외관이 평평하지 못해 완제품 간 일정 간격을 두어 포장을 해야 한다. 즉 Module 포장 시 어쩔 수 없이 발생하는 내부 공간 낭비는 CELL형태에서는 거의 발생하지 않았다. 그러므로 생산지연 전략을 적용하여 제품형태의 변화만으로도 Module 완제품을 100% 보관할 때 보다 필요로 하는 보관장소를 줄일 수 있었고 또한 창고의 활용도를 높일 수 있었다. 이 전략은 보관부피의 차이가 클수록 창고 효율면에서 효과적인 전략이라 할 수 있다.

LG Display는 2008년 생산지연 전략을 수행하여 20%의 Module 재고를 CELL 반제품 재고로 전환함으로써 기존 Module 완제품 보관공간에 비해 18%의 창고공간을 절약할 수 있었다.*

토의문제

1. LG Display가 지연 전략을 도입하게 된 동기는 무엇인가?
2. 어떤 유형의 지연 전략을 도입하고 있나?
3. 지연 전략에서 밀기-끌기 경계는 어디에서 이루어지고 있나?
4. 지연 전략 도입으로 인한 편익은 주로 어떤 분야에서 나타나고 있나?

* 출처: 김시영, LG Display 물류개선사례, 물류MBA과정 석사학위논문, 인하대학교 물류전문대학원, 2010. 2.

참고문헌

- Alderson, W., "Marketing Efficiency and the Principle of Postponement", Cost and Profit Outlook, September 1950.
- Bowersox, Donald J., David J. Closs and M. Bixby Cooper, Supply Chain Logistics Management, 2nd Edition, McGraw-Hill, 2007.
- Bucklin, L.P., "Postponement, Speculation and the Structure of the Distribution Channel", Journal of Marketing Research, Vol. 2, 1965.
- Lee, Hau L. and Christopher S. Tang, "Modeling the Costs and Benefits of Delayed Production Differentiation", Management Science, Vol. 43, No. 1, 1997.
- Page, Janus D. and Martha C. Cooper, "Supply Chain Postponement and Speculation Strategies: How to Choose the Right Strategy", Journal of Business Logistics, Vol. 19, No. 2, 1998.
- Simchi-Levi, David, Philip Kaminsky, Edith Simchi-Levi, Designing and Managing the Supply Chain, 3rd Edition, McGraw-Hill, 2008.
- Yang, B. and N. Burns, "Implications of Postponement for the Supply Chain", International Journal of Production Research, Vol. 41, No. 9, 2003.
- Zhang, Cheng and Gek-Woo Tan, "Classification of Postponement Strategies and Performance Metrics Framework", PACIS 2001 Proceedings, 2001.
- Zinn, W., and D.J. Bowrsox, "Planning Physical Distribution with the Principle of Postponement", Journal of Business Logistics, Vol. 9, 1988.

PART II

제 2 부

공급사슬 계획의 이해

공급사슬관리

제 5 장

수요계획과 예측

Chapter 5

수요계획과 예측

1. 수요계획 프로세스

수요계획이란 일정 계획기간에 걸쳐 제품과 서비스에 대한 모든 수요를 계획하는 과정이다. 이러한 과정에는 가장 최근의 제품, 브랜드, 마케팅 및 판매계획에 대한 정보를 바탕으로 수요계획을 도출하는 활동과 관련 부서들 간에 합의를 이루는 활동이 포함된다. 이러한 수요계획은 공급 및 재무부서들에도 전달되어 관련 계획활동들을 지원하게 된다.

수요계획은 통계적 분석과 함께 판매, 마케팅, 제품/브랜드 등의 부서들로부터 다양한 투입 정보를 바탕으로 이루어진다. 시계열 분석이나 회귀분석과 같은 통계적 예측기법은 수요계획을 위해 가장 자주 활용되는 기법이다. 다만 이러한 통계적 예측기법만으로는 가장 정확한 수요계획 모델을 도출할 수 없다.

통계적 분석은 역사적 수요 데이터에 근거하기 때문에 인간적 판단으로 인한 오류를 방지할 수 있고, 특히 독립적 수요를 가진 최종 제품의 수요를 예측하는 데 매우 효과적인 방법이다. 예를 들어 시계열 분석은 과거 수요의 패턴과 추세를 분석하여 이를 장래 수요를 예측하는 데 활용되는 기법이다. 시계열

그림 5-1 수요계획 프로세스

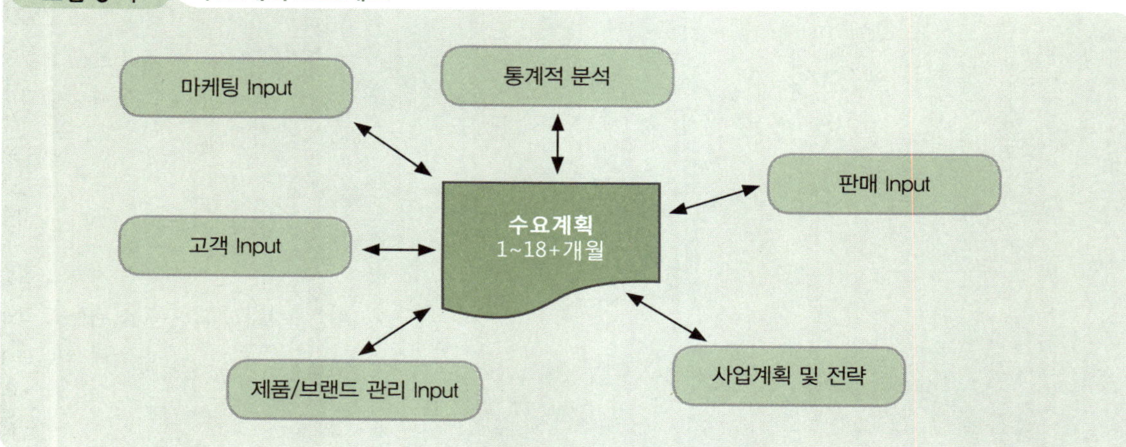

출처: Crum And Palmatier(2003).

분석은 수요 패턴이 반복적인 특징을 가지며 장래 수요가 과거 수요에서 크게 변화하지 않을 경우 정확도가 높은 예측을 할 수 있다. 하지만 변동성이 높고 반복적인 패턴이 나타나지 않는 경우에는 정확도가 낮아지는 단점이 있다. 무엇보다 과거의 수요패턴이 반복될 것이며 고객이 이전과 동일한 패턴으로 구매할 것이라는 가정은 위험할 수 있다.

어떤 기업이 수요를 창출하기 위한 활동들을 크게 변경할 계획이 없다 하더라도, 경쟁기업들이 시장점유율을 높이기 위한 활동들을 전개할 수 있다. 또한 경쟁여건에 큰 변화가 없다 하더라도 경제여건의 변화와 같은 외부요인이 수요에 근본적인 변화를 초래할 수 있다.

성공적인 수요계획 프로세스의 구축을 위해서는 통계적 분석 외에 경제여건, 경쟁구도, 기술의 변화와 같은 외부요인들과 함께 사업목표와 전략, 관련 부서들이 제공하는 정보, 의견, 판단 등 다양한 정보들을 종합적으로 고려해야 한다.

2. 수요예측의 의의

수요예측은 모든 공급사슬 계획의 기초를 형성하는 중요한 분야이다. 유통업체는 취급품목들의 과잉재고나 품절을 방지하기 위해, 나아가 제조업체는 재고문제 외에도 생산시설 및 설비 확충을 위한 중장기 투자계획이나 신제품 출시계획 등을 위해서 장래 시장수요를 정확히 예측하는 것은 의사결정의 기본이 된다. 이와 같이 수요예측은 판매계획, 생산계획, 구매계획, 물류계획 등 모든 공급사슬 계획의 수립의 기초를 형성한다.

오늘날 많은 기업들이 수요예측의 중요성을 인식하고 이를 체계화하려는 노력을 기울이고 있으며 예측 담당자들을 두고 시장정보를 파악하고 있다. 하지만 담당자들이나 임원들 중에도 체계적인 수요예측 방법을 알고 있는 사람들은 많지 않다.

수요예측은 맞지 않는 것이 당연하다고들 한다. '맞지도 않을 예측을 왜 하느냐'고 반문하는 사람도 있다. '맞지 않는 예측을 하는 것보다 앞으로 전개될 상황에 대해 여러 가지 시나리오를 세우고 대응방안을 찾는 것이 더 중요하다'는 이야기도 나온다.

하지만 분명한 점은 어떤 형태로든지 기업은 수요예측을 필요로 한다는 것이다. 나아가 가급적이면 사용 목적에 부합되고, 과학적이고 논리적이며, 정확도가 높은 예측모델과 시스템을 구축할 필요가 있는 것이다.

특히 오늘날과 같이 변화가 많고 경쟁이 치열한 경영환경에서 지속적으로 성장하는 기업이 되기 위해서는 예측의 중요성을 인식하고 예측역량을 향상시키는 데 충분한 노력과 투자를 기울여야 한다.

3. 수요예측의 특성

예측 오류의 존재

"Forecasts are always wrong!"이라는 말이 있다. 예측은 항상 틀릴 수 있기 때문에, 예측을 할 때는 예측의 기대값과 예측오류를 측정할 수 있는 지표를 함께 고려해야 한다.

장기예측과 단기예측

일반적으로 장기예측은 단기예측보다 정확도가 떨어진다. 즉, 장기예측은 단기예측에 비해 예측오류가 더 크게 나타난다.

집계예측과 비집계예측

일반적으로 집계예측(aggregate forecasting)이 비집계예측(disaggregate forecasting)보다 더 정확하다. 집계예측은 비집계예측이 비해 예측오류가 낮아지는 경향이 있다. 특정 제품에 대해 산업이나 지역 전체가 가지는 수요를 예측하는 것이 동일 제품에 대한 개별 소비자나 고객기업의 수요를 예측하는 것보다 상대적으로 용이하고 정확도도 높게 나타난다.

채찍효과

공급사슬의 상류(소비자로부터 더 멀리 떨어진)에 위치한 기업일수록 왜곡된 정보를 받게 될 가능성이 높다. 대표적인 사례가 "채찍효과"이다. 결과적으로 공급사슬의 상류에 위치한 기업일수록 예측오류가 커지게 된다. 이 경우 최종 소비자에 대한 판매정보에 기초한 협력적 예측(collaborative forecasting)을 통해 상류기업의 예측오류를 효과적으로 줄일 수 있다.

수요예측 기법

수요예측 기법은 크게 정성적 기법과 계량적 기법으로 구분할 수 있다. 계량적 기법에는 시계열 분석과 인과모형이 대표적이다.

정성적 기법

정성적 예측기법(qualitative forecasting methods)은 주로 주관적이고 인간의 판단에 의존한다. 과거 데이터가 거의 없고 전문가가 시장에 대한 전문적이고 해박한 지식을 가지고 있을 때 가장 적합한 방법이다. 미래 새로운 산업이나 시장에 대한 장기적 예측을 수행할 경우 유용하게 활용될 수 있다. 판매원의 예측정보 취합, 전문기관을 통한 시장조사(market survey), 델파이법(Delphi method), 역사적 유추법(historical analogy) 등이 있다.

시계열 분석

시계열 예측기법(time-series forecasting methods)은 과거의 수요 데이터를

그림 5-2 수요예측 기법의 유형

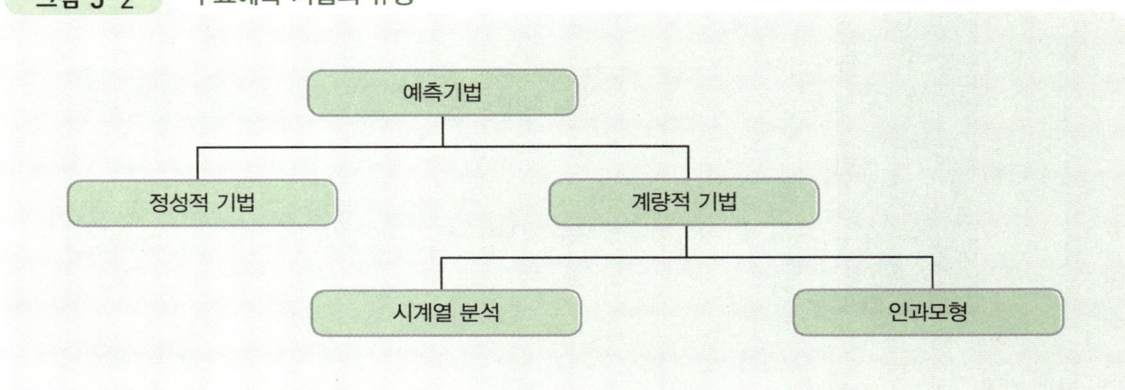

이용하여 예측을 수행할 때 사용된다. 이 벙법은 과거의 수요 패턴이 미래에도 지속될 것이라는 가정에 기초하고 있다. 이 방법은 장래 기본적인 수요 패턴이 크게 변하지 않을 것으로 기대되는 경우에 가장 적합한 방법이 될 수 있다. 적용하기가 용이하고 초기 수요예측치를 도출하는 데 유용하게 활용될 수 있다. 이동평균법(moving average method)과 지수평활법(exponential smoothing method)이 대표적인 기법들이다.

인과모형

인과예측기법(causal forecasting methods)은 수요가 이에 영향을 미치는 환경적 요인(경제여건, 이자율, 소득 등)과 밀접하게 관련되어 있다는 가정에 근거한 방법이다. 이 방법은 수요와 환경적 요인 간의 상관관계를 파악하고 장래 환경적 요인의 추청치를 이용하여 미래 수요를 예측하게 된다. 예를 들어, 제품가격은 수요와 밀접한 관련이 있다. 기업은 인과모형을 활용하여 가격 촉진이 수요에 미치는 영향을 파악할 수 있다. 회귀분석(regression analysis)이 대표적인 기법이다.

그림 5-3 수요예측 기법의 활용

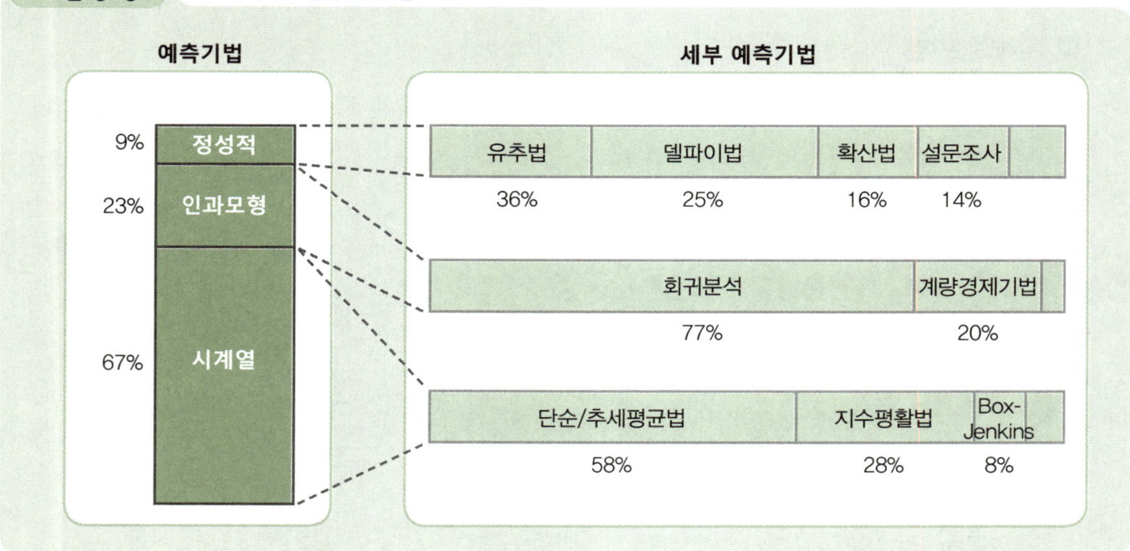

출처: Institute of Business Forecasting.

IBF(Institute of Business Forecasting)가 2004년 316개 미국 기업들을 대상으로 실시한 설문조사에 따르면 기업들은 정성적 기법보다는 계량적 기법을 많이 활용하고 있는 것으로 나타났다. 조사대상업체의 90%가 수요예측을 위해 계량적 기법을 활용하고 있는 것으로 나타났는데, 계량적 기법 중에는 시계열 분석이 가장 많이 활용되고 있고, 시계열 분석기법 중에는 단순/추세평균법, 지수평활법 순으로 활용되고 있는 것으로 나타났다.

시계열 분석

1. 시계열 자료의 구성

앞서 설명한 바와 같이 시계열 분석(time-series analysis)은 과거의 수요 패턴이 미래에도 지속될 것이라는 가정에 기초하고 있다. 그러므로 미래의 수요는 과거 수요 관찰치가 가지는 일정한 패턴을 파악하고 이러한 패턴을 예측기법에 적용함으로써 추정된다.

모든 시계열 자료에는 일정한 패턴이 존재하는데, 이는 다음과 같은 5가지 요소들로 구분할 수 있다.

그림 5-4 시계열 자료의 구성요소

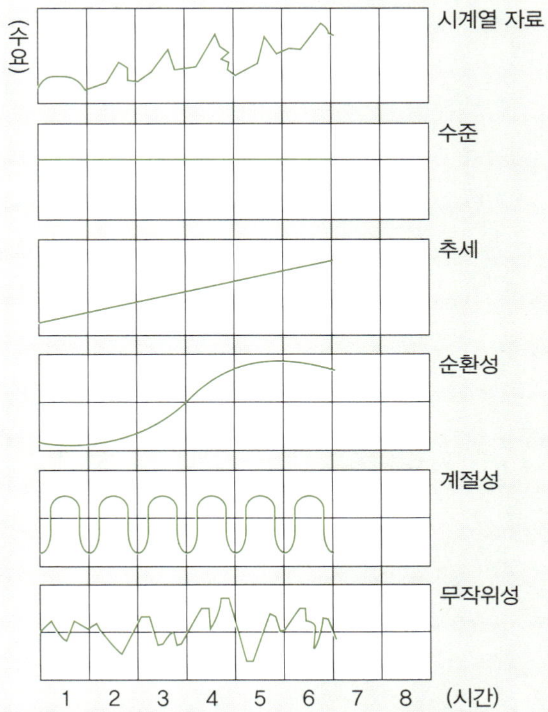

수준(Level)

수준은 추세, 계절적, 순환적, 무작위적 요인을 제외한 평균적인 수요 수준을 의미하며, 수요의 움직임을 설명하는 가장 기본이 되는 요소이다.

추세(Trend)

추세는 시계열 자료가 계속적으로 증가

하거나 감소하는 경향(trend)을 말한다. 추세는 선형추세와 포물선, 지수곡선과 같은 비선형 추세를 가질 수 있다.

계절적 요인(Seasonal factor)

계절성은 어떤 현상이 일정한 간격으로 반복되는 것을 말한다. 이러한 현상은 1년을 주기로 계절에 따른 수요의 증감이 나타나는 계절상품에서 쉽게 찾아볼 수 있다.

순환적 요인(Cyclical factor)

순환성은 계절성과 유사하나 보다 장기간에 걸쳐 나타나는 특징을 가진다. 경기 변동(하강, 침체, 회복, 활황)에 따른 제품 수요의 변화가 여기에 해당한다. 순환성은 대개 몇 년에 걸쳐 일어나기 때문에 장기간의 자료를 이용하여 찾아볼 수 있다.

무작위 요인(Random factor)

무작위 요인은 위의 요인들로 설명될 수 없는 기타 요인을 말한다. 설명할 수 없기 때문에 예측이 불가능하다.

모든 수요 관찰치는 체계적 요소(systematic component)와 무작위 요소(random component)로 구성된다.

관찰된 수요＝체계적 요소+무작위 요소

체계적 요소란 수요의 기대값을 의미하며 추세나 계절적 요인이 포함되지 않은 수준, 수요의 성장 또는 감소 추세, 계절적 요인 등으로 구성된다. 무작위 요인은 과거의 수요 패턴에 의해 설명되지 않는 부분으로, 예측할 수 없으며, 다만 예측오차로 측정된다.

예측기법의 목표는 수요의 체계적인 요소를 예측하고 예측기법과 무작위 요인에서 비롯된 예측오차를 최소화하는 데 있다. 수요 데이터의 체계적 요소는 수준, 추세, 계절적 요인 등으로 구성되며 다음과 같은 다양한 형태로 표현될 수 있다.

- 승수적(multiplicative) : 체계적 요소＝수준×추세×계절요인

- 합산적(additive): 체계적 요소 = 수준 + 추세 + 계절요인
- 혼합적(mixed): 체계적 요소 = (수준 + 추세) × 계절요인

본 장에서는 Demand사의 수요자료를 활용하여 대표적인 시계열 예측기법인 이동평균법과 지수평활법에 대해 설명하기로 한다.

Demand사의 수요 패턴

Demand사가 다음과 같이 3년 간 12분기에 대한 수요 데이터를 가지고 있다고 하자. 이 기업의 3년 간 수요는 완만한 상승 추세를 보이고 있으며, 매년 1/4분기에서 4/4분기까지는 수요가 증가했다가 다음 해 1/4 분기에는 다시 감소하는 패턴을 보이고 있다.

그림 5-5 Demand사의 수요 패턴

기간(t)	수요(D_t)
1	8,000
2	13,000
3	23,000
4	34,000
5	10,000
6	18,000
7	23,000
8	38,000
9	12,000
10	13,000
11	32,000
12	41,000

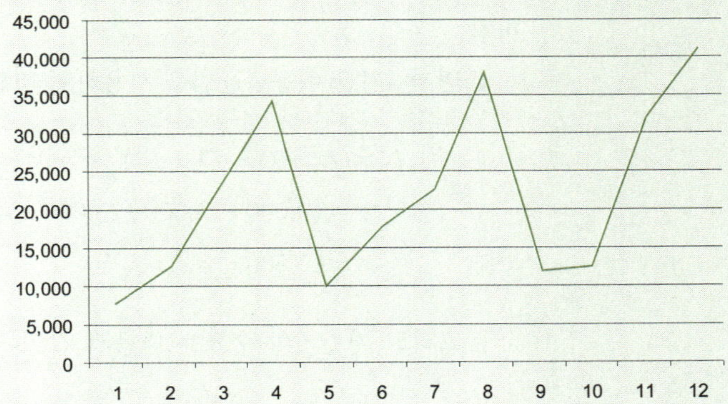

2. 이동평균법

이동평균법(moving average methods)은 수요 패턴에 추세나 계절성이 관찰되지 않을 때 사용하는 방법이다. 이 경우 다음과 같은 식을 사용하게 된다.

수요의 체계적 요소 = 수준

N-기간 이동평균법

N-기간 이동평균법은 기간 t의 수준을 추정하기 위해 최근 N기간 동안의 수요의 평균을 사용하며, 기간 t의 수준은 다음과 같은 식으로 표현된다. 여기서, L_t는 기간 t의 수준, D_t는 기간 t의 수요를 의미한다.

$$\begin{aligned} L_t &= (D_t + D_{t-1} + \ldots + D_{t-N+1}) / N \\ &= \sum_{i=1}^{N} D_{t+1-i} / N \end{aligned} \quad \cdots (5.1)$$

기간 $t+1$의 예측치는 다음과 같은 식으로 표현된다.

$$F_{t+1} = L_t \quad \cdots (5.2)$$

예제 5-1

Demand사가 N-기간 이동평균법을 이용하여 수요를 예측하기로 하였다고 하자.

먼저 4기간 이동평균법을 사용하면 기간 4의 수준은 다음과 같이 추정된다.

$$\begin{aligned} L_4 &= (D_1 + D_2 + D_3 + D_4)/4 \\ &= (8{,}000+13{,}000+23{,}000+34{,}000)/4 \\ &= 19{,}500 \end{aligned}$$

그리고 기간 5의 수요는 다음과 같이 예측된다.

$$F_5 = L_4 = 19{,}500$$

이 과정을 반복하면 기간 13(4년 1/4분기)의 수요가 24,500이 된다는 것을 예측할 수 있다(〈표 5－1〉).

N-기간 가중 이동평균법

단순 이동평균법은 매 기간 동일한 가중치(여기서는 1/N)을 부여하고 있다. 기간별로 서로 다른 가중치(예를 들어 최근 기간에 더 높은 가중치를 부여)를 부여하고자 할 경우에는 가중 이동평균법을 사용할 수 있다.

표 5-1 | 이동평균법에 의한 예측 결과

기간(t)	수요(D_t)	수준(L_t)	예측(F_t)	예측오차($\|F_t-D_t\|$)
1	8,000			
2	13,000			
3	23,000			
4	34,000	19,500		
5	10,000	20,000	19,500	9,500
6	18,000	21,250	20,000	2,000
7	23,000	21,250	21,250	1,750
8	38,000	22,250	21,250	16,750
9	12,000	22,750	22,250	10,250
10	13,000	21,500	22,750	9,750
11	32,000	23,750	21,500	10,500
12	41,000	24,500	23,750	17,250
13			24,500	

먼저 기간 t의 수준은 다음과 같은 식으로 표현된다. 여기서, L_t는 기간 t의 수준, D_t는 기간 t의 수요, α_t는 기간 t의 수요에 부여하는 가중치를 의미한다.

$$L_t = \alpha_1 D_t + \alpha_2 D_{t-1} + \ldots + \alpha_N D_{t-N+1} \quad \cdots (5.3)$$
$$= \sum_{i=1}^{N} D_{t+1-i} / D_{t+1-i}$$

$$0 < \alpha_i < 1 \quad \cdots (5.4)$$

$$\sum_{i=1}^{N} \alpha_{t+1-i} = 1 \quad \cdots (5.5)$$

기간 $t+1$의 예측치는 다음과 같은 식으로 표현된다.

$$F_{t+1} = L_t \quad \cdots (5.6)$$

3. 지수평활법

지수평활법(exponential smoothing methods)은 관찰된 실제수요와 이전 예측치에 상대적인 가중치를 두어 새로운 예측치를 구하는 방법이다.

새로운 예측치 = α(이전 기간의 실제 수요) + $(1-\alpha)$(이전 기간의 예측치)

지수평활법은 가장 가까운 과거 자료에 가장 큰 가중치를 부여하고 과거로 갈수록 가중치가 지수적으로 감소하는 특징을 갖는 일종의 가중 이동평균법이다.

단순 지수평활법

단순 지수평활법 역시 수요 패턴에 추세나 계절성이 관찰되지 않을 때 적합한 방법이다. 이 경우 다음과 같은 식을 사용하게 된다.

수요의 체계적 요소 = 수준

기간 t의 수준은 다음과 같은 식으로 표현된다. 여기서, L_t은 기간 t의 수준, D_t는 기간 t의 수요, α는 가중치인 평활상수(smoothing factor)를 의미한다.

$$L_t = \alpha D_t + (1-\alpha)L_{t-1} \qquad \cdots (5.7)$$

$$0 < \alpha < 1 \qquad \cdots (5.8)$$

기간 $t+1$의 예측치는 다음과 같은 식으로 표현된다.

$$F_{t+1} = L_t \qquad \cdots (5.9)$$

단순 지수평활법을 사용할 경우, 초기 수준의 추정치 L_0를 어떻게 구하느냐가 문제가 되는데 대개 과거 데이터들의 평균으로 구해진다.

$$L_0 = \frac{1}{n}\sum_{t=1}^{n} D_t \qquad \cdots (5.10)$$

예제 5-2

Demand사가 단순 지수평활법을 이용하여 수요를 예측하기로 하였다고 하자.

먼저 기간 0에 대한 초기 수준을 추정하기 위해 12개 기간 수요의 평균치를 구하면 L_0 = 22,083.3이 된다. 그리고 기간 1의 수요는 다음과 같이 예측된다.

표 5-2 ǀ 단순 지수평활법에 의한 예측 결과

기간(t)	수요(D_t)	수준(L_t)	예측치(F_t)	예측오차($\|F_t-D_t\|$)
0		22,083		
1	8,000	20,675	22,083	14,083
2	13,000	19,908	20,675	7,675
3	23,000	20,217	19,908	3,093
4	34,000	21,595	20,217	13,783
5	10,000	20,436	21,595	11,595
6	18,000	20,192	20,436	2,436
7	23,000	20,473	20,192	2,808
8	38,000	22,226	20,473	17,527
9	12,000	21,203	22,226	10,226
10	13,000	20,383	21,203	8,203
11	32,000	21,544	20,383	11,617
12	41,000	23,490	21,544	19,456
13			23,490	

$$F_1 = L_0 = 22{,}083.3$$

다음으로 기간 1에 대한 수준은 지수평활법의 식을 이용하여 다음과 같이 추정된다. 이때 평활상수는 $\alpha = 0.1$로 가정한다.

$$L_1 = \alpha(D_1) + (1-\alpha)L_0 = (0.1)(8{,}000) + (0.9)(22{,}083.3) = 20{,}675$$

그리고 기간 2의 수요는 다음과 같이 예측된다.

$$F_2 = L_1 = 20{,}675$$

이 과정을 반복하면 기간 13(4년 1/4분기)의 수요가 23,490이 된다는 것을 예측할 수 있다(〈표 5-2〉).

평활상수와 기간 수의 관계

지수평활법에서 평활상수(smoothing factor) α값은 어떻게 선택되어야 하는가? 이를 위해서는 이동평균법에서 기간 수 N과 지수평활법의 상수 α 사이의 관계를 살펴보는 것이 도움이 된다. 과거 자료의 평균연수(average age)가 같을 때 두 방법이 같은 패턴을 가진다고 가정하면 다음의 관계식을 얻을 수 있다.

이동평균법의 평균연수:

$$\text{평균연수} = \frac{(0+1+2+\cdots+N-1)}{N} \quad \cdots (5.11)$$

$$= \frac{(N-1)(N/2)}{N}$$

$$= \frac{N-1}{2}$$

지수평활법의 평균연수:

$$\text{평균연수} = 0(\alpha)+1(\alpha)(1-\alpha)+2(\alpha)(1-\alpha)^2+\cdots \quad \cdots (5.12)$$

$$\approx \frac{1-\alpha}{\alpha}$$

두 방법에 의한 평균연수를 같게 만들면 다음과 같은 식을 얻을 수 있다.

$$\alpha = \frac{2}{N+1} \quad \text{또는} \quad N = \frac{(2-\alpha)}{\alpha} \quad \cdots (5.13)$$

이 관계식을 이용하면 α와 N의 관계를 나타내는 표를 얻을 수 있다.

표 5-3 | 단순 지수평활법에서 α와 N의 관계

α	0.05	0.1	0.2	0.3	0.4	0.5	0.667
N	39	19	9	5.7	4	3	2

〈표 5-3〉에서 관찰할 수 있듯이 동일한 이동평균 예측치에서의 기간 수와 비교해 볼 때 0.1에서 0.5 사이의 평활상수 α값을 할당하는 것이 합리적이다. α 값을 크게 하면 최근 자료에 더 큰 가중치를 두기 때문에 최근의 변화에 더 크게 반응하게 된다.

실제 예측과정에서 α값은 흔히 평균절대오차(MAD)로 측정되는 예측오차를 최소화하는 값으로 정해진다.

4. 추세, 계절성을 고려한 시계열 분석

기업의 수요 패턴에 추세나 계절성이 존재하는 경우에는 좀 더 복잡한 방법이 필요하게 된다. 추세를 반영하는 시계열 분석에는 홀트 모델(Holt Model)이, 추세와 계절성을 함께 반영하는 경우 윈터 모델(Winters Model)이 사용될 수 있다.

추세조정 지수평활법: 홀트 모델

이 방법은 수요 패턴에 추세가 관찰될 때(단, 계절성이 관찰되지 않을 때) 적합한 방법이다. 이 경우 다음과 같은 식을 사용하게 된다.

수요의 체계적 요소=수준+추세

기간 t의 수준과 추세는 다음과 같은 식으로 표현된다. 여기서, L_t은 기간 t의 수준, T_t은 기간 t의 추세, D_t는 기간 t의 수요, α, β는 각각 수준과 추세에 대한 평활상수를 의미한다.

$$L_t = \alpha D_t + (1-\alpha)(L_{t-1} + T_{t-1}) \quad \cdots (5.14)$$

$$T_t = \beta(L_t - L_{t-1}) + (1-\beta)T_{t-1} \quad \cdots (5.15)$$

$$0 < \alpha,\ \beta < 1 \quad \cdots (5.16)$$

기간 $t+1$의 예측치는 기간 t의 수준과 추세를 이용하여 다음과 같이 구해진다.

$$F_{t+1} = L_t + T_t \quad \cdots (5.17)$$

추세조정 지수평활법을 사용하는 경우, 수준과 추세의 초기 추정치 L_0, T_0는 기간 t와 수요 D_t데이터를 이용한 선형회귀분석을 통해 구할 수 있다. 수요가 계절성이 없고 추세만을 가지고 있다고 가정하였기 때문에 수요와 기간 사이에 관계를 선형이라 볼 수 있다.

$$D_t = \alpha + \beta t = L_0 + T_0 t \quad \cdots (5.18)$$

예제 5-3

Demand사가 추세조정 지수평활법을 이용하여 수요를 예측하기로 하였다고 하자.

먼저 수준과 추세의 초기 추정치 L_0, T_0는 과거 데이터를 이용한 선형회귀분석을 통해 구해질 수 있다.

$$D_t = L_0 + T_0 t$$

이를 Demand사 데이터에 적용하면 다음과 같은 회귀분석 결과를 얻을 수 있다.

	계 수	표준오차	t 통계량	P-값
Y 절편	12015.15	6565.013	1.830179	0.097147
X 1	1548.951	892.0096	1.736474	0.113127

따라서 수준과 추세의 초기 추정치는 각각 $L_0 = 12{,}015$, $T_0 = 1{,}549$가 되며, 기간 1의 추세를 반영한 예측치는 다음과 같이 도출된다.

$$F_1 = L_0 + T_0 = 12{,}015 + 1{,}549 = 13{,}564$$

표 5-4 | 추세조정 지수평활법에 의한 예측 결과

기간(t)	수요(D_t)	수준(L_t)	추세(T_t)	예측치(F_t)	예측오차($\|F_t - D_t\|$)
0		12,015	1,549		
1	8,000	13,008	1,438	13,564	5,564
2	13,000	14,301	1,409	14,445	1,445
3	23,000	16,439	1,555	15,710	7,290
4	34,000	19,594	1,875	17,993	16,007
5	10,000	20,322	1,645	21,469	11,469
6	18,000	21,570	1,566	21,967	3,967
7	23,000	23,123	1,563	23,136	136
8	38,000	26,017	1,830	24,686	13,314
9	12,000	26,262	1,513	27,847	15,847
10	13,000	26,297	1,217	27,775	14,775
11	32,000	27,963	1,307	27,514	4,486
12	41,000	30,443	1,541	29,270	11,730
13				31,984	

다음으로 기간 1에 대한 수준과 추세는 다음과 같이 추정된다. 이때 수준과 추세에 대한 평활지수는 각각 $\alpha=0.1$, $\beta=0.2$로 가정한다.

$$L_1=\alpha(D_1)+(1-\alpha)(L_0+T_0)=(0.1)(8,000)+(0.9)(12,015+1,549)=13,008$$
$$T_1=\beta(L_1-L_0)+(1-\beta)T_0=(0.2)(13,008-12,015)+(0.8)(1,549)=1,438$$

그리고 기간 2의 추세를 반영한 예측치는 다음과 같이 도출된다.

$$F_2=L_1+T_1=13,008+1,438=14,445$$

이 과정을 반복하면 기간 13(4년 1/4분기)의 수요가 31,984가 된다는 것을 예측할 수 있다(〈표 5-4〉).

추세 및 계절조정 지수평활법: 윈터 모델

이 방법은 수요 패턴에 추세와 계절성이 모두 관찰될 때 적합한 방법이다. 이 경우 다음과 같은 식이 사용된다.

수요의 체계적 요소=(수준+추세)×계절요인

기간 t의 수준, 추세와 계절지수는 다음과 같은 식으로 표현된다. 여기서, L_t은 기간 t의 수준, T_t은 기간 t의 추세, S_t는 기간 t의 계절지수, D_t는 기간 t의 수요, p는 주기, α, β, γ는 각각 수준, 추세, 계절지수에 대한 평활상수를 의미한다.

$$L_t=\alpha(D_t/S_{t-p})+(1-\alpha)(L_{t-1}+T_{t-1}) \quad \cdots (5.19)$$
$$T_t=\beta(L_t-L_{t-1})+(1-\beta)T_{t-1} \quad \cdots (5.20)$$
$$S_{t+p}=\gamma(D_t/L_t)+(1-\gamma)S_t \quad \cdots (5.21)$$
$$0<\alpha,\ \beta,\ \gamma<1 \quad \cdots (5.22)$$

기간 $t+1$의 예측치는 기간 t의 수준, 추세와 계절지수를 이용하여 다음과 같이 구해진다. 단, $t<p$인 경우에는 계절지수의 초기 추정치를 사용한다.

$$F_{t+1}=(L_t+T_t)S_{t-p+1} \quad \cdots (5.23)$$

수요 패턴에 추세와 계절성이 모두 관찰될 경우 수준, 추세, 계절지수의 초기 추정치를 정확하게 추정하기 위해서는 수요 데이터를 비계절화(deseasonalizing)하는 과정이 필요하다.[1] 수준과 추세의 초기 추정치는 추세조정 지수평활법의 경우와 마찬가지로 기간과 비계절화 된 수요 데이터를 이용한 선형회귀분석을 통해 구해진다.

계절지수의 추정

계절지수를 추정하는 과정은 세 단계로 이루어진다. 먼저, 과거 데이터를 이용하여 각 주기별 평균수요를 계산한다.

먼저 주기(period)란 반복적으로 나타나는 계절주기 내에 속하는 기간 수를 의미한다. 예를 들어 Demand사의 수요 패턴을 보면 매 4분기마다 수요가 증가했다가 다시 감소하는 계절성을 보이고 있기 때문에 주기는 $P=4$가 된다. 그리고 총 12기간 동안 이러한 주기가 3번 발생하였기 때문에 주기의 발생횟수는 $r=3$이 된다.

주기 $1 \leq j \leq r$ 에 대해 주기별 평균수요는 다음과 같이 계산된다. 여기서 $\bar{D}_j$ 은 j번째 주기의 평균수요, D_t는 기간 t의 수요, p는 주기를 의미한다.

$$\bar{D}_j = \frac{\sum_{t=1}^{p} D_{t,j}}{p} \qquad \cdots (5.24)$$

다음으로, 각 기간의 수요를 해당 기간이 속해 있는 주기의 평균수요로 나누어 각 기간별 계절지수를 구한다. 여기서 $\bar{S}_{t,j}$ 는 j번째 주기에 속하는 기간 t의 계절지수를 의미한다.

$$\bar{S}_{t,j} = \frac{D_t}{\bar{D}_j} \qquad \cdots (5.25)$$

Demand사 데이터에 이 두 단계를 적용하면 〈표 5-5〉와 같이 기간별 계절지수를 얻을 수 있다.

마지막으로, 분석기간 동안 r번의 계절주기가 발생할 경우, 계절 $1 < i < p$에

1 수요 데이터의 비계절화 과정은 Chopra and Meildl(2007), pp. 209-211 참조.

표 5-5 I 기간별 계절지수의 추정

기간(t)	수요(D_t)	주기별 평균수요	기간별 계절지수
1	8,000	19,500	0.41
2	13,000		0.67
3	23,000		1.18
4	34,000		1.74
5	10,000	22,250	0.45
6	18,000		0.81
7	23,000		1.03
8	38,000		1.71
9	12,000	24,500	0.49
10	13,000		0.53
11	32,000		1.31
12	41,000		1.67

대한 계절지수 S_i은 유사한 계절주기를 보이는 기간별 계절지수들의 평균치로 구해진다.

$$S_i = \left(\sum_{j=0}^{r-1} \bar{S}_{jp+i} \right) / r \qquad \cdots (5.26)$$

이때 계절지수의 합은 주기값과 같다는 특징을 갖는다.

$$\sum_{t=1}^{p} S_t = p \qquad \cdots (5.27)$$

Demand사 예에서 총 12기간 동안 4기간($p=4$)마다 계절주기가 발생하고 이러한 계절주기는 3번($r=3$) 발생하는 것을 관찰할 수 있다. 결과적으로 계절지수는 다음과 같이 구해지게 된다.

$$S_1 = (\bar{S}_1 + \bar{S}_5 + \bar{S}_9) / 3 = (0.41 + 0.45 + 0.49) / 3 = 0.45$$
$$S_2 = (\bar{S}_2 + \bar{S}_6 + \bar{S}_{10}) / 3 = (0.67 + 0.81 + 0.53) / 3 = 0.67$$
$$S_3 = (\bar{S}_3 + \bar{S}_7 + \bar{S}_{11}) / 3 = (1.18 + 1.03 + 1.31) / 3 = 1.17$$
$$S_4 = (\bar{S}_4 + \bar{S}_8 + \bar{S}_{12}) / 3 = (1.74 + 1.71 + 1.67) / 3 = 1.71$$

예제 5-4

Demand사가 추세 및 계절조정 지수평활법을 이용하여 수요를 예측하기로 하였다고 하자.

본 예제에서는 간편한 방법을 적용하여 수준과 추세의 초기 추정치로 추세조정 지수평활법에서 구해진 추정치를 사용하기로 한다. Demand사의 예에서 수준과 추세의 초기 추정치 그리고 계절지표에 대해 다음과 같은 결과를 얻은 바 있다.

$$L_0 = 12,015,\ T_0 = 1,549,\ S_1 = 0.45,\ S_2 = 0.67,\ S_3 = 1.17,\ S_4 = 1.71$$

기간 1의 추세와 계절성을 반영한 예측치는 다음과 같이 도출된다.

$$F_1 = (L_0 + T_0) \times S_1 = (12,015 + 1,549)(0.45) = 6,104$$

기간 1의 수준, 추세 및 계절성은 각각 다음과 같이 구해진다. 이때 평활지수는 $\alpha = 0.05,\ \beta = 0.1,\ \gamma = 0.1$로 가정한다.

표 5-6 | 추세 및 계절조정 지수평활법에 의한 예측결과

기간(t)	수요(D_t)	수준(L_t)	추세(T_t)	계절지수(S_t)	예측치(F_t)	예측오차 ($\|F_t-D_t\|$)
		12,015	1,549			
1	8,000	13,775	1,570	0.45	6,104	1,896
2	13,000	15,548	1,590	0.67	10,281	2,719
3	23,000	17,264	1,603	1.17	20,051	2,949
4	34,000	18,918	1,608	1.71	32,263	1,737
5	10,000	20,579	1,613	0.46	9,505	495
6	18,000	22,394	1,633	0.69	15,238	2,762
7	23,000	23,795	1,610	1.19	28,502	5,502
8	38,000	25,241	1,594	1.72	43,665	5,665
9	12,000	26,782	1,589	0.47	12,488	488
10	13,000	27,883	1,540	0.70	19,812	6,812
11	32,000	29,326	1,530	1.16	34,256	2,256
12	41,000	30,521	1,497	1.70	52,375	11,375
13				0.46	14,844	

$$L_1 = \alpha(D_1 / S_1) + (1-\alpha)(L_0 + T_0)$$
$$= (0.05)(8,000 / 0.45) + (0.95)(12,015 + 1,549) = 13,775$$
$$T_1 = \beta(L_1 - L_0) + (1-\beta)T_0$$
$$= (0.1)(13,775 - 12,015) + (0.9)(1,549) = 1,570$$
$$S_5 = \gamma(D_1 / L_1) + (1-\gamma)S_1 = 0.46$$

단, 위 식에서 구해진 기간 5의 계절지수는 기간 5의 예측치를 도출할 때 사용된다.

기간 2의 추세와 계절성을 반영한 예측치는 다음과 같이 구해진다.

$$F_2 = (L_1 + T_1)S_2 = (13,775 + 1,570)(0.67) = 10,281$$

이 과정을 반복하면 기간 13(4년 1/4분기)의 수요가 14,844가 된다는 것을 예측할 수 있다(〈표 5-6〉).

이상에서 설명한 4가지 시계열 분석기법을 활용한 예측결과를 비교하면 〈그림 5-6〉과 같다.

그림 5-6 시계열 예측기법의 예측결과 비교

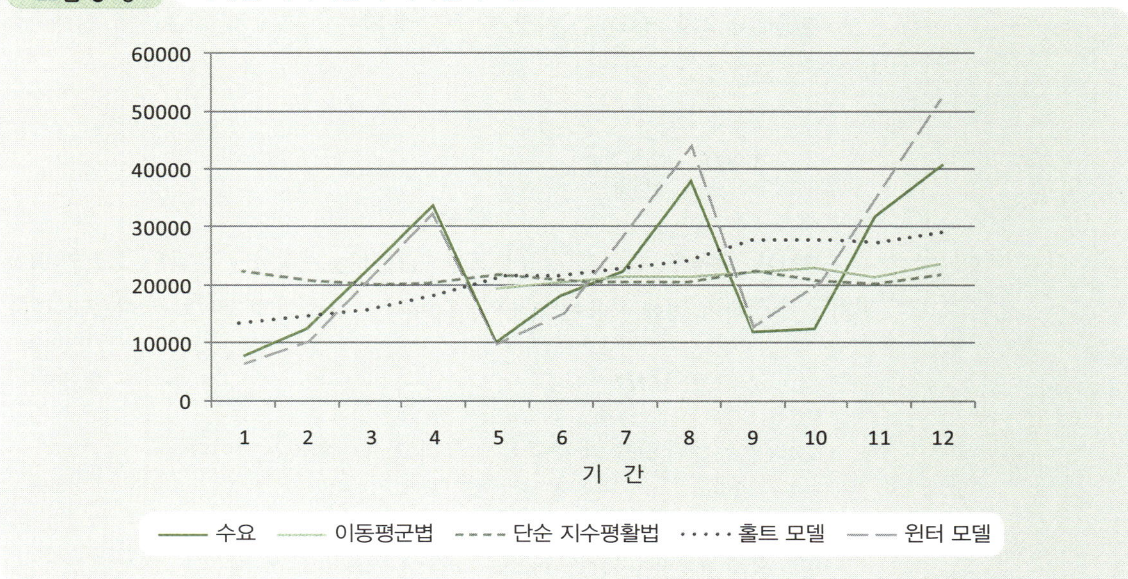

5. 예측오차의 측정

기간 t의 예측오차는 다음과 같이 정의된다. 즉, 기간 t에서 오차는 기간 t에 대한 예측치와 실제 수요의 차이이다.

$$E_t = F_t - D_t \qquad \cdots (5.28)$$

예측오차의 지표

평균제곱오차(MSE, Mean Square Error)

평균제곱오차(MSE)는 다음과 같이 계산된다.

$$MSE_n = \frac{1}{n}\sum_{t=1}^{n} E_t^2 \qquad \cdots (5.29)$$

MSE는 예측오차의 분산을 추정하는 지표이다. 실제 수요의 무작위 요소(random component)는 평균은 0 그리고 분산은 MSE 값을 갖는다.

평균절대오차(MAD, Mean Absolute Deviation)

평균절대오차(MAD)는 가장 자주 활용되는 예측오차 지표이며 절대오차 $|E_t|$의 평균값으로 계산된다.

$$MAD_n = \frac{1}{n}\sum_{t=1}^{n} |E_t| \qquad \cdots (5.30)$$

MAD는 무작위 요소가 정규분포를 따른다는 가정하에 무작위 요소의 표준편차를 추정하기 위해 사용된다. 이 경우 무작위 요소의 표준편차는 다음과 같다.

$$\sigma = 1.25MAD \qquad \cdots (5.31)$$

수요의 무작위 요소의 평균은 0 그리고 표준편차는 σ이다.

평균절대백분율오차(MAPE, Mean Absolute Percentage Error)

평균절대백분율오차(MAPE)는 수요의 절대오차의 평균을 백분율로 나타낸 지표이다.

$$MAPE_n = \frac{\sum_{t=1}^{n} \left| \frac{E_t}{D_t} \right| \times 100}{n} \quad \cdots (5.32)$$

추적지표(TS, Tracking Signal)

예측기법이 일관되게 수요를 과다 혹은 과소 추정하고 있는지를 판단하기 위한 편향성(bias)은 예측오차의 합으로 다음과 같이 계산할 수 있다.

$$bias_n = \sum_{t=1}^{n} E_t \quad \cdots (5.33)$$

만약 오차가 무작위성을 가지고 한 방향 또는 다른 방향으로 치우침이 없다면 편향성은 0 주위에서 변동하게 될 것이다. 이상적으로는 모든 오차를 표시하였을 때 직선의 기울기가 0이 되는 것이다.

추적지표(TS)는 편향성과 MAD의 비율로 계산된다.

$$TS_t = \frac{bias_t}{MAD_t} \quad \cdots (5.34)$$

만약 모든 기간에서 TS가 ± 6범위 밖으로 나타난다면 예측에 편향성이 존재한다는 신호로 과소 예측($TS < -6$)되었거나 혹은 과다 예측($TS > +6$)된 것이다. 이런 경우 기업은 새로운 예측기법을 선택하여야 한다. 예를 들어 수요가 증가 추세를 가지는 상황에서 이동평균법과 같은 예측기법을 적용할 때 TS는 상당히 큰 음의 값을 나타낼 수 있다. 추세를 반영하지 않았기 때문에 과거 수요데이터의 평균은 미래 수요보다 항상 낮게 나타난다. 음의 TS 값은 예측기법이 일관되게 수요를 과소 추정하고 있다는 것을 알려 준다.

Demand사에 대해 적용한 예측기법들의 예측오차를 측정하면 아래 〈표 5-7〉과 같은 결과를 얻을 수 있다. 추세 및 계절조정 지수평활법이 다른 기법들에 비해 훨씬 작은 평균절대오차(MAD)와 평균절대백분율오차(MAPE) 값을

표 5-7 | 예측기법의 예측오차 평가

예측기법	MAD	MAPE(%)	추적오차 범위
4기간 이동평균법	9,719	49.1	-1.52~2.21
단순 지수평활법	10,208	59.1	-1.38~2.25
추세조정 지수평활법(홀트모델)	8,836	51.7	-2.15~1.85
추세 및 계절 조정 지수평활법(윈터모델)	3,721	17.7	-6.00~5.25

가지는 것으로 나타났다. 다만 추적지표(TS)의 범위가 다른 기법들에 비해 다소 넓게 나타나고 있으나 ±6범위 내에 있기 때문에 현격한 편향성을 보이지는 않는다. 결과적으로 추세 및 계절조정 지수평활법인 윈터모델이 가장 우수한 예측결과를 보이는 것으로 판단할 수 있다.

회귀분석

대표적인 인과형 예측기법(causal method)인 회귀분석(regression analysis)은 과거의 수요자료가 어떤 변수와 일정한 관계가 있다고 가정하고 그 관계를 찾음으로써 미래의 수요를 예측하려는 방법이다.

여기서 분석의 대상이 되는 변수를 종속변수(dependent variable)라 하며, 이 변수와 일정한 관계를 가지는 변수를 독립변수(independent variable)라고 한다. 독립변수와 종속변수의 관계에서 독립변수를 원인으로 보고 종속변수를 결과로 볼 수 있으므로 인과형 예측이 된다.

인과형 예측기법에서 중요한 것은 예측하려는 종속변수에 가장 큰 영향을 미치는 독립변수를 찾아내는 일이다. 만약 독립변수가 하나라면 단순회귀분석(simple regression analysis)을 사용하며 이러한 독립변수가 여러 개라면 다중회귀분석(multiple regression analysis)을 사용한다.

또한 종속변수와 독립변수의 관계가 선형인가 비선형인가에 따라 선형 회귀모형(linear regression model)과 비선형 회귀모형(non-linear regression model)으로 구분할 수 있다.

선형 회귀분석법에서는 독립변수(들)과 종속변수 사이에 선형관계, 즉 직선의 비례관계가 있다고 가정한다. 만약 이러한 가정이 적절하지 않다면 선형 회귀모형을 유효하지 않게 된다. 그러므로 주 변수 사이의 선형관계의 유무를 파악하는 것이 매우 중요하다.

선형 회귀분석법은 독립변수와 종속변수 사이의 선형관계를 식으로 나타내고 이를 분석하게 된다. 이러한 선형 관계식을 선형 회귀식(linear regression equation)이라 부르고 이를 찾아내는 것이 회귀분석의 일차적인 목적이 된다.

단순선형 회귀분석

단순선형 회귀분석은 종석변수에 영향을 미치는 독립변수가 1개인 회귀분석을 의미한다.

단순선형 회귀식은 다음과 같은 형태로 표현될 수 있다. 여기서 Y_i는 종속변수, X_i는 독립변수, α는 선형 회귀식의 Y절편, β는 선형 회귀식의 기울기, ε_i는 회귀식에 의해 설명할 수 없는 오차를 의미한다.

$$Y_i = \alpha + \beta X_i + \varepsilon_i \qquad \cdots (5.35)$$

선형 회귀식에서 우리가 알고자 하는 것은 절편 α와 기울기 β이다. 이들을 추정하기 위한 방법에는 최소자승법(least square method)과 최우추정법(maximum likelihood method)이 있는데, 여기에서는 최소자승법을 이용한 회귀분석법에 대해 설명하기로 한다.

최소자승법은 실제 Y_i와 추정치 $\hat{Y}_i$의 차이인 오차들의 합이 최소가 되도록 하는 절편과 기울기의 추정치를 구하는 방법이다.

Y_i의 추정치 $\hat{Y}_i$는 다음과 같이 표현될 수 있다. 여기서 $\hat{\alpha}$, $\hat{\beta}$는 각각 절편과 기울기의 추정치를 의미한다.

$$\hat{Y}_i = \hat{\alpha} + \hat{\beta} X_i \qquad \cdots (5.36)$$

절편과 기울기의 추정치, $\hat{\alpha}$, $\hat{\beta}$는 Y_i와 추정치 $\hat{Y}_i$의 차이인 오차들의 합의 자승이 최소화되는 값으로 결정된다.

$$\sum (Y_i - \hat{Y}_i)^2 = \sum [Y_i - (\hat{\alpha} + \hat{\beta} X_i)]^2 \qquad \cdots (5.37)$$

결과적으로 절편과 기울기의 추정치 $\hat{\alpha}$, $\hat{\beta}$는 다음과 같이 도출된다. 여기서 $\overline{X}$, $\overline{Y}$는 각각 X_i, Y_i의 평균치를 의미한다.

$$\hat{\beta} = \frac{\sum(X_i - \overline{X})(Y_i - \overline{Y})}{\sum(X_i - \overline{X})^2} = \frac{\sum X_i Y_i - n\overline{X}\overline{Y}}{\sum X_i^2 - n\overline{X}^2} \quad \cdots (5.38)$$

$$\hat{\alpha} = \overline{Y} - \hat{\beta}\overline{X} \quad \cdots (5.39)$$

다중선형 회귀분석

다중선형 회귀분석은 종속변수에 영향을 미치는 독립변수가 여러 개인 회귀분석을 의미한다.

종속변수를 추정하기 위해 k개의 독립변수를 고려한다고 할 때, 다중선형 회귀식은 다음과 같은 형태로 표현될 수 있다.

$$\hat{Y} = \hat{\alpha} + \hat{\beta}_1 X_1 + \hat{\beta}_2 X_2 + \cdots + \hat{\beta}_k X_k \quad \cdots (5.40)$$

예제 5-5

Supply사의 제품가격과 판매량에 대한 자료가 다음과 같고, 회귀분석을 이용하여 제품가격이 판매량에 미치는 영향을 파악하고자 한다고 하자.

표 5-8 | Supply사의 제품가격과 판매량

월	가격($)	판매량(개)
1	23	150
2	22	155
3	21	165
4	19	170
5	18	175
6	17	180

단순선형 회귀분석을 통해 절편과 기울기의 추정치와 회귀식은 다음과 같이 도출된다.

$$\hat{\beta} = \frac{\sum X_i Y_i - n\overline{X}\overline{Y}}{\sum X_i^2 - n\overline{X}^2} = \frac{19,765 - 6 \times 20 \times 165.83}{2,428 - 6 \times 20^2} = -4.82$$

$$\hat{\alpha} = \overline{Y} - \hat{\beta}\overline{X} = 165.83 - (-4.82) \times 20 = 262.26$$

$$\hat{Y} = 262.26 - 4.82X$$

표 5-9 | Supply사의 회귀분석 계산

월	가격(X)	판매량(Y)	X^2	XY
1	23	150	529	3,450
2	22	155	484	3,410
3	21	165	441	3,465
4	19	170	361	3,230
5	18	175	324	3,150
6	17	180	289	3,060
합계	120	995	2,428	19,765
평균	20	165.83		

이 식을 통해 Supply사가 제품의 가격을 1달러씩 증가시키면 판매량은 4.82개씩 감소한다는 것을 알 수 있다.

수요예측 프로세스의 구축

1. 수요예측 기법의 적합성

어떤 예측기법이 매우 우수하다 하더라도 모든 제품에 동일한 예측기법을 적용할 수 는 없다. 어떤 제품은 비교적 안정된 수요패턴을 가지지만 어떤 제품은 매우 뚜렷한 계절성을 가질 수 있다. 어떤 제품은 반복적인 패턴이 나타나지

그림 5-7 수요 변동성과 볼륨에 따른 제품의 구분

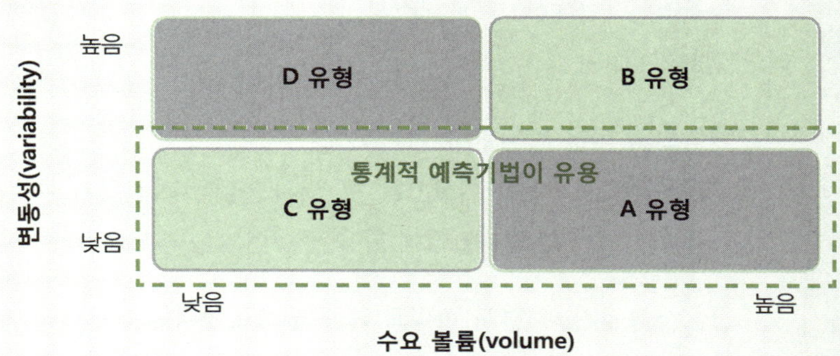

않아 일관된 방법을 적용하기가 어려운 경우도 있다. 〈그림 5-7〉은 수요 변동성과 수요량에 따라 제품을 4가지 유형으로 구분하고 있다.

수요 볼륨이 높고 수요의 변동성은 낮은 A 유형에 해당하는 제품의 경우 대개 시계열 분석과 같은 통계적 예측기법을 통해 매우 정확도가 높은 예측치를 얻을 수 있다. 수요 변동성은 낮으나 수요 볼륨이 낮은 C 유형에 해당하는 제품의 경우에도 통계적 예측기법을 통해 정확도가 높은 예측치를 얻을 수 있다. 다만 이 경우에는 수요를 증대시키기 위한 노력이 병행되어야 하며, 판매원들이 고객으로부터 수집한 자료, 마케팅 및 제품 관련 부서들의 의견 등이 수요계획에 적절히 반영되어야 한다.

수요의 변동성이 높은 B나 D 유형에 해당하는 제품의 경우에는 통계적 예측기법을 통해 정확한 예측치를 얻기 어려운 경향이 있다. 이 경우 수요계획의 정확도는 판매, 마케팅 및 제품관련 부서로부터의 정보에 의존하게 된다.

수요 볼륨이 높으나 수요의 변동성이 높은 B 유형에 해당하는 제품의 경우, 고객수요의 변동성을 감소시키기 위한 방안이 우선적으로 모색되어야 한다.

수요 볼륨이 낮고 수요의 변동성은 높은 D 유형에 해당하는 제품의 경우, 고객수요를 증대시키기 위한 방안이 우선적으로 모색되어야 한다. 제품관련 부서의 의견을 수렴하여 대체 제품의 출시를 검토하거나, 아예 해당 제품의 생산을 중단하는 방안도 검토할 수 있다.

2. 수요예측 프로세스의 구축을 위한 고려사항

성공적인 수요예측 프로세스의 구축을 위해서는 다음과 같은 사항들을 고려할 필요가 있다.

예측의 목적을 이해한다

모든 예측은 예측을 기반으로 한 의사결정을 지원하기 때문에 예측의 목적, 즉 예측치가 어떤 의사결정에 활용될 것인지를 명확히 하는 것이 중요하다.

공급사슬 전반에 걸쳐 계획과 예측을 통합한다

기업은 공급사슬 전반에 걸쳐 모든 계획활동들과 예측을 연계해야 한다.

이러한 계획활동에는 생산능력계획, 생산계획, 판매촉진계획, 구매계획 등이 포함된다. 하나의 계획프로세스의 결과에 여러 기능들이 영향을 받기 때문에, 이들 모두를 예측프로세스에 통합하는 것이 중요하다. 불행하게도 통상적으로 발생하는 시나리오는 소매업체가 판촉활동에 기초하여 예측을 하고 제조업체는 이를 인식하지 못하고 과거 주문실적에 기초하여 생산계획을 위한 별도의 예측을 수행하는 경우이다. 이는 공급과 수요의 불일치를 초래하게 되고, 궁극적으로 고객서비스를 저하시키게 된다.

고객군을 이해하고 정의한다

기업은 공급사슬이 서비스하는 고객층을 명확히 파악해야 한다. 고객들은 서비스 요구사항, 수요량, 주문빈도, 수요 변동성, 계절성 등의 유사성 정도에 따라 그룹화할 수 있다. 기업은 서로 다른 고객층에 대해 각기 다른 예측기법을 사용할 수 있다. 고객군에 대한 명확한 이해는 정확하고 단순화된 예측기법의 적용을 가능케 한다.

수요예측에 영향을 주는 주요 요인들을 파악한다

기업은 수요예측에 영향을 주는 수요, 공급, 제품에 관련된 현상을 파악해야 한다. 수요측면에서 기업은 수요가 증가, 감소 혹은 계절적 패턴을 가지고 있는지를 확인해야 한다. 이러한 추정은 판매 데이터가 아닌 수요에 기초하여야 한다. 공급측면에서 기업은 예측의 정확도 수준을 결정할 때 공급기반의 특징을 고려할 필요가 있다. 만약 짧은 리드타임을 갖는 공급처가 가능하다면 매우 정확한 예측이 특별히 중요하지 않을 수도 있다. 하지만 긴 리드타임을 갖는 단일 공급자를 가지고 있는 경우라면 정확한 예측은 매우 중요해지게 된다.

적절한 예측기법을 결정한다

적절한 예측기법을 선택하기 위해 기업은 우선 예측에 관련된 차원들을 이해해야 한다. 이러한 차원에는 지리적 범위, 제품군, 고객군 등이 포함된다. 이들 차원에 따른 수요의 차이점을 이해해야 하는데 이는 각 차원의 차이를 고려하려 다른 예측기법이 활용될 수 있기 때문이다. 대표적인 예측기법에는 정성적 기법, 시계열 분석, 인과모형, 시뮬레이션 등이 있다.

예측에 대한 성과와 오차를 측정할 지표를 정한다

마지막으로 기업은 예측의 정확성과 적시성을 평가하기 위한 명확한 성과 지표를 설정해야 한다. 또한 이들 측정지표는 예측에 기초하여 이루어지는 의사결정의 목적과 밀접히 연계되어야 한다.

3. 협력적 수요예측

CPFR(Collaborative Planning, Forecasting and Replenishment)은 거래 파트너들로 구성된 네트워크의 공급사슬관리에 대한 지금까지의 접근방법과는 전혀 다른 패러다임을 채택한 비즈니스 모델이다.

CPFR은 공급사슬 참여자들이 수요예측, 주문관리, 주문충족 등을 포함한 공급사슬 프로세스를 협력적으로 계획, 운영하도록 함으로써 공급사슬 프로세스의 효율성을 극대화하려는 전략이다.

기존 패러다임하에서 대부분의 기업들이 각자 상이한 목적하에 예측을 독립적으로 그리고 중복적으로 수행하고 있다.

CPFR은 최종 소비자의 수요정보의 공유를 바탕으로 공급사슬 참여자들이 공동으로 수요예측 프로세스를 수행함으로써 단일의 수요예측 시그널을 만들고 이를 공유함으로써 공급사슬상의 "채찍효과"를 효과적으로 해소할 수 있도

그림 5-8 CPFR과 협력적 수요예측

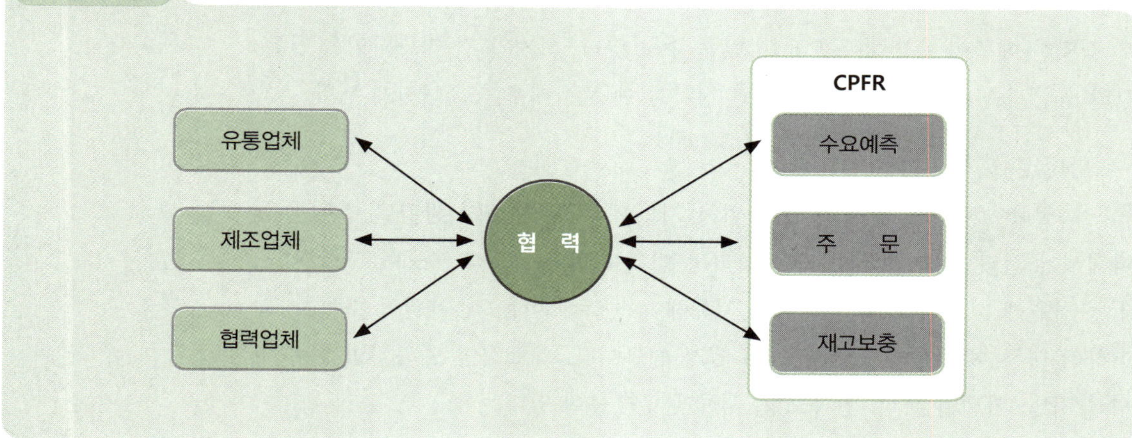

록 하는 데 주된 목적이 있다.

구체적으로 예를 들면 만약 A기업의 과거 예측결과가 95%의 정확도를, B기업은 85%의 정확도를 가지고 있다면 A기업의 정보에 보다 높은 가중치를 두고 양사의 예측결과를 조정하게 된다. 이는 예측역량이 높은 기업의 예측결과를 타 공급사슬 참여자가 활용함으로써 공급사슬 전반의 예측역량을 높이는 결과를 가져오게 된다.

CPFR은 궁극적으로 동기화된 공급사슬(synchronized supply chain)을 구축할 수 있는 기반으로 활용될 수도 있다.

수요관리

1. 수요관리 프로세스

수요예측을 포함한 수요계획 못지 않게 중요한 것이 수요관리 프로세스의 구축이다. 수요관리란 단순히 수요를 예측하는 것에서 벗어나 관련 주체들과 수요계획을 공유하고, 수요에 영향을 미치고 나아가 새로운 수요를 창출할 수 있는 방안을 모색하는 등 보다 능동적으로 수요를 관리하려는 전략이다.

수요관리 프로세스에는 수요계획과 함께 다음과 같은 프로세스들이 포함된다.

1. 수요의 계획: 수요예측을 포함한 수요계획 프로세스를 구축한다.
2. 수요계획의 소통과 공유: 수요계획에 대한 정보를 관련 부서 나아가 공급사슬 파트너들과 소통하고 공유한다.
3. 수요에 영향을 미칠 수 있는 방안의 모색: 수요계획을 바탕으로 마케팅 및 판매 전략, 제품 포지셔닝, 가격정책, 판촉계획 등 수요에 영향을 미치고 나아가 수요를 창출할 수 있는 방안을 모색한다.
4. 수요의 관리: 고객주문과 공급의 균형을 달성할 수 있도록 필요한 경우 고객주문에 우선순위를 부여하는 등 수요를 관리한다.

그림 5-9 수요관리 프로세스

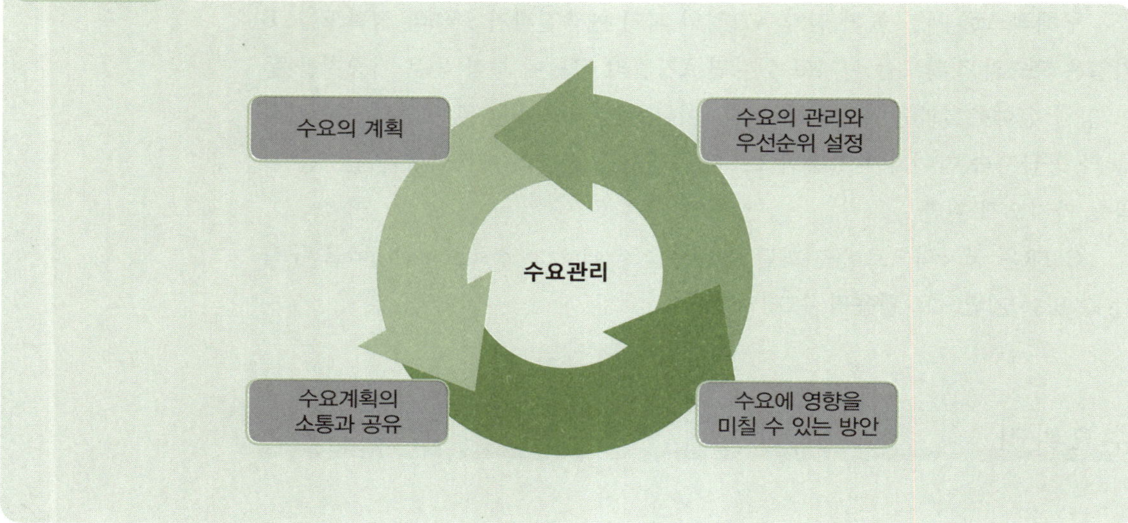

출처: Crum And Palmatier(2003).

2. 선택모형의 활용

이제까지 설명된 통계적 수요예측 기법들은 기업들은 제품이나 서비스에 대한 시장수요와 같이 수많은 개별 소비자나 고객기업들의 총괄적인 행태에 초점을 두는 집계모형(aggregate model)이라 할 수 있다. 앞서 설명한 회귀분석의 경우, 제품의 특성을 나타내는 가격과 해당 제품의 시장수요를 나타내는 판매량이라는 집계치를 사용하여 두 변수 간의 관계를 파악하고 이를 통해 가격변화에 따른 제품수요를 예측하려는 기법이다.

하지만 이러한 총괄적인 행태는 개별 의사결정의 결과로 나타나는 것이다. 동일한 가격조건이라 하더라도 어떤 소비자는 제품을 구매하고 어떤 소비자는 구매하지 않을 수 있다.

이러한 집계모형의 한계를 극복하고 개별 소비자의 선택 행태를 반영하여 수요를 분석하기 위한 분석기법이 개별선택모형(individual choice model)이다. 이 모형은 1970년대 중반 이후 교통수요 분석, 특히 교통수단 분담률의 예측을 위해 활발히 이용되어 오고 있다.

수요관리와 관련하여 기업이 제품이나 서비스의 수요에 영향을 미칠 수 있는 방안을 모색하기 위해서는 개별 소비자의 선택 행태를 반영할 수 있는 수요분석 기법의 활용이 매우 중요하다.

로짓모형

개별선택모형은 수요분석에 있어서 기존의 지역 단위의 집계자료(aggregate date)가 아니라 개인 단위의 비집계자료(disaggregate data)를 이용하기 때문에 비집계모형(disaggregate model)이라 부르기도 하고, 종속변수인 제품이나 서비스의 선택확률이 개인 단위의 자료에서는 선택 여부(선택된 경우=1, 선택되지 않은 경우=0)로 표현되기 때문에 이산선택모형(discrete choice model)으로 불리기도 한다.

개별선택모형은 확률효용이론(random utility theory)을 기초로 개발되었다. 확률효용이론에 의하면 선택 대안들의 총효용은 확실하게 알려질 수 없으며, 어떤 대안의 총효용(total utility)은 관찰할 수 있는 효용인 체계적 효용(systematic utility)과 관찰할 수 없는 확률적 효용(random utility)으로 구분된다.

선택 대안의 총효용은 다음과 같은 식으로 표현될 수 있다. 여기서 U_{in}은 개인 n에 대한 대안 i의 총효용, V_{in}은 개인 n에 대한 대안 i의 체계적 효용요소, ε_{in}은 개인 n에 대한 대안 i의 확률적 효용요소를 의미한다.

$$U_{in} = V_{in} + \varepsilon_{in} \qquad \cdots (5.41)$$

개별선택모형은 모든 의사결정 주체는 선택 가능한 모든 대안들 중에서 총효용이 가장 큰 대안을 선택한다는 선택 행태를 기초로 하고 있다.

개인 n이 대안 i를 선택할 확률은 다음과 같이 표현될 수 있다. 여기서 $P_n(i)$는 개인 n이 대안 i를 선택할 확률, C_n은 개인 n이 선택할 수 있는 대안들의 집합(choice set)을 의미한다.

$$\begin{aligned} P_n(i) &= \Pr ob(U_{in} \geq U_{jn},\ \forall j \in C_n) \qquad \cdots (5.42) \\ &= \Pr ob(V_{in} + \varepsilon_{in} \geq V_{jn} + \varepsilon_{jn},\ \forall j \in C_n) \\ &= \Pr ob(\varepsilon_{jn} - \varepsilon_{in} \leq V_{in} - V_{jn},\ j \in C_n) \end{aligned}$$

위 식에서 확률적 효용요소 $\varepsilon_{jn} - \varepsilon_{in}$가 와이블(Weibull) 분포를 따른다고 가정하게 되면 개별선택모형은 로짓모형(Logit Model)이 되며 다음과 같이 표현된다.

$$P_n(i) = \frac{e^{V_{in}}}{\sum_{j \in C_n} e^{V_{jn}}} \qquad \cdots (5.43)$$

확률적 효용요소에 대한 확률분포의 가정에 따라 프로빗모형(Probit model)과 같은 다른 형태의 모형이 존재하지만 사용의 편리성 등으로 인해 로짓모형이 현실적으로 가장 많이 사용되는 모형이다.

이러한 개별선택모형은 제품이나 서비스의 가격과 품질, 개별 고객의 소득 수준이나 브랜드 선호도 등이 수요에 어떤 영향을 미칠 수 있는지를 파악할 수 있도록 해 주기 때문에 총괄적인 수요를 예측하는 집계모형에 비해 수요관리 대안의 평가와 선정을 위해 보다 유용하게 활용될 수 있다.

다만 개인별 자료의 수집이 필요하기 때문에 높은 조사비용이 수반되며, 또한 장래 예측을 위해서는 설명변수에 대한 예측이 필요하기 때문에 시계열 분석과 같은 예측기법이 함께 사용되어야 한다. 로짓모형 자체가 가지고 있는 한계도 있다. 로짓모형은 IIA(Independence from Irrelevant Alternatives, 비관련 대안의 독립성)라는 근본적인 약점을 가지고 있다. 즉, 특성이 유사한 대안들을 대상으로 분석할 경우에는 예측의 오류가 발생하게 된다는 것이다. 다행히 여러 연구자들에 의해 이러한 IIA 문제를 해결하기 위한 모형들이 개발되어 있다.

예제 5-6

Travel시의 시민들에 대한 설문조사 결과를 바탕으로 다음과 같이 통근을 위한 교통수단의 선택을 위한 로짓모형이 추정되었다고 하자. 여기서 V_A, V_B, V_S는 각각 승용차, 버스, 지하철의 체계적 효용, C는 총통행비용(천원), T는 총통행시간(분)이다.

$$V_A = 2.2 - 0.2C - 0.03T$$
$$V_B = 0.8 - 0.2C - 0.03T$$
$$V_S = -0.2C - 0.03T$$

Travel시의 통근 통행자가 5,000명이라고 하자. 승용차, 버스, 지하철의 총비용은 각각 3,000원, 500원, 600원, 그리고 총통행시간은 각각 30분, 45분, 25분으로 파악되었다. 통근 통행자들이 승용차, 버스, 지하철을 각각 얼마나 이용할 것인지 추정해보기로 하자.

먼저 추정된 로짓모형의 결과를 이용하여 각 교통수단별로 체계적 효용을 계산하면 다음과 같다.

$$V_A = 2.2 - 0.2(3) - 0.03(30) = 0.7$$
$$V_B = 0.8 - 0.2(0.5) - 0.03(45) = -0.65$$
$$V_S = -0.2(0.6) - 0.03(25) = -0.87$$

계산된 체계적 효용의 값을 로짓모형 식에 대입하면 다음과 같이 교통수단별 선택확률을 구할 수 있다.

$$P_n(A) = \frac{e^{0.7}}{e^{0.7} + e^{-0.65} + e^{-0.87}} = 0.68$$
$$P_n(B) = \frac{e^{-0.65}}{e^{0.7} + e^{-0.65} + e^{-0.87}} = 0.18$$
$$P_n(S) = \frac{e^{-0.87}}{e^{0.7} + e^{-0.65} + e^{-0.87}} = 0.14$$

결과적으로 Travel시의 통근 통행자의 교통수단별 이용자수는 다음과 같이 추정할 수 있다.

승용차 이용자 $= 5{,}000 \times 0.68 = 3{,}400$명
버스 이용자 $= 5{,}000 \times 0.18 = 900$명
지하철 이용자 $= 5{,}000 \times 0.14 = 700$명

참고문헌

- 김옥남, "수요예측 체계, 어떻게 구축하나", LG Business Insight, 2008. 9.
- Ben-Akiva, Moshe and Steven R. Lerman, Discrete Choice Analysis: Theory and Application to Travel Demand, The MIT Press, 1985.
- Chopra, Sunil and Peter Meindl, Supply Chain Management, 3rd Edition, Pearson, 2007.
- Crum, Collen and G.E. Palmatier, Demand Management Best Practices: Process, Principles and Collaboration, APICS Integrated Business Management Series, J. Ross Publishing, 2003.
- Fitzsimmons, J.A. and M.J. Fitzsimmons, Service Management: Operations, Strategy, and Information Technology, 5th Edition, McGraw-Hill, 2004.

제 6 장

S&OP와 생산계획

Chapter 6

사례 읽기 6-1 현대기아자동차 SCM 프로젝트

어제의 강자가 오늘의 강자는 아니다. 요즘 전 세계 자동차업계를 보면 쉽게 알 수 있다. GM, 크라이슬러의 파산에 이어 최근에는 포드까지 위태로운 상황에 직면했다. 자동차 '빅3'의 영광이 역사의 한 페이지로 남을 위기에 처했다. 금융위기로 소비자 지갑이 닫히면서 위기에 대처하지 못한 기업들이 퇴출을 면치 못하고 있다. 품질과 디자인도 중요하지만, 유연한 시장 대응력이 생존의 화두로 떠오르고 있다. 현대기아자동차는 위기를 기회로 삼아 아시아의 맹주 도요타를 넘고 세계시장을 제패하겠다는 포부를 내비치고 있다. 여기에는 세계 최고 수준의 시장대응력 확보를 목표로 내건 현대기아자동차의 글로벌 공급망관리(SCM) 전략이 자리잡고 있다.

SCM으로 도요타를 넘겠다

고유가 시대에도 고연비 스포츠유틸리티차량(SUV)과 중대형 고급차 제품구조를 고집했던 자동차업계 거성들이 잇따라 몰락했다. 움직이는 시장에 대응하지 못한 탓이다. 지각변동의 위기를 틈타 현대기아자동차의 글로벌 SCM 인프라 구축은 더욱 가속을 내고 있다. 판매, 생산, 자재 공급에 이르는 엔드 투 엔드(End to End) SCM 경쟁력을 높이고 생산성 위주 SCM의 강자 도요타를 뛰어넘겠다는 전략이다.

이를 위해 현대기아차는 시장수요의 변화를 즉시 생산에 반영하는 프로세스 혁신과 실시간 정보 전달을 위한 글로벌 표준 시스템 구축에 박차를 가하고 있다. 전 세계 대리점의 판매정보 및 수요현황이 시스템을 통해 본사로 전달돼 생산계획과 연결되도록 했다. 전 세계 법인과 공장을 하나로 잇기 위해 전사적자원관리(ERP) 등 주요 기간계 IT시스템의 표준화 및 통합도 추진하고 있다.

현대기아차는 우선 시장접점에 있는 전 세계 190개 수출국 중 70개 국가의 대리점 및 판매법인을 '판매용' 거점에서 '수요예측' 주체로 전환했다. 수출 물량 중 이 70개 국가가 차지하는 비중은 무려 90%에 달하는 만큼 사실상 수출 물량의 대부분이 전 세계 대리점 및 판매법인의 수요예측 정보에 맞춰 생산되고 있는 셈이다. 또 3년 안에 2배 가까이 증가할 것으로 예상되는 해외 생산 물량을 통합적으로 관리할 수 있는 글로벌 SCM 시스템 인프라 강화에도 박차를 가하고 있다.

수요변화에 민감하게 대처하기 위한 전략적 생산 유연성도 한층 높인다. 현대·기아간, 대량 양산용·소량 주문용차 생산방식간 교차생산 능력을 강화하고, 엔진 및 변속기와 같은 부품통합 할당을 통해 생산 실행력을 한층 강화하고 있다. 수직계열화의 장점을 이용해 글로비스 등과 협력해 강력한 물류 네트워크와 가시성도 확보하고 있다.

전 세계 생산 및 판매법인 SCM 시스템 구축이 내년 말 완료되면, 글로벌 시스템 표준화 및 통합을 거쳐 '글로벌 오퍼레이션(Global Operation)' 단계로 진입할 계획이다. 최상철 현대기아차 ERP 추진실 상무는 "세계 어느 판매법인과 공장이든 자유롭게 교차 주문과 납품이 이뤄질 수 있도록 해 진정한 글로벌 오퍼레이션(Global Operation)을 실현할 것"이라고 강조했다.

5년간의 프로세스 혁신과 SCM 고도화

현대기아차는 2005년부터 대대적 PI 활동과 SCM 혁신활동을 추진해 왔다. 생산성을 높이는 데 집중했던 예전과 달리 시장을 읽고 대처하기 위한 시장 대응 역량 강화에 집중했다. 기 구축된 생산계획 위주의 SCM을 전면 재구축하기로 한 것이다.

1년간의 프로세스 혁신 추진방안 수립과 상세 설계를 마친 뒤 △시장접점 수요예측을 강화할 수 있는 수요예측 통계 기능 △국가별 대리점에서 본사까지 수요 정보가 연결될 수 있는 수요계획관리 기능 △빠른 납기 회답을 줄 수 있는 기능을 추가한 새 SCM 시스템(APS II)을 본격적으로 국내에 구축하기 시작했다.

국내 SCM 고도화가 마무리 된 2007년부터 해외 대리점의 판매무역시스템(Distributor Trading System)과 판매법인의 ERP시스템에 판매 및 수요예측 정보가 입력되면 SCM 시스템과 연계돼 21개 지역본부 등과 협의를 거친 후 본사로 전달된다. 이후 본사의 해외 영업부에서 최종적으로 수요계획을 확정, 이 생산량이 월·주단위 판매·생산 회의를 거쳐 각 공장으로 할당돼 생산 일정이 할당된다.

시스템 구축은 시작에 불과했다. 중요한 것은 전 세계 수요예측과 판매계획이 판매와 생산 할당으로 이어질 수 있는 신속한 프로세스와 의사결정 체계를 갖추는 일이었다. 기존 본사 영업부에서 담당하던 수요관리 업무를 각 국가별 현지 대리점으로 확산시킨 이유다. 최상철 상무는 "본사 영업팀이 총괄하던 판매 및 수요예측 정보를 국가별 대리점과 판매법인에서 관리하는 체계로 전환하고 이 정보가 최대한 빠르게 생산에 직결되도록 했다"며 "시장접점의 국가별 대리점 및 각 판매법인 담당자가 직접 주문 및 예측 정보를 입력하도록 수요 입력의 주체를 소비자 접점으로 확산한 것"이라고 설명했다. 지난해부터 해외로 수출되는 국내 자동차 생산량 중 90% 이상이 국가별 대리점 및 판매법인 수요예측 정보에 입각한 생산계획 체제하에 생산되고 있다. 현재 국내에서 생산되는 물량은 전 세계 생산량의 약 65% 수준이다.

글로벌 SCM 본격화, 미국에서 점화

현대기아차는 향후 3년 내 생산량 목표인 총 600만대 중 해외 생산량이 400만대에 달할 것으로 예상하고 있다. 올해 안에 해외 판매를 위해 현지에서 생산되는 물량이 국내에서 수출되는 물량을 초과할 전망이다. 이에 글로벌 생산기지를 전 세계 판매법인과 유기적으로 연결하는 글로벌 SCM 구축에 박차를 가하고 있다.

지난 2008년부터 미국 법인을 시작으로 SCM 시스템(APS II) 구축에 착수했다. 가장 먼저 지난해 현대자동차 북미 판매법인과 앨러바마 공장에 시스템을 가동했다. 기아자동차 북미 판매법인과 조지아 공장도 오는 11월 시스템 가동을 계획하고 있다. 앞서 이달에는 기아자동차 유럽 법인 슬로바키아 공장에도 SCM 시스템을 가동한다.

기아자동차 북미 판매법인과 조지아 공장 간에는 서비스지향아키텍처(SOA)를 기반으로 생산공장·판매법인의 ERP시스템과 SCM을 연계해 판매부터 생산에 이르는 대단위 시스템 통합 프로젝트를 완료했다. 김군섭 SCM 혁신팀 차장은 "ERP로 입력된 판매 정보 및 수요예측 정보가 SCM 시스템으로 전달돼 생산계획이 수립되고 이 정보가 다시 조지아 공장의 ERP로 전달돼 재고 파악과 협력업체 발주 등으로 이어지도록 했다"며 "ERP와 SCM 간 자유로운 정보 교환이 일어나 통합적 가시성이 확보된 것"이라고 강조했다. 조지아 공장의 ERP는 구매협력시스템인 바츠(VAATS)와도 연계돼 협력업체의 생산가능 현황 및 자재정보까지 파악, 이 정보가 다시 생산계획에 반영된다. 판매법인의 ERP에서도 재고정보를 확인할 수 있는 통합적 시스템 인터페이스를 갖춘 것이다. 이렇듯 SOA를 기반으로 ERP와 타 시스템을 연계하는 시스템 통합 프로젝트가 전 세계 시스템 통합을 목표로 추진 중이다.

최 상무는 "통합 SCM 시스템과 수요관리 프로세스 체계를 확립해 판매예측 정보를 받아 생산계획까지 일주일 만에 연결되는 프로세스를 정착시켰다"고 말했다. 실제 이러한 수요관리 강화와 빠른 대응력이 불황기에도 미국 시장에서 현대기아차를 성장시키는 주요 동인이 될 것으로 예측된다. 내년도에는 현대 유럽 법인을 비롯해 터키, 인도, 중국 공장에 시스템 구축을 확산해 내년 말 글로벌 SCM 시스템 구축을 완료한다는 계획이다.

전 세계 공장을 하나의 공장처럼

자동차를 제조하기 위해서는 약 3000개의 부품 및 조립품, 반제품이 존재한다. 일부 부품의 자재 조달 기간이 5개월에 이르는 등 매우 길기 때문에 확보 가능한 자재 내역 내에서 빠르고 효과적으로 생산해 납기에 대응하는 능력이 매우 중요하다.

최 상무는 "빠르게 증가하는 해외 생산 물량의 적기 대응력을 확보하기 위해 북미와 유럽 등 지역의 현대·기아 간 교차생산을 확대할 계획"이라며 "소량 주문차를 위한 BTO(Build To Order)방식과 대량 양산용 차를 위한 MTS(Make To Stock) 방식 간 교차 생산력도 강화해 빠른 납기를 실현할 계획"이라고 설명했다. 생산주도 방식이 지배적일 때는 대부분의 제품을 MTS로 생산했지만 수요주도 방식으로 패러다임이 변화하면서 적시적소 수요에 최적화된 교차생산 역량이 더욱 중요해졌다. 엔진, 변속기 등 생산계획 일정을 못 맞추게 하는 일부 부품에 대한 통합 할당계획도 중요해졌다.

현대기아차는 글로벌 SCM 시스템 구축이 내년 말 완료되면 시스템 통합과정을 거친 후 '글로벌 오퍼레이션(Global Operation)' 단계로 진입할 수 있을 것으로 기대하고 있다. 최 상무는 "향후 국내에서 해외로 수출되는 물량뿐 아니라, 해외 공장과 법인 간 물류를 효율적으로 운용하는 일이 중요해지고 다지역 간 스케줄 및 플래닝이 요구될 것"이라며 "마치 한 국가의 한 공장처럼 같은 시스템과 의사결정 프로세스를 갖추는 것이 최종 목표"라고 포부를 밝혔다.

출처: CIO BIZ+, 전자신문, 2009년 7월 6일.

수요계획과 공급계획

공급사슬관리의 핵심은 기업에서 생산/판매하는 제품의 공급과 시장에서 고객이 원하는 수요를 일치시키는 데 있다.

수요와 공급의 균형을 달성하기 위한 계획수립 절차는 다음과 같이 요약될 수 있다.

첫째, 판매/마케팅 부문에서 수요계획 및 예측을 실시하고 이를 관련 부서들이 공유할 수 있도록 지원한다. 나아가 수요에 영향을 미치기 위해 수요관리에 관련된 이슈들을 도출하고 검토한다. 단기적으로 고객주문에 따른 주문량과 납기일을 충족할 수 있도록 지원하는 수요충족 활동들을 전개한다.

둘째, 판매운영계획(S&OP, Sales and Operations Panning)을 통해 공급사슬

그림 6-1 수요와 공급의 균형

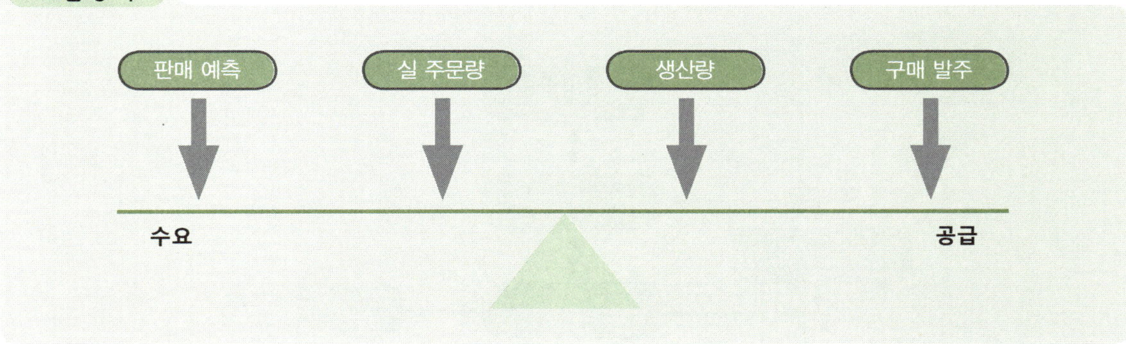

전반의 제약요인을 고려하면서 수요변화에 대응하여 최적의 공급계획을 수립한다. 판매운영계획은 수요예측과 생산계획을 연결하는 핵심적인 역할을 한다.

셋째, 생산/운영 부문에서 수요계획을 바탕으로 생산 제약요인을 고려한 생산계획을 수립한다. 생산계획 활동에는 판매운영계획 이후 주생산일정, 자재소요계획, 생산활동통제, 구매계획 및 통제 등이 포함된다.

주생산일정(MPS, Master Production Schedule)은 판매운영계획의 후속 계획 활동으로 주어진 계획기간 동안 기간별 수요를 충족시키기 위한 개별제품의 생산일정계획을 도출하게 된다. 특정 제품이 언제 얼마나 생산되어야 할 것인가를 결정한다.

자재소요계획(MRP, Material Requirement Planning)에서는 주생산일정에서 제시된 기간별 제품생산을 위해 필요한 원자재, 부품, 부분품의 필요량 및 필요시기를 산출하게 된다. 특정 제품생산을 위해 필요한 자재의 주문량과 주문시기를 결정한다.

생산활동 통제(PAC, Production Activity Control)란 작업현장에서 생산활동이 계획에 따라 이루어질 수 있도록 통제하는 활동을 의미한다. 구매계획 및 통제란 자재소요계획에 따라 공급업체에 주문한 자재의 구입과 입고를 계획하고 통제하는 활동을 의미한다. 이를 공급자 주문관리(vendor order management)라고도 한다.

이러한 생산계획 활동들은 〈그림 6-2〉와 같이 계층적이며 순환적인 구조를 가진다.

그림 6-2 생산계획 프로세스의 구조

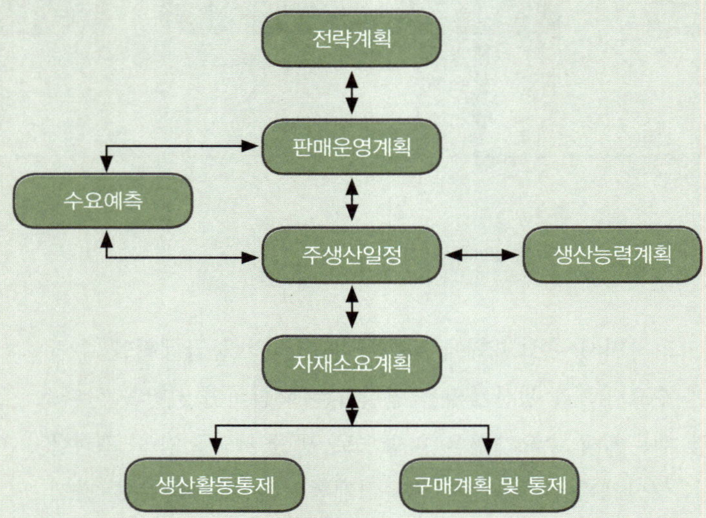

판매운영계획(S&OP)

1. 판매운영계획의 정의

판매운영계획(S&OP, Sales and Operations Planning)이란 기업이 수요와 공급의 균형을 달성할 수 있도록 지원하는 의사결정 프로세스이다. S&OP는 수요, 공급 및 재무적 결과(예, 생산비용, 재고비용 등)에 대한 실적 및 예측 정보를 바탕으로 판매, 생산, 재무 등 분야별 계획들을 상호 조정하여 전체 사업계획과 일치시키는 역할을 하며, 대개 월 단위(최근 주 단위로 단축되고 있음) 계획으로 수립된다. 즉, S&OP는 관련 부서 간에 합의가 이루어진 단일의 판매운영계획을 만들고 이를 바탕으로 인력, 생산능력, 자재, 시간, 자금을 가장 효과적인 방법으로 배분할 수 있도록 지원하는 의사결정 프로세스이다.

APICS(American Association of Production and Inventory Control Society)는 "S&OP는 계획된 판매 수준(판매계획/예측)을 최적으로 만족시킬 수 있도록 생산 수준(생산계획)과 활동을 설정하고, 회사 전반의 사업계획에서 명시된 수익성, 생산성, 경쟁적 고객 리드타임 등의 목표를 달성하는 역할을 한다. S&OP의 주된 목적의 하나는 운영능력을 안전적으로 유지하면서 재고 및 고객 서비스에 대한 경영진의 관리적 목표를 달성하도록 생산비율을 설정하는 것이다. 또한 S&OP는 생산계획을 달성하기 위한 노동력, 장비, 설비, 자재 및 자금을 계획하기에 충분한 계획기간을 가져야 한다. 이 계획은 기업활동 전반에 영향을 미치기 때문에 마케팅, 생산, 엔지니어링, 재무, 자재 등에 관한 정보를 바탕으로 수립된다"고 정의하고 있다.

S&OP 프로세스가 적절히 실행되기 위해서는 계획기간에 걸쳐 고객수요와 공급능력을 주기적으로 검토하여 재계획되어야 한다. 재계획 프로세스는 기존에 합의된 계획에서 나타나는 변화에 초점을 둔다. 이러한 프로세스를 통해 경영진은 기업이 달성하고 있는 현재의 성과를 이해할 수 있으며 변화에 대응한 적절한 전략과 이를 통해 기대되는 결과에 초점을 둘 수 있게 된다.

2. 판매운영계획 도입의 필요성

Alpha사의 사례를 통해 판매운영계획 도입의 필요성에 대해 살펴보기로 하자.[1]

S&OP 도입 전

Alpha사는 가정용 및 산업용 전자기기를 생산하는 제조업체이다. 현재 이 회사는 아직 판매운영계획(S&OP)을 도입하지 않고 있다.

생산담당인 김 이사는 제품별 판매예측에 대한 분기별 자료를 검토 중에 있다. 그는 지난 수개월간 A 제품군의 실제 판매치가 예측치보다 계속 낮게 나타나는 현상에 대해 걱정하고 있다. 지난 3개월간 A 제품군의 판매치는 예측치

1 LG CNS 역, SCM의 중심 S&OP 판매&운영계획, 엠플래닝, 2003, pp. 41-49 재구성.

에 비해 10% 정도 낮게 나타났다. 영업부서가 작성한 보고서에 따르면 A 제품군은 최근 출시한 B 제품군에 의해 시장을 잠식당하고 있는 것으로 나타났다.

(단위: 천개)

	2월	3월	4월	5월	6월	7월	8월	9월
예 측	100	100	100	100	120	120	120	120
판 매	90	95	85					
차 이	-10	-5	-15					
차이누적	-10	-15	-30					

결국 김 이사는 5월 이후의 예측치를 하향 조정하기로 결정하였다. 그리고 수정된 예측치를 공장장에게 통보하였다.

(단위: 천개)

	2월	3월	4월	5월	6월	7월	8월	9월
예 측	100	100	100	100	120	120	120	120
수정예측				90	90	90	90	90
판 매	90	95	85					
차 이	-10	-5	-15					
차이누적	-10	-15	-30					

공장장은 지난 달 김 이사로부터 향후 수요가 증가할 것이라는 예측 결과를 통보 받고 6월부터 생산량을 증가시킬 수 있도록 생산계획을 수립해 둔 상태였기 때문에 새로 수정된 예측치를 통보 받고 적잖이 당황하였다. 하지만 김 이사와 회의를 한 결과 공장장은 결국 생산량을 감소시키는 수밖에 없다는 결론을 내렸다. 생산량을 단기간에 조정하기가 쉽지 않기 때문에 다음 달은 그대로 두고 6월부터 단계적으로 생산량을 감소시키는 수정계획을 수립하였다.

(단위: 천개)

	2월	3월	4월	5월	6월	7월	8월	9월
생산계획	100	100	100	110	120	120	120	120
수정계획				110	100	100	90	90
생 산	98	100	101					
차 이	-2	0	1					
차이 누적	-2	-2	-1					

재무담당인 박 이사는 A 제품군의 재고가 계속 증가하고 있고 특히 계획재고와의 차이가 커지고 있다는 것을 발견하였다. 개당 표준원가가 50달러인 점을 감안한다면 이는 4월의 경우 160만 달러의 초과 재고가 발생하고 있다.

(단위: 천개)

	1월	2월	3월	4월	5월	6월	7월	8월	9월
판 매		90	95	85					
생 산		98	100	101					
예상재고		100	100	100	110	120	120	120	120
실 재 고	103	111	116	132					
차 이		11	16	32					

주: 당월 말 재고=전월 말 재고+당월 판매–당월 생산.

박 이사는 곧장 공장장과 통화하였다. "공장장, A 제품군의 재고가 계획보다 30% 더 많이 늘어나 있네요. 혹시 대책을 수립하고 있나요?" 공장장은 "박 이사, 우리도 그 문제를 파악하고 있습니다." 그들은 그날 오후 회의 일정을 잡았다. 이 회의에서는 공장장은 김 이사의 수정 예측치와 자신의 수정 생산계획을 박 이사에게 설명하였다.

박 이사는 그 자리에서 수정된 예측치와 생산계획을 바탕으로 예상재고를 계산해 보았다.

"맙소사! 7월에는 A 제품군의 재고가 170,000개를 넘어서네요. 이는 기존 "계획재고"의 두 배에 가까운 수치입니다. 860만 달러를 재고로 쌓아두어야 한다는 말이네요?" "공장장, 무언가 획기적인 조치가 필요할 것 같습니다. 이 문제를 내일 중역회의 안건으로 채택하기로 하겠습니다."

(단위: 천개)

	1월	2월	3월	4월	5월	6월	7월	8월	9월
수정예측					90	90	90	90	90
수정계획					110	100	100	90	90
예상재고				132	152	162	172	172	172

주: 당월 말 재고=전월 말 재고+당월 생산–당월 판매.

Alpha사의 근본적인 문제점은 무엇일까? 그들에게는 수요와 공급의 상태를 정기적으로 검토하고, 수요와 공급의 균형을 유지하기 위해서 시의 적절한 의사결정을 내릴 수 있도록 지원하는 프로세스의 구축이 결여되어 있다는 점이다. 이러한 문제를 해소할 수 있는 대안으로 Alpha사는 판매운영계획(S&OP)의 도입을 검토하기로 결정하였다.

S&OP 도입 후

Alpha사가 판매운영계획(S&OP)을 도입했다고 가정해보자.

S&OP 팀은 영업 및 생산부서로부터 A 제품군의 판매 실적 및 예측치, 생산계획 및 실적치에 대한 정보를 주기적으로 취합하여 하나의 S&OP 스프레드 시트를 작성한다. 이 도표의 이점은 A 제품군의 현황에 대한 전체적인 모습을 보여준다는 것이다. 또한 이 도표를 관련 부서가 공유함으로써 자신의 수치뿐만 아니라 타 부서의 수치까지 함께 검토할 수 있다. 이 도표를 활용하여 문제의 원인을 추적할 수 있고, 예측치나 계획의 변경이 미치는 영향을 손쉽게 파악할 수 있게 해 준다.

S&OP를 통해 수요와 공급의 균형을 유지하기 위해 내부적으로 통합된 계획의 수립과 실행이 가능해지게 되는 것이다.

(단위: 천개)

	1월	2월	3월	4월	5월	6월	7월	8월	9월
예측		100	100	100	100	120	120	120	120
판매		90	95	85					
차이		-10	-5	-15					
차이누적		-10	-15	-30					
생산계획		100	100	100	110	120	120	120	120
생산		98	100	101					
차이		-2	0	1					
차이누적		-2	-2	-1					
예상재고		100	100	100	142	142	142	142	142
실재고	103	111	116	132					
차이		11	16	32					

주: 당월 말 재고=전월 말 재고+당월 생산－당월 판매.

3. 판매운영계획 프로세스

판매운영계획(S&OP) 이전의 생산계획에서는 판매계획과 생산계획이 분리되어 있고 이 계획들이 순차적으로 수립되었다. 영업 및 마케팅 부서에서 수요예측을 수행한 후 이를 생산부서로 전달하고, 생산부서에서는 이를 바탕으로 생산계획을 수립하여 이를 주 일정계획 단계로 보내게 된다. 판매운영계획이 도입되면 판매계획과 운영계획이 개별적·순차적으로 이루어지는 것이 아니라 협력적으로 동시에 진행되게 된다.

판매운영계획의 본질은 협력적 의사결정에 있다. 각 제품군에 대한 최근 판매실적, 관련 부서들의 의견, 사업 현황 및 전망에 대한 경영진의 판단 등을 바탕으로 의사결정이 이루어진다. 이러한 의사결정에는 판매계획, 운영계획, 재고/주문계획 등이 포함된다.

판매운영계획은 대개 다음과 같은 5단계의 프로세스로 구성된다.

1단계: 판매예측 보고서 작성

전월, 전기의 데이터를 수집하여 채널/제품별 판매실적을 분석하고, 수요예측을 갱신한다. 판매분석 및 판매예측 보고서를 관련 부서에 배포한다.

2단계: 수요계획

판매/마케팅 부문의 관리자들이 1단계에서 작성된 정보를 바탕으로 수요부문의 성과를 점검하고, 필요한 경우 수요예측을 조정한다. 이 단계에서 가급적 관련 부서들의 의견을 반영한 합의된 수요계획(consensus forecasting)을 도출해야 한다. 나아가 수요관리에 관련된 이슈들을 도출하고 해결방안을 검토한다.

3단계: 공급계획

생산/운영 부문의 관리자들이 공급부문의 성과를 점검하고, 합의된 수요계획을 바탕으로 생산계획을 조정한다. 수요계획의 충족을 위한 공급능력에 관련된 이슈들을 도출하고 해결방안을 검토한다.

4단계: PRE-SOP 회의

전반적인 S&OP 성과를 점검하고, 수요계획과 공급계획을 조율한다. 재무적 관점에서 관련 계획을 검토한다.

5단계: 중역 SOP 회의

S&OP 프로세스에서 가장 중요한 단계로 Pre-SOP 단계에서 제안된 계획을 검토, 조정하고 회사 차원에서 승인된 계획을 수립한다. 합의된 계획을 공지하고, 실행에 따른 성과를 지속적으로 모니터링한다.

그림 6-3 판매운영계획(S&OP)의 세부 프로세스

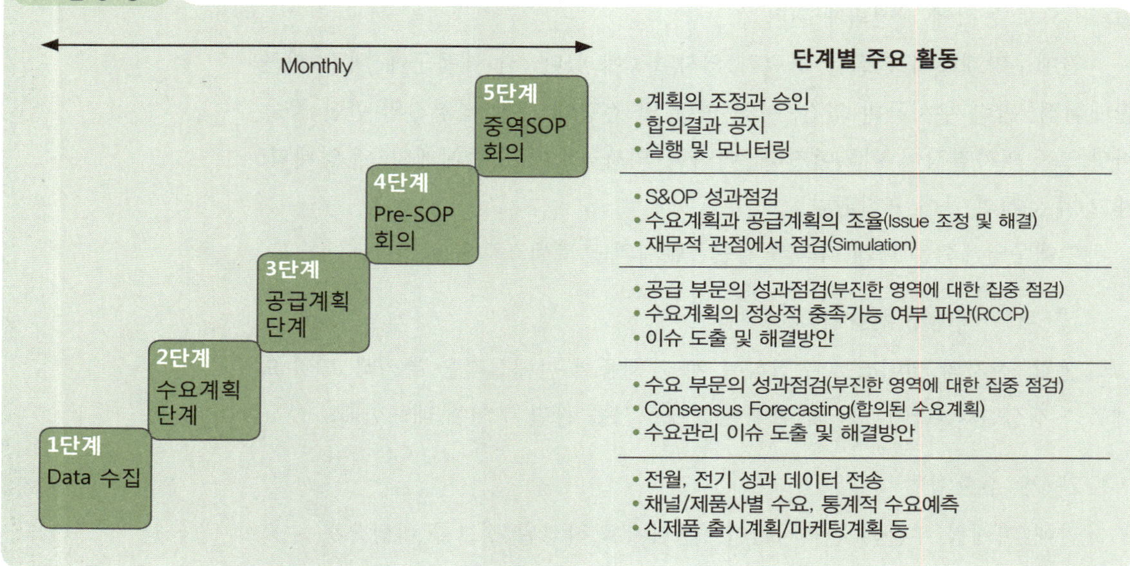

공급사슬 차원에서 수요와 공급의 균형을 달성하기 위해서는 S&OP가 기업 내부의 관련 부서들뿐만 아니라 외부의 핵심 공급업체, 고객과도 연계될 필요가 있다. 이러한 공급사슬 구성원 간 S&OP의 조정은 공급사슬의 총체적인 성과(특히 비용측면)를 개선할 수 있도록 도와 줄 수 있다. 나아가 S&OP의 연계는 공급사슬의 불확실성을 해소하고 궁극적으로 공급사슬의 동기화(synchronization)를 가능케 할 수 있다.

공습사슬 구성원 간 S&OP 연계가 이루어지면 협력적 계획, 예측 및 재고보충 전략인 CPFR(Collaborative Planning, Forecasting and Replenishment)과 유사한 모습을 갖게 된다.

그림 6-4 공급사슬 관점의 판매운영계획(S&OP)의 연계

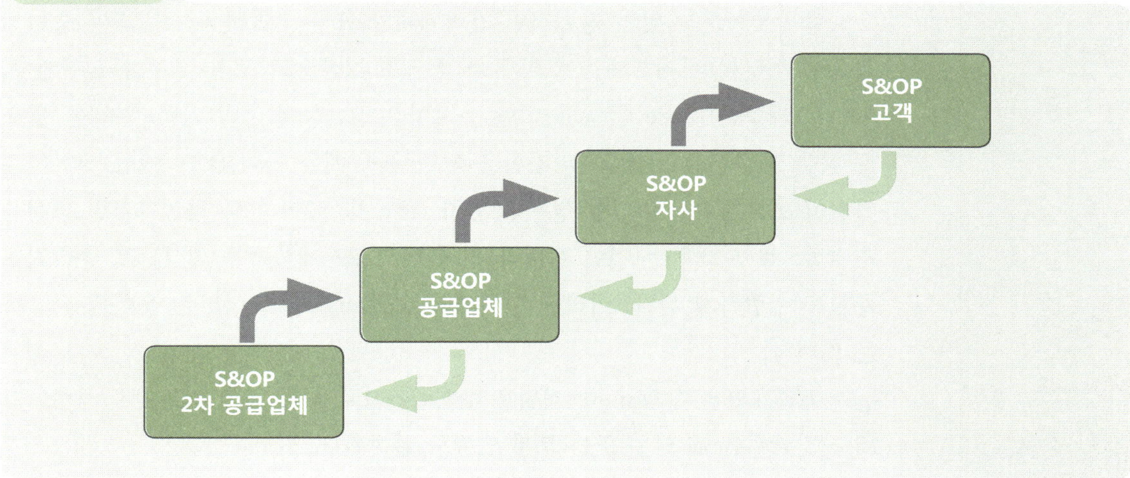

출처: Bozarth and Handfield(2008).

총괄계획

1. 총괄계획 문제

기존의 생산계획에서는 판매운영계획(S&OP)을 총괄계획(aggregate planning) 또는 총괄생산계획(APP, Aggregate Production Planning)이라 부르고 있다.

총괄계획의 목적은 기업의 이익을 극대화하는 방식으로 수요를 만족하는 데 있다. 구체적으로 총괄계획문제는 "계획기간 동안 기간별 수요예측 자료가 주어졌을 때 계획기간에 걸쳐 기업의 이익이 극대화될 수 있도록 기간별 생산 수준, 재고 수준 및 생산능력 수준을 결정하는 것"이라 정의할 수 있다.

총괄계획의 품질은 기업의 수익성에 커다란 영향을 미치게 된다. 부정확한 총괄계획은 가용 재고나 생산능력이 수요를 충족할 수 없는 경우 판매 손실이나 이익 손실을 초래하게 되며, 반대의 경우 과잉 재고나 생산능력을 초래하여 비용을 증대시킬 수 있다. 이처럼 총괄계획은 공급사슬 수익성이 극대화될

수 있도록 지원하는 매우 중요한 도구이다.

총괄계획은 기업의 장기적인 전략계획 목표를 고려하여 수립되는 중기계획으로 세부적인 개별제품이 아닌 제품군을 대상으로 생산 수준을 결정한다. 여기서 제품군(product family)이란 유사한 수요, 공정, 작업인력, 자재를 필요로 하는 제품 또는 서비스의 집합을 의미한다. 예를 들어 LCD TV를 생산하는 기업이 총괄계획을 수립할 경우 32인치, 42인치, 52인치 등 화면크기별 모델을 개별적으로 고려하는 것이 아니라 전체 LCD TV 제품군을 대상으로 총괄적인 계획을 수립하게 된다. 이러한 의미에서 총괄(aggregate)이라는 용어를 사용하는 것이다.

총괄계획은 대개 6~18개월을 계획기간으로 하는 중기계획이며, 계획기간 내 시간단위는 월 단위 또는 분기 단위로 설정된다.

최근 기업들이 시장에서의 수요변화를 적기에 반영하기 위해 판매운영계획(S&OP)의 계획기간을 단축시키는 경향이 나타남에 따라 총괄계획도 중기계획에서 단기계획으로 변화하고 있다.

2. 총괄계획의 수립

총괄계획을 수립하기 위해서는 먼저 계획기간을 설정하고 계획기간 동안 대상 제품군의 기간별 예측수요를 결정해야 한다. 다음으로 의사결정변수, 제약조건, 비용요소를 파악해야 한다. 마지막으로 전략계획의 목표를 최적으로 달성할 수 있는 대안을 도출하게 된다.

기간별 예측수요의 결정

총괄계획을 수립하기 위한 첫 번째 단계는 계획기간 동안 대상 제품군의 기간별 예측수요를 결정하는 것이다. 여기서 예측수요란 관련 부서 간에 합의가 이루어진 수요를 의미한다.

의사결정변수

총괄계획에서 공급에 영향을 미치는 의사결정변수에는 고용 수준, 재고

수준, 초과조업, 하청 등을 들 수 있다.

고용 수준

기업은 예측된 수요와 비교하여 고용 수준이 낮으면 신규채용을 통해 고용 수준이 높으면 해고를 통해 생산능력을 조정할 수 있다. 다만 숙련된 인력이 필요한 산업의 경우 노동시장이 제한되어 있고, 새로운 근로자에 대한 교육 훈련에 많은 비용이 소요될 수 있다. 또한 해고의 경우 노동시장의 유연성이 확보되어 있어야 한다. 때문에 고용 수준의 결정은 매우 신중하게 결정되어야 한다.

재고 수준

기업은 일정한 생산율을 유지하면서 비수기에 재고를 축적하고 이 재고를 성수기의 수요를 충족하는 데 사용할 수 있다. 이러한 재고의 활용은 생산율 및 고용 수준을 안정화시키는 데 도움을 주지만 한편으로 재고유지를 위한 비용이 수반된다.

정규 및 초과조업 시간

초과조업이나 단축근무도 수요의 변동에 대응하기 위한 수단으로 활용될 수 있다. 초과조업은 정규조업에 비해 높은 비용이 수반될 뿐만 아니라 과다한 초과조업은 생산성이나 품질에 문제를 발생시킬 수 있기 때문에 대개 초과조업은 제한적으로 활용된다.

기계 생산능력의 증가나 감소 또한 수요의 변동에 대응하기 위한 유용한 수단으로 활용될 수 있다.

하청생산

하청(subcontracting)은 단기적인 생산능력의 부족을 해결할 수 있는 유용한 대안이 될 수 있다. 하청을 실행할 경우 공급업체의 생산능력, 비용조건, 품질 등이 중요한 요소로 고려되어야 한다.

제약조건

이와 함께 총괄계획에서는 기업의 여건과 정책에 따라 존재하는 여러 제약요인들을 고려하여야 한다.

고용 수준

당기의 고용 수준은 전기의 고용 수준, 당기의 신규고용, 그리고 당기의 해고에 의해 결정되며 다음과 같은 식으로 표현된다. 여기서 W_t는 t기의 고용 수준, H_t는 t기에 고용하는 노동자 수, L_t는 t기에 해고하는 노동자 수를 의미한다.

$$W_t = W_{t-1} + H_t - L_t \qquad \cdots (6.1)$$

재고 수준

각 기간의 재고 수준은 전기말의 재고, 당기의 생산량, 그리고 당기의 수요에 의해 결정되며, 다음과 같은 식으로 표현된다. 여기서 I_t는 t기말에서 이월된 재고, P_t는 t기의 생산량, D_t는 t기의 수요를 의미한다.

$$I_t = I_{t-1} + P_t - D_t \qquad \cdots (6.2)$$

기타 제약조건

기타 고려해야 할 제약조건으로는 신규고용에 대한 제약, 최대 생산능력, 최대 재고 수준, 안전 재고 수준, 초과조업 및 하청 수준, 고객의 미납주문 허용 여부, 그리고 가용 자본에 대한 제약들이 있을 수 있다.

관련 비용

총괄계획 대안을 평가하기 위해서는 계획 대안의 결과로 나타나는 비용을 파악하여야 한다. 총괄계획에서 주로 고려하는 비용요소들은 다음과 같다.

- 임금: 상근 노동자의 정규조업 시간에 대해 지급하는 임금
- 초과조업비용: 초과조업 시간에 대해 지급하는 비용
- 고용 및 해고비용: 신규인력의 채용이나 기존인력의 해고에 수반되는 비용
- 재고유지비용: 재고유지에 소요되는 비용
- 품절비용: 품절비용에는 미납주문비용과 판매손실비용이 있다. 미납주문비용이란 품절이 발생하였으나 고객이 납기지연을 허용하였을 때 발생하는 추가비용을 의미하며, 판매손실비용이란 품절이 그대로 판매손

실로 이어질 때 발생하는 비용을 의미한다.

- 하청생산비용: 제품의 하청생산에 소요되는 비용
- 자재비용: 생산을 위한 자재구매에 소요되는 비용

총괄계획 대안의 도출

마지막으로 다양한 총괄계획 대안을 도출하고 제약조건을 만족시키면서 가장 비용효과적인 대안을 선택한다. 최적의 총괄계획 대안의 도출을 위한 접근방법에는 시행착오법과 최적화 기법을 이용하는 방법이 있다.

3. 총괄계획 전략

총괄계획에 따른 생산 전략에는 수요의 변화에 따라 생산율을 조정하는 추종 전략(chase strategy)과 수요의 변화와는 무관하게 생산율을 일정하게 유지하는 평준화 전략(level strategy)이 있으며, 또한 이 두 가지를 결합한 혼합 전략(mixed strategy)이 있다.

그림 6-5 추종 전략과 평준화 전략

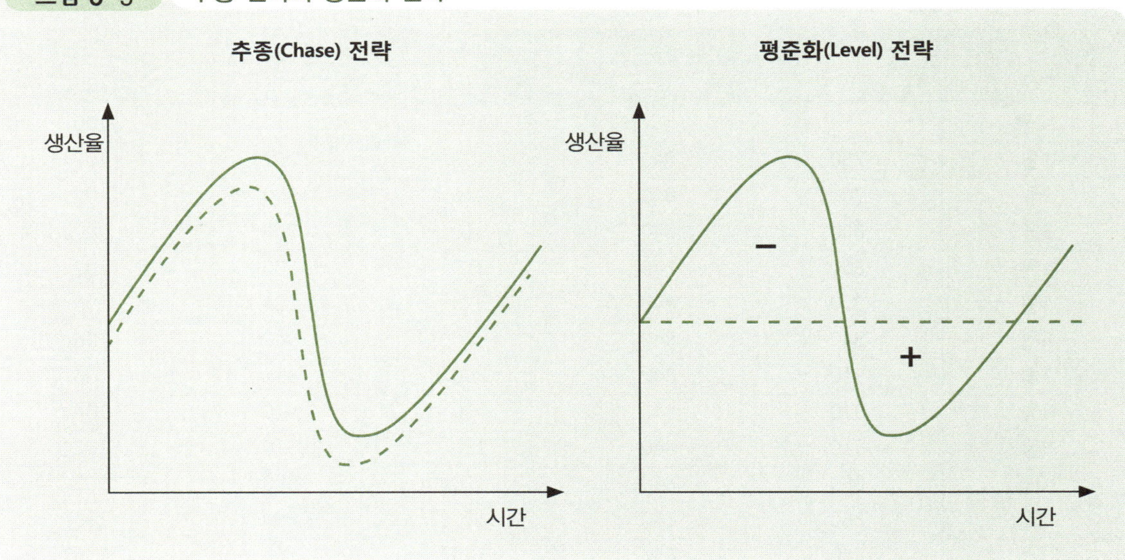

추종 전략

추종 전략(chase strategy)은 고용 수준이나 생산율을 조정하여 계획기간 동안의 수요변화에 대응하는 전략이다. 추종 전략에서는 고용, 초과조업, 하청 수준을 변화시킴으로써 수요변화에 대응한다. 수요변화에 따라 신규 고용과 해고가 발생하기 때문에 고용의 불확실성으로 인한 사기저하를 초래할 수 있고, 생산성이나 품질에 문제가 발생할 수 있다.

평준화 전략

평준화 전략(level strategy)은 고용 수준이나 생산율을 일정하게 유지하면서 주로 재고를 통해 수요변화에 대응하는 전략이다. 초과조업, 하청을 함께 활용하기도 한다. 이 전략은 안정적인 생산 수준과 고용 수준을 유지할 수 있다는 장점이 있으나, 과잉재고나 품절, 초과조업 등으로 인해 전반적인 비용이 증가할 수 있다.

혼합 전략

혼합 전략(mixed strategy)은 추종 전략과 평준화 전략을 결합한 전략으로, 생산 수준과 재고 수준을 동시에 조정함으로써 수요변화에 대응하는 전략이다.

표 6-1 | 추종 및 평준화 전략에 따른 생산계획

	판매예측	평준화 전략		추종 전략	
		생산계획	재고	생산계획	재고
12월			100		100
1월	750	840	190	752	102
2월	760	840	270	760	102
3월	800	840	310	800	102
4월	800	840	350	800	102
5월	820	840	370	824	106
6월	840	840	370	840	106
7월	910	840	300	910	106
8월	910	840	230	910	106
9월	910	840	160	910	106
10월	880	840	120	880	106
11월	860	840	100	860	106
12월	840	840	100	840	106

〈표 6-1〉은 추종 및 평준화 전략에 따른 생산계획을 비교하여 보여주고 있다.

4. 선형계획을 이용한 총괄계획

앞서 설명한 바와 같이 총괄계획문제는 고객의 수요를 만족시키면서 기업의 이익이 최대화될 수 있도록 생산계획을 수립하는 것이다. 고객의 수요를 만족시키기 위해 기업은 생산능력에 영향을 미치는 설비나 노동력의 제약을 고려해야 한다. 선형계획(linear programming)은 이러한 일련의 제약조건하에서 이익을 최대화하거나 비용을 최소화하려고 할 때 활용될 수 있는 매우 유용한 기법이다.

예제 6-1

Beta사는 원예도구를 생산하는 기업으로 사람들이 정원을 가꾸는 봄이 성수기가 되기 때문에 수요의 계절성이 높다. Beta사의 수요예측 결과가 〈표 6-2〉와 같이 주어져 있다고 하자. Beta사는 이러한 계절성이 높은 수요에 효과적으로 대처하고 이익을 극대화하기 위해 총괄계획을 수립하기로 하였다.

Beta사는 소비자에게 제품을 개당 $40에 판매하고 있다. 1월에 1,000개의 재고를 가지고 있으며, 1월 초에 80명의 종업원을 고용하고 있다. 공장은 매달 20일을 가동하고 있으며, 각 종업원은 정규조업시간 1시간당 $4의 급여를 받는다. 모든 종업원은 하루 표준작업시간인 8시간을 근무한다. 노동법에 따라 모든 종업원의 초과조업시간은 한 달에 10시간을 초과할 수 없다. 여기서 생산능력은 총노동시간에 의해 결정된다고 가정한

표 6-2 | Beta사의 수요예측

월	예측수요
1	1,600
2	3,000
3	3,200
4	3,800
5	2,200
6	2,200

표 6-3 | Beta사의 비용 원단위

항목	비용
자재비용	$10/개
재고유지비용	$2/개/월
품절비용	$5/개/월
고용비용	$300/인
해고비용	$500/인
요구작업시간	4시간/개
정규조업시간비용	$4/시간
초과조업시간비용	$6/시간
하청계약비용	$30/개

다. 즉, 기계 생산능력이 생산능력을 제약하지 않는다. 관련 비용의 비용 원단위는 〈표 6－3〉과 같이 파악되고 있다.

현재 Beta사는 하청계약, 재고, 품절, 미납주문에 대한 제약이 없다. 모든 품절은 미납주문으로 전환되어 다음 달 생산을 통해 공급한다.

공급사슬 관리자의 목표는 6월 말에 품절이 없고 적어도 500개의 재고를 확보하도록 최적의 총괄계획을 수립하려는 목표를 가지고 있다.

의사결정변수

총괄계획의 첫 번째 단계는 의사결정변수를 파악하는 것이다. Beta사의 경우 다음과 같은 의사결정변수들을 정의할 수 있다.

$W_t = t$기의 고용 수준, $t = 1, 2, \cdots, N$

$H_t = t$기에 고용하는 노동자 수

$L_t = t$기에 해고하는 노동자 수

$P_t = t$기의 생산량

$I_t = t$기말의 재고 수준

$S_t = t$기말의 품절량(stockouts)

$C_t = t$기의 하청생산량

$O_t = t$기의 초과조업시간

목적함수

먼저 기간 t의 수요를 D_t라고 하자. D_t값은 〈표 6－2〉의 예측수요 값으로 주어진다. 총괄계획의 목적함수는 계획기간에 발생하는 전체 비용을 최소화하는 데 있다. 고려해야 할 비용항목은 다음과 같다.

- 정규조업시간 노동비용
- 초과조업시간 노동비용
- 고용/해고비용
- 재고유지비용

- 품절비용
- 하청계약비용
- 자재비용

① 정규조업시간 노동비용

작업자에게는 정규조업시간에 대한 임금으로 한 달에 $640($4/시간×8시간/일×20일/월)을 지불한다. 기간 t의 작업자 수가 W_t이면 계획기간 전체의 정규조업시간 노동비용은 다음과 같다.

$$\text{정규조업시간 노동비용} = \sum_{T=1}^{6} 640W_t \qquad \cdots (6.3)$$

② 초과조업시간 노동비용

초과조업시간에 대한 임금이 $6/시간이고 기간 t의 초과조업시간이 O_t이면 계획기간 전체의 초과조업시간 노동비용은 다음과 같다.

$$\text{초과조업시간 노동비용} = \sum_{t=1}^{6} 6O_t \qquad \cdots (6.4)$$

③ 고용/해고비용

작업자 한 명을 고용하는 비용은 $300이고 해고하는 비용은 $500이다. 기간 t에 고용, 해고된 작업자 수가 각각 H_t, L_t인 경우 계획기간 전체의 고용/해고비용은 다음과 같다.

$$\text{고용/해고비용} = \sum_{t=1}^{6} 300H_t + \sum_{t=1}^{6} 500L_t \qquad \cdots (6.5)$$

④ 재고유지/ 품절비용

재고유지비용은 $2/월이고 품절비용은 $5/월이다. 기간 t의 재고량과 품절량이 각각 I_t, S_t인 경우 계획기간 전체의 재고유지/품절비용은 다음과 같다.

$$\text{재고유지/품절비용} = \sum_{t=1}^{6} 2I_t + \sum_{t=1}^{6} 5S_t \qquad \cdots (6.6)$$

⑤ 자재비용 및 하청계약비용

제품 단위당 자재비용은 \$10이고 하청계약비용은 \$30이다. 기간 t의 생산량이 P_t, 하청계약량이 C_t인 경우 자재비용 및 하청계약비용은 다음과 같다.

$$\text{자재비용 및 하청계약비용} = \sum_{t=1}^{6} 10P_t + \sum_{t=1}^{6} 30C_t \qquad \cdots (6.7)$$

전체 계획기간 동안 발생하는 총비용은 식 (6.3) ~ (6.7)의 모든 비용의 합이며 다음과 같이 나타낼 수 있다.

$$\text{총비용} = \sum_{t=1}^{6} [640W_t + 6O_t + 300H_t + 500L_t + 2I_t + 5S_t + 10P_t + 30C_t] \qquad \cdots (6.8)$$

Beta사의 목적은 전체 계획기간 동안 발생하는 총비용을 최소화하는 총괄계획을 구하는 것이다. 다음 단계는 의사결정변수에 관련된 제약조건을 파악하는 것이다.

제약조건

총괄계획에서 고려해야 할 제약조건은 다음과 같다.

① 노동력, 고용, 해고 제약식

기간 t의 노동력 크기 W_t는 기간 $t-1$의 노동력 크기 W_{t-1}, 고용한 인원 H_t, 해고한 인원 L_t와 관련하여 다음과 같은 관계를 가진다.

$$W_t = W_{t-1} + H_t - L_t \qquad \cdots (6.9)$$

$$\text{즉, } W_t - W_{t-1} - H_t + L_t = 0$$

최초의 노동력 크기는 $W_0 = 80$으로 주어져 있다.

② 생산능력 제약식

각 기간에 생산되는 양은 생산능력을 초과할 수 없다. 각 작업자가 매달 정규조업시간을 통해 40단위(8시간/일×20일/월÷4시간/개)를 생산할 수 있고,

초과조업시간에 대해서도 4시간당 한 단위를 생산할 수 있으므로 다음의 식을 얻을 수 있다.

$$P_t \leq 40W_t + O_t/4 \qquad \cdots (6.10)$$

즉, $40W_t + O_t/4 - P_t \geq 0$

③ 재고균형 제약식

세 번째 제약식은 각 기간 말에 재고의 균형을 맞추는 것으로, 기간 t의 순공급량과 순수요량이 같아야 한다.

$$I_{t-1} + P_t + C_t = D_t + S_{t-1} + I_t - S_t \qquad \cdots (6.11)$$

즉, $I_{t-1} - S_{t-1} + P_t + C_t - D_t - I_t + S_t = 0$

초기 재고는 1,000개를 보유하고 있다. 즉, $I_0 = 1{,}000$이다. 마지막 기간의 재고는 적어도 500단위를 확보해야 한다. 즉, $I_6 \geq 500$를 만족하여야 한다. 마지막 기간에 품절은 발생하지 않는다. 즉, $S_6 = 0$이다.

④ 초과조업시간 제약식

네 번째 제약식은 초과조업 제약식으로 어떤 종업원도 한 달에 10시간 이상 초과조업을 할 수 없다는 것이다.

$$O_t \leq 10W_t \qquad \cdots (6.12)$$

즉, $10W_t - O_t \geq 0$

이와 더불어 모든 결정변수는 음수가 될 수 없다는 조건도 충족해야 한다.

$$H_t,\ L_t,\ W_t,\ O_t,\ I_t,\ S_t,\ C_t,\ P_t \geq 0 \qquad \cdots (6.13)$$

총괄계획의 해

Beta사의 총괄계획문제는 전형적인 선형계획법 문제로 선형계획 S/W나

표 6-4 | Beta사의 총괄계획

기간	고용인원	해고인원	노동력	초과조업	재고량	품절량	하청계약	생산량
0	0	0	80	0	1,000	0	0	-
1	0	15	65	0	1,983	0	0	2,583
2	0	0	65	0	1,567	0	0	2,583
3	0	0	65	0	950	0	0	2,583
4	0	0	65	0	-	267	0	2,583
5	0	0	65	0	117	0	0	2,583
6	0	0	65	0	500	0	0	2,583

Microsoft Excel의 해 찾기 기능인 Excel Solver를 사용하여 최적 해를 도출할 수 있다.

Beta사는 총괄계획을 통해 다음과 같은 결과를 얻을 수 있다.

Beta사는 1월 초에 15명의 종업원을 해고하고 이후에는 노동력과 생산 수준을 그대로 유지하여 매달 2,583개를 생산한다. 4월에만 267개의 품절을 허용하고 다른 모든 달에는 품절이 발생하지 않는다. 하청생산은 이루어지지 않는다.

그 결과 전체 계획기간의 총비용은 $422,275가 된다. 제품 단위당 판매가격이 $40/개이고 전체 판매량이 16,000개이므로 전체 계획기간의 총수입은 $640,000이 된다. 결과적으로 전체 계획기간에 걸쳐 총이익 $217,725를 달성하게 된다.

5. Excel Solver를 이용한 총괄계획

Excel Solver를 이용하여 총괄계획을 수립하는 과정을 Beta사의 사례를 통해 설명하기로 한다. 선형계획을 이용한 총괄계획의 해를 도출하기 위해서는 Excel의 해 찾기(데이터 | 해 찾기) 도구를 활용해야 한다.

첫 번째 단계는 총괄계획의 결정변수를 포함하는 표를 만드는 과정이다. 〈그림 6-6〉은 결정변수에 대한 스프레드시트 영역을 보여주고 있다. 결정변수는 B4에서 I9 범위의 셀에 표현되어 있으며 각 셀은 하나의 결정변수에 해당한다. 예를 들어 셀 F4는 기간 1의 재고 수준, I4는 기간 1의 생산량에 해당한다. 초기에 모든 결정변수의 값은 0으로 설정한다.

그림 6-6 결정변수에 대한 스프레드시트 영역

Microsoft Excel - S&OP 예제.xlsx

	A	B	C	D	E	F	G	H	I	J
1	*총괄계획 의사결정변수*									
2	기간	고용인원	해고인원	노동력	초과조업	재고량	품절량	하청계약	생산량	수요
3	0	0	0	80	0	1000	0	0	0	
4	1	0	0	0	0	0	0	0	0	1600
5	2	0	0	0	0	0	0	0	0	3000
6	3	0	0	0	0	0	0	0	0	3200
7	4	0	0	0	0	0	0	0	0	3800
8	5	0	0	0	0	0	0	0	0	2200
9	6	0	0	0	0	0	0	0	0	2200

다만 행 3에 주어진 결정변수의 초기 값을 설정해야 한다. 셀 D3는 초기 노동력 80, 셀 F3은 초기 재고 1,000에 해당한다.

그리고 열 J는 결정변수가 아닌 주어진 예측수요 값이다. 수요정보는 총괄계획의 계산, 특히 재고균형 제약식을 위해 필요하기 때문에 포함되어야 한다.

그림 6-7 제약식에 대한 스프레드시트 영역

Microsoft Excel - S&OP 예제.xlsx

	A	B	C	D
11	*제약식*			
12	노동력	생산량	재고량	초과조업
13				
14	0	0	0	0
15	0	0	0	0
16	0	0	0	0
17	0	0	0	0
18	0	0	0	0
19	0	0	0	0

두 번째 단계는 제약식에 대한 표를 구성하는 과정이다. 〈그림 6-7〉은 제약식에 대한 스프레드시트 영역을 보여주고 있다. 열 A는 노동력, 고용, 해고 제약식, 열 B는 생산능력 제약식, 열 C는 재고균형 제약식, 열 D는 초과조업 제약식을 나타낸다. 이 제약식은 모든 기간에 적용된다.

각 제약식은 다음과 같이 표현된다.

셀 값 $\{\le, =, \text{또는} \ge\}$ 0

$$A14=0,\ B14\ge0,\ C14=0,\ D14\ge0$$

세 번째 단계는 총괄계획 비용, 즉 목적함수에 대한 표를 구성하는 과정이다. 〈그림 6-8〉은 비용항목에 대한 스프레드시트 영역을 보여주고 있다. 예를

그림 6-8 비용항목에 대한 스프레드시트 영역

Microsoft Excel - S&OP 예제.xlsx

	A	B	C	D	E	F	G	H	I
21	*총괄계획 비용*								
22	기간	고용인원	해고인원	정규조업	초과조업	재고량	품절량	하청계약	자재비
23	1	0	0	0	0	0	0	0	0
24	2	0	0	0	0	0	0	0	0
25	3	0	0	0	0	0	0	0	0
26	4	0	0	0	0	0	0	0	0
27	5	0	0	0	0	0	0	0	0
28	6	0	0	0	0	0	0	0	0
29									
30	총 비용 = $ -		0						

들어 셀 B23은 기간 1에 발생하는 고용비용에 해당한다. 셀 B23의 값은 셀 B4의 기간 1의 고용인원과 〈표 6-3〉에 제시된 고용비용 원단위의 곱으로 결정된다. 다른 셀들도 이와 유사하게 작성된다.

셀 C30은 셀 B23에서 셀 I28 범위의 셀 값의 합으로 총비용을 나타낸다.

마지막 단계는 해 찾기를 위해 데이터 | 해 찾기에서 모델을 설정하고 실행하는 단계이다.

그림 6-9 해 찾기 모델 설정 대화상자

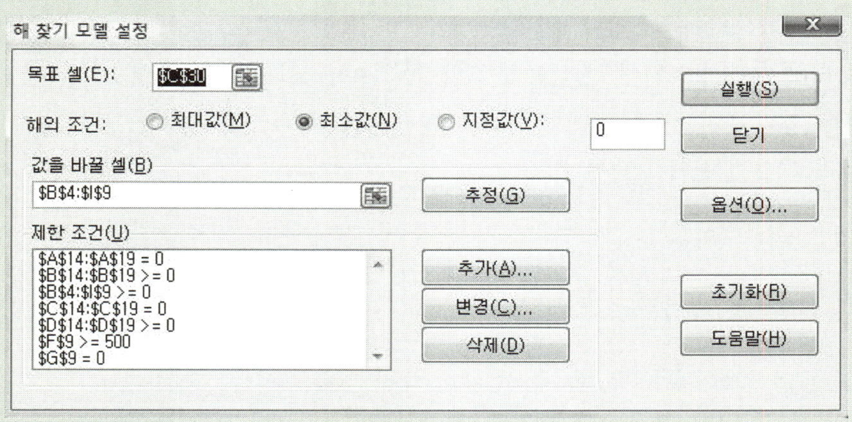

해 찾기 모델 설정 대화상자에 다음과 같이 선형계획을 위한 목적함수, 결정변수, 제약식에 대한 정보를 입력한다.

목표 셀: C30
해의 조건: 최소값
값을 바꿀 셀: B4:I9
제한조건:
A14:A19 = 0 $\{W_t - W_{t-1} - H_t + L_t = 0,\ t = 1, \cdots, 6\}$
B14:B19 ≥ 0 $\{40W_t + O_t/4 - P_t \geq 0,\ t = 1, \cdots, 6\}$
C14:C19 = 0 $\{I_{t-1} - S_{t-1} + P_t + C_t - D_t - I_t + S_t = 0,\ t = 1, \cdots, 6\}$
D14:D19 ≥ 0 $\{10W_t - O_t \geq 0,\ t = 1, \cdots, 6\}$
F9 ≥ 500 {기간 6의 기말재고는 최소 500}
G9 = 0 {기간 6의 품절은 0}
B4:I9 ≥ 0 {모든 결정변수는 음수가 아님}

모든 정보를 입력하였으면 해 찾기 모델 설정 대화상자에 옵션을 클릭하고 선형모델 가정을 선택한다. 확인을 클릭하여 해 찾기 모델 설정 대화상자로 돌아간 후 실행을 클릭하면 최적해가 구해진다. 도출된 최적해는 〈표 6-4〉와 같다.

주생산일정(MPS)

1. 주생산일정 문제

총괄계획, 즉 판매운영계획은 기업의 전략계획 목표를 달성하기 위한 총괄적인 산출량이나 투입량을 결정한다면, 주생산일정(MPS, Master Production Schedule)은 총괄계획의 후속 계획활동으로 주어진 계획기간 동안 기간별 수요를 충족시키기 위한 개별품목의 생산일정계획을 도출하게 된다.

MPS는 총괄계획과 밀접한 연계를 가져야 하며, 품목별 MPS의 합이 총괄

그림 6-10 총괄계획과 주생산일정의 관계

총괄계획

월	수요량	생산량	기말재고
1	1,500	1,500	700
2	2,500	2,500	700
3	4,000	5,000	1,700
4	5,000	6,000	2,700

3월 MPS

	주	0	1	2	3	4
제품 1	수요량		200	250	300	350
	생산량		650	-	650	-
	기말재고	200	650	400	750	400
제품 2	수요량		400	500	600	700
	생산량		-	1,350	-	1,350
	기말재고	400	-	850	250	900
제품 3	수요량		100	150	200	250
	생산량		250	250	250	250
	기말재고	100	250	350	400	400

계획과 일치하도록 하여야 한다. MPS의 계획기간은 대개 3~6개월이며, 계획기간 내 시간단위는 주단위로 설정된다.

〈그림 6-10〉은 총괄계획과 주생산일정의 관계를 보여주고 있다. 〈그림 6-10〉의 위 표는 4개월 총괄계획을 보여주고 있으며, 월별 수요, 생산량, 재고수준에 대한 전반적인 목표를 제시하고 있다. 아래 표는 3개 제품에 대한 주생산일정을 보여주고 있으며 개별품목에 대한 주별 수요, 생산량, 기말재고에 대한 상세한 내용을 포함하고 있다. 이 표에서 알 수 있듯이 3개 제품에 대한 주별 수요, 생산량, 기말재고의 합이 총괄계획과 일치한다는 것을 알 수 있다.

2. 주생산일정의 수립

주생산일정의 수립은 MPS 수량과 시기의 결정, 예상보유재고(projected ending inventory)의 계산, 그리고 약속가능재고(ATP, Available-to-Promise)의 계산으로 이루어진다.

MPS 수량과 시기의 결정

MPS 수량과 시기를 결정하는 가장 간단한 방법으로는 예상보유재고의 값이 음수가 되지 않도록 하는 것이다. 초기에 MPS 수량을 0으로 놓고 예상보유재고를 계산하다가, 이 값이 음수가 될 때마다 적당한 MPS 수량을 계획함으로써 재고가 품절이 되는 상황을 방지할 수 있다. 하지만 이 방법을 사용할 경우 과연 '적당한' MPS 수량을 어떻게 결정할 것인지가 문제가 될 수 있다.

이를 위해 유용하게 활용할 수 있는 방법이 로트 크기 결정(lot sizing)이다. 로트 크기 결정에 대해서는 [부록] 참조.

예제 6-2

Gamma사는 11월 초 최근 출시한 신제품에 대한 주생산일정을 수립하기로 하였다. 11월과 12월의 주별 예측수요와 확정된 주문량이 〈표 6-5〉에 나타나 있다. 12월의 주문량은 예측수요에 비해 아직 낮게 나타나고 있다. MPS는 2기간을 고정주기로 하는 기간주문량 방식에 의해 결정된다고 하자. 45주의 MPS는 45주와 46주의 예측수요를 합한 값이 된다. MPS는 매주 초 생산이 완료되어 판매 가능한 수량을 보여주고 있다.

표 6-5 | MPS 수량과 시기

월	11				12			
주	45	46	47	48	49	50	51	52
예측수요	150	150	150	150	175	175	175	175
주문량	170	165	140	120	85	42	20	0
MPS	300	0	300	0	350	0	350	0

예상보유재고의 계산

예상보유재고(projected ending inventory)란 기말에 기업이 보유할 것으로 예상되는 재고 수준을 의미하며, 다음과 같은 식으로 표현된다. 여기서 I_t는 t 기말의 재고, MPS_t는 t기의 생산량, D_t는 t기의 예측수요, OB_t는 t기를 납기로 하는 실제 고객주문량을 의미한다.

$$I_t = I_{t-1} + MPS_t - \text{maximum}\{D_t,\ OB_t\} \quad \cdots (6.14)$$

t기말의 재고는 전기에서 이월된 재고에 t기의 생산량을 더하고 t기의 실제 수요를 뺀 값으로 결정된다. 다만 t기의 실제 수요는 예측수요와 실제 고객주문 중 큰 값을 사용하여야 한다.

표 6-6 | 예상보유재고의 계산

월		11				12			
주		45	46	47	48	49	50	51	52
예측수요		150	150	150	150	175	175	175	175
주문량		170	165	140	120	85	42	20	0
예상재고	100	230	65	215	65	240	65	240	65
MPS		300	0	300	0	350	0	350	0

예제 6-3

기초재고가 100개로 주어졌다고 하자. 45주말의 예산보유재고는 100+300−170=230이 된다. 마찬가지로 46주말의 예상보유재고는 230+0−165=65가 된다는 것을 알 수 있다.

약속가능 재고의 계산

약속가능 재고(ATP, Available-to-Promise)란 기업이 미래 특정 시점에 고객에서 인도를 약속할 수 있는 제품의 수량을 의미하며, 계산방법은 다음과 같다. 유의할 점은 ATP는 첫 번째 기간과 이후 MPS 수량이 0보다 큰 기간에 대해서만 계산된다는 것이다.

첫 번째 기간

$$ATP_t = I_{t-1} + MPS_t - \sum_{i=t}^{t^*-1} OB_i \quad \cdots (6.15)$$

이후 $MPS_t > 0$가 되는 기간

$$ATP_t = MPS_t - \sum_{i=t}^{t^*-1} OB_i \qquad \cdots (6.16)$$

여기서 ATP_t는 t기를 납기로 약속 가능한 수량, I_t는 t기말의 재고, MPS_t는 t기의 MPS 수량, OB_t는 t기를 납기로 하는 실제 고객주문량, t^*는 t기 이후 다음으로 MPS 수량이 0보다 큰 시점을 의미한다.

예제 6-4

위 식을 바탕으로 45주와 47주의 ATP를 계산해보기로 하자. 먼저 45주는 계획기간의 첫 번째 기간이므로 ATP는 다음과 같이 계산된다.

$$ATP_{45} = I_{44} + MPS_{45} - \sum_{i=45}^{46} OB_i$$

$$= 100+300-(170+165) = 65$$

다음 ATP를 계산하는 기간은 MPS 수량이 0보다 큰 47주이며 다음과 같이 계산된다.

$$ATP_{47} = MPS_{47} - \sum_{i=47}^{t48} OB_i$$

$$= 300-(140+120) = 40$$

표 6-7 I 완성된 주생산일정

월		11				12			
주		45	46	47	48	49	50	51	52
예측수요		150	150	150	150	175	175	175	175
주문량		170	165	140	120	85	42	20	0
예상재고	100	230	65	215	65	240	65	240	65
MPS		300	0	300	0	350	0	350	0
ATP		65		40		223		330	

3. 주생산일정의 활용

지금까지 주생산일정의 수립과정을 살펴보았다. 그렇다면 실제 기업은 이러한 계산결과를 어떻게 활용하게 될까? 다시 Gamma사의 예로 돌아가서, 한 대형 유통업체가 150개의 제품을 구매할 수 있을 것인지를 문의해 왔다고 하자. Gamma사의 경영진은 이 주문을 소화할 수 있을 것인지, 인도가 가능하다면 언제 인도할 수 있을 것인지, 그리고 생산에는 어떤 영향을 미치게 될 것인지를 검토하기로 하였다.

예제 6-5

〈표 6-7〉의 약속가능재고 계산결과에 따르면 65개의 제품은 즉시 인도가 가능하며, 40개는 47주에, 나머지 45개는 49주에 인도가 가능하다 (65+40+45=150). Gamma사는 이 주문을 허용할 경우 예상보유재고와 약속가능재고를 다시 계산해 보기로 하였다.

이제 45, 47, 49주의 고객주문량은 235, 180, 130개가 된다. 〈표 6-8〉은 고객주문량의 변화를 반영한 수정된 주생산일정을 보여주고 있다. 그 결과 예상재고가 주기적으로 소진되는 것으로 나타났다. 또한 새로운 고객의 신규 주문으로 인해 11월의 약속가능재고가 모두 소진되어 12월까지는 신규 주문을 받을 수 없는 것으로 나타났다. 따라서 이후 추가적인 주문에 대해서 인도가 어렵다는 것을 통보할 수 있게 된다.

따라서 주생산일정을 통해 수요를 공급과 일치시키고, 판매원이 능력 이상으로 주문을 받는 것을 방지할 수 있으며, 필요에 따라 생산계획을 조정하여

표 6-8 | 수정된 주생산일정

월		11				12			
주		45	46	47	48	49	50	51	52
예측수요		150	150	150	150	175	175	175	175
주문량		235	165	180	120	130	42	20	0
예상재고	100	165	0	120	0	175	0	175	0
MPS		300	0	300	0	350	0	350	0
ATP		0		0		178		330	

수요 변화에 대처할 수 있게 된다.

다만 계획을 너무 빈번히 수정하는 것은 바람직하지 못하다. 계획은 물론 현실성을 반영하여야 한다. 하지만 계획의 현실성에 치중하다 보면 계획의 안정성을 저하시킬 수 있다. 대개의 경우 확정된 생산계획을 위해 고용 수준이 정해져 있거나 자재가 구입되어 있기 때문에, 빈번한 계획 변경은 많은 혼란을 초래 할 수 있다. 따라서 처음 수주 또는 1~2개월의 확정된 계획에 대해서는 가급적 변경을 허용하지 않는 것이 바람직하다.

자재소요계획(MRP)

1. 자재소요계획 문제

주생산일정이 확정되면 이를 계획대로 수행할 수 있도록 필요한 자재가 필요한 시기에 조달되어야 한다. 자재소요계획(MRP, Material Requirements Planning)이란 주생산일정에서 제시된 기간별 제품생산을 위해 필요한 원자재, 부품, 부분품의 필요량 및 필요시기를 산출하는 기법이다.

재고관리에 대한 MRP의 접근방법은 7장에서 다루는 독립수요 품목에 대

그림 6-11 MRP 시스템의 투입정보

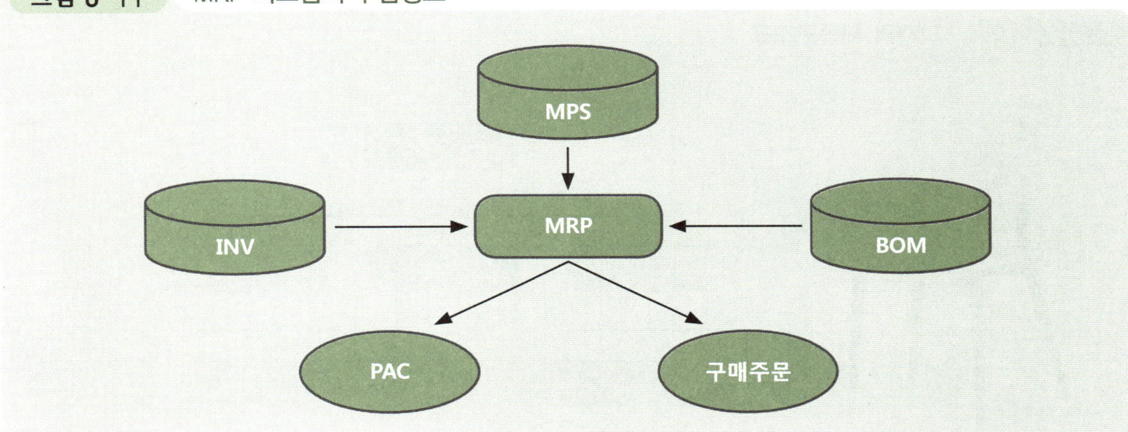

한 재고관리와는 완전히 다른 방식으로 이루어진다. MRP는 다른 제품의 수요에 의해 그 수요가 종속적으로 결정되는 종속수요 품목에 대한 재고관리에 사용된다.

MRP 시스템은 〈그림 6-11〉에서 보는 바와 같이 주생산일정(MPS), 자재명세서(BOM, Bill of Materials), 그리고 재고기록의 3가지 기본정보를 이용하여 자재소요계획을 수립하게 된다. 즉, MRP 시스템은 자재명세서와 재고기록의 정보를 이용하여 주생산일정을 달성할 수 있도록 자재소요계획을 수립한다.

자재명세서

자재명세서(BOM)란 완제품 한 단위를 생산하는 데 필요한 부분품, 부품, 원자재의 품목번호, 품목명, 완제품 한 단위를 생산하는 데 필요한 수량, 그리고 각 부분품, 부품, 원자재의 상하관계를 단계적으로 나타낸 기록표를 말한다.

Comfort의자는 〈그림 6-12〉에서 볼 수 있듯이 10개의 서로 다른 부품으로 만들어진다. 제품구조표(product structure tree)는 부품들이 어떻게 결합되어 하나의 의자를 만들게 되는지를 보여주고 있다. 의자는 다리 프레임, 등받이, 상판 등의 부분품을 이용하여 조립되며, 다리 프레임과 등받이는 다시 다리, 등판, 세로대, 가로대 등의 개별 부품들을 이용하여 조립된다. 제품구조표 괄호 안의 숫자는 하나의 부분품을 만들기 위해 몇 개의 부품이 필요한지를 보여주고 있다.

그림 6-12 의자의 제품구조표

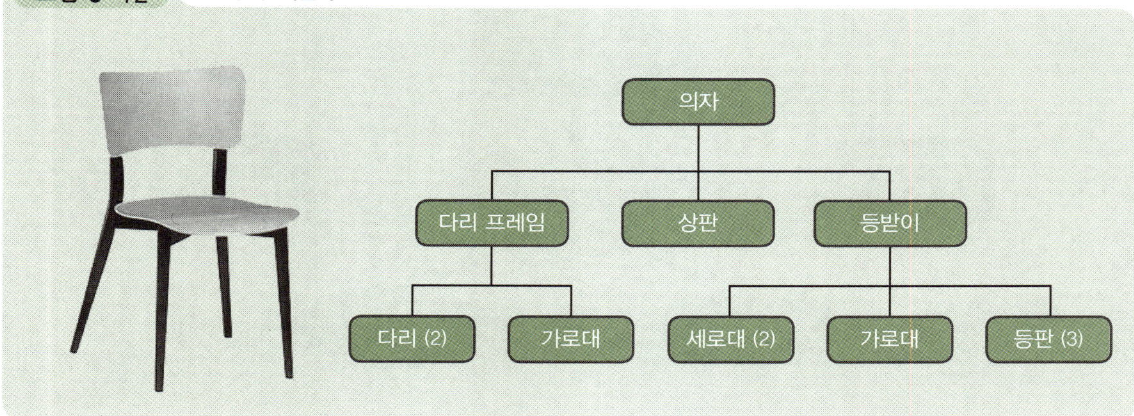

2. MRP 기록표

MRP 기록표(MRP record)는 계획기간, 총소요량(GR, Gross Requirements), 인수예정량(SR, Scheduled Receipts), 예상보유재고(projected ending inventory), 인수계획량(PR, Planned Receipts), 발주계획(PO, Planned Orders)의 6가지 항목으로 구성되어 있다.

MRP의 계획기간은 주 또는 일 단위로 설정되며, 그 길이는 완제품의 납기로부터 최하위 품목의 주문 및 생산 시작시점까지의 기간을 최소 계획기간으로 대개 그 이상으로 설정된다.

총소요량

총소요량(GR)이란 완제품생산에 필요한 부품의 기간별 총수요를 나타내는 항목이다. 총소요량은 독립수요 품목인 경우 MPS 수량에 의해 결정되고, 종속수요 품목인 경우 상위품목의 발주계획에 의해 결정된다.

인수예정량

인수예정량(SR)이란 기 발주된 주문에 따라 특정 기간에 인수될 것으로 예상되는 수량을 나타내는 항목이다.

예상보유재고

예상보유재고란 특정 기간의 기말에 보유할 것으로 예상되는 재고 수준으로 다음과 같이 계산된다. 여기서 I_t는 t기말의 재고, SR_t는 t기의 인수예정량, PR_t는 t기의 인수계획량, GR_t는 t기의 총소요량을 의미한다.

$$I_t = I_{t-1} + SR_t + PR_t - GR_t \quad \cdots (6.17)$$

순소요량과 인수계획량

인수계획량(PR)은 향후 발주될 주문에 의해 인수될 것으로 예상되는 수량을 나타내는 항목으로, 예상보유재고가 음수가 되거나 안전재고 이하로 떨어질 것으로 예상되는 기간에 계획된다.

인수계획량을 결정하기 위해서는 반드시 순소요량(NR, Net Requirements)

을 계산해야 한다. 여기서 NR_t는 t기의 순소요량, GR_t는 t기의 총소요량, I_{t-1}는 $t-1$기의 예상보유재고, SR_t은 t기의 인수예정량을 의미한다.

$$NR_t = \text{maximum}\{0; GR_1 - I_{t-1} - SR_t\} \quad \cdots (6.18)$$

만약 특정 기간에 예상보유재고와 인수예정량의 합이 총소요량을 초과한다면 새로운 주문을 발주할 필요가 없기 때문에, 순소요량은 0이 된다. 그렇지 않은 경우, 순소요량은 양의 값을 가지게 된다.

순소요량이 결정되면 사전에 결정된 로트 크기(lot size)를 고려하여 인수계획량을 결정하게 된다. 로트 크기 결정에 대해서는 **[부록]** 참조.

발주계획

발주계획(PO)은 인수계획량이 적기에 인수될 수 있도록 리드타임(lead time)을 고려하여 언제 주문을 발주할 것인지를 나타내는 항목이다.

예제 6-6

Comfort의자의 예를 통해 MRP 기록표의 전개과정을 살펴보기로 하자. 먼저 5주 초를 납기로 하는 의자의 MPS 수량은 500개(Ⓐ)이다. 생산 리드타임이 1주일 경우 4주에 500개(Ⓑ)의 의자가 조립되어야 한다.

표 6-9 | MRP 기록표의 계산과정

	의자		1주	2	3	4	5	6	7
리드타임(주)=1	MPS 납기		0	0	0	0	Ⓐ 500	400	300
	생산 시작		0	0	0	Ⓑ 500	400	300	0

Ⓒ (1주~3주)

	상판		1주	2	3	4	5	6	7
로트 크기=1	총소요량		0	0	0	Ⓓ 500	400	300	0
리드타임(주)=2	인수예정량		0	0	0	0	0	0	0
	예상재고량	0	0	0	0	Ⓗ 0	0	0	0
	순소요량		0	0	0	Ⓔ 500	400	300	0
	인수계획량		0	0	0	Ⓕ 500	400	300	0
	발주계획		0	Ⓖ 500	400	300	0	0	0

1단계 부품 중 상판에 대한 MRP 기록표를 전개해 보기로 하자.

1~3주 동안은 의자가 조립될 필요가 없으므로 총소요량는 0(Ⓒ)이 된다. 4주에는 총소요량이 500개(Ⓓ)가 발생한다.

다음으로 4주의 순소요량을 계산해 보기로 하자. 3주 말의 예상보유재고는 0이며, 4기의 인수예정량도 0이기 때문에 4주의 순소요량은 500개(Ⓔ)가 된다.

$$NR_4 = \text{maximum}\{0 ; GR_4 - I_3 - SR_4\}$$
$$= \text{maximum}\{0 ; 500 - 0 - 0\} = 500$$

상판의 경우 로트 크기가 1개로 설정되어 있기 때문에 인수계획량은 순소요량과 동일한 500개(Ⓕ)가 된다. 상판의 경우 주문 리드타임에 2주가 소요되기 때문에 2주에 500개(Ⓖ)의 계획발주가 이루어져야 한다.

마지막으로 4주 말의 예상보유재고는 다음 계산결과와 같이 0(Ⓗ)이 된다.

$$I_4 = I_3 + SR_4 + PR_4 - GR_4$$
$$= 0 + 0 + 500 - 500 = 0$$

〈표 6-10〉은 상판, 다리 프레임, 등받이를 포함한 모든 1단계 부품에 대해 완성된 MPR 기록표를 보여주고 있다. 모든 부품에 대한 계산과정은 동일하지만 몇 가지 고려해야 할 사항을 설명하기로 한다.

다리 프레임의 경우 1주 초에 25개(Ⓘ)의 초기재고를 가지고 있다. 첫 3주 동안은 총소요량이 없기 때문에 4주까지는 재고로 유지되게 된다. 4주의 순소요량이 475개로 계산되었으나, 다리 프레임의 로트 크기가 1,000개로 설정되어 있기 때문에 4주의 인수계획량은 1,000개가 된다. 결과적으로 4주에는 과잉재고가 발생하게 된다. 5주의 경우 총소요량(400개)를 충족할 수 있는 충분한 예상보유재고(525개)를 가지고 있기 때문에, 추가로 주문을 발주할 필요가 없다(Ⓚ).

마지막으로 등받이의 경우 2주에 인수예정량이 250개(Ⓛ) 나타나 이 역시 4주까지는 재고로 유지되어야 한다.

위와 동일한 방법을 적용하여 다리, 등판, 세로대, 가로대 등의 2단계 부품들에 대한 MRP 기록표를 전개할 수 있다.

표 6-10 I 1단계 부품에 대해 완성된 MRP 기록표

리드타임(주) = 1

의자		1주	2	3	4	5	6	7
MPS 납기		0	0	0	0	500	400	300
생산 시작		0	0	0	500	400	300	0

로트 크기 = 1

리드타임(주) = 2

상판		1주	2	3	4	5	6	7
총소요량		0	0	0	500	400	300	0
인수예정량		0	0	0	0	0	0	0
예상재고량	0	0	0	0	0	0	0	0
순소요량		0	0	0	500	400	300	0
인수계획량		0	0	0	500	400	300	0
발주계획		0	500	400	300	0	0	0

로트 크기 = 1,000

리드타임(주) = 1

다리 프레임		1주	2	3	4	5	6	7
총소요량		0	0	0	500	400	300	0
인수예정량		0	0	0	0	0	0	0
예상재고량 (I)	25	25	25	25	525	125	825	825
순소요량		0	0	0	475	0	175	0
인수계획량		0	0	0	(J) 1,000	(K) 0	1,000	0
발주계획		0	0	1000	0	1000	0	0

로트 크기 = 250

리드타임(주) = 1

등받이		1주	2	3	4	5	6	7
총소요량		0	0	0	500	400	300	0
인수예정량		0	250	0	0	0	0	0
예상재고량	0	0	(L) 250	250	0	0	0	0
순소요량		0	0	0	250	400	300	0
인수계획량		0	0	0	250	400	300	0
발주계획		0	0	250	400	300	0	0

3. 자재소요계획의 활용

자재소요계획(MRP)은 주생산일정(MPS)과 연계하여 모든 자재에 대한 정확한 주문량과 시기를 결정하게 된다. MRP의 수립을 통해 주생산일정의 원활한 수행을 지원하며, 종속적 수요를 가진 품목에 대한 재고 수준의 개선에도 도움을 준다.

둘째, MRP는 관리자들로 하여금 자재명세서(BOM)의 모든 단계에 걸쳐 하위품목들에 대한 모든 주문을 추적하고 관리할 수 있도록 해 준다. 특정 하위품목의 공급에 문제가 발생할 경우 MRP의 검토와 재계획을 통해 부품 부족이 생산에 미치는 영향을 신속히 파악할 수 있도록 해 준다.

셋째, MRP는 해당 기업과 공급자들에게 어떤 제품이 언제 필요할 것인지를 정확하게 알려 준다. 이러한 정보는 작업일정이나 선적계획의 수립, 또는 예산이나 현금흐름 계획에 있어서도 매우 중요한 역할을 하게 된다. 이러한 이유로 MRP는 생산계획과 통제시스템에 있어서 "엔진"과 같은 역할을 한다고 할 수 있다. 실제 MRP는 많은 ERP(Enterprise Resource Planning) 시스템들에서 핵심적인 부분을 차지하고 있다.

공급사슬 타 부문과의 연계

공급사슬의 개선을 위해서는 이러한 개별기업의 생산계획과 통제가 공급사슬의 타 부문과 연계되거나 동기화될 필요가 있다. 배송소요계획(DRP)은 주생산일정(MPS) 단계에서 공급사슬 파트너들과의 동기화를 지원하며, JIT(적시생산) 시스템은 생산활동통제(PAC)와 구매계획 및 통제단계에서 이들과의 동기화를 지원한다. 본 장에서는 주로 DRP를 중심으로 공급사슬에 걸친 계획의 동기화에 대해 논의하기로 한다.

1. 유통소요계획(DRP)

유통소요계획(DRP, Distribution Requirements Planning)이란 수요처의 계획 주문정보를 이용하여 공급처의 예측수요를 결정하는, MRP와 유사한, 접근방법이다. DRP에서 결정된 예측수요는 주생산일정(MPS) 프로세스의 투입정보가 된다. DRP는 공급사슬 파트너들 간에 주생산일정 단계의 계획 동기화할 수 있는 방식의 하나이다.

그림 6-13 동기화된 생산계획과 통제

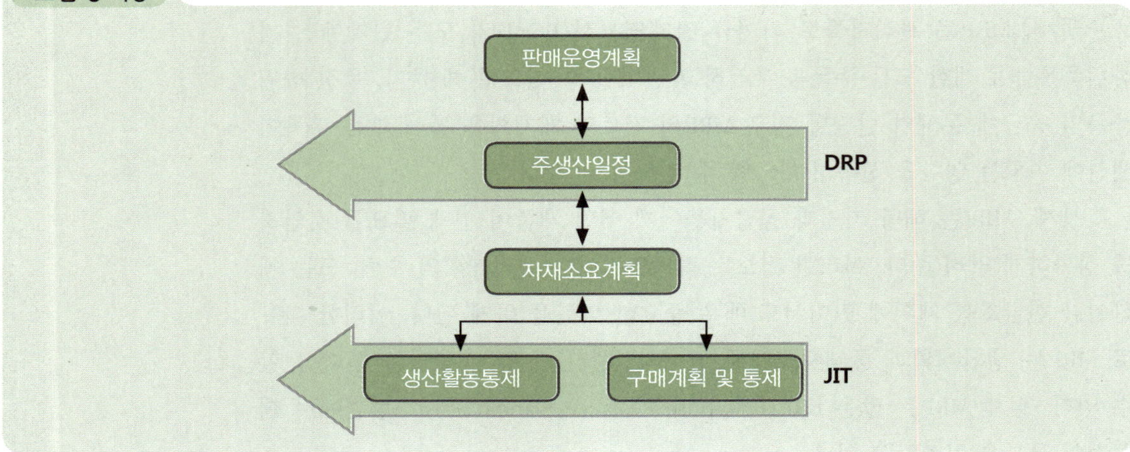

출처: Bozarth and Handfield(2008).

MPS의 가치는 예측의 정확도에 상당한 영향을 받게 된다. 때문에 기업들은 다양한 예측기법을 활용하여 보다 정확한 예측치를 도출하기 위해 많은 노력을 기울이고 있다. 하지만 DRP를 활용하면 하류(downstream)단계 고객기업들의 요구로부터 직접 수요를 계산할 수 있다. 즉, DRP는 MRP와 유사한 전개를 통해 MPS에 투입되는 정확한 수요정보를 공급하는 역할을 할 수 있다.

예제 6-7

Delta사는 Minnesota주 Minneapolis와 New York주 Buffalo 두 곳의 물류센터(distribution center)를 통해 소매업체들에게 제품을 판매하고 있다.

각 물류센터는 자신들의 수요예측, 재고현황, 주문 리드타임, 로트 크기 등에 대한 정보를 가지고 있다. 〈표 6-11〉의 상단에 있는 2개의 표는 두 물류센터의 DRP 기록표(DRP record)를 보여주고 있다. DRP 기록표는 총소요란에 예측수요를 사용한다는 점 외에는 MRP 기록표의 전개과정과 거의 동일하다. 여기서 예측수요란 매주 물류센터에서 소매 고객들에게 인도할 것으로 기대되는 제품 수량을 말한다. 각 물류센터는 DRP 기록표를 통해 예측수요를 고려한 순소요량, 인수계획량, 발주계획을 계산할 수 있다. 두 물류센터의 발주계획의 합이 Delta사 공장의 MPS에 대한 예측수요가 된다. 이러한 과정을 통해 두 물류

그림 6-14 Delta사의 공급사슬

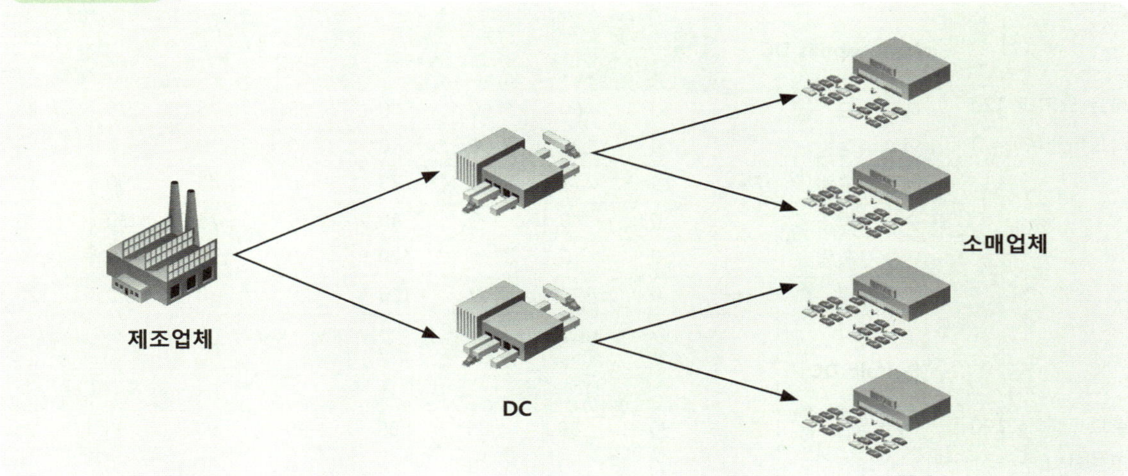

그림 6-15 공급사슬에 걸쳐 동기화된 계획 프로세스

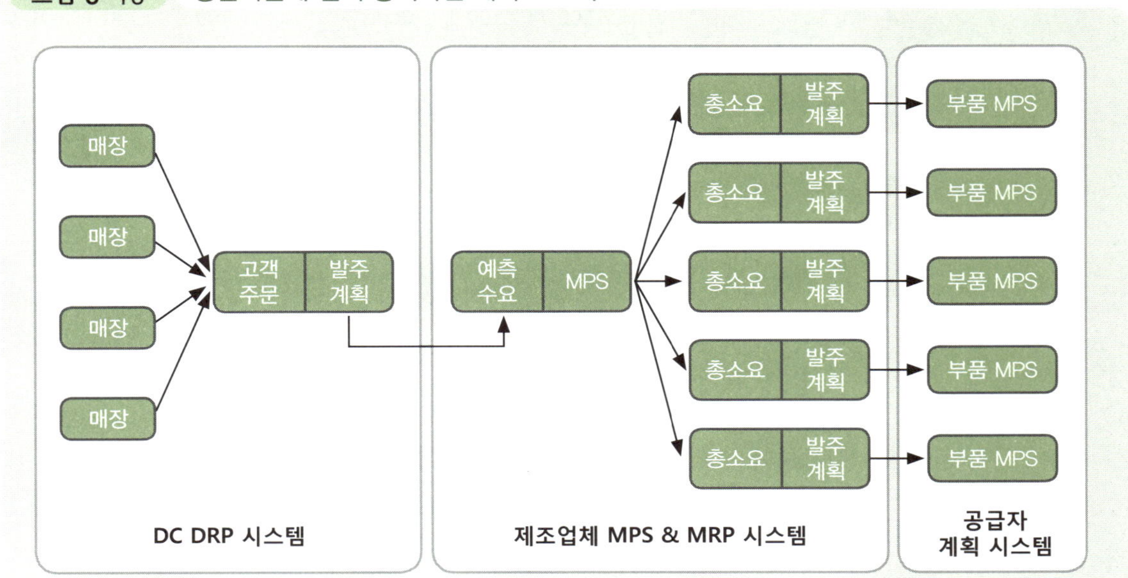

출처: Bozarth and Handfield(2008).

표 6-11 I DRP 기록표

로트 크기 = 120
리드타임(주) = 2

Minneapolis DC		11				12			
		45	46	47	48	49	50	51	52
예측수요		60	60	60	60	75	75	75	75
인수예정량		0	120	0	0	0	0	0	0
예상재고량	75	15	75	15	75	0	45	90	15
순소요량		0	0	0	45	0	75	30	0
인수계획량		0	0	0	120	0	120	120	0
발주계획		0	120	0	120	120	0	120	120

로트 크기 = 100
리드타임(주) = 1

Buffalo DC		11				12			
		45	46	47	48	49	50	51	52
예측수요		80	80	85	85	90	90	95	95
인수예정량		100	0	0	0	0	0	0	0
예상재고량	25	45	65	80	95	5	15	20	25
순소요량		0	35	20	5	0	85	80	75
인수계획량		0	100	100	100	0	100	100	100
발주계획		100	100	100	0	100	100	100	100

MPS		11				12			
		45	46	47	48	49	50	51	52
예측수요		100	220	100	120	220	100	220	220
주문량		100	0	0	0	0	0	0	0
예상재고	37	257	37	157	37	137	37	257	37
MPS		320	0	220	0	320	0	440	0
ATP		257	0	220	0	320	0	440	0

센터의 DRP와 공장의 MPS가 동기화될 수 있다.

마지막으로 〈그림 6-15〉는 DRP가 Delta사 공급사슬을 동기화하는 데 어떻게 도움을 주게 되는지를 보여주고 있다. 소매업체 주문은 물류센터의 DRP 시스템과 연결되고, 이들 DRP 시스템은 Delta사 공장의 MPS 및 MRP 시스템과 연결된다. 그리고 이 MRP 시스템은 다시 부품 공급업체들의 MPS와 연결된다. 즉, 공급사슬에 걸친 계획 프로세스의 동기화를 통해 소매업체 주문이 Delta사의 계획뿐만 아니라 상류(upstream) 공급업체들의 계획에도 직접적인 영향을 미치게 된다.

부록

로트 크기 결정

제품의 소요가 발생할 때마다 주문을 하게 되면 높은 준비비용(setup cost)이 소요되기 때문에 몇 기간의 수요를 누적하여 한번에 주문하는 것이 경제적일 수 있다. 주문량의 수량과 시기를 결정하는 것을 재고이론에서 로트 크기 결정(lot sizing)이라고 한다.

특히 주생산성일정(MPS)이나 자재소요계획(MRP) 수립과 같이 주어진 계획기간 동안 기간별 수요가 알려져 있을 경우에 주문량의 수량과 시기를 결정하는 것을 동적 로트 크기 결정(dynamic lot sizing)문제라고 한다.

동적 로트 크기 결정을 위한 접근방법에는 로트 대 로트(lot-for-lot) 방식, 고정주문량(fixed order quantity) 방식, 기간주문량(fixed order period) 방식, 그리고 최적화 기법을 활용하는 방식이 있다.

Wagner사의 10개월 동안의 수요와 비용관련 자료가 다음과 같이 수집되어 있다고 하자. 여기서 D_t는 기간 t의 수요, c_t는 기간 t의 단위당 생산비용, A_t는 기간 t의 준비비용, h_t는 기간 t의 단위당 재고비용을 의미한다.

표 6-12 | Wanger사의 수요와 비용관련 자료

기간	1	2	3	4	5	6	7	8	9	10
D_t	20	50	10	50	50	10	20	40	20	30
c_t	10	10	10	10	10	10	10	10	10	10
A_t	100	100	100	100	100	100	100	100	100	100
h_t	1	1	1	1	1	1	1	1	1	1

로트 대 로트 방식

로트 대 로트 방식은 매 기간 필요한 소요량을 해당 기간마다 주문하는 방법이다. 로트 대 로트 방식에 따른 Wagner사의 기간별 로트 크기와 총비용은 다음과 같다. 여기서 Q_t는 기간 t의 로트 크기, I_t는 기간 t의 기말 재고를 의미한다.

표 6-13 | 로트 대 로트 방식에 따른 기간별 로트 크기

기간	1	2	3	4	5	6	7	8	9	10	합계
D_t	20	50	10	50	50	10	20	40	20	30	300
Q_t	20	50	10	50	50	10	20	40	20	30	300
I_t	0	0	0	0	0	0	0	0	0	0	0
준비비용	100	100	100	100	100	100	100	100	100	100	1000
재고비용	0	0	0	0	0	0	0	0	0	0	0
총비용	100	100	100	100	100	100	100	100	100	100	1000

고정주문량 방식

고정주문량 방식의 경우 로트 크기는 경제적 주문량(EOQ, Economic Order Quantity) 모형에 의해 결정될 수 있다. 여기서 D는 연간 수요, S는 주문비용, H는 연간 재고유지비용이다.

$$Q^* = \sqrt{\frac{2DS}{H}} \quad \cdots (6.19)$$

고정주문량 방식에서는 총소요량이 EOQ를 초과할 때마다 총소요량을 충족시킬 수 있도록 EOQ의 배수로 주문을 하게 된다.

기간주문량 방식

기간주문량 방식은 일정 기간의 소요량을 누적하여 한번에 주문하는 방식으로 기간을 결정하기 위해 기간주문량(POD, Periodic Order Quantity)을 계산한다. 기간주문량은 다음과 같이 계산된다.

$$POQ = \frac{EOQ}{D_P} \quad \cdots (6.20)$$

기간주문량 방식에 따른 Wagner사의 기간별 로트 크기와 총비용은 다음과 같다.

표 6-14 | 고정주문량 방식에 따른 기간별 로크 크기

기간	1	2	3	4	5	6	7	8	9	10	합계
D_t	20	50	10	50	50	10	20	40	20	30	300
Q_t	100	0	0	100	0	0	100	0	0	0	300
I_t	80	30	20	70	20	10	90	50	30	0	0
준비비용	100	0	0	100	0	0	100	0	0	0	300
재고비용	80	30	20	70	20	10	90	50	30	0	400
총비용	180	30	20	170	20	10	190	50	30	0	700

최적화 방식

동적 로트 크기 모델(dynamic lot size model)은 Wagner and Whitin(1958)에 의해 소개된 모델로 여러 기간에 걸쳐 변하는 제품 수요를 고려하여 로트 크기를 결정하는 모델이다. 이 모델은 기간별 수요, 재고, 생산능력 제약을 만족하면서 준비비용과 재고비용을 최소화하는 기간별 로트 크기를 결정하게 되며, 다음과 같은 식으로 표현된다.

여기서 T는 계획기간, A_t는 기간 t의 준비비용, c_t는 기간 t의 단위당 생산비용, h_t는 기간 t의 단위당 재고비용, D_t는 기간 t의 수요, Q_t는 기간 t의 로트 크기, I_t는 기간 t의 기말 재고, δ_t는 기간 t에 생산이 이루어지면($Q_t > 0$)1 아니면 0인 결정변수, M은 임의의 매우 큰 값을 의미한다.

목적함수:

$$\text{Minimize} \sum_{t=1}^{T} (A_t \delta_t + c_t Q_t + h_t I_t) \quad \cdots (6.21)$$

제약조건:

$$I_t = I_{t-1} + Q_t - D_t,\ \ t = 1,\ \cdots,\ T \qquad \cdots (6.22)$$

$$Q_t \leq M\delta_t \qquad \cdots (6.23)$$

$$Q_t,\ I_t \geq 0 \qquad \cdots (6.24)$$

$$\delta_t \in \{0,\ 1\} \qquad \cdots (6.25)$$

이 모델의 해는 혼합정수계획(mixed integer programming)이나 동적계획(dynamic programming)기법을 이용하여 구해질 수 있다. 동적계획기법인 Wagner-Whitin 알고리즘을 사용하여 도출한 Wagner사의 기간별 로트 크기와 총비용은 다음과 같다.

표 6-15 | Wagner-Whitin 알고리즘에 의한 기간별 로트 크기

기간	1	2	3	4	5	6	7	8	9	10	합계
D_t	20	50	10	50	50	10	20	40	20	30	300
Q_t	80	0	0	130	0	0	0	90	0	0	300
I_t	60	10	0	80	30	20	0	50	30	0	0
준비비용	100	0	0	100	0	0	0	100	0	0	300
재고비용	60	10	0	80	30	20	0	50	30	0	280
총비용	160	10	0	180	30	20	0	150	30	0	580

참고문헌

- 강현곤 외 공역, 제조과학의 법칙 Factory Physics, 한경사, 2005.
- 황규승 외, 오퍼레이션스 경영, 제 2 판, 홍문사, 2006.
- LG CNS 역, SCM의 중심 S&OP 판매&운영계획, 엠플래닝, 2003.
- Bozarth, Cecil C. and Robert B. Handfield, Introduction to Operations and Supply Chain Management, Pearson, 2008.
- Chopra, Sunil and Peter Meindl, Supply Chain Management, 3rd Edition, Pearson, 2007.
- Wagner, H.M. and T. Whitin, "Dynamic version of the economic lot size model", Management Science, Vol. 5, 1958.

공급사슬 재고계획

Chapter 7

사례 읽기 7-1 LG전자, 年 1조 재고비용 줄인다

LG전자가 1년 이상 시일이 소요된 SCM(공급망관리) 시스템 업그레이드 작업을 완료, 최대 1조원 정도의 재고비용을 절감할 수 있을 것으로 기대하고 있다.

24일 LG전자는 최근 실시간으로 글로벌 판매 현황을 파악하고 최대 6개월 후의 수요를 정확히 예측할 뿐더러 4주 이내 제품 수요에 대해서는 확정 분석해 전략을 수립할 수 있는 체계를 마련했다고 밝혔다. 국내는 물론 해외생산법인, 유통망 등을 포괄하는 시스템을 가동하게 되면 제품 수요를 97% 이상의 정확도로 예측할 수 있다는 게 회사측 설명이다. LG전자 관계자는 "TV와 가전 등 주요 제품의 전 세계 판매 현황과 구매선의 수요를 실시간에 파악할 수 있어, 재고비용을 획기적으로 절감할 수 있게 됐다"고 말했다.

SCM시스템은 제품의 판매현황을 종합해 수요와 공급 예측을 가능케 하는 시스템. 제품 유통현황 전산화는 기본이고 개별 유통망의 거래 담당자들의 사전 주문까지 일목요연하게 종합돼야 한다. 그만큼 높은 정확도가 요구돼 시스템 구축이 쉽지 않으며, 국내 업계에서는 삼성전자의 SCM 정도만 높은 수요 적중률을 보이는 것으로 알려져 있다.

LG전자는 특히 베스트바이 등 대형 유통업체와 협력해 수요 예측 프로그램인 CPFR시스템을 구축, 실시간으로 제품판매 현황뿐 아니라 유통단계의 수요까지 정확히 파악해 필요한 수량의 제품을 생산할 수 있게 됐다. 업계에서는 LG전자 SCM시스템이 유통채널과의 공조로 수요예측을 가능케 한다는 점에서 소니 등 일본 업체의 시스템을 압도하는 수준으로 파악하고 있다.

LG전자는 이 시스템 가동에 맞춰 다품종 소량 주문의 경우 셀라인 방식으로 매일 필요한 물량만 생산하는 체제로 전환키로 했다. 제품에 태그를 붙여 정확한 위치를 파악하는 RFID시스템도 시범 도입해 공정상의 재고를 실시간 파악할 수 있도록 했다. 이번 SCM 구축으로 LG전자로서는 막대한 재고비용 절감이 가능해질 전망이다. 이 회사는 올해 재고 비용을 최소 7,000억~8,000억원에서 많게는 1조원까지 절감할 수 있을 것으로 보고 있다.

LG전자는 지난 2007년부터 2년 이상 SCM 시스템 강화에 공을 들여왔다. 강신익 사장이 TV사업을 맡으면서 "품질과 디자인뿐만 아니라 SCM 능력이 경쟁사를 이길 수 있는 힘의 원천"이라며 "공급과 수요를 한눈에 파악할 수 있는 시스템이 필요하다"고 강조했다. LG전자는 이에 따라 지난해 3월 HP 미주지역 부사장이던 디디에 쉐네보(Didier Chenneveau)를 최고공급망관리책임자(CSCO)로 영입하는 등 시스템 구축에 전력해 왔다. LG전자 관계자는 "수요예측이 가장 절실한 TV 분야에서 최고 수준의 SCM 시스템 구축에 성공했다"며 "불황 속에 정확한 마케팅 전략 수립이 가능해졌다"고 말했다.

출처: 서울신문, 2009년 9월 5일.

사례 읽기 7-2 금호 "재고 팔아 브랜드 신뢰 망칠 순 없다" 전량 폐기

올해 4월 부임한 금호타이어의 김종호 사장은 6월 말 전 임원에게 이 같은 특명을 내렸다. 이에 따라 이 회사의 팀장급 이상 100여 명은 주말을 이용해 전국의 물류센터를 찾아다니며 '멀쩡한 재고 타이어'를 도구로 찢어야 했다. 지난달까지 이들이 찢은 2년 이상 된 재고 타이어는 약 20만 개. 시중에 팔아도 큰 문제가 없다. 단지 극소수 제품만 탄력이 줄어 승차감이 떨어질 수 있을 정도다. 개당 소비자 가격으로 따진다면 10만원 내외로 200억원이 넘는 것으로 추산된다. 이 때문에 영업담당 임원들은 "한 개당 2만, 3만원에 해외로 수출하거나 떨이로 팔자"는 의견을 냈다.

이에 김 사장은 단호하게 '노'라고 답했다. 그는 "재고를 유통시켜 고객들에게 품질이 나쁘다는 평가를 받으면 지금까지 지켜온 '금호' 브랜드를 통째로 잃는 것과 마찬가지"라고 지적했다. 이어 "적자를 줄이려고 브랜드를 망치는 짓을 하면 재기가 불가능하다"며 전량 폐기를 지시했다. 그 대신 김 사장은 조건을 달았다. 임원과 팀장급 전원이 전국 유통망에 숨겨진 재고를 찾아내 직접 찢어 폐타이어로 처리하라는 엄명이었다. 멀쩡한 타이어를 직접 찢으면서 '과잉 생산'과 '밀어내기 판매'의 후유증을 느껴 보라는 것이다.

금호타이어는 2002년부터 3년간 영업이익률이 10%를 넘는 등 그룹사 가운데 최고의 이익을 냈다. 하지만 최근 수년간 과잉 생산에 따른 유통 재고가 골칫거리였다. 올해 3분기까지 영업적자가 1,614억원이나 됐다. 올해 창업 50년 만에 첫 적자를 낼 것으로 보인다.

그는 적자의 원인으로 '연구·생산·판매'의 3박자가 깨진 것을 찾아냈다. 연구소는 경쟁력이 떨어지는 제품을 개발했고 생산은 시장의 변화와 관계없이 손쉽게 생산할 수 있는 제품만 만들었다. 판매는 대리점에 밀어내기를 지속해 장부상 흑자지만 엄청난 재고를 숨겨 놓았다. 그는 즉각 3개 부문장을 경질했다. 이어 수년간 숨겨 놓은 유통 재고를 모두 장부에 반영해 털어낼 것을 지시했다. 적자가 뻔한 상태에서 지역 본부장들은 문책이 두려워 잇따라 축소 보고를 했기 때문이다. 이한섭 운영본부장(전무)은 "직접 재고 타이어를 수거해 찢어 보면서 방만했던 생산과 판매를 반성하는 기회가 됐다"고 말했다.

출처: 중앙일보, 2009년 11월 20일.

재고의 기초 개념

1. 재고의 역할과 목적

재고의 역할

대부분의 공급사슬은 고객의 수요에 즉시 대응할 수 있도록 설계되어 있지 못한 경우가 많다. 무엇보다 재고는 고객에게 적절한 제품 가용성(product availability)을 제공하는 역할을 한다. 재고를 보유함으로써 고객으로부터 발생하는 제품이나 서비스의 요구에 적절히 대응할 수 있게 한다.

물론 재고의 보유에는 항상 비용이 수반된다. 하지만 생산이나 판매와 같은 공급사슬 활동을 효과적으로 지원함으로써 전체 공급사슬비용을 절감하는 역할을 할 수 있다. 재고는 구매, 운송, 생산의 경제를 촉진하는 역할을 한다. 대량 구매를 통해 가격할인을 통한 비용 절감을 달성할 수 있고, 적절한 수준의 재고를 보유하여 원활한 생산활동을 지원하는 역할을 한다.

나아가 재고는 공급사슬에서 발생하는 수요나 공급의 다양한 변동성과 불확실성에 대한 완충(buffer) 역할도 수행한다.

다만 재고를 필요 이상으로 보유하게 되면 과다한 재고비용이 발생하며 재고 진부화에 따른 품질 문제를 야기할 수도 있다. 따라서 재고정책은 고객에 대한 서비스 목표, 대상 제품의 수요와 공급에 따른 특성, 재고 관련 비용 등을 종합적으로 고려하여 수립되어야 한다.

재고관리의 목적

재고관리의 목적은 서비스 수준 또는 제품 가용성과 계획된 제품 가용성을 달성하기 위해 수반되는 재고비용의 균형을 달성하는 데 있다.

서비스 수준이란 기업이 고객의 수요를 재고로부터 만족시킬 수 있는 능력의 정도를 의미한다. 서비스 목표가 설정되면 재고관리자는 이를 달성하기 위한 최적의 재고정책을 수립하게 된다. 만일 고객의 주문을 재고로 항상 만족시킬 수 있다면 서비스 수준은 100%가 될 것이다. 하지만 100%의 서비스 수준을 만족시키기 위해서는 대단히 높은 재고 수준과 이에 수반되는 높은 재고비용을 초래하기 때문에 기업은 적절한 서비스 수준을 설정하여 일부 품절 상황을 용인하게 된다.

서비스 수준은 사용하는 목적에 따라 그 개념이 달라질 수 있으며, 특히 서비스 수준의 개념을 무엇으로 하는가에 따라 안전재고(safety stock)와 재주문점(reorder point)의 결정방법도 달라지게 된다. 여기에서는 두 가지 대표적인 서비스 수준의 개념을 살펴보기로 한다.

그림 7-1 고객 서비스와 재고비용의 균형

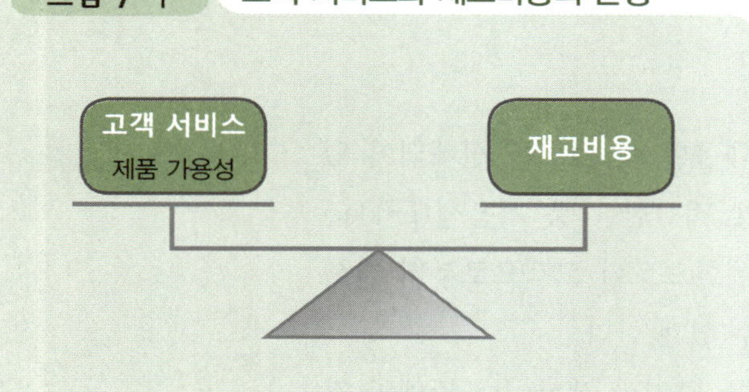

주문주기 서비스 수준

주문주기 서비스 수준이란 재고보충을 위한 리드타임 기간 동안 재고부족(stockout), 즉 품절이 발생하지 않을 확률을 의미한다. 주문주기 서비스 수준에서는 품절의 양과 관계없이 한 주문주기에서 단 한 단위의 품절이 발생하더라도 해당 주기는 품절된 주기로 간주한다. 주문주기 서비스 수준은 다음과 같은 식으로 표현된다.

$$\text{주문주기 서비스 수준} = 1 - \frac{\text{품절이 발생한 주문주기수}}{\text{연간 주문주기수}} \quad \cdots (7.1)$$

충족률

서비스 수준은 제품 가용성, 즉 특정 제품에 대한 충족률(fill rate)로 측정될 수도 있다. 여기서 충족률이란 가용한 재고로부터 충족될 수 있는 수요의 비율을 의미한다. 예를 들어 수요가 100개인데 이 중 가용한 재고로 충족된 수요가 95개라면, 충족률은 95%가 된다. 충족률은 다음과 같은 식으로 표현된다.

$$\text{충족률} = 1 - \frac{\text{연간 기대품절수량}}{\text{연간 수요}} = 1 - \frac{\text{주문주기당 기대품절수량}}{\text{주문량}} \cdots (7.2)$$

여기서, 기대품절수량(expected number of units out of stock)이란 수요 또는 주문량 중에서 품절이 발생할 것으로 예상되는 수량을 의미한다.

재고의 유형

재고는 자재의 흐름에 따라 원자재 재고, 재공품(WIP, Work-in-Process) 재고, 완제품 재고로 구분할 수 있다.

또한 재고는 그 기능에 따라 주기재고, 안전재고, 파이프라인 재고, 계절재고, 비축재고로 구분할 수 있다.

주기재고(cycle inventory)란 재고품목을 한 단위씩 주문하지 않고 일정한 로트 단위(lot size)로 조달하기 대문에 발생하는 재고이다. 때문에 이를 로트 사이즈 재고(lot size inventory)라고도 한다. 로트 단위로 조달하는 이유로는 대량 구매, 운송, 생산에 의한 가격할인 또는 규모의 경제로 인한 생산비용 절감, 대량 구매로 인한 주문횟수 감소로 인한 주문비용 절감, 그리고 기타 기술적 제약요인 등을 들 수 있다.

안전재고(safety stock)란 수요와 공급의 불확실성에 대비하여 보유하는 재고를 말한다. 이를 완충재고(buffer stock)라고도 한다. 안전재고 수준은 고객서비스 수준에 의해 직접적인 영향을 받게 된다.

파이프라인 재고(pipeline inventory)란 운송 중에 있는 재고를 말한다. 리드타임이 길어질수록 파이프라인 재고는 증가하게 된다.

계절재고(seasonal inventory)란 성수기의 수요에 대비하기 위해 비수기에 미리 생산 또는 구매하여 보유하고 있는 재고를 말한다. 계절재고와 유사한 성격을 가지는 재고로 비축재고(anticipation inventory)가 있다. 비축재고란 수요의 상승을 기대하여 의도적으로 사전에 비축하고 있는 재고를 말한다. 비축재고는 주로 계절적 수요를 가지는 제품의 경우에 발생한다. 예상되는 수요의 상승 외에도 가격 상승, 파업, 품질 문제 등에 대비하기 위해 비축재고를 보유하기도 한다.

2. 재고관련 비용

재고의 보유와 관리에는 여러 가지 비용이 수반된다.

그림 7-2 재고관련 비용

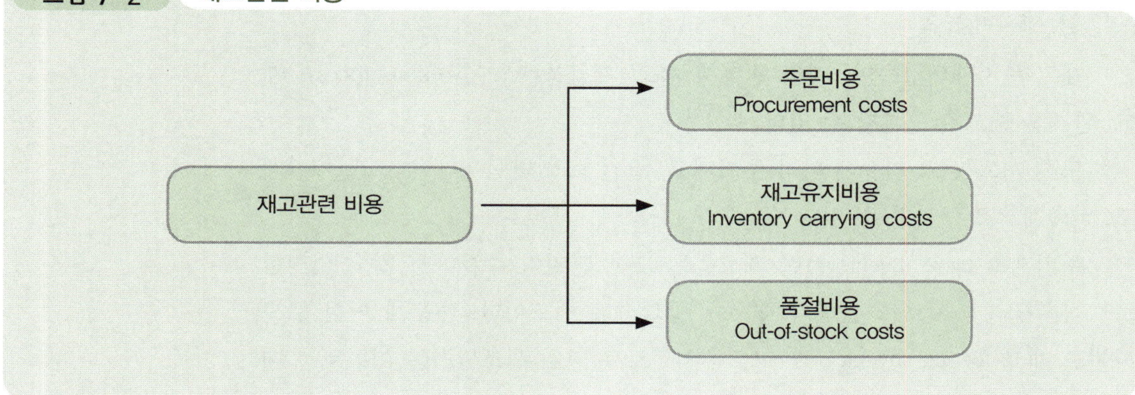

- 주문비용(Procurement or ordering costs)
- 재고유지비용(Inventory carrying costs)
- 품절비용(Out-of-stock costs) 혹은 재고부족비용

이들 비용항목은 서로 상충되는 관계를 가지고 있으며, 재고보충을 위한 주문량을 결정하기 위해서는 이들 비용 간의 상충관계를 고려하여 전체 비용을 최소화할 수 있도록 주문량을 결정하게 된다.

주문비용

재고보충을 위해 제품을 구매하는 데 소요되는 비용이며, 주문량이 증가함에 따라 단위당 비용이 감소하는 특징을 가진다. 일반적으로 주문의 규모에 관계 없이 한 번의 주문에 고정적으로 소요되는 고정비용의 성격을 가지나, 경우에 따라 이를 고정비용과 변동비용으로 구분할 수도 있다. 예를 들어, 운송비용, 제조비용, 자재취급비용은 주문의 규모에 따라 변동할 수 있다.

재고유지비용

재고를 일정 기간 보유하는 데 소요되는 비용이며, 주문량에 비례하여 증가하는 특징을 가진다. 재고유지비용에는 공간비용(space costs), 자본비용(capital costs), 재고서비스비용(inventory service costs), 재고위험비용(inventory risk costs) 등이 포함된다.

- 공간비용은 재고를 보유하는 데 필요한 자가창고 운영비나 영업창고 임대비용을 말한다.
- 자본비용은 재고투자에 묶여 있는 자금에 대한 기회비용을 말한다. 재고유지비용 중 가장 큰 비중을 차지하는 비용항목이다.
- 재고서비스비용은 재고유지에 따른 보험과 세금을 말한다.
- 재고위험비용은 제품 진부화(가치하락), 손상, 도난, 파손 등의 비용을 말한다.

품절비용

품절비용은 주문발주를 충족할 수 없을 경우에 발생한다. 품절비용(stockout cost)에는 판매손실비용(lost sales cost)과 미납주문비용(back order cost)이 포함된다.

- 판매손실비용은 품절이 발생하였을 때 고객이 해당 주문을 취소하는 경우에 발생한다. 판매손실비용에는 해당 주문에 대한 이윤 감소뿐만 아니라 장래 매출에 대한 부정적인 영향 등이 포함될 수 있다.
- 미납주문비용은 품절이 발생하였으나 고객이 해당 주문이 충족될 때까지 기다리는 경우에 발생한다. 미납주문은 주문처리, 운송, 자재취급 등에 추가비용을 발생시킨다.

일반적으로 품절비용은 측정하기 어려운 측면이 있기 때문에 주관적으로 평가하는 경우가 많다.

재고의사결정

1. 끌기 VS. 밀기 접근방법

재고관리의 기본적인 접근방법에는 끌기(pull), 밀기(push) 그리고 이 두 가지를 결합한 접근방법이 있다.

끌기 접근방법은 각 재고처(stocking point)가 다른 재고처와 독립적인 것으로 간주하며, 각 재고처의 구체적인 소요에 근거한 주문량에 따라 주문을 충족하는 방식이다. 일반적으로 공급사슬에서 소매업체 수준의 재고관리에 활용되는 접근방법이다.

개별 재고처의 재고 의사결정이 독립적으로 이루어질 경우, 주문 시점과 보충량이 생산이나 구매분야와 원활히 연계되지 못하는 결과를 가져올 수 있다. 밀기 접근방법은 각 재고처별로 예상되는 소요, 여유 공간, 최소 주문량 등을 고려하여 각 재고처로 재고를 할당(allocate)하는 방법이다. 이 접근방법은 구매나 생산에서 얻을 수 있는 규모의 경제가 끌기 방식으로 얻을 수 있는 편익보다 클 경우에 적용될 수 있다. 제조업체의 생산계획이나 구매계획과 연동

그림 7-3 끌기 vs. 밀기 접근방법

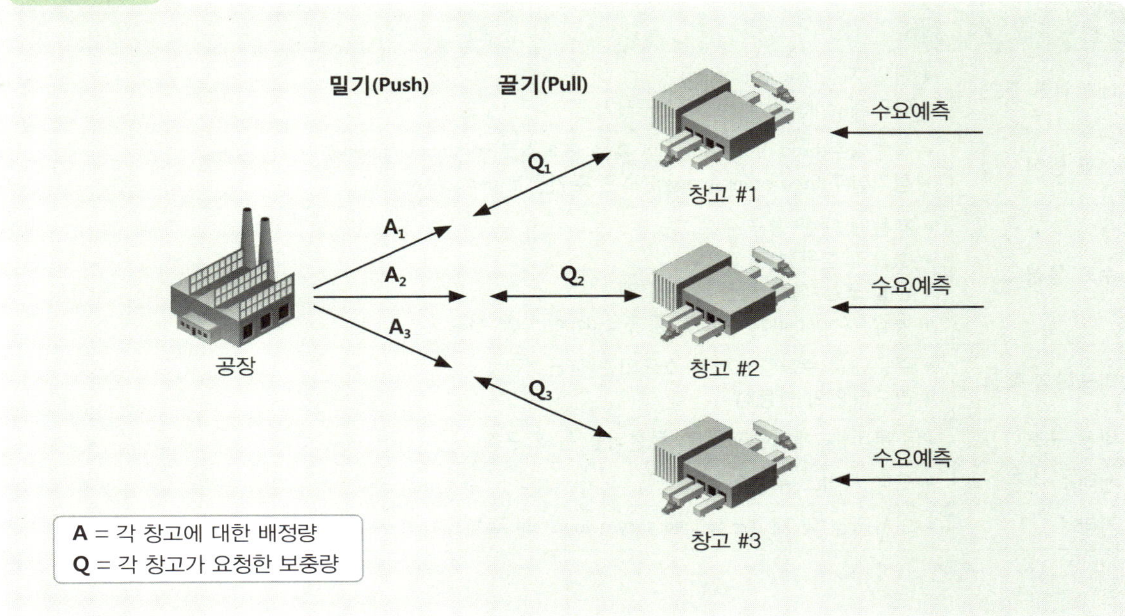

한 자재소요계획(MRP, Material Requirement Planning)이나 유통소요계획(DRP, Distribution Requirement Planning)등이 좋은 예이다.

협력적 재고보충(collaborative replenishment)은 밀기와 끌기 방식을 결합한 접근방법이다. 이 접근방법하에서는 조달처(sourcing point)와 재고처를 가진 공급사슬 구성원들이 보충량과 시기를 서로 합의하여 운영하게 된다. 유통업체-공급업체 파트너십 전략인 CPFR(Collaborative Planning, Forecasting and Replenishment)이 대표적인 예이다.

2. 재고정책과 의사결정에 영향을 미치는 요인

끌기나 밀기 방식과 같은 기본적인 접근방법 외에 재고처의 수와 단계 등의 재고 네트워크 구조, 재고보충 방식, 수요의 특성, 리드타임의 특성, 재고관련 비용의 구조, 서비스 수준, 나아가 재고 의사결정 및 재고소유의 주체 등이 재고정책과 의사결정에 영향을 미치게 된다.

표 7-1 | 재고정책과 의사결정에 영향을 미치는 요인

고려요인	설명
네트워크 구조	• 단일 지점(single-echelon) • 다단계(multi-echelon) 혹은 공급사슬
보충 방식	• 정량발주(fixed order quantity) 혹은 연속검토(continuous review) • 정기발주(fixed order interval) 혹은 주기검토(periodic review)
수요 특성	• 제품에 대한 평균 수요 • 수요의 변동성 • 단일 또는 복수 제품 혹은 고객 • 독립적(independent) 또는 종속적(dependent) 수요
리드타임 특성	• 주문에서 수요충족까지 소요되는 평균시간 • 리드타임의 변동성
비용 구조	• 주문비용, 재고유지비용, 품절비용 등의 구조
서비스 수준	• 고객 서비스 수준의 설정
기타	• 의사결정 및 재고소유(inventory ownership) 주체

독립수요와 종속수요

기업이 생산 또는 판매하는 품목들은 수요의 결정과정에 따라 독립수요 품목과 종속수요 품목으로 구분된다. 독립수요 품목이란 기업이 생산 또는 판매하는 최종 완제품으로 소비자에 의해 그 수요가 결정되는 품목을 말한다. 반면 종속수요 품목이란 다른 제품의 수요에 의해 그 수요가 종속적으로 결정되는 품목으로 원자재, 부품, 반제품 등이 여기에 속한다.

종속수요 품목의 필요량은 이를 사용하는 상위 품목의 수요로부터 계산될 수 있다. 예를 들어 자동차는 독립수요 품목이지만 타이어는 자동차의 수요에 의해 종속적으로 그 소요량이 결정되는 종속수요 품목이다. 반면 자동차의 수요는 자동차의 가격, 구매자의 소득수준, 경제여건 등 외부요인에 의해 독립적으로 결정된다.

독립수요 품목의 수요 파악은 주로 예측에 의존하며, 재고관리기법으로 정량발주 또는 정기발주 등의 전통적인 재고관리기법이 사용된다. 반면 종속수요 품목은 독립수요 품목과는 달리 수요예측 과정이 필요하지 않으며, 재고관리기법으로 6장에서 다룬 자재소요계획(MRP, Material Requirement Planning) 기법이 주로 사용된다. 본 장에서는 독립수요 품목에 대한 재고관리 이슈를 다루기로 한다.

단일지점과 다단계 재고

공급사슬관리의 확산에 따라 재고를 계획하고 관리함에 있어서도 단일 지점이 아닌 공급사슬 전반의 재고에 초점을 두어야 할 필요성이 증대되고 있다. 공급사슬 관점에서 여러 지점에서 유지되고 있는 재고를 조화롭게 계획하고 관리하게 되면 전반적인 재고수준을 보다 효과적으로 감축시킬 수 있다.

공급사슬의 여러 주체와 지점의 재고를 관리하는 다단계(multi-echelon) 재고계획은 해를 찾기가 매우 어려운 문제로 여겨져 왔으나, 최근 관리자들이 유용하게 활용할 수 있는 기법들이 소개되고 있다.

3. 확실성하의 재고의사결정

EOQ 모형

재고보충을 위한 최적 주문량을 결정하기 위해서는 경제적 주문량(EOQ, Economic Order Quantity) 모형이 사용된다. EOQ 모형은 주문량의 변화에 따른 총재고비용을 최소화하는 관점에서 최적 주문량을 결정한다.

그림 7-4 확실성하의 재고의사결정

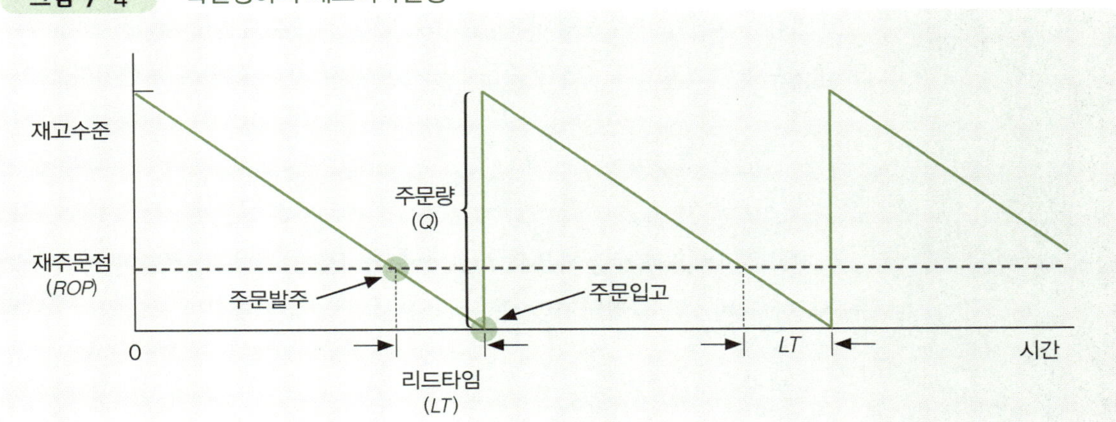

EOQ 모델은 다음과 같은 몇 가지 가정을 전제로 하고 있다.

- 단일 품목만 고려한다.
- 연간 수요량이 알려져 있고 수요율이 일정하다.
- 리드타임이 일정하다.
- 주문량은 일시에 입고된다.
- 수량할인이 없다.

최적 주문량의 결정

연간 재고유지비용

연간 재고유지비용은 제품 단위당 연간 재고유지비용에 평균재고를 곱한 값이다.

재고 수준이 Q에서 0으로 일정하게 감소하기 때문에 평균재고는 $Q/2$가 된다. 단위당 구매단가가 C이고 연간 재고유지비용이 구매단가의 연리(%)인 I로 주어지는 경우, 연간 재고유지비용은 다음과 같은 식으로 표현된다.

$$\text{연간 재고유지비용} = \frac{Q}{2}IC \quad \cdots (7.3)$$

연간 주문비용

연간 수요를 D, 주문량이 Q일 경우 연간 주문횟수는 D/Q가 된다. 주문당 주문비용이 S일 경우, 연간 주문비용은 다음과 같은 식으로 표현된다.

$$\text{연간 주문비용} = \frac{D}{Q}S \quad \cdots (7.4)$$

재고유지비용과 주문비용은 서로 상충관계를 가진다. 주문량이 증가할 경우 재고유지비용은 증가하지만 주문비용은 감소하게 된다.

총재고비용

최적 주문량은 연간 재고유지비용과 연간 주문비용을 더한 연간 총재고비

그림 7-5 주문량에 따른 총재고비용의 변화

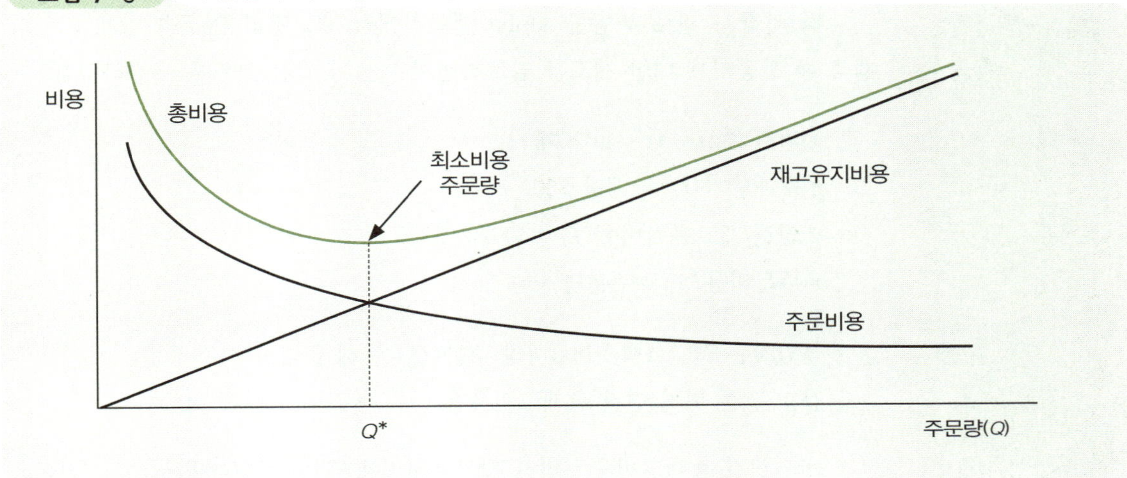

용이 최소화되는 주문량 값으로 결정된다.

연간 총재고비용은 연간 재고유지비용과 연간 주문비용의 합으로 표현된다.

$$TC = \frac{Q}{2}IC + \frac{D}{Q}S \qquad \cdots (7.5)$$

최적 주문량

최적 주문량은 연간 총재고비용이 최소화되는 주문량 값으로 결정된다.

$$Q^* = \sqrt{\frac{2DS}{IC}} \qquad \cdots (7.6)$$

최적 주문량은 수요나 주문비용이 증가하면 커지고, 반면 재고유지비용이 증가하면 작아지는 특징을 가진다.

최적 주문주기

최적 주문량이 결정되면 최적 주문주기가 자동적으로 결정된다.

$$T^* = \frac{Q^*}{D} \qquad \cdots (7.7)$$

예제 7-1

김 과장은 새로 부임한 Alpha 백화점에서 재고관리 업무를 맡게 되었다. 제품 중 선풍기에 대한 재고를 검토하면서 다음과 같은 자료를 수집하였다.

- 연간 수요(D) = 4,000개
- 구매단가(C) = 개당 $50
- 연간 재고유지비용(I) = 30%
- 주문비용(S) = 주문당 $50

전임자는 연간 4회 1,000개씩 주문(Q)을 해 왔다고 하자.
김 과장은 먼저 연간 총재고비용을 다음과 같이 계산해 보았다.

연간 총재고비용 = 연간 재고유지비용 + 연간 주문비용
= (1,000/2) (0.3) ($50) + (4,000/1,000) ($50)
= $7,500 + $200 = $7,700

김 과장은 최적 주문량(Q^*)을 도출하기 위해 EOQ 모델을 적용하기로 하였다.

$$Q^* = \sqrt{\frac{2DS}{IC}} = \sqrt{\frac{2 \times 4,000 \times \$50}{0.3 \times 50}} = 163.3 = 163\text{ 개}$$

그 결과 최적 주문량이 163개로 나타나 전임자의 결정과 큰 차이가 있었다. 그래서 새로운 주문량을 근거로 연간 총재고비용을 다시 계산해 보기로 하였다.

(새로운) 연간 총재고비용 = (163/2) (0.3) ($50) + (4,000/163) ($50)
= $1,222.5 + $1,266.99 = $2,449.49

김 과장은 EOQ 모델에서 도출된 올바른 주문량의 적용을 통해 $5,251 (= $7,700 − $2,449)의 재고비용을 절감할 수 있게 되었다.

4. 불확실성하의 재고의사결정

EOQ 모델은 수요와 리드타임에 불확실성이 존재하지 않는다고 가정하였다. 보다 현실적으로 수요나 리드타임에 불확실성이 있을 경우 재고정책은 어떻게 변화하여야 할까?

〈그림 7-6〉에서 볼 수 있듯이 예상보다 높은 수요가 발생하거나 리드타임이 예상보다 오래 걸리게 되면 품절 내지 재고부족(stockout)이 발생할 수 있고, 예상보다 낮은 수요가 발생하거나 리드타임이 예상보다 짧게 걸리게 되면 과잉재고가 발생할 수 있다.

과잉재고는 추가 재고유지비용을 발생시키고 품절은 품절비용을 발생시키기 때문에 기업은 이를 고려하여 재고정책을 조정할 필요가 있다.

수요나 리드타임에 불확실성이 존재하고 이로 인한 과잉재고나 품절문제를 해결하기 위한 방법은 일정 수준의 안전재고(safety stock)를 유지하는 것이다.

안전재고는 수요나 리드타임의 불확실성에 대한 완충(buffer) 역할을 수행하게 된다. 하지만 안전재고를 유지하기 위해서는 추가 비용이 소요되므로, 안전재고 수준은 추가 재고비용과 품절비용의 상충관계를 고려한 총재고비용이 최소화될 수 있도록 결정되어야 한다.

그림 7-6 불확실성하의 재고의사결정

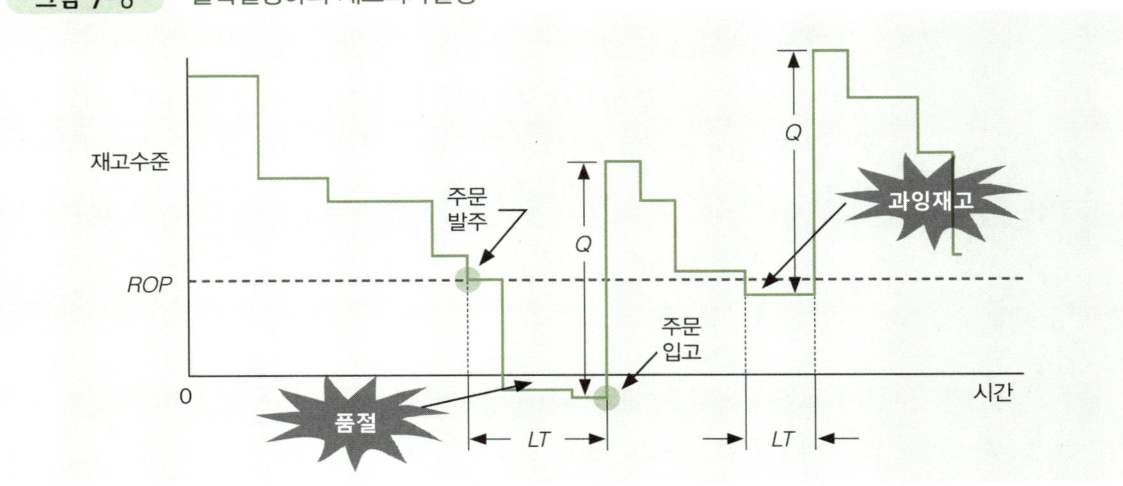

안전재고와 재주문점의 결정

수요나 리드타임이 불확실한 경우 안전재고(safety stock)가 필요하며, 재주문점(ROP, reorder point) 또한 안전재고를 고려하여 결정되어야 한다. 한편 주문량은 EOQ 모델에서 도출한 최적 주문량을 적용한다.

안전재고

안전재고(ss)는 안전계수, 리드타임 기간 중 수요의 분포, 즉 리드타임 기간 중 평균수요와 수요의 표준편차를 고려하여 결정된다.

안전재고를 결정하기 위해서는 우선 고객서비스 수준이 설정되어야 한다. 여기서 서비스 수준이란 리드타임 기간 동안 수요가 공급을 초과하지 않을 확률로 정의될 수 있다. 예를 들어 서비스 수준이 95%라는 것은 100번 주문이 이루어질 경우 95번은 리드타임 기간 동안 품절이 발생하지 않는다는 의미이다. 즉, 서비스 수준이 95%(=100(1−α)%)이면 재고부족 확률이 5%(=100α%)가 된다. 재고부족 확률에서 α값이 정해지면 표준정규분포표에서 안전계수(z_α)를 결정할 수 있다.

다음으로 리드타임 기간 중 평균수요와 수요의 표준편차를 구해야 한다. 이는 수요만 불확실한 경우 그리고 수요와 리드타임이 동시에 불확실한 경우로 나누어 살펴볼 수 있다.

수요가 불확실한 경우

수요가 불확실한 경우 리드타임 기간 중 평균수요 $\overline{X}$, 리드타임 기간 중 수요의 표준편차 s'는 다음과 같은 식으로 표현된다. 단, 여기서 리드타임 기간 중 수요는 정규분포를 따른다고 가정한다. 여기서 d는 단위기간당 평균수요, LT는 리드타임, s_d는 수요의 표준편차를 의미한다.

$$\overline{X} = d \times LT \quad \cdots (7.8)$$

$$s' = s_d \sqrt{LT} \quad \cdots (7.9)$$

수요와 리드타임이 불확실한 경우

수요와 리드타임이 모두 불확실한 경우 리드타임 기간 중 평균수요와 수요의 표준편차는 다음과 같은 식으로 표현된다. 여기서 LT는 평균 리드타임, s_d는 리드타임의 표준편차를 의미한다.

$$\overline{X} = d \times LT \qquad \cdots (7.10)$$

$$s' = \sqrt{LT \times s_d^2 + d^2 \times s_{LT}^2} \qquad \cdots (7.11)$$

서비스 수준에 따른 안전계수 z_α가 주어지고, 위 식들과 같이 리드타임 기간 중 수요의 표준편차 s'가 구해질 경우, 안전재고(ss)는 다음과 같은 식으로 표현된다.

$$ss = z_a \times s' \qquad \cdots (7.12)$$

재주문점

재주문점(ROP)은 리드타임 기간 중 평균수요에 안전재고를 더한 값으로 결정된다.

$$\begin{aligned} ROP &= d \times LT + ss \qquad \cdots (7.13) \\ &= d \times LT + z_a \times s' \end{aligned}$$

평균재고수준

평균재고수준(AIL)은 평균 주기재고와 안전재고의 합으로 계산된다.

$$AIL = \frac{Q}{2} + z_\alpha s' \qquad \cdots (7.14)$$

총재고비용

총재고비용에는 재고유지비용, 주문비용과 함께 안전재고비용과 재고부족으로 발생되는 품절비용이 포함된다. 여기서 K는 재고부족에 따른 품절비용을 의미한다.

$$TC = \frac{Q}{2} IC + \frac{D}{Q} S + ICz_\alpha s' + k \frac{D}{Q} s' E(z) \qquad \cdots (7.15)$$

위 식에서 $E(z)$는 단위정규손실함수(unit normal loss integral)를 의미하며, 서비스 수준이 주어진 경우 주문주기당 및 연간 기대품절수량(expected number of units out of stock)을 계산하는 데 활용된다.[1]

$$\text{주문주기당 기대품절수량} = s'E(z) \quad \cdots (7.16)$$

$$\text{연간 기대품절수량} = \frac{D}{Q}s'E(z) \quad \cdots (7.17)$$

이상과 같이 주어진 서비스 수준하에서 재고정책과 이에 따른 총재고비용이 도출되었다 하더라도, 기업은 이러한 재고비용이 예산 대비하여 적절한 수준인지를 검토하고 필요한 경우 서비스 수준을 재조정하여 새로운 재고정책을 검토하는 등 반복적 과정을 거쳐 최적의 재고정책을 모색해야 한다.

예제 7-2

Alpha 백화점의 김 과장은 현실적으로 수요와 리드타임에 불확실성이 존재한다는 점을 반영하여 안전재고(ss)와 재주문점(ROP)을 결정하기로 하였다. 김 과장은 서비스 수준을 95%로 설정하였다.

조사결과 선풍기의 일일 평균 판매량(d)이 16개, 표준편차가 3개로 나타났으며, 주문 후 입고까지 소요되는 리드타임(LT)이 평균 9일, 표준편차가 2일로 나타났다.

안전재고와 재주문점을 도출하기 위해서는 리드타임 기간 중 수요의 평균과 표준편차를 파악해야 한다.

조사결과를 이용하여 리드타임 기간 중 수요의 평균과 표준편차는 다음과 같이 도출할 수 있다.

$$\overline{X} = d \times LT = 16 \times 9 = 144 \text{ 개}$$

$$s' = \sqrt{LT \times s_d^2 + d^2 \times s_{LT}^2} = \sqrt{9 \times 9 + 256 \times 4} = 33.24 \text{ 개}$$

---

1 단위정규손실함수와 기대품절수량에 대한 상세한 내용은 Chopra and Meildl(2007) p.357; Ballou(2004), Appendix B 등을 참조.

다음으로 서비스 수준에 따른 안전계수가 필요한데, 표준정규분포표로부터 서비스 수준이 95%일 경우, $\alpha = 0.05$, $z_\alpha = 1.65$ 값을 얻을 수 있다.

이제 안전재고(SS)는 다음과 같이 도출된다.

$$ss = z_\alpha \times s' = 1.65 \times 33.24 = 54.85 \text{ 개}$$

다음으로 재주문점(ROP)은 다음과 같이 도출된다.

$$ROP = d \times LT + z_\alpha \times s' = 144 + 54.85 = 199 \text{ 개}$$

결론적으로 이제 김 과장은 Beta사 선풍기의 재고수준이 재주문점 199개에 도달하게 되면 (EOQ 모델에서 도출된 최적 주문량) 163개의 선풍기를 주문하는 재고정책을 가져가기로 결정하였다.

예제 7-3

Beta사는 자동차용 볼트 유통업체이다. 볼트의 월 평균수요(d)는 11,107개, 표준편차(s_d)는 3,099개로 예측되었다. 재고보충 리드타임(LT)은 1.5월이 소요된다. 구매단가(C)는 단위당 \$0.11, 주문비용은 주문당 \$10, 재고유지비용(I)은 연간 20%, 품절비용(k)은 단위당 \$0.01로 추정되었다. 서비스 수준, 즉 리드타임 기간 동안 품절이 발생하지 않을 확률은 75%로 설정되어 있다고 하자.

재고정책이 정량발주모델을 따른다고 할 때, 먼저 최적 주문량(Q^*)은 다음과 같이 도출된다.

$$Q^* = \sqrt{\frac{2DS}{IC}} = \sqrt{\frac{2 \times 11{,}107 \times 12 \times 10}{0.2 \times 0.11}} = 11{,}008 \text{ 개}$$

재주문점(ROP)을 도출하기 위해서는 우선 리드타임 기간 중 수요의 표준편차를 파악해야 한다.

$$s_d' = s_d \sqrt{LT} = 3{,}099 \times \sqrt{1.5} = 3{,}795 \text{ 개}$$

다음으로 서비스수준에 따른 안전계수가 필요한데, 표준정규분포표로부터 서비스 수준이 75%일 경우, $\alpha = 0.25$, $z_\alpha = 0.67$ 값을 얻을 수 있다.

이제 재주문점은 다음과 같이 도출된다.

$$ROP = d \times LT + z_{\alpha} \times s'_{d} = 11,107 \times 1.5 + 0.67 \times 3,795 = 19,203\text{개}$$

Beta사의 재고정책은 볼트의 재고수준이 19,203개에 도달하면 제조업체에 11,008개의 볼트를 주문하는 방식으로 이루어지면 된다.

결과적으로 Beta사의 볼트에 대한 연간 총재고비용은 다음과 같이 도출된다. 단, 여기서 $E(z)$값은 단위정규손실함수표를 이용해 $z=0.67$일 때 $E(0.67)=0.150$으로 구해졌다고 한다.

$$\begin{aligned} TC &= \frac{Q}{2}IC + \frac{D}{Q}S + ICz_{\alpha}s' + k\frac{D}{Q}s'E(z) \\ &= \frac{11,008}{2}0.2 \times 0.11 + \frac{11,107 \times 12}{11,008}10 + 0.2 \times 0.11 \times 0.67 \times 3,795 \\ &\quad + 0.01\frac{11,107 \times 12}{11,008}3,795 \times 0.150 \\ &= \$367.03 \end{aligned}$$

재고관리시스템

1. 정량발주시스템

EOQ 모델이나 수요나 리드타임이 불확실한 경우 재주문점을 결정하는 모델에서는 주문량이 항상 고정되어 있다.

이 경우 기업은 연속적 혹은 실시간으로 재고를 검토하다가 재고수준이 재주문점에 이르면 주문량을 발주하는 방식을 취하게 된다. 이러한 재고관리시스템을 정량발주시스템 혹은 Q-시스템이라고 부른다.

그림 7-7 정량발주시스템(Q-시스템)

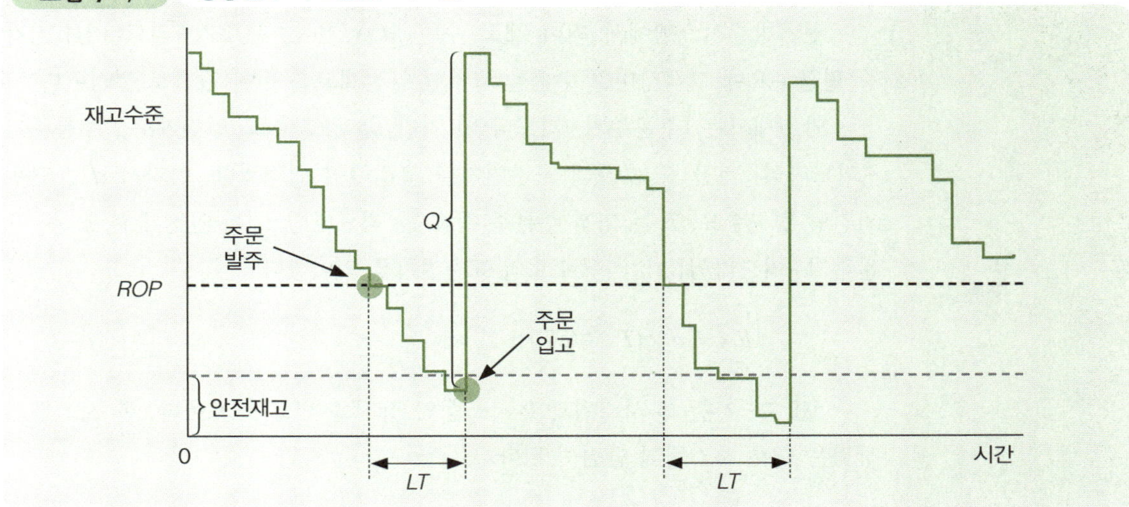

2. 정기발주시스템

반대로 일정한 주문주기(T)를 미리 정해 놓고, 주기적인 검토시점에 최대 재고 수준과 실재고 수준의 차이만큼 발주하는 방식을 정기발주시스템 혹은 P-시스템이라 부른다.

그림 7-8 정기발주시스템(P-시스템)

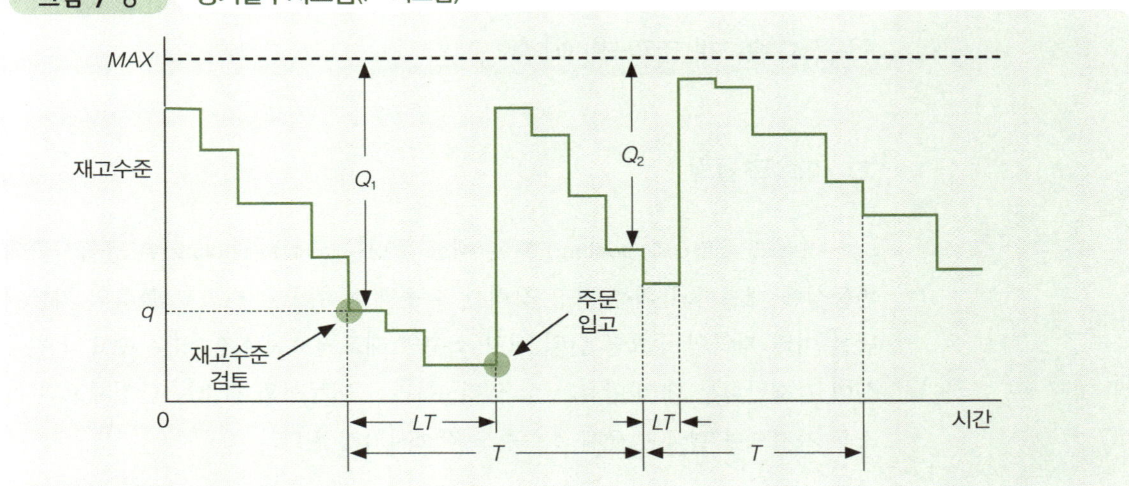

최대 재고 수준의 결정

정기발주시스템에서 최대 재고 수준(Max)은 [주문주기+리드타임] 기간 중 평균수요에 고객서비스 수준을 고려한 안전재고를 더한 값으로 결정된다.

안전재고는 [주문주기+리드타임] 기간 중 평균수요, 안전계수, [주문주기+리드타임] 기간 중 수요의 표준편차를 고려하여 결정된다. 여기서 d는 단위 기간당 평균수요, T^*는 최적 주문주기, LT는 리드타임, z_α는 안전계수, s'는 [주문주기+리드타임] 기간 중 수요의 표준편차를 의미한다.

$$Max = d \times (T^* + LT) + z_\alpha \times s' \quad \cdots (7.18)$$

〈표 7-2〉는 Q-시스템과 P-시스템의 장점을 비교한 표이다. 한 시스템의 장점은 다른 시스템의 단점이 된다.

표 7-2 I Q-시스템 vs. P-시스템

Q-시스템	P-시스템
• 주문주기를 개별적으로 관리할 수 있음	• 재고가 주기적으로 보충되며 관리가 용이
• 안전재고 수준이 상대적으로 낮음	• 주문주기가 동일하기 때문에 동일 공급자로부터 여러 품목의 주문을 조합하여 주문할 수 있음
• 고가 제품	• 저가 제품
• 생산, 구매, 운송에 있어서 규모의 경제가 낮을 경우	• 생산, 구매, 운송에 있어서 규모의 경제가 있을 경우

공급사슬 재고관리 이슈

1. 리스크 풀링

리스크 풀링(risk pooling) 또는 재고 풀링(inventory pooling)은 공급사슬의 변동성에 대응하기 위한 가장 강력한 도구의 하나이다. 리스크 풀링의 기본개념은 여러 지역의 수요를 단일 내지 소수의 재고처로 통합할 경우 수요의 변동성이 감소한다는 데 바탕을 두고 있다. 이러한 변동성의 감소는 안전재고의 감소를 가져오며 결국 평균재고 수준도 감소시키게 된다.

그림 7-9 리스크 풀링의 효과

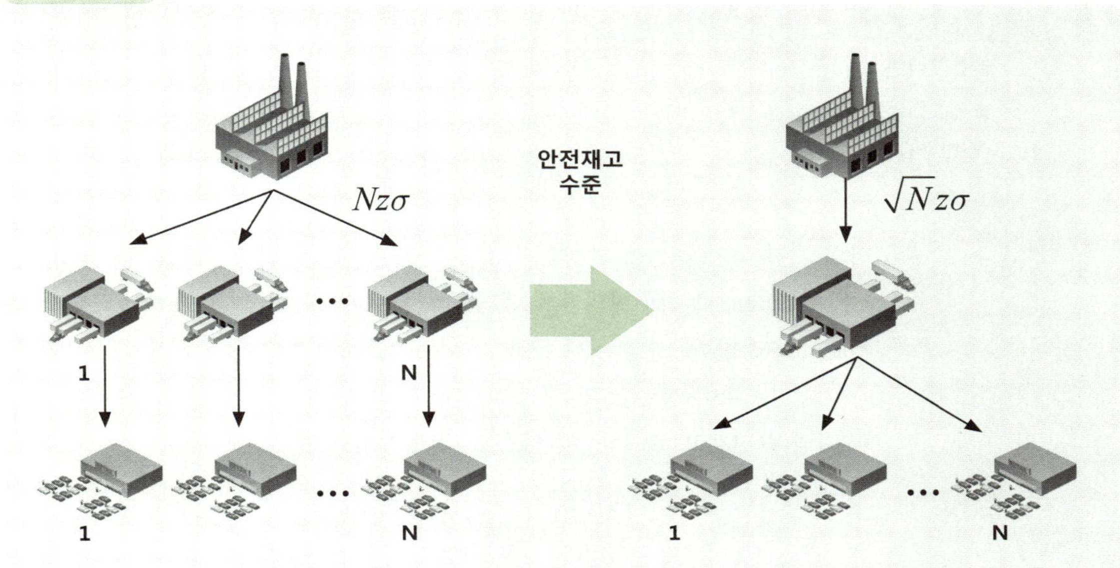

예를 들어 한 기업이 N개의 지역을 위해 각각 하나의, 즉 N개의 DC를 운영하고 있다고 하자. 이때 모든 지역이 동일한 수요분포를 가지고 있으며 정규분포를 따른다고 가정하자. z가 서비스 수준을 고려한 안전계수, σ가 수요의 표준편차라 할 경우, 각 DC는 $z\times\sigma$수준의 안전재고가 필요하고 전체적으로 $N\times z\times\sigma$ 수준의 안전재고가 필요하게 된다.

만약 이 기업이 모든 DC를 하나의 CDC로 통합하게 되면, 즉 재고의 중앙집중화를 추진하게 되면 전체 안전재고 수준은 $\sqrt{N}\times z\times\sigma$수준으로 낮아지게 된다.

예제 7-4

Gamma사는 현재 제품을 두 개의 물류센터에 보관하고 있다. 물류센터 별로 해당 지역의 월별 수요는 정규분포를 따르며 〈표 7-3〉과 같다고 하자. 여기서 결합수요란 2개 물류센터가 담당하는 지역들의 전체 수요를 의미한다.

제품의 구매단가는 단위당 \$75, 재고유비비용은 월 2%, 주문비용은 주문당 \$50, 두 물류센터의 리드타임은 0.5월로 추정되었다. 서비스 수준, 즉 리드

표 7-3 | 물류센터별 수요와 결합수요

수 요	평 균	표준편차
물류센터 A	41.33	11.38
물류센터 B	67.33	8.58
결합수요	108.66	14.25

타임 기간 동안 품절이 발생하지 않을 확률은 95%로 설정되어 있다고 하자.

Gamma사는 두 개의 물류센터를 하나로 통합하는 것이 타당한 것인지를 검토하려고 한다. 이를 위해 통합 전후의 평균재고 수준을 비교하기로 하였다.

재고정책이 정량발주모델을 따른다고 할 때 두 물류센터의 평균 주기재고(RS)와 안전재고(ss)는 각각 다음과 같이 계산될 수 있다.

$$RS_A = \frac{Q}{2} = \frac{\sqrt{\frac{2dS}{IC}}}{2} = \frac{\sqrt{\frac{2 \times 41.33 \times 50}{0.02 \times 75}}}{2} = 26.25$$

$$RS_B = \frac{\sqrt{\frac{2 \times 67.33 \times 50}{0.02 \times 75}}}{2} = 33.5$$

$$ss_A = zs_d\sqrt{LT} = 1.96 \times 11.38 \times \sqrt{0.5} = 15.77$$

$$ss_B = 1.96 \times 8.58 \times \sqrt{0.5} = 11.89$$

다음으로 두 물류센터를 하나로 통합하였을 경우 중앙 물류센터의 평균 주기재고와 안전재고는 각각 다음과 같이 계산될 수 있다.

$$RS_C = \frac{\sqrt{\frac{2 \times 108.66 \times 50}{0.02 \times 75}}}{2} = 42.56$$

$$SS_C = 1.96 \times 14.25 \times \sqrt{0.5} = 19.75$$

이제 두 개의 물류센터를 운영할 경우와 한 개의 중앙 물류센터를 운영할 경우의 평균재고 수준(AIL)을 비교해 보기로 하자.

$$AIL_{A+B} = 26.25 + 33.5 + 15.77 + 11.89 = 87.41$$
$$AIL_C = 42.56 + 19.75 = 62.31$$

결론적으로 Gamma사는 두 개의 물류센터를 하나로 통합함으로써 안전재고를 28.6%, 평균재고수준을 28.72% 감소시킬 수 있는 것으로 나타났다.

다만 이는 순수하게 재고비용의 감소 효과만을 평가한 것이며, 실제 물류센터의 통합을 검토하기 위해서는 고객으로의 운송시간의 증가, 물류센터 통합에 따른 기존 물류센터의 폐쇄비용이나 통합에 따른 확장비용 등을 함께 고려하여야 한다.

제곱근의 법칙

Maister(1976)는 재고의 중앙집중화에 따른 안전재고 감소효과를 일반화한 "제곱근의 법칙(Square Root Law)"을 제시하였다. "제곱근의 법칙"이란 재고를 소수의 재고처로 집중화할 경우 안전재고는 수요 변동의 제곱근(square root)에 비례해 증가한다는 통계적 원리에 근거하고 있다.

$$\frac{S_c}{S_d} = \frac{\sqrt{n_c}}{\sqrt{n_d}} \quad \text{또는} \qquad \cdots (7.19)$$

$$S_c = S_d \frac{\sqrt{n_c}}{\sqrt{n_d}} \qquad \cdots (7.20)$$

여기서 S_d는 분산된 재고시스템, S_c는 집중화된 재고시스템, n_d는 집중화되기 전 물류센터의 수, n_c는 집중화된 후 물류센터 수를 의미한다.

예를 들어, 10개의 물류센터를 가진 시스템을 하나의 물류센터로 중앙집중화 한다고 하자. "제곱근의 법칙"을 통해 이러한 재고의 중앙집중화를 통해 안전재고 수준을 68% 감소시킬 수 있다는 것을 파악할 수 있다.

다만 이 "제곱근의 법칙"은 개별 물류센터가 담당하는 시장들이 상호 독립적이고, 수요가 무작위로 변동하며, 안전재고가 통계적 방식으로 결정된다는 등의 가정을 만족시킬 경우에 사용될 수 있다는 제약을 가지고 있다.

이러한 제약에도 불구하고 "제곱근의 법칙"은 리스크 풀링, 즉 재고 중앙 집중화의 비용절감 효과를 개괄적으로 파악하는 데 간편하게 활용될 수 있다.

2. 다단계 재고관리

수백 개의 지점에서 수만 개의 제품을 취급하는 기업에 있어서 재고관리는 쉽지 않은 과제이다. 만약 이들 지점들이 기업 배송 네트워크의 서로 다른 단계(echelon)에 위치하고 있다면 문제는 더욱 어렵게 된다.

이러한 다단계(multi-echelon) 네트워크에서는 제품이 먼저 CDC/RDC(중앙/지역DC)에 보관되고, 이들 시설들은 다시 고객 인근의 DC(로컬DC)들로 제품을 공급하는 내부 공급자 역할을 하게 된다. 기업에 따라 CDC/RDC와 DC를 각각 허브(hub)와 스포크(spoke)로 부르기도 한다.

그림 7-10 단일지점 vs. 다단계 재고관리

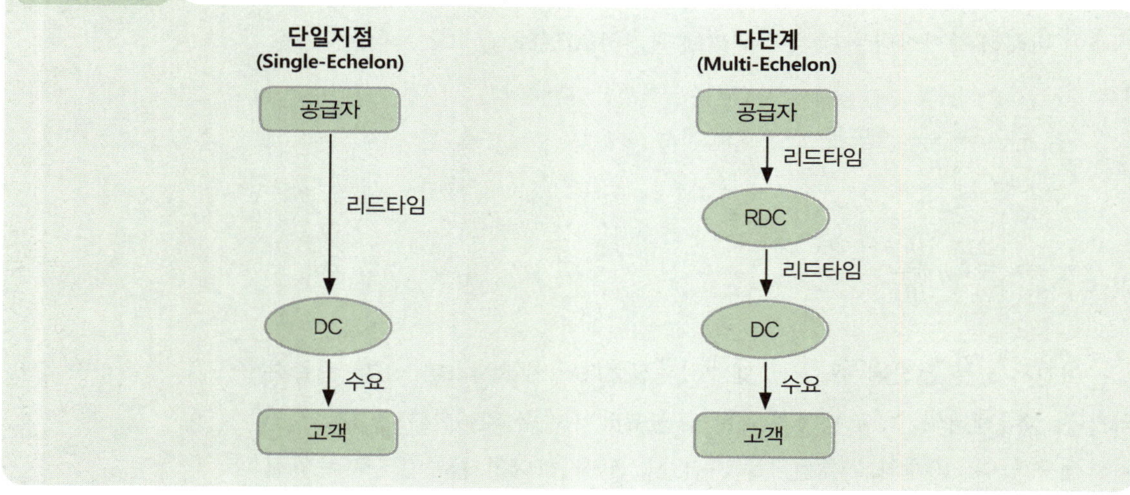

대부분의 대형 유통업체와 제조업체들은 이러한 배송모델을 채택하고 있다.

- 미국 대형 의약품 도매업체 A사의 배송네트워크는 한 개의 RDC와 30개의 DC로 구성되어 있다.
- 미국 자동차 중고부품 및 장비 소매업체 B사는 10개의 DC와 900개 이

상의 매장에서 2,500만 개에 달하는 SKU를 관리하고 있다.

글로벌 가구 제조업체 C사는 전 세계 15개 DC에 완제품을 보내기 전 공장 근처에 위치한 RDC에 모든 재고를 유지하고 있다.

다단계(multi-echelon) 재고관리는 위한 하나의 대안은 단일지점 재고관리에 사용되는 재고정책을 각 단계별로 적용하는 방법이다. 이러한 단계적 접근방법(sequential approach)에서는 DC는 해당지역의 고객수요와 RDC-DC 리드타임 특성을 반영하여 재고의사결정을 내리고 RDC는 DC 수요와 공급자와 RDC 간 리드타임 특성을 반영하여 재고의사결정을 내리게 된다.

단계적 접근방법은 동일하나 DC가 수집한 수요정보를 RDC로 직접 전달하는 방법도 있다. 이 경우 RDC는 DC의 주문정보가 아니라 최종 고객수요에 대한 정보를 바탕으로 재고의사결정을 내리기 때문에 채찍효과(bullwhip effect)를 일부 해소시킬 수 있는 장점이 있다.

하지만 단계적 접근방법은 공급사슬 상류 및 하류에 대한 visibility가 결여되고 수요정보 왜곡으로 인한 채찍효과를 초래하는 것을 피할 수 없고 결과적으로 전체 네트워크 재고를 최적화하는 방법에 비해 높은 재고비용을 초래할

그림 7-11 다단계 재고관리 접근방법

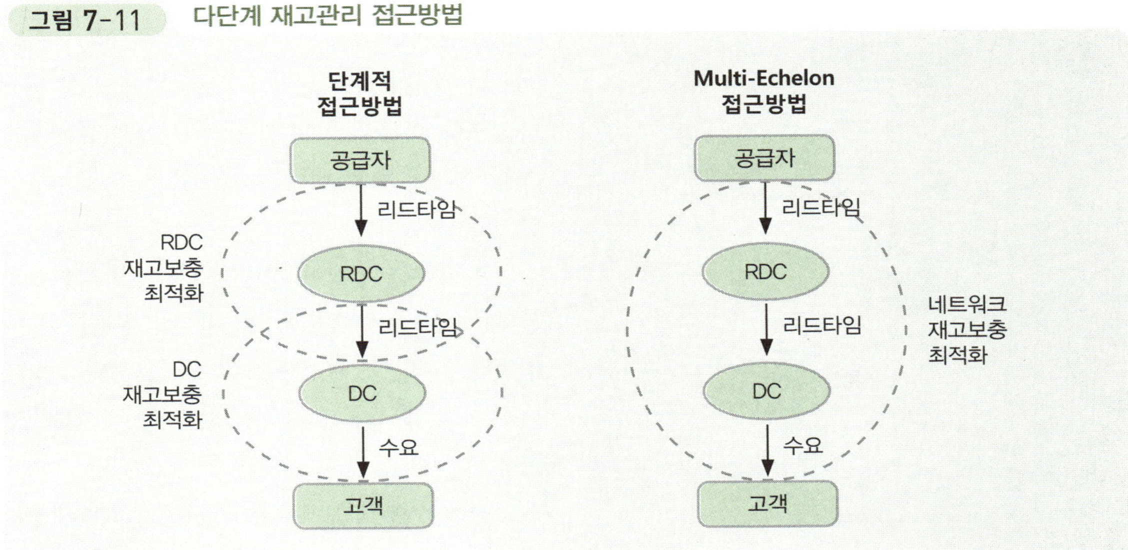

수 있다.

다만 전체 네트워크 재고를 최적화하는 방법은 수학적으로 매우 어려운 문제이기 때문에 많은 경우 시뮬레이션 기법이 활용된다.

최근 산업계에서는 다단계 혹은 공급사슬 재고를 최적으로 관리하기 위해 MRP(Material Requirement Planning), DRP(Distribution Requirement Planning) 등과 연동하여 재고계획을 수립하는 사례들이 관찰되고 있다.

단계적 접근방법

다단계 재고정책을 이해하기 위해서는 우선 단계재고(echelon inventory)의 개념을 이해할 필요가 있다. 여기서 단계(echelon)란 소매업체, 도매업체와 같은 공급사슬의 각 단계(stage)나 수준(level)을 의미한다. 어떤 단계의 단계재고는 해당 단계에서 보유하고 있는 재고와 모든 하위 단계(downstream)의 재고를 더한 값이 된다.

예를 들어 각각 하나의 소매업체 매장, 도매업체 물류센터, 공급업체로 구성된 다단계 공급사슬을 고려해 보기로 하자. 이때 물류센터의 단계재고는 물류센터의 재고에 운송 중인 재고와 소매업체 매장이 보유한 재고를 더한 값이 된다.

그림 7-12 다단계 공급사슬과 단계재고

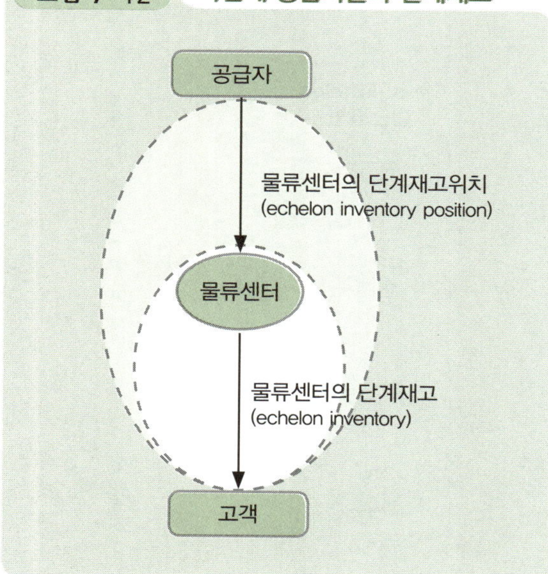

또한 단계재고위치(echelon inventory position)란 물류센터의 단계재고에 물류센터가 발주하였으나 아직 도착하지 않은 아이템을 더하고 최종 고객에 대해 미납된(backordered) 아이템을 뺀 값을 의미한다.

이제 재고정책이 정량발주모델을 따른다고 할 때, 소매업체 매장과 물류센터의 주문량과 재주문점은 어떻게 결정되는지, 그리고 물류센터에는 얼마의 재고가 필요하게 되는지를 살펴보기로 한다.

먼저 소매업체 매장의 주문량(Q_R)과 재주문점(ROP_R)은 다음과 같이 결정된다.

$$Q_R = \sqrt{\frac{2D_R S_R}{IC_R}} \qquad \cdots (7.21)$$

$$ROP_R = d_R \times LT_R + zs_R \sqrt{LT_R} \qquad \cdots (7.22)$$

여기서 d_R, s_R은 각각 소매업체의 단위기간 수요의 평균과 표준편차, D_R은 소매업체의 연간 수요, C_R은 소매업체 구매단가, I는 연간 재고유지비용, S_R은 소매업체 주문비용, LT_R은 물류센터와 소매업체 간 리드타임을 의미한다. 결과적으로 소매업체는 재고수준이 ROP_R에 도달하게 되면 Q_R단위의 주문량을 발주한다.

물류센터가 단일의 소매업체에 재고를 보충하기 때문에 물류센터 주문량은 소매업체 주문량과 동일하며, 물류센터 재주문점(ROP_W)이 다음과 같이 결정된다. 여기서 LT^e는 단계 리드타임(echelon lead time)을 의미하며, 소매업체와 물류센터 간 리드타임(LT_R)에 물류센터와 공급업체 간 리드타임 공급업체와 물류센터 간 리드타임(LT_W)을 더한 값이 된다.

$$ROP_W = d_R \times LT^e + zs_R \sqrt{LT^e} \qquad \cdots (7.23)$$

$$LT^e = LT_R + LT_W \qquad \cdots (7.24)$$

물류센터가 복수의 소매업체에 재고를 보충하는 경우 다단계 재고정책은 어떻게 결정될까? 이 경우에도 같은 접근방법이 사용될 수 있으나, 다만 차이점은 물류센터의 단계재고는 물류센터의 재고에 수송 중인 재고, 각 소매업체 재고를 더한 값이 된다는 점이다. 그리고 물류센터 단계(echelon)의 수요는 모든 소매업체의 수요를 결합함으로써 구해진다.

물류센터의 주문량(Q_W)과 재주문점(ROP_W)은 다음과 같이 결정된다.

$$Q_W = \sqrt{\frac{2D_W S_W}{IC_W}} \qquad \cdots (7.25)$$

$$ROP_W = d_W \times LT^e + zs_W \sqrt{LT^e} \qquad \cdots (7.26)$$

$$LT^e = LT_R + LT_W \qquad \cdots (7.27)$$

여기서 d_W, s_W은 각각 물류센터 단계 단위기간 수요의 평균과 표준편차,

D_W은 물류센터 단계의 연간 수요, C_W은 소매업체 구매단가, I는 연간 재고유지비용, S_W은 소매업체 주문비용, LT^e는 단계 리드타임을 의미한다. 단, 모든 소매업체와 물류센터 간 리드타임은 동일하다고 가정한다.

이와 같은 접근방법은 제조업체나 유통업체가 공급사슬의 재고를 관리하고 있을 때 사용될 수 있다.

예제 7-5

한 개의 물류센터와 3개의 소매업체 매장으로 구성된 공급채널이 있다고 하자. 각 소매업체 매장은 매장별 수요에 근거하여 물류센터에 주문을 발주하고, 물류센터는 3개 소매업체 매장 전체 수요를 고려하여 공급업체에 주문을 발주한다. 즉, 소매업체 매장에서 수집한 수요정보가 물류센터로 직접 전달된다고 가정한다.

소매업체 매장의 월별 수요는 정규분포를 따르며 〈표 7-4〉와 같다고 하자. 여기서 결합수요란 3개 유통업체 매장 전체 수요를 의미한다.

소매업체 입고가격(C_R)은 단위당 10달러이고 물류센터 입고가격(C_W)은 단위당 5달러이다. 재고유지비용(I)은 연간 20%이다. 소매업체의 재고보충을 위한 주문비용(S_R)은 주문당 40달러이고 물류센터의 주문비용(S_W)은 주문당

그림 7-13 다단계 공급채널의 예

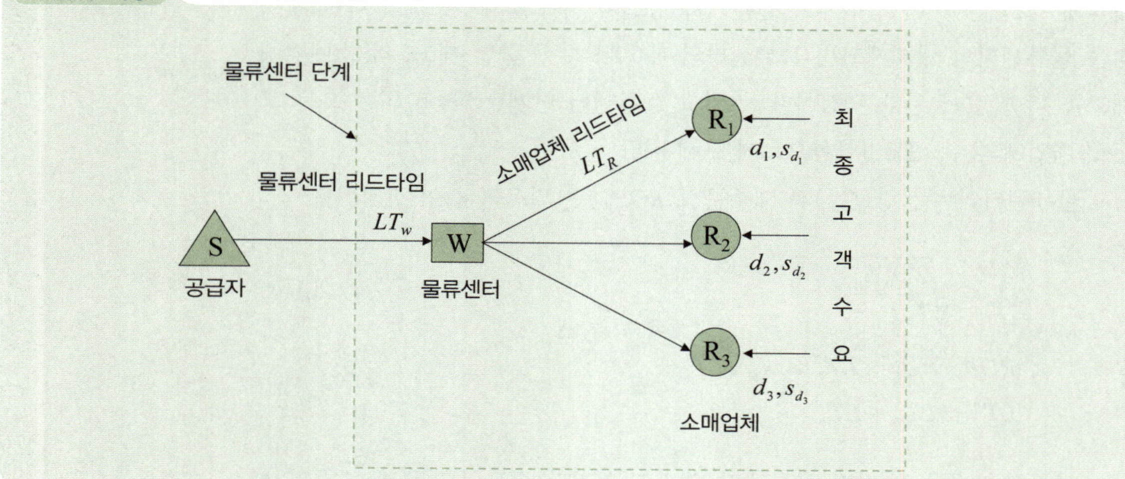

표 7-4 I 소매업체의 수요와 물류센터의 결합수요

수 요	평 균	표준편차
소매업체 1	202.5	16.8
소매업체 2	100.5	15.6
소매업체 3	302.5	18.0
결합 수요	605.5	32.4

75달러가 발생한다. 물류센터와 소매업체 간 리드타임(LT_R)은 1주(0.25월)이고 공급업체와 물류센터 간 리드타임(LT_W)은 2주(0.5월)이다. 그리고 소매업체와 물류센터가 리드타임 기간 동안 재고를 보유하고 있을 확률, 즉 서비스 수준은 90%로 정해져 있다고 하자.

재고정책이 정량발주모델을 따른다고 할 때, 소매업체 매장과 물류센터의 주문량과 재주문점은 어떻게 결정되는가? 그리고 물류센터에는 얼마의 재고가 필요하게 되는가?

먼저 소매업체 1의 재고정책을 결정한다. 소매업체 1의 주문량(Q_1)과 재주문점(ROP_1)은 다음과 같이 결정된다.

$$Q_1 = \sqrt{\frac{2D_1S_R}{IC_R}} = \sqrt{\frac{2(202.5\times12)(40)}{0.2(10)}} = 311.8 = 312 \text{ 단위}$$

$$\begin{aligned}ROP_1 &= d_1 \times LT_R + zs_1\sqrt{LT_R} \\ &= 202.5\times0.25 + 1.28\times16.8\sqrt{0.25} = 61.38 = 61 \text{단위}\end{aligned}$$

그리고 소매업체 1의 평균재고수준(AIL_1)은 다음과 같다.

$$\begin{aligned}AIL_1 &= \frac{Q_1}{2} + zs_1\sqrt{LT_R} \\ &= \frac{311.8}{2} + 1.28\times16.8\sqrt{0.25} = 166.65 = 167 \text{ 단위}\end{aligned}$$

즉, 소매업체 1은 재고수준이 61단위에 도달하게 되면 312단위를 발주한다. 다른 소매업체들에 대해서도 같은 방식으로 주문량과 재주문점을 결정할 수 있다.

다음으로 물류센터의 재고정책을 결정한다. 물류센터 단계(echelon)의 수요는 모든 소매업체의 수요를 결합함으로써 구해진다(〈표 7－4〉 참조). 물류센터의 주문량(Q_W)과 재주문점(ROP_W)은 다음과 같이 결정된다.

$$Q_W \sqrt{\frac{2D_W S_W}{IC_W}} = \sqrt{\frac{2(605.5 \times 12)(75)}{0.2(5)}} = 1,043.98 = 1,044 \text{ 단위}$$

$$ROP_W = d_W \times LT^e + zs_W \sqrt{LT^e}$$

$$= 605.5 \times 0.5 + 1.28 \times 32.4\sqrt{0.75} = 338.67 = 339 \text{ 단위}$$

$$LT^e = LT_R + LT_W = 0.75$$

그리고 물류센터 단계의 평균재고수준(AIL_W)은 다음과 같다.

$$AIL_W = \frac{Q_W}{2} + zs_W \sqrt{LT^e}$$

$$= \frac{1,043.98}{2} + 1.28 \times 32.4\sqrt{0.75} = 557.82 = 558 \text{ 단위}$$

다만 물류센터 단계의 평균재고 수준은 물류센터 단계 재고에서 소매업체 매장 전체의 재고를 뺀 값, 즉 558－(167+120+202)＝69단위가 된다. 물류센터는 단계재고위치(echelon inventory position)－모든 소매업체 매장과 물류센터에서 보유한 재고에 물류센터가 발주하였으나 아직 도착하지 않은 아이템을 더하고 최종 고객에 대해 미납된(backordered) 아이템을 뺀 값－를 지속적으로 검토하고, 단계재고위치가 339단위에 도달하면 1,044단위를 공급업체에 발주하게 된다.

표 7-5 | 소매업체와 물류센터의 재고정책

수 요	주문량	재주문점	평균재고
소매업체 1	312	61	167
소매업체 2	220	35	120
소매업체 3	381	87	202
물류센터	1,044	339	558

3. 전략적 재고 포지셔닝

비용 절감과 서비스 수준 개선에 대한 압력은 기업들에게 공급사슬 전반에 걸쳐 어디에 재고를 위치할 것인지 그리고 어떤 수준으로 유지할 것인지에 대한 개선방안을 모색해야 할 필요성을 증대시키고 있다. 전통적인 공급사슬에서는 제품 재고를 소비지 근처에 위치시키는 밀기(push) 시스템을 따라 왔다. 이 시스템은 장기 예측에 상당히 의존하기 때문에 많은 기업들이 가급적 재고를 보유하지 않는 끌기(pull) 시스템으로 전환하였다. 이러한 방식 또한 리드타임이 길어지는 단점이 있다. 결국 많은 기업들이 이 두 가지 방식을 결합한 접근방법인 밀기-끌기(push-pull) 공급사슬 패러다임을 채택하게 된다.

제조업체의 경우 점차 글로벌화되고 있는 생산 네트워크에서 공급사슬의 어떤 위치 어떤 수준으로 재고를 유지해야 할 것인지가 매우 중요한 과제가 되고 있으며, 유통업체 또한 재고를 소비지 근처에 위치할 것인지 아니면 공급지 근처에 위치할 것인지를 결정해야 한다. 즉, 재고를 얼마(how much)나 유지할 것인지에 못지 않게 어디에(where) 위치할 것인지를 결정하는 것이 중요한 문제로 대두되고 있다.

재고 포지셔닝(inventory positioning)이란 주어진 서비스 수준을 충족하면서 재고관련 비용이 최소화될 수 있도록 공급사슬의 어떤 위치에 재고를 유지할 것인지를 결정하는 것이다. 즉, 재고 포지셔닝이란 공급사슬 내에서 재고의 위치와 수준을 최적으로 결정하여 재고부족 문제를 해소하고 재고수준의 감축과 리드타임의 단축을 통한 고객 서비스를 개선하고자 하는 기법이다.

이러한 재고 포지셔닝을 결정하기 위해 다양한 공급사슬 최적화 소프트웨어가 활용되고 있으며 그 예로 IBM ILOG의 공급사슬 어플리케이션인 "Logic-Tools Suite"를 들 수 있다.

사례 읽기 7-3 Alpha사의 재고 포지셔닝 전략

자동차 부품 생산기업인 Alpha사는 중국에 생산공장과 중앙물류센터(CDC)를 가지고 있으며 시장 수요에 대응하기 위해 여러 지역 및 국가에 DC를 운영하고 있다. 주요 고객은 GM, Ford, Toyota 등 자동차 생산기업들이다. OEM 업체들에게 모든 주문에 대해 가장 가까운 창고로부터 8일 내 출하를 약속하고 있다. 공급사슬이 갖는 특징은 다음과 같다.

- 동일한 부품이 복수의 조립에 사용된다.
- 원자재와 완성품에 대한 (중국 CDC에서 지역/국가 DC로의) 리드타임이 상당히 길다.

최근 이 기업은 재고 수준이 높고 서비스 수준이 낮은 등 공급사슬이 효과적이지 않다는 것을 인식하고, 기존 공급사슬에 대한 심도 있는 분석을 실시하였다. 그 결과 최종 고객에 대한 엄격한 약속대응시간으로 인해 대부분의 재고가 고객에 가까운 지역/국가 DC에 유지하고 있는 것으로 파악되었다. 이러한 재고관리는 부분 최적화라는 문제를 가져온다. 전체 공급사슬 성과를 위한 최적화라기보다는 해당 지역을 중심으로 부분 최적화 방식의 재고관리가 이루어지고 있다. 결과는 연 3.0회의 낮은 재고회전율을 가지는 공급사슬이었다.

이 문제를 해결하기 위해 이 기업은 공급사슬에 재고를 위치하는 방식(재고 포지셔닝)을 바꾸기로 결정하였다. 기존 프로세스와 새로운 프로세스를 비교한 결과가 〈그림 7-15〉에 나타나 있다. 〈그림 7-15〉에서 파이의 크기는 재고자산 규모를 나타내며, 진한색은 주기재고 연한색은 안전재고를 의미한다. 〈그림 7-15〉에서 볼 수 있듯이 최적화된 공급사슬에서는 80%의 안전재고가 공장 원자재나 지역 DC에 위치하게 된다. 그 비결은 바로 리스크 풀링(Risk Pooling)에 있다. 원자재 재고는 동일한 부품을 사용하는 모든 최종 제품

그림 7-14 Alpha사의 공급사슬

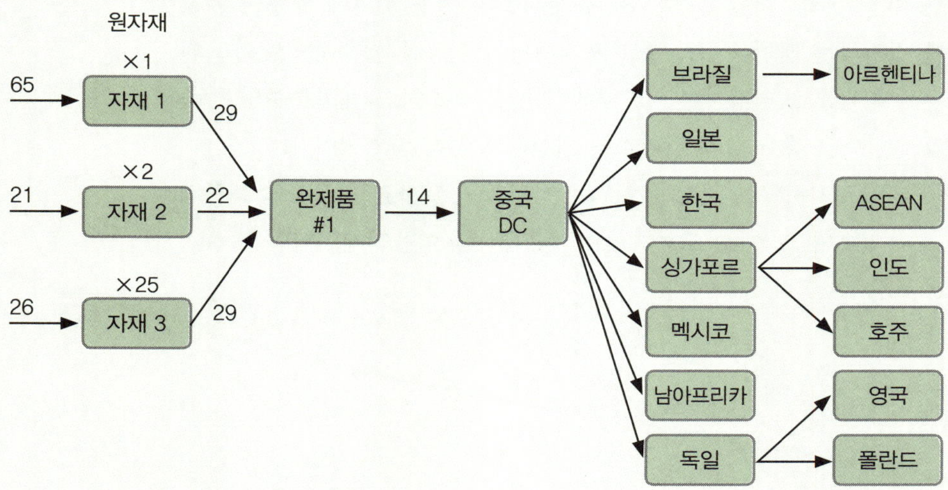

들에 대한 수요를 집중화함으로써 리스크 풀링의 장점을 취하고 있다. 또한 지역 DC는 여러 국가 DC의 수요를 집중화함으로써 리스크 풀링의 장점을 취하고 있다.

Alpha사는 이러한 공급사슬 재고 포지셔닝의 개선을 통해 공급사슬 재고를 감축하고 재고회전율도 연 4.6회로 증가하는 효과를 거두었다.

그림 7-15 재고 포지셔닝의 효과

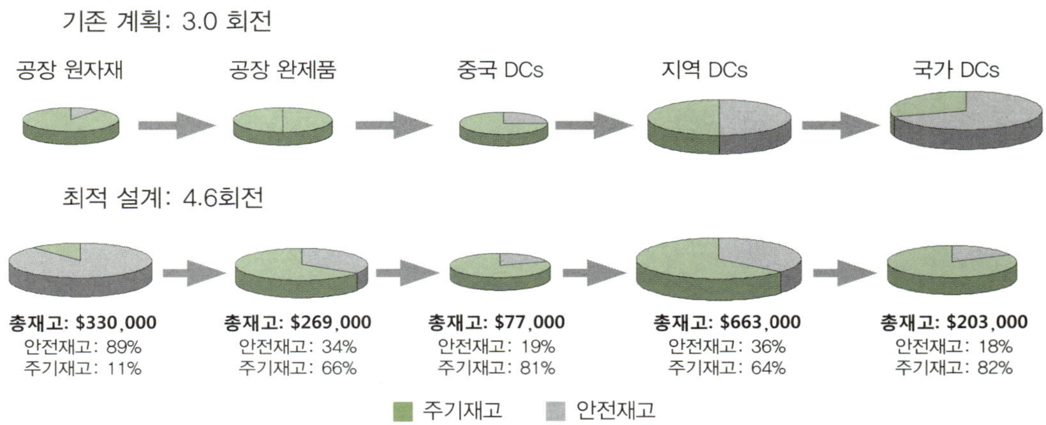

출처: Simchi-Levi, Kaminsky and Simchi-Levi, Designing and Managing the Supply Chain, 3rd Edition, McGraw-Hill, 2008, p. 196.

참고문헌

- Ballou, Ronald H., Business Logistics/Supply Chain Management, 5th Edition, PEARSON, 2004.
- Chopra, Sunil and Peter Meindl, Supply Chain Management, 3rd Edition, Pearson, 2007.
- Lee, Calvin B., Multi-Echelon Inventory Optimization, Evant White Paper, EVANT, 2003.
- Maister, D.H., "Centralization of Inventories and the Square Root Law", International Journal of Physical Distribution, Vol.6 No.3, 1976.
- Simchi-Levi, David, Philip Kaminsky, Edith Simchi-Levi, Designing and Managing the Supply Chain, 3rd Edition, McGraw-Hill, 2008.

제 8 장

공급사슬 프로세스 분석과 설계

Chapter 8

공급사슬의 구조, 프로세스와 관리

공급사슬관리를 보다 구조적으로 이해하려는 시도는 Lambert, Cooper and Pagh(1998)에 의해 이루어졌다. 이들은 공급사슬관리 구조를 ① 공급사슬 구조, ② 공급사슬 비즈니스 프로세스, ③ 공급사슬 관리요소의 3가지 상호 간에 밀접하게 연결된 요소들의 조합으로 개념화하였다.

공급사슬을 효과적으로 관리하기 위해서는 공급사슬의 구조(structure of supply chain), 통합이 요구되는 핵심 프로세스(key processes), 그리고 공급사슬을 성공적으로 관리하기 위한 관리요소(management components)를 파악하는 과정이 필요하다.

공급사슬 구조란 공급사슬의 구성원(members)과 구성원 간의 연결고리(links)로 이루어진 네트워크를 의미한다. 비즈니스 프로세스란 고객에게 가치를 창출하는 특정 산출물을 생산하는 활동들을 의미한다. 관리요소란 공급사슬에 걸쳐 비즈니스 프로세스들을 통합하고 관리하는 관리적 수단들을 의미한다.

공급사슬관리를 적용하기 위해서는 공급사슬 구성원을 파악하고 이중 어떤 구성원들과 중요한 연결고리를 가지고 있는지, 이들 핵심 구성원들과 어떤 프로세스들을 연결해야 하는지, 각 프로세스 연결고리에 어떤 형태/수준의 통합이 이루어져야 하는지를 파악하는 과정이 필요하다.

그림 8-1 공급사슬관리 구조: 구성요소와 핵심 의사결정

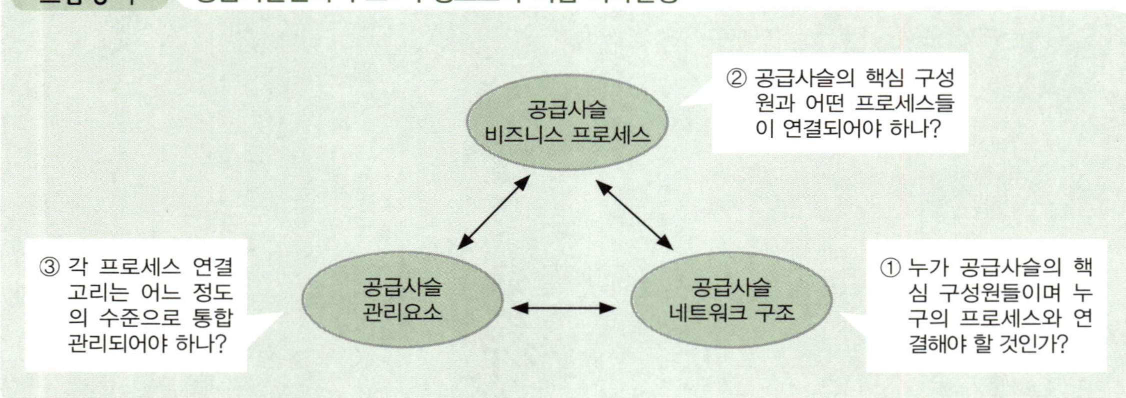

출처: Lambert, Cooper and Pagh(1998).

공급사슬관리는 개별 기업뿐만 아니라 최종 고객을 포함한 전체 공급사슬 네트워크의 경쟁력과 수익성을 극대화하는 것을 추구한다. 결과적으로 공급사슬 프로세스의 통합이나 재설계는 공급사슬 구성원 전체의 프로세스 효율성과 효과성을 추구해야 한다.

1. 공급사슬 네트워크의 구조

공급사슬관리의 핵심요소의 하나는 공급사슬 네트워크가 어떻게 구성되어 있는지를 파악하고 이해하는 것이다.

공급사슬을 관리한다는 것은 매우 복잡한 과제이며, 공급사슬 내의 물류활동을 통해 원산지에서 소비지까지 제품/서비스의 흐름을 관리하는 것도 상당히 어려운 과제이다. 실제 우리가 제품/서비스 상류의 최초의 공급지에 이르기까지 모든 공급자들과 하류로 최종 소비지에 이르기까지 모든 고객들을 관리한다고 상상해보면 이것이 얼마나 어려운 일이라는 것을 쉽게 짐작할 수 있다.

현실적으로 기업들은 모든 구매자/공급자가 동일하지 않다는 점을 인식하고 있으며, 대개 자신들에게 가장 중요한 공급자나 고객에 대해 관심과 투자를 집중시키는 것이 일반적이다.

공급사슬 네트워크의 구조는 ① 공급사슬의 구성원, ② 네트워크의 구조적 차원, 그리고 ③ 공급사슬 간 연결고리의 형태라는 3가지 구조적인 관점에서 설명될 수 있다.

공급사슬의 구성원 파악

네트워크 구조를 결정할 때는 먼저 누가 공급사슬의 구성원(members)인가를 파악할 필요가 있다. 모든 형태의 구성원들을 포함하는 것은 전체 네트워크를 매우 복합하게 만들 수 있다. 즉, 공급사슬의 단계(tier)를 계속 추가하게 되면 구성원의 수는 기하급수적으로 늘어날 수 있다. 공급사슬 전체 구성원들을 연결하는 모든 프로세스를 통합하고 관리하는 것은 거의 불가능하며 사실 바람직하지도 않다. 중요한 점은 어떤 구성원들이 해당 기업과 공급사슬의 성공에 핵심적인가를 파악하고 여기에 관심과 자원을 배분해야 할 필요가 있다는 것이다.

공급사슬의 구성원에는 중심기업(focal company)이 원산지에서 소비지까지 자신의 공급자들이나 고객들을 통해 직접 혹은 간접으로 상호작용을 하는 모든 기업이 포함된다. 이러한 복잡한 네트워크를 보다 관리가 가능하도록 하려면, 이들 구성원들을 주된 구성원과 보조적 구성원으로 구분하는 것이 필요하다.

주된 구성원(Primary Members)

특정 고객이나 시장을 위해 특정 산출물을 생산하도록 설계된 비즈니스 프로세스에서 실질적으로 운영/관리 활동을 수행하는 기업이나 전략적 사업부서

보조적 구성원(Supporting Members)

공급사슬의 주된 구성원들에게 단순히 자원, 지식, 유틸리티 혹은 자산을 제공하는 기업

이들 보조적 구성원들의 역할은 주된 구성원들을 보조하는 것이다. 물론 이들이 제공하는 자원, 지식, 유틸리티, 자산 등도 중요한 역할을 하지만, 최종 고객을 위해 투입물을 산출물로 전환하는 부가가치 프로세스 활동의 수행에 직접적으로 참여하지는 않는다.

물론 동일한 기업이 공급사슬에서 주된 구성원과 보조적 구성원의 역할을 동시에 수행할 수도 있다. 즉, 동일한 기업이 한 프로세스에 대해서는 주된 활동을, 다른 프로세스에 대해서는 보조적 활동을 수행할 수가 있다.

예를 들어, 공급자로부터 중요한 생산설비를 구입하는 OEM 업체를 고려하자. OEM 업체가 신상품을 개발할 경우, 설비 공급자가 새로운 설비를 설계하는 과정에서 상호 밀접한 관계를 가져야 하기 때문에, 공급자는 OEM 업체의 제품 개발 프로세스에 있어서 주된 구성원이 된다. 하지만 생산관리 프로세스에 있어서 공급자는 보조적인 역할만을 수행하게 된다. 비록 공급한 설비는 프로세스의 산출물에 가치를 부가하는 역할을 하지만 설비를 공급하는 활동 자체는 가치를 부여하지 않기 때문이다.

하지만 주된 구성원과 보조적 구성원이 항상 명확하게 구분될 수 있는 것은 아니라는 점을 명심할 필요가 있다. 그럼에도 불구하고 이러한 구분은 관리적인 측면에서 합리적인 수준의 단순화를 달성하면서 이와 동시에 공급사슬에

서 누구를 핵심 구성원으로 고려해야 하는지를 파악할 수 있도록 해 주는 장점이 있다. 이러한 두 가지 구성원 유형을 구분하는 접근방법은 Porter가 제시한 "가치사슬(value chain)" 개념에서 주된 활동과 보조적 활동을 구분한 것과 어느 정도 유사성이 있다고 볼 수 있다.

네트워크의 구조적 차원

공급사슬은 수평적 구조, 수직적 구조, 그리고 중심기업의 수평적 위치의 3가지 차원으로 설명될 수 있다.

수평적 구조(Horizontal Structure)

수평적 구조란 공급사슬을 구성하는 단계(tier)의 수를 의미한다. 공급사슬은 이를 구성하는 단계의 수에 따라 길어지기도 하고 짧아지기도 한다.

수직적 구조(Vertical Structure)

수직적 구조란 각 단계를 구성하는 공급자/고객의 수를 의미한다. 각 단계를 구성하는 업체의 수가 적어지면 좁은 수직적 구조를 갖게 되고, 업체의 수가 많아지면 넓은 수직적 구조를 갖게 된다.

기업의 수평적 위치(Horizontal Position)

특정 기업은 지리적으로 최초 공급원의 근처에 위치할 수도 있고, 최종 고객의 근처나 이들 양자의 중간에 위치할 수도 있다.

물론 기업과 상품/서비스의 특성에 따라 공급 방향으로는 좁고 긴 네트워크 구조를 가지고 고객 방향으로는 넓고 짧은 구조가 결합된 형태를 가질 수도 있다. 예를 들어 어떤 기업이 복수 조달(multiple sourcing)에서 단일 조달(single sourcing)로 정책을 전환하게 되면 공급사슬은 좁은 구조를 가지게 된다. 물류, 제조, 마케팅 또는 상품개발의 아웃소싱은 공급사슬의 구조에 변화를 가져올 수 있는 또 다른 예이다. 이러한 전략은 공급사슬의 길이와 폭을 증가시킬 수 있으며, 공급사슬 네트워크에서 중심기업의 수평적 위치에도 영향을 미치게 된다.

개별기업이 인식하는 공급사슬 네트워크 구조는 해당기업의 관점에 따라 다소 임의적일 수 있다. 하지만 한 기업은 다른 기업의 공급사슬의 구성원이 될

그림 8-2 공급사슬 네트워크의 구조

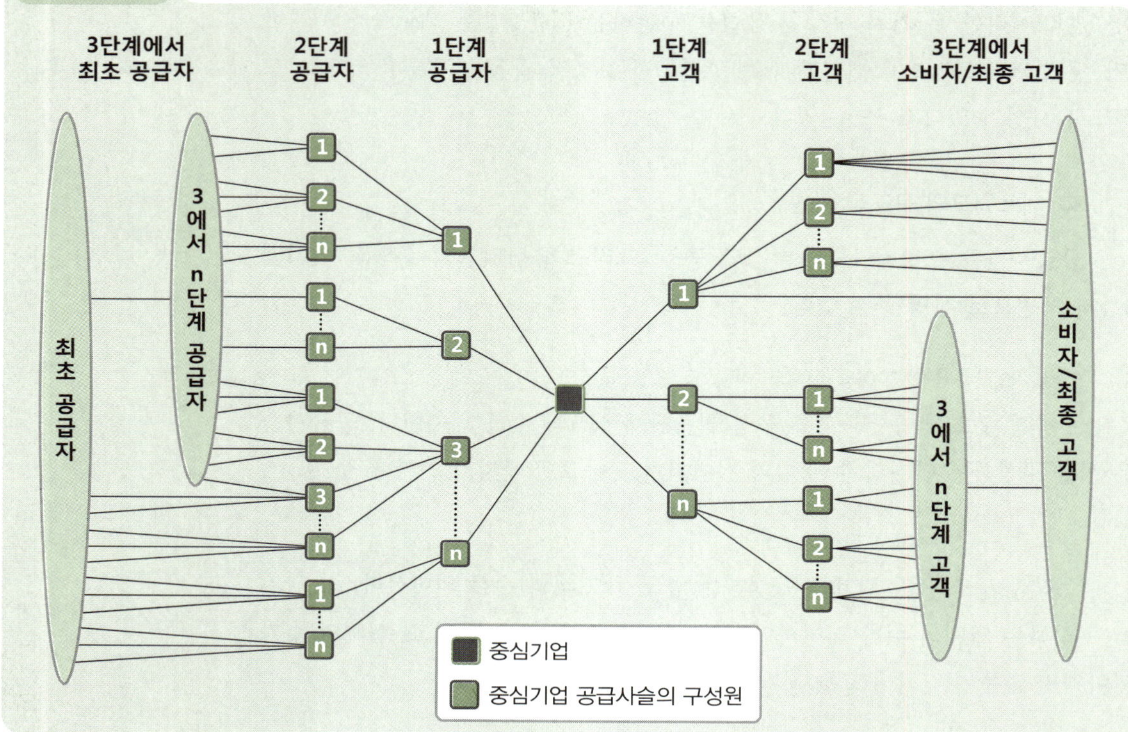

출처: Lambert, Cooper and Pagh(1998).

수 있기 때문에, 무엇보다 상호 간의 역할과 관점을 이해하는 것이 중요하다. 기업 간 비즈니스 프로세스의 통합과 관리는 이것이 각 기업의 관점에서 타당성을 가질 경우에만 성공적으로 추진될 수 있기 때문이다.

비즈니스 프로세스의 연결고리 형태

앞서 언급한 바와 같이 전체 공급사슬에 대한 모든 비즈니스 프로세스를 동일한 수준으로 통합하고 관리하는 것은 거의 불가능하며 사실 바람직하지도 않다. 또한 프로세스 통합의 정도는 프로세스 연결고리의 형태에 따라 다를 수 있다. 나아가 어떤 연결고리가 다른 연결고리보다 더 중요할 수 있다. 결과적으로 공습사슬 전체의 서로 다른 프로세스 연결고리에 한정된 자원을 어떻게 할당할 것인가가 매우 중요한 문제가 된다.

공급사슬 구성원 간 비즈니스 프로세스 연결고리의 형태는 중심기업의 개입 정도에 따라 관리 프로세스 연결고리, 관찰 프로세스 연결고리, 비관리 프로세스 연결고리, 비구성원 프로세스 연결고리 등의 4가지 형태로 구분할 수 있다.

관리 프로세스 연결고리(Managed Process Links)

관리 프로세스 연결고리는 중심기업이 하나 또는 그 이상의 공급자/고객과 직접적으로 연결되어 있는 연결형태를 말한다. 이러한 연결형태는 공급사슬의 다른 기업과 적극적 협력관계(collaboration)를 가지고 있는 경우에 나타난다. 중심기업이 직접적으로 관여하는 이러한 연결형태가 〈그림 8-3〉에서 굵은 선으로 나타나는 관리 프로세스 연결고리이다. 이때 중심기업은 하나 또는 그 이상의 1단계 공급업자/고객과 프로세스를 통합·관리하는 관리 프로세스 연결고리를 가지고 있으며, 1단계 이후의 범위에도 직접적인 관여가 가능한 경우 관리 프로세스 연결고리를 갖게 된다.

관찰 프로세스 연결고리(Monitored Process Links)

중심기업과 직접적으로 관여하지는 않지만 여타 구성원 간에 적절하게 통합·관리될 경우 중심기업에게도 긍정적 영향을 미치는 연결형태가 〈그림 8-3〉에서 굵은 점선으로 나타나는 측정 프로세스 연결고리이다. 이때 중심기업은 이들 프로세스 연결고리가 어떻게 통합되고 관리되는지를 단순하게 관찰하고 점검하는 데 주안점을 두게 된다.

비관리 프로세스 연결고리(Non-managed Process Links)

중심기업이 적극적으로 관여하거나 관찰·점검하기 위해 자원을 할당하지 않는 경우에는 〈그림 8-3〉에서 가는 선으로 나타나는 비관리 프로세스 연결형태를 가진다. 이는 중심기업이 다른 구성원이 프로세스 연결고리를 적절히 운영하고 있다고 신뢰하거나 아니면 자원에 한계가 있어 다른 구성원이 이를 그냥 운영하도록 두는 경우의 프로세스 연결형태이다. 예를 들어, 의류 제조업체는 많은 섬유(纖維) 공급업체와 연결되나 섬유 공급업체를 넘어 잠사(蠶絲)업자까지 통합·관리하지는 않는 것이 일반적이다. 즉, 잠사업자에 대한 관리는 섬유업체에게 맡김으로써 잠사업자와는 비관리 프로세스 연결형태를 유지하게 된다.

비구성원 프로세스 연결고리(Non-member Process Links)

비구성원 프로세스 연결은 중심기업의 공급사슬 구성원과 비구성원 간의 연결형태이다. 실제 경영환경에서는 개별기업이 완전히 독립할 수 없듯이 공급사슬도 완전히 독립적일 수는 없다. 한 공급사슬은 다른 공급사슬의 영향을 받을 수 있으며 중심기업의 공급업자가 또한 경쟁 기업의 공급업자일 수 있다. 따라서 비구성원은 중심기업의 공급사슬에 포함되지 않으나 중심기업과 공급사슬의 성과에 영향을 미칠 수 있다.

기업들은 제품 확보, 품질 향상, 비용 절감 등 공급사슬의 특정한 목표를

그림 8-3 기업 간 비즈니스 프로세스의 연결 형태

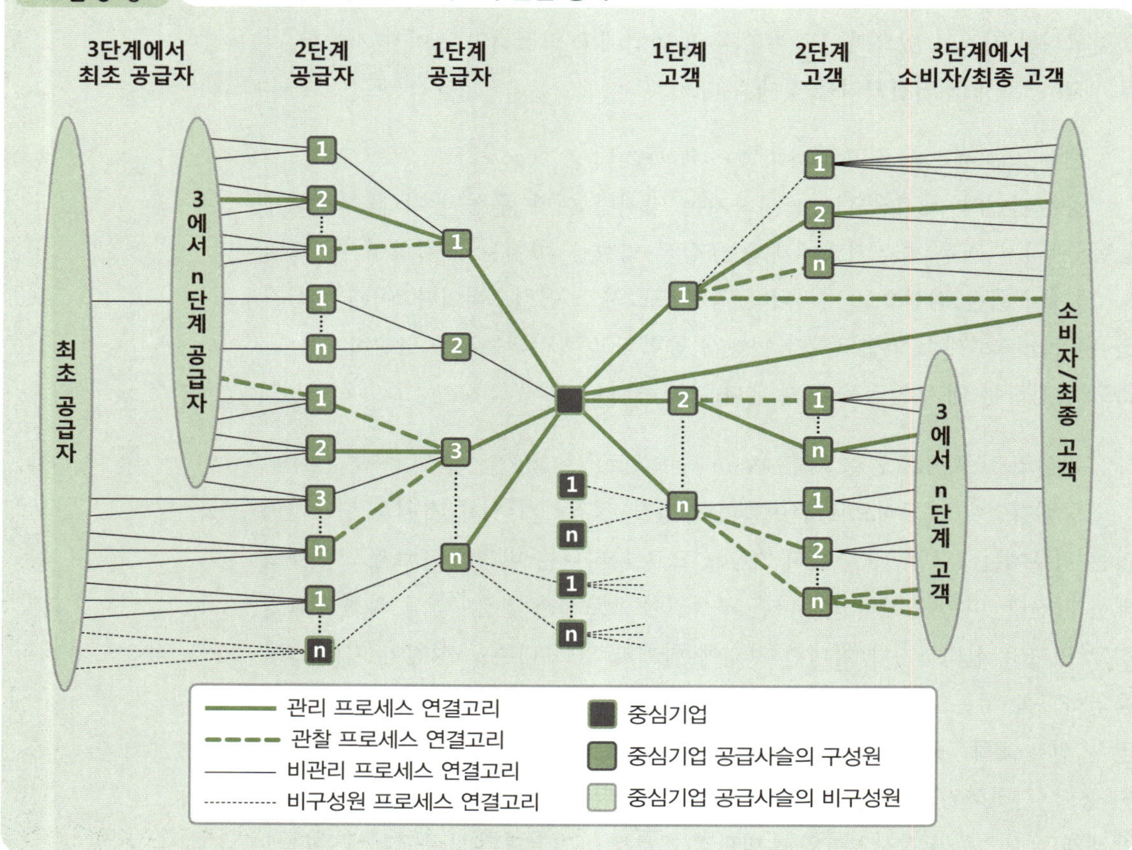

출처: Lambert, Cooper and Pagh(1998).

달성하기 위해 다른 기업 및 프로세스와 관계를 맺을 수 있다. 예를 들어, 포도주 제조업체는 포도 재배업자가 좋은 품질의 포도를 제공할 수 있도록 포도에 대한 연구를 수행할 수 있다. 또한 포도 재배업자는 대개 영세하기 때문에 포도주 제조업체는 우수한 비료업체 또는 농기구 공급업체와 계약을 맺어 저렴한 가격으로 포도 재배업자가 필요한 물품을 구입할 수 있도록 할 수 있다. 결과적으로 포도주 제조업체는 포도 재배업자의 희생 없이 좋은 품질의 포도를 저렴한 가격으로 공급받을 수 있다. 경우에 따라 중심기업은 1단계 공급업체의 범위를 넘어 2단계의 다수 공급업체와 직접 거래할 수 있다. 특히 공급물량의 부족이 발생할 수 있는 상황에서는 이것이 중요한 관계가 될 수 있다.

물론 공급사슬관리의 주요 대상은 관리 프로세스 연결고리이며 중심기업의 자원은 주로 이러한 연결고리에 집중되게 된다. 하지만 비관리 프로세스 연결고리, 관찰 프로세스 연결고리, 비구성원 프로세스 연결고리도 중심기업에 영향을 미치고 또한 다양한 형태의 공급사슬의 통합을 가능하게 해 준다는 점에서 그 중요성을 간과해서는 안 될 것이다.

2. 공급사슬의 비즈니스 프로세스

기업 내부에서는 수많은 활동들이 수행·조정되며, 외부의 다른 기업과 다양한 형태의 공급사슬 관계를 가지게 된다. 두 기업 간에 특정한 관계가 형성되면 그들의 내부활동도 서로 연계되어진다. 또한 이들 기업은 각자가 속한 공급사슬의 다른 구성원과도 내부활동이 서로 연계되어 있기 때문에 이러한 연결고리들이 전체적으로 하나의 공급사슬 네트워크를 형성하게 된다. 예를 들어, 제조업체의 내부 활동은 도매업체의 내부활동과 연계되어 영향을 미치게 되며, 도매업체의 내부활동은 또 다시 소매업체의 내부활동과 연계되어 영향을 미치게 되는 것이다. 성공적인 공급사슬관리를 위해서는 기존의 개별 기능 위주의 관리에서 이들 기능과 활동들이 통합된 비즈니스 프로세스 관점의 관리로의 변화가 필요하다. Global Supply Chain Forum은 공급사슬에 걸쳐 기업 간 연계가 필요한 프로세스를 다음과 같은 8가지 핵심 프로세스로 제시하고 있다(Lambert and Cooper, 2000).

고객관계관리(Customer Relationship Management)

고객관계관리란 핵심 고객과 시장을 파악하고 이들을 위한 프로그램을 개발·적용하는 데 관련된 프로세스이다. 통합된 공급사슬관리를 위한 첫 번째 단계는 조직이 초점을 두어야 할 핵심 고객이나 고객집단을 파악하는 것이다. 이들 핵심 고객과는 대개 성과수준을 명시한 상품/서비스 협약을 수립하게 된다. 고객서비스 팀은 수요변동의 원인을 파악하고 해소하기 위한 노력을 고객과 함께 수행하며, 나아가 고객에게 제공되는 서비스 수준에 대한 분석을 통해 성과평가를 실시한다.

그림 8-4 공급사슬 비즈니스 프로세스

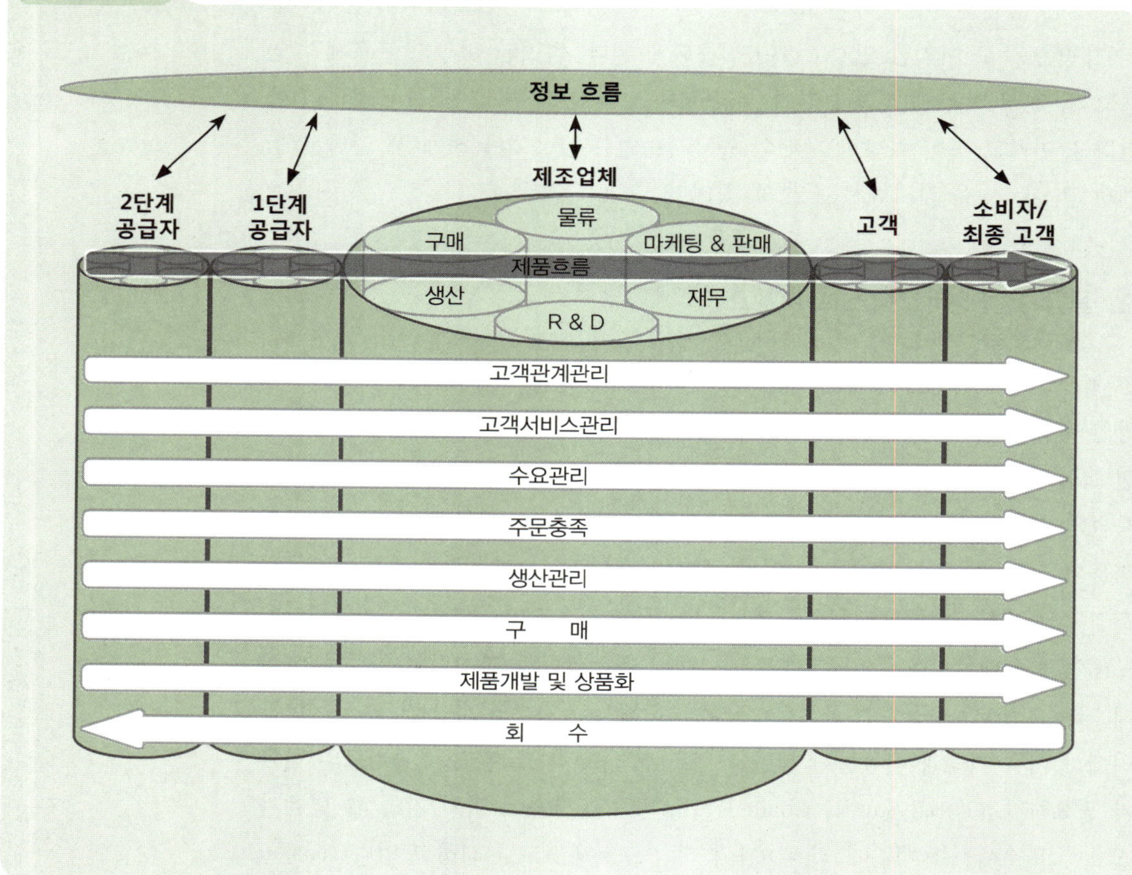

출처: Lambert and Cooper(2000).

고객서비스관리(Customer Service Management)

고객서비스 부서는 고객정보에 대한 단일창구 역할을 수행하며 상품/서비스 협약을 관리하게 된다. 특히 조직 내의 생산, 유통 관련부서와 연계를 통해 제품정보, 가용재고, 납품 일시 등에 대한 정보를 고객에게 실시간으로 제공하는 활동을 수행하게 된다.

수요관리(Demand Management)

수요관리는 자재와 상품의 흐름이 고객 수요와 밀접하게 관련되어 있다는 점을 고려하여, 예측의 정확도와 변동의 감소를 핵심적으로 고려하게 된다. 즉, 수요관리 프로세스는 고객의 요구와 기업의 공급능력에 대해 균형을 맞추는 데 초점을 두게 된다. 수요관리 업무의 중요한 부분은 고객이 무엇을 언제 구매할 것인가를 파악하는 데 있다. 우수한 수요관리시스템은 판매시점관리(POS)와 핵심 고객데이터를 활용하여 불확실성을 감소시키고 공급사슬을 통한 효율적인 흐름을 제공한다. 이를 위해서는 조달, 생산, 마케팅 등 관련 프로세스들이 전사적으로 조정되어야 한다.

주문충족(Order Fulfillment)

효과적인 공급사슬관리를 위해서는 고객의 니즈를 적시에 충족시키는 것이 필요하다. 주문충족 프로세스를 효과적으로 수행하기 위해서는 기업의 생산, 유통, 물류 계획이 통합되어 있어야 한다. 고객 수요를 만족시키고 관련 비용을 절감하기 위해서는 핵심 공급사슬 구성원, 물류업체 등과 파트너십을 개발하는 것이 필요하다.

생산관리(Product Flow Management)

전통적인 재고생산(make-to-stock) 기업의 생산프로세스는 과거의 데이터를 활용한 예측에 기초하여 생산활동과 유통채널을 통한 상품의 공급활동을 수행한다. 제품은 스케줄에 따라 생산되며, 제품믹스의 오류가 발생하거나, 불필요한 재고, 과잉 재고비용, 환적 등이 발생하는 경우가 있다.

공급사슬관리 환경에서는 상품이 고객의 니즈에 기초하여 생산된다. 이 경우 생산프로세스는 시장 변화에 대응할 수 있도록 충분한 유연성을 갖추어야 한다. 생산프로세스는 사이클타임 단축과 고객에 대한 대응성의 향상에 기여할 수 있어야 한다.

구매(Procurement)

구매 프로세스는 전통적인 경쟁 입찰방식이 아닌 전략적 공급자와의 관계에 초점을 두는 방향으로 전환되어야 한다.

생산관리 프로세스와 신상품 개발을 지원하기 위해 공급자와 전략계획을 수립하게 된다. 공급자는 조직에 대한 기여도와 중요도에 따라 몇 개의 카테고리로 구분된다. 운영이 전 세계적으로 이루어질 경우 조달전략도 글로벌 차원에서 수립되어야 한다. 소수의 핵심 공급자 그룹과 장기적인 파트너십을 형성하게 되며, 이를 통해 양자가 편익을 공유하는 상생(win-win) 관계를 추구하게 된다. 핵심 공급자를 설계 사이클의 초기단계부터 참여시킴으로써 상품개발 사이클타임을 획기적으로 단축시킬 수 있다. 이러한 초기 공급자 참여는 설계와 완료되기 전 엔지니어링 및 구매부서, 그리고 공급자 간에 조정을 위해 소요되는 시간을 단축시킬 수 있게 해 준다.

이러한 구매기능을 수행하기 위해서는 EDI, 인터넷을 통해 정보가 신속하게 전단될 수 있는 의사소통 역량을 확보해야 한다. 앞으로 구매 관리자는 전통적인 주문처리에 관련된 업무보다는 공급자를 전략적으로 관리하는 데 초점을 두어야 할 필요가 있다.

제품개발 및 상품화(Product Development and Commercialization)

신제품은 기업의 지속 가능한 성공의 원천이 되기 때문에 제품개발 또한 중요한 관리요소이다. 제품이 시장으로 출시되는 시간을 단축하기 위해서는 제품개발 프로세스에 있어서 고객과 공급자가 긴밀히 통합되어 있어야 한다. 상품의 수명주기가 단축되면서 보다 더욱 짧은 시간에 적절한 제품을 개발하고 출시하는 것이 중요해지고 있다. 이 프로세스의 관리자는 고객관리부서와 협력하여 고객의 니즈를 적시에 파악하고, 구매부서와 협력하여 적절한 자재와 공급자를 선택하고, 생산을 위한 기술을 개발하고, 나아가 고객으로의 최적의 공급사슬 흐름을 달성하기 위해 관련 프로세스를 통합하는 데 노력을 기울여야 한다.

회수(Returns)

최근 환경문제가 중요해지면서 회수채널의 관리가 고객으로의 공급사슬을 관리하는 것 못지않게 지속 가능한 경쟁우위의 확보를 위해 중요해지고 있다.

기업 간에 통합·관리되어야 할 비즈니스 프로세스의 수는 여건과 환경에 따라 변할 수 있다. 어떤 기업은 단일 핵심 프로세스를 연결하는 것이 적합할 수 있고, 다른 기업은 복수 내지 모든 핵심 프로세스를 연결하는 것이 적합할 수 있다. 하지만 모든 경우에 있어서 관리는 어떤 핵심 프로세스를 통합·관리할지를 철저히 분석하고 토론하는 것이 중요하다.

3. 공급사슬의 관리요소

공급사슬의 관리요소는 공급사슬관리 구조의 3번째 요소이다. 공급사슬관리 구조의 기본적인 가정은 모든 비즈니스 프로세스와 공급사슬 구성원에게는 공통되는 관리요소들이 존재한다는 것이다.

이러한 관리요소들은 각 프로세스 연결고리가 어떻게 통합·관리되어야 할지를 결정하기 때문에 성공적인 공급사슬관리의 구축에 매우 중요한 역할을 하게 된다.

이러한 관리요소는 그 특성에 따라 크게 2개의 그룹으로 구분될 수 있다. 첫 번째 그룹은 물리적·기술적 관리요소로, 측정가능하며, 변경이 용이한 유형의 관리요소들을 포함한다. 두 번째 그룹은 관리적·행동적 관리요소로, 평가나 변경이 어려운 무형의 관리요소들을 포함한다. 관리적·행동적 관리요소는 조

표 8-1 | 공급사슬의 관리요소

물리적·기술적 관리요소	관리적·행동적 관리요소
• 계획과 통제 • 업무흐름/활동구조 • 조직구조 • 의사소통/정보흐름 구조 • 상품흐름 구조	• 관리방법 • 파워와 리더십 구조 • 위험과 보상 구조 • 문화와 태도

출처: Lambert, Cooper and Pagh(1998).

직의 행동을 정의하며, 물리적·기술적 관리요소가 어떻게 적용될 수 있을 것인지에 대해 영향을 미치게 된다. 만일 관리적·행동적 관리요소가 공급사슬의 목적과 운영을 지원할 수 있도록 조직의 행동을 유도하거나 강화하지 못하게 되면, 공급사슬의 경쟁력과 수익성이 저하되게 된다. 만일 하나 또는 그 이상의 물리적·기술적 관리요소가 변경되게 되면, 관리적·행동적 관리요소도 이에 따라 조정되어야 한다. 결론적으로, 성공적인 공급사슬관리는 이들 관리요소와 상호의존성을 잘 이해하는 데서 출발하게 된다.

이러한 관리요소는 기업이 당면한 경영여건에 따라 달라질 수 있으나, 대개 〈표 8－1〉과 같이 9가지 관리요소로 구분할 수 있다.

운영의 계획과 통제(Planning and Control of Operations)

운영의 계획과 통제는 조직과 공급사슬이 지향해야 할 바람직한 방향을 제시하는 역할을 한다.

업무구조(Work Structure)

업무구조는 기업이 과업(tasks)과 활동(activities)을 어떻게 수행할 것인지를 결정하게 된다.

조직구조(Organizational Structure)

조직구조는 공급사슬에 걸친 프로세스의 통합 수준에 영향을 받는다. 프로세스 지향적인 조직구조의 예로 여러 부서가 참여하는 팀의 운영을 들 수 있다. 이러한 팀이 조직의 경계를 넘어 여러 기업이 참여하는 형태를 가질 경우, 공급사슬은 보다 통합적인 형태를 띠게 된다.

상품 흐름구조(Product Flow Facility Structure)

상품 흐름구조는 공급사슬에 걸친 조달, 생산, 유통활동을 위한 네트워크 구조를 의미한다. 예를 들어, 특정 기업이 재고의 감축을 통해 창고의 소요를 줄이는 효과를 얻을 수 있다. 하지만 시스템 전체에는 일정 분의 재고가 필요하기 때문에 타 공급사슬 구성원이 필요 이상의 재고를 유지하게 될 가능성이 있다. 특정 기업이 완제품보다 비용이 낮은 재공품의 재고를 보다 많이 가지게 되면, 상류의 기업들에게 추가적인 비용부담을 초래할 가능성이 있다. 따라서 공급사슬 전체의 관점에서 네트워크를 합리화하게 되면 구성원 모두에게 편익을 가져다 줄 수 있는 방안을 도출할 수 있다.

정보 흐름구조(Information Flow Facility Structure)

대부분의 전문가들이 정보 흐름구조를 성공적인 공급사슬관리의 핵심요소로 지적하고 있다. 구성원 간에 전달되는 정보의 유형과 정보갱신의 빈도는 공급사슬의 효율성에 중요한 영향을 미치게 된다. 정보흐름은 공급사슬을 통합하기 위해 가장 우선적으로 고려해야 할 요소라 할 수 있다.

관리방법(Management Methods)

관리방법에는 기업의 철학과 관리기법이 포함된다. 서로 다른 조직구조를 가지고 있는 기업들의 관리수단을 통합한다는 것은 사실 매우 어려운 일이다. 운영에 대한 관리수준도 공급사슬 구성원마다 다를 수 있다.

파워와 리더십구조(Power and Leadership Structure)

파워와 리더십구조는 공급사슬의 형태에 영향을 미친다. 강력한 리더의 존재는 공급사슬의 방향을 주도하게 된다. 실제로 대부분의 공급사슬에는 하나 또는 둘 정도의 강력한 리더가 존재하고 있는 것으로 나타나고 있다.

위험과 보상구조(Risk and Reward Structure)

공급사슬에 걸친 위험과 보상의 공유에 대한 기대 정도는 구성원의 장기적인 참여 수준에 영향을 미치게 된다.

문화와 태도(Culture and Attitude)

기업문화(corporate culture)의 중요성과 공급사슬 구성원 간의 조화 또한 간과될 수 없는 요소이다. 문화와 개별 조직 구성원의 태도(attitude)를 조화시키는 노력은 많은 시간이 소요지만 구성원들이 하나의 사슬로 운영되기 위해 반드시 필요한 분야이다.

SCOR 모델의 활용

1. SCOR 모델의 개요

Supply-Chain Operations Reference(SCOR) 모델은 SCC(Supply Chain Council)에서 개발하여 보급하고 있는 공급사슬 프로세스 분석 및 설계 모델이다. SCOR 모델은 해당 기업의 공급업체로부터 고객에 이르기까지 계획, 조달, 생산, 배송(혹은 인도), 회수 등이 이루어지는 공급사슬을 통합적으로 분석하고 설계하는데 초점을 두고 있다.

SCOR 모델에서는 개별 기업의 공급사슬 프로세스가 계획(plan), 조달(source), 생산(make), 배송(deliver), 회수(return)의 5가지 프로세스로 구성된다고 정의하고 있다. 특정 기업의 조달 프로세스는 공급자의 배송 프로세스 그리고 배송 프로세스는 고객의 조달 프로세스와 연결을 통해, 공급자 및 고객 공급사슬과 연결된다. 그리고 기업의 공급사슬 전략에 따라 공급사슬의 범위가 달라지며, 경우에 따라 공급자의 공급자, 고객의 고객까지, 혹은 그 이상까지 공급사슬의 범위가 확대될 수 있다.

그림 8-5 SCOR 모델의 공급사슬 프로세스

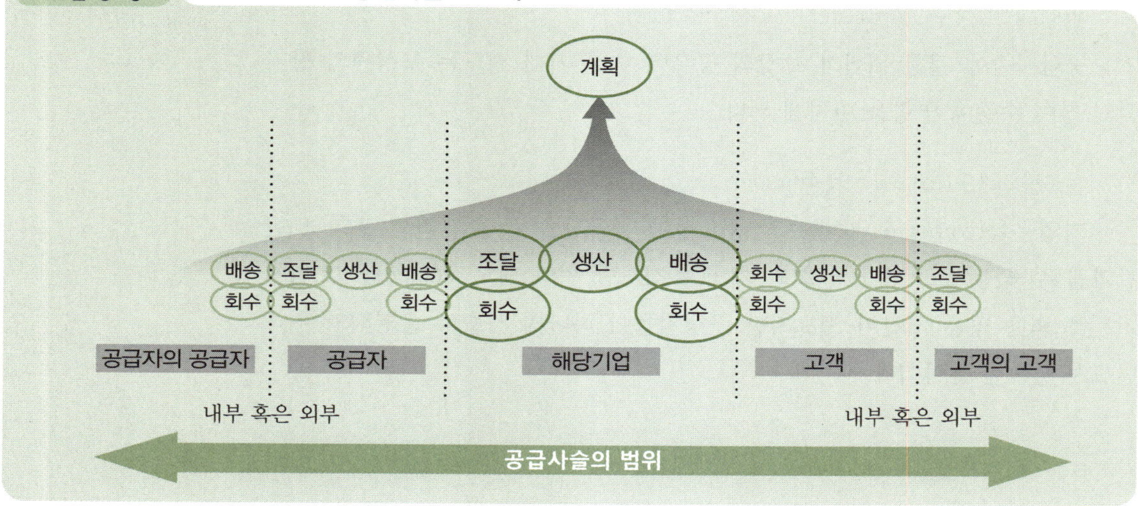

출처: Supply Chain Council.

2. Process Reference Model

SCOR 모델은 Process Reference Model이다. Process Reference Model이란 기존의 리엔지니어링(BPR), 벤치마킹(benchmarking), 혁신사례(best practices) 분석의 개념을 하나로 통합한 모델이다. BPR은 공급사슬의 AS-IS 프로세스를 파악하고 TO-BE 프로세스를 도출하는 데 활용되는 방법이고, 벤치마킹은 유사기업의 운영성과를 계량화하고 Best-in-class 기업을 기준으로 자사의 목표를 설정하는 데 활용되는 방법이며, 혁신사례 분석은 Best-in-class 성과를 가져온 경영전략, 기법, 솔루션 등에 대한 특징을 분석하는 방법이다. Process Reference Model은 이들 방법을 하나로 통합하고, 프로세스 요소, 성과지표, 혁신사례 등을 함께 제시함으로써 모델의 적용성(applicability)을 높인 것이 가장 큰 장점이라 할 수 있다.

그림 8-6 Process Reference Model

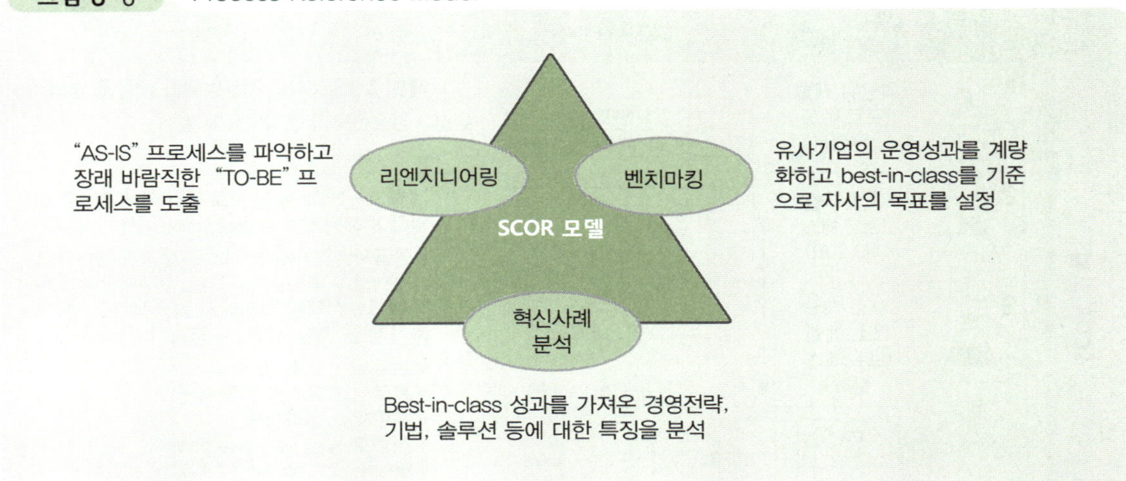

3. SCOR 모델의 구조

SCOR 모델의 구조는 3 레벨로 이루어져 있다. 레벨 1은 전략적 성과레벨이다. 공급사슬(계획, 조달, 생산, 판매 및 배송 프로세스) 전반의 효과성을 측정하며 개선목표가 설정된다. 기업이 모든 레벨 1 성과지표에 대해 최우수를 추구할 필요는 없다. 대개 기업은 하나 내지 두 가지의 핵심 공급사슬 프로세스에 대해 최우수 수준의 성과를 추구하며 나머지는 평균 내지 우수수준 정도의 성과를 유지하는 것이 일반적이다.

레벨 2는 공급사슬의 구성(configuration) 레벨이다. 이 레벨에서는 기업이 계획, 조달, 생산, 판매하는 제품의 유형을 고려하여 공급사슬을 구성하게 된다. 공급사슬은 레벨 1에서의 설정된 전략적인 목표를 지원할 수 있도록 구성되어야 한다. 공급사슬의 구성을 위해 제품유형별로 정의된 프로세스 카테고리(category)를 활용하게 된다.

레벨 3은 프로세스 요소(element) 레벨이다. 이 레벨에서는 레벨 2에서 구성된 공급사슬의 프로세스 카테고리별로 하위 프로세스 절차와 요소를 정의하

그림 8-7 SCOR 모델의 구조

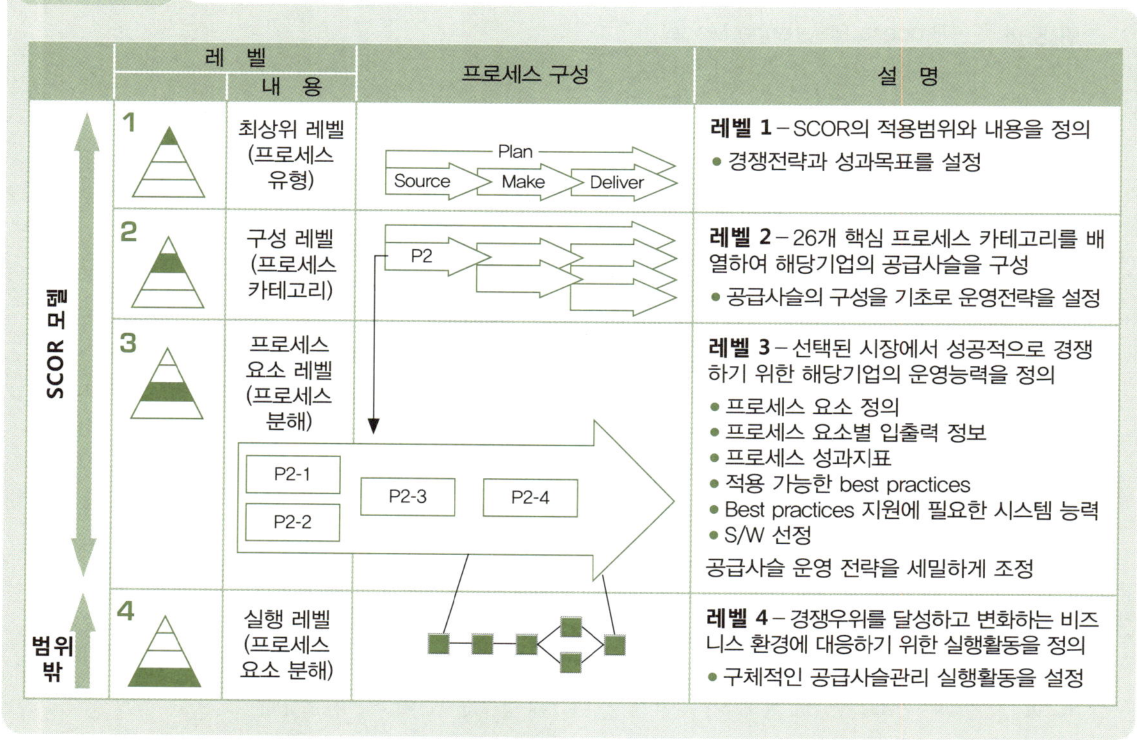

출처: Supply Chain Council.

고, 생산/구매방식, 세부적인 조달계획의 수립, 공급자에 대한 계약관리, 검품, 제품의 생산/테스트 방법, 기술관리, 예측, 고객주문관리 등 세부적인 실행전략을 구성하게 된다.

4. 공급사슬 성과지표와 스코어카드

SCOR 모델 중 경영전략과 성과목표를 설정하는 레벨 1에서 사용하는 공급사슬 성과는 배송의 신뢰성, 대응성, 유연성, 비용, 자산 분야의 12개 성과지표에 대해 측정되며, 이 중 6개는 고객만족 성과를 측정하는 고객지향 성과지표이며 다른 6개의 지표는 비용성과 및 자산성과를 측정하는 내부지향 성과지표이다.

이렇게 측정된 성과지표는 공급사슬 스코어카드로 작성되어 개별 기업의 벤치마킹을 위한 자료로 활용된다.

공급사슬 스코어카드는 4개의 수준으로 구분된다. 먼저 최우수(best in class) 수준은 해당 지표에 대한 상위 20%에 해당하는 기업들의 성과를 나타내

그림 8-8 SCOR 모델의 공급사슬 성과지표

	성과지표	고객지향	내부지향
배송 신뢰성	• 배송성과 • 충족률 • 완전주문충족	✓ ✓ ✓	
대응성	• 주문충족 리드타임	✓	
유연성	• 공급사슬 대응시간 • 생산 유연성	✓ ✓	
비 용	• 총공급사슬관리비용 • 부가가치 생산성 • 보상 및 반품처리비용		✓ ✓ ✓
자 산	• 현금화 사이클타임 • 공급재고일수 • 자산회전율		✓ ✓ ✓

출처: Supply Chain Council.

그림 8-9 공급사슬 스코어카드

공급사슬 스코어카드		공급사슬성과				
구 분	성과지표	0%~20% Major Opportunities	20%~40% Disadvantage	40%~60% Average	60%~80% Advantage	80%~100% Best-in-class
공급사슬 신뢰성	배송성과 주문충족 리드타임 충족률			xx % xx days xx %		
	완전주문충족			xx %		
유연성 대응성	공급사슬 대응시간			xx days		
	생산 유연성			xx days		
비 용	총공급사슬관리비용			xx %		
	보상 및 반품처리비용			xx %		
	부가가치 생산성			$ xxx K		
자 산	공급재고일수 현금화 사이클타임			xx days xx days		
	순자산 회전율			xx turns		

출처: Supply Chain Council.

며, 우수(advantage) 수준은 해당 지표에 대한 평균 또는 중앙값 이상에 해당하는 경우이고, 평균(average 또는 median) 수준은 해당 지표에 대한 평균 또는 중앙값을 나타내며, 열등(disadvantage) 수준 이하는 평균 또는 중앙값에 미치지 못하는 경우로 개선의 필요성이 있다는 것을 의미한다.

5. 공급사슬 프로세스의 구성과 분석

앞서 설명한 바와 같이 SCOR 모델을 적용하기 위해서는 레벨 2의 프로세스 카테고리와 레벨 3의 프로세스 요소를 활용하여 현재와 장래 공급사슬을 구성하고 분석하는 과정이 필요하다.

SCOR 모델은 제품 유형을 재고 생산형(MTS, Make-to-Stock), 주문 생산형(MTO, Make-to-Order), 그리고 주문 설계형(ETO, Engineer-to-Order) 3가지로 구

그림 8-10 공급사슬 프로세스의 구성

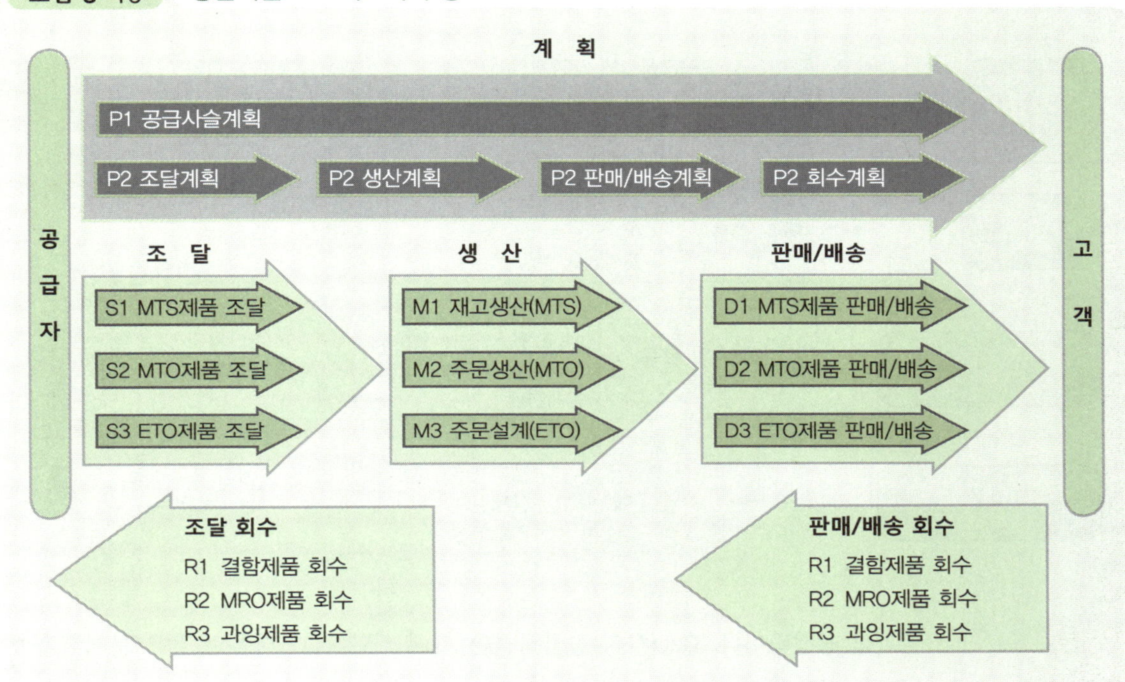

출처: Supply Chain Council.

분하고 있다. 제품 유형에 따라 조달, 생산, 판매 및 배송 등 공급사슬 프로세스가 다르게 나타나기 때문에, SCOR 모델에서는 제품 유형별로 프로세스 카테고리(category)를 다르게 정의하고 있다.

나아가 SCOR 모델에서는 모든 프로세스 카테고리(category)에 대해 이를 구성하는 "표준적인" 프로세스 절차와 요소(elements)를 제시하고 있다.

6. SCOR 모델 적용사례

Beta사는 소비자 전자제품의 설계, 제조, 유통을 수행하고 있는 우량기업이다. 현재 북미지역뿐만 아니라 전 세계 50개국을 대상으로 영업활동을 하고 있으며, 북미시장에서 가장 높은 시장점유율을 보이고 있다. 생산되는 제품들은 소비자에게 프리미엄 브랜드로 인지되고 있으며, 제조분야가 이 기업의 핵

그림 8-11 SCOR 프로젝트 수행절차

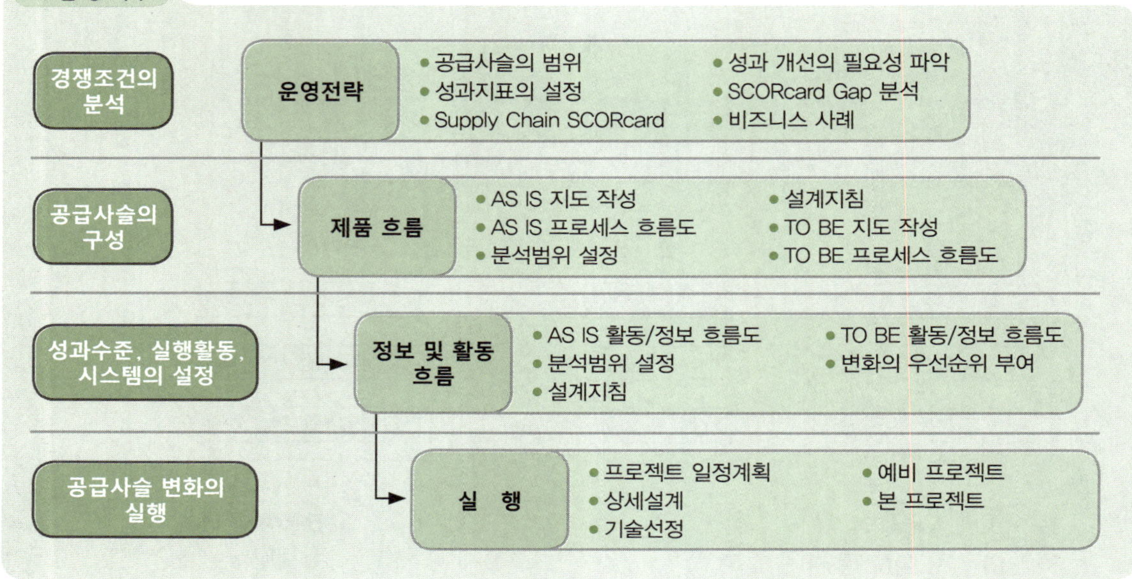

심 경쟁력이다. Beta사의 공급사슬은 자체 진단 결과 다음과 같은 문제점을 안고 있는 것으로 파악되었다.

- 브랜드 프리미엄에도 불구하고, 20%의 매출액 감소가 발생
- 미국 외 50개국에 대한 매출액이 전체 매출액의 10% 미만을 차지
- 생산부문의 경쟁력에도 불구하고, 제품의 절반 정도는 외부에서 설계되고 있으며, 70% 정도는 외부에서 생산되고 있음
- 공급사슬성과에 많은 문제점이 나타남

Beta사의 SCOR 프로젝트는 〈그림 8－11〉과 같이 4단계의 절차를 통해 추진되었다.

공급사슬 스코어카드와 갭 분석

공급사슬 스코어카드(scorecard)를 이용하여 Beta사의 성과를 평가한 결과는 〈그림 8－12〉와 같다.

성과측정 결과를 보면 이 회사가 어떤 형태로든지 변화가 필요하다는 것

그림 8-12 공급사슬 스코어카드와 갭 분석

공급사슬 스코어카드		공급사슬성과				
구 분	성과지표	0%~20% Major Opportunities	20%~40% Disadvantage	40%~60% Average	60%~80% Advantage	80%~100% Best-in-class
공급사슬 신뢰성	배송성과		■			
	주문충족 리드타임	■				
	충족률		■			
	완전주문충족		■			
유연성 대응성	공급사슬 대응시간	■				
	생산 유연성		■			
비 용	총공급사슬관리비용		■			
	보상 및 반품처리비용	■				
	부가가치 생산성		■			
자 산	공급재고일수		■			
	현금화 사이클타임	■				
	순자산 회전율		■			

을 보여주고 있다. 고객이 요청한 시일 내에 제품을 배송하지 못하는 상황이 계속 발생하고 있으며 배달된 주문내역에서도 오류가 발생되고 있다. 주문충족 리드타임이 너무 길고 총공급사슬 대응시간이 과다하게 나타나고 있으며 생산측면의 대응도 유연성이 떨어지고 있다.

전반적인 공급사슬 벤치마킹에서 나타난 바와 같이, Beta사의 프로세스에 대해서는 과감한 프로세스 개선이 필요한 것으로 나타났다. 브랜드 프리미엄에도 불구하고 20%의 매출감소가 발생하였으며 미국 외의 50개국에 대한 매출실적이 전체의 10% 미만을 차지하고 있다. Beta사가 보여주고 있는 생산부문의 경쟁력에도 불구하고 제품의 절반 정도는 외부에서 설계되고 있으며, 70% 정도는 외부에서 생산되고 있어서, 공급사슬 운영 전반에 대한 심층적인 검토가 필요한 것으로 판단되었다.

공급사슬의 구성: AS-IS

Beta사의 공급사슬은 필요에 따라 부분적으로 구축되어 왔다. 캘리포니아에 위치한 수입창고를 통해 지역별로 산재한 상류(上流)의 OEM 업체와 멕시코에 위치한 2개의 공장에 원자재를 공급하는 공급자들이 태평양 연안의 여러 국가들에 흩어져 있으며, 국내 공급업체들은 직접 멕시코 공장이나 상류의 OEM 업체에게 납품하는 방식을 취하고 있다. 공장에서 출하되는 완제품과 캘리포니아의 수입창고로 도착하는 제품은 이를 대리점과 다른 소매업체 그리고 하류(下流)의 OEM 업체로 배송을 담당하는 2개의 배송센터로 보내지고 있다.

레벨 1에서 전반적인 공급사슬 성과를 측정한다면, 레벨 2, 3에서는 공급사슬 구조와 프로세스를 분석하게 된다.

Beta사의 OEM 구매를 관리하는 부서(S2)는 OEM의 수와 주문량을 관리하는데 애로를 겪고 있었다. 뿐만 아니라 자체 공장은 이들 OEM과 부품공급에 있어 경쟁을 해야만 했다.

각 공장은 독립된 주문계획(P2) 프로세스를 가지고 있었으며 OEM 조달에

그림 8-13 공급사슬의 구성: AS-IS 지도

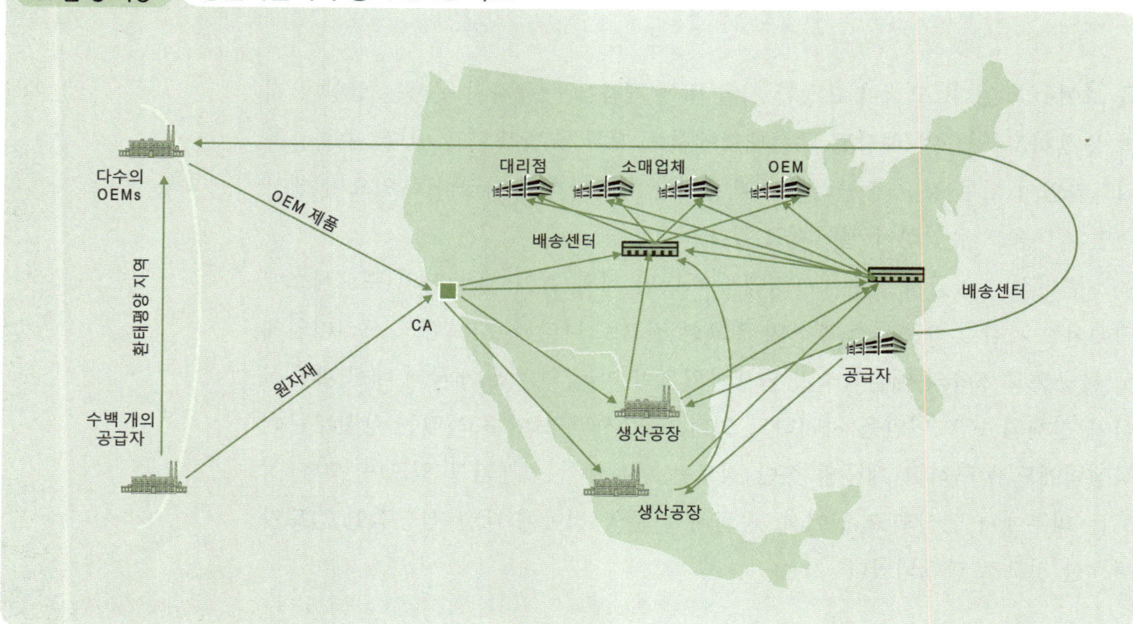

그림 8-14 공급사슬의 구성: AS-IS 프로세스

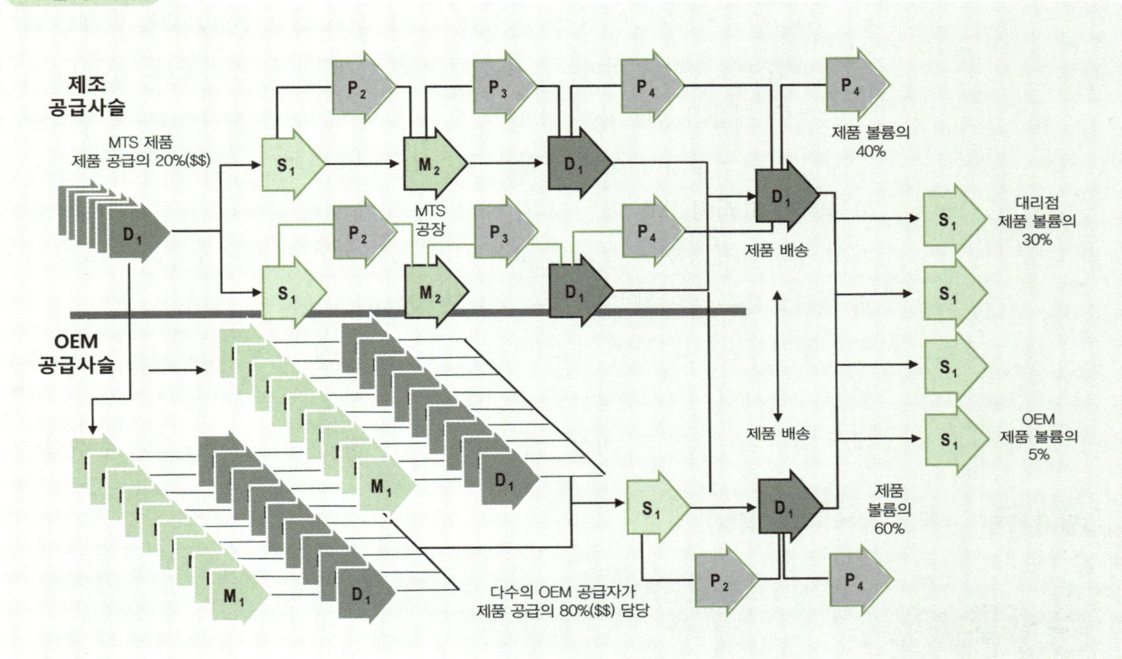

대한 계획도 별도로 이루어지고 있었다. 부서 간에 이들 업무에 대한 조정이 거의 이루어지지 않고 있으며, 모든 계획 프로세스(P2 조달계획, P3 생산계획, P4 판매 및 배송계획)를 조정하는 조직도 결여되어 있었다. Beta사는 장기 생산능력 및 자원(P0 인프라계획) 이나 공급/수요조정(P1 공급사슬계획)에 대한 계획을 가지고 있지 않았다. 나아가 이러한 계획 프로세스가 고객과 연계되어 있지 않아 판매시점에서의 수요의 특성이나 상품의 흐름에 대한 이해가 결여되는 결과를 가져왔다.

또한 Beta사는 불필요하게 많은 유통경로를 유지하고 있으며, 자체 소매채널뿐만 아니라 많은 수의 도매업체와 소매업체를 통해 판매를 하고 있었다. 계획기능의 결여, 부품의 부족 등으로 인해 유통채널에 대한 제품의 공급이 부족할 경우에는 자체 소매채널에 우선 공급하기 때문에 타 도매업체나 소매업체로는 공급부족이 초래되기도 하였다. 이처럼 유통채널을 관리하는 데도 어려움을 겪고 있었다.

공급사슬의 목표 설정

이상과 같이 SCOR Model을 통해 공급사슬의 전반적인 문제를 이해한 Beta사는 레벨 1에 대한 벤치마킹을 통해 기존의 경쟁전략을 재수정하기로 하였다.

기존 제품과 신제품을 포함한 모든 제품라인에 대해 Beta사는 공급사슬 신뢰성과 유연성의 개선에 초점을 두기로 결정하였다. 재고 및 자산관리도 중요하지만 고객에 대한 제품의 지속적인 공급이 보다 중요하다고 판단하여 원자재와 생산설비 분야에 투자를 하기로 하였다. 기존 제품에 대해서는 비용 절감과 현금흐름을 개선한다는 추가 목표를 설정하였다.

공급사슬 신뢰성과 대응성(responsiveness)에 대해 Beta사는 성과지표를 열등 수준에서 우수 수준으로 개선하기로 하였다. 비용에 대해서는 열등 수준에서 최우수 수준으로, 자산 활용에 대해서는 평균 수준을 추구하기로 하였다.

그림 8-15 공급사슬의 목표 설정

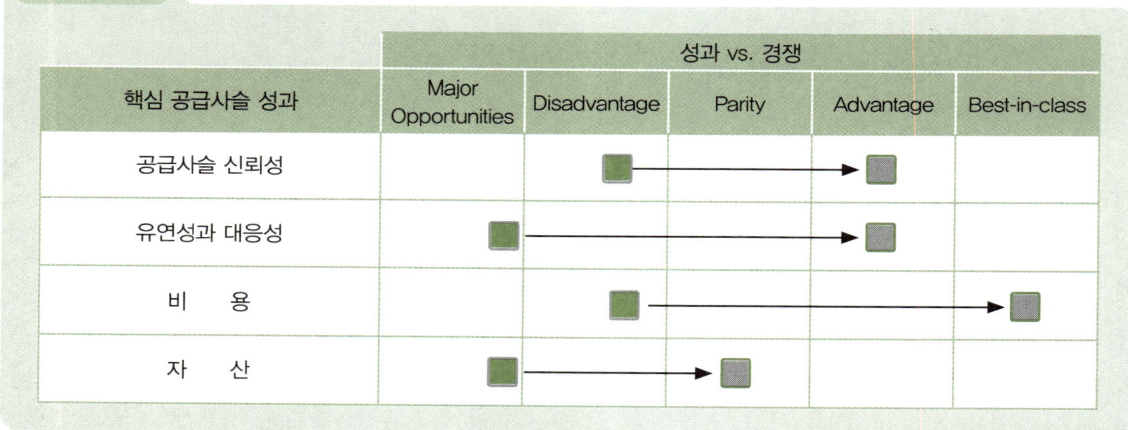

공급사슬 개선 전략

무엇보다 Beta사는 모든 고객을 전부 만족시킬 수는 없다는 사실을 인지하고 고수익 시장에 초점을 두기로 하였다. 이를 위해 전 제품을 평가하여 경쟁력이 없는 제품을 포기하고 핵심 제품에 역량을 집중하기로 하였다. 기존의 복잡한 유통채널을 평가하여 유통채널의 수를 적정 수준으로 조정하기로 하였다. 또한 기존에 지역별로 산재되어 있는 북미 내의 유통네트워크를 적정 수로 조정하기로 하였다.

다음으로 원자재의 품질과 가용성(availability)을 높이기 위해 공급업체의 수를 줄이고 핵심 공급업체와 연계를 강화하는 방향으로 조달방식을 단순화하기로 하였다. 제조에 있어서는 OEM 조달을 대폭 축소하고 거의 모든 제품을 자체 생산방식으로 전환하기로 하였다. 이는 Beta사가 기존 제품 생산라인을 통합하여 플랫폼(platform) 제품—부품 수를 줄이고 비교적 단순하지만 많은 부품 또는 부품시스템을 플랫폼 제품에 공동으로 활용할 수 있는 제품군—을 생산하기 위해 요구되는 조건이었다. 또한 이들 제품 플랫폼과 생산 프로세스를 유연하게 하고, 특히 대부분의 플랫폼에 공동으로 이용될 수 있는 생산 프로세스를 설계하기 위한 엔지니어링 측면의 개선을 하기로 하였다.

유통 분야에 있어서는 기존 유통채널의 수를 줄이는 것과 함께 무엇보다 신뢰성을 높이는 것이 요구되었으며, 이를 위해 제품의 출시 및 납기에 대한 약속을 지켜야만 했다. Beta사의 공급사슬 분석결과에 의하면 5대 고객이 전체 매출의 80%를 점유하고 있는 것으로 나타나, 이들 고객과 VMI(Vendor Managed Inventory) 시스템을 도입하는 것이 필요한 것으로 나타났다.

마지막으로 Beta사는 결여된 공급사슬 및 인프라 계획, 공급/수요 조정기능을 보강하기 위해 ERP(Enterprise Requirements Planning) 시스템을 도입할 필요가 있는 것으로 나타났다.

이러한 전략방안의 달성을 돕기 위해 Beta사는 레벨 1에 해당하는 목표 성과지표를 설정하여 이를 연도별로 평가하기로 하였다.

공급사슬의 구성: TO-BE

〈그림 8-16〉에서 보는 바와 같이 재구성된 공급사슬은 보다 단순한 형태를 띠고 있다.

재구성된 Beta사의 공급사슬 구조와 프로세스는 이전에 비해 명확히 단순화된 모습을 보여주고 있다.

공급업체, OEM, 채널, 시설의 통합과 함께 A사는 총공급사슬계획을 도입하였다. 이를 통해, 예를 들면, OEM 제품의 크로스 도킹을 도입하고 보다 소량·다빈도의 배송을 실현할 수 있게 되었다.

그림 8-16 공급사슬의 구성: TO-BE 지도

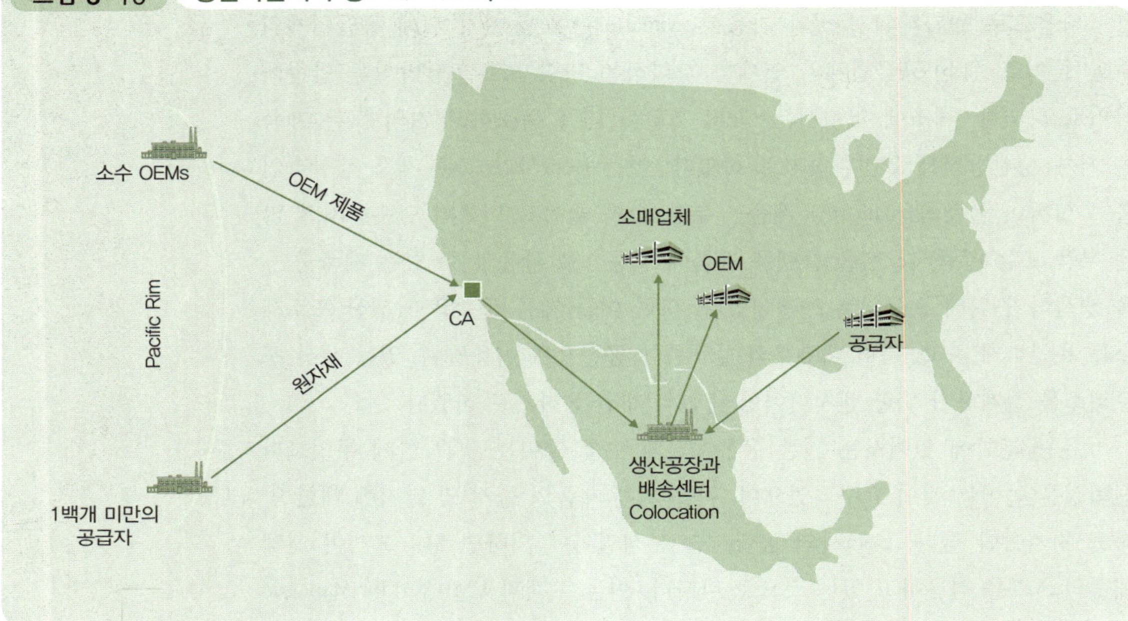

그림 8-17 공급사슬의 구성: TO-BE 프로세스

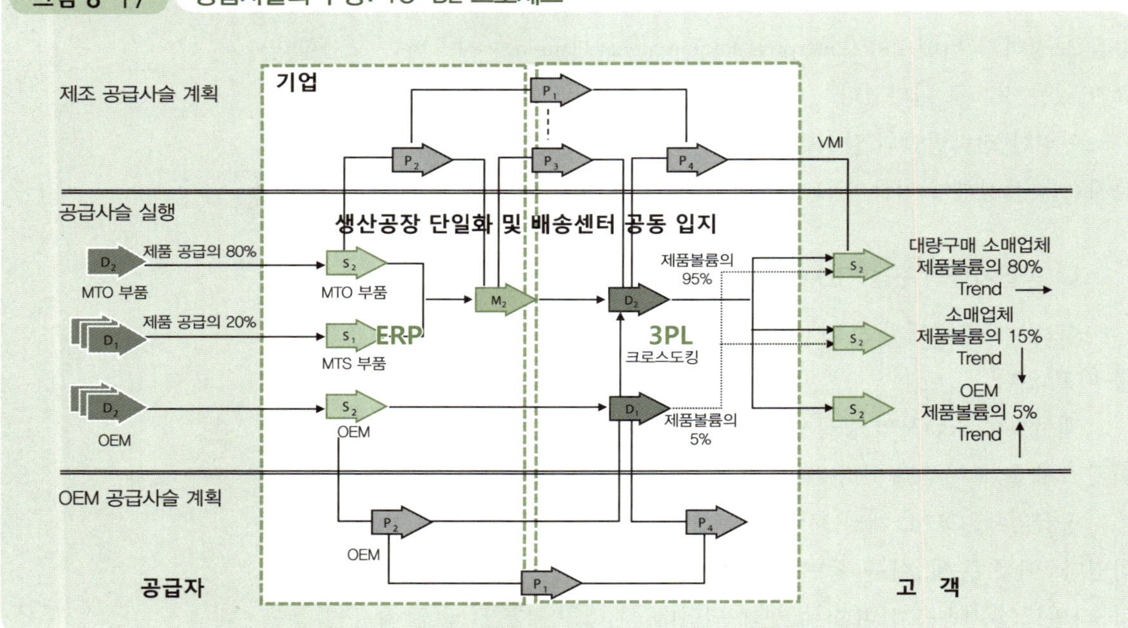

플랫폼 및 공동 생산프로세스 도입을 통해 생산방식을 예측생산(make-to-stock)에서 주문생산(make-to-order)으로 전환하여 보다 신속한 제품 배송을 실현할 수 있게 되었으며, 많은 완제품을 재고로 유지할 때 발생했던 비용을 절감할 수 있게 되었다.

공급사슬 성과 개선효과

SCOR 모델과 벤치마킹을 활용하여 Beta사는 2년 후 공급사슬 성과를 대폭 개선할 수 있었다. 배송성과, 현금화(cash-to-cash) 사이클타임, 재고공급일수 등을 개선하였다. 무엇보다 현금흐름을 개선할 수 있었으며, 총마진이 50%나 개선되는 결과를 가져왔다.

그림 8-18 공급사슬 성과 개선효과

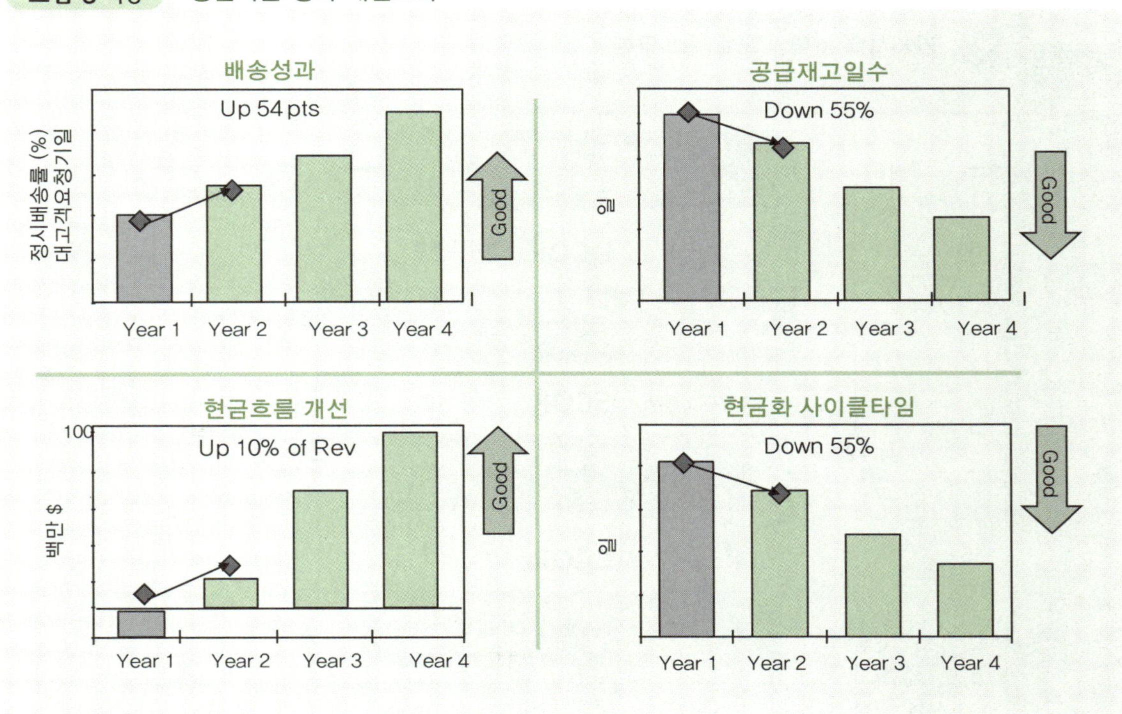

SCOR 모델의 확장

최근 SCC는 SCOR 모델을 가치사슬의 관점으로 확장하는 프로젝트를 진행 중에 있다. 가치사슬 분석(Value Chain Analysis)은 다음의 3가지 프로세스로 구성된 기업의 전체 가치사슬을 SCOR 모델과 동일한 접근방법으로 분석하려는 프레임워크이다.

- 공급사슬(Supply Chain)
- 설계사슬(Design Chain)
- 고객사슬(Customer Chain)

전체 가치사슬 분석 프레임워크는 공급사슬, 설계사슬, 고객사슬을 분석하기 위한 SCOR, DCOR(Design Chain Operations Reference), CCOR(Customer

그림 8-19 가치사슬 분석의 프로세스 구성

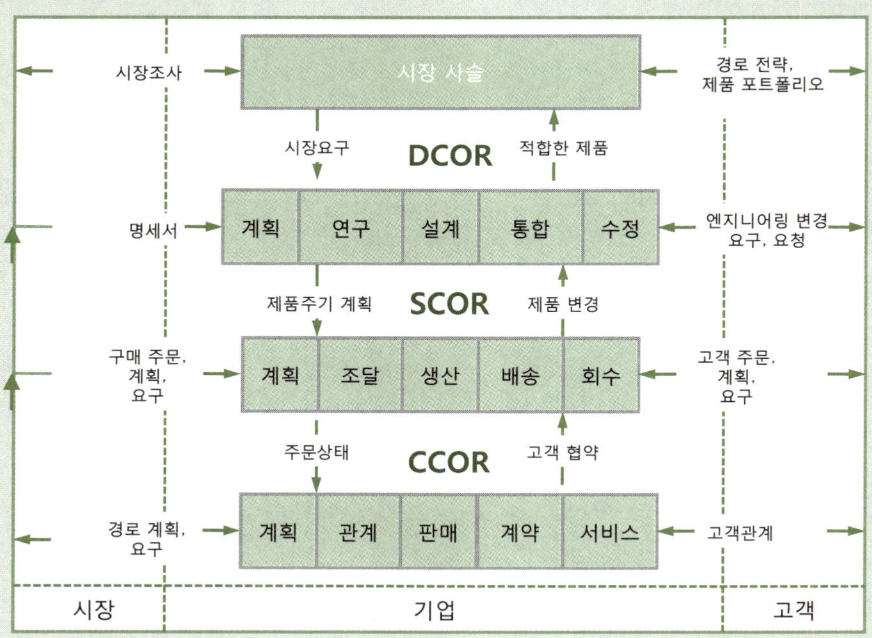

출처: Supply Chain Council.

Chain Operations Reference) 모델로 구성된다.

DCOR

DCOR는 고객의 수요를 충족하기 위해 고객의 요구를 제품의 설계나 명세에 반영하기 위한 모델로 계획(plan), 연구(research), 설계(design), 통합(integrate), 수정(amend) 프로세스로 구성된다.

CCOR

CCOR는 고객관계를 수립, 유지하고 고객요구와 제품지원 기회를 파악하고 개선하기 위한 모델로 계획(plan), 관계(relate), 판매(sell), 계약(contract), 서비스(service) 프로세스로 구성된다.

이러한 가치사슬 분석 프레임워크의 개발은 공급사슬뿐만 아니라 제품개발에서 고객까지를 포함하는 기업의 전체 가치사슬을 분석하여 개선 분야와 새로운 시장기회를 포착하려는 새로운 시도로 추진되고 있다.

참고문헌

- 권오경, SCM 성과평가모델의 구축과 활용, 경제연구총서 372, 대한상공회의소, 2003.
- Bolstorff, Peter and Robert Rosenbaun, Supply Chain Excellence, AMACOM, 2003.
- Lambert, Douglas M., Martha C. Cooper and Janus D. Pagh, "Supply Chain Management: Implementation Issues and Research Opportunities", The International Journal of Logistics Management, Vol. 9, No. 2, 1998.
- Lambert, Douglas M. and Martha C. Cooper, "Issues in Supply Chain Management", Industrial Marketing Management, Vol. 29, Vol. 1, 2000.
- Supply Chain Council, Supply-Chain Operations Reference-model Overview, http://www.supply-chain.org.

PART III

제 3 부

공급사슬 프로세스의 관리

제 9 장

구매 전략

- 구매의 전략적 중요성
- 구매 프로세스의 이해
- 공급사슬 관점의 구매 전략
  - 생산/구매 의사결정
  - 공급기반의 구조
  - 구매자-공급자 관계
  - 제품과 구매 전략의 적합성
- 글로벌 소싱 이슈

Chapter 9

사례 읽기 9-1 구매혁신의 꽃 통합구매

2008년 1월 LG전자는 글로벌 구매 전략수립 및 프로세스 재구축 등을 위해 IBM·프리스케일 등에서 최고구매책임자(CPO)를 역임한 토마스 린튼을 부사장으로 영입했다. 이후 LG전자는 통합구매부서를 중심으로 전사 구매 프로세스를 재정립하고 강도 높은 비용절감 정책을 추진해 왔다. 이런 노력에 힘입어 지난해 LG전자는 당초 비용절감 계획보다 1조원을 더 절감했다고 한다.

그동안 국내 구매 프로세스를 통합하는 데 주력했다면 올해는 글로벌로 통합구매를 확장하는 것이 LG전자의 목표다. 이를 위해 LG전자는 이달 초 일반구매 부문의 글로벌 통합구매를 위한 정보시스템 구축에 나섰다. 일반 사무용 물품에서부터 마케팅, 물류 및 연구개발, IT품목, 출장경비에 이르는 모든 일반품목에 대해 글로벌 통합구매에 나선 것은 국내기업 중 최초다.

현재 LG전자는 IBM과 함께 구매혁신 프로젝트를 진행 중이다. IBM은 전 세계적으로 구매혁신의 대표적인 성공사례로 평가받는 곳이다. 국내기업들이 글로벌 통합구매의 원조로 여길 정도다. IBM은 1990년대 초 경영위기 극복을 위해 구매혁신 작업을 시작해 2001년 구매본부를 미국에서 중국 선전으로 이전하고 이곳에서 글로벌 구매업무를 진두지휘하고 있다. IBM은 현재 매년 약 40조원 이상의 글로벌 구매영역에서 약 1만여 명의 구매관련 직원이 구매 전략, 구매소싱, 아웃소싱 비즈니스에 이르는 다양한 서비스를 제공하고 있다.

포스코도 올해 계열사뿐만 아니라 글로벌 통합구매를 위한 작업을 준비 중이다. 지난해 구매지원센터를 설립해 그룹사를 포함해 글로벌 통합구매를 위한 시스템 개발에 들어갔다. 이 시스템은 2월 15일부터 본격 가동할 예정이다. 이와 함께 포스코는 공급사관계관리(SRM) 시스템 재구축도 준비 중이다. 한국IBM이 컨설팅을 하고 있는 SRM 프로젝트는 상반기 내로 끝날 예정이다. 특히 포스코는 소모성자재(MRO) 등의 간접자재 비용이 40%에 이르기 때문에 그룹사 통합구매로 구매비용 절감효과가 일반 제조업에 비해 더 클 것으로 기대하고 있다.

일찌감치 통합구매 전략을 추진했던 이들 기업들에 이어 최근에는 웅진·SPC 등 중견기업들도 통합구매 대열에 합류하고 있다. 웅진그룹은 계열사 통합구매로 매년 10~15%의 전체 구매비용을 절감할 것으로 기대하고 있다.

이처럼 지금 대한민국 경영혁신의 최전선에는 통합구매 프로세스 정립 등 구매혁신 열풍이 불고 있다. 국내 통합구매 프로세스를 완료한 기업들은 글로벌 프로세스 정립을 고민하고 있고, 지주사 전환을 추진하는 기업을 포함해 웬만한 기업집단은 주요 원자재부터 나아가 일반 소모품까지 통합구매 체계를 확립하는 것을 올해 핵심 과제 중 하나로 내세우고 있다. 원가 절감이 다른 어떤 혁신활동보다 큰 효과를 가져다주는 데다 글로벌 경쟁력을 확보하기 위해서는 구매 최적화가 필수요건이라는 인식이 확산되고 있기 때문이다.

출처: CIO BIZ+, 전자신문, 2010년 1월 18일.

구매의 전략적 중요성

글로벌 경쟁이 심화됨에 따라 전 세계에 걸친 자재, 제품 및 생산능력의 조달에 대한 중요성이 높아지고 있다. 자재와 부품 공급처의 발굴과 이들 흐름의 효과적인 관리가 글로벌 공급사슬의 필수적인 요소로 자리잡고 있다. 나아가 기업들이 핵심역량에 초점을 두게 되면서 부품, 프로세스와 서비스를 외부 조직으로부터 조달하는 것 또한 기업전략의 필수적인 부분이 되고 있다. 이에 따라 구매의 역할이 변화되고 있다.

구매의 전통적인 역할은 생산을 위해 필요한 자재들을 충분하게 그리고 가능한 최저의 가격으로 확보하는 데 있었다. 때문에 여러 공급자들에게 구매를 분산하고 경쟁을 통해 시장에서 가장 좋은 가격조건을 확보하는 것에 초점을 두었다.

공급사슬관리의 도입과 확산이 이루어지고, 공급 프로세스의 개선이 기업과 외부 공급자의 프로세스를 효과적으로 연계하는 데 있다는 점을 인식하게 되면서, 구매의 초점이 '제품'보다는 '공급자 역량', '구매 거래' 효율화보다는 '구매 프로세스' 개선으로 전환되게 되었다. 구매부서의 역할도 '구매관리'에서 전략적 역할이 강조되는 '전략적 구매관리'로 진화되고 있다.

구매의 전략적 중요성을 증대시키고 있는 환경요인들은 다음과 같다.

아웃소싱(Outsourcing)의 확산

지난 십여 년간 외부의 공급자들로부터 구매를 증대시키는 경향이 강하게 나타나고 있다. 자동차와 전자산업의 경우 대개 제품 가치기준으로 60~80%를 외부 공급자들로부터 아웃소싱하고 있다. 패션이나 스포츠 의류산업의 경우 아웃소싱이 보다 광범위하게 이루어지고 있다. Nike나 Reebok 같은 기업들은 단지 디자인, 시제품 생산, 마케팅 정도만 내부에 유지하고 생산과 유통은 아웃소싱하고 있다. 아웃소싱의 증대는 구매의 역할을 대응적(reactive)에서 선응적(proactive) 활동—잠재적 공급자의 탐색과 평가, 계약의 수립, 장기적 관계의 개발 등—으로 변화시키고 있다.

글로벌 소싱(Global Sourcing)

글로벌 소싱의 중요성 증대는 구매에 있어서 새로운 역량을 요구하고 있다. 과거에는 구매관리자에게 협상 능력, 공급시장에 대한 해박한 지식, 내부 구매업무에 대한 실무능력 등을 요구하였다. 제품 분야에 따라 기술적 지식이 요구될 수도 있었다. 오늘날도 이러한 자질은 여전히 요구되지만, 다문화에 대한 이해, 언어 능력, 국제금융에 대한 이해, 국제물류, 그리고 정보기술 활용능력에 지식도 함께 요구되고 있다. 나아가 장기적인 공급자 관계를 개발하고 관리할 수 있어야 한다.

JIT 구매

JIT(Just-in-Time, 적시) 생산의 원칙 또한 구매 프로세스의 변화를 변화시키고 있다. JIT 구매 프로세스를 통해 적기에 자재를 생산에 투입해야 할 필요성이 증대되고 있다. JIT 구매의 이상적인 형태는 구매기업과 장기적인 파트너 관계를 가지는 소수의 공급자 기반(supplier base)으로 특징지워진다. 이들은 생산시설을 구매자 공장에 가까운 곳에 위치하여 빈번한 배송을 수행하기도 한다. 공급자와의 관계는 매우 높은 수준의 상호 신뢰와 개방성을 기반으로 하게 된다.

녹색구매(Green Supply Management)

고객들은 자신들이 구매하는 제품이 환경에 어떤 영향을 미치는가에 대해 점차 많은 관심을 기울이고 있다. 구매조직은 가격, 품질, 기술적 사양뿐만 아니라 환경적 이슈—자재 원산지, 공급자의 생산 프로세스, 리사이클링, 노동조건 등—측면에서도 공급시장에 대한 해박한 지식을 가지고 있어야 한다. 환경적 측면을 공급자 평가 프로세스에 반영하는 것도 필요할 것이다. 보다 많은 기업들이 환경인증을 추진하고 있으며 구매부서가 이러한 과정에서 중요한 역할을 하게 된다.

전자조달(e-Procurement)

인터넷 기반의 전자상거래(e-commerce)의 확산이 조달시장, 특히 국제조달시장에 대한 주문과 지분에 대한 편리한 접근과 투명성을 향상시키고 있다. 나아가 신규 공급자의 발굴 기회도 제공하고 있다. 전자조달(e-procurement)은 가까운 장래에 획기적으로 성장할 것으로 예상되고 있다.

구매 프로세스의 이해

기업의 구매업무 프로세스는 일반적으로 다음과 같은 단계들로 구성된다(Monczka et al., 2005).

1. 제품이나 서비스에 대한 소요를 파악한다.
2. 잠재적 공급자를 평가한다.
3. 공급자를 선정한다.
4. 구매 승인
5. 구매를 발주하고 수령한다.
6. 공급자 성과를 측정한다.

이러한 단계들은 새로운 아이템인가 아니면 반복적으로 구매되는 아이템인가, 일정 기준을 초과하는 구매에 대해 상세한 승인절차가 존재하는가 등 구매와 관련된 기업의 특성에 따라 다르게 나타날 수 있다.

구매 프로세스를 통한 주문과 자재의 이동에는 서류 흐름이 동반된다. 구매 서류를 준비하고 관리하는 데는 많은 시간과 자원이 소요된다. 최근 많은 기업들이 구매에 수반되는 서류와 작업을 경감시키기 위해 서류 흐름을 개선하고 나아가 전자조달(e-procurement)의 도입을 통해 구매거래의 효율성을 달성하고 있다. 기업들은 전자조달을 통해, 문서 작성 프로세스를 자동화하고 구매 서류를 공급자들에게 전자적으로 전송함으로써, 문서작성 작업의 제거, 주문 전송과 접수에 소요되는 시간의 단축, 오류의 감소, 구매인력의 생산성 증대 등 다양한 편익을 얻을 수 있다.

다음으로 구매 프로세스를 구성하는 단계들과 각 단계에서 수행되는 활동들을 살펴보기로 한다.

제품이나 서비스에 대한 소요 파악

구매 프로세스는 사용자에 의해 소요되는 자재나 서비스를 파악하거나 예측하는 데서 출발한다. 사용자(또는 내부 고객)는 자재나 서비스의 소요를 파악하고 이를 구매부서에 전달하게 된다. 내부 고객의 소요는 자재요청서(purchasing requisition), 작업명세서(statement of work), 고객주문(customer order), 발주 시스템(reordering system) 등 다양한 방식으로 나타나게 된다.

잠재적 공급자 평가

사용자의 소요가 파악되면 다음으로 요구사항에 가장 적합한 공급자를 탐색하는 과정이 필요하다.

먼저 구매부서는 해당 아이템에 대해 기존에 승인된 공급자가 있는지를 파악한다. 반복적으로 구매되는 아이템의 경우에는, 납품, 가격, 품질조건 등에 대해 이미 공급자와 계약 협상이 이루어져 있는 경우가 많다. 소액구매의 경우에는 별도의 구매승인 절차 없이 전자조달, 온라인 카탈로그, 구매카드 등과 같은 시스템을 통해 사용자가 직접 구매하게 할 수 있다. 하지만 구매금액이 일정 기준을 초과할 경우에는 소요 검토, 승인, 발주로 연결되는 구매 프로세스를 거쳐야 한다.

견적요청서와 제안요청서

특정 아이템에 대한 구매요청이 일정 기준을 초과하고 기존에 승인된 공급자가 없는 경우, 구매부서는 잠재적 공급자들로부터 견적이나 입찰을 필요로 하게 된다. 구매부서는 공급자들에게 견적요청서(RFQ, Request for Quotation)를 보내 입찰에 참여할 것을 요청하게 된다. 경쟁입찰보다 구매자와 판매자 간 협상이 필요한 경우에는 공급자들에게 제안요청서(RFP, Request for Proposal)를 보내게 된다. RFP는 제품이 복잡하고, 가격 이외에 다양한 이슈들에 대한 공급자의 제안과 전문성이 필요한 경우에 주로 활용된다.

공급자 평가

새로운 구매에 가장 적합한 공급자를 선정하기 위해서는 공급자 평가과정이 필요하다. 기존 혹은 선정된 공급자들과 이루어지는 반복적이거나 표준적인 구매요청에 대해서는 추가적인 공급자 평가 및 선정이 필요하지 않으며 승인 프로세스만 거치면 될 것이다. 하지만 새로운 아이템, 특히 복잡한 속성을 가지는 아이템일 경우에는 자격을 갖춘 공급자를 선정하기 위한 평가 프로세스가 중요하다.

이를 위해서는 먼저 잠재적 공급자 리스트를 확보하는 것이 요구된다. 이러한 리스트는 과거에 거래했던 공급자 리스트, 인터넷 데이터베이스, 관련 협회, 전시회 등 다양한 정보를 활용하여 작성될 수 있다.

어떤 아이템들에 대해서는 기업들이 새로운 사업기회에 대해 우선적으로 기회를 부여하는 우선 공급자(preferred suppliers) 리스트를 가지고 있는 경우도 있다. 이들 우선 공급자들은 과거의 성과로부터 역량이 검증된 기업들이다. 우선공급자 리스트를 활용하면 공급자 평가 및 선정에 소요되는 시간과 자원을 절약할 수 있다는 장점이 있다.

구매자들은 잠재적 공급자들을 평가하기 위해 다양한 요인들을 고려하게 된다. 이러한 요인들에는 공급자의 역량, 과거의 성과, 품질, 경영 능력, 기술적 능력, 비용 성과, 납품 성과, 프로세스와 제품기술 개발능력 등이 포함될 수 있다. 이러한 요인들은 평가과정에서 기업이 고려하는 항목별 중요도에 따라 서로 다른 가중치로 평가되게 된다.

공급자 선정

공급자 선정은 공급자 평가 프로세스의 마지막 단계이다. 공급자 선정은 구매 프로세스에 있어서 가장 중요한 단계라 할 수 있다.

잠재적인 공급자를 파악하는 것과 공급자와 계약이나 협약에 이르는 것은 다른 문제이다. 경쟁입찰(competitive bidding)과 협상(negotiation)은 공급자 선정 의사결정을 내릴 때 사용되는 보편적인 두 가지 방법이다.

경쟁입찰의 목적은 가장 좋은 자격을 갖춘 입찰자에게 사업기회를 부여하는 방식이다. 경쟁입찰은 다음과 같은 조건 아래서 효과적인 방법이 될 수 있다.

- 구매량이 이 방식을 사용하기에 충분한 경우
- 판매자 입장에서 명세나 요구사항이 명확한 경우
- 자격을 갖추고 거래를 희망하는 판매자가 많아 시장이 경쟁적인 경우
- 구매자가 기술적으로 자격을 갖춘 공급자들에게만 입찰기회를 부여할 경우

- 공급자들이 견적요청을 평가하기에 적절한 시간이 주어질 경우
- 구매자가 우선공급자 리스트를 가지고 있지 않은 경우

경쟁입찰은 대개 가격이 주된 선정기준이고 제품이나 서비스가 명확한 자재명세(material specifications)를 가지고 있는 경우에 활용된다. 경쟁입찰은 계약 협상에 들어가기 전 공급자 수를 줄이기 위한 목적으로 활용될 수도 있다.

협상은 공급자 선정에 있어서 경쟁입찰이 적합한 방식이 아닐 때 활용된다. 협상은 다음의 경우에 가장 적합한 방법이 될 수 있다.

- 경쟁입찰로는 앞서 언급한 선정요인들을 충분히 고려할 수 없을 경우
- 구매부서가 가격, 품질, 납품조건, 위험 공유, 제품 지원과 같은 광범위한 성과요소들에 대한 협약을 요구할 경우
- 구매자가 공급자 조기참여(early supplier involvement)를 요구하는 경우
- 공급자가 위험과 비용을 결정하기 어려운 경우
- 공급자가 구매 아이템의 개발과 생산에 많은 시간이 요구되는 경우

입찰이나 협상에 의해 공급자가 최종적으로 성정되면 다음 단계로 구매 승인 프로세스를 통해 구매가 승인하는 단계로 이동하게 된다.

구매 승인

공급자가 선정되거나 표준 아이템에 대한 구매요청이 접수되면 구매부서는 제품이나 서비스에 대한 구매를 승인하게 된다. 이 단계에서 중요한 단계가 구매주문서(PO, Purchasing Order)의 작성이다. 구매주문서는 법적 효력이 있는 문서이기 때문에 정확하게 작성되는 것이 매우 중요하다. 모든 구매주문서에는 표준약관이 기재되게 된다. 구매주문서에는 구매에 관한 중요한 정보들(수량, 자재명세, 품질조건, 가격, 납품일자, 납품방법, 입고지 주소, 구매주문번호 등)이 상세하게 기술된다.

공급자는 구매주문서를 접수하게 되면 서명을 하고 구매자에게 복사본을 반송하게 된다. 이는 공급자가 구매주문서를 접수하였고 내용에 동의하였다는 것을 의미하게 된다. 법적인 용어로 구매주문서를 송부하는 것을 계약적 청약

(contractual offer)이라 하고 공급자가 이를 수용하는 것을 계약적 승낙(contractual acceptance)이라고 한다. 청약과 승낙은 둘 다 법적 구속력을 가지는 협약이다.

그림 9-1 구매주문서

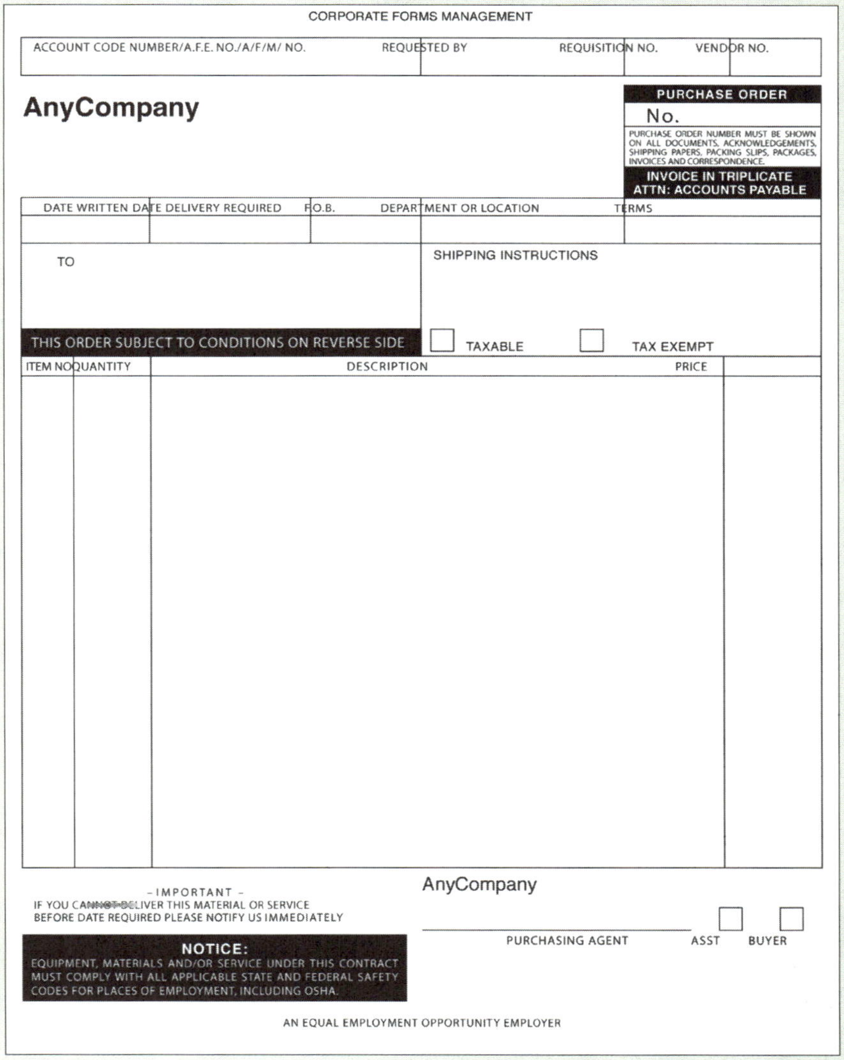
CORPORATE FORMS MANAGEMENT

ACCOUNT CODE NUMBER/A.F.E. NO./A/F/M/ NO.	REQUESTED BY	REQUISITION NO.	VENDOR NO.

AnyCompany

PURCHASE ORDER

No.

PURCHASE ORDER NUMBER MUST BE SHOWN ON ALL DOCUMENTS, ACKNOWLEDGEMENTS, SHIPPING PAPERS, PACKING SLIPS, PACKAGES, INVOICES AND CORRESPONDENCE.

INVOICE IN TRIPLICATE
ATTN: ACCOUNTS PAYABLE

DATE WRITTEN	DATE DELIVERY REQUIRED	F.O.B.	DEPARTMENT OR LOCATION	TERMS

TO

SHIPPING INSTRUCTIONS

THIS ORDER SUBJECT TO CONDITIONS ON REVERSE SIDE

☐ TAXABLE ☐ TAX EXEMPT

ITEM NO	QUANTITY	DESCRIPTION	PRICE

- IMPORTANT -
IF YOU CANNOT DELIVER THIS MATERIAL OR SERVICE BEFORE DATE REQUIRED PLEASE NOTIFY US IMMEDIATELY

AnyCompany

PURCHASING AGENT ☐ ASST ☐ BUYER

NOTICE:
EQUIPMENT, MATERIALS AND/OR SERVICE UNDER THIS CONTRACT MUST COMPLY WITH ALL APPLICABLE STATE AND FEDERAL SAFETY CODES FOR PLACES OF EMPLOYMENT, INCLUDING OSHA.

AN EQUAL EMPLOYMENT OPPORTUNITY EMPLOYER

구매 발주와 수령

이 단계에서는 구매 요청의 물리적인 전송이 이루어진다. 많은 기업들이 구매관련 문서를 전자적으로 전송하는 EDI(Electronic Data Interchange)를 활용하고 있으며 이를 통해 주문주기(order cycle time)를 효과적으로 단축시키고 있다.

구매주문서를 발송한 이후에는 구매주문의 상태를 계속 점검하면서 납품지연을 방지하기 위해 공급자와 긴밀히 협력하면서 업무를 진행하여야 한다. 접수 프로세스 또한 효율적으로 구축되어야 하며, 바코드와 같은 기술을 활용하면 접수와 입고 프로세스를 보다 효율화할 수 있다.

공급자 성과 측정

우수한 공급자를 발굴하는 한 가지 방법은 계약 이후 성과를 추적해 보는 것이다. 공급자 성과측정과 관리는 구매 사이클의 핵심적인 부분이라 할 수 있다. 성과 측정을 통해 개선기회를 발견하고 나아가 공급자의 성과를 지속적으로 개선시킬 수 있다.

공급사슬 관점의 구매 전략

기업은 경쟁환경, 경영전략, 생산, 구매하는 제품이나 서비스의 특성에 따라 다양한 구매 전략을 채택할 수 있다. Monczka et al.(2005)은 구매 전략이 수립되어야 할 분야를 다음과 같이 7가지로 제시하고 있다.

공급기반 최적화

공급기반 최적화(supply base optimization)란 유지해야 할 공급자의 수와 믹스를 최적으로 결정하는 프로세스를 의미한다.

공급자에 대한 품질경영

공급자 평가와 선정에 있어서 가장 중요하게 고려되는 요인의 하나가 품질이다. TQM(Total Quality Management), 6시그마(Six Sigma) 등 공급자에 대한 품질경영의 도입을 통해 구매 제품이나 서비스에 대한 지속적인 개선이 이루어져야 한다.

글로벌 소싱

글로벌 소싱(global sourcing)은 제품이나 서비스의 공급범위를 전 세계로 확대하려는 전략이다. 보다 경쟁력을 갖춘 공급자를 발굴할 수 있고 즉각적으로 원가와 품질의 개선을 달성할 수 있다는 장점으로 인해 많은 기업들이 공급기반을 전 세계로 확대하려는 노력을 기울이고 있다. 다만 글로벌 비즈니스에 대한 경험이나 전문인력 부족, 복잡한 물류 문제, 환율 변동 등의 장애요인을 극복해야 하는 과제가 존재한다.

장기 공급자 관계

새로운 구매 환경에서 선별적이고 장기적인 공급자 관계 형성이 보다 중요해지고 있다. 구매 제품이나 서비스의 전략적 중요도가 높고 제품 원가에서 높은 비중을 차지할 경우 이러한 공급자와는 장기적인 관계나 전략적 파트너십을 형성하는 것이 도움이 된다.

조기 공급자 참여

조기 공급자 참여 혹은 조기 개발협업(early supplier involvement)란 신제품 개발 초기 단계부터 핵심 공급자들을 참여시켜 제품 개발기간을 단축시키고 공급자의 기술이나 역량을 최대한 활용하려는 전략이다.

공급자 개발

공급자 개발(supplier development)이란 기존 공급자의 역량을 강화하는 전략이다. 공급자의 역량이 기대에 미치지 못하지만 장래 개선 잠재력을 갖추고 있을 경우나 공급자 교체비용이 새로운 공급자 개발비용보다 높을 경우에 추진된다.

총소요비용

총소요비용(TCO, Total Cost Ownership)이란 구매에 직접적으로 소요되는 비용뿐만 아니라 납기 지연, 품질 미달, 기타 공급자 불이행으로 발생되는 비용을 포함하여 보다 개선된 의사결정을 내리려는 접근방법이다.

Gadde and Haakansson(1994)은 전략적 관점의 구매에 있어 다루어야 할 세 가지 주요 의사결정 분야를 제시하고 있다.

- 생산-구매(make-or-buy) 의사결정
- 공급기반(supply base)구조의 조직
- 구매자-공급자 관계

생산-구매 의사결정

구매할 것인가 아니면 내부에서 생산할 것인가는 구매의 주요 이슈로 자리잡아 왔다. 다만 기존에는 전략적 이슈로 최고경영자의 관심을 받지 못하였고 단지 단기 비용에 대한 고려에 초점이 주어졌다. 이러한 시각은 가급적이면 내부 생산을 선호하는 결과를 가져왔다. 하지만 최근 아웃소싱이 강조되면서 비용이나 능력면에서 타당성이 입증만 된다면 외부 공급이나 생산을 선호하는 방향으로 전환되고 있다.

공급기반구조

공급기반(supply base)구조는 두 가지 전략적 이슈를 포함한다. 하나는 공급자의 수이고 다른 하나는 이들을 어떻게 조직화할 것인가이다. 공급자 수에 대한 대안은 복수 조달(multiple sourcing)과 단일 조달(혹은 싱글 소싱, single sourcing)이다. 복수 조달은 전통적인 방식으로 시장거래를 통해 복수의 공급자와 거래하는 방식이다. 제품이 동일하다면 가격, 품질 및 배송조건이 주된 고려요인이 된다. 반대로 단일 조달은 긴밀한 협력관계를 개발할 수 있을 것인지가 주된 고려요인이 된다. 공급기반의 조직은 공급자들을 조직화하기 위한 다양한 방안을 다루게 된다. 개방형 시장관계(open market relationships), 공급자 네트워크 내지 계열(系列, keiretsu) 등이 대안이 될 수 있다.

구매자-공급자 관계

구매자-공급자 관계는 두 가지 이유로 인해 전략적 이슈가 된다. 첫째, 시장의 변화를 활용하여 비용을 합리화할 수 있다. 전자상거래(e-commerce)의 발전에 따라 확대되고 있는 전자조달(e-procurement)을 활용함으로써 편익을 얻을 수 있다. 둘째, 공급기반을 소수 정예화하고 공급자와 협력관계를 강화함으로써 공급자의 새로운 기술과 혁신에 따른 공급 역량을 활용함으로써 편익을 얻을 수 있다.

1. 생산/구매 의사결정

〈표 9-1〉은 생산/구매(Make/Buy) 의사결정을 위한 프레임워크를 보여주고 있다. 이 표에서는 모듈형 제품과 통합형 제품, 기업의 생산능력과 지식에 대한 의존도를 함께 고려하고 있다.

모듈형 제품의 경우 지식의 습득이 중요하며 자체 생산능력을 가지는 것이 크게 중요하지 않다. 예를 들어, PC 산업의 경우 다양한 부품들의 설계능력이 지식에 해당한다고 볼 수 있다. 따라서 이러한 기업은 생산 프로세스를 아웃소싱함으로써 비용을 절감할 수 있다. 반대로 기업이 지식도 생산능력도 보유하고 있지 못한 경우, 공급자가 개발한 지식이 경쟁업체로 이전될 수 있기 때문에, 아웃소싱은 매우 위험한 대안이 될 수 있다.

통합형 제품의 경우 가능한 지식과 생산능력 두 가지를 보유하는 것이 중요하다. 이 경우 자체생산이 적합한 방안이다.

요약하자면 모듈형 제품이고 기업이 최소한 해당 제품에 대한 지식을 보유하고 있는 경우 아웃소싱이 유력한 대안이 될 수 있다.

표 9-1 ｜ 생산/구매 의사결정 프레임워크

제　품	지식과 생산능력에 의존적	지식에는 독립, 생산능력에는 의존적	지식과 생산능력에 독립적
모듈형 제품(Modular)	아웃소싱은 위험	아웃소싱이 기회	아웃소싱을 통한 비용 절감 기회
통합형 제품(Integral)	아웃소싱은 매우 위험	아웃소싱은 선택 사항	내부 생산 유지

출처: Simchi-Levi, et al.(2008).

2. 공급기반의 구조

싱글 소싱

싱글 소싱(Single Sourcing) 혹은 단일 조달은 구매자가 일정 기간 단일 공급자로부터 공급받는다는 것을 의미한다. 이러한 형태의 공급자 관계는 중간 혹은 높은 수준의 자산 전속성을 요구하며, 상품이나 서비스가 구매기업의 핵심역량과 직접적인 연관이 있다.

A기업이 B기업으로부터 부품을 구매하는 계약을 체결한다고 하자. B기업은 A기업에 납품한 부품을 생산하기 위해 새로운 라인을 증설하거나 새로운 기술을 습득하기 위해 비용과 시간이 소요된다. A기업 또한 생산관련 정보를 B기업과 공유하게 되고 이를 위해 비용과 시간이 소요된다. 이처럼 구매자와 공급자는 새로운 거래를 위한 투자가 필요하게 되는데 이를 자산 전속성(asset specificity)이라고 한다. 이는 특정 기업과의 거래만을 위해 투자한 자산으로 다른 기업과의 거래를 위해 전환하는 것이 불가능하거나 추가비용이 소요된다. 이러한 자산 전속성은 두 기업 간 상호 종속성을 나타내는 지표로 볼 수 있다.

싱글 소싱의 장점은 다음과 같다(Bailey and Farmer, 1990).

- 공급자가 규모의 경제를 달성할 수 있기 때문에 경쟁력 있는 가격을 제

그림 9-2 싱글 소싱(Single Sourcing)

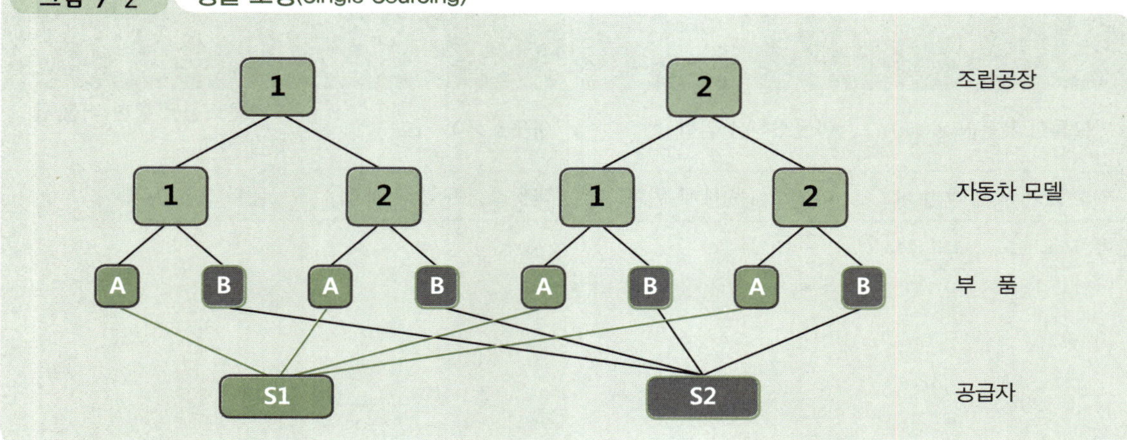

시할 수 있다.

- 효과적인 커뮤니케이션이 가능하다.
- 구매자의 업무가 경감된다.
- 긴밀한 관계와(공급자에 대한) 합리적인 보장은 비용절감을 위한 공동 노력을 가져올 수 있다.
- 구매자를 위한 연구개발이 촉진된다.
- 단기 문제해결을 위한 비용이 줄어들고 보다 장기적인 문제 해결방안이 강구된다.
- 물류비용이 절감된다.
- 품질관리가 보다 용이해진다.
- 스케줄링이 보다 용이해진다.

병렬 소싱

싱글 소싱이 가지는 자산 전속성과 장기적 관계의 특징과 미래 계약을 위한 공급자 간 경쟁을 결합한 방식이 병렬 소싱(parallel sourcing)이다. 병렬 소싱 중 공급자가 두 개인 경우를 듀얼 소싱(dual sourcing)이라고 한다.

예를 들어 자동차 제조업체가 동일한 모델을 생산하는 두 개의 공장이 있고 부품 A가 두 개의 공장에 납품된다고 하자. 싱글 소싱에서는 한 공급자가 부

그림 9-3 병렬 소싱(Parallel Sourcing)

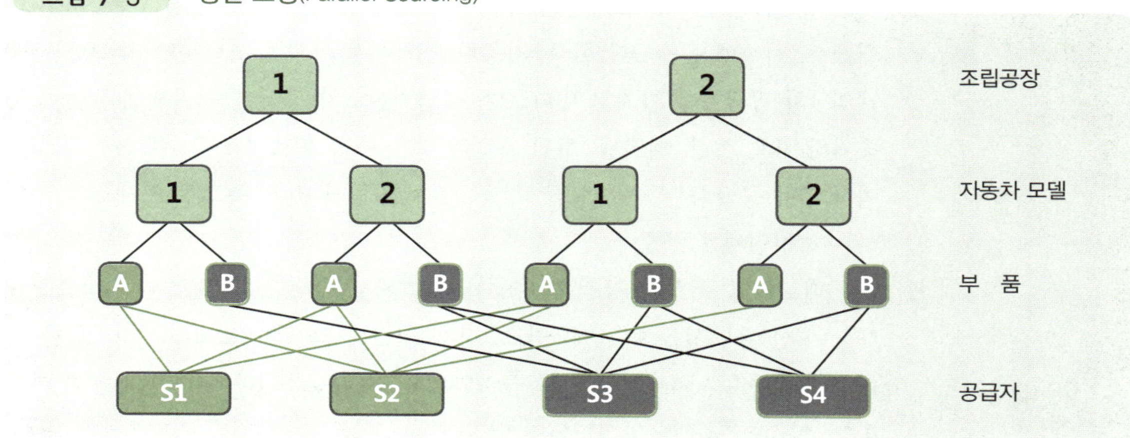

품 A를 두 개의 공장에 납품한다. 병렬 소싱에서는 한 공급자가 공장 1에 부품 A를 납품하고 다른 공급자가 공장 2에 부품 A를 납품하게 된다.

병렬 구매가 가능하기 위해서는 동일 부품에 대해 비슷한 역량을 가진 두 개 이상의 공급자가 존재해야 한다. 구매자는 두 공급자의 성과를 평가하고 경쟁 압력을 유지할 수 있다. 구매자는 또한 상대적으로 역량이 약한 공급자에게 기술인력 교환, 신 장비 구매를 위한 자금 지원, 더 나아가 우수한 공급자의 아이디어 이전 등의 지원을 통해 공급 경쟁력을 제고할 수도 있다. 이는 역량이 우수한 공급자에게도 계속적인 개선 압력으로 작용하게 만드는 효과가 있다.

네트워크 소싱

네트워크 소싱(network sourcing)은 원래 일본의 하청시스템, 특히 일본 자동차 산업의 독특한 공급 네트워크를 설명하기 위해 개발된 개념이다.

네트워크 소싱은 제조업체와 공급자들 간에 나타나는 다양한 협력관계가 조합된 형태를 가진다. 여기에는 다계층(multiple layers) 혹은 다단계(multiple tiers) 공급구조, 상대적으로 높은 자산 전속성과 위험 공유, 디자인과 혁신에 있어서 조기 공급자 참여(early supplier involvement), 신뢰 관계, 공급자 협회 내지 協力會(kyoryokukai), 공급자 협력 및 개발 등이 포함된다.

자동차 산업의 다계층 혹은 다단계 공급구조를 살펴보자. Toyota, Nissan, Honda, Mazda와 같은 최종 조립자가 피라미드의 최상위에 위치한다. 1차 공급자는 엔진, 전자장치, 브레이크 시스템, 조향장치 등과 같은 핵심 부품, 하위 조립제품, 시스템 등을 공급한다. 자동차산업의 경우 최종 조립자당 약 200~300개의 1차 공급자를 가지고 있다. 2차 공급자는 1차 공급자를 위해 부품을 납품하거나 금속 성형, 페인팅, 하위 조립과 같은 특정 프로세스를 수행하는 공급자이다. 2차 공급자는 다시 도금, 주조, 기계 가공과 같은 특정 프로세스를 수행하는 하청업체를 가진다.

네트워크 소싱의 장점은 다양한 측면에서 나타난다. 새로운 시장요구에 대한 생산 유연성을 높일 수 있고, 전자문서교환과 간판(kanban) 시스템을 통해 거래비용을 낮출 수 있고, 공급자와의 근접성으로 인해 빈번한 배송이 가능하다. 이러한 구조가 안정화되어 있을 경우, 공급자는 신기술에 대한 과감한 투자를 할 수 있고, 신 제품이나 프로세스 개발에 참여하며, 생산 프로세스 역량을 강화할 수 있다.

그림 9-4 네트워크 소싱(Network Sourcing)

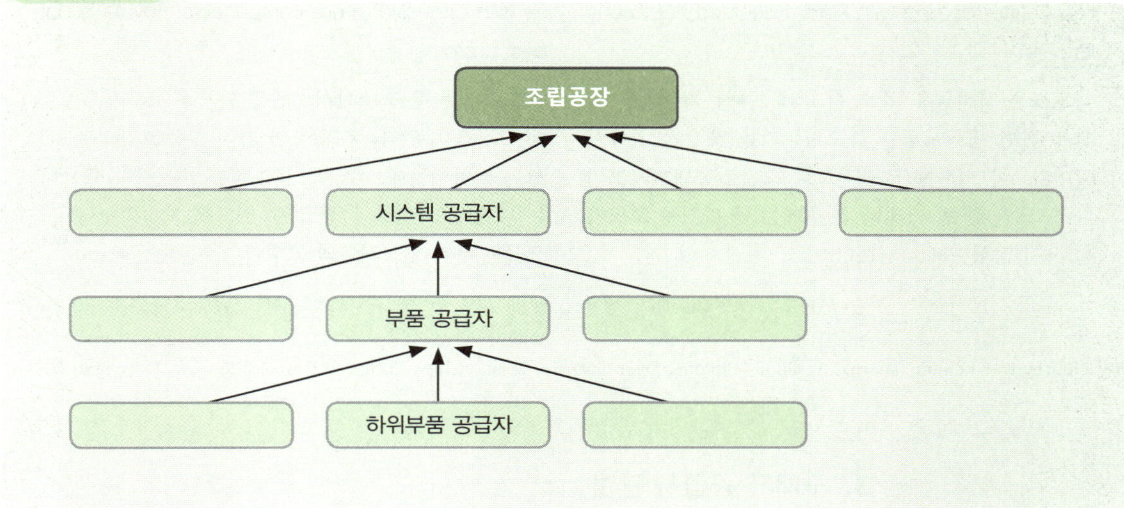

사례 읽기 9-2 미국 vs. 일본 자동차회사의 공급자 관리

"The Big Three [U.S. automakers] set annual cost-reduction targets [for the parts they purchase]. To realize those targets, they'll do anything. [They've unleashed] a reign of terror, and it gets worse every year. You can't trust anyone [in those companies]."

미국 빅3 자동차 회사는 그들이 구매하는 부품에 대해 매년 비용절감 목표를 제시한다. 그러나, 이 목표를 달성하기 위해서, 그들은 아무것도 하지 않는다. 그들은 공포 분위기를 조성하며 매년 심해지고 있다. 우리는 그들 중 누구도 믿을 수 없다.

- Ford, GM, Chrysler에 납품하는 공급사 임원, 1999년 10월

"Honda is a demanding customer, but it is loyal to us. [American] automakers have us work on drawings, ask other suppliers to bid on them, and give the job to the lowest bidder. Honda never does that."

혼다는 요구가 많은 고객이지만 우리에게 매우 신실하다. 미국 자동차 회사는 우리에게 부품 설계를 의뢰하면서, 한편으로 다른 공급사에게 더 낮은 가격으로 납품할 수 있는지 물어보고, 결국 최저가로 공급할 수 있는 곳에 일을 맡긴다. 그러나, 혼다는 절대 이런 짓을 하지 않는다.

- Ford, GM, Honda에 납품하는 공급사 CEO, 2002년 4월

"In my opinion, [Ford] seems to send its people to 'hate school' so that they learn how to hate suppliers. The company is extremely confrontational. After dealing with Ford, I decided not to buy its cars."

포드는 직원들을 '증오 학교'에 보내는 것 같다. 어떻게 하면 공급사들을 증오하는지를 배우기 위해서 말이다. 이 회사는 극단적으로 모순된 모습을 보인다. 포드와 한 번 거래를 한 뒤에는 난 다시는 포드차를 사지 않겠다고 다짐했다.

- Ford 공급사 임원, 2002년 10월

"Toyota helped us dramatically improve our production system. We started by making one component, and as we improved, [Toyota] rewarded us with orders for more components. Toyota is our best customer."

도요타는 우리 생산시스템을 획기적으로 개선하는 데 도움을 주었다. 우리는 한 가지 부품을 만드는 데서 출발하였는데, 우리가 시스템을 개선하자 도요타는 더 많은 부품을 납품할 수 있도록 보상하였다. 도요타는 우리에게 최고의 고객이다.

- Ford, GM, Chrysler, Toyota에 납품하는 공급사 임원, 2001년 7월

출처: Jeffrey K. Liker and Thomas Y. Choi, "Building Deep Supplier Relationships", Harvard Business Review, December 2004.

3. 구매자-공급자 관계

구매자-공급자 관계의 유형

Cox(1996)는 구매자-공급자 관계(Buyer-supplier relationships)의 유형을 다음과 같이 5가지로 구분하고 있다.

- 적대적(Adversarial)
- 우선 공급자(Preferred supplier)
- 싱글 소싱(Single sourcing)
- 네트워크 소싱(Network sourcing)
- 전략적 제휴(Strategic alliances)

적대적 관계(Adversarial Relationships)

적대적 관계 혹은 시장거래는 오랜 기간 구매관행을 지배해 온 형태이다. 사로 다른 공급자들 간의 가격비교에 초점을 두며 구매자–공급자 관계에 일정한 거리를 유지한다. 공급자는 제공된 상품이나 서비스에 대해 소유권을 유지하지 않는다. 경쟁시장에서는 두 주체 사이에 일정한 거리를 두는 견제적 관계

그림 9-5 구매자–공급자 관계(Buyer–Supplier Relationships)

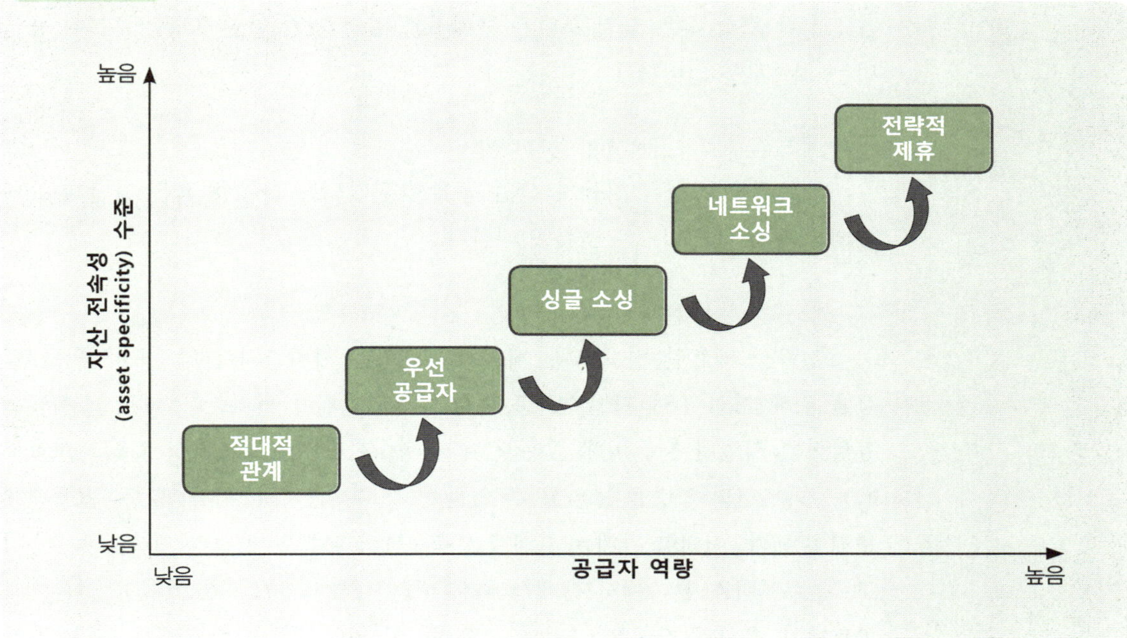

(arm's length relationship)가 유연성을 확보하는 데는 기여한 측면이 있었다. 오늘날에는 단기 비용절감에 초점을 두는 이러한 관계는 비판의 대상이 되고 있다. 하지만 복수의 공급자가 존재하고 자산 전속성(asset specificity)이 낮고 시장 불확실성이 낮은 특정 조건하에서는 장점도 있다.

우선 공급자(Preferred Suppliers)

구매제품의 전략적 중요도가 상대적으로 낮을 경우 적용된다. 동일한 제품 사양, 품질, 가격을 가진 공급자가 제한적일 경우 구매자는 대개 입찰(bidding) 프로세스를 활용하여 소수의 공급자를 선정하고 이들을 우선 공급자(또는 선호 공급자라고도 함)로 지정하게 된다. 우선 공급자는 시장거래에 비해 몇 가지 장점을 가진다. 계약기간이 더 길고, 공급자는 일정 기간 우선 공급자로서의 자격을 부여 받는다. 예측이나 생산계획과 같은 정보교환이 이루어지기 때문에 공급자의 계획 프로세스 개선에 도움을 주고 구매자에 대한 공급의 신뢰도가 향상된다.

싱글 소싱(Single Sourcing)

싱글 소싱 혹은 단일 조달은 구매자가 일정 기간 단일 공급자로부터 공급받는다는 것을 의미한다.

네트워크 소싱(Network Sourcing)

네트워크 소싱은 자동차 산업 등에서 관찰되는 다계층 혹은 다단계로 구성된 공급자 네트워크 구조를 의미한다.

전략적 제휴(Strategic Alliances)

전략적 제휴란 정보교환, 제품, 기술 또는 서비스의 분담 내지 공동개발 등을 위해 기업 간에 자발적으로 형성된 협력관계를 의미한다. 전략적 제휴는 통상적인 사업관계에 비해 깊은 관계를 형성한다. 상호 보완성(complementarity)—파트너의 역량을 보완할 수 있는 스킬, 기술 지식, 자원, 활동—이 전제 조건이 된다. 이러한 관계는 자재나 부품구매 분야뿐만 아니라 제 3 자 물류, 정보, 운송서비스 분야에서도 형성된다. 이러한 부가가치 파트너십하에서는 각 파트너가 자신이 강점을 가지는 프로세스의 일부분만을 수행하게 된다. 가장 장기적인 구매자-공급자 관계이다.

표 9-2 | 전통적 구매자-공급자 관계와 협력적 관계의 비교

	전통적 접근	협력적 접근
공급자 수	복수 공급자가 상호 경쟁	주요 아이템별로 단일 혹은 소수의 우선 공급자
비용 공유	구매자가 비용절감의 편익을 취함; 공급자는 비용절감을 감추려고 함	비용과 편익의 공유
공동 개선 노력	거의 없음	상호 의존에 의한 공동 개선
분쟁 해결	구매자가 일방적으로 분쟁 해결	갈등해소 메커니즘의 존재
커뮤니케이션	최소 혹은 양방향 정보교환의 부재	개방되고 완전한 정보교환
시장 조정	구매자가 변화하는 여건에 대한 대응방안을 결정	구매자와 판매자가 변화하는 시장여건에 공동 대응
품 질	제품 수령 시 구매자가 검사	제품설계 단계부터 품질 요구사항 반영

출처: Monczka et al.(2005).

공급사슬 관점의 전략적 구매로 방향이 전환됨에 따라 보다 많은 기업들이 전통적인 구매자-공급자 관계를 협력적 관계로 전환하고 있다.

〈표 9-2〉는 전통적인 구매자-공급자 관계와 협력적 관계의 특징들을 비교하여 보여 주고 있다.

관계 포트폴리오 모델

Bensaou(1999)는 구매자-공급자 관계 포트폴리오를 관리할 수 있는 프레임워크를 개발하고, 구매자와 공급자에 의한 전속투자 수준에 따라 4가지의 구매자-공급자 관계를 제시하였다.

- 시장 거래(Market exchange)
- 공급자 종속(Supplier captive) 혹은 구매자 지배적
- 구매자 종속(Buyer captive) 혹은 공급자 지배적
- 전략적 파트너십(Strategic partnership)

그림 9-6 Bensaou 매트릭스

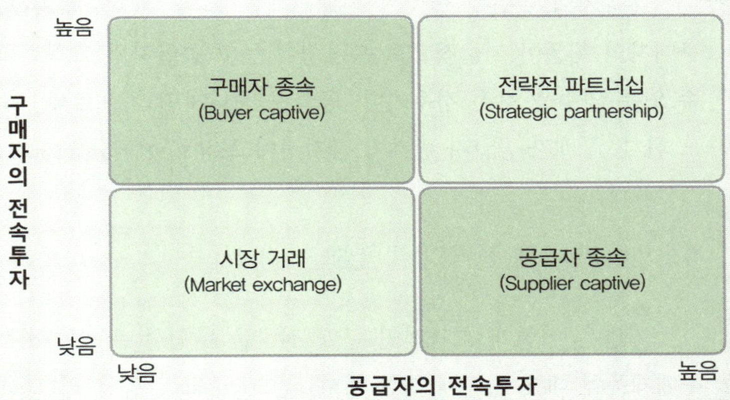

출처: Bensaou(1999).

시장 거래관계

구매자와 공급자의 전속투자 수준이 모두 낮은 특징을 가진다. 제품이 고

도로 표준화되어 있고 대개 단순하거나 성숙된 기술을 기반으로 하고 있다. 이 경우 매우 경쟁적인 공급시장이 형성된다.

공급자 종속관계

공급자의 특정 구매자와의 거래를 위한 투자 수준이 높은 경우이다. 구매자의 공급선 대체 가능성이 존재하기 때문에 공급자는 제한된 교섭력(bargaining power)을 가지게 된다. 구매자가 협상 우위를 가지며 복수의 공급자를 유지하려는 경향이 있다.

구매자 종속관계

구매자의 특정 공급자와의 거래를 위한 투자 수준이 높은 경우이다. 대개 기술적으로 매우 복잡한 제품을 구매하는 경우에 해당한다. 공급자가 독점 기술을 보유하고 있고 구매자에 대해 독점적 지위나 협상 우위를 갖는다. 기존 공급자와 거래를 청산하고 새로운 공급자를 찾는 것이 어려울 뿐만 아니라 높은 비용이 수반된다.

전략적 파트너십

구매자와 공급자 양자가 거래관계를 높은 수준을 투자를 하는 경우이다. 구매자의 제품이 기술적으로 복잡성이 높고 공급자가 고객화된 부품을 공급할 수 있는 역량을 갖춘 경우이다. 공급자가 디자인과 프로세스 개발에 참여하기도 한다. 구매자-공급자 관계가 장기적이고 상호 신뢰를 바탕으로 한다.

4. 제품과 구매 전략의 적합성

기업은 어떻게 효과적인 구매 전략을 수립할 수 있을까? Kraljic(1983)은 구매제품에 대해 이익에 대한 영향(profit impact), 공급 위험(supply risk) 두 가지 측면에서 전략적 적합성을 가지는 구매 전략을 제시하고 있다. Kraljic에 따르면 공급 위험은 가용성(availability), 공급자 수, 경쟁적 수요, 생산/구매(make-or-buy) 기회, 보관 위험, 대체 기회 등으로 평가될 수 있다. 이익에 대한 영향은 구매량, 총구매비용에서의 비중, 제품 품질 및 사업 성장에 대한 영향

그림 9-7 Kraljic 공급 매트릭스

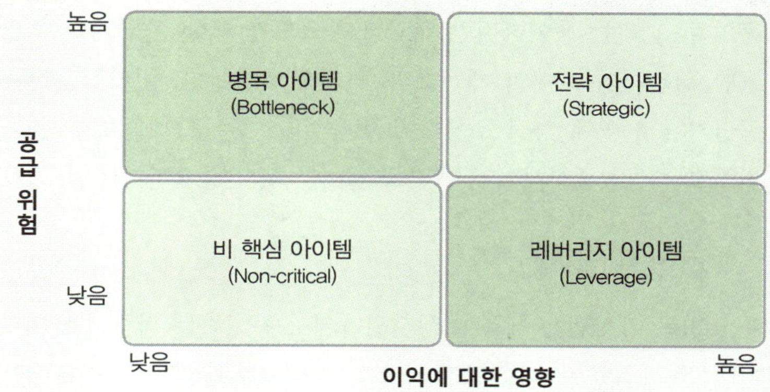

출처: Kraljic(1983).

등으로 평가될 수 있다.

이 두 가지 기준에 근거한 구매 포트폴리오 모델이 Kraljic의 공급 매트릭스(Kraljic's Matrix)이다. Kraljic은 이익에 대한 영향과 공급 위험에 따라 제품을 4가지로 구분하고 있다.

- 비핵심 아이템(Non-critical items)
- 레버리지 아이템(Leverage items)
- 병목 아이템(Bottleneck items)
- 전략 아이템(Strategic items)

비핵심 아이템

비핵심 아이템은 이익에 대한 영향과 공급 리스크가 모두 낮은 제품군으로 관리가 용이하고 전략적 중요도가 낮다. 이러한 제품군에 대해서는 구매 프로세스를 가능한 단순화, 표준화하고 자동화시켜야 한다. 분산형 구매정책이 필요하며, 구매 담당자에게 권한을 위임하고 공식적인 요청이나 승인절차가 없이 발주를 수행할 수 있도록 해야 한다. 구매업무를 아웃소싱하는 것도 대안이 될 수 있다.

레버리지 아이템

레버리지 아이템은 이익에 대한 영향은 크지만 공급 리스크는 낮은 제품군이다. 관리는 용이하지만 전략적 중요도가 크다. 공급자들이 많고 비용을 조금만 절감시켜도 이익 개선효과가 크게 나타난다. 이러한 제픈군에 대해서는 공급자들 사이에 경쟁 조장하여 비용절감을 추구할 필요가 있다. 구매를 전사적으로 중앙집중화하여 구매력을 높이는 것도 중요하다.

병목 아이템

병목 아이템은 제품이 생산원가에서 차지하는 비중이 낮지만 공급 리스크가 높은 제품군이다. 전략적 중요도는 낮지만 관리가 어렵다. 레버리지 아이템과는 달리 공급자의 파워가 큰 편이다. 이러한 제품군에 대해서는 프리미엄 비용이 들더라도 공급의 연속성을 확보하는 것이 중요하다. 장기 계약을 하거나 재고를 보유하거나 두 가지 방법을 함께 시행해야 한다. 새로운 공급자를 발굴하는 것도 중요하다.

전략 아이템

전략 아이템은 이익에 대한 영향과 공급 리스크가 모두 높은 제품군이다. 전략적 중요도도 높고 관리도 어렵다. 시스템 원가에 상당한 부분을 차지하며 고객 만족에도 매우 큰 영향을 준다. 제품별로 단일 공급자를 가지는 경우가 많다. 이러한 제품군에 대해서는 공급자와 장기적인 파트너 관계를 형성하고, 제품개발에 공급자 조기참여(early supplier involvement)를 추진하는 등 자사의 공급사슬에 공급자를 통합하는 데 초점을 두어야 한다.

글로벌 소싱 이슈

글로벌화의 진전에 따라 구매 분야에 있어서도 구매의 지리적 범위를 전 세계로 확대하여 최적의 구매 대안을 탐색하려는 글로벌 소싱(global sourcing)이 확산되고 있다. 글로벌 소싱의 기본적인 동기는 다음과 같다.

- 구매부서의 주된 역할은 조직의 운영 및 전략을 지원하기 위해 지리적 위치에 관계 없이 최적의 자재와 서비스를 획득하는 것이다.
- 해외에서 생산과 마케팅 활동을 수행하는 기업들이 증가하면서 이를 지원하기 위한 국제 구매활동이 함께 증가하고 있다.

오늘날 대부분의 기업들은 어떤 형태로든지 해외에 진출하거나 최소한 글로벌 경쟁업체로부터 자국 시장을 지키기 위한 노력을 기울이고 있다. 대부분의 글로벌 전략은 요소투입(factor-input) 전략이나 시장접근(market-access) 전략 두 가지 형태로 나타난다. 요소투입 전략이란 조직의 전반적인 비용 개선을 위해 전 세계 자원—예를 들어 저비용 노동력이나 제품—에 대한 접근을 획득하려는 것이다. 시장접근 전략이란 생산이나 판매거점 설치 등 해외 직접투자를 통해 조직의 글로벌 시장점유율을 확대하는 데 초점을 두는 전략이다. 대부분의 기업들은 이 두 가지 전략을 혼용하게 된다(Fawcett, 2000).

글로벌 네트워크의 속성이나 복잡성에 관계 없이 구매부서는 글로벌 운영을 지원해야 하기 때문에 네트워크 설계와 구축에 참여하게 된다. 글로벌 네트워크의 설계와 관리를 위한 의사결정에 있어서 구매측면의 이슈는 다음과 같은 4C의 관점에서 검토되고 반영되어야 한다. 이러한 4C에 관련된 이슈들을 체

그림 9-8 글로벌 네트워크의 형태

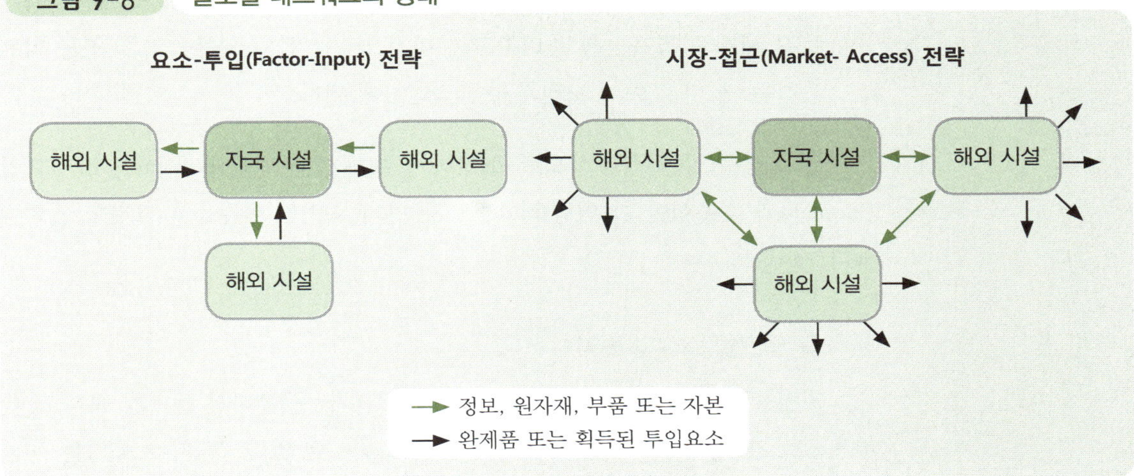

출처: Fawcett(2000).

계적으로 평가함으로써 우수한 글로벌 네트워크를 설계, 구축, 운영하는 데 있어서 구매부서가 어떤 역할과 지원을 해야 할 것인지를 보다 명확히 이해할 수 있게 된다(Fawcett, 2000).

- 적합성(compatibility): 적합성에 대한 평가는 글로벌 운영을 보다 전체적인 관점에서 평가하기 위해 필요하다. 해외 직접투자가 필요한지, 투자 의사결정이 합리적인지, 대상 국가의 장점이 존재하는지, 기존 네트워크와 효과적으로 통합될 수 있는지, 구매가 제안된 운영체제를 효과적으로 지원할 수 있는지 등의 전략적 적합성이 검토되어야 한다.
- 구성(configuration)과 조정(coordination): 구성은 생산과 마케팅 운영을 위한 입지조건에 초점을 둔다. 조정은 운영방식을 연계하고 통합하여 하나의 통일된 시스템을 구축하는 데 초점을 둔다. 공급자의 수와 위치를 포함한 구매관련 이슈는 대상 국가에 시설을 입지하는 데 있어서 커다란 영향을 미친다. 이에 따라 비용, 품질, 투입요소의 배송 등이 영향을 받게 된다. 공급자들과 긴밀한 파트너십 관계를 구축하고 우수한 성과를 달성할 수 있는 능력도 중요한 고려요인이다.
- 통제(control): 글로벌 운영의 성공은 높은 수준의 운영성과를 달성할 수 있는 능력에 달려 있다. 글로벌 운영은 문화적 그리고 여타 환경적 차이로 인해 국내 운영에 비해 관리하기가 더욱 어렵다. 구매관리자는 전 세계 공급자들을 관리하고 지리적으로 분산된 활동들의 운영을 지원하는 데 따른 여러 도전과제에 직면하게 된다.

글로벌 소싱을 성공적으로 도입하기 위해서는 편익(benefits), 장애요인(barriers)과 갖추어야 할 역량(bridges) 세 가지 측면의 이슈들을 고려할 필요가 있다(Fawcett, 2000).

글로벌 소싱의 편익

기업들이 왜 글로벌 소싱을 추진하게 되는가? 근본적인 동기는 보다 낮은 비용으로 자재를 확보하기 위한 기회를 얻으려는 데 있다. 또 다른 동기는 생산 및 운영활동이 글로벌화됨에 따라 진출 국가를 포함한 국제적인 구매 지원이 필

표 9-3 | 글로벌 네트워크 구축에 따른 구매 의사결정의 4C

적 합 성 (Compatibility)	• 해외 직접투자가 필요한가? • 구매가 새로운 운영을 효과적이고 효율적으로 지원할 수 있는가? • 기존 공급자들이 활용될 수 있는가? 동반 진출해야 하는가? • 현지 공급기반을 구축할 수 있는가? 관련 규제가 있는가?
구 성 (Configuration)	•부품을 생산할 것인가, 구매할 것인가? •의사결정 권한을 어디에 둘 것인가? •전 세계적으로 몇 개의 공급자를 활용할 것인가? •해외 공급자들과 어떤 관계 유형을 구축할 것인가?
조 정 (Coordination)	•최적의 공급자 선정기준은 무언인가? •어떻게 시장/상품에 대한 지식을 전 세계적으로 확산할 것인가? •어떻게 분산된 운영지점에서 공통성(commonality)을 레버리지로 활용할 것인가? •운영지점 간 물류체계를 어떻게 구축할 것인가? •구매부서가 실제로 전 세계의 공급자를 관리하고 개발할 수 있는가?
통 제 (Control)	•글로벌 운영을 위한 자재지원에 따른 총비용을 파악할 수 있는가? • 글로벌 공급기반 전체에 대한 품질유지와 개선이 가능한가? •공급기반의 속성과 입지에 대한 물류지원이 가능한가? •주문 발주, 추적 그리고 문제발생시 해결방안이 있는가?

출처: Fawcett(2000).

요하게 되기 때문이다. 이외에도 발전된 기술에 대한 접근, 고품질 제품에 대한 접근, 국제 경쟁의 심화, 해외시장 개발의 기회, 진출 국가의 규제, 우수한 물류 및 서비스 역량과 같은 요인들이 글로벌 소싱을 추진하는 동기로 작용한다.

기업들은 글로벌 공급자들이 어떤 형태로든지 경쟁우위를 제공할 수 있을 것이라고 믿기 때문에 글로벌 소싱을 추진하게 된다.

글로벌 소싱을 통해 어떤 편익을 얻을 수 있을까? 글로벌 소싱의 가장 중요한 편익은 제품 구매비용의 절감이다. 연구결과에 의하면 해외 공급자들로부터 구매를 통해 20% 이상의 비용을 절감할 수 있는 것으로 보고되고 있다. 이는 낮은 노동비용, 저비용 원자재에 대한 접근성, 세금 인센티브/보조금, 보다 효율적인 생산 프로세스, 환율 차이 등에서 기인한다.

품질과 제품 기술은 글로벌 소싱의 성장에 핵심적인 역할을 하는 또 다른 편

표 9-4 | 성공적인 글로벌 소싱의 편익, 장애요인과 갖추어야 할 역량

편 익	• 저가격, 고품질 제품에 대한 접근 • 세계적 기술에 대한 접근 • 납기 성과 개선, 고객 서비스 개선 • 무역 규제의 충족, 해외진출 지원 • 경쟁우위의 개선, 공급자 기반의 확대
장애요인	• 다양한 정치적 환경, 비즈니스 관행 • 국수주의적 태도/행동, 문화/언어의 차이 • 환율 변동, 물류지원 문제, 관세/통관 규제 • JIT 조달 요구 충족, 자격을 갖춘 공급처 발굴
역 량	• 최고경영진의 지원 • 커뮤니케이션 능력 개발 • 장기적 관계의 구축 • 환율, 해외 비즈니스 관행, 글로벌 시장 기회에 대한 이해 • 해외 공급자 인증, 전문가 지원, 글로벌 소싱 계획

출처: Fawcett(2000).

익이다. 특히 최신의 진보된 기술은 제품의 상업적 성공에 중요한 영향을 미치기 때문에 글로벌 소싱을 통해 선도적인 제품과 신기술에 대한 접근성을 높이는 것이 중요하다. 어떤 제품은 오직 글로벌 공급자로부터 획득이 가능한 경우도 있다.

글로벌 소싱의 장애요인

글로벌 소싱의 도전과제는 크게 전략적, 전술적, 환경적 요인으로 구분하여 살펴볼 수 있다. 전략적 장애요인으로는 JIT 생산전략에 대한 지원, 공급자들의 자격 요건, 공급라인이 길어짐에 따른 물류측면의 지원 등을 지적할 수 있다.

린(lean) 생산방식과 연속적 재고보충(continuous replenishment)이 확산되면서 JIT 생산방식과 글로벌 소싱이 보다 밀접하게 통합될 필요성이 증가되고 있다. 이와 유사하게 공급기반의 축소와 보다 밀접해지는 구매자-공급자 관계 또한 글로벌 소싱 전략에 어려움을 더하고 있다. 이는 지리적으로 멀리 떨어져 있는 공급자들과 밀접하고 생산적인 관계를 구축하는 것 자체가 어렵고 비용 또한 더 많이 들기 때문이다. 구매자가 비교적 경험이 없는 지역에서 역량을 갖춘 공급자를 파악하기는 쉽지 않다. 공급자 개발 노력 또한 쉽지 않다. 지적된 문제점들을 해결하기 위해서는 조직이 글로벌 소싱을 전략적 신뢰를 바탕으로 추진하는 자세가 필요하다.

전술적 장애요인으로는 일상적인 운영과정에서 발생하는 관세/통관 규제,

환율 변동, 해외 비즈니스 관행에 대한 지식 등을 들 수 있다. 해외 비즈니스 관행에 대한 완전한 지식을 갖는 것은 가장 어려운 장애요인이다. 이러한 지식은 공급자 선정과 계약 협상과정에서 매우 중요하게 작용한다. 이러한 장애는 교육이나 경험의 축적을 통해 해소될 수 있으며, 선별적인 3자 제공자의 활용을 통해 내부역량을 보완하는 것도 효과적인 대안이 될 수 있다.

환경적 장애요인이란 문화 및 언어의 차이, 국수주의적인 태도, 다양한 정치적 환경 등을 의미한다. 이 중 문화/언어의 차이가 글로벌 소싱의 성공을 저해하는 근본적인 요인으로 인식되고 있다. 문화적 언어적 장벽은 공급자의 실제 역량을 정확하게 파악하고, 유리한 조건으로 계약을 체결하고, 나아가 공급자로 하여금 우수한 성과를 달성하게 하기 위한 노력을 저해하는 요인으로 작용한다.

글로벌 소싱을 위해 갖추어야 할 역량

구매관리자는 글로벌 소싱을 성공적으로 달성하기 위한 장애요인들을 극복할 수 있도록 조직의 프로세스를 점검하고 역량을 개선하는 역할을 수행하여야 한다. 이를 위해서는 최고경영진의 지원, 커뮤니케이션 역량 개발, 그리고 소수의 핵심 공급자들과의 장기적 관계 수립에 대한 강조 등이 핵심 성공요인으로 작용하게 된다.

글로벌 소싱에는 복잡한 구매자/공급자 환경에서 발견되는 장애요인을 극복하기 위한 시간과 자원이 투입되어야 한다. 따라서 장기적 관점에서 추진되어야 하며 최고경영진의 지원을 확보하여야 한다. 부서간 커뮤니케이션 능력과 특정 글로벌 소싱 기법을 개발하기 위한 교육과 역량 강화 노력에는 반드시 최고경영진의 승인과 투자가 뒷받침되어야 한다. 전 세계적으로 강력한 구매자/공급자 관계 구축을 위한 관리지원도 중요하다.

나아가 구매관리자는 국제 조달시장에서 기회를 파악하고 이해하기 위한 효과적인 방법, 체계적인 공급자 선정, 평가 및 개발 프로그램, 해외 비즈니스 관행에 대한 지식을 획득하기 위한 일관된 접근 등으로 무장하고 있어야 한다. 만일 글로벌 소싱팀이 전 세계적으로 최적의 공급자를 발굴, 평가, 선정, 인증할 수 있는 역량을 갖추고 있다면 앞서 언급한 글로벌 소싱의 장애요인을 효과적으로 해소할 수 있을 것이다.

참고문헌

- Bailey, P. and D. Farmer, Purchasing Principles and Management, Pitman, 1990.
- Cox, A., "Relational competence and strategic procurement management", European Journal of Purchasing and Supply Management, Vol. 2, No. 1, 1996.
- Bensaou, M., "Portfolios of Buyer-Supplier Relationships", Sloan Management Review, Vol.40 No.4, 1999.
- Fawcett, Stanley E., The Supply Management Environment, The NAPM Supply Management Knowledge Series, Vol. 2, National Association of Purchasing Management, 2000.
- Gadde and Haakansson, "The Changing Role of Purchasing: Reconsidering three Strategic Issues", European Journal of Purchasing and Supply Management, Vol. 1, No. 1, 1994.
- Kraljic, P., "Purchasing Must Become Supply Management", Harvard Business Review, September-October, 1983.
- Monczka, Trent and Handfield, Purchasing & Supply Management, 3rd Edition, Thomson, 2005.
- Schary, Philip B. and Tage Skjott-Larsen, Managing the Global Supply Chain, 2nd Edition, CBS Press, 2001.
- Simchi-Levi, David, Philip Kaminsky, Edith Simchi-Levi, Designing and Managing the Supply Chain, 3rd Edition, McGraw-Hill, 2008.

제10장

유통 전략

Chapter 10

사례 읽기 10-1 삼성테스코 공급사 재고관리(VMI) 도입 성과

삼성테스코(홈플러스)는 유통업체가 재고를 관리하는 기존의 관행을 깨고 제품 공급업체들이 직접 재고를 관리해 공급물량을 제안할 수 있는 공급사 재고관리(VMI) 시스템을 지난해부터 도입, 재고일수와 결품률을 줄이는 등의 성과를 올리고 있다.

삼성테스코는 2003년부터 태평양, 동원F&B 등 주요 납품업체들과 협의해 VMI를 도입하고, 공급업체가 적정 재고 수준을 유지하도록 하고 있다.

이를 위해 삼성테스코는 판매 및 재고 데이터 등을 제공하고, 공급자는 이 데이터를 바탕으로 일별로 판매될 수량을 예측, 언제 얼마의 제품을 보충해야 할지를 결정한다.

삼성테스코는 VMI를 통한 자동화된 발주시스템이 재고와 결품을 관리하는 등 담당자의 판단에 의존하던 기존의 발주형태를 개선시켰다고 분석했다.

지금까지 15개 공급업체들이 VMI를 통해 물품을 공급한 결과, 삼성테스코는 재고일수가 3일 정도 개선됐으며 매대 결품률도 감소했다는 설명이다.

물론 이 시스템을 이용할 경우 유통업체는 제품 발주권을 납품업체에게 넘겨주게 돼, 공급업체들이 제품 수요를 초과해 '밀어내기'를 하는 등 오용할 가능성이 있다. 따라서 이러한 시스템을 도입할 경우 공급업체와 유통업체 간 신뢰가 전제되어야 한다.

삼성테스코 안희만 상무는 "고객이 원하는 상품을 모자람 없이 공급한다는 한가지 목표를 갖고 서로 주요성과지표(KPI)를 지켜나가겠다는 합의가 우선되어야 한다"고 말했다.

삼성테스코는 올해 안으로 VMI 사용 대상업체를 50여 개로 확대한다는 방침이다.

우선 'VMI 솔루션 설명회'를 갖는 등 공급업체들을 상대로 VMI 도입을 적극 지원한다. 또 VMI 솔루션을 보유하고 있는 데이콤, IRT 및 인플루사의 솔루션을 공급하는 시스네트 등과 솔루션 가격을 적정선에서 협의, 솔루션을 도입해야 하는 공급업체들의 비용부담을 덜어 줄 계획이다.

이밖에 솔루션을 도입하는 공급업체와 관련 데이터 공유를 위해 데이터를 정비하고, 공급업체를 대상으로 솔루션 활용을 위한 교육도 실시할 예정이다.

안희만 상무는 "1위 업체를 따라잡기 위해서는 새로운 전략을 가져야 한다"며 "VMI 확산을 통해 향후 협업적 재고보충(CPFR)시스템을 갖춰, 수요 예측 · 생산 계획 · 재고 보충 등 공급망에서 발생할 수 있는 문제점들을 개선해 나갈 것"이라고 말했다.

출처: 디지털타임스, 2004년 9월 6일.

사례 읽기 10-2 삼성전자-이마트, CPFR 첫 도입

삼성전자와 이마트가 제품 수요예측에서 재고관리까지 공동으로 관리하는 혁신적인 물류·유통 시스템을 구축했다.

삼성전자는 8일 이마트와 상호 협업을 통해 두 회사간 수급망을 연계 운영하는 시스템인 CPFR(상호 공급기획 예측 프로그램) 구축을 완료, 업무협정을 체결하고 공식 운영에 들어간다고 밝혔다.

CPFR(Collaborative Planning Forecasting & Replenishment)은 제조사와 유통업체가 수요예측, 생산계획, 재고관리 등을 공동으로 관리하는 혁신적인 공급망 관리(SCM) 기법으로, 그동안 국내에서는 샴푸, 기저귀 등 생활용품 중심으로 시범적으로 도입됐다. 가전제품의 경우 북미시장에서 삼성전자, 파나소닉, 컴팩 등이 유통업체와 도입한 적은 있으나 국내에 도입되는 것은 이번이 처음이다.

삼성전자는 이마트를 시작으로 연내 CPFR을 하이마트, 홈플러스 등으로 확대할 계획이다.

두 회사는 이번 협약을 통해 주력 판매모델 선정 및 판촉, 주간 단위 판매물량 예측시 상호 협의함으로써 생산 및 재고물량의 오차범위를 5% 미만으로 유지할 것으로 기대하고 있다. 또 5~8일 걸리던 배송기간이 2~3일 내로 단축돼 고객 서비스 향상을 꾀할 수 있을 것으로 보고 있다.

삼성전자는 이마트와 각종 사업 정보를 공유해 중장기적인 영업정책과 판촉 및 판매계획을 수립함으로써 대고객 서비스를 향상시키고 30% 이상의 매출 증대 등의 효과를 거둘 것으로 전망했다.

삼성전자 국내영업사업부장 장창덕 부사장은 "공급망관리(SCM)는 최근 기업 경영혁신 활동 가운데 가장 중요한 화두 가운데 하나"라며 "유통업체와 협력해 재고비용을 줄일 수 있을 뿐만 아니라 고객이 원하는 때에 제품을 구입하고 제품을 배송받을 수 있도록 함으로써 고객 만족도 극대화될 것"이라고 말했다.

한편 삼성전자는 2004년 미국의 베스트바이와 CPFR을 시작한 이래 시어스, 서킷시티 등 대형 유통업체로 확장했으며, 지난해 베스트바이와 공동으로 미국 상거래표준협회의 '상거래 상호협력상(Collaborative Commerce Achievement Award)'을 수상하기도 했다.

출처: 전자신문, 2006년 8월 9일.

공급사슬 관점의 유통 전략

기본적으로 유통은 생산과 소비를 연결시켜 주는 기능을 하며, 구체적으로 생산된 제품에 시간, 장소 및 소유의 효용을 더해 줌으로써 부가가치를 창출하는 기능을 갖는다. 유통은 소비자가 원하는 상품을 편리한 시간과 장소에서 구매할 수 있도록 하며, 상품에 대한 수요를 창출하고, 제조업체의 기술혁신과 신제품 개발을 촉진하는 역할도 수행한다.

본 장에서는 공급사슬 관점의 유통 전략으로 고객충족을 위한 유통경로의 구조, 배송 전략과 네트워크의 조직, 그리고 유통업체와 공급업체(제조업체) 간 파트너십 이슈 등을 논의한다.

1. 유통경로의 구조

유통경로(distribution channel) 또는 마케팅 채널(marketing channel)이란 생산지점에서 소비지점까지 제품의 소유권(ownership)을 이전하고 제품을 이동하기 위해 필요한 활동들의 집합, 그리고 이러한 과정에 관여하는 모든 기관들과 모든 마케팅 활동들로 구성된 시스템을 의미한다.

유통경로의 역할

유통경로상의 중간상은 기본적으로 소비자에게 소유(possession), 시간(time) 및 장소(place) 효용을 제공한다. 판매와 구매로 연결되는 교환 프로세스를 통해 소유 효용을 제공한다. 판매 가능한 재고를 보유함으로써 시간 효용을 제공한다. 그리고 제품을 물리적으로 시장으로 이동함으로써 장소 효용을 제공한다.

유통경로가 발전하게 된 원인, 즉 유통경로의 역할은 다음과 같다(Stock and Lambert, 2000).

- 교환 프로세스의 촉진
- 제품 구색 불일치의 조정
- 거래의 정형화
- 탐색 프로세스의 촉진

교환 프로세스의 촉진

유통경로는 교환 프로세스(exchange process)를 촉진하는 역할을 한다, 생산자와 소비자 중간상(intermediary)이 개입하여 시장거래를 줄여 줌으로써 마케팅 프로세스를 보다 효율적으로 만들어 준다. 예를 들어 시장에 4개의 공급자와 10개의 고객이 있다고 가정하자. 모든 고객이 4개의 공급자로부터 직접 제품을 구매할 경우 시장거래는 40회가 발생하게 된다. 반면 공급자들이 하나의 중간상을 통해 고객들에게 제품을 판매할 경우 시장거래는 14회로 줄어들게 된다. 이처럼 중간상의 개입으로 시장거래가 감소하게 되고 공급자와 고객 양자의 비용을 감소시키는 효과를 가져다 주게 된다.

그림 10-1 중간상을 통한 교환 프로세스의 촉진

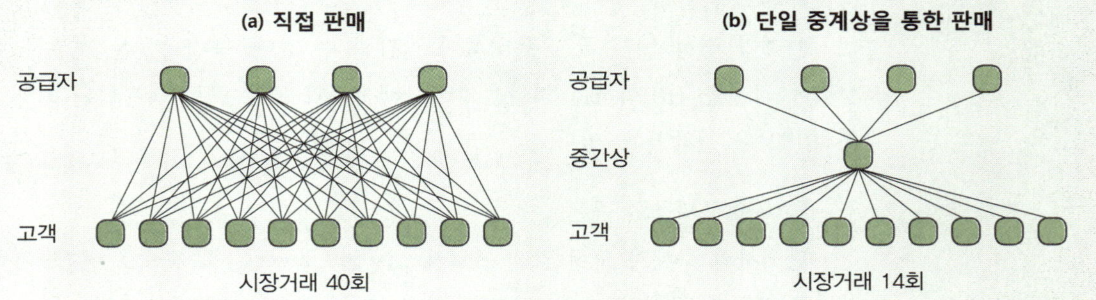

제품 구색 불일치의 조정

생산자가 유지하는 제품과 서비스의 구색(assortment)과 고객이 요구하는 구색에는 차이가 존재한다. 경로 중간상의 주된 역할은 다음과 같은 프로세스의 수행을 통해 이러한 불일치를 조정하는 것이다.

- 분류(sorting out): 비균질한(heterogeneous) 공급을 상대적으로 균질한(homogeneous) 상품으로 분류하는 것(예, 농산물 등급 부여, 불량품 선별 등)
- 집적(accumulating): 유사한 상품들을 대량의 균질한 공급으로 집적하는 것
- 할당(allocation): 균질한 공급을 소량의 제품단위로 소분화(小分化, break bulk)하는 것(예, 트럭 단위로 입고된 상품이 케이스 단위로 판매되는 것)
- 구색(assorting): 사용 목적에 따라 관련된 상품들을 고루 갖추는 것(예, 도매업체는 소매업체들이 필요한 상품을 갖추어야 하고, 소매업체는 고객들이 필요한 상품을 갖추어야 한다.)

이 중 분류와 집적은 주로 농산물이나 광물의 유통과정에서 관찰되며 할당과 구색은 주로 완제품 유통과정에서 관찰된다.

고객이 원하는 제품 구색은 단일 생산자가 제공할 수 있는 제품 구색보다 훨씬 폭이 넓다. 생산자는 규모의 경제를 실현하기 위해 가능한 소수의 제품 구색을 갖추려고 하지만 고객은 가급적 많은 대안 중에서 제품을 선택하려고 한다. 중간상은 생산자와 고객 사이에서 이러한 제품 구색의 불일치를 조정하는

역할을 함으로써 유통 효율성을 높이게 된다.

거래의 정형화

거래가 정형화될수록 유통비용이 절감될 수 있다. 중간상들은 경로를 형성하여 거래를 전형화하는 역할을 한다. 생산자와 고객 모두 정형화된 거래를 통해 비용을 절감할 수 있다.

탐색 프로세스의 촉진

판매자와 구매자 모두 탐색 프로세스(search process)를 필요로 한다. 판매자는 잠재적인 구매자가 어디에 위치하고 또 어떻게 이들에게 도달할 수 있는지를 파악하기가 어렵고 이를 위해 상당한 탐색비용을 지불해야 한다. 이는 구매자 입장에서도 마찬가지이다. 중간상은 판매자와 구매자 사이에서 관련 정보를 제공하고 탐색비용을 절감시켜 주는 역할을 한다.

유통경로의 설계

기업이 유통경로를 설계한다는 것은 바로 유통부문의 공급사슬을 설계한다는 것과 동일한 의미를 갖는다. 또한 경로의 구조와 경로 커버리지가 결정된다는 것은 곧 제품 흐름의 공간적 이동패턴, 즉 물류 수요가 개략적으로 결정된다는 것을 의미한다.

유통경로의 설계에는 경로의 구조(길이)(channel length)와 경로 커버리지(channel coverage 또는 channel length × width)에 대한 의사결정이 포함된다.

경로의 구조(길이)

유통경로의 유형은 생산자가 고객에게 직접 판매하는 방식을 취할 것인지 아니면 도매업체나 소매업체와 같은 중간상(marketing intermediary)을 통해 판매하는 방식을 취할 것인지에 따라 직접판매(direct sales)와 간접판매(indirect sales)로 구분하며, 간접판매는 중간상의 수에 따라 다시 단축경로와 확장경로로 구분하기도 한다.

직접판매란 생산자가 중간상을 거치지 않고 직접 소비자에게 판매하는 형태이다. 방문판매가 전통적인 직접판매의 형태이며, 인터넷 주문방식을 활용하

그림 10-2 유통경로의 유형

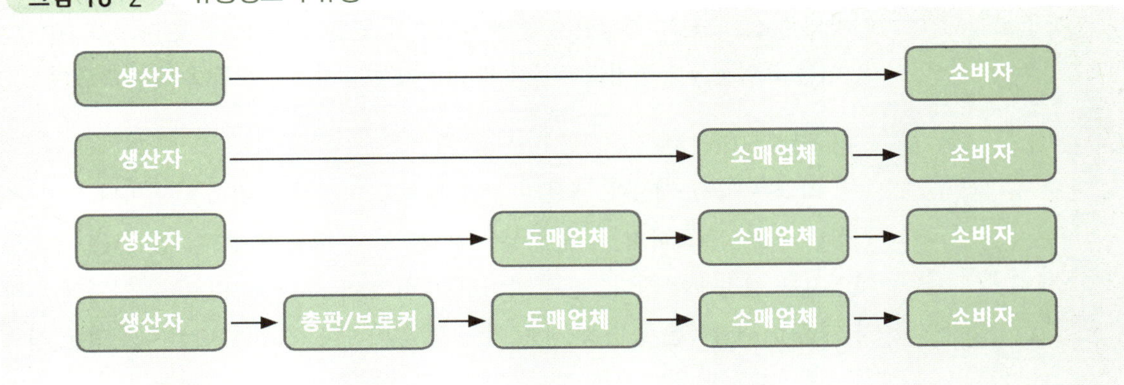

고 있는 Dell의 직접판매모델(direct sales model)도 여기에 해당한다.

한 단계 정도의 중간상을 가지는 단축경로는 소매 방식, 대리점 방식, 프랜차이즈 방식의 가맹점 형태 등이 포함된다. 확장경로는 생산자와 소비자 사이에 여러 단계의 중간상을 경유하는 형태이다. 이러한 중간상에는 총판, 브로커, 도매업체, 소매업체 등이 포함된다.

표 10-1 | 유통경로 구조에 영향을 미치는 요인

	짧은 유통경로	긴 유통경로
시장 요인	• 기업 고객 • 지리적으로 집중되어 있음 • 충분한 기술적 지식과 정기적 서비스가 요구됨 • 대량 주문	• 소비자 • 지리적으로 분산되어 있음 • 기술적 지식을 거의 요구하지 않으며 정기적 서비스가 요구되지 않음 • 소량 주문
제품 요인	• 부패성 제품 • 복잡한 제품 • 고가 제품	• 내구성 제품 • 표준화된 제품 • 저가 제품
생산자 요인	• 제조업체가 채널기능을 수행할 수 있는 자원을 보유한 경우 • 폭넓은 제품 라인 • 채널 통제가 중요한 경우	• 제조업체가 채널기능을 수행할 수 있는 적합한 자원이 결여된 경우 • 제한된 제품 라인 • 채널 통제가 중요하지 않은 경우
경쟁 요인	• 제조업체가 제품 촉진에 대한 기존 중간상의 성과에 만족하는 경우	• 기존 중간상의 성과에 만족하지 못하는 경우

최적의 유통경로의 구조를 결정하기 위해서는 시장의 특성, 제품의 특성, 생산자의 특성, 그리고 경쟁환경 등의 요인들을 면밀히 고려해야 한다. 〈표 10－1〉은 이들 요인들이 유통경로의 길이에 어떤 영향을 미치는지를 보여주고 있다.

경로 커버리지

기업은 자사 제품에 대한 마케팅 목표를 달성하기 위해서 얼마나 많은 중간상(점포)이 필요하며 각 중간상(점포)은 어느 정도의 경로 서비스를 제공할 것인지를 결정해야 한다. 경로 커버리지(channel coverage)란 특정 지역에서 자사 제품을 취급하는 중간상(점포)의 수를 의미하며, 경로 커버리지 전략은 집중적 유통, 전속적 유통, 선택적 유통으로 구분할 수 있다.

- 집중적 유통(intensive distribution)이란 가능한 많은 중간상(점포)들이 자사의 제품을 취급하도록 하는 전략이다.
- 전속적 유통(exclusive distribution)이란 일정 지역에서 하나의 중간상(점포)이 자사 제품을 독점적으로 취급하도록 하는 전략이다.
- 선택적 유통(selective distribution)이란 집중적 유통과 전속적 유통의 중간 형태를 띠는 전략으로 제한된 수의 중간상(점포)으로 하여금 자사의 제품을 취급하도록 하는 전략이다.

경로 커버리지 전략의 선택에는 고객의 구매행동, 기업의 유통경로에 대한 통제 수준 등이 영향을 미치게 된다.

고객의 구매행동

경로 커버리지 전략에는 제품의 유형과 이에 따른 고객의 구매행동이 적절히 반영되어야 한다. 소비재(consumer goods)의 경우 소비자의 구매행동에 따라 편의품, 선매품, 전문품 3가지로 구분된다.

- 편의품(convenience goods)이란 구매자가 최소한의 노력을 들여, 즉 최대한 편리하게, 구매하려는 제품이다. 소량으로 자주 구매하는 가격이 낮은 비내구성 제품이 여기에 해당한다. 대부분의 식품, 잡화가 여기에 해당한다.

- 선매품(shopping goods)이란 구매자가 구매 의사결정을 내리기 전 여러 매장을 방문하여 제품들을 비교한 후 구매하는 제품이다. 이러한 제품은 편의품에 비해 가격이 높고, 자주 구매되지 않으며, 내구성 제품인 경우가 많다. 가격, 품질, 스타일, 색상 등이 구매 의사결정 요인으로 작용한다. 가구, 의류, 가전제품 등이 여기에 해당한다.
- 전문품(specialty goods)이란 제품의 독특성(uniqueness)이나 전문성으로 인해 구매자가 원하는 제품을 획득할 때까지 많은 시간과 노력을 기울이는 제품이다. 가격이 높은 경우가 많지만, 높은 가격이 전문품이 되기 위한 조건은 아니다. 가격이 주된 고려요인이 아니라는 점에서 선매품과 구별된다. 브랜드 선호도나 개인적 선호도가 이러한 독특성을 결정하게 된다.

좀 더 구체적으로 제품의 유형, 경로구성원 및 소비자 구매행동의 관계를 살펴보면 〈표 10－2〉와 같이 정리될 수 있다. 이들 점포-제품 조합 중 편의점-편의품, 편의점-선매품, 선매점-편의품에 대해서는 집중적 유통 전략을 채택하게 된다. 여타 점포-제품에 대해서는 선택적 또는 전속적 유통경로를 선택적으로 채택하게 된다.

표 10-2 | 제품의 유형, 점포의 유형 및 소비자 구매행동의 관계

점포의 유형	제품의 유형		
	편의품(Convenience goods)	선매품(Shopping goods)	전문품(Specialty goods)
편의점 (Convenience store)	가장 가까운 점포에서 가장 구하기 쉬운 제품 브랜드를 구매	가장 가까운 점포에서 진열된 상품을 비교하여 선택	선호하는 브랜드를 보유한 가장 가까운 점포에서 구매
선매점 (Shopping store)	제품 브랜드에는 무차별적이나 서비스/가격조건이 더 좋은 점포에서 구매	브랜드와 점포를 비교	특정 브랜드에 대한 강한 선호도를 가지고 있으나 여러 점포의 서비스/가격조건을 비교하여 구매
전문점 (Specialty store)	특정 점포를 선호하지만 제품 브랜드에는 무차별적인 경우	특정 점포를 선호하지만 진열된 상품을 비교하여 선택	특정 점포 및 특정 브랜드에 대한 강한 선호도를 가지고 있음

출처: Bucklin, Louis P., "Retail Strategy and the Classification of Consumer Goods", Journal of Marketing, January 1963.

경로 커버리지 결정에 있어서는 이러한 제품의 특성(고객의 구매행동) 외에 여타 제품의 특성(가치, 기술, 대체성, 부패성 등), 시장의 특성(포화도), 그리고 고객서비스 목표 등을 함께 고려하여야 한다.

유통경로에 대한 통제 수준

경로 커버리지 전략은 제조업체의 유통경로에 대한 통제 수준이나 의지에 의해서도 영향을 받는다. 집중적 유통 전략을 채택한 경우 제조업체는 제품의 마케팅 기능을 통제하기 어렵게 되며, 다만 경로 구성원들을 위한 다양한 지원 활동들을 통해 간접적으로 통제를 증대할 수 있다. 반면 전속적 유통경로 전략을 채택할 경우 제조업체는 보다 직접적으로 마케팅 기능을 통제할 수 있다.

2. 배송 전략과 네트워크의 조직

배송 전략의 유형

제품의 물리적 이동을 수행하는 배송 전략의 유형에는 크게 공급업체 혹은 제조업체에서 소매업체 혹은 고객으로 직접 배송하는 직접(direct) 배송과 하나 또는 그 이상의 중계지점(창고, 배송센터 등)을 경유하여 배송하는 다단계(echelon) 배송 두 가지로 구분할 수 있다. 물론 이 두 가지 배송방식을 결합한 혼합(mixed) 방식이 활용될 수도 있다.

직접배송 혹은 직송은 창고나 배송센터를 거치지 않고 고객으로 직접 배송하는 방식이다. 이 전략의 장점과 단점은 다음과 같다.

- 배송센터 운영비용이 절감된다.
- 고객으로의 리드타임이 단축된다.
- 고객으로의 배송빈도가 증가하기 때문에 운송비용이 증가한다.

이 방식은 소매업체의 주문 볼륨이 큰 경우에 활용될 수 있다. 또한 구매력이 큰 소매업체가 이를 요구하기도 한다. 리드타임이 매우 중요한 경우, 특히 신선도 유지가 중요한 식품 배송에도 활용된다.

가장 일반적으로 활용되고 있는 배송 전략은 다단계 배송이다. 공급사슬 단계별로 일정 수준의 재고가 유지되며 하위 고객의 주문에 따라 이를 충족시키는 방식이다. 다단계 배송은 중계지점(intermediate location) 운영방식에 따라 전통적 창고와 크로스 도킹(cross-docking) 시스템으로 구분될 수 있다.

다단계 배송에서 재고를 유지하는 중계지점인 전통적 창고는 재고를 중앙 집중화할 것인가 분산 배치할 것인가에 따라 중앙집중형(centralized)과 분산형(decentralized) 시스템으로 구분할 수 있다. 중계지점의 수를 몇 개로 구성할 것인가는 고객서비스 수준인 대응시간(response time), 재고비용, 운송비용, 시설비용을 종합적으로 고려하여 결정되어야 한다.

Wal-Mart에 의해 성공적으로 도입된 크로스 도킹 시스템은 전통적인 창고 운영방식과는 달리 공급업체 혹은 제조업체에서 창고로 도착한 제품을 재고로 보관하는 것이 아니라 소매업체 배송차량으로 즉시 배송될 수 있도록 하는 시스템이다. 제품이 창고에 보관되더라도 매우 짧은 시간(대개 12시간 이내) 동안 보관된다. 이 시스템은 제품의 불필요한 보관시간을 단축시킴으로써 재고비용과 리드타임을 감소시킬 수 있게 한다. 다만 높은 수준의 초기 투자가 요구되며 관리하기도 어렵다. 또한 크로스 도킹 센터, 소매업체, 공급업체 간 주문-배송 프로세스 관리를 위한 정보시스템이 긴밀히 연계되어야 한다.

배송 네트워크의 조직

배송 전략의 또 다른 핵심 이슈가 배송 네트워크를 어떻게 조직할 것인가 하는 문제이다. 구체적으로는 중계거점 수를 몇 개로 가져갈 것인가 그리고 어디에 입지할 것인가를 결정하게 된다.

배송 네트워크의 성과는 크게 고객 서비스 수준과 비용에 의해 평가될 수 있다. 고객 서비스 수준은 대응시간(response time), 제품 다양성(product variety), 제품 가용성(product availability), 고객 경험, 적기 출시(time-to-market), 주문 가시성(order visibility), 반품 편리성(returnability) 등으로 측정될 수 있다.

예를 들어 Amazon.com에서 책을 주문하는 고객들은 근처의 Borders 서점에서 책을 사는 고객보다 오래 기다려야 한다. 반면 Borders 서점과 비교할 때 Amazon은 훨씬 다양한 종류의 책을 구비하고 있다. 즉, Amazon의 고객들은 높은 수준의 다양성을 위해 대응성을 희생한다고 볼 수 있다.

그림 10-3 시설 수와 대응시간의 관계

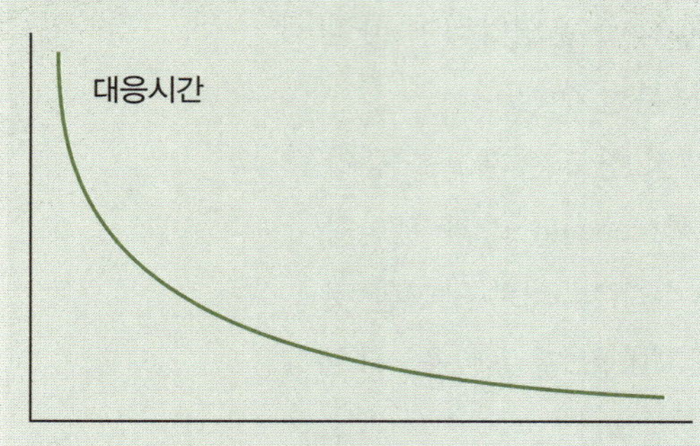

그림 10-4 시설 수와 비용의 관계

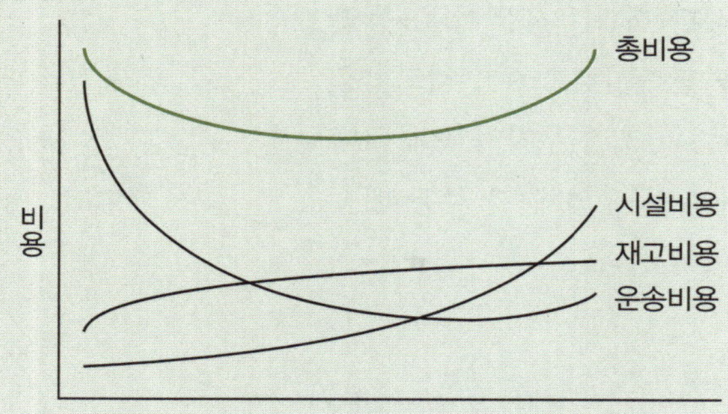

그림 10-5 최적 시설 수의 결정

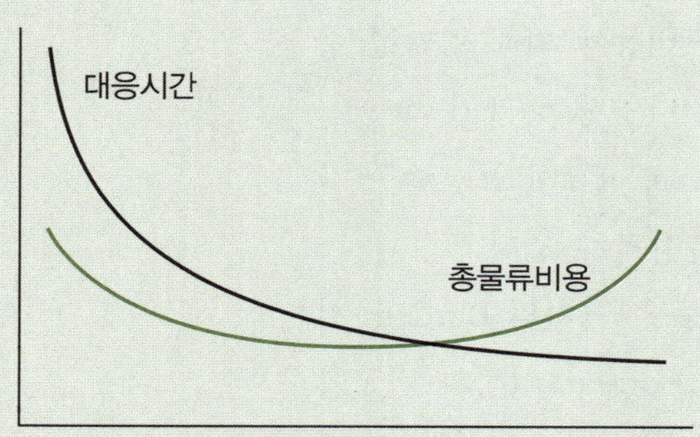

〈그림 10-3〉은 시설 수와 고객 대응시간과의 관계를 보여주고 있다. 배송 네트워크상 시설 수가 증가하게 되면 대응시간이 단축된다.

예를 들어 Borders는 고객이 책을 구매하는 즉시 공급이 이루어진다고 볼 수 있다. 이를 위해 Borders는 미국 내에서 약 400개의 서점을 운영하고 있다. 반면 Amazon은 고객에게 책을 배송하는 데 약 1주일이 걸리지만 단지 6개의 배송센터를 운영하고 있다.

한편 배송 네트워크에서 재고를 유지하는 시설 수는 재고비용, 운송비용, 시설비용에 영향을 준다.

시설 수가 늘어나게 되면 재고비용이 증가한다. 재고비용을 줄이기 위해서는 시설 수를 줄이는 방안이 필요하다. 6개의 시설을 가진 Amazon은 일 년에 약 12번의 재고를 회전할 수 있다. 반면 400개의 시설을 가진 Borders는 일 년에 약 2번의 재고를 회전할 수 있다.

한편 시설 수를 줄이게 되면 고객으로의 거리가 길어져 운송비용이 증가한다.

최적의 시설 수를 결정하기 위해서는 재고, 운송, 시설비용을 포함한 총물류비용과 서비스 수준인 대응시간을 함께 고려하는 것이 필요하다.

Amazon의 경우 운송비용을 줄이면서도 대응시간을 향상시키기 위해 한 개가 아닌 6개의 배송센터를 운영하고 있는 것이 좋은 예이다.

3. 유통업체-공급업체 파트너십

유통업체와 공급업체 혹은 제조업체 사이의 전략적 제휴는 여러 산업에서 이루어지고 있다. 우리는 이미 채찍효과(bullwhip effect)를 통해 제조업체가 가지는 수요의 변동성이 소매업체가 가지는 수요의 변동성보다 크게 나타나는 것을 보았다. 그리고 소매업체는 제조업체에 비해 시장 수요에 대해 보다 많은 지식을 가지고 있고, 제조업체는 소매업체에 비해 생산능력이나 리드타임에 대해 보다 많은 지식을 가지고 있다. 따라서 소매업체와 공급업체는 서로의 정보와 지식을 공유하고 재고보충을 위해 협력하는 등 보다 긴밀한 관계를 형성할 필요가 있다.

유통업체와 공급업체 파트너십은 발전과정에 따라 다음과 같은 유형들이 있다.

- 신속대응(QR, Quick Response)
- 공급자 주도형 재고관리(VMI, Vendor Managed Inventory)
- 공동 재고관리(CMI, Co-Managed Inventory)
- 연속 보충 프로그램(CRP, Continuous Replenishment Program)
- 효율적 소비자 대응(ECR, Efficient Customer Response)
- 협력적 계획, 예측 및 보충(CPFR, Collaborative Planning, Forecasting and Replenishment)

신속대응(QR)은 1980년대 중반 급증하는 의류 수입에 대응하기 위해 미국 의류산업의 경쟁력을 강화하기 위한 목적으로 추진된 소매업체-제조업체 파트너십이다. QR은 매업체와 제조업체가 협력하여 소비자의 수요에 신속히 대응하기 위해 주문-보충 프로세스를 개선하고자 하는 전략이다. QR의 추진을 통해 바코드, POS(판매시점 정보관리), EDI(전자문서교환) 등의 기반기술과 소매업체 주도형 자동발주시스템인 CAO(Computer Assisted Ordering) 등이 확산되었고, 이때부터 바코드와 EDI에 대한 표준화에 대한 노력도 본격적으로 진행되게 된다. 1980년대 말에는 종전 소매업체가 발주를 주도했던 것과는 달리 제조업체가 주도해서 재고관리를 실행하는 VMI(공급자 주도형 재고관리)라는 혁신적인

그림 10-6 유통업체-공급업체 파트너십의 발전

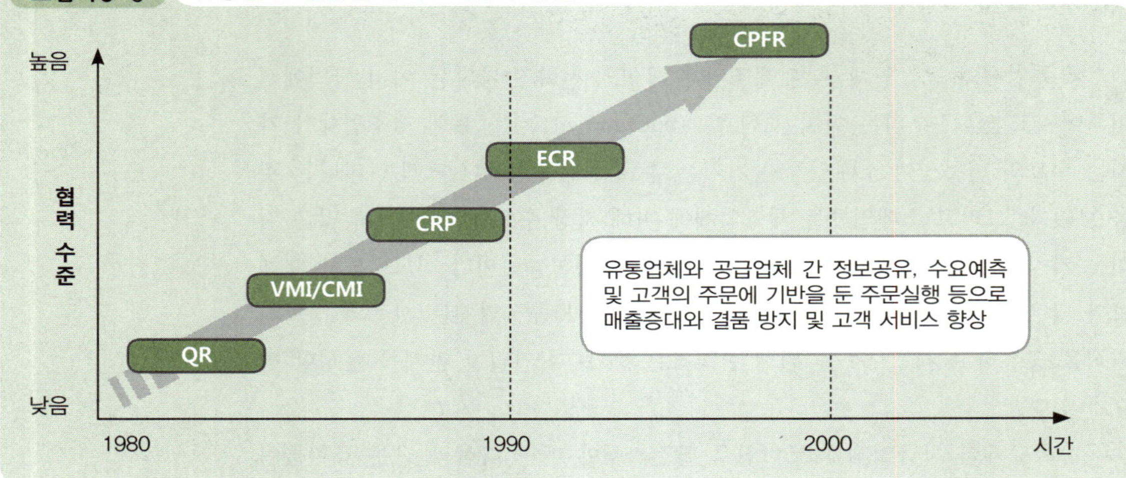

전략이 탄생되게 된다.

1990년대 초 의류산업의 QR 확산에 자극을 받은 식품·잡화업계(grocery industry)도 공급사슬 경쟁력을 제고하기 위해 새로운 소매업체-제조업체 파트너십 전략인 ECR(Efficient Customer Response)을 본격적으로 추진하게 된다.

ECR의 추진을 통해 식품·잡화산업이 얻을 수 있는 경제적 효과를 건식품·잡화(dry grocery)를 중심으로 분석한 결과에 의하면, 전체 식품·잡화산업 공급사슬의 잠재적 비용절감액이 약 300억 달러에 달하며, 기존 104일에 달하는 공급기간이 61일로 단축되어 공급사슬 재고를 41%까지 감축시킬 수 있는 것으로 분석되었다.

효율적 고객대응(ECR) 전략

효율적 고객대응(ECR, Efficient Customer Response)은 최종 소비자의 만족을 증대시키기 위해 유통업체와 공급업체가 상호 밀접하게 협력하는 전략이다. 그 목적은 유통업체와 공급업체가 서로 경쟁적이거나 적대적이 아닌 파트너십의 관점에서 공급사슬에 존재하는 비효율적인 요소들을 제거함으로써 생산성

그림 10-7 ECR의 4E 전략

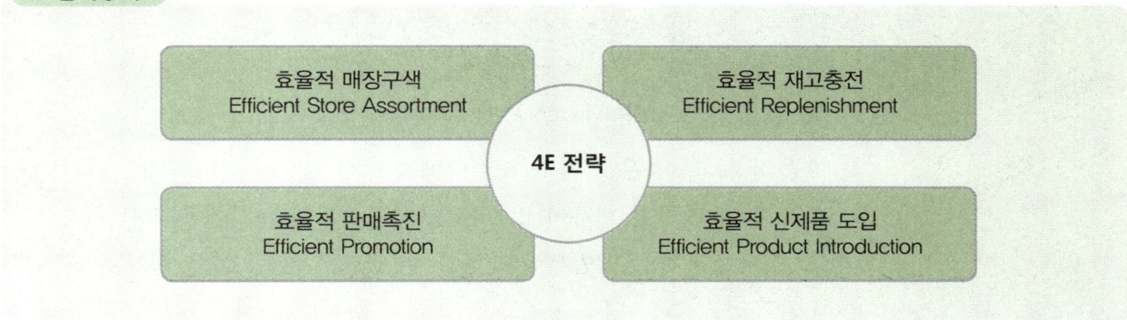

을 높임과 동시에 소비자에게는 양질의 제품과 서비스를 제공하는 데 있다. 즉, 개별 공급사슬 구성원의 효율성보다는 전체 공급사슬의 효율성에 초점을 둠으로써, 공급사슬 전체의 비용을 줄이고, 소비자에게는 양질의 제품과 서비스를 제공하려는 전략이다.

ECR의 핵심은 정확하고 시기적절한 정보의 흐름과 수요에 대응한 연속적인 상품의 흐름을 구현하는 것이다.

ECR은 다음과 같은 4가지 핵심 전략(4E) 분야를 중심으로 추진된다.

- 효율적 매장구색(Efficient Store Assortment)
- 효율적 재고보충(Efficient Replenishment)
- 효율적 판매촉진(Efficient Promotion)
- 효율적 신제품도입(Efficient Product Introduction)

효율적 매장구색(Efficient Store Assortment)

ECR의 가장 중요한 것 중의 하나는 고객만족을 극대화하는 동시에 제조업체/유통업체의 수익성을 증대시키도록 할 수 있는 효율적 매장 내 상품구색이다. 효율적 매장 내 상품구색은 부가가치가 낮은 공간을 줄이고 매장의 이용효율을 극대화시키는 것을 목표로 하고 있다. 효율적 매장 내 상품구색을 위해서는 다음과 같은 3가지 실행전략이 필요하다.

- 카테고리관리(category management)의 도입

- 정확한 데이터에 기초한 카테고리 및 공간배치의 최적화
- 카테고리 및 품목 공간배치의 지속적인 모니터링

효율적 재고보충(Efficient Replenishment)

효율적 재고보충은 전체 ECR 전략에 있어서 가장 근간이 되는 지원체계이다. 이 전략은 "적합한 제품이 정확한 장소에 정확한 시간에 정확한 물량으로, 그리고 가장 효율적인 방법으로 제공될 수 있도록 하는 것"을 목표로 하고 있다. 이것은 식품·잡화 공급사슬의 전 과정을 통한 정확하고 신속한 정보의 흐름과 이에 연동된 제품의 흐름에 의해 지원된다. 효율적 재고보충은 POS 스캐너와 바코드를 통해 수집된 고객의 판매 데이터로부터 출발한다.

일반적으로 식품·잡화산업의 공급사슬은 독립적인 3가지 정보와 제품흐름을 가지고 있다.

- 매장에서 소비자까지(POS 데이터에 의해 측정된다.)
- 유통업체 물류센터에서 매장까지
- 제조업체에서 유통업체 물류센터까지

이 흐름들은 두 가지 분리된 재고보충 사이클로 연결되어 있다. 이 두 개의 사이클은 전혀 다른 원칙에 의해 운영되기 때문에 제품흐름의 형태도 명확하게 달라진다. 먼저 재고는 선매(forward buying)와 할인조건들에 의해 유통업체 물류센터로 "Push"방식으로 입고되고, 이것은 매장의 상품보충 주문에 의해 "Pull" 방식으로 출고된다. 이처럼 서로 다른 원칙을 가진 두 가지 사이클이 유통업체 물류센터에 접점을 가지고 재고가 연결되는 경우 여러 가지 비효율을 초래할 수 있다.

- 과잉재고와 보관비용 증가
- 제품 손상의 증가
- 관리비용의 증가
- 생산비용의 증가
- 생산계획의 급격한 변동

효율적인 재고보충은 이들 분리된 두 개의 상품보충 사이클을 통합하여 제조업체로부터 판매시점에 이르기까지 하나의 재고보충 사이클을 만드는 전략이다. 이를 통해 공급사슬의 최종 수요자인 소비자의 실제 수요를 반영한 제품흐름을 가능하게 하며, 제조라인에서 매장까지 부가가치가 없는 불필요한 활동을 제거하게 된다.

효율적 판매촉진(Efficient Promotion)

식품·잡화산업에서 판매촉진 활동은 공급업체와 중개업체, 유통업체 사이에서 가장 민감하고 자주 논의되는 주제이다. 판촉활동 특히 거래판촉이 공급업체, 중개업체, 유통업체에게 추가적인 비용을 초래한다는 그 자체보다, 어떻게 하면 소비자의 구매 의욕을 저하시키거나 유통업체의 경쟁력을 잠식하지 않으면서도 이러한 비용을 줄일 수 있느냐 하는 것이 논쟁의 초점이다.

식품·잡화산업에는 3가지 주요 판촉활동으로 소비자 광고, 소비자 판촉, 업체간 거래판촉이 있다. 특히 식품·잡화산업에서는 거래판촉의 비중이 상당히 증가하고 있는 것으로 분석되고 있다.

특히 공급업체의 거래판촉 관행이 공급업체와 유통업체의 비용증가에 중요한 영향을 미치고 있는 것으로 나타나고 있다. 첫째는 거래판촉이 점점 복잡해짐으로 인해 관리비용이 증가하기 때문이고, 다른 하나는 단기에 많은 양을 생산·운송함으로 인해 재고가 급증하기 때문이다.

공급업체 거래판촉의 첫째 목표는 소비자의 구매의욕을 자극하는 것이다. 선매형태가 확산됨에 따라 공급업체들은 판촉비용 중에서 소비자에게 도달되는 부분보다 유통업체를 도와주는 부분이 계속 증가함을 인식하게 되었다. 판촉비용이 소비자에게 확실히 도달하도록 하기 위해 공급업체들은 점점 복잡한 판매촉진 방안을 사용하게 되는데, 이는 관리비용의 증가를 초래하게 된다. 또한 할인이 이루어지는 짧은 기간에 상품이 집중적으로 구매됨에 따라 생산량, 재고량, 운송량의 변동이 크게 증가하게 된다.

효율적인 판매촉진은 거래과정을 단순화하고 구매에서 판매로 초점을 바꾸도록 하는 것을 목적으로 한다. 판매촉진과 관련된 문제들을 해결하기 위해서 몇 가지 방식이 사용될 수 있다. 첫째는 공급업체는 명확한 판매촉진 대안을 제시하여 유통업체들이 대안 중에서 선택적으로 구매할 수 있도록 하는 것이다. 둘째는 판매촉진 거래를 가급적 단순화하여 공급업체나 유통업체의 관리비용을 줄일 수 있도록 하는 것이다. 셋째는 판매촉진에 따른 거래파트너와의 보상체계의 초점을 구매량 중심에서 판매량 중심으로 변화시키는 것이다.

효율적 신제품 도입(Efficient Product Introduction)

신제품을 시장에 출시하기까지에는 상당히 많은 비용이 소요된다. 소비자들의 성향이 더욱 세분화되고 변덕스럽게 변화하면서 신제품의 개발과 출시에 커다란 압력요인으로 작용하고 있다. ECR의 목표는 이러한 신제품 후보 중에서 과연 어떤 제품이 성공할 것인가, 또 과연 어떤 제품을 먼저 출시해야 성공할 것인가를 알아내는 일이다.

신제품 출시에 있어서 ECR의 목적은 보다 많은 신제품 출시의 성공 여부를 보다 낮은 비용으로 시험하는 데 있다. 이를 통해 제조업체, 중개업체, 소매업체 모두는 가장 잘 팔릴 것으로 예상되는 제품에 그들의 자원을 집중시킬 수 있게 되며, 이는 참여기업뿐만 아니라 소비자에게 더 큰 혜택을 가져다 준다. 새롭고 혁신적인 더 많은 제품을 접할 수 있게 되는 소비자들이야 말로 이 전략의 궁극적인 수혜자가 된다.

ECR의 추진을 통해 식품·잡화산업이 얻을 수 있는 경제적 효과를 건식품·잡화(dry grocery)를 중심으로 분석한 결과에 의하면, 전체 식품·잡화산업 공급사슬의 잠재적 비용절감액이 300억 달러를 초과하며, 공급사슬 재고는 41%까지 감축시킬 수 있는 것으로 분석되었다.

ECR의 추진을 통해 얻을 수 있는 편익으로는 우선 재고 감소에 따른 비용절감을 들 수 있다. 상품의 포장단계부터 판매에 이르기까지 전 과정이 신속히 이루지기 때문에 전체 공급사슬 재고가 줄어들게 된다. 분석결과에 따르면 기존 104일에 달하는 공급기간이 61일로 단축되어 전체 공급사슬 재고를 41%까지 감축시킬 수 있는 것으로 나타났다. 이와 함께 신속한 상품의 흐름은 고정자산의 생산성을 증가시키고 재고의 감소는 재무비용의 감소를 가져오게 된다.

이렇게 수치화할 수 있는 편익 외에도 소비자, 유통업체, 공급업체가 얻을 수 있는 비계량적 편익도 상당하다. 소비자는 상품 품절의 감소, 쇼핑의 편의

표 10-3 | ECR 추진을 통한 경제적 효과(미국 건식품·잡화 부문)

	비용절감	재무비용 절감	전체절감	주요 영향
효율적 매장구색	1.3%	0.2%	1.5%	매장면적당 판매 및 마진 증가, 재고회전율 증가
효율적 재고보충	2.8%	1.3%	4.1%	자동화된 소매 및 창고주문, 물류흐름의 손실을 줄이고, 공급업체와 유통업체의 창고재고를 감소
효율적 판매촉진	3.5%	0.8%	4.3%	창고, 운송, 관리 및 제조 효율 증대, 사전구매의 감소, 공급업체 재고 및 창고비용 감소
효율적 신제품 도입	0.9%	-	0.9%	더 적은 실패, 더 나은 제품가치
합 계	8.5%	2.3%	10.8%	

증대, 구매조건의 향상, 양질의 상품 구매기회 증가 등의 편익을 얻을 수 있다. 유통업체는 소비자 로열티 증가, 소비자 정보 획득, 공급업체와의 관계 향상 등의 편익을 얻을 수 있다. 공급업체는 재고 품절의 감축, 브랜드 이미지 재고, 유통업체와의 관계 개선 등의 편익을 얻을 수 있다. 이러한 편익들은 계량화하기 어려운 것이기는 하나, 궁극적으로 ECR 참여기업의 가치를 증대시키고 경쟁력을 강화시키는 원천으로 작용하게 된다.

협력적 계획, 예측 및 보충(CPFR) 전략

협력적 계획, 예측 및 보충(CPFR, Collaborative Planning, Forecasting and Replenishment)은 거래 파트너들로 구성된 네트워크의 공급사슬관리에 대한 지금까지의 접근방법과는 전혀 다른 패러다임을 채택한 비즈니스 모델이라 할 수 있다.

CPFR은 전자상거래 환경하에서 제조업체와 유통업체가 인터넷과 EDI를 통한 정보공유를 기반으로 기업 간의 공급사슬 프로세스, 특히 주문예측 및 재고보충을 협력적으로 계획, 운영하는 전략으로 정의할 수 있다.

CPFR의 활용을 통해 가치사슬 참여자들은 공급 프로세스 계획과정을 상호 조정함으로써 공급의 변동성을 초래하는 원인들을 해소하고 그 결과로 재고를 감축시킬 수 있게 된다. 완충재고와 공급 프로세스 변동성에 대한 효과적인 관리는 재고수요를 감소시키게 된다. 나아가 공급사슬 재고의 감소는 운영비용의 절감으로 연결된다.

공급사슬 참여 주체들의 독립적인 수요예측, 공급 프로세스의 불확실성 등은 하류업체의 주문에 대해 상류의 공급업체가 적시에, 적량의 주문량을 인도하지 못하는 경우를 발생시키며, 결국 전체 공급사슬 운영의 비효율성을 초래하게 된다.

요약하면 CPFR은 공급사슬 관련 주체들이 공동으로 수요예측을 포함한 공급사슬 프로세스를 계획, 운영하도록 함으로써 공급사슬 프로세스의 불확실성을 최소화하고 비용을 절감하려는 전략이다.

Warner-Lambert와 Wal-Mart가 최초로 CPFR 시범사업을 추진한 이후 전 세계 많은 선도기업들이 전략적으로 이를 도입하고 있으며, 2004년 5월 VICS(Voluntary Industry Commerce Standards)에 의해 기존의 CPFR 모델을 수정한 새로운 가이드라인을 제시되었다.

VICS의 분석에 따르면 CPFR을 통한 프로세스의 개선 및 Best Practice의 적용을 통해 이러한 재고비용의 15~20%를 절감할 수 있을 것으로 예상하고 있다.

1. CPFR 프로세스 모델

CPFR의 개괄적인 절차를 살펴보면 다음과 같다. 우선 시장수요에 대응하여 상품을 효율적으로 인도하기 위한 관련 활동을 동기화하기 위해 정보교환에 기반을 둔 협력적 비즈니스 관계를 개발하기 위한 거래 파트너 간의 협정을 맺게 된다. CPFR을 활용하여 공급사슬 파트너들은 프로세스 간의 완충작용을 고려하여 보유하던 재고를 최소화할 수 있고 채널 내의 상품 흐름을 지원하는 계획의 정확도를 향상시킬 수 있다. 재고의 불명확한 효과에 대해 많은 에너지를 낭비하지 않고, 소비자로의 공급 흐름에 초점을 강화함으로써, 참여자들은 이전에 감추어져 있던 흐름의 장애요인(예를 들어, 계획과 실행에 차이가 나는 문제)

을 추가로 발견하고 해결할 수 있는 기회를 가지게 된다. 이를 통해 이전에는 해결하기 어려웠던 프로세스 간에 발생하는 비용을 보다 효과적으로 절감할 수 있게 된다. 나아가 어떤 상품을 판매할 것인가, 어떤 시장에서 언제 상품을 판매하고 판촉활동을 전개할 것인지 등을 기술한 계획을 공동으로 도출하게 되며, 이 계획은 각 기업의 기존 시스템을 통해 운영이 이루어지며, VICS에 의해 채택된 통신표준을 통해 각 참여기업의 접근이 가능하게 된다.

CPFR을 도입하는 기업들은 대부분 VICS가 제시하고 있는 CPFR 프로세스 모델을 활용하고 있다. CPFR 프로세스 모델은 아래의 9단계의 프로세스로 구성된다.

1단계: 협업관계 개발(Develop Collaboration Arrangement)

구매자와 판매자는 반드시 협업의 목적, 미합의 사항의 해결을 위한 기본원칙, 공유정보의 비밀유지, 판매예측에 있어서 예외사항의 판단기준, 검토주기, 일정계획, 자원투입 계획, 재무적 인센티브, 성과지표 등에 대한 합의를 이루어야 한다. 협업의 목적으로는 고객서비스 수준의 개선, 결품률의 감소, 재고의 감축, 판매의 증가, 비용의 절감, 예측정확도의 개선, 예측과 생산의 동기화 등을 설정할 수 있을 것이다.

2단계: 공동 비즈니스계획 수립(Create Joint Business Plan)

공동 비즈니스 계획은 참여기업의 비즈니스 전략과 계획을 공유함으로써 개발된다. 이러한 계획에는 공동 제품 카테고리(product category)의 개발과 판촉계획을 포함한 적절한 카테고리 전략, 재고정책, 판촉활동, 가격정책 등이 포함된다. 제품 카테고리란 소비자가 그들의 니즈를 충족하기 위해 대체가 가능하다고 인식되는 제품의 그룹을 의미한다. 제품 카테고리 내의 각 아이템(item)별로는 최소 주문량, 리드타임, 주문 간격, 계획기간, 안전재고 가이드라인을 포함한 아이템 관리 프로파일이 개발된다. 거래 파트너는 매장 개설이나 폐쇄, 각 제품 카테고리의 아이템 변화 등을 반드시 통보받아야 한다. 또한 거래 파트너들이 신제품 출시, 판촉, 마케팅 캠페인 등이 수요나 궁극적으로 공급사슬의 효과적인 관리에 미치는 영향에 대해 이해할 수 있어야 한다.

그림 10-8 CPFR 프로세스 모델

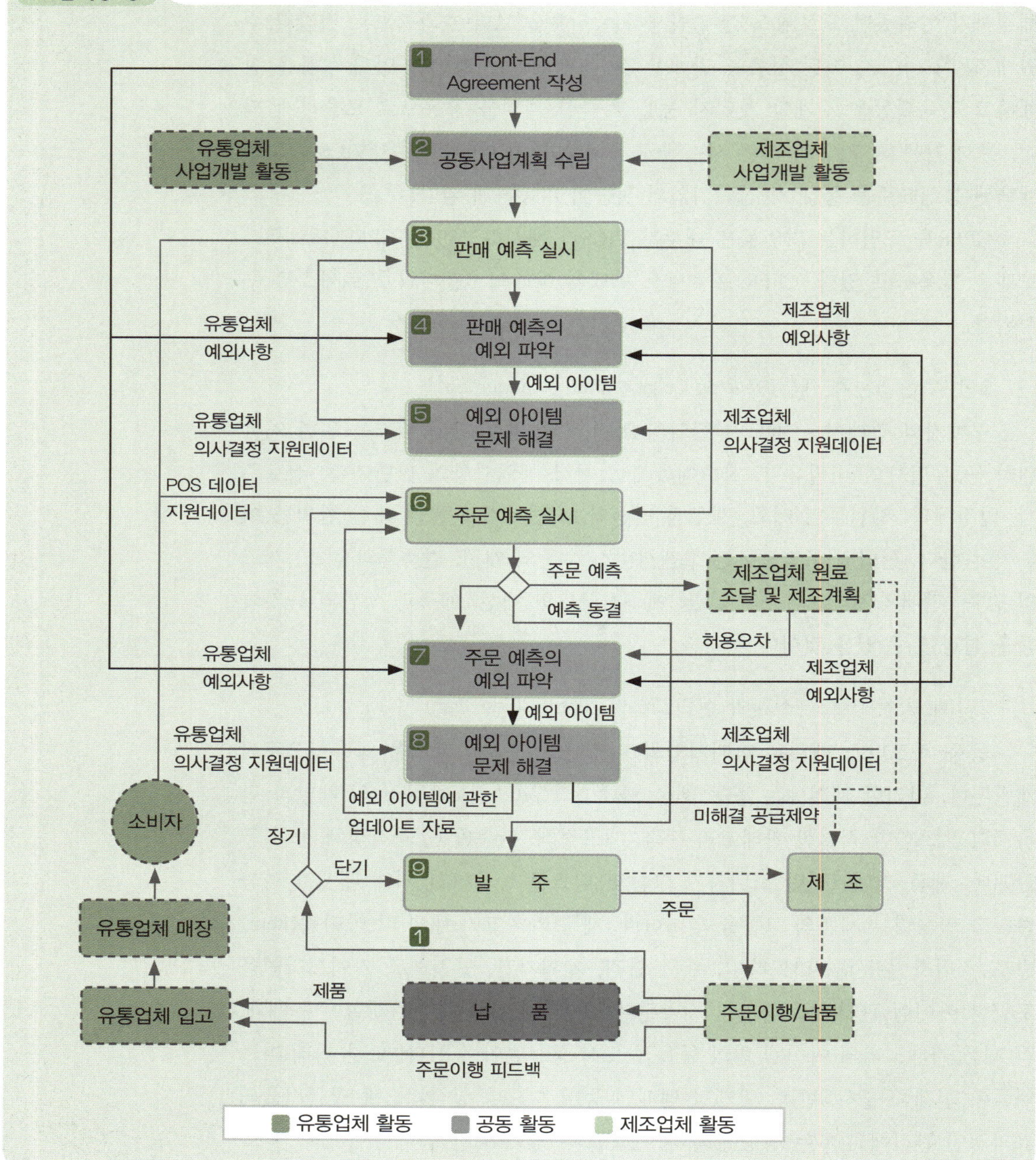

출처: VICS(2004).

3단계: 판매예측 실시(Create Sales Forecasting)

거래 파트너들은 웹 기반 기술을 활용하여 소매업체의 판매시점(POS) 정보, 물류센터의 입출고, 생산 자재소요, 매장 개성이나 폐쇄, 신제품 출시 등의 데이터를 공유하게 된다. 과거뿐만 아니라 미래에 관한 다양한 정보를 예측 프로세스에 투입하여 실시간 정보를 기반으로 가장 정확한 예측결과를 도출하여 공유하게 된다. 파트너 중 한 기업이 단독으로 혹은 두 기업이 함께 판매예측을 수행할 수 있다. 두 기업이 예측을 수행하는 경우 사전에 합의한 예외사항 파악 기준에 따라 차이를 판별할 수 있게 미들웨어(middleware)가 활용된다.

예를 들어, J.D Edwards사의 Demand Management S/W는 파트너들의 과거 예측정확도를 고려하여 복수 예측결과를 조정하는 알고리즘을 가지고 있다. 만약 A기업의 과거 예측결과가 95%의 정확도를, B기업은 85%의 정확도를 가지고 있다면 A기업의 정보에 보다 높은 가중치를 두게 된다.

4단계: 판매예측의 예외사항 파악(Identify Exceptions for Sales Forecast)

최초의 예측결과가 어떻게 생성되었는지에 관계없이 4단계에서는 모든 예외사항을 파악하게 된다. 예를 들어, 소매업체 재고보유율이 95% 미만이거나, 판매예측 오류가 20%를 초과하거나, 예측결과가 전년도 동기간에 비해 10% 이상 차이가 나거나, 판촉활동 기간 중에 발생한 변화나 매장 수의 변화 등이 있을 경우, 이를 판매예측의 예외기준으로 활용하게 된다. 실시간 공동 의사결정은 위험을 감소시키고 단일 예측결과의 신뢰도를 높이게 된다.

5단계: 예외아이템에 대한 해결방안 수립(Resolve/Collaborate on Exception Items)

5단계에서는 협력적 프로세스를 통해 모든 예외사항을 고려하여 상호 합의된 단일의 예측결과를 생성하게 된다.

6단계: 주문예측 실시(Create Order Forecast)

이 단계에서는 POS 데이터, 과거 수요, 출하자료, 현재 가용용량, 최소주문량, 리드타임, 주문 간격, 계획기간, 안전재고 기준, 신제품 출시, 매장 개설 및 폐쇄, 현재 재고위치(보유, 주문, 운송 중) 등의 다양한 자료가 분석되어 판매예측 결과와 사전에 도출된 공동 비즈니스 계획과 일관성을 가질 수 있도록 주문예측을 시행한다. 이러한 주문예측에는 제품별 인도지점별로 재고 목표를 고려한 상세한 일자별 주문 소요량을 담게 된다. 주문예측 결과는 제조업체로 하여금 실제 수요에 기반을 두고 안전재고를 최소화할 수 있는 생산일정계획을 수립하는 것을 가능하게 한다. 소매업체에게는 주문 충족에 대한 보다 높은 확신을 주게 된다. 실제로 이러한 실시간 협력적 노력은 거래 파트너들 간에 불확실성을 최소화하고, 고객서비스 수준 향상과 함께 공급사슬 재고를 줄이는 효과를 이끌어내게 된다.

7단계: 주문예측의 예외사항 파악(Identify Exceptions for Order Forecast)

고객서비스 지표, 주문충족률, 예측오류 등 구매자와 판매자가 공동으로 설정한 주문예측 예외기준에 벗어나는 아이템을 파악한다. 예를 들어, 소매업체의 재고보유율이 95% 미만이거나, 주문예측 오류가 20%를 초과하거나, 연간 재고회전율이 합의된 목표에 미치지 못하거나, 재고/주문에 영향을 미치는 새로운 상황이 발생하거나, 긴급주문이 주별 예측량의 5%를 초과하는 경우, 이를 주문예측의 예외기준으로 활용하게 된다.

8단계: 예외아이템에 대한 해결방안 수립(Resolve/Collaborate on Exception Items)

이 단계에서는 모든 주문예측 예외사항을 공유정보, 이메일, 전화통화, 회의, 타 보조정보를 활용하여 검토하게 된다. 분석결과, 예측결과에 변경이 필요한 경우 새로운 예측결과를 도출하게 된다.

9단계: 주문발주(Order Generation)

마지막 단계는 주문예측 결과를 토대로 주문발주가 이루어진다. 주문발주는 주문예측 계획기간 동안의 제품수요를 바탕으로 생성된다.

이러한 협업관계의 성공 여부를 판단하는 지표로는 총이익률, ROI, 매출액 증가율 등이 활용될 수 있다. 이외에도 판매시점 재고보유율, 재고회전율, 재고수준, 판매예측 정확도, 결품으로 인한 잠재적 매출손실, 생산 사이클타임, 주문 사이클타임, 운송 사이클타임, 문제해결 시간, 긴급주문 혹은 주문취소율, 정시인도율 등이 이러한 목적으로 활용될 수 있다.

2. CPFR 도입효과와 장애요인

CPFR의 도입을 통해 기업들은 공동으로 상호 합의 가능한 계획을 수립하고 각자의 행위에 대한 책임을 지게 되며, 이러한 협력적 노력은 각 파트너들이 개별적으로 업무를 수행하는 것에 비해 보다 높은 편익을 가져올 수 있다.

CPFR을 도입한 미국의 21개 생필품 제조업체를 대상으로 한 2001년 조사결과에 따르면 CPFR 도입효과를 다음과 같이 지적하고 있는 것으로 나타났다(Sliwa, 2002).

- 거래 파트너와의 관계가 개선되었다 57%
- 서비스 수준이 향상되었다 38%
- 결품이 감소되었다 38%
- 매출이 증가되었다 38%
- 재고 수준이 감소되었다 29%
- 예측정확도가 개선되었다 29%

2002년 Gartner Group의 보고서에서는 "분산된 예측시스템을 협력적으로 통합한 기업들은 … 3년에 걸쳐 수입 예측성을 10~25% 향상할 수 있고 재고유지비용은 30% 이상 절감할 수 있다"고 제시하고 있다(Hennel, 2002).

〈그림 10-9〉는 2001년 AMR Research가 분석한 CPFR의 도입효과를 보여주고 있다.

CPFR 도입의 장애요인으로는 내부적 변화의 어려움, 비용과 신뢰의 문제 등을 들 수 있다(Industry Directions and Syncra Systems, 2000). 모든 중요한 전략적 변화와 마찬가지로 우선 내부적인 저항을 해소하려는 최고경영자의 의지가 필요하다. 비용문제로 인해 Johnson & Johnson은 우선 거래규모가 큰 파트너들과 CPFR 프로젝트를 추진한 사례가 있다. 규모가 작은 파트너들과 추진비용을 줄이기 위해서 CFPR의 스케일을 얼마까지 줄일 수 있는가도 당면과제이다. 신뢰는 중요한 문화적 이슈로 CPFR 도입의 확산에 커다란 장애물로 인식되고 있다. 왜냐하면 아직 많은 소매업체들이 CPFR에 의해 요구되는 형태의 정보공유를 주저하기 때문이다. 예를 들어, Wal-Mart 공급자들은 주요 고객인 Wal-

그림 10-9 CPFR 도입효과

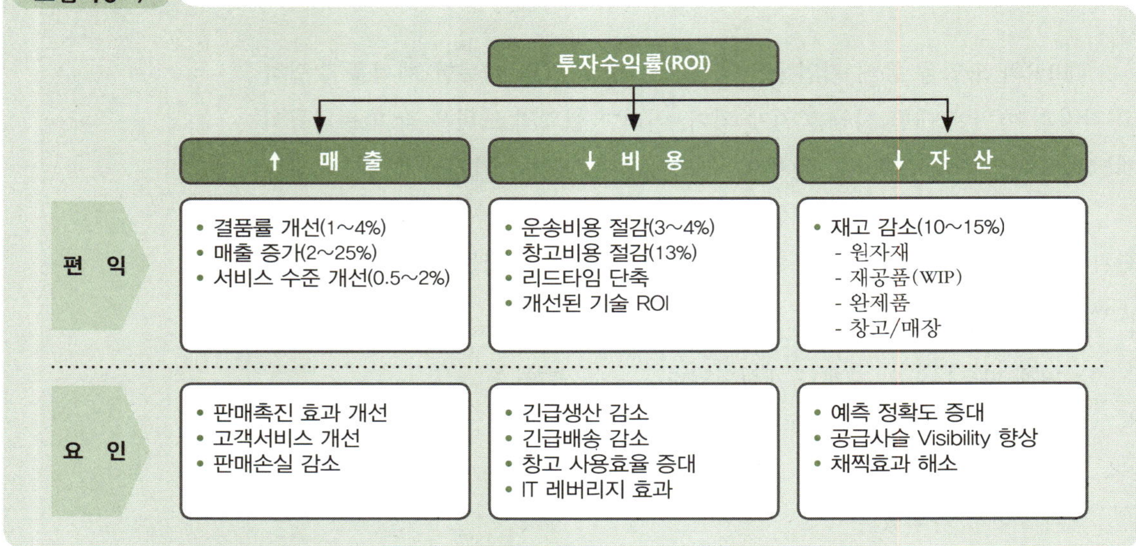

출처: AMR Research(2001).

Mart와는 민감한 데이터를 기꺼이 공유할 수 있지만 타 공급업체가 일한 정보를 얻게 되는 상황은 원하지 않을 것이다. 하지만 CPFR은 소매업체/구매자 관계의 역학구도를 변화시키려는 전략이 아니라는 점을 명심할 필요가 있다.

CPFR의 폭넓은 확산의 실질적인 장애요인은 구매자와 판매자가 함께 일하는 방법에 근본적인 변화를 요구한다는 점이다. 이를 도입하려는 기업들은 자신들의 정보시스템, 조직구조, 비즈니스 프로세스, 내부 데이터 등이 CPFR을 적용하기에 적합하도록 변화시키는 과정이 요구된다. 현실적으로 아직 많은 기업들이 기존 레거시(legacy) 시스템의 대체 필요성, 최고경영진의 지원이 부족한 문제, 민감한 정보를 공유하는 것을 꺼리는 등의 문제로 CPFR의 도입을 적극적으로 추진하지 못하고 있다.

3. CPFR 확장과 협력적 운송관리(CTM)

최근 CPFR의 확장 개념으로 공급사슬 참여주체 간 운송 분야의 협업을 개선하기 위한 협력적 운송관리(CTM, Collaborative Transportation Management) 개발에 대한 연구가 진행 중에 있다.

공급사슬 협업에 있어서 운송 분야의 협업이 중요한 이유는 다음과 같다.

- 공급사슬 운영에 있어서 운송비용이 차지하는 비용이 높다.
- 운송 서비스는 주문 리드타임의 주요 구성요소이며, 주문 리드타임에 있어서 변동성의 상당 부분이 운송시간(transit time)의 변동성에 기인한다.
- 보다 많은 기업이 JIT(Just-in-Time) 기반의 운영방식을 도입하면서 배송 프로세스에 있어서 오류의 허용범위가 좁아지고 있다.

이러한 이유들로 인해 공급사슬 참여기업들이 상품 이동에 있어서 비효율성을 제거하고, 비용을 절감하고, 수월성을 달성하기 위해 협업관계를 개발하는 것이 중요해지고 있다.

CTM이란 운송 계획 및 실행 프로세스의 비효율성을 제거하기 위해 공급사슬 거래 및 서비스 제공자들이 공동으로 참여하는 프로세스이다.

CTM의 목적은 협업(collaboration)을 통해 공급사슬의 운송 프로세스의 비효율성을 감축하거나 제거함으로써 모든 참여주체의 운영성과를 개선하는 데 있다.

CPFR은 제조업체와 유통업체가 정보공유를 기반으로 기업간의 공급사슬 프로세스, 특히 주문예측 및 재고보충을 협력적으로 계획, 운영하는 전략이다. 9단계로 구성된 CPFR 프로세스 모델의 최종 결과물은 재고보충을 위한 주문예측치(order forecast)이다. 하지만 기존 CPFR 프로세스에는 주문 실행을 위한 소요, 프로세스 또는 단계들이 구체적으로 정의되어 있지 않다.

CTM은 기존 CPFR 프로세스 이후 정확한 주문충족 실행에 수반되는 운송 프로세스를 개선하기 위한 협업 프로세스이다. 또한 CTM은 기존 CPFR 거래 파트너들(제조업체와 유통업체) 간 관계에 운송업체나 3자 물류업체와 같은 물류서비스 제공자들을 추가한다는 관점에서 CPFR의 확장 개념이라 볼 수 있다.

CTM 프로세스 모델은 CPFR과 유사하게 전략, 전술, 운영 단계의 9단계 프로세스로 구성된다.

- 전략 단계: 운송 거래조건(누가 지불하고, 운송업체를 통제하는가 등) 내 관계 설정, 대상 제품, 대상 입지, 예외 문제의 관리 등을 포함한 전반적인

협약을 정의한다.

- 전술 단계: 계획 수립을 목적으로 제품/주문 예측의 실시에서 시작되는 프로세스 흐름을 정의한다.
- 운영 단계: 고객주문에 대응한 실행 프로세스 흐름을 정의한다.

CTM을 통한 거래 측면의 기회요인은 다음과 같은 4개 분야에서 나타난다.

- 운송서비스 구매
- 조달관리
- 통합된 상품 이동
- 운송 Marketplace

그림 10-10 CTM 프로세스 모델

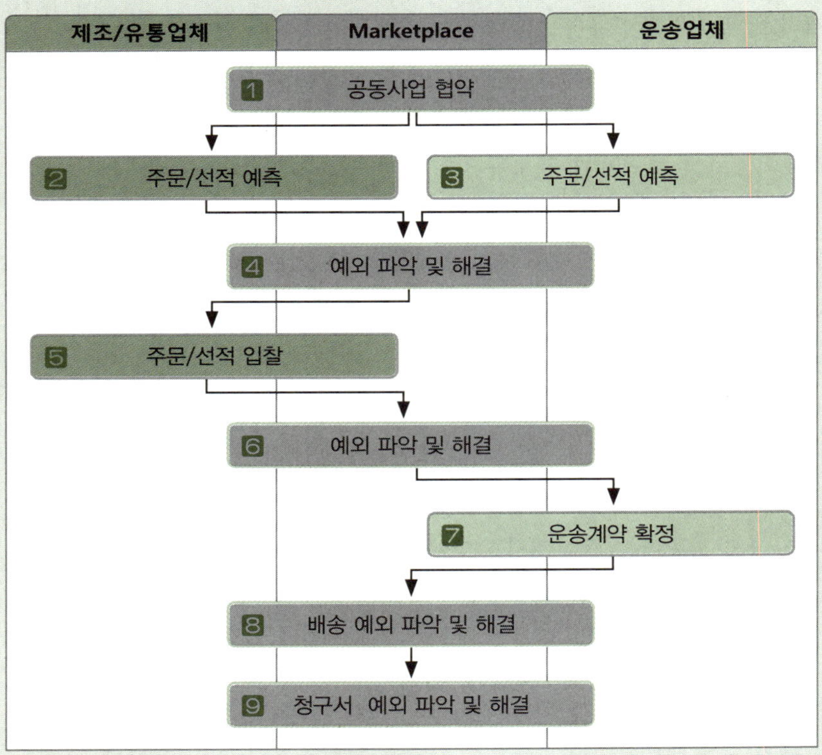

출처: VICS(2004).

운송서비스 구매

운송서비스 구매란 운송능력(transportation capacity) 확보를 위한 화주(shipper)와 운송업체(carrier) 간 상호 작용을 의미한다. 협력적 계획을 통해 운송업체는 언제 어디서 수요가 발생할 것인지를 보다 잘 예측할 수 있게 된다.

조달관리

조달관리(inbound management)란 수화주(receiver)에 의해 조달상품 흐름과 운송관리를 선응적(proactive)으로 통제하는 것을 의미한다.

통합된 상품 흐름

통합된 상품 흐름(integrated movements)이란 기업 내, 부서 간, 그리고 기업 간 복수의 입지에 대한 물량을 통합하여 관리하는 것이다. 이를 통해 화주와 수화주는 운송비용 절감, 서비스의 개선 등을 도모할 수 있다. 화주는 조달 및 판매물류 흐름의 조정과 혼재(consolidation)를 통해 편익을 얻을 수 있다. 또한 운송업체는 공차 거리, 노동비용, 판매 및 영업비용 등을 감소시키고 자산 활용도를 증대시킬 수 있다.

운송 Marketplace

운송 Marketplace란 운송 서비스 구매를 위한 전자상거래 시장을 의미한다. 운송 Marketplace를 통해 화주는 운송 서비스 시장에 대한 신속한 접근을 할 수 있고 운임을 절감할 수 있다.

CTM 시범사업은 1999년 미국에서 Transplace, Wal-Mart, P&G 등이 참여하여 진행되었으며 다음과 같은 편익을 얻은 것으로 보고되었다.

표 10-4 | CTM 도입의 편익

화주 및 수화주의 편익	운송업체의 편익
• 정시 서비스 개선 35% • 리드타임 단축 75% • 재고 감축 50% • 고객서비스 개선을 통한 매출 증대 23% • 관리비용 절감 20%	• 공차거리(deadhead mile) 감소 15% • 대기시간(dwell time) 감소 15% • 차량 가동률 개선 33%

출처: VICS(2004).

사례연구 Heineken USA: HOPS를 활용한 유통프로세스 개선

배경

네덜란드 암스테르담에 본사를 두고 있는 Heineken N.V.는 1592년 설립되었으며 1863년부터 Heineken이라는 브랜드로 맥주를 생산하기 시작하였다. 1931년 싱가포르의 Malaysian Breweries Limited와 합작기업을 설립함으로써 국제시장에 진출하였으며 같은 해 미국시장에도 수출을 시작하였다. 현재 Heineken N.V.는 미국 Anheuser-Busch에 이어 세계 2위의 맥주 제조기업으로 110개 이상의 공장을 운영하고 있으며 전 세계 170여 개 국가에 맥주를 판매하고 있다. 유럽시장이 전체 매출액의 2/3를 차지하고 있으며 1998년 Grupo Modelo사의 Corona에 자리를 내주기 전까지는 미국시장에서 수입맥주시장에서 1위를 차지하였다.

Heineken USA는 1995년 1월 Heineken N.V.의 자회사로 운영을 개시하였다. 그 이전에는 라이선스 계약을 맺은 민간 유통업체를 통해 수입되었다. Heineken이 미국시장에 맥주를 수출할 시점에는 30개 미만의 수입 브랜드가 판매되고 있었으나 1980년대에 이르러서는 이 숫자가 300개 이상으로 증가하였다. 수입 부문의 격심한 경쟁은 Heineken 매출 감소를 초래하게 되었다. 이에 Heineken N.V는 판매권을 회수하고 뉴욕 White Plains에 자회사를 설립하게 된다. 자회사 설립 이후 모기업은 미국에서의 점유율 확대를 위한 새로운 방안을 모색하게 된다.

뉴욕 본부에는 집행관리, 재무, 운영, 판매 및 마케팅 부서 및 데이터 센터를 두고 있다. 데이터 센터는 미국 내 비즈니스에 대한 매일 매일의 운영을 책임지고 있다. Heineken USA는 Los Angeles와 Atlanta에도 사무실을 두고 있다. Heineken의 유럽 전통 브랜드 이미지를 유지하기 위해 미국에서 판매되는 모든 Heineken 맥주는 네덜란드에서 생산되며 미국의 여러 수요처까지는 선박을 통해 운송되고 있다. 총판(distributor)이 주문을 발주하게 되면 가장 가까운 수요처에서 트럭으로 총판에 배송되고 총판은 레스토랑, 바, 주류매장 등 최종 목적지까지 맥주를 배송하게 된다.

문제의 제기

모든 공급사슬에서 수요예측은 재고, 생산일정계획, 자재소요와 같은 여타 공급사슬 의사결정의 출발점이 된다. 수요는 대개 공급사슬 내 바로 다음 단계 고객의 주문 실적을 근거로 예측된다. 하류(downstream) 구성원이 주문을 발주하게 되면 상류(upstream) 구성원은 이러한 정보를 미래 제품 수요에 대한 신호로 처리하게 된다. 그렇게 함으로써 상류 구성원은 수요예측을 조정하고 공급업체에 주문을 발주하게 된다. 계획기간이 길어지게 되면 주문을 결정하는 판매예측은 더 이상 현재의 시장환경을 반영하지 못하게 된다. 시장환경은 반영하지 못하게 되면 결과적으로 과잉 재고나 제품 가용성 부족으로 인한 고객 서비스의 저하를 초래하게 된다. 가장 효과적이고 경제적인 방법으로 수요 데이터를 수집하고 공급사슬 파트너들과 관련 정보를 공유하는 것은 공급사슬관리에 있어서 매우 중요한 이슈이다.

주문에서 배송까지의 긴 리드타임은 시장수요 변화에 유연하고 신속하게 대응하는 역량을 저하시키게 된다. 여러 산업의 혁신적인 기업들은 주문에서 배송까지의 리드타임을 단축시킴으로써 공급사슬 성과를 개선하고 있다. 기업들이 공급사슬 성과의 중요성을 인식함에 따라 비즈니스 프로세스 리엔지니어링(BPR)의 초점이 기업 간 프로세스 리엔지니어링(IBPR, Inter-Business Process Reengineering)으로 확대되고 있다. 비즈니스 네트워크 재설계로 불리기도 하는 IBPR은 정보역량의 효과적인 활용을 통해 공급사슬 파트너들 간 교환의 틀을 재설계하는 것을 의미한다.

1996년까지만 하더라도 Heineken USA의 총판과 판매대리점들은 제품 배송 3개월 전에 주문 계획을 위한 모임을 가졌다. 하지만 날씨, 특별 판촉, 지역 수요변화 등 제품 판매에 영향을 미칠 수 있는 요인들을 미리 예측하는 것은 매우 어려운 일이었다. 또한 이러한 과정을 수행하는 데 매달 3일 정도가 소요되었다. 주문에 대한 동의가 이루어지면 지역 주문관리자는 이를 Heineken USA 본부에 팩스로 전송하였고 이는 다시 네덜란드 공장으로 전송되었다. 주문에서 배송까지의 리드타임은 10주에서 12주가 소요되었는데 이는 시장변화에 보다 유연하고 신속하게 대응하려는 기업에게는 받아들이기 어려운 것이었다.

사례

새로운 비즈니스 모델의 추진

미국 시장에서 시장점유율을 확대하려는 모기업의 정책을 지원하기 위해 Heineken USA의 경영진은 비즈니스를 수행하는 새로운 방식의 개발이 필요하다는 점을 인식하게 되었다. 무엇보다 유통업체에 대한 주문과 배송 사이의 리드타임을 단축하는 방안이 필요하였다. 현재의 프로세스는 매우 노동 집약적이었고 통합된 계획이 거의 이루어지지 못하고 있는 실정이었다. 거의 모든 주문은 서로 다른 시점에 발주되었고, 특히 생산시설이 3,500 마일이나 떨어진 곳에 위치하였기 때문에, 맥주 생산, 원자재 구매, 선적과 배송 등의 조정을 어렵게 만들었다.

새로운 시장확대 정책을 추진하기 위해 제품 소비에 대한 보다 양질의 데이터와 보다 개선된 데이터 분석방법이 요구되었다. 유통업체의 과잉재고를 줄이고 새로운 경쟁환경에 대처하기 위해서는 현재보다 더욱 신속하게 예측, 주문 처리 및 주문 배송을 가능하게 하는 시스템이 필요하였다. 또한 Heineken의 상대적으로 낮은 시장점유율 때문에 유통업체의 비용부담도 낮아야 한다는 점도 함께 고려해야 하였다. Heineken 경영진은 인터넷이 적절한 해법이 될 수 있다는 결론에 도달하게 되었다.

새로운 E-Business 모델

Heineken USA의 새로운 비즈니스 모델의 목표는 유통업체가 주문을 발주한 시점과 주문이 배송되는 시점 사이의 시간을 단축하는 데 있었다. 유통업체와 신속하고 보다 효율적으로 커뮤니케이션을 수행하고 Heineken USA 내 계획수립과정도 함께 개선할 수 있는 방안이 필요하였다. 주문과 배송 사이의 리드타임이 길었기 때문에 시장변화에 적시 대응하는 것이 점점 어려워지고 있다는 것을 발견하였다. 재고 수준을 감축하고 품절을 방지하고 매장에 보다 신선한 제품을 납품하는 것을 우선적으로 고려하였다. Anheuser Busch와 같은 경쟁사들은 신선도 보증 라벨(freshness label)을 제공하여 보다 신선한 제품에 대한 소비자 수요에 대응하고 있었다. Heineken USA는 모기업이 배송 시점에 보다 가까운 시기에 맥주를 생산토록 함으로써 고객이 신선한 제품을 받을 수 있도록 하는 인터넷 기반 시스템을 도입하기로 하였다. Heineken은 이러한 결정을 자사와 거래 파트너들 간에 비즈니스의 양태를 전략적으로 변화시키는 방안으로 보았다.

Heineken USA는 새로운 비즈니스 모델의 핵심 요소로 새로운 기술에 주목하였다. HOPS(Heineken Operational Planning System)라 불리는 인터넷 기반의 주문, 계획 및 예측 시스템이 1996년 후반에 도입되었다. 1998년 말에는 450개에 이르는 모든 유통업체가 이 시스템에 연결되었다. HOPS는 과거 판매실적, 계절적 추세, 지리적 위치 등의 기준에 기초하여 개별 Heineken 유통업체를 위한 주문과 보충(replenishment) 대안을 생성한다. 이 시스템을 통해 Heineken 유통업체들은 매월 인터넷 접속과 표준 브라우저를 통해 HOPS 웹 사이트에 접속한다. 이를 통해 판매 예측치를 검토하고 주문을 변경하거나 전송할 수 있다. 승인된 예측치는 보충계획(replenishment planning) 모듈에 전송되고 유통업체별 재고 소요를 계산하게 된다. 수요예측은 개별 유통업체의 전용 웹 사이트상에서 개별 업체별로 생성될 수 있다. 유통업체가 주문을 최종 확정하면 시스템은 전자 구매주문서를 생성한다. 소프트웨어는 이러한 정보를 Heineken의 해당 부서로 즉시 전송하여 업무와 분석에 활용할 수 있도록 해 준다. Heineken 관리자들은 소프트웨어 패키지를 활용하여 생산 및 배송 스케줄을 수립할 수 있다. 주문 전송은 실시간으로 유럽 내 Heineken 공장으로 전송되고 이는 다시 생산 및 선적 스케줄을 조정하는 데 사용된다. 유통업체들은 웹 브라우저를 통해 맥주 주문의 상태를 추적할 수 있다. 뿐만 아니라 HOPS 시스템을 통해 유통업체들에게 판촉행사, 신제품 또는 생산차질 등에 대한 정보를 통보받을 수 있다.

기술적 인프라

Heineken USA의 웹 기반 Extranet 시스템인 HOPS는 1997년 American Software Inc.에서 분리된 Logility Inc.에 의해 개발되었다. 새로운 E-Business 모델을 지원할 수 있는 기술을 검토할 시점에 Heineken USA는 어떤 EDI 연결도 가지고 있지 않았다. Heineken은 기존의 EDI 기술이 그들이 추진하려는 양방향 비즈니스 모델을 구현하는 데 한계가 있다고 판단하였다. 여기에 Heineken USA가 운영을 개시할 무렵 미국 내 수입 판매권을 재취득한 기업들이 충분한 컴퓨터 활용능력을 갖추고 있지 못하고 있었기 때문에 이들에게 비용이 많이 드는 EDI 시스템 설치를 요구하는 것은 대안이 되지 못하였다. 이 시기에 Heineken의 미국 시장점유율이 2%에 불과하여 유통업체들의 EDI 시스템 설치를 통한 경제성을 확보하기 어려운 점도 고려되었다. 또한 유통업체들의 주 거래처가 Heineken이 아닌 국내 맥주 제조업체들이라는 점도 고려하였다. 결과적으로 Heineken USA는 공급사슬계획 소프트웨어에 기반을 둔 웹 기반 시스템을 도입하기로 결정하였다. HOPS는 CPFR(Collaborative Planning, Forecasting and Replenishment)이라 불리는 새로운 형태의 소프트웨어가 적용된 최초의 사례이다. 이러한 형태의 소프트웨어는 비즈니스 파트너들이 판매 데이터와 예측 정보를 공유하는 것을 가능하게 해 준다. 이 소프트웨어는 Resource Chain Voyager라는 인터넷 기술을 채택하여 Heineken이 유통업체들에게 개별 웹 페이지를 통해 맞춤형 예측 데이터를 제공하는 것을 가능하게 하였다. 이 프로그램의 주요 특징은 유통업체가 프로그램에 접근하기 위해 단지 웹 브라우저만 설치하면 된다는 것이다. Heineken이 유통업체들에게 별도의 소프트웨어, 장비 또는 지원을 제공할 필요가 없고 전용통신망을 사용할 때 발생되는 높은 비용도 수반되지 않는다. Voyager는 또한 Heineken이 유통업체들에게 각종 행사를 통지할 수 있는 캘린더 기능도 제공한다. 이메일을 통해 문제, 신제품, 뉴스레터를 제공할 수 있다. HOPS는 Window NT나 Unix에서 구동하는 Oracle 7 데이터베이스인 Secure Sockets Layer 2.0을 사용하고 있고 모든 Window 기반 어플리케이케이션을 지원하고 있다.

편익

HOPS가 도입된 이후 주문 배송 리드타임은 10~12주에서 평균 4~6주로 단축되었다. 재고는 45일에서 30일로 줄어들었으며 매출액은 꾸준하게 상승하여 연간 6천만 케이스를 초과하였다. 이러한 매출 상승을 반영하여 Heineken은 New York 본부 시설의 확장이 필요하게 되었다. 시설 확장은 장래 성장을 대비하여 물리적 시설뿐만 아니라 네트워크 인프라를 포함한다.

유통업체들과의 관계 개선 또한 중요한 편익이다. 새로운 주문 프로세스는 Heineken으로 하여금 영업부서에서 지역담당자가 필요 없도록 만들어주었다. 직원들은 주문에 관련된 업무를 처리하는 데 드는 시간이 절약되어 맥주 판매를 위해 유통업체들을 상대하는 데 보다 많은 시간을 사용할 수 있게 되었다. 결과적으로 추가 고용 없이도 판매 인력을 늘이는 효과를 가져왔다. 이제 모든 주문이 기존의 전화나 팩스 대신 전자적으로 접수되기 때문에 주문 접수에 있어서 인적 오류가 발생하지 않게 되었다. 그 결과 주문 접수 인력이 필요 없게 되었다.

또 다른 편익은 재고 측면의 개선이다. 협업적 프로세스는 스스로 조정되며 Heineken USA 경영진에게 시장의 민감한 변화에 대한 보다 양질의 정보를 제공한다. 이러한 점은 Heineken으로 하여금 전체 제품 흐름 프로세스를 통해 보다 정확한 계획 수립을 가능케 한다. HOPS는 인터넷을 기반으로 한 커뮤니케이션을 활용하여 협업을 보다 신속하고 용이하게 하는 독특한 공급사슬계획 시스템이다.

언급된 바와 같이 3명의 데이터 입력 인력을 제거한 것 외에도 Heineken USA의 새로운 비즈니스 모델은 인력규모에 거의 영향을 미치지 않는 것으로 나타났다. 새로운 비즈니스 모델은 직원들이 새로운 기술을 습득하는 것을 가능케 할 것이며 보다 새로운 방식으로 비즈니스를 수행할 것인가에 대한 창조적인 사고를 촉진할 것이다. Heineken의 새로운 비즈니스 모델은 기술적 도전일 뿐만 아니라 비즈니스 수행에 대한 혁신적 방법을 발견해 나가는 도전이기도 하다. 새로운 기술들은 새로운 조직적 접

그림 10-11 HOPS 도입 전후의 배송프로세스

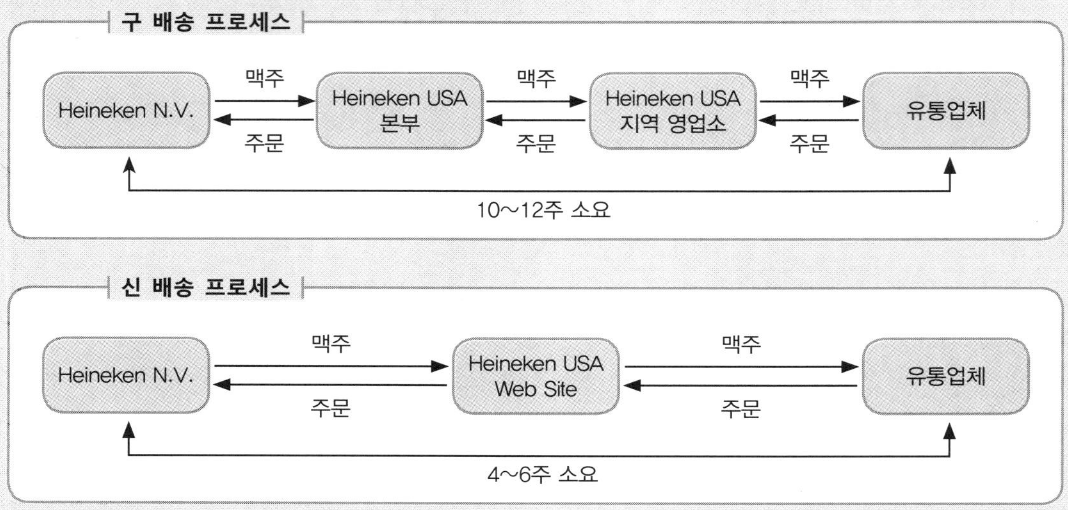

근을 요구하며 조직의 전략에 대해서도 크게 그리고 지속적으로 영향을 미치게 된다.

1998년 총매출액은 73억 달러로 나타났으며 순수입은 1997년 대비 39% 증가한 5억 2,200만 달러로 나타났다. Heineken의 1998 회계연도의 총수입은 1997년 대비 10.4% 증가한 73억 달러를 기록하였다. Heineken USA는 HOPS 도입 이후 매출이 10% 증가한 것으로 평가하고 있다. HOPS 시스템을 구성하고 있는 CPFR Suite는 1996년 American Software Inc. 로부터 40만 달러에 구매하였으며, 공급사슬계획 시스템의 구성요소인 Resource Chain Voyager의 가격은 5만 달러였다. 생산계획담당 이사인 Thomas Bongiovanni에 따르면 HOPS의 전체 비용은 추산하기가 어렵지만 도입 2년 만에 투자비용의 3~4배를 회수한 것으로 평가하고 있다.

이러한 웹 기반 시스템은 구매자들과 고객들은 편리하고 비용 효과적인 방식으로 연결할 수 있도록 한다. 비록 경험이 없는 사용자라 할지라도 시스템을 매우 쉽게 사용할 수 있다. 가장 중요한 장점 중 하나는 HOPS가 유통업체의 기존 비즈니스 운영과 쉽게 통합될 수 있다는 것이다. 이는 시스템을 이용하기 위해 단지 PC와 웹 브라우저만 있으면 되기 때문이다. 유통업체 입장에서 이 시스템은 고객들과 그들의 공급업체들이 동시에 동일한 데이터를 보면서 의사소통이 가능하도록 하는 기반을 제공한다.

Heineken뿐만 아니라 유통업체들도 구매비용 절감, 재고 감축, 사이클 타임 단축 등의 편익을 얻고 있다. 유통업체들은 이제 피크 시즌에 재고부족이나 새로운 지역 맥주제조업체의 등장으로 인한 과잉재고에 대한 우려가 낮아지게 되었다. 주문계획에 소요되는 시간이 월 3일에서 45분 정도로 단축되었다. 또한 웹 페이지를 통해 주문을 추적할 수 있고 보다 정확한 주문 도착시간에 대한 예측도 가능하게 되었다.

HOPS는 타 경쟁업체에 비해 혁신적이면서도 산업계를 변화시킬 수 있는 솔루션을 제공하고 있다. 실제로 Heineken USA는 1999년 VICS(Voluntary Interindustry Commerce Standard)의 물류최우수기업으로 선정되었다.

당면 도전과 문제점

HOPS를 통한 Heineken USA와 유통업체들 간의 커뮤니케이션은 Secure Sockets Layer 2.0에 의해 암호화되고 있다. 유통업체들은 Heineken USA가 발급한 암호로 통제되는 전용 웹으로 접속하고 있다. 하지만 보안은 Heineken USA와 유통업체 양자에게 여전히 중요한 고려사항이다. 비밀유지에 대한 우려는 B2B 및 B2C 인터넷 상거래의 공통적인 저해요인이다.

Heineken USA는 Remote Location Filing(RLF) Program을 활용하여 유통 프로세스에 대한 추가 개선을 추진하고 있다. Heineken USA는 네덜란드로부터 제품을 수입하여 미국 내 약 425개 유통업체에게 맥주를 배송하고 있다. 수입항 세관을 통한 수입 프로세스는 Heineken이 HOPS의 도입 및 성공을 위해 간소화될 필요가 있었다. RLF Program은 수입세관신고를 단일 지점에서 전자적으로 처리하는 것을 지원한다. Heineken의 경우 11개 항만을 통해 맥주를 수입하고 있다. 통관 서류는 전자적으로 BDP

International로 전송되며 이는 RLF Program을 이용하여 해당 세관으로 전자적으로 전송된다. Philadelphia에 위치한 BDP International은 Heineken 수입통관업무의 약 75%를 처리하고 있다. Heineken은 이 시스템으로부터 여러 가지 편익을 얻고 있다. 전자통관에는 단지 한두 시간밖에 소요되지 않는다. 1999년 상반기 월 평균 666건의 수입이 전자통관을 이용하였다. RLF Program은 수입 프로세스를 간소화하는 데 기여하였다. 단일 위반 사례에 대해 1만 달러 정도의 벌금이 부과되는 점을 고려할 때 그 의미는 매우 크다고 할 수 있다. RLF Program의 이용을 통해 Heineken은 이용 선사의 수를 14개에서 4개로 그리고 통관업체의 수를 50개에서 2개로 줄일 수 있었다.

오늘날 Heineken USA는 보다 큰 도전에 직면하고 있다. 경쟁기업들이 상대적으로 비용이 적게 드는 웹 솔루션을 쉽게 도입함에 따라 웹 기반의 공급사슬의 경쟁력이 점차 약화되고 있다. Heineken USA는 유통 네트워크의 효율성을 제고할 수 있는 추가적인 방안을 모색하고 있다. 최근 Heineken은 Miller Brewing Co.와 Miller로부터 Heineken의 배송 역량, 데이터 분석 및 물류에 대한 컨설팅을 받기 위한 협약을 체결하였다. Heineken이 반드시 Miller의 유통업체를 이용해야 한다는 공식적인 협약은 없지만, 현재 Heineken 제품의 60%가 Miller를 통해 판매되고 있다. 최근 맥주시장은 양보다 품질을 선호하는 현상이 점차 증가하고 있다. 인당 맥주 소비량에 비해 인당 맥주 소비에 대한 지출비용의 증가가 높게 나타나고 있다는 점이 이러한 사실을 뒷받침하고 있다. 한편으로 Grupo Mondelo에 의해 추월 당한 미국 수입맥주 시장 1위 자리를 다시 회복하고 유지하는 것도 앞으로의 도전과제이다.*

* 출처: Kim, Gyeong-min and John Price, Heineken USA: Reengineering Distribution with HOPS, Annals of Cases on Information Technology, Vol. 5, 2003.

토의문제

1. Heineken USA가 기존의 유통 시스템을 재구축하고자 하는 의사결정을 내리게 된 주요 동기는 무엇인가?
2. 웹 기반 HOPS를 도입함으로써 Heineken USA가 얻은 편익은 무엇인가?
3. HOPS로부터 Heineken USA의 거래 파트너들이 얻은 편익은 무엇인가?
4. 수입맥주 시장에서 지위를 유지하기 위해 Heineken USA은 추가로 어떤 전략을 도입할 필요가 있는가?
5. Heineken USA의 새로운 비즈니스 모델을 전반적으로 평가해 보시오.

참고문헌

- Chopra, Sunil and Peter Meindl, Supply Chain Management, 3rd Edition, Pearson, 2007.
- Hennel, M.J., "There's Only ONE Answer to Demand Management", ITtoolbox Supply Chain Management Knowledge Base, 2002. 9.
- Industry Directions, Inc. and Syncra Systems, Inc., "The Next Wave of Supply Chain Advantage: Collaborative Planning, Forecasting, and Replenishment", 2000. 4.
- Kurt Salmon Associates, Inc., Efficient Customer Response: Enhancing Customer Value in the Grocery Industry, 1993.
- Sliwa, C., "CPFR Clamor Persists, but Adoption Remains Slow", Computerworld, 2002. 7.
- Stock, James and Lambert Douglas, Strategic Logistics Management, 4th Edition, Irwin/McGraw-Hill, 2000.
- VICS, Collaborative Planning, Forecasting and Replenishment(CPFR): An Overview, 2004.
- VICS, Collaborative Transportation Management, White Paper Version 1.0, 2004.

제11장

물류 전략

Chapter 11

사례 읽기 11-1 만도의 물류 아웃소싱

자동차 부품 물류는 어렵다. 자동차 산업은 부품이 단 하나라도 없으면 완성차를 만들지 못하기 때문이다. 자칫 도로사정이 악화돼 배송이 늦어진다면 협력업체는 물론 자동차업체는 큰 타격을 입는다.

자동차 부품 제조업체인 만도 역시 이런 문제로 고민이 많았다.

안현웅 만도 LOGISTICS(로지스틱스) 팀장은 "자동차 부품 물류는 고객이 원하는 수량(약 2시간의 생산분)만 생산해 원하는 시간에 공급해야 한다"며 "부품 공급이 중단돼 자동차 생산 라인이 멈추면 심각한 문제가 발생한다"고 말한다. 즉, 적기 배송률 100% 달성 및 배송오류율 0%로 운영돼야 하는 것.

그러나 말처럼 쉬운 일이 아니다. 만도는 이전에는 자체적으로 물류를 해결했다. 평택, 원주, 익산에 부품 물류창고를 운영하고, 전국 200여 개 부품공급업체(벤더)로부터 부품을 공급받았다. 하지만 많은 벤더로부터 직접 부품을 챙기고, 물류창고에서 울산이나 광주 등 현대차 생산 공장에까지 적시 배송하기에는 어려움이 많았다.

만도는 물류비 절감도 중요하지만 물류의 효율성을 높이는 방안을 모색했다. 그러던 중 물류 전문업체인 CJ GLS로부터 물류컨설팅을 받고 물류를 전담시켰다.

지난 98년 설립된 CJ GLS는 3자 물류 전문업체다. 3자 물류 비중은 전체 매출의 65%에 이른다. 물류업계에서 '소량 다빈도 배송'이라는 섬세한 물류를 자랑한다. 소량 다빈도 배송은 적은 양을 여러 곳에 운송하는 것을 말한다.

이동수 CJ GLS 경영전략팀 과장은 "CJ그룹이 식품, 제약 등 섬세한 제품이 주력이라서 소량 다빈도 배송에 강점을 가지고 있었다"며 "따라서 자동차 부품 물류에 적합한 물류운영 노하우를 보유했다"고 말한다. 더불어 다양한 고객 욕구를 충족시킬 수 있는 IT 시스템을 보유하고 있었다. 실제로 CJ GLS는 RFID전자물류시스템 개발업체로 물류시스템 완비에 박차를 가하고 있다. 또 올해 3월 중견 택배업체인 삼성HTH를 인수한 데 이어 싱가포르의 어코드사를 인수했다. 이를 통해 국내 최대 영업소(700개)를 갖춘 것은 물론 향후 글로벌 물류업체로 도약의 발판을 마련했다. 현재 중국, 필리핀, 인도네시아 등 동남아 10개국에 16개 법인이 있다.

먼저 CJ GLS는 현대차 울산 공장에서 30분 거리에 만도 전용 허브센터를 구축했다. 이곳에서는 적정 재고를 항상 유지시켰다. 즉, 24시간 출고 체제를 갖춰 고객사의 생산 계획 변화에 즉각 대처할 수 있도록 한 것. 뿐만 아니라 허브센터 신축으로 수송 차량도 11톤에서 25톤으로 대형화해 수송비도 절감할 수 있게 됐다. 결과적으로 만도는 CJ GLS를 통해 창고 운영 효율을 향상시키고, 수송비를 절감할 수 있었던 것. 물류비만 해도 연간 18억원이나 절감됐다.

안현웅 팀장은 물류 아웃소싱을 한 이후의 이점을 이렇게 말한다.

"이전에는 담당자가 직접 재고현황 및 주문 생산계획에 맞춰 발송계획을 수립했어요. 그러다보니 고객에게 공급하는 시간이 약 6시간 이상 소요돼 천재지변 등 긴급 사항이 발생할 때 고객사 요구에 대응하기 어려웠죠. 그러나 물류를 아웃소싱하고 나서부터는 물류업체가 재고 소요량을 체크하고 완성차업체 생산 공장별로 공급해 주기 때문에 비용과 시간이 상당히 절약됐습니다."

현재 CJ GLS는 만도에 첨단 시스템인 WMS(창고관리시스템)를 제공하고 있다. 조만간 뉴트림시스템을 도입할 계획이다. 창고관리시스템은 CJ GLS가 도입한 최첨단 물류시스템으로 효율적인 입·반출 및 재고 관리를 할 수 있는 시스템. 뉴트림시스템은 완성차 제조업체로부터 생산계획을 받으면 그 계획에 맞춰 부품을 자동적으로 공급하는 시스템이다. 지금까지 손으로 하던 작업을 시스템을 통해 자동으로 제어할 수 있다.

출처: 매경ECONOMY, 2006년 7월 12일.

공급사슬 관점의 물류

1. 물류의 정의

CSCMP(Council of Supply Chain Management Professionals)는 물류관리(logistics management)란 "고객의 요구를 충족시키기 위해 공급지에서 소비지 사이의 상품, 서비스 및 관련 정보의 효율적이고 효과적인 전후방 흐름과 저장을 계획, 실행, 통제하는 공급사슬관리의 한 분야"라고 정의하고 있다.

물류관리 활동에는 일반적으로 운송관리, 차량관리, 창고관리, 자재취급, 주문충족, 물류네트워크 설계, 재고관리, 공급/수요계획, 3자 물류업체 관리 등이 포함된다. 기업마다 정도의 차이는 있지만 물류 기능에 조달 및 구매, 생산계획 및 스케줄링, 포장 및 조립, 고객서비스 등이 포함되기도 한다. 물류관리는 이들 활동에 관련된 모든 계획 및 실행 업무를 포함한다. 물류관리는 모든

그림 11-1 공급사슬과 물류의 역할

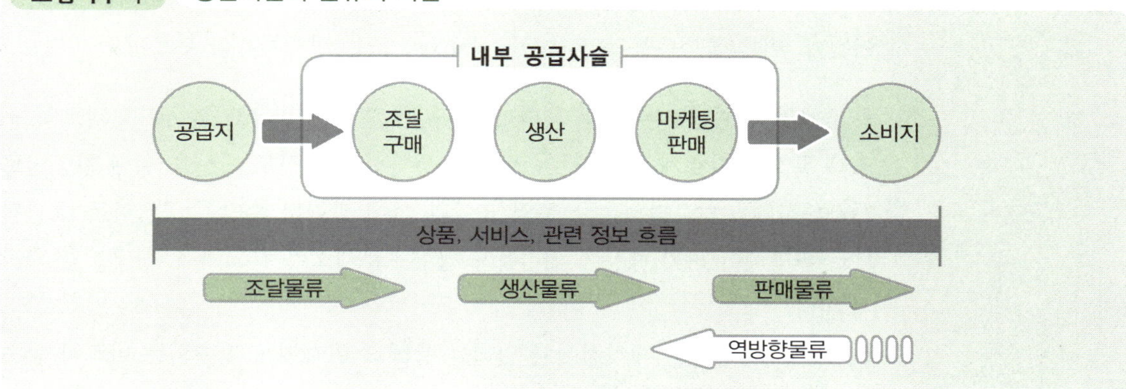

물류활동을 조정하고 최적화하며 나아가 물류활동을 마케팅, 판매, 생산, 재무 및 정보기술 등 조직 내 다른 기능들과 통합하는 "통합기능(integrating function)"을 수행한다.

2. 매크로 물류프로세스

공급사슬 관점에서 물류프로세스는 크게 인바운드(inbound)와 아웃바운드(outbound) 물류 프로세스로 구분할 수 있다.

인바운드 물류프로세스

인바운드 물류(inbound logistics)란 공급처에서 공장이나 물류센터까지 부품이나 자재를 효과적으로 공급함으로써 생산이나 조립활동을 촉진하는 프로세스이다. 이 프로세스는 생산관리, 구매관리 분야와 밀접하게 관련되며, 구체적으로 자재관리, 구매관리, 전자구매 등이 중요한 주제로 다루어진다. 이를 물적공급(physical supply) 또는 조달물류라 부르기도 한다.

아웃바운드 물류프로세스

아웃바운드 물류(outbound logistics)란 고객기업이나 소비자에게 제품이나 자재를 효과적으로 전달함으로써 판매나 마케팅 활동을 촉진하는 프로세스이다. 이 프로세스는 마케팅, 유통관리 분야와 밀접하게 관련되며, 구체적으로 수요관리, 수요예측, 주문충족 및 주문관리, 고객서비스 등이 중요한 주제로 다루어진다. 이를 물적유통(physical distribution) 또는 판매물류라 부르기도 한다.

기업의 취급하는 제품에 따라 인바운드와 아웃바운드 물류프로세스의 구조와 특징이 다르게 나타날 수 있다. 자동차산업의 경우 생산을 위해 차종별로 2,000~4,000개에 달하는 부품의 조달과 이에 관련된 수많은 공급자를 효과적으로 관리해야 하기 때문에 인바운드 물류프로세스가 길고 복잡한 구조를 가지게 된다.

반면 완성차는 대리점이나 딜러를 통해 소비자에게 판매되는 비교적 단순한 구조를 가진다. 반면 석유산업의 경우 석유생산을 위한 원유의 조달은 복잡하지 않지만 원유의 정제과정을 통해 산출되는 화학원료를 사용하여 수많은 종류의 제품을 생산할 수 있고 다양한 기업들에 이를 공급하게 된다. 때문에 매우 복잡한 아웃바운드 프로세스를 가지게 된다.

소비재의 경우 인바운드와 아웃바운드 물류 두 프로세스를 균형 있게 다루어야 할 필요가 있다. 이처럼 기업이 효율적인 물류프로세스를 구축하기 위해서는 무엇보다 취급하는 제품의 특성과 채널구조를 파악하고 어떤 물류프로세스를 보다 중점적으로 관리해야 할 것인지를 설정하는 하는 것이 매우 중요하다.

3. 물류관리자의 업무

실제 기업의 물류관리자는 어떤 업무를 주로 수행할까? CLM과 Ohio State University가 실시한 2006 Career Patterns in Logistics 조사결과에 의하면 물류관리자의 주된 업무는 운송관리(82%), 창고관리(68%), 일반관리(66%), 재고관

그림 11-2 물류관리자의 주요 업무

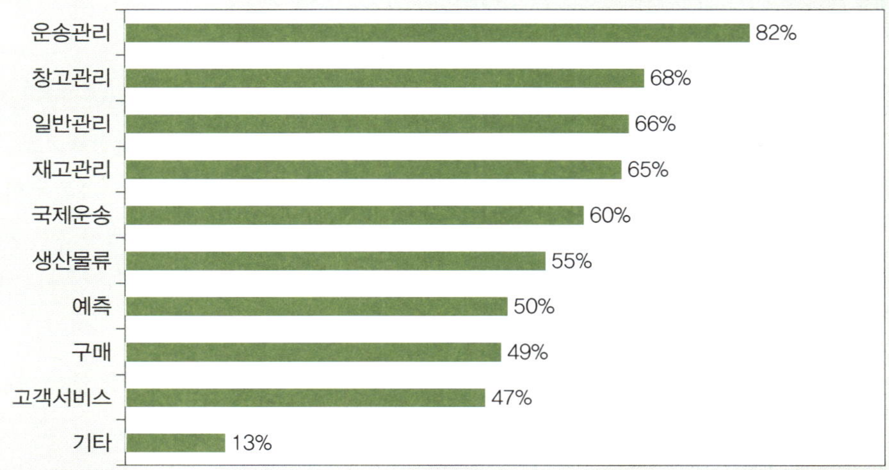

출처: Council of Logistics Management & The Ohio State University, 2006 Career Patterns in Logistics.

리(65%), 국제물류(60%), 생산물류(55%), 예측(50%), 구매(49%), 고객서비스(47%)의 순으로 나타났다.

물류계획과 의사결정 분야

1. 의사결정 분야

물류계획은 물류 분야 의사결정과 관련하여 '무엇을, 언제, 어떻게'라는 문제에 관한 해답을 구하려는 것으로 매우 다양한 의사결정 문제를 다루지만 〈그림 11－3〉과 같이 고객서비스 수준, 입지 결정, 재고 의사결정, 운송 의사결정 등의 크게 4가지 분야로 구분할 수 있다. 일반적으로 물류계획은 고객서비스 수준을 제외한 삼각형 형태의 3가지 물류의사결정을 의미한다. 이들 분야는 서로 관련되어 있으며 물류시스템의 설계에 중요한 영향을 미치기 때문에 물류계획을 수립할 때 이들을 동시에 고려해야 한다.

고객서비스 수준

고객서비스 수준은 다른 요인들과 비교할 때 물류시스템의 설계에 가장 큰 영향을 미치게 된다. 낮은 서비스를 제공해도 되는 경우에는 소수의 창고에 재고를 집중하고 비용이 적게 드는 운송서비스를 이용하게 된다. 높은 수준의 서비스를 제공해야 하는 경우에는 이와 반대가 될 것이다. 일반적으로 서비스 수준을 높이게 되면 물류비용이 증가하게 된다. 따라서 전략적 물류계획을 수립할 때 가장 먼저 고려해야 할 점은 적절한 고객서비스 수준을 설정하는 것이다.

시설 입지

물류센터와 제품을 공급하는 공급지의 지리적인 위치를 결정하는 것은 물류계획의 기초를 이루게 된다. 시설의 수, 위치, 규모를 결정하고 시장수요를 이들 시설에 할당하면 기본적인 제품의 흐름이 결정되게 된다. 시설 입지는 제품이 공급지에서 소비지에 이르는 과정에 수반되는 건설비용, 재고비용, 운송비용 등 모든 관련 비용을 고려하여 결정하게 된다.

재고 의사결정

재고 의사결정은 재고를 관리하는 방법을 결정하는 것이다. 구체적으로는 '무엇을, 언제, 얼마나' 주문할 것인지와 '어디에, 얼마의' 재고를 유지할 것인지를 결정하게 된다. 재고정책은 재고관리에 수반되는 주문비용, 재고유지비용 등 모든 관련 비용을 고려하여 결정하게 된다.

운송 의사결정

운송 의사결정은 운송수단의 선택, 운송(선적)규모(shipment size), 차량경로 및 일정계획 등을 포함한다. 이러한 결정은 공장, 물류센터, 고객의 입지에 의해 영향을 받게 된다. 또한 재고 의사결정이 출하량을 결정하기 때문에 운송 의사결정에 영향을 미치게 된다.

이처럼 이들 각각의 의사결정 분야는 서로 밀접히 관련되어 있기 때문에 계획을 수립할 때 이들 간의 상충관계(trade-off)를 충분히 고려할 필요가 있다.

물류계획은 계획기간에 따라 전략적, 전술적, 운영적 계획의 3단계로 이루

그림 11-3 물류 의사결정 분야

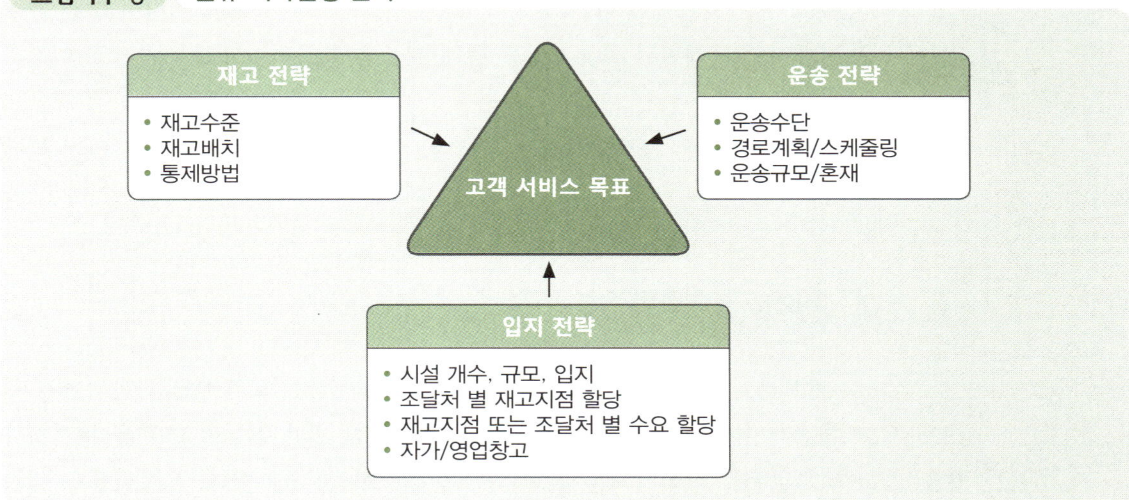

출처: Ballou(2004).

표 11-1 | 분야별, 수준별 물류 의사결정

차 원	의사결정 수준		
	전략적	전술적	운영적
시설 입지	창고, 공장, 터미널의 개수, 규모 및 입지		
재고	재고지점과 통제방법	안전재고 수준	재고보충량과 시점
운송	수단 선택	계절별 장비 임차	경로설정(routing), 배차(dispatching)
주문처리	주문 입력, 전송 및 정보 시스템 설계		주문 처리, 이월주문(back order) 충족
고객 서비스	서비스 기준	고객 주문에 대한 우선순위 설정	긴급 배송
창고관리	하역장비 선정, 창고설계	계절별 임차 규모	주문 피킹 및 재 입고
구매	공급자-구매자 관계 개발	계약, 납품업체 선정, 선매(forward buying)	주문 발송, 긴급 조달

출처: Ballou(2004).

어진다.

전략적 계획은 계획기간이 1년 이상의 장기계획이며, 전술적 계획은 중간적인 계획기간으로 통상 1년 이하가 된다. 운영 계획은 의사결정이 시간에 따라 혹은 매일 일어나야 하는 것으로 단기 의사결정에 속한다. 여기서 주된 관점은 전략적으로 계획된 물류채널을 통해 제품을 효율적이고 효과적으로 이동하는 것이다.

〈표 11-1〉은 물류의사결정 분야별, 수준별로 보다 상세한 의사결정 내용을 보여주고 있다.

2. 총비용 접근방법

총비용 개념(total cost concept)은 물류프로세스를 효과적으로 관리하기 위한 핵심적인 개념이다. 물류의 목표는 독립적인 개별 활동에 초점을 두기보다는 물류활동들에 수반되는 전체 비용을 최소화하는 데 있다. 운송비용을 줄이게 되면 운송시간이 길어질 수 있고 길어진 리드타임을 보완하기 위해 더 많

그림 11-4 총비용 접근방법: 운송수단의 선택

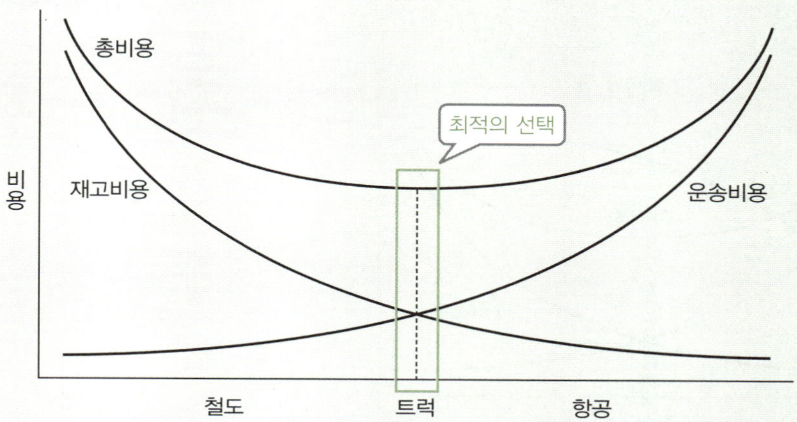

출처: Ballou(2004).

은 재고가 필요하기 때문에 재고비용이 증가할 수 있다. 이를 비용 상충관계(trade-off)라고 한다.

최적의 선택은 〈그림 11-4〉에 나타난 것과 같이 운송비용과 재고비용을 함께 고려하여 두 비용의 합이 최소가 되는 점에서 이루어진다. 단순히 낮은 운송비용이나 빠른 서비스를 기준으로 운송수단을 선택하는 것은 최적의 방법이 아니다.

이처럼 물류활동 사이에 비용 상충관계가 있는 경우 가급적 모든 관련 비용을 고려하여 총비용이 최소화 될 수 있도록 의사결정을 내려야 한다. 이를 총비용 접근방법이라고 한다.

〈그림 11-5〉(a)는 물류네트워크에서 물류센터의 수를 결정하는 예이다. 물류센터의 수를 증가시키게 되면 고객서비스를 향상시킬 수 있다. 또한 물류센터에서 고객으로의 아웃바운드 운송비를 줄일 수 있다. 반면 여러 물류센터에 재고를 유지해야 하기 때문에 재고비용은 늘어나게 된다. 물류센터의 수를 줄이게 되면 반대의 현상이 나타나게 된다. 따라서 이 경우 운송비용과 재고비용을 함께 고려하여 두 비용의 합이 최소가 되는 점에서 물류센터 수를 결정하게 된다.

그림 11-5 총비용 접근방법: 추가 사례

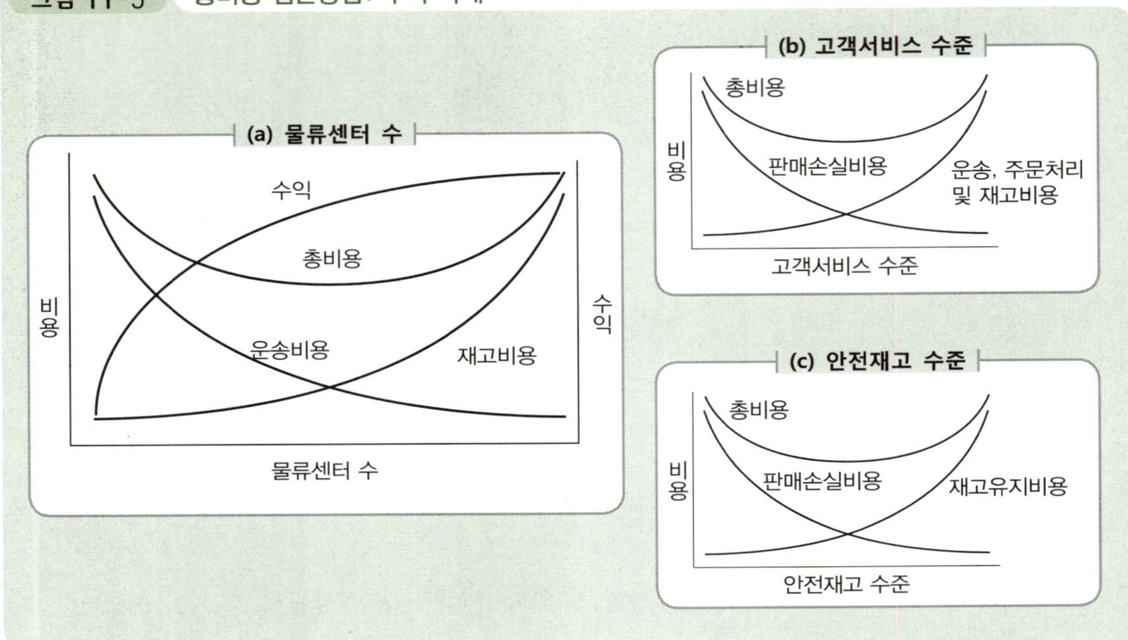

출처: Ballou(2004).

이러한 총비용 접근방법은 운송수단의 선택이나 물류센터 수의 결정 외에도 고객서비스 수준(〈그림 11-5〉(b))의 설정 등 모든 물류의사결정에 폭넓게 활용될 수 있다. 재고관리에 있어서 경제적 주문량이나, 안전재고 수준(〈그림 11-5〉(c)) 결정에도 필수적으로 활용되는 개념이다.

화주-물류제공자 관계

1. 화주-물류제공자 관계의 형태

화주와 물류서비스 제공자 간 관계의 형태는 통합의 수준(degree of integration)과 자산 전속성(asset specificity)을 기준으로 다음과 같이 구분할 수 있다(Schary and Skjøtt-Larsen, 2001).

시장거래

시장거래(market transaction)에는 참여주체 간 통합이나 자산 전속성이 수반되지 않는다. 이러한 거래는 일회 또는 연속적인 물류서비스의 구매를 수반할 수 있으나, 관계는 대개 견제적(arm's length) 거래원칙에 의해 형성된다. 협약은 대개 단기간이며 가끔 비공식적인 형태를 띠기도 한다. 서비스 제공자는 개별 거래를 벗어나는 관여는 하지 않는다. 일반적으로 이러한 거래는 운송과 같이 단일 활동을 대상으로 한다. 비록 특정한 서비스 요구조건이 선택에 영향을 미치기는 하나, 가격이 가장 중요한 경쟁요소가 된다.

운영측면의 물류활동에 대한 아웃소싱

운영측면의 물류활동에 대한 아웃소싱은 대개 운송과 창고를 중심으로 이루어진다. 참여주체 간 통합이나 자산 전속성의 수준은 상대적으로 낮다. 화주는 내부적으로 관리와 통제를 위한 조직을 유지하며, 물리적 운영부문만을 서비스 제공자에게 아웃소싱한다. 서비스 제공자는 화주의 요구조건에 따라 표준적인 솔루션을 조정할 수 있다. 협약은 대개 단기계약으로 이루어진다. 서비스 제공자를 선택하는 데 있어서 가격과 비용절감이 결정적인 요인이 된다.

그림 11-6 화주–물류기업 관계의 발전

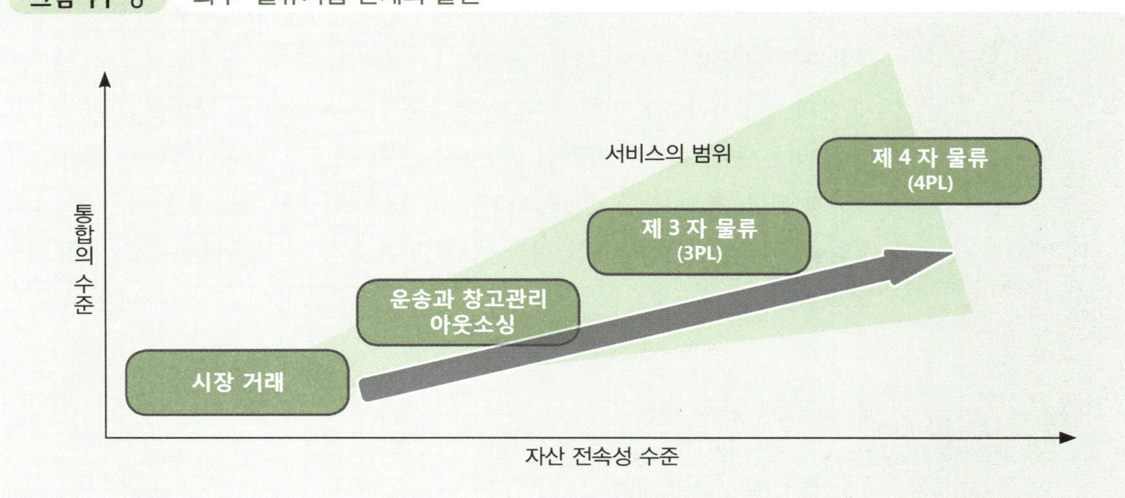

출처: Schary and Skjøtt-Larsen(2001).

제 3 자 물류

제 3 자 물류(3PL, Third Party Logistics)는 관계 발전의 3번째 단계로 화주와 서비스 제공자 양자의 참여를 필요로 한다. 양 참여주체의 운영이 정보시스템과 조직 간 협력을 통해 통합되게 된다. 협력(cooperation)은 상호 신뢰와 개방된 정보교환을 기반으로 이루어진다. 자산특화의 정도는 상대적으로 높게 나타난다. 물류제공자는 화주를 위해 전용시설이나 기타 유형 자산 그리고 교육·훈련과 같은 무형자산에 투자를 하게 된다. 협약은 단순 아웃소싱에 비해 보다 공식적이며 구속력이 있다. 개별 고객의 요구에 대응하여 맞춤형 서비스가 제공된다. 서비스 제공자는 고객의 인력, 장비, 창고운영 등 전체 물류운영을 수행하는 책임을 지기도 한다.

제 4 자 물류

제 4 자 물류(4PL, Fourth Party Logistics)는 서비스의 범위와 전략적 중요성의 측면에서 가장 높은 수준의 협업(collaboration)을 수반하게 된다. 제 4 자 물류에 있어서는 물류서비스 제공자가 창고, 운송, 부가가치 서비스와 같은 전통적인 운영활동뿐만 아니라 고객의 공급사슬, 정보기술 역량, 글로벌 사업영역을 관리하고 최적화할 수 있는, 광범위한 관리 및 물류서비스를 제공하게 된다. 고객들은 이러한 완전한 형태의 물류서비스 패키지를 책임지고 제공하는 물류제공자를 선도제공자(lead provider)라고 부르기도 한다. 제 4 자 물류는 참여주체 간의 장기계약을 수반하며, 때로 합작투자(joint venture) 형태를 가지기도 한다. 협업은 높은 수준의 시스템 통합과 다양한 관리 수준에서 조직간 협력을 수반하게 된다. 또한 자산 전속성의 수준이 높다. 이러한 자산에는 전용 창고, 자재취급 장비와 같은 물리적 자산과 함께 인적 교류, 전문훈련과 같은 인적 자산도 포함된다.

2. 아웃소싱의 형태

아웃소싱의 개념

최근 기업들이 한정된 자원을 보다 효율적으로 활용하기 위하여 중요한

표 11-2 | 아웃소싱의 형태

형태		목적
비용절감형		• 비용절감을 위해 중요하지 않은 기능들을 아웃소싱
분사형	이익추구형	• 사내에서는 크게 중요하지 않으나 나름대로의 전문성을 확보하고 있는 기능을 외부화하여 수익률을 제고시키려는 아웃소싱
	스핀오프형	• 자사가 보유한 일정기술, 역량 등을 분사화하여 비즈니스화 • 핵심역량 자체는 아웃소싱하지 않는 형태
네트워크형		• 핵심역량 이외의 모든 기능을 아웃소싱하고 이들 공급업체와 네트워크를 형성하여 시너지 효과를 제고시키는 형태 • 복수의 주체가 각각 서로의 경영자원을 공유하고 상호보완적으로 활용하는 co-sourcing의 형태
핵심역량 자체의 아웃소싱		• 핵심역량 자체를 외부화시켜 경쟁에 노출시킴으로써 핵심산업의 경쟁력을 더욱 높이려는 아웃소싱

출처: 이광현(1998).

핵심역량 분야에 자원을 전략적으로 집중시키고 타 분야의 활동은 해당 분야의 전문기업에게 맡기는 아웃소싱(outsourcing) 전략이 확산되고 있다.

아웃소싱은 핵심역량(core competence)경영과 더불어 현대 기업에 매우 중요한 전략이다. 이미 미국이나 일본에서는 아웃소싱이 핵심역량을 강화하고 고객의 가치를 창출하기 위한 생존전략의 일환으로 인식되면서 정보시스템을 시작으로 생산, 영업, 총무, 디자인, 연구개발 등 광범위한 영역으로 확대되고 있다.

아웃소싱 전략이란 자신이 수행하는 다양한 활동 중 전략적으로 중요하면서도 가장 잘 수행할 수 있는 분야나 핵심역량에 모든 자원을 집중시키고, 나머지 활동들의 기획에서부터 운영까지 일체를 해당 분야의 전문기업에게 아웃소싱함으로써 기업의 경쟁력을 제고시키는 전략이라 할 수 있다. 즉, 네트워크화를 통해 자사의 핵심역량을 공급업체의 핵심역량과 상호 연계시켜 기업 전체의 시너지 효과를 극대화하는 전략이다(이광현, 1998).

치열한 글로벌 경쟁하의 저성장 시대, 고객 욕구와 기술이 엄청난 속도로 변하고 있는 지금, 기업들은 핵심역량을 제외한 기업 내의 기능, 부문 등을 해당 분야의 전문 기업에게 아웃소싱하고, 이들과 수평적인 협력관계를 강화함으로써 고정비를 변동비화하고, 기업의 자원을 핵심역량에 집중시켜 고객의 가치를 창출해야만 생존할 수 있는 시대가 되었다. 이제 기업은 자신의 핵심역량과 외부기업의 핵심역량을 조화시켜 기업의 부가가치를 높이는 공생전략인 Win-Win 전략을 구사해야 한다.

아웃소싱을 전략적으로 활용할 수 있는 능력을 갖추는 것, 그것은 미래 초우량 기업의 기본조건이며 성공적인 네트워크기업을 향한 첫 걸음이 될 것이다.

아웃소싱의 형태

아웃소싱의 형태는 비용절감형, 분사형, 네트워크형 아웃소싱, 그리고 핵심역량 자체의 아웃소싱으로 구분될 수 있다(이광현, 1998).

비용절감형 아웃소싱

오직 비용절감만을 위해 중요하지 않은 기능을 아웃소싱하는 형태로 현재 우리나라 기업들이 주로 이용하는 아웃소싱 방식이다. 이러한 비용절감형 아웃소싱은 고객관리, 해외출장, 자료정리, 행사대행 등 단순관리 분야에서 교육이나 전문관리 분야에 이르기까지 급속히 확산되고 있다.

분사형 아웃소싱

분사형 아웃소싱은 기업 내의 특정 기능이나 조직을 분사화시키는 것으로 이익추구형(profit-center) 아웃소싱과 스핀오프형(spin-off) 아웃소싱으로 구별된다.

이익추구형(Profit-Center) 아웃소싱

이익추구형 아웃소싱이란 사내에서 크게 중요치 않으나 나름대로 전문성을 확보하고 있는 기능을 분사화시킴으로써 외부경쟁에 노출시켜 스스로 수익을 창출할 수 있게 하는 아웃소싱이다. 즉 분사화된 기업이 모기업에 서비스를 공급하면서 외부 기업과도 거래하는 형태이다. 이 같은 분사를 통한 아웃소싱은 업무의 전문화와 함께 인력구조조정의 한 수단으로 활용될 수 있다.

스핀오프형(Spin-Off) 아웃소싱

자사가 보유한 일정 기술, 공정 제품, 역량 등을 분사화하여 조직을 슬림화하는 아웃소싱이다. 우리나라 전자업계의 경우 사업부 조직 자체를 분리해 별도법인으로 독립시키거나 협력기업에 이관하는 등 스핀오프형 아웃소싱이 늘고 있다.

네트워크형 아웃소싱

네트워크형 아웃소싱이란 핵심역량이나 핵심제품 이외에 모든 기능을 아웃소싱하고 이들 공급업체와 수평적 네트워크를 형성하여 시너지 효과를 제고시키는 형태로 복수의 주체가 서로의 경영자원을 공유하고 상호 보완적으로 활용하는 아웃소싱이다.

아웃소싱은 단순하게 말하면 활용하는 측이 전문적인 서비스를 전략적으로 외부에서 얻는 것이다. 복수의 공급주체가 경영자원을 서로 활용하고 아웃소싱 기능이 상호 보완적으로 연결되도록 하면 아웃소싱을 활용하는 측만이 아니라 공급하는 측에서도 보다 더 부가가치가 높은 서비스를 창출할 수 있는 것이다. 이러한 아웃소싱의 발전적 형태로 복수의 주체가 서로의 경영자원을 공유하고 상호 보완적으로 활용하는 형태를 co-sourcing이라고 한다.

흔히 말하는 네트워크기업 혹은 가상기업(virtual corporation)은 co-sourcing에 의한 새로운 조직형태로, 가상기업이란 종속적인 조직개념이 아닌 참여업체가 보유한 각각의 전문기능을 수평적이고 상호 보완적으로 연결시킴으로써 보다 더 부가가치가 높은 서비스를 만들어 내는 네트워크형 기업으로 정의할 수 있다.

네트워크 기업 혹은 가상기업은 참여업체가 가장 자신 있는 전문기능을 상호 활용하는 가상사업체라는 점에서 시장과 기술의 변화에 신속히 대응할 수 있어 사업효율을 향상시킨다. 때문에 경영자원이 한정된 벤처기업을 위한 좋은 조직모델이 될 수 있다.

핵심역량 자체의 아웃소싱

핵심역량 자체를 외부화시켜 경쟁에 노출시킴으로써 핵심사업의 경쟁력을 더욱 높이려는 아웃소싱이다. 이러한 발상은 아웃소싱이 약점을 보완하거나 고유 업무 중 그다지 중요하지 않은 업무를 외부화하는 것이라는 종래의 전통적 개념과는 정반대의 개념이라 할 수 있다.

제 3 자 물류

1. 물류 아웃소싱과 제 3 자 물류

제 3 자 물류(3PL, Third Party Logistics)라는 용어가 본격적으로 사용되기 시작한 시기는 1980년대 후반부터라고 볼 수 있다. 1988년 CLM이 화주를 대상으로 한 물류서비스 조사에서 제 3 자 제공자(third-party providers)라는 용어가 최초로 사용된 이후, 산업계의 급속한 관심을 받기 시작하였다. CLM의 정의에 따르면 제 3 자(third-party)란 물류채널 내의 다른 주체와의 일시적이거나 장기적인 관계를 가지고 있는 물류채널 내의 대행자 또는 매개자를 의미하며, 화주와 단일 혹은 복수의 제 3 자간에 일정 기간 동안 일정 비용으로 일정서비스를 상호 합의하에 수행하는 과정을 제 3 자 물류 또는 계약물류(contract logistics)라고 정의하고 있다(The Ohio State University, 1989). 이처럼 제 3 자 물류는 기업이 사내에서 수행하던 물류기능을 아웃소싱한다는 의미로 사용되기 시작하였다고 볼 수 있다.

물류 아웃소싱(logistics outsourcing)이란 기업이 물류업무를, 전문업체에 위탁하는 것을 의미한다. 기업이 물류 아웃소싱을 도입하는 이유는, 이를 통해 물류관련 자산비용의 부담을 줄임으로써 비용절감을 기대할 수 있고, 전문물류서비스의 활용을 통해 고객서비스를 향상시킬 뿐만 아니라, 자사의 핵심 사업분야에 더욱 집중할 수 있어서, 전체적인 경쟁력을 높일 수 있다는 기대에서 출발한다. 이러한 물류 아웃소싱을 특수관계가 없는 물류서비스 제공업체에게 위탁할 때 이를 제 3 자 물류라고 부를 수 있다.

제 3 자 물류의 정의에는 크게 두 가지 관점이 포함되어 있다. 첫째는, 기업이 사내에서 직접 수행하던 물류업무를 외부의 전문물류업체에게 아웃소싱한다는 관점이며, 둘째는, 전문물류업체와의 전략적 제휴를 통해 물류시스템 전체의 효율성을 제고하려는 전략의 일환으로 보는 관점이다.

궁극적으로 제 3 자 물류로의 방향전환은 화주와 물류서비스 제공업체의 관계가 기존의 단기적인 거래기반(transaction-based) 관계에서 중장기적인 파트너십(partnership) 관계로 발전된다는 것을 의미한다고 볼 수 있다.

2. 제 3 자 물류의 전략적 관점

제 3 자 물류의 개념은 아직 진화과정에 있어 이를 명확하게 정의하기란 쉽지가 않다. 제 3 자 물류 개념의 발전과정과 기업의 도입사례들을 비추어 볼 때 현대적 의미에서 제 3 자 물류는 다음과 같은 3 가지 전략적 관점을 가져야 한다고 볼 수 있다.

그림 11-7 제 3 자 물류의 전략적 관점

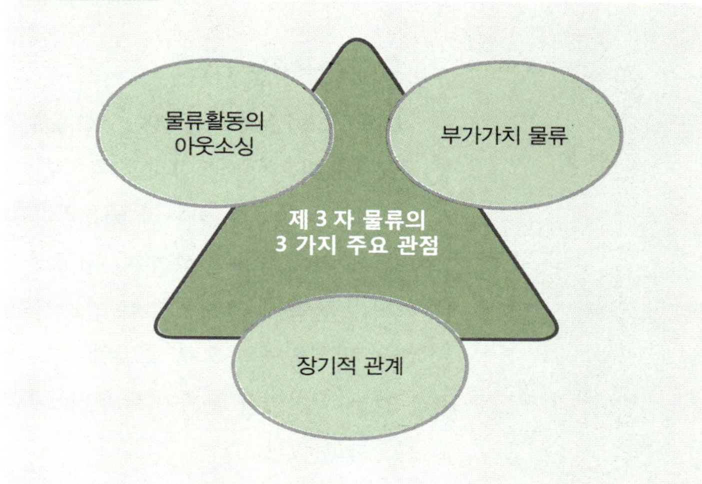

아웃소싱의 관점

Lieb and Randall(1996)은 1991년에서 1995년 사이에 미국 제조업체에 의한 제 3 자 물류서비스 활용실태를 비교하면서 이 개념은 "… 전통적으로 조직 내에서 수행되어 온 물류활동에 대한 아웃소싱을 의미한다. 제 3 자 물류가 수행하는 기능은 전체 물류 프로세스를 포괄할 수도 있으나, 대개 프로세스 내의 일부 활동을 포함하는 것이 일반적이다"라고 정의하고 있다.

이 정의에 의하면 제 3 자 물류는 이전에 사내에서 수행되던 물류활동에 대한 모든 형태의 아웃소싱이 포함되게 된다. 위의 정의에 의하면, 자가 차량을 운영하던 기업이 운송업체를 활용하는 방향으로 전환할 경우, 이를 제 3 자 물류의 예로 볼 수 있다. 기업이 창고업체에 창고 업무를 아웃소싱하는 경우도 여기에 해당될 수 있다.

부가가치 물류의 관점

Berglund(1999)는 제 3 자 물류란 "물류서비스 제공자가 화주(shipper)를 대신하여 수행하는 활동으로, 최소한 운송 및 창고(창고가 물류 프로세스의 일부분인 경우)의 관리와 실행활동이 포함되어야 한다"고 정의하고 있다.

여타 서비스로는 정보서비스, 부가가치 활동, 콜 센터, 지불대행 서비스 등이 포함된다. 이 정의에서는 운영활동 외에 관리지원이 요구된다고 보고 있다. 이러한 관리지원에는 간단한 재고관리에서부터 공급사슬관리를 개선하기 위한 컨설팅에 이르기까지 다양한 활동이 포함될 수 있다.

물류제휴의 관점

Bachi and Virum(1999)은 물류활동에 대한 단순한 아웃소싱과 물류제휴를 구분하였다. 이들의 정의에 의하면, 물류제휴(logistics alliance)란 "화주를 위해 전부 또는 상당한 범위의 물류활동을 제공하기 위해 맺어진 화주와 물류제공자 간에 장기적인 공식적 및 비공식적 관계를 의미한다. 화주와 물류제공자는 이러한 협약에 의해 서로를 장기적인 파트너로 인식하게 된다. 이러한 제휴는 좁은 범위의 활동으로 출발할 수도 있으나, 조립, 재포장, 공급사슬 통합과 같은 보다 광범위한 부가가치 서비스로 확대될 수 있는 잠재성을 가지게 된다"고 설명하고 있다.

기능별 활동의 성과를 강조하고 있는 이전의 두 정의와는 달리 이 정의는 협약에 포함되어야 할 보다 폭넓은 물류서비스와 함께 화주와 물류제공자 간 관계의 지속성(duration of the relationship)을 강조하고 있다.

3. 제 3 자 물류의 발전을 촉진하는 요인

제 3 자 물류의 발전을 촉진하는 요인에는 여러 가지가 있다. 글로벌 환경하에서 물류 및 공급사슬 활동은 점차 복잡해지고, 범위가 넓어지고, 자본이 집중되는 양태를 띠고 있다. 물류활동을 아웃소싱함으로써 많은 기업들이 물류비용을 절감하고 고객 서비스 성과를 개선시키고 있다. 이는 제조부분의 아웃소싱 경향과 그 맥락을 같이 한다. 이들 기업들은 자원을 비즈니스의 가장 핵심적인 부분에 집중하고, 나머지 활동들은 제 3 의 전문기업으로 하여금 수행토록 하고 있다.

제 3 자 물류 제공자를 활용한 물류 아웃소싱의 편익으로는 다음과 같은 것들이 있다(Schary and Skjøtt-Larsen, 2001).

고정비용의 변동비용으로의 전환

운송 및 창고운영을 아웃소싱함으로써 기업은 운송장비, 창고시설, 자재취급 장비 등에 대한 자본투자를 경감할 수 있으며, 이를 통해 고정비용을 변동비용으로 전환하고 재무적인 위험을 제 3 자에게 이전할 수 있다. 예를 들어, 수요가 불확실하거나 변동이 심한 경우, 화주는 활동의 규모를 조정함으로써 보다 쉽게 비용을 통제할 수 있다.

규모 및 범위의 경제

제 3 자 물류기업은 자신의 자산을 보완적인 수요를 가진 복수의 고객과 제품군을 서비스하는 데 활용할 수 있으며 따라서 자산을 보다 효율적으로 사용할 수 있다. 뿐만 아니라, 제 3 자 물류 운영자는 고객에 비해서 국제물류에 대한 우월한 지식과 경험을 가지고 있는 경우가 많다. 이러한 비용 절감의 일부는 고객에게 돌아오게 된다.

린 조직(Lean Organization)

화주는 서류작성, 배송계획, 재고통제, 인사관리와 같은 일상적인 물류운영을 단순화, 합리화할 수 있다. EDI, 바코드 등의 정보기술의 적용을 촉진하고, 나아가 조직 간 인적자원의 교류를 활성화할 수 있다. 장기간에 걸쳐 하나 또는 소수의 제 3 자 운영자와 거래하는 것이 개별 거래별로 다수의 독립적인 운송업체와 일하는 것보다 효율적이다.

새로운 시장과 유통채널에 대한 신속한 접근

예를 들어, 전자상거래 업체는 대개 물류 부분을 제 3 자 물류 운영자에게 아웃소싱하고 있다. 자신의 사업 분야가 아닌 곳에 투자하기보다는 제 3 자 물류기업의 글로벌 네트워크를 활용하는 것이 보다 비용 효과적이다. 이러한 아웃소싱을 통해 고정자산에 대한 자본투자 없이도 글로벌 시장에 대한 신속한 접근이 가능하게 된다.

물류시스템의 재구성

일부 기업들은 물류시스템을 재구성하는데 – 예를 들어 분산형(decentralized)에서 중앙집중형(centralized) 물류시스템으로의 전환 – 제 3 자 물류를 활용하고 있다. 유럽의 경우, 최근까지도 많은 다국적 기업들이 각 국가에 자회사를 가지는 분산형 물류시스템을 가지고 있었다. 최근 이들은 각 국가별로 창고를 유지하던 물류시스템을 1~2개의 유럽물류센터(EDC, European Distribution Center)를 운영하는 방향으로 전략을 전환하고 있다.

4. 물류 아웃소싱의 장애요인

내부 물류기능을 외부의 제 3 자 제공자로 전환하는 데는 몇 가지 위험이 수반된다(Schary and Skjøtt-Larsen, 2001).

첫째는 상품과 자재의 흐름에 대한 통제력의 상실에 대한 위험이다. 이러한 위험은 제 3 자 운영자와 연결되어 고객으로 이동되는 과정에서 상품의 위치와 상태를 적재 적시에 파악할 수 있는 능력을 갖춘 정보시스템을 통해 감소시킬 수 있다.

두 번째 위험은 제 3 자 운영자가 시장에서 퇴출되거나 서비스 역량이나 지리적 커버리지가 떨어지는 타 기업에 의해 합병되는 경우이다. 이러한 경우는 매우 심각한 것으로 기업과 고객 간의 전체 유통 프로세스를 위협하고 기업의 이미지를 크게 실추시키게 된다. 때문에 계약체결 전에 대상기업의 경쟁력과 더불어 재무능력과 안정성을 평가하는 것이 필수적이다.

기존 물류시스템의 비용을 정확하게 파악하지 못하는 점도 기업이 아웃소싱을 위한 물류활동을 평가하는 것을 어렵게 한다. 아직 대다수의 기업들이 물류운영에 수반되는 비용을 파악하기 위한 적절한 회계시스템을 가지고 있지 못하다. 상품 흐름을 관리하고 통제하기 위한 관리비용이 간접비에 감추어져 있다. 창고시설이나 운송장비에 투자된 자본에 대한 이익률은 거의 고려되지 않고 있다.

기업 내 부서 간의 상충된 목표도 아웃소싱의 도입을 어렵게 한다. 물류부서의 경우 자신들의 활동과 나아가 부서 자체의 존립 여부에 대한 잠재적인 위협으로 고려하여 도입을 반대할 수 있다. 판매부서의 경우도 고객서비스의 저하를 고려하여 도입을 반대할 수 있다. 하지만 재무부서의 경우에는 고정자산에 대한 자본의 경감하기 위한 수단으로 아웃소싱을 지지할 수 있다.

마지막으로 조직 간 협력 자체가 조직문화, 데이터 시스템, 종사자의 지식 및 기술수준 등의 적합성을 확보하는 데 있어서 적지 않은 어려움을 수반하게 된다. 뿐만 아니라 경영진 간의 조정에 있어서도 문제가 발생할 수 있다. 이는 서로 다른 목표를 가진 두 조직의 연계를 위해 당면하게 되는 필연적인 문제라 할 수 있다. 이러한 문제를 제대로 해결하지 못하면 특히 조직학습의 초기 단계에 서비스 실패가 나타날 수 있다.

5. 제 3 자 물류 도입 프로세스

기업이 제 3 자 물류서비스를 구축하는 프로세스는 어떤 공식이 있는 것이 아니라 상황에 따라 다양하게 진행될 수 있다. 또한 한 단계가 완전히 완성되어야 다음 단계로 진행하는 것이 아니며 반드시 순서대로 수행할 필요도 없다. 그러나 구축 프로세스에 대한 전반적인 흐름을 한번 파악하는 것은 나름대로 의의가 있다고 할 수 있다.

기업은 제 3 자 물류제공자를 선정하고 통합을 추진하기 위해서는 다음과 같은 핵심요소들을 고려할 필요가 있다(Corporate Executive Board, 2001).

선정 프로세스(Selection Process)

어떤 서비스를 아웃소싱할 것인지를 파악하고 선별해야 하나 쉽진 않다. 서비스를 아웃소싱할 것인지 하지 않을 것인지를 결정하기 위해서는 우선 비용분석이 수반된다. 그러나 총물류비용은 조직 전체에 퍼져 있기 때문에 전통적인 회계시스템으로는 정확히 비용을 산출하기 어렵다. 결국 아웃소싱이 주는 편익을 정확히 수치화하여 제시하는 것이 불가능한 경우가 많다. 이러한 어려움이 있지만 아웃소싱이 전략적으로 선택할 수 있는 최선의 방법이라는 확신이 있으면 최고 경영진을 설득하여 확고한 지원을 받을 수 있도록 구체적인 증빙자료를 작성하여 제출해야 한다. 아웃소싱이 가능한 서비스를 파악하기 위해 외부 전문가의 도움이 필요할 수 있으며 이러한 과정에서 아웃소싱의 개념이 조직 내에 퍼질 수 있다.

전략적 목표의 파악

전문가들은 기업이 가장 우선적으로 물류관리를 통해 얻고자 하는 목표를 설정하고 이러한 목표를 이루기 위해 어떤 기업의 모습을 가져야 할 것인지를 그리는 시도가 필요하다고 지적하고 있다. 일부 기업은 제 3 자 제휴를 위한 목표와 선정기준의 수립을 외부 컨설팅업체에 의뢰하기도 한다.

조직의 목표와 전략에 따라 제 3 자 물류의 도입 여부가 처음부터 판가름 날 수 있고, 도입이 결정된 후에도 어떤 업체를 선정할 것인지의 기준이 달라질 수 있다. 예를 들어 신속한 고객대응과 고품질의 서비스를 추구하는 업체가 수준 높은 물류서비스의 노하우를 축적하길 원한다면 물류 아웃소싱을 주저할 가능성이 있다. 반면 물류에 핵심역량이 없다고 판단한 업체는 자사의 핵심역량에 더욱 정진하기 위해 제 3 자 물류의 도입을 추진할 수도 있다. 또한 기업이 성장하는 시장에서 시장점유율의 확대를 목표로 한다면 브랜드 이미지를 높여줄 수 있도록 강한 시장지배력을 갖고 있는 물류업체를 선정 할 것이다.

니즈와 목적의 명확화

기업이 제 3 자 제휴가 최적의 방안이 될 것이라고 결정하였다면 이의 운영을 위한 방대한 자료의 수집과 분석이 이루어져야 한다. 제 3 자 제휴의 명확하고 실현 가능한 목표와 기대는 기업으로 하여금 최적의 제 3 자 물류업체(들)를 보다 잘 평가할 수 있도록 해 준다.

선정기준의 중요도를 고려한 최적의 업체 선정

문헌조사 등을 통해 제 3 자 물류업체와 제공하는 서비스를 파악하고 적정한 후보업체의 명단을 작성한다. 선정기준의 일반적인 예로는 제 3 자 물류업체의 역량과 지속적인 성과개선을 위한 의지, 정보기술 역량, 제휴 파트너, 문화적 적합성, 고객 서비스 등을 들 수 있다. 각 기준의 중요도는 기업의 여건에 따라 다르게 설정될 수 있다.

조사된 후보업체 중 수 개의 업체를 선발하고 다시 2～3개 업체를 추려내어 최종 평가하는 과정을 거치는 것이 일반적이다. 최종 선정을 하기 위해 후보업체를 방문 및 면담하고 전문가의 조언과 추가적인 정보를 수집하여 선정과정에 반영한다. 또한 기업이 주도하여 만든 RFP(Request for Proposal; 제안요청서)

그림 11-8 제 3 자 물류 도입 프로세스

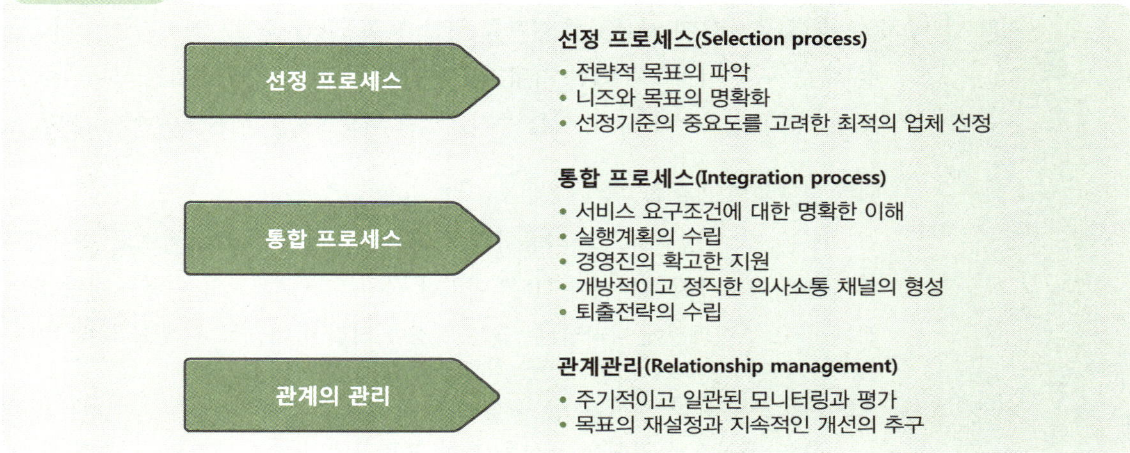

를 최종 입찰까지 온 후보업체들에게 송부하여 질문항목에 응답하게 한다. 질문에 대한 응답을 면밀히 검토하고 자체 평가와 협상 등의 과정을 거쳐 서비스 제공업체를 최종적으로 선정하여 제휴 계약을 체결한다. 계약기간은 보통 1~3년 정도지만 물류업체의 규모 투자가 요구될 경우에는 기간이 장기화될 수도 있다.

통합 프로세스(Integration Process)

서비스 제공업체가 최종적으로 결정되면 화주 기업과 서비스 제공업체 간의 전략적 제휴관계로의 전이, 즉 통합 프로세스를 수립하고 추진한다. 통합프로세스는 구체적이어야 하며 상호 간에 합의하여 공식문서로 작성되어야 한다. 문서로 작성된 계획에는 계약서에 언급되지 않은 사항들, 즉 통합되는 시점, 공유 또는 새로 구입되는 자산, 공유데이터의 처리, 제공 서비스에 대한 통제체계 등이 포함된다. 통합 프로세스를 이행하기 위해 두 조직 간에 공식적인 모임을 자주 갖는 것이 필요하며 통합과정은 투명해야 한다.

서비스의 적용은 가능한 단계적으로 이루어져야 하며 추가 서비스에 대해서는 비용, 처리물량, 서비스 수준 등을 면밀히 검토, 협의하여 결정한다. 명심해야 하는 것은 어떤 상황에서도 서비스를 단기간에 무리하게 적용하여 고객 서비스 수준을 위협해서는 안 된다는 점이다.

서비스 요구조건에 대한 명확한 이해

기업은 제 3 자 물류업체 평가를 위한 성과지표를 포함, 측정 가능한 기준을 설정함으로써 서비스에 대한 기대치를 명확히 하고, 사전에 정의된 모니터링 프로세스를 수립하여야 하며, 이를 주기적으로 검토하는 체제를 갖추어야 한다.

실행계획의 수립

모든 것이 정상적으로 작동하기 위해서는 세부적인 프로젝트 실행계획과 주기적인 검토가 이루어져야 한다. 이러한 장치는 프로젝트의 수행을 보다 용이하게 하고 추진과정에 나타날 수 있는 변경에 적절히 대응할 수 있도록 해 준다.

경영진의 확고한 지원

상위 경영진의 지원은 조직을 통한 프로그램의 추진에 도움을 주며 타 부서의 관리자와 직원의 수용과 지원을 보다 용이하게 한다. 최고 경영진의 확고한 지원을 확보하는 것은 매우 중요하다. 제 3 자 물류의 도입은 즉각적인 비용절감을 위해 중간관리자가 운송업체를 선정하고 평가하는 정도의 수준이 아니라 기업의 전략적 목표를 달성하기 위한 방안으로서 추진되기 때문에 조직의 구조를 재설계하는 차원에서 다루어진다. 이는 최고경영진의 적극적인 지원과 확고한 의지가 없으면 성공하기 어려운 과제이다.

제 3 자 물류서비스의 구매 프로세스를 실현하는 추진팀의 구성도 필요하다. 서비스의 도입은 조직의 여러 기능에 영향을 미치기 때문에 추진 팀은 여러 부서에서 골고루 선발된 인원으로 구성하는 것이 좋다.

개방적이고 정직한 의사소통 채널의 형성

성공적인 제 3 자 물류서비스를 위해서는 직원에 대한 교육과 조직 간의 의사채널 확보가 매우 중요하다. 교육은 통합프로세스를 추진하기 전부터 이루어져 직원들의 새로운 과업을 혼란 없이 수행할 수 있도록 해야 한다. 두 조직 간의 활발한 의사교환은 새로운 작업환경에 대한 불확실성과 혼란을 줄여준다.

양 기업은 세부적인 정보의 공유에 대한 의지를 가져야 하며 이를 통해 상대 기업의 프로세스에 대한 명확한 이해를 가질 수 있다. 또한 양 기업에 접촉을 위한 담당자를 지정하여 직원들이 누가 프로세스를 주도하고 의사결정을 내리는지를 알 수 있도록 할 필요가 있다.

퇴출전략의 수립

이와 함께 기업은 적용과정에서 나타날 수 있는 협상의 결렬이나 조직의 변화에 대응하기 위한 계획도 수립해 두어야 한다.

관계의 관리(Managing The Relationship)

마지막 단계인 관계의 관리는 제휴관계가 유지되는 한 계속된다. 성과평가의 결과에 따라 기존 서비스 방식의 변경 여부, 서비스 제공업체의 대체 여부, 자사 물류체계로의 회귀 여부, 새로운 계약 체결 여부 등이 결정된다. 또한 지속적인 개선은 경쟁력의 확보를 위해 필수적이다.

제 3 자 물류의 제휴관계는 높은 비용, 낮은 서비스 수준 등의 문제로 깨질 수 있는 여지가 있지만, 기본적으로는 당사자 간의 신뢰에 바탕을 둔 Win-Win 게임의 관점에서 유지되어야 한다.

주기적인 점검을 위한 미팅

평가를 위한 주기적이고 일관된 점검미팅이 이루어져야 한다. 기업은 제 3 자 물류업체를 평가하기 위해 초기 단계부터 성과지표를 설정하고 활용하여야 한다.

최초에 설정된 개방적인 의사소통의 유지

제 3 자 물류업체는 자체 사업과 조직이 확장된 개념으로 받아들여야 한다. 빈번하고 개방적인 의사소통은 관계가 설정된 이후에도 지속되어야 한다. 양방향 의사소통을 통해 관계의 성숙도와 시장여건의 변화에 따라 파트너십의 목표를 재설정함으로써 지속적인 개선을 추구해 나가야 한다.

6. 제 3 자 물류제공자의 선정

기술과 시장변화의 속도는 제 3 자 파트너의 선정에 있어서 장기적인 관계의 목표를 고려하여 매우 신중하게 추진될 것을 요구하고 있다.

전문가들은 “기업은 가급적 가장 적극적인 물류관리의 목표를 설정하여야 하며 이러한 목표를 달성하였을 경우 기업이 어떤 모습을 가질 것인지를 그려 보아야 한다. 기업은 보다 높은 성과 수준을 달성하기 위한 계획을 수립하기 전 무엇보다 기업이 가고자 하는 명확한 방향을 설정할 필요가 있다”고 지적하고 있다(Bachi and Virum, 1998).

기업들은 제 3 자 파트너십의 필요성이 있는가를 파악하기 위해 대개 외부 기관의 도움을 받게 된다. 이들 외부 컨설팅업체는 제 3 자 물류업체의 리스트를 파악하고 후보기업들을 선정한다. 간단한 체크리스트를 작성하여 검토하는 것도 제 3 자 물류 도입의 필요성을 판단하는 데 도움을 줄 수 있다.

다음 단계는 RFP나 RFQ(Request for Quotes; 견적요청서)를 발송하는 것이다. 제 3 자 물류업체의 선정은 업체들로부터 제안서가 접수된 이후에 착수하게 된다.

무엇보다 제 3 자 물류업체를 선정하기 위해서는 선정기준이 명확히 설정되어 있어야 한다. 제 3 자 물류파트너 선정 시 고려되어야 할 요소로는 다음과 같은 것들을 들 수 있다.

제 3 자 물류제휴에 대한 명확하고 실현 가능한 목표와 기대치는 기업으로 하여금 선정기준을 설정하고 최적의 제 3 자 물류업체를 보다 잘 평가할 수 있

표 11-3 | 제 3 자 물류파트너 선정기준

평가분야	평가항목
일반현황	• 가격(가격 경쟁력) • 재무 안정성 • 해당 혹은 유사분야 사업경험 • 위치 • 자산보유 수준 • 국제적 사업범위
역　　량	• 정보시스템 및 기술역량 • 고객 서비스 • 고객 비즈니스의 수행 및 성장을 위한 역량 • 특정 비즈니스 요구를 처리할 수 있는 유연성과 역량(창조적 경영) • 예측하지 못한 문제나 기대하지 못한 事故에 대한 대응능력 • 약속 이행능력
품　　질	• 서비스 품질(예, 6시그마, ISO 9000) • 지속적인 개선을 위한 의지 • 경영 팀과 관리자의 우수성
고객관계	• 최고경영자의 의지 • 기업 문화와 철학과의 조화 • 서비스 해지의 용이성 • 일반적인 평판
노사관계	• 인적자원 정책 • 우수한 인력의 확보 가능성

출처: Bachi and Virum(1998).

도록 해 준다. 이러한 선정기준을 설정하기 위해서는 마케팅, 생산, 회계, 인사, IS 등 제3자 물류가 직간접적으로 관여되는 모든 관련부서가 참여하는 것이 중요하다. 이와 함께 제품 라인, 운송량, 서비스하는 지리적 범위와 산업, 성장 예측치, 컴퓨터 시스템 등의 일반적인 정보를 수집하여 제3자 물류를 통해 획득하고자 하는 부가가치 서비스의 리스트를 파악하여야 한다. 특히 제3자 물류업체와 시스템 통합은 많은 시간이 소요되므로 그 여부를 가급적 초기 단계에 파악하여야 한다.

전문가들에 따르면 이러한 선정 프로세스에 있어서 많은 기업들이 제3자 물류업체의 지속적인 개선에 대한 의지의 중요성을 간과하는 경우가 있다고 지적하고 있다. 하지만 제3자 물류업체로서는 계약가격이 고정되어 있기 때문에 파트너십을 위한 추가 투자에 대한 인센티브가 거의 없다는 점이 문제가 될 수 있다. 이러한 현상은 궁극적으로 서비스가 지속적으로 개선되지 못하는 결과를 초래할 수 있다. 이러한 잠재적인 문제를 해결하기 위해서 선도 기업들은 선정 프로세스에서 성과지표에 근거한 보상을 고려하는 방향으로 전환하고 있다. 즉, 제3자 물류업체가 운영에 대한 관리와 함께 지속적으로 운영 효율성을 제고할 수 있는 능력을 갖추고 있는가를 제시하도록 요구하고 있다.

기업은 단순히 제3자 물류업체가 제시한 정보에만 의존하지 말고 제3자 물류업체의 역량에 대한 자체적인 연구를 수행해야 한다. 전문가들은 기업들이 제3자 물류업체를 평가할 때 무엇을 계획하고 있는가 보다는 현재 무엇을 하고 있는지를 보다 중요하게 고려해야 한다고 지적하고 있다. 고객이 속한 산업에서 제3자 물류업체가 가지고 있는 사업경험은 기업이 추진하려는 새로운 프로젝트에도 유용하게 적용될 수 있다. 따라서 선정 프로세스에서 고객이 속한 산업에서 제3자 물류업체의 사전 사업경험을 비중 있게 고려할 필요가 있다.

Boyson and Corsi(1999)가 463개 글로벌 기업을 대상으로 한 연구결과에 의하면 기업들은 물류파트너를 선정할 때 재무 안정성, 고객 서비스 역량, 가격을 가장 중요한 요인들로 고려하고 있는 것으로 나타났다. 두 번째로 중요하게 고려하고 있는 요인들로는 문제해결에 대한 창의적인 능력, 기술역량, 일반적인 평판, 지속적인 문제해결에 대한 평판, 문화적 적합성 등으로 나타났다. 그 다음으로 기업규모, 자산보유 수준, 국제적 사업범위 등이 세 번째로 중요한 요인들로 나타났다. 마지막으로 해당기업과의 사전관계, 제 3 자 물류업체의 인적 자원 정책 등이 상대적으로 낮은 중요도를 가지는 것으로 나타났다.

7. 제 3 자 물류제공자의 유형

Berglund(1999)는 제 3 자 물류시장의 참여자를 3가지 유형으로 구분하고 있다.

- 자산기반 물류제공자(Asset-based logistics providers)
- 네트워크 물류제공자(Network logistics providers)
- 기술기반 물류제공자(Skill-based logistics providers)

자산기반 물류제공자

자산기반 물류제공자는 주로 1980년대 초반에 등장하였으며, 대개 물류서비스 제공을 위해 트럭, 항공기, 창고, 터미널, 컨테이너 등의 자산을 직접 보유하거나 리스방식으로 임차하여 운영한다. 이들은 핵심사업의 자연스러운 확장의 일환으로 제 3 자 물류 서비스를 제공하고 있다. 예를 들어, 운송업체나 포워더는 특정 화주만을 위한 트럭, 운송관리, 물류센터 및 정보서비스를 제공할 수 있다. 물류센터 운영자는 기본적인 창고서비스 외에 재고관리, 최종조립 서비스, 주문관리 등의 서비스를 제공할 수 있다. 기존 운송시장에 있어서 경쟁의 심화, 이윤의 감소 등이 이들 기업들을 제 3 자 물류시장으로 진출하게 한 주요 동기가 되었다. 이 중 일부는 기본 서비스에 대한 물량확보를 목적으로 추가 서비스를 제공하거나 제 3 자 물류시장에 진출하기도 한다. 이외에 이윤의 증대와 고객 로열티의 증대를 목적으로 제 3 자 물류시장에 진출하는 경우도 있다.

네트워크 물류제공자

네트워크 물류제공자는 주로 1990년대 초반에 등장하였으며, 이들 제 3 자 물류제공자는 쿠리어(couriers)나 특송업체(express parcel companies)에서 출발하여 점차 특성화물을 신속하고 확실하게 처리하기 위해 글로벌 운송 및 정보통신 네트워크를 구축하게 된 형태이다. 이들은 대개 송하인으로부터 수하인에 이르기까지 전자적으로 인도확인(proof-of-delivery)과 추적(track-and-trace)과 같은 부가 정보서비스를 제공하고 있다. 대표적인 기업으로 DHL, FedEx, TNT 등을 들 수 있다. 최근 들어 이들 기업들은, 전자제품, 부품, 패션제품, 의약품과 같은 시간에 민감하고 가격이 높은 화물에 초점을 두고 제 3 자 물류시장에 진출하고 있으며, 이들 마진이 높은 시장에서 기존 제 3 자 물류제공자와 경쟁하고 있다.

기술기반 물류제공자

기술기반 물류제공자는 1990년대 말부터 본격적으로 등장하기 시작한 새로운 형태의 제 3 자 물류제공자의 유형이다. 이들은 대개 물리적인 자산을 소유하지 않고 컨설팅, 재무 서비스, 정보기술 및 관리 역량을 기반으로 고객에게 서비스를 제공한다. 이들은 자회사나 합작투자회사의 형태를 띠기도 하며, 타 유형의 제공자들을 합병하기도 하고 이들을 하부 계약자로 활용하기도 한다.

사례 읽기 11-2 GM의 빅 아웃소싱

2000년 12월 GM(General Motors)은 Menlo Logistics와 합작투자 기업인 Vector SCM의 출범을 발표하였다. 연 60억 달러에 달하는 이 새로운 조직은 GM의 모든 물류 아웃소싱을 담당하며 이전에 GM과 직접 거래하였던 수십 개 제 3 자 물류업체(3PL)의 단일 창구(single window) 역할을 하게 된다

평균 물류 아웃소싱 계약의 600배(미국 전체 물류시장 규모의 10%)에 달하는 대규모 프로젝트로 GM은 광범위한 시장조사를 통해 CNF의 자회사인 Menlo Logistics를 파트너로 선정하였다. 합작투자에는 GM이 51%, Menlo Logistics가 49%를 출자하였다.

GM의 주된 동기는 주문 사이클타임을 기존 60일에서 15일로 단축하는 것을 포함한다(* 뒤 페이지 그림 참조). 이러한 효율성 달성은 "Vector Vision"이라 불리우는 물류기술 플랫폼에 의해 주도되고 있다. 이 통합시스템을 통해 GM은 글로벌 물류운영에 대한 visibility를 확보하고 진정한 e-공급사슬(electronic supply chain)을 구축할 계획으로 있다. 이 시스템을 통해 완성차 인도 프로세스의 전 과정에 대한 visibility를 향상하고 실시간 주문 변경도 가능하게 될 전망이다.

"이 시스템을 통해 운송 중 재고를 정확히 알 수 있고, 고객의 주문에 일치하는 차량을 파악하며, 계획된 도착지(딜러의 재고처)를 변경, 고객으로 직접 배송하는 것이 가능하게 될 것입니다." – Harold Kutner, Group Vice President of GM's Worldwide Purchasing and Production Control & Logistics

Vector는 물류산업에 있어서 인수합병이나 제휴가 확산되는 계기가 될 전망이다. Vector의 등장은 앞으로 보다 전문화되고 고도의 기술시스템 역량을 갖춘 물류기업의 역할이 커지게 될 것임을 시사한다. 한편 GM과 거래하던 중간 규모의 기업들은 Vector와 하청 계약 관계로 전환될 것이다. 이는 이들 기업들에게 위협요인으로 작요하게 될 것이다. 결론적으로 Vector와 같은 새로운 아웃소싱 계약 형태의 등장은 앞으로 3PL 산업에 커다란 영향을 미치게 될 것이다.

출처: The Changing Face of 3rd Party Logistics, Supply Chain Management Review, March/April 2003.

제 4 자 물류

기업이 물류업무의 일부를 아웃소싱할 경우 대부분 아웃소싱의 분야에 따라 복수의 전문 물류업체를 활용하는 경향이 있다. 한편 최근에는 공급사슬 전체에 대한 물류서비스를 여러 업체로부터 개별적으로 외부 위탁하는 경우보다 한 번의 계약으로 통합된 물류서비스를 제공받기를 원하는 화주기업들이 많아지고 있다.

Anderson Consulting의 Copacino는 대부분의 제 3 자가 아직 공급사슬관리를 위해 필요한 충분한 서비스를 제공하지 못하고 있으며, 아웃소싱을 수행하고 있는 한정된 기능의 비용절감에만 초점을 두고 있다고 지적하면서, 연속적이고 시스템 전체적인 개선을 달성하기 위해서는 현재의 제 3 자 물류가 한 단계 더 발전할 필요가 있다고 주장하고 있다. 이 경우 제 4 자 제공자(fourth party provider)는 직접 혹은 제휴에 의해 고객에게 복합적인 물류서비스를 제공할 수 있어야 하고, 고객의 물류 개선을 실현할 수 있는 경영기법에 대한 충분한 노하우를 가져야 하며, 특히, 정보시스템에 대한 역량을 가져야 한다고 지적하고 있다.

그리고 이러한 인식을 바탕으로 제 4 자 물류를 "화주기업에게 포괄적인 공급사슬 솔루션을 제공하기 위해, 물류서비스 제공기업이 자사의 부족한 부분을 보완할 수 있는 타사의 경영자원, 능력 및 기술과 연계하여 보다 완전한 공급사슬 솔루션을 제공하는 공급사슬 통합자"라고 정의하고 있다.

그림 11-9 물류 아웃소싱의 발전

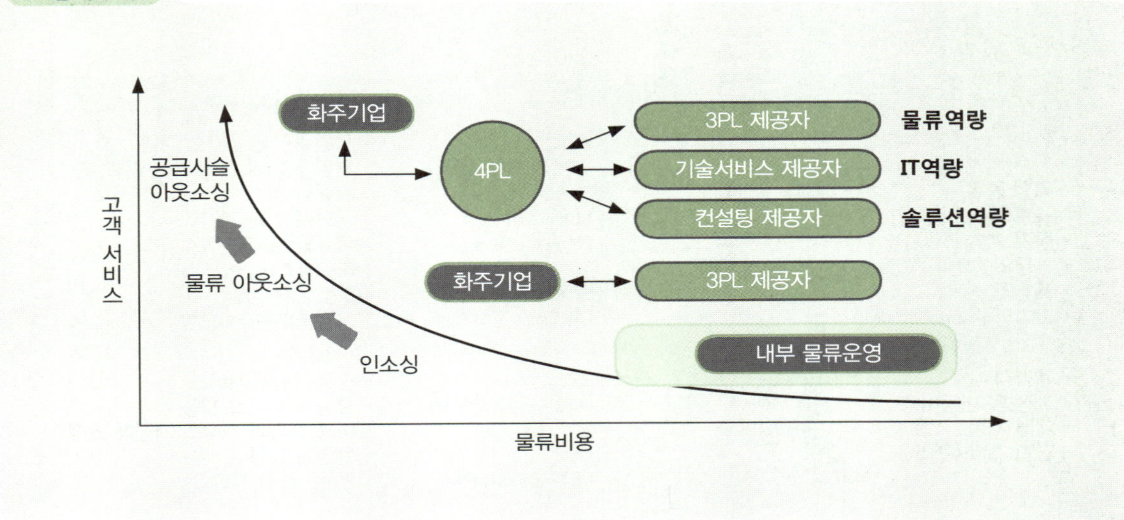

Gattorna(1998)는 제 4 자 물류가 다음과 같은 점에서 제 3 자 물류와 차이를 보인다고 보았다.

- 제 4 자 물류 조직은 주된 고객과 하나 또는 그 이상의 파트너가 참여하는 합작투자(joint venture) 형태를 가지는 경우가 있다.
- 제 4 자 물류 조직은 고객과 복수의 물류서비스 제공자 간에 단일창구(single interface) 역할을 수행한다.
- 고객의 공급사슬 대부분 또는 전부가 제 4 자 물류조직에 아웃소싱 된다.

요약하면 제 4 자 물류란 바로 공급사슬 아웃소싱 전략이다. 기존의 제 3 자 물류업체가 한 기업의 물류 업무를 종합적으로 지원하는 것이라면 제 4 자 물류업체는 공급사슬과 공급사슬 내의 복수 기업이 관여되는 물류업무를 지원하는 기능을 수행하게 된다. 때문에 제 4 자 물류업체는 자신의 서비스 능력을 상호보완관계에 있는 여타 서비스 제공업체와 연계하여 보다 완전한 공급사슬 솔루션을 제공하는 공급사슬 통합자의 역할을 수행하게 되는 것이다. 이러한 제 4 자 물류는 특히 기업 간 전자상거래의 확산에 따른 공급사슬 효율화를 효과적으로 지원할 수 있는 제 3 자 물류의 발전적인 대안의 하나로 부상하고 있다.

그림 11-10 물류 아웃소싱 모델의 발전

관계의 특성	관계구조	아웃소싱 용어	서비스의 속성
• 파트너십, 합작투자 • 가치 기반 • 위험 공유 • 소수의 파트너 • 장기 계약 (5년+) • 공통의 핵심가치 • 제휴와 신뢰 • 코피티션 (coopetition)	전략적	• 4PL (제 4 자 물류제공자) • LLP (선도 물류제공자) • SCM (공급사슬 관리자)	• 광범위한 공급사슬 경험 • 특정 산업에 대한 깊은 이해, 컨설팅 역량 • 진보된 기술 역량 • 물류를 넘어선 비즈니스 프로세스 아웃소싱 • 3PL 기술 통합 • 혁신과 지속적 개선
• 계약적 • 고정 및 변동비용 • 거래 지향 • 단기 계약 (1~5년)	전술적	• 3PL (제 3 자 물류제공자) • LSP (물류서비스제공자)	• 전통적 물류서비스 • 모듈식 서비스 제공 • 비용 절감과 서비스 개선에 초점 • 운영 수월성 • 틈새(niche) 서비스

출처: Capgemini, GeorgiaTech, SAP, DHL, 2005 Third-Party Logistics, 2005.

Capgemini, GeorgiaTech, SAP, DHL이 공동으로 작성한 "2005 Third-party Logistics" 보고서에서 장래 물류시장의 구조를 전망하면서 기존 제 3 자 물류제공자 중 선도적인 기업들이 향후에는 서비스의 지리적 범위와 역량이 한층 강화된 선도 물류제공자(LLP, Lead Logistics Provider) 내지 제 4 자 물류제공자(4PL, Fourth Party Logistics Provider) 형태로 발전할 것이라고 전망하였다.

사례연구 UPS Logistics: 4PL로 갈 것인가?

서론

제 3 자 물류(3PL, Third Party Logistics) 제공자가 운영 중심의 물류와 충족 서비스를 제공하는 것을 대신해 제 4 자 물류(4PL, Fourth Party Logistics) 제공자가 공급사슬 프로세스에 참여하고 있다. 고객 공급사슬에 대한 보다 통합된 개입을 지향하고 고객 공급사슬 성과와 전략에 보다 커다란 영향을 미치는 4PL 모델의 도입은, 특송(express)과 물리적 물류서비스 분야에 전통을 가지고 있는, UPS에게도 근본적인 변화를 요구하고 있다. UPS와 Cicso Systems 간 고객관계는 물류서비스 제공자에게 4PL 접근방법이 고객에 대한 가치 증대, 고객관계의 강화, 물류서비스의 차별화 측면에서 어떠한 잠재력을 가지고 있다는 것을 보여주고 있다. 의문점은, 제조업체의 관점과 컨설팅업체나 계약생산업체와 같은 공급사슬 아웃소싱 대안기업들의 존재 등을 고려할 때 과연 이 모델이 장기적으로 타당성을 가질 수 있을 것인가 하는 점이다. 더 나아가 3PL에서 4PL 개념으로의 전환이 제공자와 고객 양자에 대해 어떤 경제적 영향과 관계 변화를 요구하게 될 것인가에 대한 의문점도 존재하고 있다.

산업환경과 사업모델의 관점

물류 제공자들은 고객들의 공급사슬의 혁신에 높은 관심을 가져 왔으며 4PL과 같은 새로운 서비스의 개발을 통해 서비스 제공범위를 확대해 왔다. 4PL 모델은 3PL이 단지 상품의 물리적인 이동에 대한 운영자(operator)가 아닌 상품 흐름에 대한 조정자(coordinator) 역할을 수행하는 진일보한 개념이다. 3PL들은 4PL 모델이 매출을 증대시키는 방법일 뿐만 아니라, 보다 중요한 점으로, 창고업체나 운송업체가 전통적으로 제공하던 것에 비해 공급사슬 내에서 보다 높은 부가가치 활동을 제공하는 데 기여하는 방법이라고 인식하고 있다. 이들 전통적인 서비스 시장도 계속 성장하고는 있으나, 서비스가 범용화(commoditization)될 때 나타나는 현상인 '먹느냐 먹히

그림 11-11 서비스 분류 체계

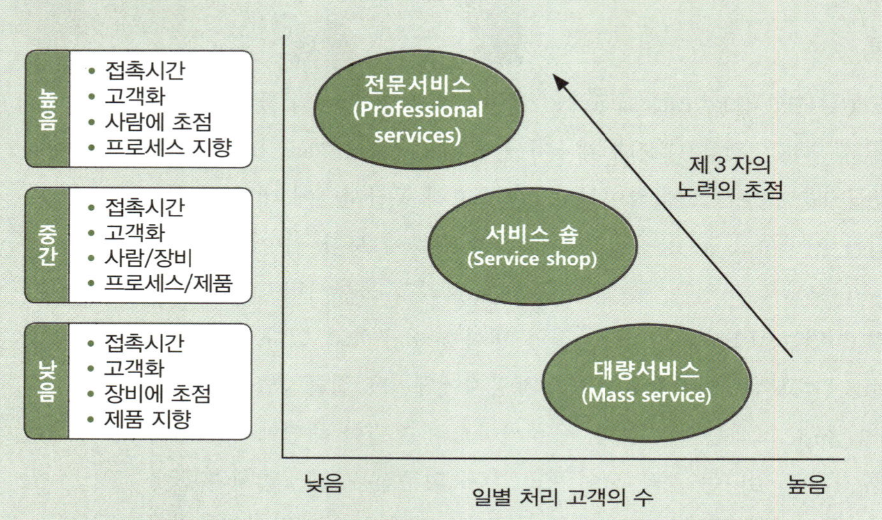

출처: Birnall et al.(1997).

느냐(cut-throat)'식의 운임 경쟁을 하는 서비스 제공자들이 증가하고 있다. 3PL 모델은 가격에 민감한 시장에서 투자수익률(ROI)과 재무적 성과를 중시하는 자산 집약적(asset-intensive) 사업이다. 4PL 모델은 단지 고객 서비스를 위한 자산의 운영보다는 조정(coordination)에 초점을 두기 때문에 자산 집약도가 훨씬 낮다고 할 수 있다.

GM(General Motors)과 Vector SCM의 사례가 있음에도 불구하고 시장에서 4PL 서비스를 성공적으로 제공하는 기업은 아직 드물다. 이러한 4PL 서비스는 사슬의 특정 구간에서의 물리적 이동을 운영하는 '일상적인 서비스'의 공급자에서 벗어나 공급사슬 내 전반적인 상품 흐름을 조정하고 관리하는 '핵심적인 서비스'의 공급자로 3PL의 위치를 업그레이드할 수 있도록 만들어 줄 수 있다.

〈그림 11-11〉은 3PL 서비스가 4PL 영역으로 발전하는 과정을 이해하는 데 도움을 주는 서비스 분류 체계를 보여주고 있다(Birnall et al., 1997).

이 그림에서 볼 수 있듯이 서비스 제공자들은 대량서비스(mass service) 영역으로부터 전문서비스(professional service) 영역으로 진화하려는 경향이 있다는 점이다. 이러한 노력에는 장비나 제품을 제공하는 대신, 고객 관계와 공급사슬 프로세스에 대한 초점을 강화하고 서비스의 고객화, 고객과의 접촉시간(고객화된 서비스 개념의 개발, 조정 노력 등을 위한 지출)의 증대 등이 포함된다. 하지만 3PL의 입장에서는 본다면 과연 고객들이 실제로 구매할 것인가 하는 의문이 생길 수 있다. 여기에 대해 Coyle et al.(1992)은 다음과 같이 주장하고 있다.

> "일부 특정 제 3 자 관계(third party relationships)가 매우 광범위한 서비스 제공을 포함하고 있기는 하지만 대다수의 고객-공급자 관계는 제 3 자에 의해 관리되는 상대적으로 단순한 활동들의 조합에서 시작된다. 운송과 창고와 같은 특정 활동들에 대한 3자 서비스 활용에 익숙해진 고객들은 보다 폭넓은 서비스 제공에 대한 잠재적인 고객군이 된다."

Hoek and Dierdonck(2000)의 조사결과에 의하면 3PL들은, 상당한 노력에도 불구하고, 전통적인 초점 영역을 넘어서 고객화와 조정과 같은 새로운 서비스 분야에서 완전한 성공은 거두지 못하고 있는 것으로 결론짓고 있다. 뿐만 아니라 3PL들은 자신들이 4PL 비즈니스 분야에서 새로운 경쟁자들과 대면하고 있다는 것을 발견하게 된다. 운송업체들과 주선업체들과의 전통적 경쟁에 추가하여 Accenture와 같은 컨설팅업체, 소프트웨어업체, 그리고 계약 생산업체들도 이 비즈니스 영역에 관심을 가지고 있다. 예를 들어 계약 생산업체인 SCI는 기존 물류조직을 둘로 분리하여 하나는 내부 물류에 하나는 고객을 위한 부가가치 판매물류 서비스에 초점을 두게 하고 있다. 이 회사의 물류운영 이사인 Adolfo Anzaldua는 이를 다음과 같이 설명하고 있다.

> "약 1년 반 전부터 우리의 외부 물류수요가 급격히 증가하고 있습

니다. 우리는 우리 물류조직을 분리해서, 직접 주문충족, 수리, 회수물류, 재고허브 관리, 2단계 생산 등, 고객이 요구하는 서비스를 제공하는 전담조직을 만들기로 결정하였습니다. 계약생산 아웃소싱이 단순 제조에서 구매와 기획을 포함한 완전한 공급사슬관리와 아웃소싱 영역으로 진화함에 따라 기존 3PL 파트너들이 OEM 및 계약생산 업체들 요구하는 수준의 서비스를 충분히 제공할 수 없었기 때문입니다.

4PL에 대한 UPS Logistics의 접근

UPS Logistics에 의해 개발된 4PL 비즈니스 모델은 〈그림 11－12〉에서 보듯이 고객관계의 발전에 따라 진화하는 모습을 보여주고 있다.

전통적으로 여러 운송 및 창고업체 그리고 3PL들이 제조업체들에게 물류서비스를 제공해 왔다(단계 A). 이전의 3PL이 4PL 역할을 개발하게 되면 공급 구조는, 4PL이 제조업체의 전반적인 프로세스와 흐름을 책임지는,

그림 11-12 UPS Logistics 고객들과 4PL 적용에 있어서 변화 프로세스

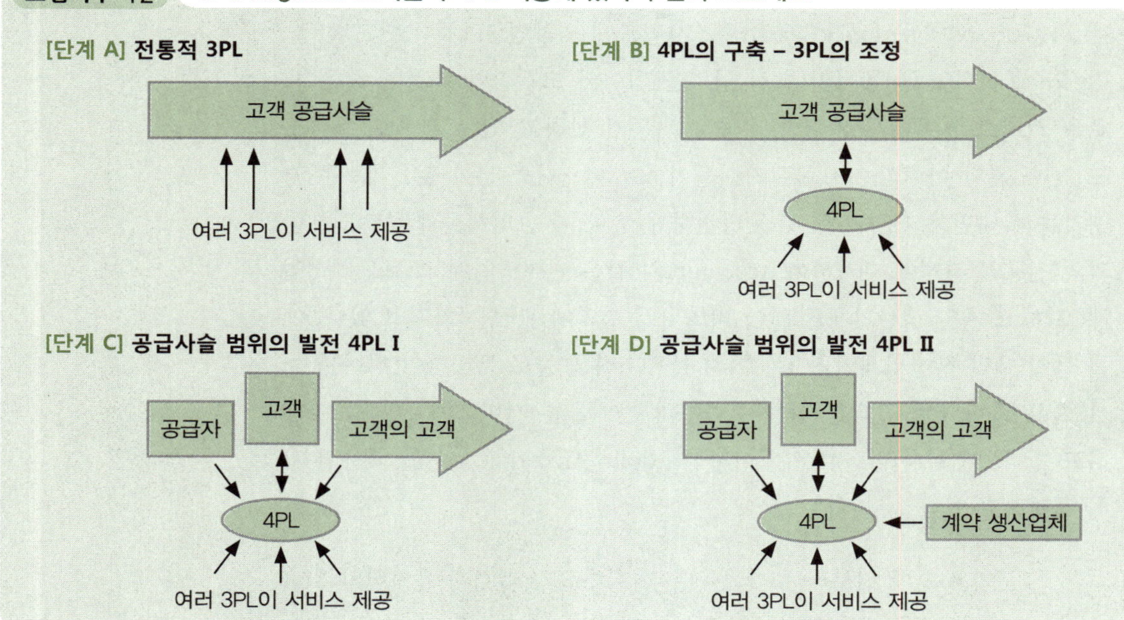

단계 B로 변화한다. 이때 4PL은 고객을 대신하여 제반 물류문제에 대한 책임을 지고 물류의 물리적인 공급을 관리하기 시작한다. 이 단계에서 물류서비스 운영을 조정하고 고객에게 단일 접점(single point of contact)을 제공하는 중간 계층이 형성된다. 이 과정에서 서비스 제공자는 충분한 경험을 개발하기 위해 제품/의뢰인-고객 관계에 대한 경험을 갖춘 고객기업의 직원들을 인계 받을 수도 있다.

4PL은 비자산(non-asset)에 초점을 두고 정보를 기반으로 하는 경우가 많다. 고객관계가 3PL로부터 진화되었기 때문에 일정한 물리적 자산을 유지하기는 하지만 보다 중요한 것은 물리적 자산의 소유와 자산 활용에 초점을 두는 근시안적 사고에서 벗어나 시장에 존재하는 3PL의 능력을 활용하여 전체 공급사슬 효과성과 프로세스 최적화와 같은 보다 광범위한 초점으로 변화하여야 한다는 점이다. 이는 4PL이 고객을 대신하여 운영을 조달하고 조정하여야 한다는 점을 강조하는 것이다. UPS Logistics는 어떤 제공자가 최고의 가치 서비스(서비스 수준, 품질, 일관성, 비용 등에 기초한)를 제공할 수 있는가에 따라 UPS뿐만 아니라 다른 3PL들로부터도 서비스를 조달할 수 있다. 3PL의 선정이 때로 고객의 추천이나 계약조건에 의해 이루어지는 경우가 있다. 이 경우 선정된 기업과 관련 사항에 대해서는 고객이 직접 책임을 지게 된다. UPS Logistics가 이들에게 관여하기는 하지만, 이들의 성과가 부진할 경우, 성과평가 결과에 대해 UPS Logistics가 승인하지 않는 한, 고객은 UPS Logistics에 책임을 물을 수 없다.

단계 C에서 4PL은 공급사슬 초점을 더욱 개발하기 시작하고 고객을 위한 보다 큰 범위의 공급사슬 관리자로의 진전이 이루어지게 된다. 4PL은 고객들이 공급받는 부품의 선적을 조정하는 등 공급자 접점(interface)에도 관여하기 시작한다. 이는 어떤 규칙(재고가 일정 수준 이하가 되면 재고보충을 발주)이나 모델링에 기초하여 이루어질 수 있다. 더 나아가 4PL는 고객의 고객접점 프로세스에도 관여하기 시작한다. 4PL은 고객의 고객으로부터 주문 선적이나 주문충족 활동 요청을 접수받아 처리할 수도 있다.

단계 D에서 볼 수 있듯이, 공급사슬 수준으로의 도약이 이루어지면 생

그림 11-13 4PL 모델에 있어서 책임의 구분과 단계

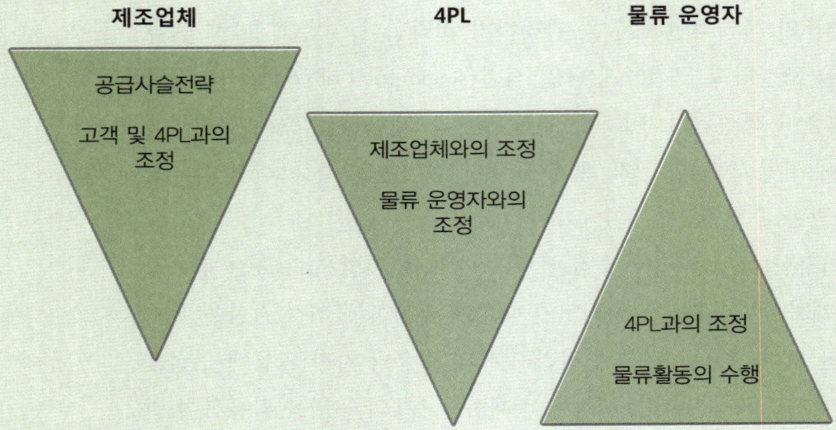

산 접점에 대한 조정에 관여하는 두 번째 움직임이 이루어진다. 고객 주문과 공급 운영에 대해 알고 있는 4PL은 계약 생산업체가 수행하는 (최종)생산을 조정할 수 있고, 고객들을 위한 전제 공급사슬의 통합과 운영을 통해, 궁극적으로 고객에게는 가상 또는 다자인 및 마케팅 조직의 역할을 남겨둘 수 있게 된다. 분명한 점은, 단계 A와 단계 B에서 4PL과 3PL 사이에 누가 4PL 기능을 가장 잘 수행할 수 있는지에 대한 경쟁이 있는 것처럼, 이 단계에서는 4PL과 (계약)생산업체 간에 누가 공급사슬을 가장 잘 관리할 수 있는지에 대한 경쟁이 있을 수 있다는 것이다. 이러한 경쟁에서는 변화 프로세스에 대한 적용 및 관리 능력이 바로 경쟁자들 간에 차별화를 가져다 주는 핵심 요소가 된다.

〈그림 11-13〉에 제시된 구조는 공급사슬 단계별로 책임이 어떻게 구분되는 지를 보여주고 있다.

고객사/제조업체는 공급사슬 전략과 고객 및 4PL과의 조정에 집중하게 된다. 4PL은 물류운영을 관리하면서 제조업체와 물류 운영자를 조정하고, 물류 운영자는 물류활동의 수행과 4PL과의 조정에 초점을 두게 된다. 제조업체는 아웃소싱이 모든 책임을 회피하는 것을 의미하지는 않는다는 점을

인식하는 것이 중요하다. 제조업체는 지속적인 조정, 핵심 접점과 시스템 통합 등과 같이 지속 가능한 성공을 위한 핵심 요인들을 서비스 제공자 이상으로 통제할 수 있어야 한다.

추가적으로 4PL과 제조업체 간에 긴밀한 업무관계를 가능케 하기 위해서는 일정 수준 이상의 IT 시스템 통합이 요구될 것이다. 최소한으로는 전자적 주문정보 및 재고정보 공유, 가능하다면 계획 소프트웨어와 도구에 대한 접근이 가능하도록 함으로써 4PL이 단절 없이 연결된 파트너로서의 역량을 강화할 수 있을 것이다. UPS의 경우 고객의 운송을 조직화하기 위해 발전된 운송 네트워크 최적화 도구와 소프트웨어를 사용하여 고객에게 편익을 제공하고 있으며 이러함 점이 고객들이 UPS를 선택하도록 하는 핵심 경쟁역량으로 작용하고 있다.

변화 프로세스의 관리

〈그림 11－12〉에서 요약된 프로세스는 분리(disintegration)와 재통합(reintegration) 변화 프로세스를 반영하고 있다. 초기에는 공급사슬이 공급자들과 고객으로부터 분리된 서로 다른 계층들로 분해되어 있다(단계 A～D). 이후 가장 발전된 단계에서 4PL을 중심으로 재통합이 이루어진다. 어떻게 공급사슬에서 이러한 변환(transformation)을 관리할 수 있을까?

UPS Logistics는 '전통적인' 가격입찰(tender)이나 계약입찰(contract bidding) 프로세스에 더 이상 참여하지 않는다. 대개 고객을 위해 공급사슬 설계와 리엔지니어링 프로젝트에 대한 컨설팅을 제공한다. 이를 통해 판매와 구매라는 일방적 관계를 공동 디자인(co-design)이라는 협력관계로 변화시키고 있다. UPS Logistics는, 변화나 성장 중에 있는 기업을 위해, 물류와 공급사슬 경험을 제공하며 공동으로 비즈니스 모델을 개발하는 역할을 하게 될 것이다. UPS Logistics는 기대되는 공급사슬관리 사업기회를 위해 매우 높은 수준의 컨설팅 비용을 지불하게 될 것이다. 만약 프로세스의 마지막에 UPS Logistics가 4PL로 선정되지 않을 경우에는 이러한 노력에 대해 추가로 보상을 받을 수 있다. 이러한 점이 UPS Logistics를 보다 중립적인 위치를 가질 수 있도록 한다. 주된 초점은 단지 판매를 하는 것이 아니라, 시장에 존재하는 서비스 능력을 최상으로 조합한(best-of-breed) 비즈니스 모델을 개발하도록 고객사를 지원하고, 나아가 3PL들에게도 실질적인 동기를 부여하여 고객사와 '단절 없이' 협력적인 물리적 공급사슬을 구현하도록 하는 데 있다.

4PL 모델이 도입되면(단계 B) UPS Logistics는 고객사의 다양한 조직들과 보다 심도 있는 상호 작용을 하기 시작한다. 예를 들어 생산 및 마케팅 부서들에게는 4PL의 도입 필요성을 충분히 설득하여야 한다. 그렇지 않을 경우 4PL의 적용범위가 운송과 같은 전통적인 영역(단계 A)으로 제한될 소지가 있다. 4PL 모델을 단계 C나 D로 발전시키는 과정에서 기업은 실제 고객을 위한 공급사슬을 운영하기 시작한다. UPS는 공급사슬 운영에 있어서 프로세스를 유연하게 하는 접착제와 같은 역할을 하게 된다. 기존 3PL 그리고, 보다 중요하게, 고객 조직의 사고방식의 변화야 말로 가장 많은 시간이 소요되는 분야라 할 수 있다. 단계 B에서 달성된 투명성과 커뮤니케이션의 개선은 고객 조직의 다른 부서들과 협력을 위한 디딤돌 역할을 하게 된다. 이는 단지 비용 절감을 설득의 도구로 활용하는 것과는 다른 점이다. 이러한 비용 절감은 3PL들이 물류 서비스를 개발하는 데 있어서 전통적으로 활용되어 왔으나 한편 산업을 범용화(commoditization)시키는 데도 일조한 측면이 있다. 하지만 4PL이 공급사슬 서비스로 진화됨에 따라 단지 비용 절감이 아닌 서비스 개선이 더욱 중요하게 되었으며, 이는 가격에 민감한 시장환경에서 벗어나고 있는 신호로 작용하고 있다.

Bowersox and Closs(1996)는 다양한 정보통합의 단계들을 통한 운영, 사고방식 및 공급사슬관리 시스템의 변화가 단계별로 물류 및 공급사슬이 경쟁력에 어떻게 기여하고 있는지를 제시하고 있다. 이들은 물류가 초기에는 비용 절감에 기여할 수 있다고 설명하였다. 이는 4P의 초기 단계인 전통적인 3PL과 유사한 형태라 할 수 있다. 다음으로 4PL의 발전된 수준에서 나타나는 고객서비스 개선으로 진화될 수 있으며, 마지막으로 제품과 정보의 통합된 흐름에 시너지 효과가 발생하고 이것이 새로운 시장, 제품, 서비스의 창출로 연결될 수 있다. Bowersox and Closs는 이 단계를 물류가 경쟁력에 기여하는 최종 단계라고 설명하고 있다. 4PL이 단계 D에 도달하면 이 수준에 매우 가까워지게 된다고 볼 수 있다. 제조활동이나 기타 부가적인 서비스를 물류 서비스의 범위에 포함시킴으로써 고객사는 그들의 고객들을 위해 매우 높은 수준의 고객화를 달성할 수 있다. 이를 통해 물류기업은, 〈그림 11-11〉의 세로축의 상단과 같이, 고부가가치의 확대된 서비스를 제공함으로써 전통적인 운송과 창고서비스의 범용화 덫(commodity trap)에서 벗어날 수 있을 것이다.

경제적 변화와 협력

단계 D로 진화가 이루어지면 서비스 제공자와 제조업체 간 관계와 거래의 경제가 근본적으로 변화하게 된다. 언급한 바와 같이 두 주체 간의 조정 또한 경제적으로 변화하게 된다. 〈표 11-4〉는 3PL에서 4PL 관계로 이동함에 따라 나타나는 변화를 자세하게 보여주고 있다. 여기서 주목해야

표 11-4 | 3PL에서 4PL로 이동에 따른 경제적 변화와 조정

	3PL 관계	4PL 관계
서비스 제공자의 공급사슬 참여	물리적 이동과 실행	조정과 물류운영의 관리
서비스의 자산 집약도	높다: 트럭, 창고 등	낮다: 정보시스템 등
서비스의 지식 집약도	낮다: 표준화된 업무 수행	높다: 상품 흐름의 조직
고객수요 충족을 위한 서비스 실행에 있어서 제조업체의 의존도	중간: 낮은 전환비용(switching cost)과 범용 서비스를 제공하는 복수의 제공자	높다: 제조업체가 주문충족을 서비스 제공자 시스템에 의존
제조업체 조직과의 접점(contact points)	단기적 실행 및 계약협상 관리를 위한 접점	공급사슬 설계 및 전략 조정을 위해 고위급의 전담 접점 선호
서비스의 성과 측정	지불과 관련된 생산성과 결과 지표로 제한될 수 있고, 분기별 평가	고객 서비스, 전략적 공급사슬 지표를 포함하는 보다 광범위한 성과 측정
제조업체에 의해 공유되는 전략적 정보	물류서비스 수준, 설비 및 물류 실행에 영향을 미치는 변화에 관련된 정보를 3PL에 통보하는 데 국한	고객 및 공급자 리스트, 서비스 정책 및 우선순위 등 보다 포괄적인 정보를 공유

표 11-5 | 제조업체와 3PL에 대한 4PL 도입의 편익

	제조업체/고객사	서비스 제공자/3PL
전략적 고려사항	• 내부 인력감축(예, 운송계획)을 포함, 과업 실행을 넘어서 아웃소싱의 편익을 활용 • 서비스 제공자의 규모의 경제로부터 편익을 획득 • 위험: 고객 수요 충족을 위한 서비스 제공자에 대한 의존도 증대, 운송계획의 특수성(specificity)이 서비스 제공자 경험과 규모로 인한 편익을 낮출 가능성이 있음	• 3PL 서비스의 범용화를 탈피 • 고객사 공급사슬에 보다 깊이 그리고 광범위하게 침투 • 거래적 관계를 넘어선 관계의 확장 • 고객 의존도 증대
재무적 편익	상동	• 고부가가치 서비스 • 기본적인 실행에서 관리와 협력 • 낮은 자산 집약도
운영 측면의 편익	상동	• 서비스 운영범위의 확대 • 위험: 광범위한 시스템 개발과 통합 그리고 제조업체 공급사슬 조직의 특수성으로 인해 투자에 있어서 규모의 경제 달성에 제약이 있을 수 있고, 적용 단계에서 학습 프로세스가 길어질 수 있음

할 점은 이러한 관계가 성공적으로 이루어지기 위해서는 제조업체/고객사가 책임성을 가지고 임해야 하는 부분이 많다는 것이다. 이러한 책임성에는 보다 광범위한 조정과 협력, 전략적 변화와 비전의 공유, 보다 포괄적인 성과 측정과 평가 등이 포함된다. 이 모든 것은 서비스 제공자가 제조업체 공급사슬에 보다 깊이 그리고 광범위하게 통합되고 그리고 제조업체는 고객에 대한 충족 성과를 위해 서비스 제공자에게 보다 의존적이 된다는 상황에 기인한다.

IT 시스템의 통합은 관계의 경제와 조정의 관점을 고려해야 하는 4PL 개념의 적용에 있어서 특별히 다루어져야 할 분야이다. 시스템 지원은 고객주문의 접수, 공급자들로부터의 전자적 주문, 제조업체 재고 수준의 검토 등을 위해 필요하다. 이러한 시스템은 고객에게 특화되어 있는 경향이 있기 때문에 규모의 경제나 신속한 적용 그리고 서비스 제공자 교육 측면에서 도전과제들이 초래된다. 또한 제조업체/고객사가 적용과정에서 서비스 제공자에게 시스템 통합을 요구하기도 한다. 서비스 제공자는, UPS가 고객사를 위해 PC 기반의 운송 및 선적 관리도구를 제공하는 것처럼, 가능한 기존 시스템을 활용하고자 할 것이다. UPS의 경우에는 또한 발전된 네트워크 설계 시스템을 활용하여 고객사가 공급사슬 네트워크를 설계할 수 있도록 그리고 운송 네트워크를 최적화할 수 있도록 도와주고 있다.

〈표 11－5〉는 4PL로의 이동이 효과적으로 관리될 경우 서비스제공자와 제조업체/고객사가 달성할 수 있는 편익을 요약해서 보여주고 있다.*

토의문제

1. 3PL 시장의 속성을 고려할 때, 왜 3PL은 4PL 전략을 고려할 필요가 있는가?
2. 4PL이 서비스 제공자 및 이용자 양자의 관계에 어떠한 영향을 미치며 상호 편익을 위해서 어떠한 조정과 협력을 요구하는가?
3. 잠재적 고객들이 4PL을 평가하기 위해 어떤 기준들을 적용할 수 있을까?
4. 4PL은 경쟁(계약 생산업체, 컨설팅업체, IT업체, 운송업체나 주선업체)에 대응하여 (이들 기준들 중) 어떤 측면에서 강점이 있는가? 다른 말로 4PL 전략의 핵심 성공요인(critical success factors)은 무엇인가?
5. 4PL 전략이 3PL 입장에서 과연 장기적으로 타당성을 가지는 모델이 될 수 있는가? 제조업체나 아웃소싱 업체들에게는 어떤 정책적 시사점을 주는가?

---

* 출처: van Hoek, Remiko I., "UPS Logistics and to Move toward 4PL- or Not?", Cranfield School of Management.

참고문헌

- 권오경, 글로벌 경쟁력과 SCM 전략, 경제연구총서 355, 대한상공회의소, 2001.
- 이광현, 아웃소싱, 한국능률협회, 1998.
- Bachi, P.K. and H. Virum, "Logistics Alliances: Trends and Prospects in Integrated Europe", Journal of Business Logistics, Vol.19, No.1, 1998.
- Ballou, Ronald H., Business Logistics/Supply chain Management, 5th ed. Pearson, 2004.
- Berglund, M, P. van Laarhoven, G. Sharman and S. Wandel, "Third-party Logistics: Is There a Future?", International Journal of Logistics Management, Vol.10, No.1, 1999.
- Birgnall, T.J., F. Stan, J.R. Lin, and R. Silvestro, "Linking performance measures and competitive strategies in service business: three case studies", in Collin Drury(ed.), Management Accounting Handbook, 1997, Butterworth Heinemann, 1977.
- Bowersox, Donald J. and David Closs, Logistical Management, 5th ed., McGraw-Hill, 1996.
- Boyson, S. and T. Corsi, M. Dresner and E. Rabinovich, "Managing Third Party Logistics Relationships: What Does it Take?", Journal of Business Logistics, 1999. 1.
- Capgemini, GeorgiaTech, SAP, DHL, 2005 Third-Party Logistics, 2005.
- Corporate Executive Board, "3PL Selection and Implementation", Operations Management Roundtable, 2001. 6.
- Council of Logistics Management & The Ohio State University, 2006 Career Patterns in Logistics.
- Coyle, John J. Edward J. Bardi and C.V. John Langley, The Management of Business Logistics, 5th ed., West Publishing Company, 1992.
- Gattorna, J.(ed.), Strategic Supply Chain Alignment: Best Practice in Supply Chain Management, Grower Press, 1998.
- Hoek, van I. Remko and Roland van Dierdonck, "Postponed manufacturing supplementary to transportation services?", Transportation Research Part E, Vol.36, 2000.
- Lieb, R.C. and H.L. Randall, "A Comparison of the Use of Third-party Logistics Services by Large American Manufacturers, 1991, 1994, and 1995", Journal of Business Logistics, Vol. 17, No. 1, 1996.
- Schary, Philip B. and Tage Skjott-Larsen, Managing the Global Supply Chain, 2nd Edition, CBS Press, 2001.

공급사슬관리와 정보기술

Chapter 12

사례 읽기 12-1 현대자동차 RFID 프로젝트

현대자동차는 지난 2009년부터 협력사와 물류조달 체계를 개선하기 위해 전자태그(RFID) 적용범위를 확대해 왔다. 지난해 9월까지 아산공장과 49개 협력업체를 대상으로 1단계 프로젝트를 추진한 데 이어 올 8월 완료를 목표로 울산공장과 70여 개 협력업체로 적용범위를 확대하고 있다. 이 프로젝트는 지식경제부의 IT혁신 네트워크 구축사업의 일환으로 진행되는 것이다.

현대차 RFID 프로젝트의 제일 큰 목표는 현대차와 협력업체 사이에 오가는 부품 물류정보를 서로가 손쉽게 공유하고 활용할 수 있도록 하는 것이다. 현대차 정보화정책팀의 김영욱 차장은 "조달물류를 개선하기 위해 고민하다 RFID를 통해 재고도 줄이고 물류의 흐름도 한눈에 알아볼 수 있도록 한 것"이라고 설명했다. 실제 물류 동선부터 물류센터 내 재고, 공장 내 재고까지 RFID를 통해 관리할 수 있도록 한 것이다.

특히 정보시스템 환경이 열악한 협력업체들을 위한 셰어드서비스 기반 '공통응용시스템'을 지난해 8월부터 가동했다. 현대차와 협력업체가 RFID가 부착된 부품의 물류정보를 손쉽게 확인할 수 있도록 한 것이다. 김 차장은 "정보화 수준이 낮은 협력업체들과의 협업을 강화하는 것이 가장 중요한 목표 중 하나"라고 말했다.

협력업체는 부품 출고할 때 박스 단위에 RFID 태그를 부착하고 있다. 또 화물 차량에도 RFID를 부착한다. 부품 출고시 협력업체 직원이 RFID 리더기를 통해 태그를 읽는 동시에 이후 모든 정보가 실시간으로 공통응용시스템에 표시된다. 이렇게 RFID 태그가 붙은 부품 상자는 차량에 적재돼 물류센터로 혹은 아산공장으로 이동한다.

물류센터에 차량이 들어오면 RFID 리더기를 통해 어느 업체가 물건을 가져왔는지 확인할 수 있다. 또 아산공장에 도착한 차량에도 RFID가 붙어 있어 차량이 정문을 통과하자 마자 어느 협력사의 차량이 공장에 들어왔는지 인식한다. RFID 태그가 붙은 박스를 통해 어느 업체가 몇 개의 박스를 가져왔는지까지 알 수 있게 되는 것이다.

현대차는 자사의 텔레매틱스 기술인 '모젠(Mozen)' 서비스를 RFID와 연계했다. 내비게이션 단말기에 텔레매틱스 애플리케이션을 탑재시키고 차량마다 설치해 차량의 이동 정보를 실시간으로 파악할 수 있도록 한 것이다. 김 차장은 "차량의 위치 추적이 가능해지면서 도착 및 작업 가능 시간에 대한 예측도 가능해진 것"이라고 설명했다.

기사가 리더기로 RFID가 붙은 박스들을 읽는 즉시 운전석 앞 단말기에 관련 정보가 나타난다. 따라서 기사는 작업지시서와 빠르게 비교해가면서 물건이 빠짐없이 실렸는지 확인할 수 있게 됐다. 기사가 해당 내역을 정확히 비교 확인 후 터치스크린으로 '출발' 버튼을 누르면 그 순간부터 차량의 위치정보가 인식된다. 이 모든 물류 정보는 의왕 연구소에 소재한 모젠센터에서 통합 관리하고 있다. 이렇듯 텔레매틱스 시스템과의 연계를 통해 물류거리를 단축하고 탄소배출 절감에도 기여할 수 있을 것으로 기대하고 있다.

특히 예전에는 모든 재고와 이동 물량에 대한 파악을 수기로 하다 보니 시간도 많이 걸릴 뿐만 아니라 수량에 오차가 발생하는 일이 허다했다고 한다. RFID를 적용하면서 부품 박스의 수량을 빠른 시간 내에 정확하게 파악할 수 있게 된 점이 제일 큰 효과 중 하나다. 또 아산과 울산 공장의 일부 생산공정에도 RFID를 적용해 생산공정상에서 부품 재고를 관리할 수 있도록 하고 있다.

협력업체가 얻는 효과도 클 것으로 기대하고 있다. 과거에는 협력업체의 부품 재고관리 업무가 수작업으로 1~2일 정도 걸렸지만 RFID 프로젝트를 통해 이 업무를 실시간으로 처리할 수 있게 됐다. 출하와 상차관리 시간도 20분 이상 단축됐다. RFID가 적용된 협력사를 대상으로 조사한 결과 한 회사당 평균 약 1억 원 이상 비용절감 효과가 있는 것으로 예상하고 있다.

현대차는 자체 구매협업 포털인 바츠(Vaatz) 시스템 내 파트너시스템과 RFID 공통응용시스템을 미들웨어 서버를 통해 연계했다. 이 파트너 시스템으로 현대차의 자재소요계획(MRP)을 협력사들이 공유할 수 있게 됐다. 기존에는 협력업체 담당자가 일일이 관련 정보를 다운받아 직접 자사 시스템에 올렸는데, 이제는 공통응용시스템에만 접속하면 곧바로 정보를 공유할 수 있게 된 것이다.

공통응용시스템으로 협력업체들은 자사의 영업, 생산, 자재, 물류 관리를 할 수 있으며, 1차 협력사의 부품운송관리 및 창고 관리, 1차 협력사와 2차협력사 간 표준화된 데이터 인터페이스 기능도 수행할 수 있도록 했다.

김 차장은 "서로 다른 환경의 협력업체들이 모두 사용할 수 있는 표준화된 시스템을 개발하는 것이 결코 쉽지 않은 일이었다"고 설명했다. 또 이런 정보공유 환경에 대한 필요성을 공감하는 협력사들도 막상 분담금에 대한 부담을 느끼고 실제 참여를 주저하기도 했다. 구축과 운영을 위한 인력문제도 해결해야 했다. 이를 위해 현대차는 관련 전문 인력 투입과 수시 교육을 통해 설치와 운영에 불편함이 없도록 노력했다.

현대차는 현재 RFID 적용범위를 공장 등으로 확대하고 있다. 또 향후 모든 협력업체의 차량에 RFID 태그를 부착하도록 하고 RFID를 통해 차량의 입출고 현황을 관리할 계획이다. 더 나아가 완성차 판매 이후의 사후서비스(AS) 부문에 적용하는 방안도 검토하고 있다.

또 향후에는 공통응용시스템을 자동차 산업의 표준 공통시스템으로 확장시키겠다는 계획이다. 김 차장은 "한 협력업체가 여러 완성차 업체에 부품을 납품할 경우 편리하게 정보를 공유할 수 있는 허브를 만들면 국내 자동차 산업의 경쟁력이 강화될 것"으로 기대했다.

출처: CIO BIZ+, 전자신문, 2010년 2월 28일.

공급사슬 정보시스템

1. 공급사슬과 정보의 역할

공급사슬을 개선하고 협력을 촉진하기 위한 정보기술의 역할은 먼저 가용한(available) 정보를 제공하는 데 있다. 우리는 이미 공급사슬 통합의 가장 중요한 조건이 정보공유에 있다는 점을 수 차례 논의하였다. 두 번째 역할은 의사결정에 필요한 유용한 정보를 제공하는 것이다. 공급사슬 의사결정을 효과적으로 지원하기 위한 정보의 역할은 다음과 같다.

정보는 정확해야 한다

공급사슬 상태에 대한 정확한 그림을 제시하는 정보가 없으면 좋은 결정을 내리기가 매우 어렵다. 모든 정보가 100% 정확해야 한다는 의미보다는 최소한 정확한 방향으로 그림을 그릴 수 있는 데이터가 가능해야 한다는 의미이다.

정보는 필요한 때에 접근할 수 있어야 한다

정확한 정보가 존재한다 하더라도 오래 되었거나, 최신의 정보라도 이에 대한 접근이 어려운 경우가 자주 발생한다. 좋은 의사결정을 내리기 위해 관리자는 쉽게 접근할 수 있는 최신의 정보를 필요로 한다.

정보는 유용해야 한다

의사결정자는 사용할 수 있는 정보를 필요로 한다. 종종 기업들은 의사결정에 도움이 되지 않는 많은 양의 데이터를 보유하게 된다. 기업들은 중요한 데이터를 놓치면서 의미 없는 데이터를 수집하는 데 자원을 낭비하지 않도록, 어떤 정보를 반드시 기록해야 할 것인가를 깊이 생각하여야 한다.

2. 공급사슬 정보시스템의 역할

공급사슬 정보시스템은 공급사슬 프로세스 활동, 기업 내 및 공급사슬 파트너 간 정보공유, 관리를 위한 의사결정을 지원하는 역할을 한다.

나아가 공급사슬 프로세스에 관련된 모든 활동들을 하나의 통합된 프로세스로 연결해 주는 역할을 한다. 이러한 통합은 4가지 정보시스템 수준에서 이루어진다(Bowersox et al., 2007).

- 거래지원시스템(Transaction system)
- 관리통제(Management control)
- 의사결정분석(Decision analysis)
- 전략계획(Strategic planning)

그림 12-1 공급사슬 정보시스템의 수준과 역할

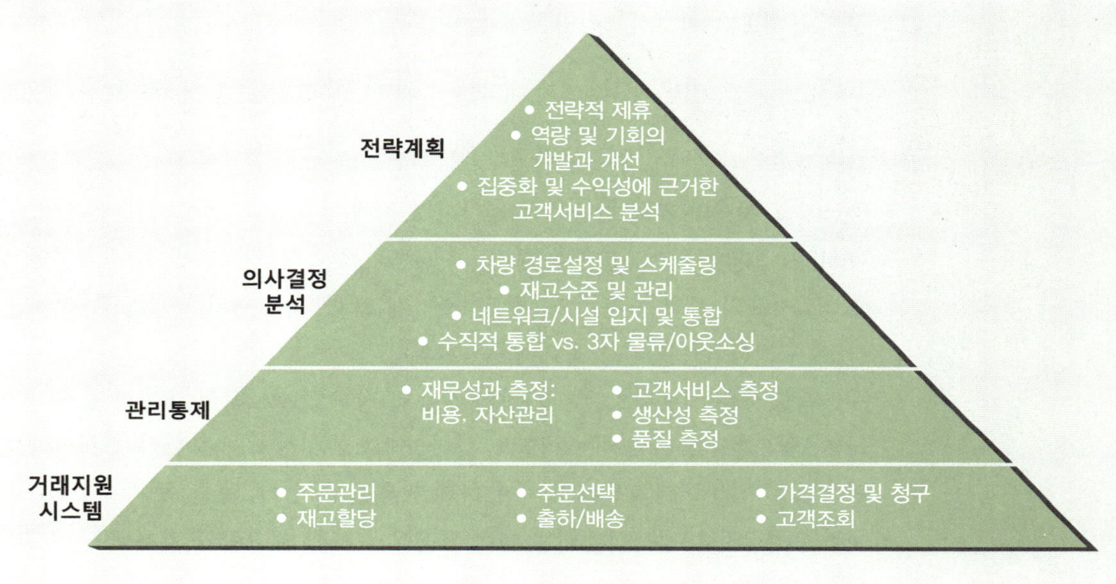

거래지원시스템

가장 기초적인 단계로서 거래지원시스템은 개별 공급사슬 활동과 기능을 개시하고 기록하는 역할을 한다. 일반적인 거래지원 기능에는 주문입력, 재고할당, 주문 선택, 출하 및 배송, 가격 결정, 청구, 고객 조회 등이 포함된다. 예를 들어, 먼저 고객 주문입력을 통해 특정 제품에 대한 요청이 이루어진다. 다음으로 주문에 대해 재고가 할당된다. 세 번째로 창고에 주문이 전송된다. 네 번째로 고객으로 주문 출하가 개시된다. 마지막으로 고객에게 청구서를 작성, 전송하고 매출채권(AR, Account Receivable) 정보를 생성한다. 나아가 기업과 고객은 전체 프로세스에 걸쳐 실시간으로 주문상태를 파악하기를 원한다. 고객 주문주기(order cycle)는 이러한 일련의 정보시스템 전송 활동을 통해 완결되게 된다.

거래지원시스템은 ① 정형화된 규칙, 절차와 표준화된 커뮤니케이션, ② 대량 거래 데이터, ③ 매일 매일 일어나는 운영활동에 대한 초점 등의 특징을 가진다.

거래지원시스템은 구조화된 프로세스와 대량의 거래 데이터를 다루기 때문에 무엇보다 정보시스템의 효율성에 초점을 둔다.

관리통제

두 번째 단계인 관리통제는 성과측정과 보고에 초점을 둔다. 성과측정은 공급사슬 성과와 자원 활용도를 평가하기 위해 필요하다. 일반적인 성과지표에는 비용, 고객서비스, 생산성, 품질, 자산관리 성과 등이 포함된다. 구체적인 성과측정지표의 예로는 운송 및 창고비용, 재고 회전율, 케이스 충족률, 하역 생산성, 고객서비스 인지도 등이 있을 수 있다.

공급사슬 정보시스템은 과거의 시스템 성과를 보고하는 역할과 함께 운영상의 예외상황을 파악하는 역할도 한다. 예외상황 정보는 잠재적 고객이나 운영상의 문제점을 파악하는 데 유용하게 활용될 수 있다. 예를 들어 선응적(pro-active) 공급사슬 정보시스템은 예측 요구량과 계획 재고량을 기초로 장래 재고부족량을 파악할 수 있어야 한다. 또한 예외상황 보고를 통해 잠재적인 운송, 창고, 인력의 제약요인을 파악할 수 있어야 한다.

한편 성과측정 지표 중에서 비용은 구체적으로 정의할 수 있지만 서비스나 품질은 구체적으로 정의하기 어려운 경우가 있다. 예를 들어, 고객서비스는 기업 관점에서 내부적으로 측정될 수도 있고 고객 관점에서 외부적으로 측정될 수도 있다. 내부적 측정은 상대적으로 용이하나 외부적 측정은 고객이 관여되어 있기 때문에 이를 획득하기가 어렵다.

의사결정 분석

공급사슬 정보시스템의 세 번째 단계는 의사결정 분석으로 관리자가 전략 및 전술적 대안들을 파악, 평가, 비교하는 것을 지원하는 소프트웨어 툴에 초점을 둔다. 일반적인 분석에는 공급사슬 설계, 재고관리, 자원할당, 경로설정, 수익성 분석 등이 포함된다. 의사결정 분석과 관련된 공급사슬 정보시스템은 데이터베이스 관리, 모델링, 분석 및 보고 등의 요소로 구성된다.

전략계획

공급사슬 정보시스템의 가장 상위 단계는 전략계획으로 다양한 전략대안의 평가를 지원하기 위해 거래 데이터를 관계형 데이터로 조직하고 통합하고 이를 통해 공급사슬과 물류 전략을 평가하고 개선하기 위한 정보 활용에 초점을 둔다. 전략계획의 예로는 전략적 제휴, 생산역량 개발 및 개선, 고객서비스 분석을 통한 사업기회의 파악 등이 포함된다.

종합하면 공급사슬 정보시스템은 거래지원시스템을 통해 정보품질을 향상시키고, 관리통제를 통해 경쟁우위 역량을 측정하고 잠재적인 개선 분야를 파악하며, 의사결정 분석을 통해 경쟁대안을 파악, 평가하고, 마지막으로 전략계획을 통해 경쟁우위를 달성하는 것을 목적으로 구축되고 지속적으로 개선되어야 한다.

Shapiro(2001)는 공급사슬관리를 위해 IT를 효과적으로 적용하기 위해서는 거래형(transactional) IT와 분석형(analytical) IT를 구분해서 적용할 필요가 있다고 주장하였다.

거래형 IT는 기본적으로 기업의 공급사슬에 관한 데이터를 수집, 가공, 전달하고 이들 데이터를 요약한 보고자료를 생성, 배포하는 데 초점을 둔다. 이러한 데이터는 원장(元帳)시스템(ledger system)이나 생산프로세스 통제시스템 등 내부로부터 획득할 수도 있고, 인터넷을 통한 주문이나 EDI를 통한 운송요율

표 12-1 ❙ 거래형 IT와 분석형 IT의 비교

	거래형 IT	분석형 IT
대상기간	과거 및 현재	미래
목적	커뮤니케이션	예측 및 의사결정
비즈니스 범위	근시적(myopic)	계층적(hierarchical)
데이터베이스 속성	원장 또는 약간 가공된 데이터	목적과 판단을 위해 상당히 가공된 데이터
조회에 대한 응답시간	실시간	실시간 및 배치(batch)
비즈니스 프로세스 재설계를 위한 적용	비효율적 인적 노력을 대체하거나 제거	중복된 관리 의사결정을 조정

출처: Shapiro(2001).

등 외부에서 획득할 수도 있다.

반면 분석형 IT는 기술적(記述的)(descriptive) 및 규범적(normative) 모형을 활용하여 공급사슬계획을 평가하는 데 초점을 둔다. 수요예측이나 관리회계시스템과 같은 기술적 모형은 장래 공급사슬 활동, 비용, 제약요인, 요구량 등이 어떻게 변할 것인지를 기술하는 역할을 한다. 생산능력계획을 위한 선형계획모형과 같은 규범적 내지 최적화 모형은 공급사슬 관리자가 최적의 의사결정을 내릴 수 있도록 지원하는 역할을 한다. 분석형 IT는 의사결정지원시스템(DSS, Decision Support System)과 동일한 용어라 볼 수 있다.

거래형 IT와 분석형 IT의 특징들을 비교하면 다음과 같다.

1. 거래형 IT는 기업의 주문정보나 생산정보와 같이 현재 공급사슬운영을 설명하는 데이터의 통신, 보관, 보고에 초점을 둔다. 분석형 IT는 미래를 예측하고 효과적인 의사결정을 위한 복수의 시나리오를 분석하는 데 초점을 둔다.
2. 거래형 IT는 기업의 현재 및 과거 공급사슬 활동을 설명하는 데이터를 소통시킨다면, 분석형 IT는 미래를 예측하고 장래 시나리오와 관련된 의사결정을 최적화하는 것을 추구한다.
3. 거래형 IT는 현재 거래와 이에 바탕을 둔 실적자료를 근시적으로 수집하는 데 초점을 둔다면, 분석형 IT는 모든 수준(전략, 전술, 운영)의 계획을 위한 의사결정모형을 활용한 장래 의사결정에 초점을 둔다.
4. 거래형 IT에 의한 데이터베이스는 대개 원장 데이터가 일부 가공된 데이터를 활용한다. 반면 분석형 IT에 의한 데이터베이스는 기업의 공급사슬에 관련된 목적과 판단을 위해 가공된 데이터를 사용한다. 서비스 목표, 예산이나 운영측면의 제약조건 등이 그 예가 될 수 있다.
5. 거래형 IT의 경우 기업의 데이터베이스로부터 데이터를 검색하는 것은 거의 대부분 실시간으로 이루어진다. 분석형 IT의 경우 예를 들어 개별 품목에 대한 장래 수요예측은 거의 실시간으로 이루어질 수 있으나, 1,000개의 고객에 대해 차량 경로 및 스케줄링을 결정하기 위해서는 고성능 PC를 사용하더라도 상당한(15분 이상) 시간이 소요될 수 있다. 이러

그림 12-2 분석형 IT와 의사결정지원시스템

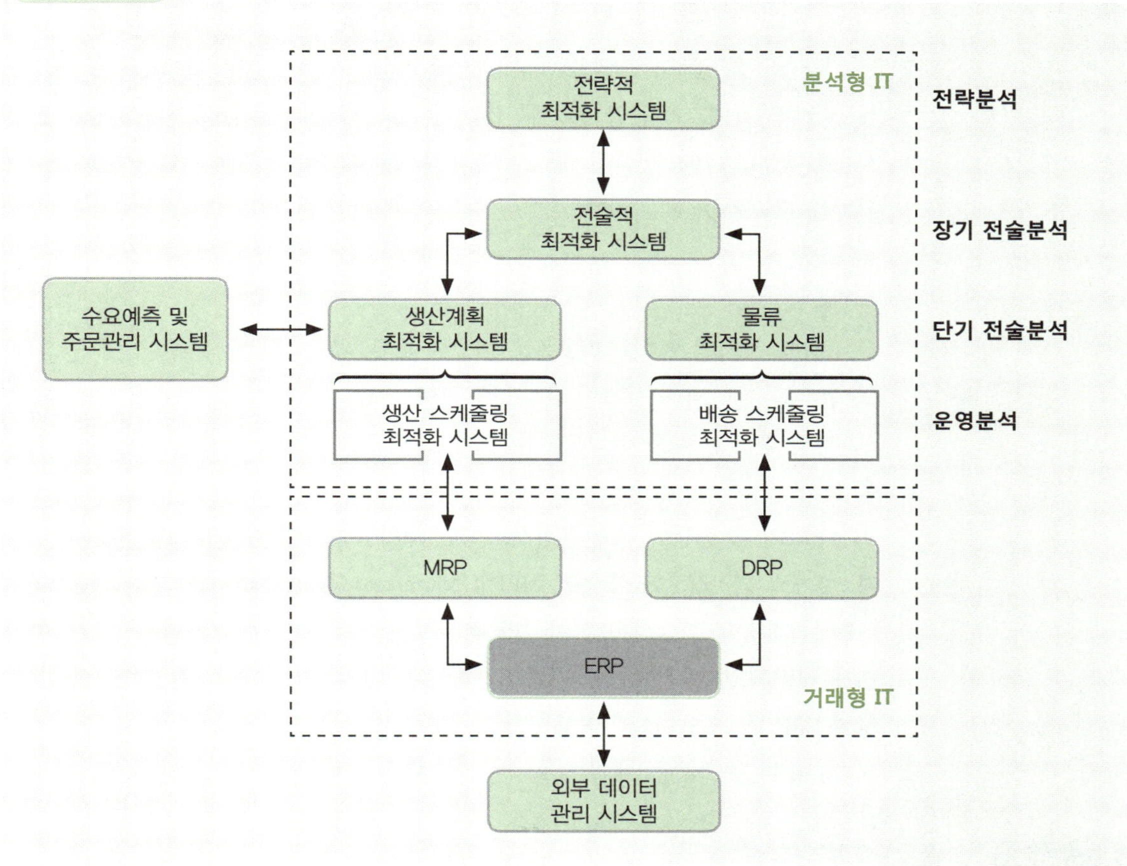

출처: Shapiro(2001).

한 어플리케이션은 대개 배치(batch) 방식으로 솔루션을 도출하게 된다.

6. 거래형 IT는 운영수준의 비즈니스 프로세스에 관련된 데이터 수집, 전송을 자동화하고 보다 효율화할 수 있도록 한다. 나아가 관리자에게 관련 정보를 적시에 제공하고 단기 운영에 대한 의사결정을 위해 보다 양질의 정보를 제공하는 데 초점을 둔다. 분석형 IT는 공급사슬 의사결정이 계획의 모든 수준과 관리 책임범위에 걸쳐 통합적으로 이루어질 수 있도록 지원한다.

3. 공급사슬 정보시스템의 구성

공급사슬 정보시스템은 ① ERP(Enterprise Resource Planning) 또는 레가시(legacy) 시스템, ② 공급사슬계획(SCP, Supply Chain Planning) 시스템, ③ 공급사슬실행(SCE, Supply Chain Execution) 시스템, 그리고 ④ 통신시스템으로 구성된다(Bowersox et al., 2007).

ERP

전사적 자원관리를 의미하는 ERP는 재무, 생산, 판매, 물류, 인사 등 기업의 업무와 관련된 전사적인 데이터를 일원화하여 통합 관리하는 정보시스템으로, 기업의 모든 활동에 소요되는 인적, 물적 자원을 효율적으로 관리하는 역할을 한다.

ERP는 생산분야 자원관리시스템인 MRP(Material Requirement Planning, 자재소요계획)와 MRP를 계승한 MRP II(Manufacturing Resource Planning, 생산자원계획)를 바탕으로 생산뿐만 아니라 전사적인 모든 자원을 효과적으로 관리하기 위해 개발되었다. 최근에는 기존 ERP의 기능에 공급사슬관리 기능을 보강한 확장형 ERP(Extended ERP)가 등장하고 있다.

ERP는 공급사슬 계획(SCP) 및 공급사슬 실행(SCE) 시스템을 위해 필요한

그림 12-3 공급사슬정보시스템의 구성

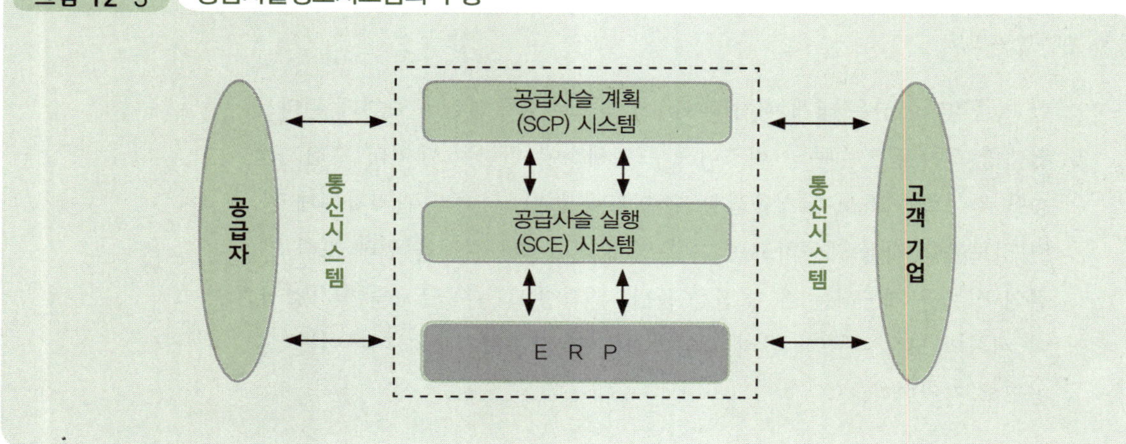

기준 정보를 제공하는 백본(backbone) 역할을 한다.

공급사슬 계획 및 실행 시스템

SCP(공급사슬계획) 시스템은 공급사슬 관점에서 수요와 공급의 균형을 맞추기 위한 계획을 수립하는 역할을 한다. 일반적으로 SCP는 ERP로부터 계획을 위한 기준 정보를 제공받아 통합 계획을 수립하고 이를 ERP 시스템으로 전달하게 되면 ERP는 각 기능별 SCE(공급사슬실행) 시스템과 연동하여 공급사슬에 대한 관리를 수행하게 된다.

통신시스템

통신시스템(communication system)은 기업 내부 구성원과 공급사슬 파트너 간 정보 흐름을 촉진하는 기능을 한다. 통신시스템에는 인식기술인 바코드, RFID(Radio Frequency IDentification, 무선주파수인식), 정보의 전송 및 교환을 위한 EDI(전자문서교환), 인터넷 등이 포함된다.

4. 공급사슬관리 솔루션과 기능

공급사슬 계획 및 운영을 위해 기업들은 다양한 솔루션들을 활용하게 되는데, AMR Research는 공급사슬의 전략적, 전술적, 운영적 의사결정을 지원하는 공급사슬 솔루션의 구성체계를 제시하고 있다.

공급사슬 네트워크 설계

전체 공급사슬에 걸친(원자재 구매에서 최종 소비자 인도까지) 운영대안의 상충관계분석(trade-off analysis)을 통해 최적의 공급사슬 네트워크 전략의 개발을 지원.

공급사슬 성과관리

공급사슬 성과지표의 가시성 확보와 문제/병목 발생 시 대응할 수 있는 시스템이 가능하도록 하는 조기경보시스템 구축을 통해 공급사슬 운영성과 목표의 달성을 지원.

그림 12-4 공급사슬관리 솔루션의 구조

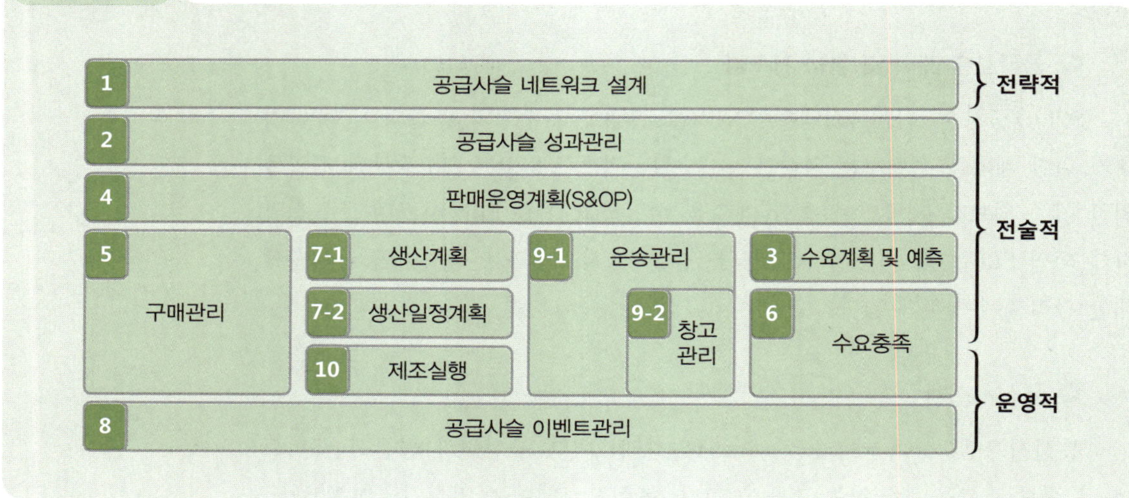

출처: AMR Research.

판매운영계획(S&OP)

고객요구를 충족시킴과 동시에 자원, 도구, 생산능력의 제약요인을 고려하여 자원관리계획의 최적화와 통합을 지원.

구매관리

공급자 및 파트너들의 ERP와 연동한 웹 기반 전자조달시스템 적용을 통해 글로벌 소싱 기반을 구축, 제휴관계를 지원하고 조달 프로세스를 신속화.

생산계획

생산 제약요인(자재, 도구/생산능력)을 고려하여 공장운영의 상세계획을 지원하고 공급사슬과 제약요인들이 동기화된 관리를 지원.

생산일정계획

일 생산계획을 충족시키는 상세 생산일정계획 수립을 지원.

제조실행

다양한 작업현장(shop floor)의 생산활동에 대한 모니터링과 효율적 통제를 지원.

운송관리시스템(TMS)

배송주문의 지리적 분포, 교통정보, 가용 차량대수 등에 대한 정보를 기반으로 최적 차량대수와 배송경로를 도출하고 배송 리드타임과 운송비용을 계산.

창고관리시스템(WMS)

물류센터의 운영 효율성과 생산성을 개선하기 위해 입고, 이송, 저장, 피킹, 출하 등을 포함한 창고 프로세스를 지원.

수요계획 및 예측

시장 동향, 판촉계획, 제품 라이프사이클 등 다양한 변수를 고려하여 정확한 수요예측을 지원하며, 관련 자료 수집과 활용을 위한 관련 담당자/부서/주체 간 효율적 커뮤니케이션을 지원.

수요충족

계획 재고(보유 및 운송 중 재고, 생산, 생산계획)에 근거하여 사전 배송일정 약속/통보, 조기 경보 및 효과적 주문할당 등 효율적 주문충족 프로세스를 지원.

공급사슬 이벤트관리(SCEM)

공급사슬상에 예외사항이 발생했을 경우 이를 인지하고 원인을 파악해 그에 따른 적절한 해결방안을 제시하고, 수립한 계획의 변경사항에 대해 각각의 활동주체들이 적절한 대응을 하도록 지원. 궁극적으로 기업이 공급체인 상의 RTE(Real-Time Enterprise)[1] 를 구현할 수 있도록 지원.

〈표 12-2〉는 이러한 공급사슬관리 소프트웨어의 주요 공급업체들을 보여주고 있다.

1 RTE(Real-Time Enterprise)는 Garter사에 의해 제시된 개념으로 "최신 정보를 활용하여 핵심 비즈니스 프로세스의 관리와 실행에 있어서 발생하는 지연(delays)을 적극적으로 제거함으로써 경쟁력을 제고하는 기업"으로 정의하고 있다. 여기서 실시간(real-time)은 이벤트의 인지, 보고, 의사결정, 대응에 소요되는 시간을 최소화 한다는 의미로 사용된다.

표 12-2 | 주요 공급사슬관리 소프트웨어 공급업체

순 위	공급자	2008 수입 (백만)	Web 사이트	SCP	WMS	WMS/ MRP	TMS
1	SAP	$942	www.sap.com	*	*	*	*
2	Oracle	$715	www.oracle.com	*	*	*	*
3	JDA Software	$390	www.jda.com	*			*
4	Manhattan Associates	$337	www.manh.com	*	*		*
5	Red Prairie	$293	www.redprairie.com		*	*	*
6	i2 Technologies	$255	www.i2.com	*			*
7	Infor	$177	www.infor.com	*	*	*	*
8	ILOG	$175	www.ilog.com	*			
9	IBS	$171	www.ibsus.com	*	*	*	*
10	Epicar	$138	www.epicor.com	*	*		*
11	Swisslog	$122	www.swisslog.com	*	*		*
12	Sterling Commerce	$115	www.sterlingcommerce.com		*		*
13	Aldata	$108	www.aldata-solution.com	*	*		*
14	Microsoft	$ 92	www.microsoft.com	*		*	
15	High Jump	$ 85	www.highjumpsoftware.com		*	*	*
16	Applied Materials	$ 70	www.appliedmaterials.com			*	
17	CDC Software	$ 66	www.cdcsupplychain.com	*	*	*	*
18	Click Commerce	$ 65	www.clickcommerce.com		*		*
19	QAD	$ 57	www.qad.com	*	*	*	*
20	IFS	$ 49	www.ifsworld.com/us	*		*	

출처: "Top 20 supply chain management software suppliers", Modern Materials Handling, July 2009.

인터넷 기술과 e-SCM

인터넷 기술의 발전과 전자상거래의 확산으로 비즈니스 환경에 혁신적 정보기술의 활용과 함께 새로운 비즈니스 모델들 적용이 가속화되고 있으며, 공급사슬 환경과 전략에도 커다란 영향을 미치고 있다.

e-SCM이란?

공급사슬의 통합 수준에서 본 공급사슬관리의 발전 단계는 〈그림 12-5〉에서 볼 수 있듯이 기업 내 개별 비즈니스의 최적화(optimization)를 추구하는 단계에서, 기업 내 전체 비즈니스 활동을 통합(integration)하는 단계로 발전하고, 다음으로 고객, 공급업체 등 공급사슬 구성원들이 관련 비즈니스 프로세스들을 통합적으로 계획, 운영하는 협업(collaboration)의 단계로 발전하게 되며, 궁극적으로는 공급사슬 구성원들이 하나의 가상 네트워크를 형성하여 전체 공급사슬 프로세스를 동기화(synchronization)하는 방향으로 발전하게 된다.

e-SCM(electronically synchronized SCM)이란 e-business의 발전에 따른 디지털 정보기술을 전략적으로 활용하여 기업의 공급사슬관리의 효과 및 효율을 최적화함으로써 기업의 성과와 고객 만족을 제고하기 위한 공급사슬관리의 새로운 개념이라 할 수 있다. 즉, e-SCM은 디지털 정보기술을 활용하여 공급자에게서 고객까지의 공급사슬상의 물자, 정보, 자금 등의 흐름을 총체적인 관점에서 통합, 관리함으로써 e-business 수행과 관련된 공급자, 고객 그리고 기업 내부의 다양한 니즈를 만족시키고 업무의 효율성을 극대화하려는 전략적 기법이라 할 수 있다.

그림 12-5 공급사슬 통합의 발전단계

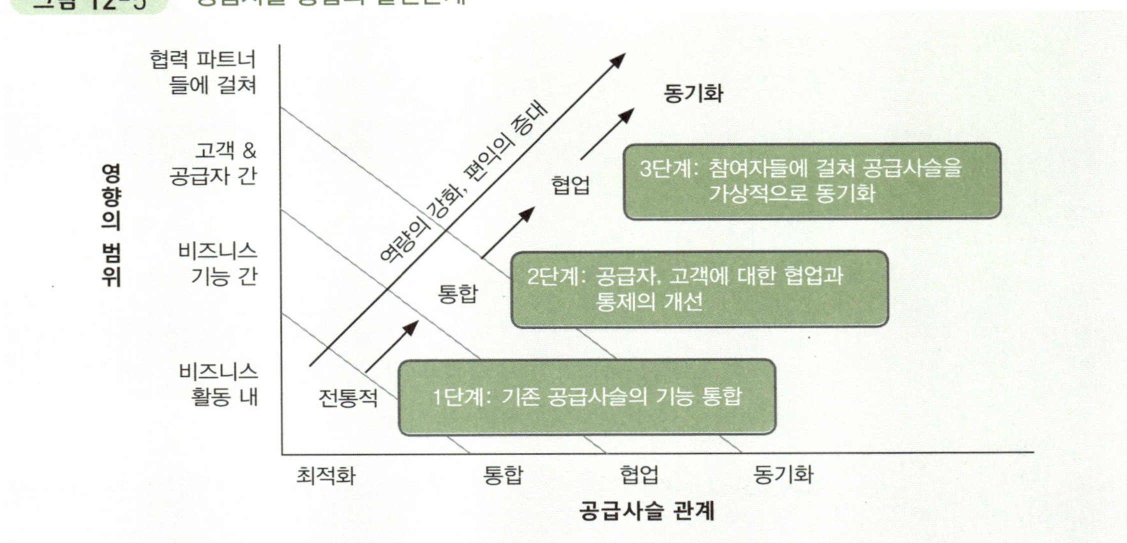

출처: Andersen and Lee(2000).

e-SCM을 통해 기업들이 추진하는 목표는 다음과 같다.

- 디지털 환경으로 인해 등장한 새로운 패러다임에 부합할 수 있도록 원재료, 제품, 정보의 흐름을 리엔지니어링
- 디지털 정보기술을 활용하여 판매, 원재료, 구매, 제조, 물류를 동기화함
- 이를 바탕으로 고객에 대한 대응 능력 제고 및 새로운 서비스 제공을 통해 고객 만족도를 향상시킴

또한 e-SCM의 성공적인 구축을 통해 기업들이 얻을 수 있는 효과는 다음과 같다.

1. 거래/투자비용의 최소화: 전략적 제휴/아웃소싱 등 가상 네트워크(virtual network) 형성으로 업무수행이 용이해지기 때문에 최소한의 자산 보유만으로 사업수행이 가능하며, 또한 공급사슬을 통합함으로써 공급자 및 구매자 간 정보전달에 필요한 비용과 시간을 줄일 수 있음.
2. 자동보충을 통한 재고 감축: 공급자, 구매자 간 정보 공유에 의해 공급자들은 재고정보를 실시간으로 파악, 구매자들이 필요로 하는 물량을 자동적으로 보충해 줄 수 있기 때문에 공급자, 구매자 모두 재고수준을 낮출 수 있음.
3. 고객화된 서비스 제공: 구매자와 직접 접촉을 통해 획득한 데이터를 분석하여, 각 고객들의 니즈를 충족시킬 수 있는 고객화된 서비스 제공이 가능함.
4. 사이클 타임의 단축: 공급사슬의 자동화 및 유통단계의 단축을 통해 전체 주문충족 사이클 타임의 단축이 가능하며, 이를 통해 고객 니즈의 변화에 신속한 대응이 가능해짐.
5. 수평적 확장 용이: 가상 네트워크 형성을 통해 현 사업 수행의 인프라 영역 또는 타 산업으로의 진출이 가능해짐.

결론적으로 e-SCM이란 공급사슬 구성원들이 하나의 가상 네트워크를 형성하여 전체 공급사슬관리를 동기화(synchronization)하려는 보다 발전된 공급사슬관리 전략이다.

e-SCM과 주문충족 프로세스

인터넷이나 인트라넷을 통해 전방(front-end)에서 이루어지는 전자적 거래 활동을 완결시키기 위해서는 주문된 상품의 배송활동을 포함하는 후방(back-end)에서의 주문충족(fulfillment) 프로세스가 필요하게 된다. 주문충족 프로세스란 주문 시점에서 상품이 최종적으로 고객에게 전달되는 시점까지 수행해야 할 제반 활동을 의미하며, 구체적으로는 주문의 접수 및 처리, 상품의 생산, 조립 또는 유통가공, 포장, 운송 및 주문 상품의 최종 배송 등이 포함된다.

전자상거래에 있어서 상품의 구매를 위한 주문은 초·분 단위로 이루어지나 상품의 배송을 활동을 포함한 주문충족 프로세스는 보다 장시간이 소요되며, 상품의 물리적 이동이라는 자연적 제약요인, 물류시스템의 비효율성 등 주문충족 프로세스가 가지고 있는 문제점들은 전자상거래 시스템의 효율성을 달성하기 위해 해결해야 할 중요한 과제로 대두되고 있다.

그 해결방안으로 e-Fulfillment 네트워크 아키텍처의 구축을 통한 비즈니스 파트너들과의 상호 연계를 들 수 있다. 즉, 특정기업이 보유한 자원들과 비즈니

그림 12-6 e-Fulfillment 네트워크 아키텍처

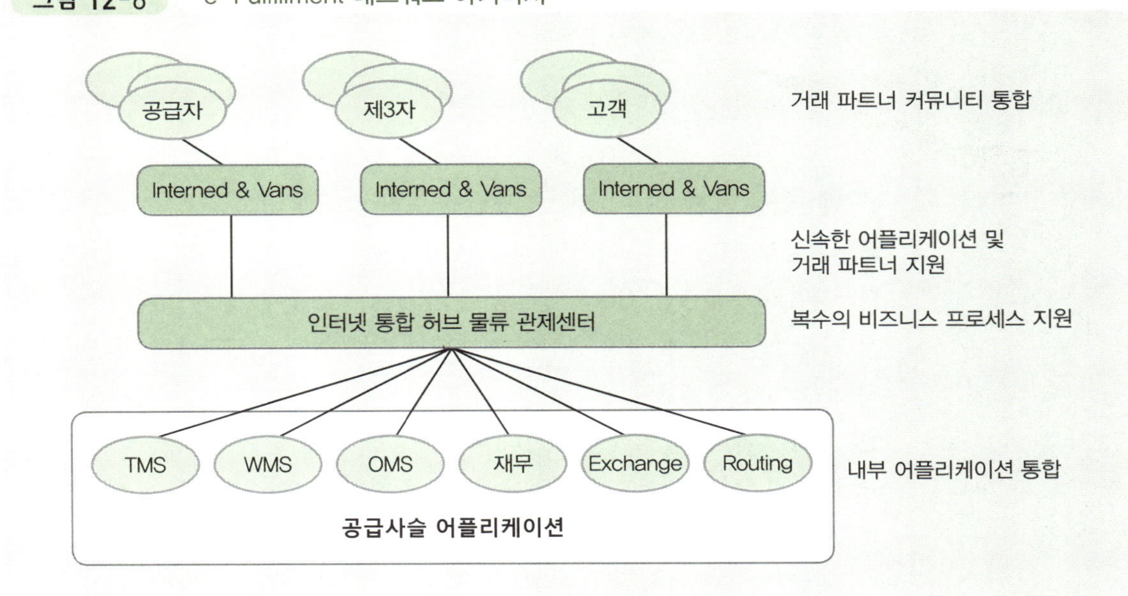

출처: Enslow(2000).

스 파트너들이 보유한 자원 및 시스템들을 네트워크로 상호 연계함으로써 다양하면서도 고객 지향적인 주문충족을 할 수 있는 환경의 구축이 요구된다.

e-Fulfillment 네트워크 아키텍처의 구조는 전체 물류 프로세스를 통제하는 통합 Hub를 두고, 통합 Hub가 공급사슬 어플리케이션을 통제하면서 인터넷 또는 VAN(Value Added Network)을 통해 공급자, 소비자 그리고 3PL과 온라인상에서 연결할 수 있는 구조로 구성되어야 한다.

e-Fulfillment 네트워크 아키텍처를 구축하기 위해서는 다음과 같은 새로운 정보기술이 요구된다(Enslow, 2000).

연결 아키텍처

실시간으로 공급사슬을 관리하기 위해서는 기업들은 기초 데이터의 실시간 수집능력과 진보된 B2B(Business-to-Business) 통합능력을 가지는 e-fulfillment 네트워크 아키텍처를 필요로 한다. 적절한 시점에 관련 데이터를 포착하고 수집하여 실시간 메시지 전달 아키텍처를 통해서 공급사슬상의 관련 시스템이나 사용자들에게 전달하게 되면 이를 기반으로 하여 계획 수립 및 거래 처리 프로그램들을 보다 효과적으로 만들 수가 있으므로 자연적으로 높은 수준의 데이터 품질과 적시성이 보장된다.

공급사슬 가시성 기술

공급사슬의 가시성(visibility) 기술에는 기업업무 프로세스상의 투입 및 산출 활동들을 포함하여 공급사슬 전반에 걸친 상품과 정보 흐름에 대한 실시간 모니터링과 예외 관리 목적의 경고 처리에 관련된 각종 요소기술들이 포함된다. 기업의 주문충족 전담조직은 이러한 기술들을 통해 개별기업의 벽을 넘어서 공급사슬 전반에 걸쳐 동시에 전개되는 각 활동을 실시간으로 확인하여 통제할 수 있는 수단을 갖추게 된다. 이것은 마치 주문충족 네트워크를 위한 종합관제시스템과 같은 역할을 수행하며 주문충족 리드타임이나 운송업체 성과지표 등과 같은 3자 파트너의 활동을 모니터링하고 통제할 수 있도록 해 준다. 주문충족 네트워크 전반에 설친 상품과 정보의 이동에 관한 실시간 기반의 가시화는 네트워크 참여자들의 신뢰도를 크게 향상시킬 수 있는 수단이 된다.

동적 최적화 기술

주문충족 시간이 보다 짧아진 주문 상담 및 접수시간에 대응할 수 있으려면 이와 관련된 계획수립 시간 역시 단축되어야 할 것이다. 마케팅 활동을 하고 주문을 받고 제품을 생산하거나 아웃소싱하여 출하시키는 비즈니스 제반 활동들이 같은 날 같은 시간대에 이루어지는 전자상거래 환경에서는 이러한 초단기(超短期)성에 맞도록 설계된 최적화 기술이 필수적이다. 주문충족 조직들 역시 이러한 시스템을 도입하여 실시간으로 계획의 수정, 우선순위 변경, 자원배치의 재조정과 같은 업무를 처리해야 한다.

수리계획법이나 시뮬레이션과 같은 종래의 방법들은 중장기적인 문제 해결에는 적합할 수 있으나 이와 같은 단기적인 문제해결을 위해서는 동적(動的) 최적화 기술의 활용이 필수적이라고 할 수 있다.

성공의 핵심적인 요소는 주문충족 네트워크 전반에 걸쳐서 연결성, 가시성, 동적 최적화를 가능하게 하는 관련 기술들을 적극적으로 기존 체계 내에 수용하는 것이다. 이러한 노력을 통하여 기존의 거래비용과 거래 파트너들 간의 관련 비용을 줄일 수 있으며, 주문충족 네트워크를 통해 고객에게 가치 있는 서비스를 제공할 수 있을 것이다.

사례 읽기 12-2 Wal-Mart의 RFID 도입

RFID 기술의 도입과 확산의 중심에는 세계 최대의 소매업체인 Wal-Mart가 있다. Wal-Mart는 상품식별을 위해 RFID 기술을 도입한 최초의 기업이다.

Wal-Mart는 2003년 11월 상위 100대 주요 공급업체를 대상으로 회의를 개최하고 RFID 기술 도입을 선도하기 위한 방침을 발표하였다. Wal-Mart는 이 회의에 참석한 100개 납품업체에게 2005년 1월부터 팔레트와 케이스에 RFID 태그를 의무적으로 부착할 것을 요구하였다. 나머지 납품업체들도 2006년 1월부터 팔레트와 케이스에 RFID 태그를 부착하게 될 것이라고 발표하였다.

Wal-Mart는 RFID 기술 도입을 통해 연간 83.5억 달러의 비용을 절감할 것으로 기대하고 있다.

현재 태그 부착 공급업체 수는 3배 이상 증가하였으며, 5개의 물류센터를 통해 500개의 Wal-Mart 매장에 태그 부착 상품이 공급되고 있다. 2007년 1월까지는 태그 부착 상품을 처리할 수 있는 매장의 수를 2배로 증가시켜 1,000개의 매장을 확보하고 공급자도 600개로 확대시키는 것을 목표로 하고 있다.

분 야	실 행	절감액
스캐닝(scanning)	공급사슬 내 팔레트와 케이스 그리고 매장 내 아이템에 대한 바코드 스캐닝 작업 생략으로 인건비 15% 절감	67억 달러
품절(out-of-stock)	스마트 매대(smart shelves)를 통해 결품률 모니터	6억 달러
멸실(shrink)	실시간 제품 모니터링으로 창고 멸실, 업부 오류 및 벤더 부정행위 감소	5.75억 달러
추적(tracking)	연간 DC를 경유하는 십억 개 이상의 팔레트와 케이스 추적의 개선	3억 달러
제품 가시성 (product visibility)	Wal-Mart DC와 공급자 창고 내 제품재고에 대한 가시성 향상으로 재고수준 및 재고비용 감소	1.8억 달러
합 계		83.55억 달러

출처: Roberti, Mark, "Wal-Mart's Race for RFID", eWeek, September 15, 2003 외.

공급사슬 가시성과 RFID

1. RFID 시스템

RFID란?

RFID(Radio Frequency IDentification)는 판독기 및 안테나를 이용하여 대상물에 부착된 태그(Tag)에 기록된 정보를 컴퓨터를 이용해 판독하는 무선주파수 인식기술을 의미한다. RFID는 주파수 대역에 따라 다양한 응용분야에 활용될 수 있으며, 향후 유통·물류분야에서 기존의 바코드를 대체해 나갈 것으로 전망되고 있다.

현재 사용 중인 바코드에 가격, 제조일 등의 정보만을 담을 수 있는 한계가 있는 반면 RFID는 기억용량에 제한이 없어 기존 바코드에 기록할 수 있는 가격, 제조일 등 정보 외에도 제품의 원산지, 제품의 중간 이동 과정, 제품의 현재 상태, 제품 구매이력 등 다양한 정보를 담을 수 있다.

또한 무선으로 신호를 주고받기 때문에 거리에 제한이 없이 자유롭게 데이터를 스캐닝할 수 있으며 자동으로 RF신호를 인식하여 컨테이너나 팔레트 등에 저장된 수십 개의 제품정보들을 인식할 수 있다.

그림 12-7 RFID 시스템의 구성

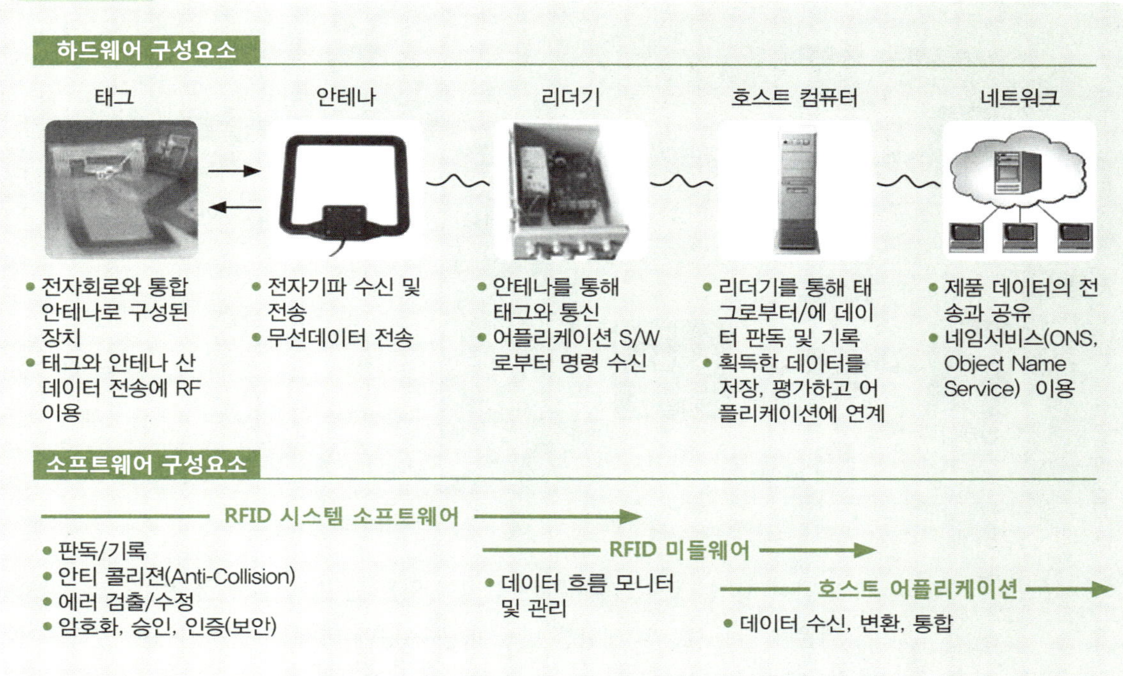

RFID 시스템의 구성

RFID 시스템은 안테나가 포함된 판독기 또는 리더기(reader), 무선자원을 송·수신할 수 있는 안테나(antenna), 정보를 저장하고 프로토콜로 데이터를 교환하는 RFID의 핵심기능인 태그(tag)라 불리는 트랜스폰더, 호스트 컴퓨터인 서버(server) 및 네트워크(network), 그리고 응용프로그램 등의 요소로 구성된다(Microchip Technology, Inc., 2001).

RFID 태그

RFID 태그는 IC칩과 안테나로 구성되며 모양과 크기가 다양하다. 이러한 태그는 전원공급의 유무에 따라 능동형(active) 태그와 수동형(passive) 태그로 구분된다.

능동형은 전원을 필요로 하는 것으로 리더기의 필요전력을 줄이고 리더기

그림 12-8 RFID 태그

수동형 vs. 능동형 태그

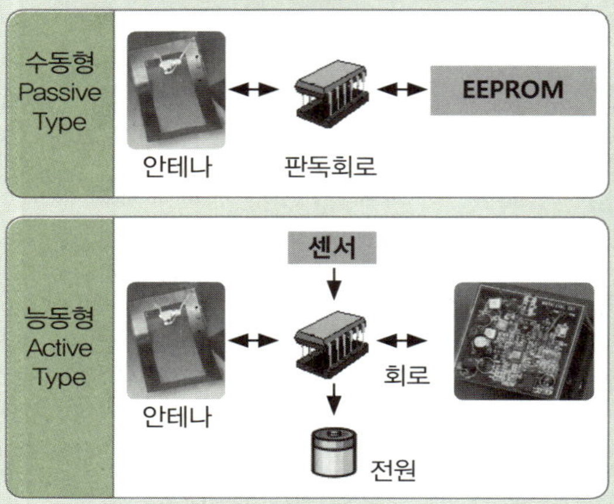

바코드 vs. 태그

	바코드	수동형	능동형
재사용	불가능	불가능	가능
용 량	1~100 bytes	1b~8Kb	64~228Kb
데이터 수정	불가능	가능	가능
가시선(LOS)	필요	불필요	불필요
판독거리	<1M	~2M	~5-10M
판독방법	순차적	동시적	동시적
가 격	무시할 수준	$0.05 내외	$2 내외

와의 인식거리를 멀리할 수 있는 장점이 있는 반면, 전원 공급장치를 필요로 하기 때문에 작동시간의 제한을 받으며, 수동형에 비해 고가인 단점이 있다. 수동형은 내부나 외부로부터 직접적인 전원의 공급 없이 리더기의 전자기장에 의해 작동되며, 능동형에 비해 가볍고, 저렴하며, 반영구적으로 사용이 가능하지만, 인식거리가 짧고 리더기에서 더 많은 전력을 소모한다는 단점이 있다. 이러한 이유로 수동형 태그는 전송 시 오랜 시간과 자주 전송이 요구될 때, 데이터 저장에 제한이 없을 때 주로 사용된다(Intermec, 2003).

RFID 주파수 대역과 응용 분야

또한 RFID는 사용 주파수에 따라 응용분야가 다양하게 나타나는데, 이러한 주파수 대역별 특징을 살펴보면 다음과 같다. 첫째, 135 KHz 이하의 주파수 대역에서는 공정자동화, 동물관리 등 근거리에서의 정보인식에 활용되며, 시스템 구축비용이 저렴하다는 특징을 가지고 있다. 둘째, 13.56 MHz 주파수 대역에서는 IC카드, 신분증, 도서 등 대여물품관리, 출입 및 통제, 보안 등에 이용되고 있으며, 1m 이내에서 정보를 인식할 수 있으며, 데이터 전송상의 신뢰성이 매우 높은 특징을 가지고 있다. 셋째, 433 MHz, 860~930 MHz 대역을 이용하

그림 12-9 RFID 주파수 대역과 응용 분야

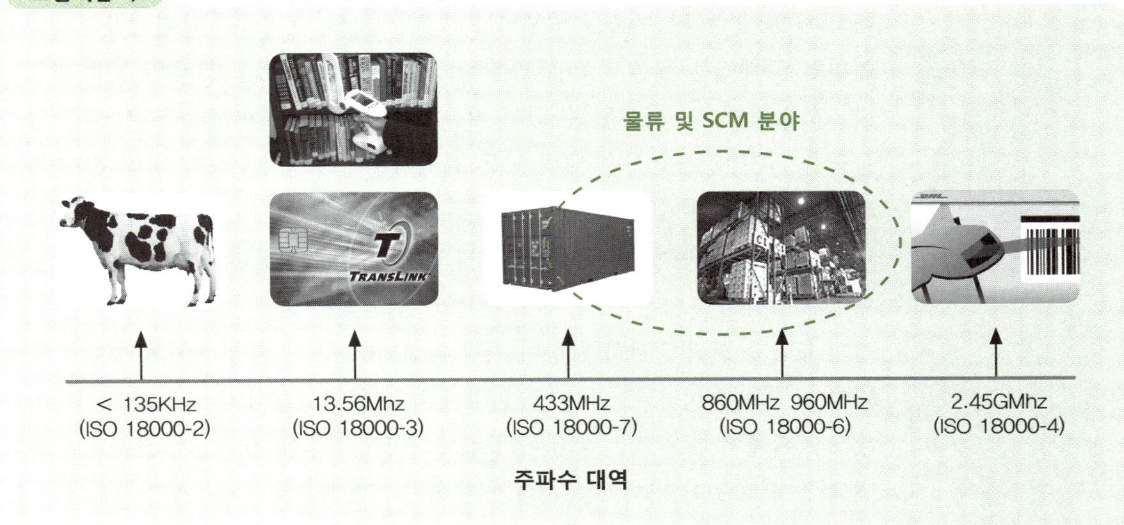

는 UHF파 주파수 대역은 최대 수십m 정도에서 무선으로 정보를 인식할 수 있기 때문에 유통 및 물류에 이용되고 있으며, 컨테이너 관리 등에 활용되고 있다. 넷째, GHz 대역의 마이크로파는 고주파이므로 잡음의 영향을 적게 받는 특징이 있다. 그러므로 근거리보다는 원거리 통신용에 적합하며, 시스템 구축에 고성능의 하드웨어가 요구되므로 구축비용이 많이 드는 단점이 있다.

RFID 응용 분야

RFID는 그 특성에 따라 공정관리, 공급사슬관리, 운송, 신용카드 등의 다양한 분야에 응용될 수 있다.

먼저, 공정관리 면을 살펴보면 공정별 수행 현황에 대한 정보를 쓰고 물량에 대한 기록을 통하여 공정라인상에서 자동으로 불량공정(수정, 폐기)으로 전달하고 공정관리 자료를 실시간으로 얻을 수 있으며 최종 생산자, 작업자, 일자, 주문번호, 로트번호 등을 저장하여 A/S에도 활용할 수 있다.

둘째, 공급사슬관리는 물자, 정보, 현금 등이 공급자로부터 생산자, 도매업자, 소매상인, 그리고 소비자에게 이동함에 따라 그 진행과정을 감독하는 것이 중요하다. 이러한 과정에서 수반되는 여러 가지 정보들을 RF태그에 담아 모든 상품의 식별과 상태파악, 감지, 추적 등이 가능하며 기계 스스로가 고장을 진단하고 수명이 다 된 부품을 주문하는 등의 진보된 단계로까지 발전할 수 있다. 이처럼 RF태그는 제품 흐름을 종합적으로 관리할 수 있고 고객의 물품 반환이나 A/S요구에까지 사용될 수 있어 비용 절감들의 측면을 개선시키기 위한 잠재능력을 가지며, 공급사슬 내의 모든 관련자들에게 장래수요를 위해 현재 자원과 계획관리를 용이하게 해 준다.

셋째, 운송 면에서는 화물접수 시 배송 정보를 저장한 태그를 부착하면 리더기가 장착되어 있는 구역 내에서의 입·출고 되는 물품 명세서 리스트들은 물건의 도착과 선적에 관한 사항이 직접 반영되며, 즉시 현재 최신의 정보로 변형되어 관리가 용이하다. 이는 물건 내에 부착된 태그들이 우연히 움직여지거나 손상될 확률이 매우 적기 때문이며 컨베이어 시스템에 리더기가 장착되어 있다면 각종 품목들이 리더기를 지나가는 동안 자동적으로 물품 명세서에 대한 변동 상황도 즉시 수정 출력이 가능하다. 예를 들면, 대형 할인점에 적용될 경우 계산대를 통과하자마자 물건가격이 집계되어 시간을 대폭 절약할 수 있게 되며 정보를 수정하거나 삭제할 수 있게 된다.

넷째, 도난과 복제 방지를 위한 목적으로 사용할 수도 있어 현재 쓰이고

그림 12-10 산업별 RFID 응용 분야

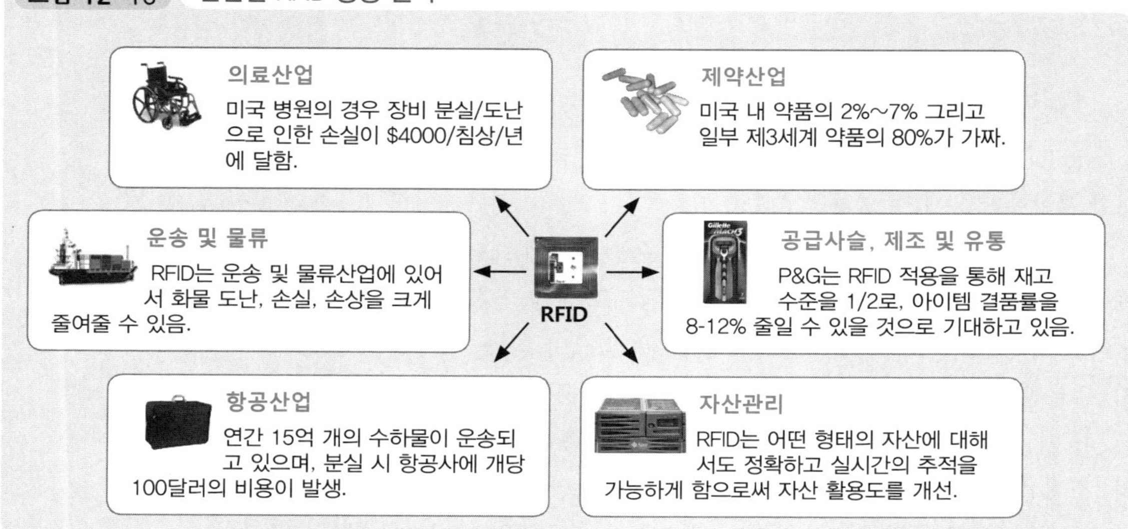

있는 신용카드의 단점인 위조, 복제의 문제점을 해결할 수 있고 결제 시에 사용자 비밀번호를 한 번 더 입력하여 사용하므로 분실 시 부정사용을 예방할 수 있다. 이밖에도 창고관리, 항공물류, 유통 구매, 도서관 관리, 수목(樹木) 및 가축 관리, 주차관리, 교통요금 결제, 전자화폐, 전자상거래, 환자관리, 출입관리, 입장객 관리 등 다양한 분야에서 응용될 수 있다.

2. 공급사슬 가시성과 RFID

공급사슬 가시성이란?

오늘날 기업들은 공급사슬로부터 발생하는 장애들을 해소하기 위해 많은 노력들을 기울이고 있다. 악천후, 파업, 자재 부족, 품질 결함, 운송 장애 등은 기업의 손익에 치명적인 영향을 줄 수 있다. 오늘날 많은 기업에서 공급사슬 부서들은 공급사슬 내 장애를 회피하기 위해 사전 대책을 강구하고 적절한 계획을 수립할 것을 요구받고 있다.

공급사슬 내에서 가시성(visibility)이란 무엇인가? 가장 간단한 정의는 제조업체로부터 최종 목적지까지 이동하는 제품의 추적성(traceability)을 의미한

그림 12-11 공급사슬 가시성의 분야

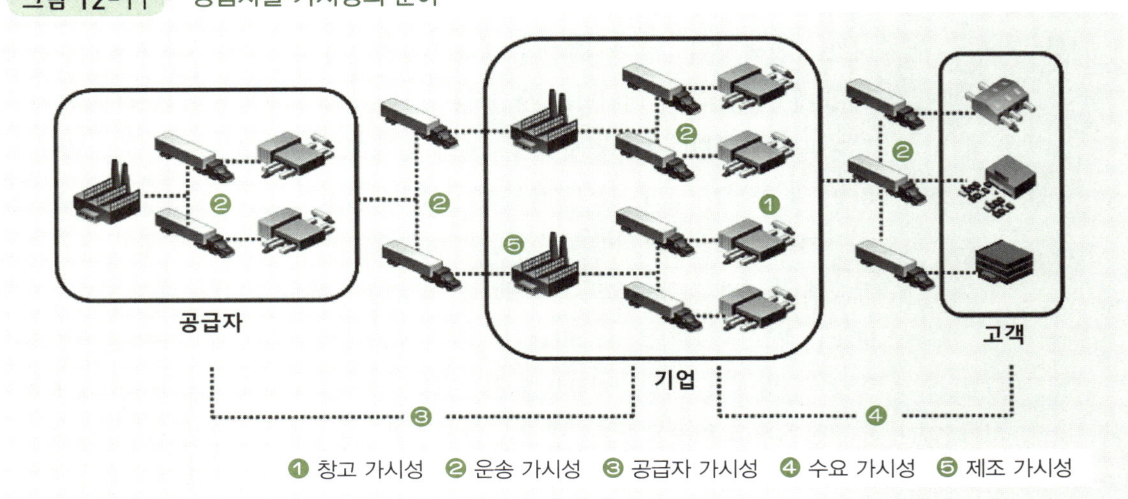

출처: Tohamy(2004).

다. 이러한 제품은 완제품을 만들기 위한 부품이나 부분품 그리고 완제품 자체가 될 수도 있다. 좀 더 광의로는, 가시성이란 공급사슬을 개선하고 강화하기 위한 전략을 도출하고 결정하기 위해 분석될 수 있는 데이터 가용성(availability)의 증가를 의미한다(Penfield, 2008).

최근 공급사슬 내 위험들은 지속적으로 발생하고 있고 고객들은 장애에 대한 이해심이 줄어지고 있기 때문에, 보다 많은 기업들이 "가시적인 공급사슬(visible supply chain)"을 창출하고 관리하는 것이 중요하다고 인식하고 있다.

공급사슬 가시성(supply chain visibility)이란 공급사슬 전반의 제품 흐름에 관련된 데이터나 정보에 접근하여 공급사슬의 상태를 파악하고 장애에 신속하게 대처할 수 있는 능력을 의미한다. 기업들은 공급사슬 가시성의 개선을 통해 공급사슬 실행 수준에서 발생할 수 있는 장애를 적시에 파악하고 대처할 수 있는 역량을 강화하고 궁극적으로 공급사슬의 경쟁력을 강화할 수 있다.

공급사슬 가시성과 RFID

최근 Wal-Mart는 주요 공급업체들로 하여금 케이스와 팔레트에 RFID 태그를 부착하도록 의무화하고, RFID를 공급사슬 visibility 향상을 위한 핵심 수단으로 활용할 계획에 있다. 하지만 아직 많은 이용기업들이 현재의 RFID 프로젝트가 수요 및 공급의 변동성을 완화하기 위한 기존의 노력에 도움을 줄 것이라는 점에 대해 충분한 확신을 가지지 못하고 있다. RFID는 분명히 공급업체와 소매업체를 위한 데이터를 생산하는 데 유용한 도구임에는 틀림이 없다. 그렇다면 과연 RFID가 공급사슬 visibility 향상에도 도움을 줄 수 있을까? 사실 RFID 그 자체만으로는 visibility를 향상할 수 없다.

기존의 바코드와 POS 시스템의 경우에도 자산과 재고에 대한 데이터를 제공해 주지만 자동적으로 visibility를 향상하는 것은 아니다. 예를 들어, Wal-Mart는 POS 데이터를 RetailLink를 통해 공급업체들에게 제공하여 공급업체들이 보다 양질의 수요 visibility를 확보함으로써 이를 바탕으로 재고보충계획을 수립하도록 도와주고 있다. 하지만 상당수의 공급업체들은 이러한 데이터를 수요 visibility 향상에 활용하지 못하고 있으며 아직 자신들의 물류센터에서 생성된 총량적이고 정확도가 떨어지는 수요 데이터에 근거하여 재고보충 의사결정을 내리고 있다.

RFID는 보다 양질의 데이터를 적시에 제공함으로써 visibility의 개선에 도움을 줄 수 있다. RFID는 기존의 바코드에 의한 상품인식을 넘어 제품의 원산지, 도착지, 유통기한 등과 같은 중요한 정보의 활용을 가능하게 한다. 하지만 이러한 편익을 달성하기 위해서는 이를 활용하기 위한 절차뿐만 아니라 데이터 교환을 위한 기술적인 부분을 명확히 정의하여야 한다. 그렇지 않은 경우 연결성이 부족한 네트워크를 통해 단지 데이터를 전달하는 역할에 그치게 된다.

RFID는 데이터의 부족이 visibility를 제한하는 주된 원인으로 작용하는 경우에만 공급사슬 visibility의 향상에 기여할 수 있다. RFID 데이터를 효과적으로 활용하기 위해서는 무엇보다 이용기업이 핵심 고객기업과의 주문충족 프로세스를 최적화하는 것과 같은 공급사슬의 목표를 명확히 정의하여야 하며, 현재의 visibility 수준을 측정할 수 있어야 한다. 만일 특정기업이 현재의 visibility 수준이 충분하지 못하다고 판단하고 있다면, 그 원인이 데이터의 부족한 데서 기인하는지 아니면 거래 파트너와의 연결성이 부족한 데서 기인하는지를 정확

표 12-3 | 공급사슬 가시성 목표와 RFID 활용

목 표	Visibility 초점	RFID 활용	전제조건
ATP를 위한 공급자 재고의 visibility 확보	공급자	공급자로부터 RFID 기반 재고정보를 확보하고 이를 재고보충 계획과 연계	데이터 동기화
FIFO 기준에 의한 피킹의 최적화와 수작업의 오류 감소	물류센터	제품과 반출 location에 태그를 부착하고 pick-to-order 활동을 검증	WMS
트레일러, 컨테이너 등의 자산 추적과 관리	자산	트레일러, 컨테이너에 태그를 부착하고 상태정보, 유지보수 등의 정보를 갱신	실시간 위치관리, 자산관리시스템
생산계획의 최적화를 통한 재고 최소화와 생산용량 활용 극대화	제조	bulk bin에 태그를 부착하고 재주문점 관리, 제품에 태그를 부착하고 WIP 관리	생산일정계획 및 주문관리
반입, 반출, 운송 중 재고를 공급 및 수요계획과 연계	운송	출하단위별로 태그를 부착하고 이를 생산 및 재고보충 계획과 통합	추적관리
동적인 주문충족과 제품접수 시 청구서 발송을 자동화	고객주문/주문충족	소매업체로부터 소비 및 접수 데이터를 획득하고 재고보충과 청구서 발행을 위한 정보교환	재고최적화, 재무시스템과 통합

출처: Tohamy(2004).

히 파악하여야 한다.

RFID의 효과적인 활용을 위해서는 무엇보다 거래 파트너들이 중요한 공급 및 수요정보를 공유하고 대응하는 체제를 갖추는 것이 필요하다. 나아가 활용기업은 공급사슬 프로세스 중 가급적 기존에 visibility가 결여된 특정분야(예, 조달물류, 주문충족 등)를 선정하고 RFID를 통해 구체적으로 이를 어떻게 개선할 것인가에 초점을 두어야 한다.

RFID를 활용하여 분야별 visibility를 향상시키기 위해서는 해당 프로세스별로 거래파트너 간 협력관계를 구축하는 과정이 요구된다.

판매촉진과 재고보충

판매촉진 행사에 대한 협력의 강화는 공급업체와 소매업체 모두에게 도전적인 과제이다. CPFR과 같은 전략을 통해 거래 파트너들이 편익을 얻고 있기는 하나 아직 판촉행사로까지는 확대되지 못하고 있는 실정이다. 판촉행사는 판촉제품뿐만 아니라 후광효과(halo 혹은 cannibalization effect)로 인해 타 제품에 대해서도 급격한 수요증가를 초래할 수 있기 때문이다. Tropicana는 RFID를 판촉에 활용하기 위해 우선적으로 Albertsons와 같은 핵심 소매업체들과 판촉행사에 대한 계획, 실행, 성과측정을 위한 협력관계를 구축하였다.

공급업체관리

제조업체들은 고객의 수요에 대응하기 위해 공급업체들과 판매 혹은 주문예측 정보와 출하계획을 공유하기 시작하고 있다. 컴퓨터 제조업체인 Dell은 고객의 수요를 충족시키기 위해 공급업체들로부터 적시재고 주문이 가능하도록 협력적 관계를 구축하는 데 많은 노력을 기울이고 있다. 이러한 협력관계가 구축되어 있을 경우 RFID 기반 데이터의 활용을 통해 컴퓨터 제조업체는 공급업체로부터의 반입재고에 대한 visibility를 더욱 향상시킬 수 있다.

운송관리

제조업체와 소매업체들은 운송업체들에게 입출고 시 혼잡문제를 피하기 위한 수배송(pickup and delivery) 관리와 함께 운송중 재고나 잠재적인 용량부족에 대한 정보 제공을 요구하게 된다. 아직 협력적 운송관리를 위한 산업계의 표준화된 지침은 없지만 많은 기업들이 visibility를 확보하기 위해 운송업체와 다소 비공식적인 협력관계를 구축하고 있다. Schneider Logistics와 같은 선도 물류업체는 자산에 대한 visibility를 향상시키고, 운전자의 근무시간을 최적화하고, 정시 수배송에 대한 고객의 수요를 충족시키기 위해 RFID의 이점을 적극 활용하고 있다.

참고문헌

- Andersen, David L. and Hau L. Lee, "The Internet-enabled Supply Chain: From the first click to the last mile", ASCET Volume 2, 2000.
- Bowersox, Donald J., David J. Closs and M. Bixby Cooper, Supply Chain Logistics Management, 2nd ed, McGraw-Hill, 2007.
- Enslow, Beth, "Internet Fulfillment: The Next Supply Chain Frontier", ASCET Volume 2, 2000.
- Intermec, "RFID Technology in Retail", White Paper, 2003.
- Microchip Technology Inc., "13.56MHz RFID System Design Guide", 2001.
- Penfield, Patrick, "Visibility within the Supply Chain", Materials Handling Industry of America, August 2008.
- Shapiro, Jeremy F., Modeling the Supply Chain, Duxbury, 2001.
- Tohamy, Noha, "Can RFID Enable Supply Chain Visibility?", ASCET Volume 6, June 2004.

제13장

공급사슬 성과평가

Chapter 13

사례 읽기 **13-1** 원자재 구매-대금회수 기간 제조업 평균 '석달'

국내기업의 공급망관리(SCM) 성과는 매년 개선되는 추이를 보이고 있지만 글로벌 기업에 비해 그 성과가 크게 뒤떨어지는 것으로 분석돼 SCM에 대한 집중적 투자와 개선이 시급한 것으로 나타났다.

SCM은 제조·물류·유통업체 등 공급체인에 참여하는 모든 업체들이 협력을 바탕으로 정보기술(IT)을 활용, 재고를 최적화하고 리드타임을 대폭적으로 감축하는 프로세스다.

대한상공회의소가 지난 1997년부터 2001년까지 5년 간 상장기업 624개(제조업 445개·유통업 35개·기타 144개)의 회계자료를 이용해 작성한 '국내기업의 SCM 성과에 관한 분석(권오경 인하대교수·김대기 고려대교수)'에 따르면 국내기업과 글로벌기업의 SCM 성과를 비교한 결과 소비재를 제외한 컴퓨터·전자, 산업재, 통신, 화학 등 모든 분야에서 글로벌기업에 비해 상당히 낮은 SCM 성과를 보이는 것으로 나타났다.

산업별로는 제조업이 원자재구매에서 판매대금 회수(현금화사이클타임)까지 89.1일이 소요되는 반면 유통업은 37.8일로 나타나 제조업 분야가 한층 심각한 것으로 조사됐다.

기업 규모별로는 대기업이 '현금화사이클타임' 68일, '공급재고일수' 50.7일인데 반해 중소기업은 각각 99일, 60.7일로 나타나 중소기업의 SCM성과가 상대적으로 낮았다.

출처: 전자신문, 2003년 1월 17일.

공급사슬 성과평가를 위한 접근방법

전통적으로 기업들은 성과를 측정하는 데 있어서 주로 재무회계적인 성과(예, 물류비용)를 중요시해 왔다. 재무회계적인 측정지표는 운영의 변화가 기업의 재무적인 건전성을 개선했는지 여부를 판단하는 데 있어서 분명히 중요한 지표라고 할 수 있다. 그러나 공급사슬성과를 측정한다는 관점에서는 다음과 같은 단점들이 있다.

첫째, 재무적인 지표는 일반적으로 과거의 성과를 측정하는 데 초점을 두고 있기 때문에 미래지향적인 관점이 부족하다는 것이다. 둘째, 고객서비스, 제품의 품질과 같은 전략적이고 비재무적인 측면의 성과를 측정할 수 없다는 단점이 있다. 셋째, 재무적인 지표만으로는 운영의 효과성이나 효율성을 평가하기에 한계가 있다.

공급사슬성과를 측정하는 데 있어서 이러한 전통적인 재무회계적 방법의 단점을 보완하기 위해 다양한 접근방법이 개발되어 왔다.

- Balanced Scorecard(BSC)
- SCOR 모델
- Logistics Scorecard
- Activity-Based Costing(ABC)
- Economic Value Analysis(EVA)

Balanced Scorecard

Kaplan and Norton(1992)은 최고경영자들이 사업성과를 신속하면서 종합적인 관점에서 측정할 수 있는 성과측정 시스템으로서 Balanced Scorecard(BSC)를 개발하였다.

Balanced Scorecard에는 실행의 결과를 나타내는 재무측정지표와 이를 보완하면서 미래의 재무성과에 영향을 주는 운영활동인 고객만족, 내부 프로세스, 조직의 학습 및 개선능력과 관계된 3가지 운영측정지표가 포함되어 있다.

경영자는 Balanced Scorecard를 이용해서 사업을 4가지 관점으로 살펴볼 수 있다.

- 고객들은 우리 회사를 어떻게 보는가? (고객 관점)

그림 13-1 Balanced Scorecard의 구조

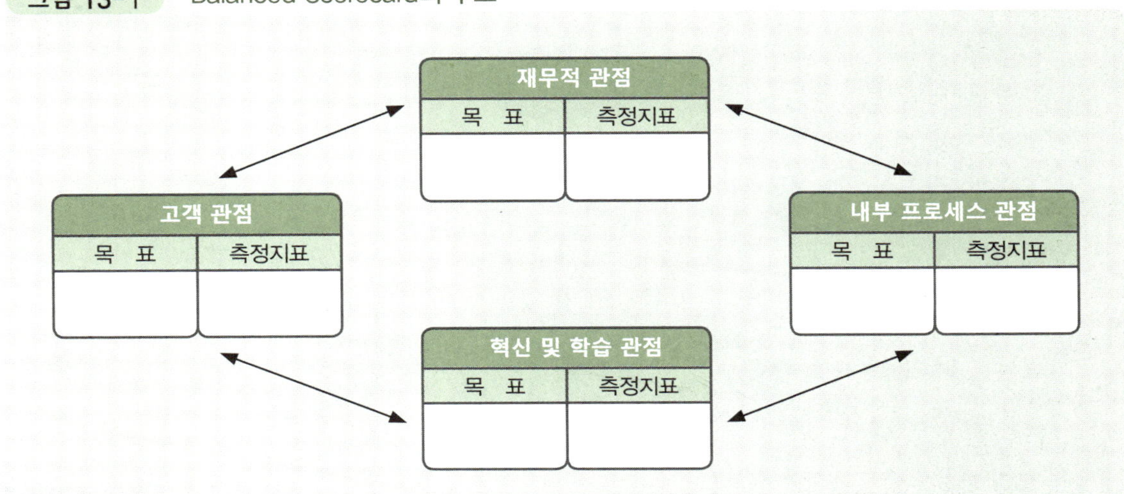

- 우리 회사는 어떤 점에서 탁월해야 하는가? (내부 프로세스 관점)
- 우리 회사는 지속적으로 가치를 개선하고 창출할 수 있는가? (혁신 및 학습 관점)
- 우리 회사는 주주들에게 어떻게 보일까? (재무적 관점)

이 방법은 공급사슬관리만을 위해 개발된 방법은 아니지만 공급사슬성과를 평가하는데 유용하게 활용될 수 있다.

- 재무적 관점(예, 제조비용, 창고비용)
- 고객 관점(예, 정시인도율, 주문충족률)
- 내부 프로세스 관점(예, 생산계획 달성도, 예측오류)
- 혁신 및 학습 관점(예, APICS 자격증 보유 종사자 수, 신제품개발 사이클타임)

SCOR 모델

Supply Chain Council이 개발한 SCOR(Supply-Chain Operations Reference) 모델은 공급사슬 전반의 성과를 측정하기 위해 활용할 수 있는 측정지표들을 비교적 균형 있게 제시하고 있다.

그림 13-2 SCOR 모델의 성과지표 예시

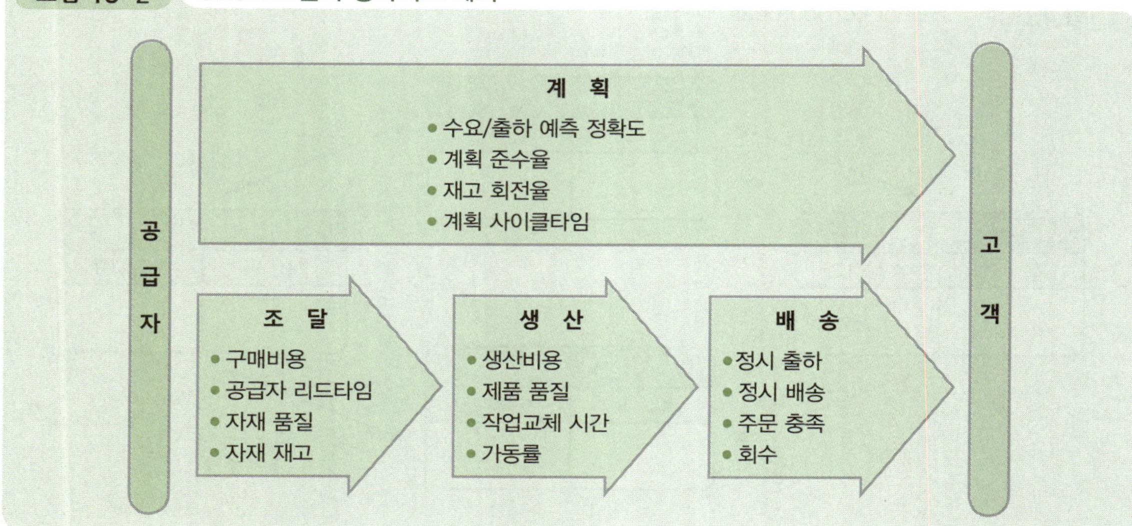

- 사이클타임지표(예, 생산 사이클타임, 현금화 사이클타임)
- 비용지표(예, 출하 비용, 창고 피킹 비용)
- 서비스/품질지표(예, 정시 출하, 상품 손상)
- 자산지표(예, 재고)

전략적인 수준에 초점을 두고 있는 Balanced Scorecard와 비교할 때 SCOR 모델은 공급사슬관리의 성과를 측정하고 개선 분야를 직접적으로 파악할 수 있는 구조를 가지고 있다는 장점이 있다.

Logistics Scorecard

공급사슬성과를 측정하는 또 다른 접근방법은 Logistics Resources International Inc.에 의해 개발된 Logistics Scorecard 방법이 있다. 이 방법에서는 다음과 같이 4개 분야의 성과측정표를 제시하고 있다.

- 재무성과지표(예, 비용, 자산수익률)
- 생산성지표(예, 단위시간당 출하건수, 컨테이너 활용도)
- 품질지표(예, 재고 정확도, 파손율)
- 사이클타임지표(예, 운송시간, 주문입력시간)

다른 접근방법과 비교할 때 Logistics Scorecard는 보다 처방적이며 구체적인 공급사슬 성과지표의 사용을 추천하고 있는 특성이 있다. 하지만 측정지표들이 물류활동 분야에만 치중되어 있으며 공급사슬 내의 생산이나 조달활동의 측정을 위한 측정지표는 거의 제시되어 있지 않다.

Activity Based Costing

Activity Based Costing(ABC)은 재무적인 지표를 운영성과와 연계함으로써 전통적인 회계방법의 단점을 극복하기 위한 목적으로 개발되었다.

기본적으로 ABC에서는 모든 활동(activity)을 개별 과업(tasks) 또는 코스트 드라이버(cost drivers)로 세분화하고, 이들 각각이 필요로 하는 자원(resources)(예, 시간, 비용)을 추정하게 된다. 다음으로 비용을, 기존의 간접비를 동일하게 또는 관련성이 낮은 기준에 기초하여 배분하는 전통적인 원가회계 방식이 아니라, 추정된 코스트 드라이버에 기초하여 배분하게 된다.

이 방법은 공급사슬 프로세스의 생산성과 비용을 보다 정확하게 평가할 수 있도록 해 준다. 예를 들어 ABC 방법을 사용함으로써 기업이 특정 고객을 서비스하거나 특정 상품의 마케팅을 위해 소요되는 총비용을 보다 정확하게 평가할 수 있도록 해 준다. ABC가 전통적인 재무회계를 대체할 수는 없지만 공급사슬 성과를 보다 잘 이해할 수 있도록 해 준다.

Economic Value-Analysis

전통적인 회계에 대한 비판의 하나로 이익이나 수입과 같은 단기적인 재무성과에 초점을 둠으로써 기업의 장기적인 가치창출을 위한 방향을 충분히 제시하지 못한다는 점이 지적되고 있다.

이러한 단점을 보완하기 위해 재무분석 전문가들은 자본수익률(return on capital)이나 경제적 부가가치(economic value-added)를 함께 활용할 것을 권고하고 있다. 이러한 논리는 기업이 자본수익률이 높아질수록 주주에 대한 가치창출 척도가 높아진다는 것을 가정하고 있다. 이러한 지표의 하나가 Stern, Stewart & Co.가 개발한 EVA(Economic Value Analysis) 개념으로, 기본적으로 투입자본을 초과하는 영업이익을 근거로 기업이 창출하는 가치를 계량화하는 방법이다.

이러한 지표를 활용하여 특정 기업이 공급사슬 내에서 창출하는 부가가치 기여도를 측정할 수 있다. 하지만 이 지표는 기업의 총량적인 기여도나 주주에 대한 가치창출 정도를 평가하는 데는 유용하지만 세부적인 공급사슬 성과를 측정하기에는 부족한 면이 있다.

공급사슬 성과측정의 차원과 방향

위에서 언급한 접근방법들은 공급사슬 성과측정을 위한 개략적인 방향은 제시해 줄 수 있으나 구체적으로 어떤 측정지표를 사용해야 할 것인가에 대해서는 크게 도움을 주지 못한다.

측정지표 선정에 있어서 가장 중요한 원칙은 Balanced Scorecard에서 논의한 것처럼 반드시 전략적 목표와 연계되어야 한다는 점이다.

하지만 공급사슬전략은 각 기업마다 다르고 또한 현재 처한 여건이나 전략적 방향에 영향을 받게 된다. 기업들은 측정지표의 유형과 깊이를 결정하는 데 있어서 일반적으로 다음과 같은 3가지 발전단계 중 하나에 속하게 된다.

기능별 경쟁력(Functional excellence)

기업이 생산, 고객서비스, 물류담당 부서와 같은 개별 운영단위의 경쟁력을 확보하고자 하는 단계이다. 이 단계에 속한 기업은 개별 기능별 부서의 활동에 초점을 둔 평가지표가 필요하다.

기업내부의 기능 간 통합(Enterprise-wide integration)

기업이 개별 기능별 부서보다는 기능 간(cross-functional) 프로세스의 경쟁력을 확보하고자 하는 단계이다. 이때는 기능 간 프로세스에 초점을 둔 평가지표가 필요하다.

외부기업과의 기업 간 통합(Extended enterprise integration)

기업이 기업 간(inter-enterprise) 프로세스의 경쟁력을 확보하고자 하는 단계이다. 이때는 외부 지향적이고 기업 간 프로세스에 초점을 둔 평가지표가 필요하다.

전통적으로 대부분의 기업들은 기능별 경쟁력을 제고하기 위한 성과측정에 초점을 두어 왔다. 공급사슬의 통합을 목적으로 하는 공급사슬관리 개념이 확산됨에 따라 기업 내의 기능 간 통합과 보다 확장된 기업 간 통합 정도를 증대시키려는 목적을 가지게 되었다. 이러한 목적을 달성하기 위해서는 성과측정지표 또한 여기에 부합되어야 한다. 이러한 공급사슬 성과측정시스템의 구축을 위해서는 다음과 같은 5가지 영역을 적절히 반영하여야 한다.

- 기능기반(function-based) 측정지표
- 프로세스기반(process-based) 측정지표

- 기업 간(cross-enterprise) 측정지표
- 측정지표의 수
- 의사결정 과정과의 연계

1. 기능위주의 성과측정과 문제점

대부분의 기존 성과측정 시스템이 안고 있는 문제는 이들이 기능위주로 이루어져 있다는 점이다. 이러한 시스템에서는 개별 기능부서별로 성과가 측정되고 조직 구성원들은 자신이 속한 부서의 성과달성 정도에 따라 평가를 받기 때문에, 조직 구성원들은 자신에게 해당되는 성과를 개선하는 방향으로 업무를 수행함으로써 가끔 타 기능부서의 성과를 저하시키는 결과를 초래하기도 한다. 또한 부서 이기주의를 심화시키거나 기업 전체의 목표와는 상충되는 결과를 초래하기도 한다.

● 고객서비스 및 판매

이 기능을 수행하는 부서에서는 구성원들이 고객서비스 수준을 유지할 수 있는 능력에 의해 평가된다. 때문에 구성원들은 고객들을 만족시키려는 목적으로 사이클타임을 줄이기 위해서 고객에게 가까운 다수의 창고에서 재고를 보유함으로써 높은 수준의 완제품 재고를 유지하려는 경향이 있다.

● 물류

이 기능을 수행하는 부서에서는 구성원들이 운송비용, 창고비용, 재고수준 등에 의해 평가된다. 때문에 구성원들은 재고수준을 낮게 가져가고 트럭의 적재율을 높이거나 피킹작업을 최소화하기 위해 고객주문을 모아서 한꺼번에 처리하려는 경향이 있다. 또한 반입비용을 줄이기 위해 물품이 트럭에 만차(滿車) 상태로 창고에 반입하기를 원하는데 이는 한편으로 재고 증가를 초래할 수 있다.

생산

이 기능을 수행하는 부서에서는 구성원들이 대개 생산성에 의해 평가된다. 때문에 구성원들은 높은 재고 수준을 초래하는 대량생산방식을 선호하게 된다. 주문생산(make-to-order)방식을 채택하고 있는 경우에는 고객의 주문을 취합하여 대량으로 생산하려는 경향이 나타나게 되어 고객수요의 동적인 변화에 대한 대응성이 떨어지게 된다.

구매

이 기능을 수행하는 부서에서는 구성원들이 구매비용, 공급업체의 제품 인도성과 등에 의해 평가된다. 때문에 구성원들은 가격할인을 받기 위해 대량으로 구매하고 가격을 낮추기 위해 공급업체의 수를 늘리려는 경향이 있다. 이러한 행태는 과잉구매나 원재료의 품질저하를 초래할 수 있다.

이상에서 언급한 바와 같이 기능위주의 성과측정방식을 활용하는 경우 조직 구성원들로 하여금 기능별 성과들을 서로 다른 방향으로 이끌어가게 할 가능성이 높다. 기능위주의 측정지표만을 사용할 경우 부서 이기주의를 심화시키고 부서 간에 상호 견제적인 업무처리가 조장되어 결국 공급사슬 프로세스의 대응력과 효과성을 저하시키게 된다.

2. 프로세스 중심의 성과측정 도입

공급사슬의 통합운영을 이루기 위해서는 무엇보다 기능 간 프로세스를 조직화함으로써 부서 이기주의를 타파해야 한다. 이를 위해서는 전체 프로세스를 관장하는 부서를 신설하거나, 특정 프로세스의 개선(예, 주문충족, 신상품개발, 총 사이클타임)을 위해 관련 부서의 전문가들이 참여하는 팀을 운영하는 방법이 활용될 수 있다.

이러한 조직적 변화를 효과적으로 지원하기 위해서는 기능위주의 측정지표를 보완할 수 있는 프로세스 중심의 측정지표를 개발해야 한다. 이를 통해 기능위주의 측정지표를 모두 제거할 수는 없더라도 이러한 지표들의 활용을 통해 무엇이 전체성과에 영향을 미치는지를 평가할 수 있는 진단정보를 획득할 수 있다.

예를 들어, 완전주문은 고객주문에 대한 무오류 주문충족 비율을 측정하는데, 이 측정지표의 활용을 통해 기능 부서 간에 걸쳐 이루어지는 주문충족 프

그림 13-3 프로세스 및 기능 측정지표의 위계적 관계

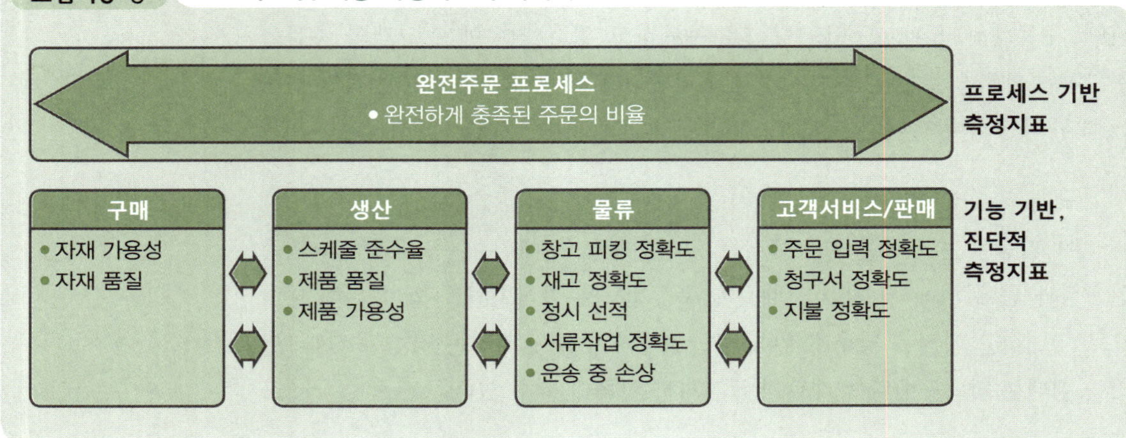

로세스의 효과성을 측정할 수 있게 된다. 주문라인에 있어서 결품(缺品)의 발생이나 문서오류 등 프로세스 내의 한 단계나 부서에서 발생할 수 있는 요인이 무오류 주문충족이라는 전체목표를 달성하지 못하게 만들 수 있다. 나아가 전체 주문처리 프로세스에 대한 성과측정과 함께 충족프로세스 내의 각 업무를 진단할 수 있는 지표가 함께 활용되는 것이 필요하다.

표 13-1 | 완전주문 프로세스 관련 측정지표와 진단내용

측 정 지 표	진 단 내 용
제품의 보유	• 모든 주문을 충족시킬 수 있는 제품을 보유하고 있는가
주문입력의 정확성	• 품목과 수량 등 주문입력이 정확하였는가
창고피킹의 정확성	• 모든 품목이 정확한 양으로 피킹되었는가(make-to-stock 품목)
생산의 정확성	• 모든 품목이 정확한 양과 품질로 생산되었는가(make-to-order 내지 assemble-to-order 품목)
정시 제품출하	• 모든 품목이 고객에게 정시에 출하되었는가
정시 제품인도	• 모든 제품이 고객에게 정시에 인도되었는가
제품의 품질	• 모든 제품이 결함이나 손상 없이 인도되었는가
문서의 정확성	• 모든 문서가 정확한가(사전출하통지(ASN), 송장 포함)
고객문의 서비스	• 주문처리에 대한 문의에 친절하고 신속하게 대응하였는가
청구서의 정확성	• 주문에 대한 청구서가 정확하였는가
대금결제의 정확성	• 대금결제 상황이 정확하게 기록되었는가

〈그림 13-3〉은 완전주문 프로세스와 관련된 측정지표와 프로세스 및 기능 지표 간의 위계적 관계를 보여주고 있다. 보다 구체적으로 〈표 13-1〉에서 볼 수 있듯이 기능 지표가 주로 특정한 문제를 파악할 수 있는 진단적인 속성을 가지고 있는 반면 기능 간, 프로세스 지표를 통해서는 공급사슬성과의 전략적 의미를 파악할 수 있다.

3. 기업 간 성과측정으로 발전

공급사슬 성과를 측정하기 위한 기능 간 프로세스 접근방법은 단일기업뿐만 아니라 기업 간 프로세스에도 적용될 수 있다. 예를 들어, 많은 전문가들이 전체 공급사슬의 성과를 측정하는 데 가장 중요한 측정지표로 다음의 2가지를 들고 있다.

- 소비지에서 적정한 제품의 보유 정도
- 소비지까지 제품을 이동하는 데 소요되는 총 비용(구매, 생산, 운송, 창고, 재고유지 비용)

이러한 공급사슬 성과가 한 조직에 의해서 달성되는 경우란 거의 없는데, 이는 공급사슬은 일반적으로 거래와 관련하여 일정부문의 업무를 담당하는 여러 거래당사자로 구성되어 있기 때문이다. 공급사슬관리의 원리는 공급사슬의 동기화와 최적화를 위해 기업 간에 관련 프로세스들을 통합함으로써 높은 편익을 얻을 수 있다는 데 있다. 때문에 이러한 기업 간 프로세스의 효과성이 적절히 측정되어야 한다. 그러나 한편으로는 "해당기업의 업무영역 밖에 있거나 통제할 수 없는 부분도 측정해야 할 것인가?"하는 의문이 제기될 수 있다. 이 경우 측정에 따른 유용성이 없거나 측정하더라도 이를 전혀 통제할 수 없는 영역에 대해서는 측정할 필요가 없을 것이다. 하지만 타 기업의 영역에 있더라고 해당 성과가 공급사슬의 효과성에 직접 또는 간접으로 영향을 미치는 것이라면 측정해야 할 것이다.

최근 제조업체들이 유통업체와의 협력관계 강화를 통해 전체 공급사슬의 성과를 높이기 위한 SCM 프로그램들을 도입하고 있는데, 이를 관련된 성과측정지표와 함께 예시하면 다음과 같다.

- VMI(Vender Managed Inventory) 프로그램: 고객 매출액, 매장재고 보유수준, 재고회전율
- CR(Continuous Replenishment) 프로그램: 고객 매출액, 매장재고 보유수준, 재고회전율
- Quick Response 정책: 고객 매출액, 매장재고 수준, 재고회전율
- 예측공유 프로그램: 예측정확도, 주문충족률, 재고회전율
- 생산일정공유 프로그램: 생산일정 달성도, 주문 사이클타임
- 카테고리관리 프로그램: 카테고리별 고객 매출액, 매장재고 보유수준

점차 많은 기업들이 SCM 프로그램을 도입함에 따라 기업 간 프로세스에 보다 많은 강조를 두고 있다. 이러한 추이는 성과측정시스템에 있어서도 기업의 전통적인 관리영역을 밖의 외부 프로세스를 측정할 수 있는 지표를 포함하는 변화를 가져올 것으로 전망된다.

공급사슬 성과측정과 벤치마킹

1. 물류프로세스 성과측정

물류프로세스를 평가하기 위한 성과측정은 일반적으로 ① 비용, ② 고객서비스, ③ 생산성, ④ 자산관리, ⑤ 품질의 5가지 분야로 나누어 살펴볼 수 있다.

비용

물류성과를 가장 직접적으로 반영하는 것은 특정한 운영목표를 달성하기 위해서 발생한 실제비용이다. 물류비용 성과는 일반적으로 총비용, 매출액에 대한 비율 또는 단위당 비용 등으로 측정된다.

고객서비스

물류성과를 측정하기 위해 두 번째 보편적으로 사용되는 것은 고객서비스이다. 여기에서는 특정 기업이 고객을 만족시킬 수 있는 상대적인 능력을 평가한다.

생산성

생산성은 생산된 산출물과 이 산출물을 생산하기 위해 시스템이 이용한 투입량 사이의 관계를 나타낸다. 만일 한 시스템이 명확하게 측정가능한 산출물과 그 산출에 해당하는 파악가능하고 측정 가능한 투입을 가지고 있다면 생산성 측정은 아주 기계적인 절차일 것이다. 하지만 만일 ① 산출을 측정하기가 어렵고 투입이 시기적으로 산출과 대응시키기 어려운 경우, ② 투입과 산출의 결합 또는 그 유형이 끊임없이 변화하는 경우, ③ 자료를 획득하기가 어렵거나 불가능할 경우에는 생산성 측정이 아주 어려울 수도 있다.

개념적으로 생산성의 측정에는 정적인 측정, 동적인 측정, 대리측정의 3가지 기본적인 유형이 있다. 만일 특정 시스템에 대한 모든 산출과 투입이 생산성 등식에 포함된다면 그것은 정적 총요소생산성 비율이 된다. 반면 특정기간의 정적인 생산성 측정치를 다른 기간의 측정치와 비교한다면 이는 동적인 생산성 측정치가 된다. 세 번째 대리측정의 개념은 고객만족, 수익, 효과성, 품질, 효율성 등과 같이 일반적으로 생산성 개념에는 포함되지 않으나 생산성과 매우 깊은 관련이 있는 요소들을 타나낸다.

자산관리

자산 측정지표는 목표달성을 위해 시설 및 장비에 대한 자본투자의 활용도뿐만 아니라 재고에 대한 유동자산의 사용에도 초점을 둔다. 물류시설과 장비 그리고 재고는 기업자산의 상당부분을 차지할 수 있다. 도매업체의 경우 그 비중이 90%를 상회하기도 한다. 자산측정은 재고와 같은 유동자산이 얼마나 빠르게 회전하고 있는가, 혹은 고정자산이 얼마나 많은 투자수익을 창출하는가에 초점을 둔다.

품질

품질 측정지표는 가장 과거 지향적이며 개별적인 활동보다는 일련의 활동이 가지는 효과성을 평가한다. 〈표 13-2〉에 일반적인 물류품질과 관련된 측정지표들이 제시되어 있으나 다른 물류성과 측정지표들에 비해 그 활용도는 떨어지는 편이다.

품질측정과 관련해서 최근 관심을 끌고 있는 개념은 '완전주문(perfect order)'의 개념이다. 완전한 주문의 이행정도는 궁극적인 품질의 측정기준이라고 할 수 있다. 왜냐하면 완전한 주문이행은 개별적인 기능보다는 전체적으로 통합된 물류활동 수행의 효율성과 관련이 있기 때문이다. 이것은 주문입력, 신용조회, 재고보유여부, 정확한 피킹(picking), 정시인도, 정확한 송장, 정확한 지불로 이어지는 주문관리과정의 모든 단계에서 실수, 급송, 예외처리나 수동처리 없이 주문이 원활하게 처리되는지를 측정한다. 따라서 완전한 주문이행은 이상적인 상태의 물류성과를 의미한다고 볼 수 있다. 실무적으로는 ① 모든 요청 품목의 완전한 인도, ② 고객이 요청한 시간까지의 배달(24시간 시간편차 이내), ③ 포장명세, 운송장, 청구서 등 주문을 지원하는 완전하고 정확한 서류 작성 및 전달, ④ 오류, 결품, 손상 등이 없는 완전한 제품상태 등의 조건들을 충족할 경우에 이를 '완전주문'이라고 한다. 오늘날 최상의 물류조직은 55~60%, 기타 대부분의 조직은 20% 미만의 완전주문 성과를 보이고 있는 것으로 보고되고 있다.

표 13-2 | 물류프로세스 성과측정지표

측정분야	측정지표
비 용	총비용분석, 단위당 비용, 매출액 대비 비용, 반입운송비용, 반출운송비용, 창고비용, 관리비용, 주문처리비용, 직접노무비용, 실제 대 예산 비교, 비용추세분석, 직접 제품수익성
고객서비스	주문충족률, 재고부족률, 출하오류, 정시인도, 납품지연, 사이클타임, 고객 피드백, 판매요원 피드백, 고객 설문조사
생 산 성	종업원 1인당 출하량, 단위노무비용당 출하량, 판매점당 주문량, 과거 표준과의 비교, 목표 프로그램, 생산성 지수
자 산 관 리	재고회전율, 재고유지비용, 재고수준, 공급재고일수, 진부화된 재고, 순자산 수익률, 투자 수익률
품 질	파손빈도, 파손금액, 클레임 건수, 고객 반품건수, 반품비용

자료: Bowersox and Closs(1999).

2. 공급사슬 성과측정으로의 발전

최근 들어 공급사슬의 전반의 성과와 효과성에 대한 관심이 증가되면서 보다 통합적인 관점에서 성과를 측정하고 평가할 수 있는 측정지표에 대한 필요성이 대두되었다.

공급사슬 전반의 성과를 측정하고 평가하기 위해 1994년 PRTM은 기업, 대학 등과 공동으로 "공급사슬 성과측정을 위한 기본적인 틀"을 제안하였다. 이 결과는 이후 SCC(Supply Chain Council)의 SCOR(Supply-Chain Operations Reference) 모델의 공급사슬 성과지표로 활용되게 된다.

공급사슬 성과를 측정하는 측정지표는 〈표 13-3〉과 같이 ① 고객만족/품질, ② 시간, ③ 비용, ④ 자산의 4가지 분야로 나누어 살펴볼 수 있다.

고객만족/품질

고객만족/품질 측정지표는 기업의 전반적인 고객만족 능력을 제공할 수 있는 능력을 측정한다. 고객만족/품질 측정은 완전한 주문이행, 고객만족, 제품품질 등을 포함한다. 완전주문이행은 요청된 날에, 정확한 문서와 함께, 완벽

표 13-3 | 공급사슬 성과측정지표

분 야	성 과	진 단
고객만족/품질	• 완전주문충족 • 고객만족 • 제품품질	• 약속기일 인도율 • 보증·반품·할인비용 • 고객문의 대응시간
시 간	• 주문충족 리드타임	• 조달/생산 사이클타임 • 공급사슬 대응시간 • 생산계획 달성도
비 용	• 총공급사슬비용	• 부가가치 생산성
자 산	• 현금화 사이클타임 • 공급재고일수 • 자산성과	• 예측정확도 • 재고진부화 • 설비능력 활용도

자료: PRTM(1994).

한 상태로 완전하게 인도되는 정도로 앞서 정의되었다. 고객만족은 수행 사이클타임, 완전주문충족, 주문상태 및 문의에 대한 대응성 등에 관한 인지도로 측정된다. 산출 측정치는 전체 프로세스의 효과성을 측정하는 데 주로 활용되나 개별 활동들을 측정하는 데도 유용하게 활용될 수 있다.

- 약속기일 인도율(delivery to original committed date): 원래 약속된 시일 또는 그 이전에 주문을 충족시킨 비율
- 보상비용(warranty costs): 매출액 대비 비율로 표시한 실제 발생한 보증비용의 평균치
- 고객문의에 대한 대응 및 해결시간(customer inquiry response and resolution time): 고객의 문의를 완전하게 해결하는 데 필요한 평균소요시간

시간

시간 측정지표는 고객의 수요에 대응할 수 있는 기업의 능력을 측정한다. 즉, 고객의 구매요청이 정식으로 접수된 이후 그 고객이 주문한 제품을 사용할 수 있게 되기까지 얼마만큼의 시간이 소요되는가 하는 것이다. 구체적으로 리드타임의 구성요소에는 주문입력에서 출하까지의 소요시간, 고객으로의 운송시간, 고객의 제품수령 등에 소요되는 시간 등이 포함된다. 효과적인 모니터링을 위해서는 고객의 관점에서 전체 프로세스를 측정하는 것이 요구되며 아울러 이를 개별적인 요소로 분할하는 것도 필요하다.

- 조달/생산 사이클타임(source/make cycle time): 재고를 보유하고 있지 않거나 부품을 주문해 놓은 상태에서 출하 가능한 제품을 만들기까지 외부 및 내부활동에 소요되는 누적 리드타임
- 공급사슬대응시간(supply chain response time): 시장수요의 중대한 변화를 인지하고 이를 내부적으로 반영하여 수요를 재계획하고, 생산을 20% 증대시키는 데 소요되는 이론적 시간
- 생산계획 달성도(production plan achievement): 생산일정 달성도(±5%)의 평균치

비용

공급사슬 비용은 세 번째 측정지표이다. 이 비용에는 모든 공급사슬 비용이 포함된다. 〈표 13-4〉는 공급사슬 비용의 구성요소들을 보여주고 있다. 부가가치 생산성은 기업의 총부가가치 수입에서 외부로부터 조달한 물자의 가치를 차감한 금액을 전체 종업원 수로 나눈 것으로 정의된다.

표 13-4 | 공급사슬 비용의 구성요소

A. 주문충족비용	1. 신제품 출시 및 유지 2. 고객주문 창출 3. 주문입력 및 유지 4. 계약/프로그램 관리 5. 설치계획 수립 6. 주문충족 7. 유통 8. 설치 9. 고객 회계업무
B. 물자획득비용(생산 물자에 한함)	1. 물자관리 및 계획 수립 2. 공급자 품질 엔지니어링 3. 반입운송비용 및 관세 4. 수령 5. 반입 검사 6. 부품 엔지니어링 7. 보조 도구
C. 총재고유지비용	1. 자본/기회비용 2. 수량감소 3. 보험 및 세금 4. 진부화
D. 물류관련 재무 및 경영정보시스템 비용	1. 재무 2. MIS/시스템 3. 공급사슬 지원비용
E. 제조노무비 및 재고 간접비용	1. 직접노무비 2. 간접노무비 3. 생산 및 품질 엔지니어링 4. 정보시스템 5. 폐기 및 재작업 6. 감가상각 7. 리스 경비 8. 공장부지 사용료 9. 장비 유지 10. 외부 지원 11. 환경비용

자료: PRTM(1994).

자산

마지막 측정지표는 자산 활용에 관한 것이다. 물류관리는 재고, 시설, 장비 등과 같은 실질적인 자산에 책임이 있기 때문에 통합된 측정지표도 자산측면의 특성을 반영해야 한다. 자산 측정지표는 기본적으로 특정 자산 수준에서 지원될 수 있는 매출 수준에 초점을 둔다. 산출기반의 자산측정지표에는 현금화(cash-to-cash) 사이클타임, 공급재고일수, 자산성과 등이 있다. 현금 활용도의 효과성을 측정하는 현금화 사이클타임은 원자재를 구입하기 위해 지불한 금액이 완제품을 판매를 통해 회수되는 금액으로 실현되기까지 소요되는 이론적인 평균시간이다. 현금화 사이클타임은 원자재 구입이나 지불 혹은 고객에 대한 신속한 제품인도이나 대금회수 등에 의해 향상될 수 있다.

공급재고일수는 재고의 속도나 회전율을 측정한다. 공급재고일수란 완제품 재고가 판매되기까지 소요되는 시간으로 정의된다. 재고의 증가가 수반되지 않는 판매의 증가는 재고의 속도나 회전율을 증가시키며, 이는 추가적인 이익이 추가적인 재고유지비용이 없이도 실현 가능하다는 것을 시사한다.

마지막 측정지표는 총자산 활용에 초점을 둔다. 자산 활용도는 총자산에 대한 매출액의 비율로 정의된다. 이는 현재의 자산 활용도 및 보유 정도에 의해 영향을 받게 된다.

- 예측 정확도: 제품 수요예측의 정확도에 대한 최근 3개월 간 절대 평균치
- 재고 진부화 정도: 평균 총재고가치에 대한 재고 평가절하비용의 비율
- 설비능력 활용도: 현재의 실제 산출량을 24시간씩 1주일 동안 달성 가능한 산출량으로 나누어 측정한 현재 설비능력 활용비율

3. 공급사슬 성과측정과 벤치마킹

공급사슬 성과측정과 벤치마킹

성과측정과 관련하여 중요한 이슈는 기업이 공급사슬 성과를 판단하기 위해 지표들은 어떤 식으로 활용할 수 있는가 이다. 성과측정을 수행함에 있어서는 다음과 같은 질문에 답할 수 있도록 개별 지표가 설정되는 것이 필요하다.

- 현재의 측정치가 과거와 비교하여 개선되었는가?
- 얼마나 개선되었는가?
- 얼마나 개선되어야 할 것인가?

평가가 의미를 가지기 위해서는 무엇보다 개선의 방향이 설정되어야 한다. 즉, 현재의 측정치가 감소되어야 하는가 아니면 증가되어야 하는가 하는 문제로, 예를 들어 생산성 측정치의 경우에는 증가가 개선을 의미하나 비용 측정치는 감소가 개선을 의미하게 된다. 이와 함께 측정치를 어디까지 개선해야 하는가는 또 다른 중요한 문제이다. 측정치의 목표를 설정하는 데는 일반적으로 4가지 방법이 사용될 수 있다.

① 과거 측정치에 기초한 목표 설정
② 외부 벤치마킹
③ 내부 벤치마킹
④ 이론적 목표

과거 측정치에 기초한 목표 설정

과거 측정치에 기초하여 목표를 설정하는 것은 가장 널리 활용되어 온 방법이다. 예를 들어 과거에 90%의 주문충족률을 달성하고 있는 기업이 이를 5% 정도 개선하기 위해 장래 성과목표를 95%로 설정할 수 있다. 이 방법이 가장 널리 활용되어 온 이유는 적용이 용이하기 때문이다. 다만 어느 수준까지 목표를 설정할 것인가에 있어서 어느 정도 자의성이 개재될 수 있다.

외부 벤치마킹

외부 벤치마킹은 현재 가장 관심을 받고 있는 방법이나 아직 적용의 어려움이 존재한다. 외부 벤치마킹은 유사한 업종에 속한 타 기업들의 성과측정치와 비교하여 해당 기업의 목표를 설정하는 것이다.

외부 벤치마킹 측정치가 수집되면 동종 산업의 우량기업과 비교하여 열등한 부분의 성과지표의 차이(gap)를 극복하기 위한 개선방향과 개선 전략을 수립하게 된다.

이 방법을 활용하기 위해서는 여러 기업들의 성과측정치에 대한 자료수집이 중요한 과제이다. 현재 일부 기관이 공식적으로 이러한 벤치마킹을 위한 데이터를 수집하고 있다.

내부 벤치마킹

내부 벤치마킹 자료를 이용하여 성과목표를 설정하는 방법도 많이 활용되고 있다. 이 방법에서는 기업 내부의 부서, 프로세스, 시설에 대한 성과를 측정하여 외부 벤치마킹과 동일한 방법으로 성과목표를 설정하게 된다.

이론적 목표

이론적으로 목표를 설정하는 것은 비교적 새로운 접근방법이다. 이 방법에서는 기업이 공급사슬 성과를 개선하기 위해 이론적인 분석과정을 통해 목표를 설정하게 된다. 이론적인 분석과정에는 최적화 기법이 주로 활용된다.

외부 벤치마킹을 위한 데이터베이스

미국 Logistics Cost and Service Database

컨설팅업체인 Establish, Inc.가 1975년부터 물류비용 및 서비스에 대한 조사를 실시하여 이를 Logistics Cost and Service Database로 축적하고 있으며, 조사결과는 매년 CSCMP 연차총회에서 발표되고 있다.

2008년 북미 제조업체와 유통업체를 대상으로 실시한 조사결과에 의하면

표 13-5 | 2008년 기업물류비 조사결과 (미국)

차 원	매출액 대비(%)	CWT당($)
운송비용	4.68	44.51
창고보관비용	1.90	15.53
주문관리/고객서비스	0.62	6.50
관리비용	0.28	1.94
재고비용	1.80	18.87
총물류비용	9.28	87.35

자료: Establish, Inc.(2008).

그림 13-4 기능별 물류비용 구성비(미국)

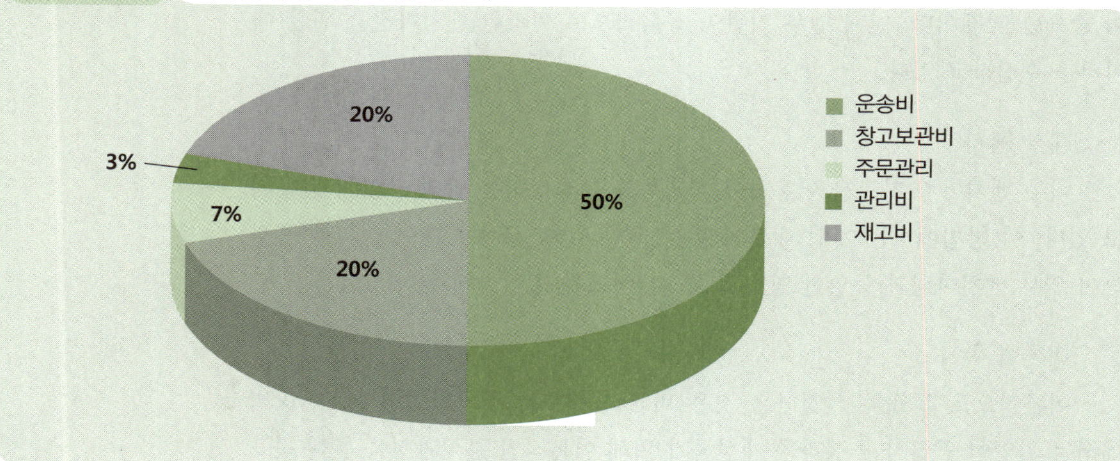

미국 기업들의 물류비는 매출액 대비 9.28%, CWT(100 파운드)당 87.35 달러 수준인 것으로 나타났다.

The Performance Measurement Group, PRTM

SCM 벤치마킹 데이터베이스는 컨설팅업체인 PRTM의 자회사인 The Performance Measurement Group이 실시하는 "Supply-Chain Management Benchmarking"이 대표적이다. 전 세계적으로 많은 기업이 이 벤치마킹 조사에 참여하고 있다.

또한 PRTM은 Supply Chain Council의 SCOR 모델의 개발에 적극 참여하고 있으며, 특히 SCOR 모델의 공급사슬 성과지표체계를 정립하는 데 핵심적인 역할을 하고 있다.

1999-2000년 조사결과에 따르면 1995년과 비교할 때 최우수(best-in-class) 기업들의 생산 유연성은 65%, 총공급사슬비용은 27%, 현금화 사이클타임은 18% 정도 개선된 것으로 나타났다.

인도성과를 나타내는 약속기일 인도율은 94%를 실현하고 있으며 일부 업종에서는 거의 100%를 달성하고 있는 기업도 있는 것으로 나타났다.

표 13-6 | 1999-2000년 공급사슬 벤치마킹 조사결과

		컴퓨터, 전자	소비재	산업재	의약, 화학	통 신
약속기일 인도율(%)	최우수	94.3	97.69	79	99	93.9
	중간값	72.6	81.2	68.9	79	77
생산 유연성(일)	최우수	4.3	8.3	10	6	2.6
	중간값	30	42	30	30	25.5
총공급사슬비용(%)	최우수	4	4.9	4.3	3.9	3.3
	중간값	8.3	9.2	10.2	11.2	8.3
현금화 사이클타임(일)	최우수	28.7	24.7	18.5	33.4	44.4
	중간값	75.1	66.6	67.6	91.2	100.2

자료: PRTM(1999).

부록

공급사슬 성과지표의 계산방법

본 절에서는 SCOR 모델에서 채택하고 있는 공급사슬 성과지표를 중심으로 성과지표의 개념, 계산방법, 필요한 정보를 설명하고, 예제를 통해 구체적인 계산과정을 설명하기로 한다.

신뢰성(Reliability)

1. 인도성과(Delivery performance)

개념

인도성과는 기업이 채택하고 있는 주문관리 프로세스의 유형(그리고 수집된 정보의 정확도)에 따라 두 가지로 구분된다.

① 고객이 요청한 기일 또는 이전에 충족된 주문의 비율
② 당초에 계획 혹은 약속한 기일 또는 이전에 충족된 주문의 비율

대부분의 경우 고객은 상품이나 서비스가 인도되어야 할 기일을 요청하게 된다. 이를 "고객요청 인도기일(customer requested date)"이라고 한다. 이에 대응하여 기업은 고객에게 구체적으로 인도기일을 약속하거나 고객이 언제까지 인도를 기대할 수 있는가를 제시하게 되는데, 이를 "계획 혹은 약속 인도기일(original scheduled or committed date)"이라고 한다. 가장 이상적인 형태는 고객요청기일과 약속인도기일을 일치시키는 경우가 될 것이다.

계산방법

인도성과(%) = 정시에 완전한 수량으로 인도된 주문건수/총주문건수

이 성과지표는 한 해 동안 모든 고객에게 인도된 모든 상품의 평균 인도성과로 계산되어진다. 이 결과는 동종업종이나 전체 산업의 타 기업과 인도성과를 비교하기 위해 활용될 수 있다. 보다 정확한 인도성과를 판단하기 위해 이를 특정 고객, 특정 상품, 특정 기간에 국한하여 사용할 수도 있다.

필요한 정보

- 총주문 접수건수(연간)
- 인도된 주문건수
- 완전한 수량으로 인도된 주문건수
- 고객요청 기일에 정시인도된 주문건수
- 약속 기일에 정시인도된 주문건수

계산 실제

- 총고객 주문건수: 1,000건
- 고객요청 인도기일에 정시인도된 주문건수: 890건
- 890건 중 45건은 부분적으로 인도된 경우
- 약속 인도기일에 정시인도된 주문건수: 920건
- 920건 중 50건은 부분적으로 인도된 경우

① 고객요청 기일에 대한 인도성과: (890 − 45)/1,000 = 84.5%
② 약속 기일에 대한 인도성과: (920 − 50)/1,000 = 87%

2. 완전주문 충족(Perfect order fulfillment)

개념

이 성과지표는 기업의 인도성과를 가장 종합적으로 평가할 수 있는 지표이

다. 이 지표는 고객에게 정시에, 완전한 수량으로, 손상 없이, 정확한 문서와 함께 인도되었는지 여부를 평가하게 된다. 이러한 이유로 처음 이 지표를 평가하게 되면 상당히 낮은 점수를 가지게 될지도 모르며, 다음의 예는 100%를 달성한다는 것이 얼마나 어려운지를 보여주고 있다. 예를 들어 고객이 단일주문으로 5개의 상품에 대해 4,000개의 수량을 주문하고, 특정한 인도기일을 요청했다고 하자. 비록 기업이 4,000개의 수량을 정시에, 완전한 수량으로, 손상 없이 인도했다 하더라도, 청구서(invoice)에 일부 오류가 있었다면, 이 주문 전체가 완전주문(perfect order)에 포함되지 못하는 결과를 초래하게 된다.

계산방법

완전주문 충족(%) = 정시에, 완전한 수량으로, 손상 없이, 정확한 문서와 함께 인도된 주문건수/총주문 접수건수

이 지표는 한 해 동안 이루어진 모든 고객의 주문을 대상으로 한다. "정시" 출하란 인도성과와 유사하게 "고객요청 인도기일"을 기준으로 하며, "완전한" 수량이란 고객이 명시한 정확한 수량으로 부분적으로 인도된 경우는 포함되지 않는다.

필요한 정보

- 총주문 접수건수(연간)
- 인도된 총주문건수
- 완전한 수량으로 인도된 주문건수
- 고객요청기일에 대해 정시에 인도된 총주문건수
- 문서에 오류가 발생한 총주문건수
- 인도과정에 손상이 발생한 총주문건수

계산 실제

- 고객으로부터 접수된 총주문건수 = 10,000건

- 고객에게 인도된 주문건수=10,000건
- 완전한 수량으로 인도된 주문건수=9,950건
- 고객요청기일에 대해 정시에 인도된 주문건수=9,500건
- 문서에 오류가 발생한 주문건수=1,000건
- 인도과정에 손상이 발생한 주문건수=50건

완전주문 충족: (9,500－1,000－50)/10,000=84.5%

대응성(Responsiveness)

1. 충족률(Fill rate)

개념

이 성과지표는 재고로 보유중인 상품이 고객에게 출하된(shipped from stock to customer) 경우에만 적용되는 개념이다. 충족률이란 재고를 보유한 상태에서 주문 접수 후 24시간 내에 출하된 주문의 비율을 의미한다. 이 지표는 예측 또는 재고생산전략(make-to-stock)을 채택하고 있는 기업이 고객 주문에 얼마나 신속하게 대응할 수 있는가를 측정하게 된다.

이 지표에서 운송부분은 포함되지 않는다. 이는 출하 이후 고객으로의 운송을 다른 조직이 담당하는 경우가 있기 때문이다.

계산방법

충족률(%)=주문 접수 후 24시간 내에 출하된 주문건수/총주문건수

이 지표는 한 해 동안 모든 고객에게 재고상태에서 출하된 모든 상품에 대한 평균 충족률로 계산된다. 이 결과는 동종업종이나 전체 산업의 타 기업과 인도성과를 비교하기 위해 활용될 수 있다. 보다 정확한 기업의 충족률 성과를 판

단하기 위해서는 이를 상품별, 고객별로 구분하여 측정하고, 나아가 분기별, 반기별로 계산하는 것이 바람직하다.

계산 실제

- 고객에게 인도된 주문건수 = 10,000건
- 재고로 보유중인 상품으로 인도된 주문건수 = 6,000건
- 주문 접수 후 24시간 내에 출하된 주문건수 = 5,000건

충족률: 5,000/6,000 = 83%

2. 주문충족 리드타임(Order fulfillment lead time)

개념

이 성과지표는 상품이 주문생산(make-to-order)될 때 사용되는 개념이다. 주문충족 리드타임이란 고객주문을 충족시키기 위해 소요되는 평균 주문 리드타임을 의미한다. 이 지표는 주문생산전략을 채택하고 있는 기업이 고객주문에 얼마나 신속히 대응할 수 있는가를 측정하게 된다.

주문충족 리드타임은 일반적으로 다음과 같은 8개의 요소로 구성된다. 그러나 주문충족 리드타임을 계상하기 위해 이들 8개 요소를 모두 측정할 필요는 없

그림 13-5 주문충족 리드타임의 구성요소

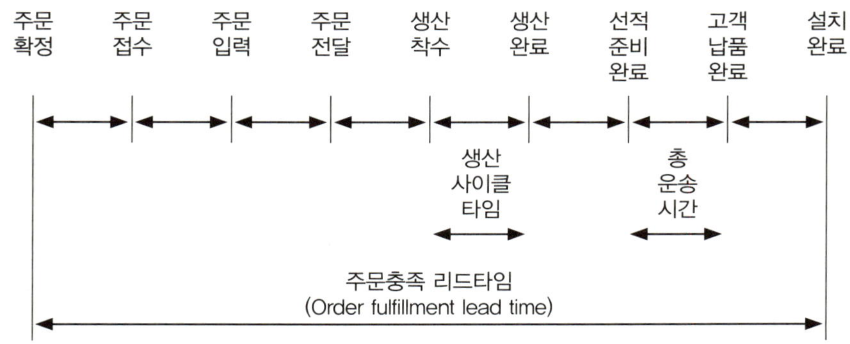

다. 기본적으로 주문확정(customer authorization)에서 설치완료(installation complete)까지 소요되는 시간이 알려져 있다면 주문충족 리드타임을 계산할 수 있다.

주문확정(customer authorization)이란 기업이 고객으로부터 확정된 주문을 접수하는 시각을 의미한다. 주문충족 리드타임은 기업이 상품이나 서비스를 고객에게 인도를 완료하였을 때 종료된다. 만일 상품이나 서비스가 작동되기 위해 별도의 조립과정이 필요한 경우 이를 포함해야 한다. 따라서 설치완료(installation complete)란 고객이 상품/서비스의 접수를 확정한 시각을 의미한다.

계산방법

주문충족 리드타임(일, 시간) = 출하된 모든 주문에 소요된 실제 리드타임의 합/출하된 주문건수

이 성과지표는 모든 고객에게 출하된 모든 주문에 대한 평균 리드타임으로 계산되며, 동종 업종이나 전체 산업의 타 기업과 비교를 위해 활용될 수 있다.

계산 실제

- 고객에게 인도된 총주문건수 = 10,000건
- 주문생산 방식으로 인도된 상품의 주문건수 = 4,000건
- 각 주문별 실제 주문리드타임 측정치 = 30일, 29일, 33일, 31일, 27일 …

주문충족 리드타임: (30+29+33+31+27 …)/4,000 = 30일

유연성(Flexibility)

1. 공급사슬 대응시간(Supply chain response time)

개념

이 성과지표는 시장에서의 변화에 대응할 수 있는 기업의 유연성(flexibility)과 대응성(responsiveness)을 측정하는 지표이다. 일반적으로 유연성을 측정하는 지표에는 다음과 같은 종류가 있다.

이 지표는 수요의 증가나 감소 등 비정상적인(심각한) 수요변화에 전체 공급사슬이 대응하는 데 소요되는 시간을 의미하며, 특히 제조 유연성과 인도 유연성을 포함하게 된다.

여기서 심각한 수요변화란 수요의 증가나 감소가 일시적인 현상이 아니어서, 기존의 여유능력이나 오버타임, 하청계약만으로는 이 문제를 지속적으로 해결할 수 없는 상황을 의미한다. 또한 기존의 원자재나 재공품(WIP) 재고로는 수요의 증가에 대응할 수 없거나 수요의 감소에 비해 너무 높은 재고를 보유하고 있어서 공급자의 생산계약을 변경해야 할 상황이 발생하는 경우도 포함된다. 즉 단기적인 처방보다는 장기적인 해결방안의 수립이 요구되는 상황을 의미한다.

표 13-7 | 유연성 측정지표의 유형

수량(volume), 제조(make), 또는 생산(production) 유연성	시장수요 변화에 대응한 생산량 증감 능력
상품(product) 유연성	시장수요 변화에 대응한 디자인 수정 능력(SCM 성과에 포함되지 않음)
인도(delivery) 유연성	계획된 인도기일을 변경할 수 있는 능력
혼합(mix) 유연성	시장수요 변화에 대응한 상품 다양성 변경 능력
개발(launch) 유연성	새로운 상품을 개발, 생산할 수 있는 능력(기존 상품의 변경 포함)

계산방법

공급사슬 대응시간(시간, 일) = 주문충족 리드타임 + 조달 사이클타임

공급사슬 대응시간은 주문충족 리드타임과 조달 사이클타임의 합으로 계산된다. "정상적인" 수요변화에 대응할 수 있는 능력과 수요변화에 대응하기 위해 공급자와 얼마나 신속하게 원자재 수급을 변경할 수 있는가를 함께 측정하게 된다.

필요한 정보

조달 사이클타임(source cycle time)

조달 사이클타임은 내부 및 외부 공급자로부터 자재가격 기준으로 95%를 조달할 때까지 소요되는 누적 리드타임(공장에서의 수요파악 시점으로부터 생산시설에서 자재가 사용가능한 시점까지)을 의미한다.

일반적으로 누적 리드타임은 다음과 같은 프로세스들에 소요되는 시간을 포함하게 된다.

- 구매프로세스(purchasing process)
- 공급자 리드타임(supplier lead time)
- 공급자로부터 자재가 접수된 후 생산시설에 전달될 때까지

그림 13-6 조달 사이클타임의 구성요소

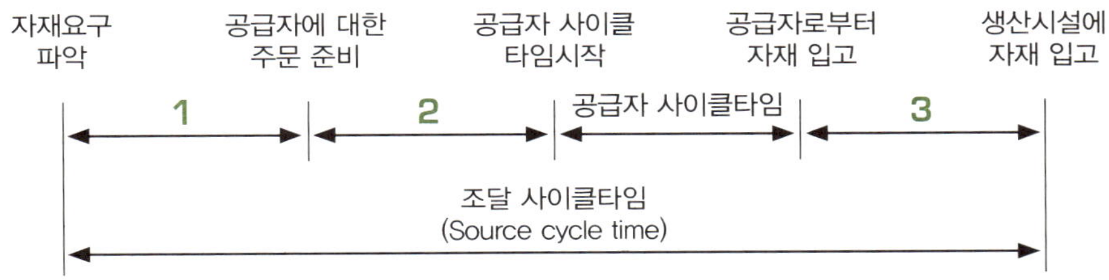

- 요소 1: 자재 요구를 파악한 시점에서 구매프로세스가 시작되기 전까지 평균적으로 소요되는 시간을 의미한다. 대부분의 기업에서 자재 요구는 자재 또는 구매계획 담당자나 IT 시스템(예, MRP, ERP)에 의해 파악된다. 구매 프로세스가 시작되기 전에 자재 주문계획, 승인 등에 일정 시간이 소요된다.
- 요소 2: 구매업체로부터 특정 품목을 구매하는 데 평균적으로 소요되는 시간을 의미한다. 구체적으로 공급자에 대해 구매주문이 발송되기 전까지 내부에서 주문을 준비하기 위해 소요되는 시간, 즉 구매 사이클타임(purchasing cycle time)을 의미한다.

- 요소 3: 공급자로부터 재료가 접수된 후 생산시설에 재료가 전달될 때까지 평균적으로 소요되는 시간을 의미한다. 이 시간에는 공급자로부터 자재접수 프로세스, 구매물류 프로세스, 창고보관, 생산을 위한 자재투입 등에 관련되는 업무가 포함된다.
- 공급자 사이클타임: 구매주문 발송에서부터 공급자가 상품을 인도하기까지 소요되는 시간을 의미한다. 여기에는 공급자가 주문접수 후 상품을 생산하는 데 소요되는 시간이 포함된다. 공급자에 따라 이 사이클타임이 다르게 나타나기 때문에 연간 자재 구매비용의 95%를 점유하는 공급자를 파악하고, 이 중 가장 긴 공급자 사이클타임을 적용해야 한다. 이는 모든 공급자가 2주 내에 자재를 공급한다고 하더라도 한 업체가 4주가 소요된다면 완제품 생산을 위해서는 결국 4주를 기다려야 하기 때문이다.

조달 사이클타임 계산방법

요소 1+요소 2+공급자 사이클타임+요소 3

계산 실제

- 요소 1 평균소요시간 = 1일
- 요소 2 평균소요시간 = 3일
- 요소 3 평균소요시간 = 2일
- 연간 자재 구매비용 = 20,000 $
- 20개 공급자
- 12개 공급자가 전체 구매비용의 95% 점유
- 12개 공급자 중 가장 긴 공급자 사이클타임 = 2개월

조달 사이클타임: 1+3+60+2 = 66일
주문충족리드타임: 30일
공급사슬 대응시간: 66+30 = 96일

2. 생산 유연성(Production flexibility)

개념

이 성과지표는 수요변화에 대응한 기업 내 생산설비의 유연성과 대응성을 측정한다. 수요변화에는 수요의 증가뿐만 아니라 감소도 포함된다. 따라서 이 지표는 다시 상부 유연성(upside flexibility)과 하부 유연성(downside flexibility) 2가지로 구분된다.

상부 유연성(upside flexibility)이란 계획되지 않은 20%의 생산량 증가를 소화하는 데 소요되는 시간을 의미한다. 공급사슬 대응시간과 유사하게 오버타임이나 하청계약과 같은 임시적인 방법으로는 해결할 수 없는 심각한 수요의 변화가 발생한 경우에 대한 대응능력을 측정한다.

하부 유연성(downside flexibility)이란 추가비용이나 재고 페널티를 초래하지 않고 고객으로부터의 주문 감소에 대응할 수 있는 능력을 측정한다. 만일 주문이 너무 늦게 취소된다면 이미 생산된 제품의 재고가 발생하게 되고 이를 폐기해야 하는 경우도 발생하게 될지 모른다. 하지만 기업이 유연성을 확보하고 있으면, 이러한 주문 감소에 추가 비용의 발생 없이 대응할 수 있게 될 것이다.

계산방법

① 상부 유연성(일) = 계획되지 않은 20%의 생산량 증가를 달성하기 위해 소요되는 시간

- 현재 생산능력이 수요의 20% 증가에 대응할 수 있는가? 만일 현재 생산능력 활용도가 80% 이상이라면 이러한 대응에 문제가 발생한다. 이 경우 기업은 생산능력을 증대하기 위해(기계 구입, 인력 채용, 기존 설비 확장 또는 신규 설비 구입 등) 얼마의 기간이 필요한지를 추정해야 한다. 만일 기업이 추가 수요를 아웃소싱으로 해결하려 한다면 아웃소싱 계약의 협상과정에 소요되는 시간과 계약업체가 상품을 생산하는 데 소요되는 시간을 추정해야 한다.

- 모든 공급자가 수요 20% 증가에 대응하여 20%(또는 그 이상의) 부품을 인도하기 위해 얼마의 기간이 소요되나? 만일 일부 공급자가 이러한 수요 증가에 대응할 수 없다면 다른 공급자로부터 조달을 해야 한다.
- 현재 운송능력이 수요 20% 증가를 처리하기에 충분한가? 만일 현재의 운송능력이 20% 증가된 물량을 처리할 수 없다면 추가로 차량을 구매하고 인력을 채용하거나, 3자 물류기업에게 아웃소싱을 추진해야 한다.

② 하부 유연성(%) = 재고나 비용 페널티 없이 인도 30일 전에 취소할 수 있는 주문량의 비율

- 이미 계획된 인도기일 30일 전에 모든 완제품을 생산하였는가? 만약 그렇다면 재고나 비용 페널티를 회피하기 어렵게 된다. 일부 완제품을 타 고객에게 판매할 수 있으나, 미래 판매를 대비하여 완제품 재고를 보유하고 있다면 재고나 비용 페널티를 회피할 수 없게 된다.
- 이미 완제품 생산에 착수하였는가?(이 경우 재공품(WIP)이 발생하게 된다) 만약 그렇다면 비용 페널티를 회피하기 위한 여러 대안이 존재한다. 하나의 대안은 재공품을 타 고객을 위한 상품 생산에 사용하는 방안이 있다. 모든 재공품을 이러한 용도로 사용할 수 없다면 재사용이 불가능한 재공품의 비율을 추정해야 한다. 또 다른 대안으로 추가 비용의 발생 없이 타 고객에게 반제품(semi-finished products)을 판매하는 방안이 있을 것이다.
- 이미 원자재를 구매하였는가? 이 경우 위와 유사한 대안을 적용할 수 있다. 이러한 대안을 적용하기도 어렵다면 불필요하게 될 원자재의 비율을 추정해야 한다.

계산 실제

- 현 생산능력 활용도 90%

- 생산능력 10%를 증가하기 위해 신규 설비를 완공하고 장비를 구입하는데 3개월이 소요될 것으로 전망됨(신규 생산시설은 6개월 전에 계획되어 추진되고 있음)
- 95%의 공급자가 3개월 내 산출을 20% 증가시킬 수 있음
- 2개의 공급자는 산출을 20% 증가시킬 수 있는 역량이 없음
- 다른 공급자로부터 자재를 공급하는 데 2개월이 소요되고 새로운 공급자의 공급자 사이클타임은 2개월로 파악되어 추가 20%의 자재가 도착하기까지 4개월이 소요됨
- 운송능력을 15% 증가시키는 데 2개월이 소요(5%는 기존 여유 운송능력 활용)
- 전체 주문량의 5%는 인도 30일 전까지 완제품 상태로 보관되어 있어야 함
- 이들 상품은 다른 고객을 위해 전용될 수 없음
- 전체 주문량의 90%는 인도 30일 전까지 생산되어야 함
- 이 90% 중 10%는 다른 고객을 위해 전용될 수 있음
- 전체 주문량의 5%는 인도 30일 전까지도 생산에 들어가지 못함
- 전체 주문량의 70%를 위한 원자재 구매는 인도 30일 전까지 이루어지고 있음
- 이 70% 중 25%는 다른 고객을 위해 전용될 수 있음
- 인도 30일 전까지 구매되지 못한 30% 중 40%는 공급자에게 페널티 없이 취소할 수 있음

① 상부 유연성: 120일

수요 20% 증가에 대응하기 위해 소요시간이 가장 긴 부분은 새로운 공급자로부터의 조달이다. 이것이 제약요인이 되며 4개월이 소요된다.

② 하부 유연성: 10.5%

- 전체 주문량의 5%는 이미 생산이 완료되어 페널티 없이는 재사용될 수 없다.

- 주문량의 90%는 생산에 착수되어 재공품(WIP) 상태에 있다. 이 재공품 중 10%는 페널티 없이 재사용될 수 있으며, 이는 전체 주문량의 9%(=10%×90%)에 해당한다.
- 나머지 5%는 아직 생산에 착수하지 않아서 재공품이 없다. 자재의 70%가 인도 30일 전에 구매되고, 이것이 5%의 주문량에도 적용된다면, 이 중 17.5%(=70%×25%)는 타 고객을 위해 사용될 수 있다. 다른 12%(=30%×40%)는 공급자에게 취소할 수 있는 물량이다. 따라서 주문량의 29.5%(=17.5%+12%)는 페널티가 발생하지 않는 물량으로 전체 주문량의 1.5%를 차지한다.
- 따라서 전체 주문량의 10.5%(=0%+9%+1.5%)는 페널티 없이 취소할 수 있는 물량이 된다.

비용(Cost)

1. 총공급사슬관리비용(Total supply chain management cost)

개념

이 성과지표는 공급사슬을 운영하는 데 소요되는 모든 비용의 합을 의미한다. MIS, 재무, 계획, 재고관리, 자재획득 및 주문관리 등 공급사슬 관련 비용의 합으로 측정된다.

이 성과지표를 측정하는 데 가장 어려운 점은 각 비용요소를 계산하기 위한 데이터를 수집하기가 쉽지 않다는 데 있다. 많은 기업이 MIS 관련 비용을 측정하고 있으나 이 중 공급사슬 관련 활동에 소요된 부분을 별도로 파악하기에는 어려운 점이 있다. 재무나 계획비용도 마찬가지이다.

계산방법

총공급사슬관리비용(%)=공급사슬 관련 비용의 합/총매출액

필요한 정보

① 공급사슬과 관련된 MIS 비용

- 상품관리
- 완제품 수요/공급 계획
- 조달/자재 획득
- 생산계획 및 실행
- 주문관리
- 물류 및 유통
- 유통경로 관리
- 현장 서비스 및 지원
- E-commerce(SCM과 관련이 없는 촉진, 광고, 견적, 기업 웹 사이트는 제외)
- 재무
- 계획
- 재고관리

② 공급사슬 재무비용

- 대금 지불, 회계감사, 재고회계 및 매출채권 회수업무 등에 수반되는 비용. 고객의 청구서작성 비용, 일반 회계 및 MIS 관련 비용은 제외

③ 수요/공급 계획비용

- 예측, 완제품 재고계획, 공급사슬상의 수요/공급 조정 등에 수반되는 비용. MIS 관련 비용은 제외

④ 재고관리 비용

- 원자재, 재공품((WIP), 완제품 재고에 수반되는 기회비용, 보험 및 세금, 멸실 및 손상 등에 수반되는 비용
- 기회비용=자본비용×연평균 순재고 가격
- 보험 및 세금: 창고 유지에 수반되는 비용
- 멸실 및 손상: 멸실 및 손상으로 인해 발생하는 비용

⑤ 자재획득 비용

- 자재관리 및 계획비용: 공급자 선정, 계약협상에 수반되는 비용과 자재 구매과정에 수반되는 비용
- 입하 운송비용
- 자재접수 및 보관비용: 자재 접수 및 보관에 수반되는 비용으로 창고 스페이스 관리, 자재 접수 및 보관, 작업계획 등의 업무가 포함됨.
- 검수비용
- 자재 프로세스 엔지니어링 비용: 자재 사양을 결정하고 품질을 개선하기 위한 제반 업무에 수반되는 비용

⑥ 주문관리 비용

- 고객주문 지원비용: 가격견적, 주문서 준비 등에 수반되는 비용
- 주문입력 및 유지비용: 고객 데이터베이스의 유지, 신용조사, 새로운 주문의 승낙 및 주문시스템에 추가, 주문변경 등에 수반되는 비용
- 주문충족비용: 주문처리, 재고배분, 내부 및 외부 공급자에 대한 주문, 출하 스케줄링, 주문 상태 보고, 출하착수 등에 수반되는 비용
- 유통비용: 창고 스페이스 및 관리, 완제품 접수 및 보관, 출하준비, 피킹 및 혼재, 운송업자 선정 등에 수반되는 비용
- 운송비용: 공장으로부터 최종 고객에게 운송되는 과정에 수반되는 지불 운송비
- 조립/설치비용: 조립, 설치, 청구서 확인 등에 수반되는 비용
- 청구서/회계비용: 청구서작성, 고객 지불처리, 고객만족도 조사 등에 수반되는 비용

계산 실제

총매출액＝14,000,000$

① MIS 비용

- 총MIS비용＝100,000$

- MIS비용 중 40%는 SCM과 관련이 없는 것으로 파악

② 재무비용

- 총재무비용＝200,000$
- 재무비용의 25%는 SCM과 관련

③ 계획비용

- 5명의 직원이 공급사슬활동을 담당
- 60%의 시간을 공급/수요 계획업무에 투입
- 직원 1인당 인건비＝10,000$/년
- 기타 간접비＝12,000$/년

④ 재고관리비용

- 원자재, 재공품, 완제품에 대한 연간 재고관리비용＝100,000$

⑤ 자재획득비용

- 3명의 직원이 자재관리 및 계획업무를 담당
- 80%의 시간을 공급사슬활동에 투입
- 총입하 운송비용＝50,000$
- 10명의 직원이 창고부서에 종사
- 4명의 직원이 자재접수 및 보관 업무를 담당
- 이들은 90%의 시간을 SCM 관련 활동에 투입
- 총간접비(창고, 자재하역장비 등)＝10,000$
- 40%의 간접비가 입하활동에 관련(20% 내부, 40% 출하)
- 2명의 직원이 검품을 담당(full time)
- 엔지니어링 부서에 2명, 품질관리 부서에 3명이 자재 프로세스와 관련된 엔지니어링 활동을 담당
- 이들은 80%의 시간을 SCM 관련 활동에 투입
- 이들의 간접비＝5,000$

⑥ 주문관리비용

- 5명의 직원이 주문서 작성 및 입력을 담당(full time)
- 총간접비 = 100,000(이 중 2%가 주문관리와 관련)
- 이들은 80%의 시간을 SCM 관련 주문충족 활동에 투입
- 4명의 직원이 창고부서에 종사하며 배송 및 운송을 담당
- 창고부서 간접비 100,000$ 중 40%가 이러한 서비스와 관련
- 출하 운송비 = 50,000$
- 고객처에서 조립이 요구되지 않음
- 3명의 직원이 청구서 작성, 매출채권 관리 등 재무업무를 담당(full time)
- 재무부서 간접비 80,000 $의 5%가 이러한 서비스와 관련

① MIS 비용 = 60% × 100,000 = 60,000

② 공급사슬 재무비용 = 25% × 200,000 = 50,000

③ 공급/수요 계획 = 60% × 3 × 10,000 + 12,000 = 30,000

④ 재고관리비용 = 100,000

⑤ 자재획득비용 = (80% × 3 × 10,000 + 2%) + 50,000 + (90% × 4 × 10,000 + 40% × 100,000) + (100% × 2 × 10,000) + (80% × 5 × 10,000 + 5,000) = 215,000

⑥ 주문관리비용 = (100% × 5 × 10,000 + 2% × 100,000) + (80% × 4 × 10,000) + (100% × 4 × 10,000 + 40% × 100,000) + 50,000 + (100% × 3 × 10,000 + 5% × 80,000) = 248,000

총공급사슬관리비용 = (60,000 + 50,000 + 30,000 + 100,000 + 215,000 + 248,000)/14,000,000 = 5%

2. 부가가치 생산성(Value-added productivity)

개념

부가가치 생산성이란 상품매출이라는 목표를 달성하기 위해 필요한 비용

및 생산성 성과를 측정하는 지표이다. 즉 기업의 공급사슬 프로세스를 운영하기 위해 자원을 얼마나 효율적으로 관리하는가를 측정하는 지표이다.

계산방법

부가가치 생산성($) = (연간 총매출액 – 연간 총자재구입비용)/총고용자 수

연간 총매출액, 연간 총자재구입비용은 재무제표에서 얻을 수 있다. 총고용자 수는 FTE(full time equivalent)로 측정되며, 정규직 및 계약직 고용자를 모두 포함하여 계산된다.

필요한 정보

- 연간 총매출액
- 연간 총자재구입비용
- 완제품을 생산과 관련된 직접 및 간접 자재구입비용을 포함
- 총고용자 수
- 정규직 및 계약직 고용자의 연간 총근무시간을 파악하고 있지 않다면, 연간 평균 고용자 수를 적용할 수도 있다. 이 경우 연초 및 연말 고용자 수의 평균치를 적용하면 된다.

계산 실제

- 총매출액 = 320,800,000$
- 총자재구입비용 = 80,000,000$
- 연초 고용자 수 = 3,500인
- 연말 고용자 수 = 4,500인
- 평균 고용자 수 = 4,000인

부가가치 생산성 = (320,800,000 – 80,000,000)/4,000 = 60,200 $/인

3. 보증 및 반품비용(Warranty cost)

개념

보증비용은 상품의 전반적인 품질을 측정하는 지표이다. 보증은 생산자가 상품이나 서비스에 대해 일정기간 품질을 보장하는 제도이다. 보증비용은 대개 매출액의 1.5~3% 정도를 차지, 제조업자에게 비용부담이 되기 때문에 품질개선을 통해 이를 완화하려는 노력이 필요하다.

계산방법

보증비용(%) = 총보증비용/총수입

총보증비용은 고객으로부터의 반품을 처리하는 데 소요되는 비용으로 측정된다. 자재 및 노동(재처리)을 위한 직접 및 간접비용이 포함된다. 또한 상품 결함을 진단하는 데 소요되는 비용과 회수물류비용(reverse logistics costs)이 포함된다.

필요한 정보

① 반품비용: 고객에 의한 반품과 관련된 비용. 반품에 대한 운송비용, 고객서비스 비용, 상품 교환비용 등이 포함됨.

② 진단비용: 반품된 자재의 검사와 원인을 진단하는 데 소요되는 비용

③ 재처리비용: 반품에 대한 재처리 비용

④ 출하비용: 재처리 또는 교환 상품을 고객에서 다시 출하하는 데 소요되는 비용

계산 실제

① 반품비용

- 총수입 = 10,000,000$
- 1인당 노동비용 = 10,000$
- 3명의 직원이 반품과 관련된 고객서비스 업무를 담당

- 50%의 시간을 이러한 활동에 투입
- 총간접비 = 13,500$
- 총입하 운송비 = 100,000$
- 5%의 입하 화물이 반품 자재
- 10명의 직원이 창고부서에 근무
- 4명이 입하 자재의 접수와 보관을 담당
- 이들은 10%의 시간을 반품 관련 업무에 투입
- 기업이 모든 반품에 대해 재처리를 원칙으로 하고 있음(직접 교환은 불허)

② 진단비용

- 4명의 직원이 품질부서에 근무하며, 이 중 2명이 상품 테스트 업무를 담당
- 이들은 50%의 시간을 언급한 상품 진단활동에 투입
- 총간접비 = 15,000$
- 장비에 대한 감가상각비 = 5,000$

③ 재처리 비용

- 반품된 상품 중 10%를 재처리하며 이에 소요되는 비용은 40,000$
- 50명의 직원이 생산을 담당
- 이들은 5%의 시간을 재처리에 투입
- 재처리를 위한 직접 및 간접 자재비용 = 55,000$

④ 출하비용

- 총출하 운송비용 = 200,000$
- 이 중 5%가 재처리 상품을 출하하는 데 소요

① 반품비용 = 50% × 3 × 10,000 + 13,500 + 5% × 100,000 + 10% × 4 × 10,000 = 37,500

② 진단비용 = 50% × 2 × 10,000 + 15,000 + 5,000 = 30,000

③ 재처리 비용 = 40,000 + 5% × 50 × 10,000 + 55,000 = 120,000

④ 출하비용 = 5% × 200,000 = 10,000

총보증비용 = (40,000+30,000+120,000+10,000) / 10,000,000 = 2%

자산(Assets)

1. 공급재고일수(Inventory days of supply)

개념

공급재고일수란 상품을 생산해서 판매하기까지 소요되는 일수를 의미한다. 이는 재고에 대한 투자가 상품의 판매로 전환되기까지의 시간을 의미한다. 생산된 재고가 얼마나 빨리 고객에게 판매되는지를 측정하는 지표이다. 공급재고일수가 길수록 판매되지 못한 완제품을 많이 보유하고 있다는 것을 의미한다. 낮은 재고회전율은 유동성 확보에 적신호로 작용한다.

이 지표를 계산하기 위해 필요한 모든 정보는 포괄손익계산서(손익계산서)와 재무상태표(대차대조표)에서 얻을 수 있다.

계산방법

공급재고일수(일) = 연평균 재고자산/매출원가/365

연평균 재고자산은 5분기 평균치(5 point annual average)를 사용하여 계산된다. 즉 전년도 4분기 재고자산과 당해 연도 1분기 재고자산의 평균치로 계산된다.

①(전년도 1분기, 2분기, 3분기, 4분기 재고자산+당해 연도 1분기 재고자산)/5

②(전년도 재고자산×4+당해 연도 1분기 재고자산)/5

필요한 정보

- 전년도 분기별, 당해 연도 1분기 재고자산
- 매출원가(COGS)

COGS = 연초 재고 + 제품제조원가 − 연말 재고

제품제조원가 = 자재구입 + 직접 인건비 + 간접 인건비 + 제조 간접비

계산 실제

- 분기별 재고자산

전년도 1분기	2분기	3분기	4분기	당해 연도 1분기
32,000	33,000	31,000	35,000	37,000

- COGS: 포괄손익계산서로부터 도출

총매출액	320,800
반품 및 할인	32,800
순매출액	288,000
당기 매입액	80,000
직접 인건비	20,000
간접 인건비	10,000
제조 간접비	16,500
매출 총이익	161,500
판매비와 관리비(SGA)	84,000
감가상각비	8,500
영업이익	69,000

연초 재고 = 32,000　　연말 재고 = 35,000

당기 매입액 = 80,000　　직접 인건비 = 20,000

간접 인건비 = 10,000　　제조 간접비 = 16,500

COGS = 32,000 + (80,000 + 20,000 + 10,000 + 16,500) − 35,000 = 123,500

공급재고일수 = 33,600/123,500/365 = 99일

2. 현금화 사이클타임(Cash-to-cash cycle time)

개념

이 성과지표는 원자재를 위해 지불한 단위 금액이 기업으로 회수되기까지의 기간을 측정하는 지표이다. 이 지표는 기업이 공급자 및 고객으로부터의 재무흐름을 얼마나 효율적으로 관리하고 있는지를 판단하는 주요 지표의 하나이다.

현금화 사이클타임은 기업이 어느 정도의 유동성을 필요로 하는지를 결정한다. 현금이 상품이나 서비스에 투자된 시점에서 이러한 투자가 현금을 창출하는 시점 사이의 기간을 나타낸다. 일반적으로 기업의 현금화 사이클(cash-to-cash cycle)은 다음의 4단계로 구성된다.

- 원자재의 구매, 상품의 생산, 재고의 보유
- 상품의 판매, 매출의 발생(모두 현금으로 결제되지는 않음)
- 매출채권의 발생
- 매출채권 회수, 현금수입 창출

현금화 사이클이 길어질수록 재고와 매출채권이 현금화되는 시간이 길어지며 보다 많은 유동자산이 필요하게 된다. 다시 말하면 현금화 사이클이 길어질수록 보다 많은 운영자본이 필요하게 된다. 다른 측면에서 고려해야 할 요소는 신용구매를 활용하는 것이다. 현금구매를 하지 않음으로써 유동성의 필요를 줄일 수 있게 된다. 한편 고객에게 신용구매를 많이 허락할수록 현금화 사이클은 길어지게 된다.

이 지표를 계산하기 위해 필요한 모든 정보는 포괄손익계산서와 재무상태표에서 얻을 수 있다.

계산방법

현금화 사이클타임(일)=공급재고일수+매출채권 회수기간−매입채무 변제기간

이 지표의 계산을 위한 재고자산, 매출채권, 매입채무는 공급재고일수의 경우처럼 모두 5분기 평균치를 사용한다.

필요한 정보

- 공급재고일수=연평균 재고자산/매출원가(COGS)/365
- 매출채권 회수기간(DSO)=연평균 매출채권(AR)/총매출액/365
- 매입채무 변제기간(DPO)=연평균 매입채무(AP)/당기 매입액/365

계산 실제

다음과 같은 포괄손익계산서와 재무상태표를 가지고 있는 기업을 가정하자.

포괄손익계산서

총매출액	320,800
반품 및 할인	32,800
순매출액	288,000
매출원가	126,500
매출 총이익	161,500
판매비와 관리비(SGA)	84,000
감가상각비	8,500
영업이익	69,000

재무상태표

	2008	2009
유동자산		
현금	10,000	10,400
유가증권	11,000	16,300
매출채권	24,000	24,500
재고자산	32,000	32,100
선급비용	8,000	8,700
총유동자산	85,000	92,000
고정자산		
유형자산	40,000	40,100
장기투자	8,000	8,700
받을어음	6,000	6,900
영업권	8,000	9,300
자산총계	147,000	157,000

	2008	2009
유동부채		
매입채무	20,000	20,700
미지급비용	10,000	10,100
단기차입금	7,000	8,000
유동성장기부채	18,000	18,600
이연세금	2,000	2,200
총유동부채	57,000	59,600
고정부채		
장기차입금	38,000	38,500
이연수익	23,000	23,600
총부채	118,000	121,700
자본		
납입자본금	16,000	20,500
유보이익	13,000	14,800
총자본	29,000	35,300
자산총계	147,000	157,000

- 공급재고일수 $= [(32{,}100 \times 4 + 34{,}000)/5]/126{,}500/365 = 94$일
- 매출채권 회수기간 $= [(24{,}500 \times 4 + 24{,}000)/5]/320{,}800/365 = 28$일
- 매입채무 변제기간 $= [(20{,}700 \times 4 + 24{,}500)/5]/80{,}000/365 = 98$일

현금화 사이클타임 $= 94 + 28 - 98 = 24$일

3. 자산회전율(Asset turns)

개념

이 성과지표는 기업 자산의 활용도를 의미하며 기업의 자산이 얼마나 효율적으로 활용되고 있는가를 측정하는 중요한 지표이다. 일반적으로 원가계산서와 재무상태표에 기초한 재무분석의 주요 지표로 활용되고 있다.

계산방법

자산회전율(회)＝총매출액/총순자산

필요한 정보

- 총매출액
- 총순자산＝총자산－총유동부채

계산 실제

위의 현금화 사이클타임의 경우와 동일한 포괄손익계산서와 재무상태표를 가지고 있는 기업을 가정하자.

- 총자산＝(157,000+147,000)/2＝152,000
- 총유동부채＝(59,600+57,000)/2＝58,300
- 총순자산＝15,2000－58,300＝93,700

자산회전율＝320,800/93,700＝3.4회

참고문헌

- 권오경, SCM 성과평가모델의 구축과 활용, 경제연구총서 372, 대한상공회의소, 2003.
- Bowersox, Donald H. and David J. Closs, Logistical Management: The Integrated Supply Chain Process, McGraw-Hill, 1999.
- Gintic Institute of Manufacturing Technology, SCOR Version 3.1 Details Metrics Calculation.
- Establish, Inc./Herbert W. Davis and Company, Davis Database, 2001. 6.
- Kaplan, Robert S. and David P. Norton, "The Balanced Scorecard - Measures That Drive Performance," Harvard Business Review, January/February, 1992.
- Lapide, Larry, "What About Measuring Supply Chain Performance?," http://www.ascet.com, 2000.
- PRTM, Integrated-Supply-Chain Performance Measurement: A Multi-Industry Consortium Recommendation, 1994. 10.
- PRTM, Supply-Chain Management Benchmarking Series: Executive Summary, 1999. 6.

PART IV

제 4 부

공급사슬관리의 새로운 이슈

제 14 장

서비스 공급사슬관리

Chapter 14

서비스의 역할과 특성

서비스 산업이 경제에서 차지하는 비중이 크고 또한 지속적으로 증가하고 있다. 미국의 경우 2001년 서비스 부문이 국내총생산(GDP)에서 차지하는 비중이 84%에 달하며, 95백만 명이 서비스 부문에 종사하고 있다. 특히 미국의 경우 1988~2000년 기간 신규 고용자의 97%가 서비스 부문에서 창출된 것으로 나타났다. 전 세계적으로도 2002년 서비스 교역규모가 1.6십억 달러에 달하였으며 이는 상품 교역규모 6.3십억 달러에 비해 결코 적지 않은 비중을 차지하고 있다(Ellam et al., 2004).

우리나라는 선진국에 비해 아직 서비스 산업이 차지하는 비중이 상대적으로 낮다. 2008년 우리나라 서비스 산업이 GDP에서 차지하는 비중은 57.6% 수준으로, 이는 미국, 독일, 일본 등 선진국의 1980년대 수준이다. 하지만 현재 대부분의 선진국에서 서비스 산업의 비중이 70% 이상인 점을 감안하면, 향후 우리나라 경제에서 서비스 산업이 차지하는 비중은 지속적으로 증가할 것으로 예상된다.

서비스 경제의 발전과 글로벌화 진전에 따라, 특히 2004년 IBM에 의해 서비스 사이언스(Service Science)의 개념이 소개된 이후, 서비스 경영과 서비스 공급사슬관리 분야가 학계와 산업계 모두로부터 점차 높은 관심을 받고 있다.

전 세계적으로 공급사슬관리가 확산되고 있으며 많은 성공사례가 나타나고 있다. 하지만 공급사슬관리를 성공적으로 도입하고 있는 제조업체나 유통업체에 비해 서비스 산업에 있어서 공급사슬관리의 도입은 아직 초기 단계에 있다.

서비스 공급사슬관리에 대한 논의를 전개하기 전에 가질 수 있는 근본적인 질문은 제조기업의 제품 중심의 공급사슬관리 전략과 기법들이 과연 서비스 산업에도 적용될 수 있을 것인가 하는 것이다. 이를 위해서는 우선 물리적인 제품과 비교하여 서비스가 가지는 독특한 특성이 무엇인지를 이해할 필요가 있다.

서비스에 대한 정의는 다양하지만 기본적으로 서비스는 유형의 재화가 아닌 무형의 형태로 구매자에게 부가가치를 제공하는 모든 경제활동을 의미한다. 이러한 서비스에는 의료, 통신, 은행, 보험, 회계, 법률, 컨설팅, 교육, 공연, 관광, 운송 등이 포함된다.

서비스의 특성

물리적인 제품과 비교하여 서비스는 다음과 같은 특성들을 가진다.

- 무형성(intangibility): 기본적으로 서비스는 무형이며 실체가 없다(intangible and insubstantial). 따라서 저장되거나 운송될 잠재성이나 필요성이 없다.
- 소멸성(perishability): 서비스는 두 가지 관점에서 소멸적이다. 첫째, 서비스 전달을 위한 자원, 프로세스와 시스템은 시한부로 할당된다. 지정된 혹은 예약된 소비자가 해당 기간에 소비하지 않으면 서비스를 제공할 수 없게 된다. 서비스 제공자의 관점에서 이는 사업 기회의 손실을 의미한다. 예를 들어 항공기의 빈 좌석은 출발 후 다시는 판매될 수 없다. 둘째, 서비스가 소비자의 요청에 대해 완전히 생산된 시점에서 이 특정 서비스는 소비되어 이전의 상태로 되돌릴 수 없게 소멸된다. 예를 들어, 승객이 목적지에 도착하였다면 다시는 동일 시점에 동일 지점으로 운송될 수 없다.
- 생산과 소비의 동시성(simultaneity): 서비스는 동일한 기간에 생산과 소비가 동시에 이루어진다. 소비자가 서비스(전달)를 요청하면 특정 서비스는 즉시 생산되어야 하고 소비자는 생산된 편익을 즉시 소비하게 된다. 이처럼 서비스는 생산과 소비가 동시에 이루어지기 때문에 저장될 수 없다는 특징을 갖는다.
- 고객참여(customer participation): 서비스 프로세스에서 고객은 유형의 소유물이나 수요 정보를 제공함으로써 생산요소를 투입하는 공급자의 역할을 한다. 이러한 특성으로 인해 서비스 공급사슬에서는 양방향(bidirectional) 공급관계가 형성된다.
- 이질성(heterogeneity) 또는 다양성(variability): 각각의 서비스는 독특한 속성을 가진다. 또한 한번 생산되고 소비되면, 그 다음 전달에 있어서 시점, 지점, 환경, 조건, 구성이나 할당된 자원 등이 다르기 때문에, 동일한 소비자가 동일한 서비스를 요청하더라도 정확하게 반복될 수가 없다. 예를 들어, 소비자를 집에서 극장으로 운송한 택시 서비스는 – 다른 시점,

다른 방향, 다른 경로, 아마도 다른 운전자와 차량 등으로 인해 – 동일한 소비자를 극장에서 집으로 운송하는 택시 서비스와 다를 수밖에 없다.

서비스 패키지

서비스는 순수하게 무형의 형태로 제공되기도 하지만 유형의 재화와 함께 제공되기도 한다. Fitzsimmons and Fitzsimmons(2004)는 특정 환경에서 제공되는 재화와 서비스의 묶음을 서비스 패키지(service package)로 정의하고 다음의 5가지 구성요소를 제시하였다.

1. 지원시설(supporting facility): 서비스가 제공될 수 있도록 하기 위해 사전에 반드시 갖추어야 할 물리적 자원들(예: 골프코스, 스키 리프트, 병원, 항공기 등)
2. 보조용품(facilitating goods): 서비스의 촉진을 위해 제공되는 보조용품. 고객에 의해 사용되거나 소비되는 제품(예: 음식, 법률 서류, 골프 클럽, 의료 기록 등)
3. 정보(information): 효율적이고 고객화된 서비스가 가능하도록 고객에 의해 제공되는 운영 데이터나 정보(예: 환자 진료기록, 비행기 잔여좌석, 고객 선호도, 택시 배차를 위한 고객 위치 등)
4. 명시적 서비스(explicit services): 감각에 의해 쉽게 관찰될 수 있는 편익이며, 서비스의 본질적이고 내재적인 특색(예: 식사의 질, 웨이터의 태도, 정시 출발 등)
5. 묵시적 서비스(implicit services): 고객이 희미하게 느끼는 심리적 편익이며, 서비스에 부수되는 외재적인 특색(예: 대출 사무실의 프라이버시, 조명을 잘 갖춘 주차장의 안도감 등)

서비스 프로세스 매트릭스

Schmenner(1995)는 개별기업의 서비스 프로세스의 특징에 근거하여 서비스 기업의 유형을 구분하는 서비스 프로세스 매트릭스(Service Process Matrix, SPM)의 개념을 제시하였다. 이 매트릭스는 서비스 운영의 전략적 포지셔닝 결

그림 14-1 서비스 프로세스 매트릭스

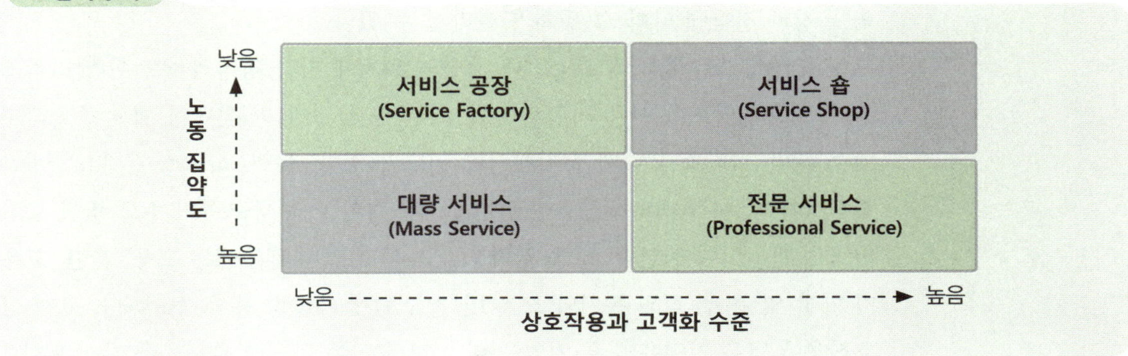

출처: Schmenner(1995).

정과 변화를 모색할 때 유용하게 활용될 수 있다.

서비스 프로세스는 노동 집약도(degree of labor intensity)와 고객 상호작용(customer interaction) 및 고객화(customization) 두 가지 차원을 고려하여 구분될 수 있다. 노동 집약도란 자본비용에 대비한 노동비용의 비율로 정의될 수 있다. 고객 상호작용이란 서비스 프로세스에 고객이 개입하는 수준을 의미한다.

좌상단면은 노동 집약도가 낮고 상호작용과 고객화도 낮은 기업들을 포함한다. 이러한 기업을 서비스 공장(service factory)이라고 부른다. 이러한 서비스 기업은 제조업의 공장과 유사한 방식으로 운영된다. 규모의 경제를 추구하며 저비용 비숙련 인력을 고용할 수 있다. 서비스 공장으로 분류되는 기업에는 항공사, 트럭회사, 호텔, 리조트 등이 포함된다.

우상단면은 노동 집약도는 낮으나 상호작용과 고객화는 높은 기업들을 포함한다. 이러한 기업을 서비스 숍(service shop)이라고 부른다. 서비스 숍으로 분류되는 기업에는 병원, 자동차 정비공장, 레스토랑 등이 관찰된다.

좌하단면은 노동 집약도가 높지만 상호작용과 고객화는 낮은 기업들을 포함한다. 이러한 기업을 대량 서비스(mass service) 기업이라고 부른다. 대량 서비스 제공자에는 소매/도매업체, 학교, 소매금융기관 등이 포함된다.

우하단면은 노동 집약도가 높고 상호작용과 고객화도 높은 기업들을 포함한다. 이러한 기업을 전문 서비스(professional service)기업이라 부른다. 전문 서비스 제공자에는 의사, 변호사, 회계사, 건축가, 투자은행 등이 포함된다.

물론 이는 개괄적인 구분이며 같은 업종에 속하였다 하더라도 개별 기업의 특징과 전략에 따라 그 위치가 달라질 수 있다.

서비스 프로세스 매트릭스 내 기업의 위치에 따라 경영의 초점이 달라지게 된다. 노동집약도가 낮은 기업의 경우 자본(공장, 장비)의 선택이 매우 중요하며 기술적 발전을 주의 깊게 모니터링할 필요가 있다. 능력(capacity)은 다소 비탄력적이기 때문에 서비스 전달을 위한 스케줄링이 더욱 중요하며 수요 또한 효과적으로 관리되어야 한다. 노동 집약도가 높은 기업의 경우에는 고용, 훈련, 고용자 개발 및 통제, 직원 복지와 같은 이슈, 인력 스케줄링 등이 중요하다. 고객 상호작용이 낮은 기업은 다른 기업에 비해 보다 많은 마케팅 과제들을 안게 된다.

대부분의 서비스 기업들은 시간에 경과함에 따라 매트릭스 내에서 그 위치를 변화하는 경향이 있다. 효율성을 제고하기 위해서는 노동 집약도와 상호작용 및 고객화 수준을 낮추려고 할 것이다. 하지만 상호 작용 및 고객화 수준이 낮을 경우 서비스의 범용화(commoditization)로 가격 위주의 경쟁이 심화될 수 있기 때문에 전문 서비스로 이동하는 등의 차별화 전략을 채택할 수도 있다.

서비스 공급사슬관리

1. 서비스 공급사슬관리의 의의

서비스 공급사슬관리는 크게 두 가지 관점에서 접근할 수 있다. 첫째는 서비스 산업에 대한 공급사슬관리의 적용이며, 둘째는 제조업의 고객 서비스 및 서비스 구매 분야에 대한 공급사슬관리의 적용이다.

서비스 산업의 공급사슬

제조업체와 유통업체를 중심으로 성공적으로 도입된 바 있는 공급사슬관리 전략이 서비스 산업에도 적용될 수 있는지, 있다면 어떻게 효과적으로 적용될 수 있는지에 대한 문제이다.

서비스 제공자는 고객에게 순수하게 무형의 서비스를 제공하기도 하지만 서비스와 함께 유형의 재화를 함께 제공하기도 한다.

- 서비스 제공자가 순수하게 무형의 서비스를 제공한다. 회계, 법률, 컨설팅, 교육, 공연 등이 그 예이다.
- 서비스 제공자가 무형의 서비스와 함께 유형의 재화를 함께 제공하는 경우가 있다. 병원(의약품), 항공사(식사, 면세품), 레스토랑(식사) 등이 그 예라 할 수 있다.

이 중 무형의 서비스 및 유형의 재화를 함께 제공하는 서비스 산업의 경우, 무형의 서비스를 제공하기 위한 시설, 장비, 인력, 시스템 등의 공급, 유형의 재화를 제공하기 위해 필요한 자재, 시스템 등의 공급, 가공이나 생산, 나아가 완제품의 전달 등 제조업과 유사한 프로세스들을 가지기 때문에 공급사슬관리의 도입이 전체 프로세스의 개선에 중요한 역할을 하게 된다.

최근 서비스 산업에 있어서 대형 병원, 항공사 등을 중심으로 공급사슬관리의 도입이 추진되고 있는 사례들이 이러한 시각을 입증하고 있다.

제조업의 서비스 공급사슬

제조업의 경우에도 서비스 공급사슬관리의 중요성이 부각되고 있다. 제조업체의 경우 제품 생산을 위한 원자재나 부품과 함께 다양한 형태의 서비스의 구매도 이루어진다. 때문에 제품 구매와 함께 서비스 구매에 대한 전략이 필요하다. 또한 고객 서비스 지원을 위한 판매 후 서비스(after-sale service)와 예비부품(spare parts) 재고관리 등을 효율적으로 관리할 필요성이 증대되고 있다. 특히 자동차나 전자제품의 경우에는 고객 서비스와 비용 절감을 위해 예비부품 공급사슬의 관리가 중요하다.

제조와 서비스의 융합

최근 산업 전반에 제조와 서비스의 융합(servitization) 현상이 급속히 확산되고 있다. 제조기업의 경우 '제품 서비스화(product servitization)'가 전략적 이슈로 부각되고 있다. 제품 서비스화란 간략히 제품과 서비스가 결합되어 하나의 묶음으로 제공되는 것을 의미하며, 광의로는 제품과 서비스가 서로 융합되는 현상을 의미한다. 또한 제조기업이 제품에 부가하여 보조적으로 제공했던 서비스를 이익을 창출하는 원천으로 강화하기 위한 전략을 의미하기도 한다.

Apple이 아이폰(iPhone)과 아이팟(iPod)을 판매하면서 전용 앱스토어(AppStore)를 통해 다양한 콘텐츠를 함께 판매하고 있는 것이 대표적인 사례라 할 수 있다. IBM은 경쟁력이 약화된 PC 부문을 Lenovo에 매각하였고, 네트워크 컴퓨팅 기술을 기반으로 기업 대상의 아웃소싱, 컨설팅, 소프트웨어 및 솔루션 서비스 등 사업영역을 서비스 중심으로 전환하였다. 항공기 엔진을 공급하는 GE 항공사업부는 엔진과 부속시스템 등의 제품 판매와 더불어 엔진 도입에 따른 리스 등 금융서비스, 엔진의 원격진단과 점검, 사용자 교육, 유지보수 서비스, 자산관리 서비스 등을 강화함으로써 '항공기엔진'에 대한 라이프사이클 서비스를 사업화하고 높은 수익을 창출하고 있다.

반대로 '서비스 제품화(service productization)' 사례도 나타나고 있다. 세계적인 웹 검색서비스 업체인 Google은 자사의 검색서비스와 연동되는 안드로이드(Android)폰을 출시한 바 있다.

이처럼 제조와 서비스의 융합 현상이 확산됨에 따라 서비스기업뿐만 아니라 제조기업에게 있어서도 서비스 공급사슬의 혁신이 중요한 과제로 등장하고 있다.

2. 서비스 공급사슬의 특징과 유형

서비스 공급사슬의 특징

Lin et al.(2010)은 서비스 공급사슬과 서비스 공급사슬관리를 다음과 같이 정의하고 있다.

서비스 공급사슬이란 "자원을 서비스나 서비스화 제품(servitised products)[1]으로 전환하고 이를 고객에게 전달하기 위해 공급자, 서비스 제공자, 고객 및 기타 서비스 파트너들로 구성된 네트워크이다."

---

1 서비스화 제품(servitised product)이란 제품과 서비스가 결합되어 묶음으로 제공되는 제품을 의미한다. 이는 제품 판매에 있어서 서비스가 부가적인 요소로 제공되는 비서비스화 제품(non-servitised product)과 구분된다.

서비스 공급사슬관리란 "고객에게 서비스나 서비스화 제품을 효과적으로 전달하기 위해 서비스 공급사슬의 정보, 프로세스 및 자원을 관리하는 것이다."

이러한 정의에 따르면 서비스 공급사슬의 핵심 구성원은 공급업체, 서비스 제공자, 고객 및 기타 파트너들로 구성된다. 서비스 제공자는 전통적 공급사슬에서 핵심 기업(대개 제조기업)처럼 서비스 공급사슬에서 핵심 기업의 역할을 한다. 이들 기업이 고객에게 서비스를 전달할 때, 제품 공급업체는 관련 제품을 제공함으로써 그리고 서비스 공급업체는 고객에게 전달되는 서비스의 일부분을 제공함으로써 공급사슬에 참여하게 된다.

서비스의 가장 큰 특징 중의 하나가 고객 참여(customer participation)로 인한 양방향성(bidirectional) 공급관계의 형성이다. 양방향성 공급관계란 서비스 전달 과정에서 고객이 공급자의 역할을 수행한다는 것을 의미한다.

서비스 공급사슬에 있어서 고객은 서비스 전달 과정에서 유형의 소유물이나 수요 정보를 제공함으로써 생산요소를 투입하는 역할을 한다. 서비스 제공자 또한 서비스 공급업체에 생산요소를 투입하는 역할을 한다. 이러한 고객 참여는 제품/서비스의 설계와 가치 창출 나아가 지속적 서비스 성공에 있어서 핵심적인 역할을 한다.

서비스 제공자가 공급자를 필요로 하지 않는 단일 단계 서비스 공급사슬의 경우, 예를 들어, 환자가 치통으로 치과를 방문할 경우 환자는 투입요소로 치아를 제공하고 치과의사는 산출물로 치료서비스를 제공하게 된다. 투자자가 은행을 방문할 경우 투자자는 투입요소로 자금을 제공하고 은행은 산출물로 이자를 제공한다.

표 14-1 | 단일 단계 양방향 서비스 공급관계

서비스 카테고리	고객-공급자	투입 → 산출	서비스 제공자
마음	학생	마음 → 지식	교수
신체	환자	치아 → 치료	치과의사
소유물	투자자	자금 → 이자	은행
정보	고객	서류 → 세액 정산	세무사

출처: Fitzsimmons and Fitzsimmons(2004).

표 14-2 | 2단계 양방향 서비스 공급관계

서비스 카테고리	고객-공급자	투입 → 산출	서비스 제공자	투입 → 산출	제공자의 공급자
마음	환자	불안 → 치료	치료사	처방 → 의약품	약국
신체	환자	혈액 → 진단	의사	샘플 → 테스트 결과	실험실
소유물	운전자	차량 → 수리	정비소	엔진 → 수리/재조립	공장
정보	주택 구매자	재산 → 대출	모기지회사	위치 → 권리분석	권원조사기관

주:권원조사(Title Search): 부동산의 현 소유자가 법적 소유권을 가지고 있는지 여부와 권리에 하자가 있는지를 확인하는 절차.
출처: Fitzsimmons and Fitzsimmons(2004).

서비스 제공자자 공급자를 필요로 하는 2단계(two-level)서비스 공급사슬의 경우, 예를 들어 환자가 진단을 위해 병원을 방문할 경우 우선 환자는 진단을 위해 투입요소로 혈액을 제공하고 의사는 테스트 결과를 바탕으로 진단을 내리게 된다. 또한 의사는 정확한 진단을 위해 혈액 샘플을 실험실에 보내고 실험실은 테스트 결과를 의사에게 통보하게 된다. 운전자가 차량 정비를 위해 정비소를 방문할 경우 운전자는 투입요소로 차량을 제공하고 정비소는 산출물로 수리 서비스를 제공한다. 만약 엔진에 결함이 있는 것으로 판단되면 엔진은 보다 전문적인 수리를 위해 공장으로 보내지게 된다. 이 경우 정비소는 엔진을 제공하고 공장은 엔진을 수리/재조립하여 정비소로 보내게 된다.

그림 14-2 서비스 공급사슬과 전통적 공급사슬의 비교

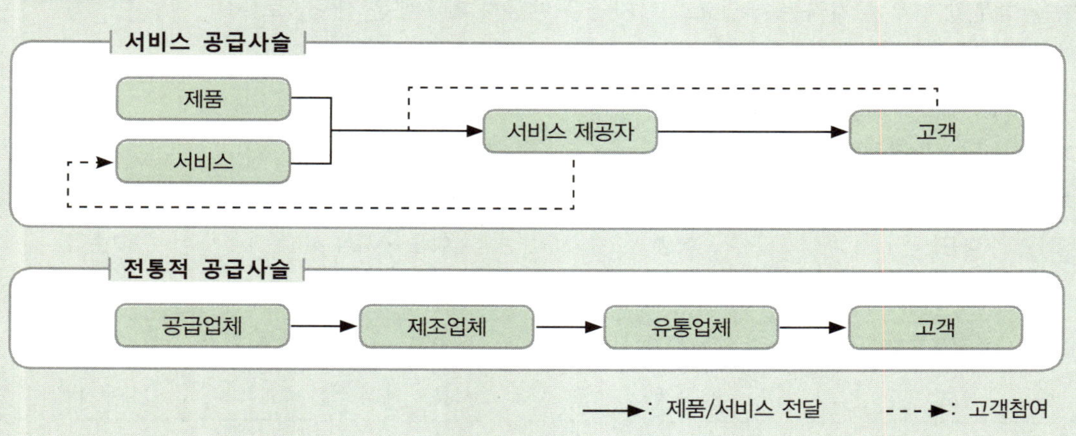

결과적으로 서비스 공급사슬은 기본적으로 2단계(two-Level) 양방향(bidirectional, dual-directional) 공급사슬의 형태를 가진다. 전통적 공급사슬에 있어서 양방향이 각각 제품과 정보의 흐름을 의미한다면 서비스 공급사슬에 있어서는 각각 서비스 전달과 고객참여를 의미한다.

서비스 공급사슬의 유형

앞서 언급한 바와 같이 고객에게 전달되는 서비스에는 순수 서비스도 있지만 서비스화 제품(servitised product)도 있다. 서비스 공급사슬은 제품이나 서비스에 대한 초점에 따라 4가지 형태로 구분할 수 있다.

일반적 공급사슬이 운영 효율성(efficiency)에 초점을 둔다면 제품 공급사슬(product supply chain)은 제품을 고객에게 전달하는 데 있어서 효과성(effectiveness)과 반응성(responsiveness)에 더욱 초점을 둔다. 이는 Fisher(1997)의 효율적 공급사슬과 반응적 공급사슬과 유사하다.

서비스산업 공급사슬(service industry supply chain)은 제조산업이 아닌 서비스 산업의 공급사슬을 의미한다.

서비스 부문의 급속한 발전에 따라, 앞서 언급한 Apple이나 IBM의 예처럼, 기업이 제품 서비스화 전략을 추진한다면 제품 공급사슬은 제조-서비스 융합 공급사슬(servitised supply chain)로 전환이 필요할 것이다.

그림 14-3 서비스 공급사슬의 유형

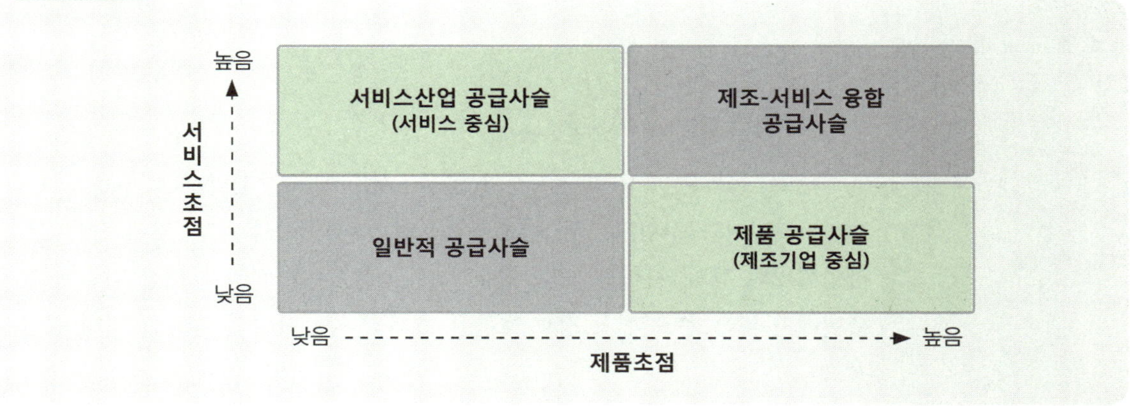

출처: Lin et al.(2010).

3. 서비스 공급사슬 프로세스

Ellam et al.(2004)은 Global Supply Chain Forum이 제시한 공급사슬 비즈니스 프로세스[2]에 기초하여 서비스 공급사슬을 구성하는 7가지 핵심 서비스 프로세스를 제시하였다.

그림 14-4 서비스 공급사슬 프로세스 구조

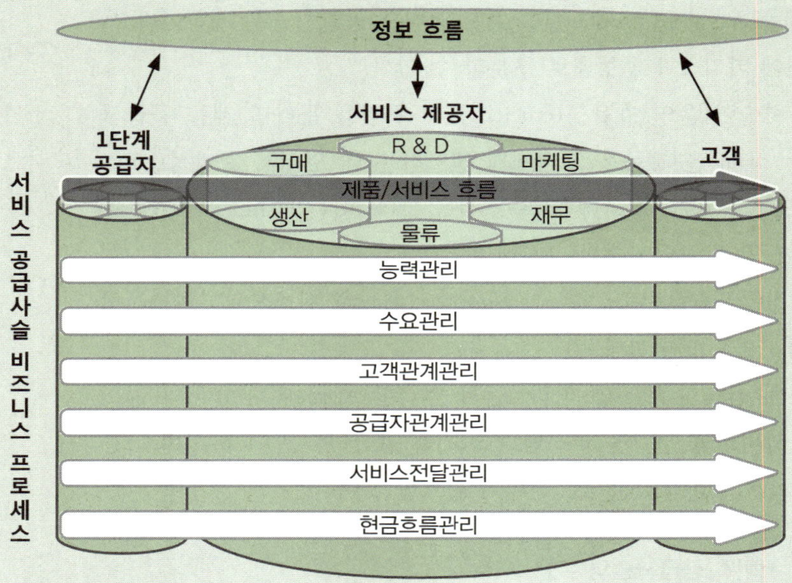

출처: Ellam et al.(2004) 일부 수정.

정보 흐름(Information Flow)

정보 흐름은 수요 파악, 정보 공유, 서비스 수준협약(SLA, Service Level Agreement)이나 작업명세서(SOW, Statement of Work)를 통한 기대 수준 설정, 작업범위의 정의, 서비스 제공자에게 요구되는 역량, 성과에 대한 피드백 등의 측면에서 매우 중요하다. 정보 흐름은 효과적 공급사슬의 바탕이 되며 공급사

2 제8장 공급사슬 프로세스 분석과 설계 참조.

슬의 불확실성을 해소하는 데 있어서도 중요한 역할을 한다.

능력 및 역량관리(Capacity and Skills Management)

제조기업 공급사슬과 마찬가지로, 서비스 제공자는 조직, 프로세스, 자산, 직원에 대한 투자를 해야 한다. 서비스 제공자는 직원의 가용성과 품질 또는 그것의 결여에 따라 차별화될 수 있다. 예를 들어, 항공사는 Swissair나 Virgin Atlantic Airlines와 같이 고객이 필요로 하는 대부분의 서비스를 제공하는 풀 서비스 항공사(full service airlines)와 Southwest Airlines와 같이 고객이 자신의 니즈와 예산에 가장 적합한 서비스 수준을 선택하도록 하는 저가 항공사(no frills airlines)로 구분된다. 이들 항공사들은 특정 고객집단의 니즈를 충족하는 데 초점을 두는 전략을 채택하고 있다. 은행이 부유층을 대상으로 자산을 특별 관리해 주는 고객 서비스인 프라이빗 뱅킹(private banking)도 같은 사례이다.

수요관리(Demand Management)

제품에 대한 수요관리는 고객 요구를 예측하고, 생산, 재고 완충, 생산 아웃소싱, 유연 시스템 등을 통해 공급을 수요와 일치시키는 데 초점을 둔다. 이와 마찬가지로 전문 서비스에 대한 수요관리도 고객 수요를 어떻게 충족할 것인지 그리고 많은 경우에 고객 수요를 어떻게 창출할 것인지에 초점을 둔다. 수요관리 프로세스는 수요 변동성의 영향을 관리하는 데 초점을 둔다. 서비스 분야는 서비스를 재고로 보관할 수 없기 때문에 불확실한 수요에 대응하기 위한 유연성을 확보하기가 어렵다. 따라서 수요관리를 위해 서비스 제공자는 자신의 능력과 생산성, 현재의 몰입 수준, 고용이나 초과근무를 통해 추가 작업을 소화할 수 있는 여력, 그리고 이들이 추가 서비스 판매를 위한 노력과 잘 조화될 수 있는지 등에 대해 충분히 이해하고 있어야 한다.

고객관계관리(Customer Relationship Management)

고객관계관리(CRM)는 고객이 무엇을 원하는지를 잘 이해하고 이러한 니즈(needs)를 충족하기 위해 어떤 노력에 초점을 두어야 하는지를 다룬다. 여기에는 고객 집단을 구분하고, 고객의 니즈가 충족되고 있는지를 확신하기 위해 고객만족을 위한 관계를 모니터링하며, 고객의 니즈를 보다 잘 충족시키기 위해 필요한 경우 행동을 변화하는 것 등이 포함된다. 이 분야의 핵심 성과지표는 고객 수익성이다. CRM을 공급사슬관리와 신제품/서비스 개발과 연계할 경우 보다 높은 가치를 창출할 수 있다.

공급자관계관리(Supplier Relationship Management)

구매자의 관점에서 전문 서비스의 구매 프로세스는 제품의 구매와 마찬가지로 항상 요구사항의 파악에서 출발한다. 이상적으로는 요구가 파악될 때 마다 잠재적인 공급자가 파악되고 선별되어야 한다. 이후 작업명세서(SOW)와 명확한 작업 범위에 대한 이해를 바탕으로 청약(offer)을 요청하게 된다. 공급자가 선정되면 계약 협상, 서명, 실행이 이루어진다. 계약에는 작업명세서를 바탕으로 둔 명확한 서비스수준협약(SLA)이 포함되어야 한다. 잘 작성된 SLA는 기대 성과에 대한 불확실성을 해소시키는 역할을 한다. 서비스 전달관리는 공급자관계관리(SRM)와 밀접하게 연결되어 계약상의 수요와 SLA가 잘 진행되고 있는지를 관리하게 된다.

서비스 전달관리(Service Delivery Management)

공급자의 관점에서, 서비스 전달관리는 고객에 대한 약속을 하고, 서비스 제공자로 하여금 이러한 약속을 충족할 수 있도록 하는 것이다. 여기에는 작업명세서(SOW)와 서비스수준협약(SLA)으로부터 기대를 명확히 정의하고, 공급자가 SOW를 잘 이행할 수 있도록 관리하며, SLA 준수 여부를 모니터링하고 공급자에게 피드백을 제공하며, 언제 지불이 이루어져야 하는지 등이 포함된다. 특히 서비스 성과에 대한 모니터링이 반드시 이루어져야 하며 이를 계약과 비교하여 준수 여부를 감독해야 한다. 이러한 과정이 적절히 수행되게 되면, 공급자 성과의 불확실성과 심각한 계약 불이행 사태의 가능성을 낮출 수 있다.

헌금흐름관리(Cash Flow Management)

현금흐름이란 공급사슬 내 참여자 간 자금 또는 지불(payment)의 흐름을 의미한다. 대부분의 전문 서비스 협약에서는 주기적인 성과에 기초하여 지불이 이루어진다. 서비스 전달관리에 책임을 지고 있는 참여자들은 목표 대비 실제 성과에 기초하여 지불 시기와 지불 금액을 결정하여야 한다.

이상에서 제시된 프로세스들은 다소 이상적인 상황을 가정하고 있다. 서비스 공급사슬의 고객 또는 서비스 구매자는 서비스 공급사슬 성과에 커다란 영향을 미치게 된다. 구매자는 불확실성의 원천이며, 정보 흐름, 기업의 능력 소요와 이의 안정성, 그리고 수요에 직접적인 영향을 미친다. 나아가 고객은, 공급자와의 조직적 관계, 서비스 전달관리에 있어서 조직간 접점, 그리고 현금 흐름의 유입 수준과 시점에 직접적인 영향을 미치기 때문에 공급자 고객관계관리(CRM)의 주된 초점이 된다. 따라서 서비스 구매자는 자신들의 활동들이 공급사슬과 서비스 제공자들에게 어떤 영향을 미치는지를 잘 인식할 필요가 있다. 이들 각 프로세스들이 적절히 추진될 경우 공급사슬에 내재된 불확실성을 해소하고 개선된 성과를 이끌어 낼 수 있다. 물론 실행과정에서 나타날 수 있는 장애요인을 극복하기 위해서는 추가로 여러 노력들이 필요할 것이다.

서비스 공급사슬관리 사례

1. 의료산업

최근 들어 대형 병원을 중심으로 경영혁신을 위한 공급사슬관리 도입에 대한 관심이 점차 높아지고 있다. 국가 차원에서도 의료비 지출규모가 확대됨에 따라 의료산업 전반의 비효율성 제거와 서비스 개선을 위한 정책적 관심이 높아지고 있다.

특히 의료 공급사슬을 효율적으로 관리할 경우 병원 운영비용의 2~8%를 절감할 수 있고, 미국 전체에서 연간 약 110억 달러의 비용이 절감될 수 있다는 연구결과(ECHR, 1996)가 발표된 이후 의료 공급사슬관리에 대한 관심과 노력이 빠른 속도로 확산되고 있다.

의료 공급사슬의 특징

의료 공급사슬을 구성하는 참여자와 이들의 역할은 다음과 같다.

- 환자: 환자는 의료 서비스의 최종 소비자이다. 하지만 의료진이 환자를 진단하기 전까지는 어떤 의료서비스가 필요한지 예측이 어려우며 이러한 특성은 의료 공급사슬에 있어서 수요 예측을 매우 어렵게 만든다.
- 의료진: 의료진은 병원의 의료 공급사슬 프로세스를 작동시키는 최초의 의사결정자 역할을 한다. 또한 의료 서비스의 생산자이면서 동시에 의료제품(의약품, 의료기기 등)의 소비자 역할을 하기도 한다.
- 병원: 병원은 의료 공급사슬에 있어서 생산자의 역할을 수행한다. 제공되는 의료 서비스가 매우 다양하여 업무 프로세스의 표준화가 어렵고, 특히 고객수요의 예측이 어렵다. 병원은 이윤 극대화뿐만 아니라 공익적 역할이 강조되기도 한다. 병원은 의료기기, 의약품, 사무용품, 소비재의 주요 구매자 역할을 한다. 따라서 구매부문의 개선을 통한 비용절감 효과가 높게 나타날 수 있다. 다만 단일 기업으로서 구매력에 한계가 있기 때문에 특히 미국 등 선진국에서는 GPO(Group Purchasing Organization)와 같은 구매전문기관이 존재하며 이들 기관을 활용하여 구매비용을 절감하는 사례가 확산되고 있다.
- 공급자: 공급자에는 제약회사, 의료기기 생산업체 등이 포함된다. 또한 의약품 및 의료기기 유통업체, GPO(Group Purchasing Organization)[3]와 같은 전문구매조직 등이 포함된다.

Burns(2001)는 의료산업에 있어서 효과적인 공급사슬을 도입에 대한 장애요인들은 다음과 같이 제시하고 있다

- 지속적인 신기술 개발에 따른 제품주기의 단축과 의료진이 선호하는 아이템의 고비용 문제
- 내원 환자 방문의 빈도, 기간 및 진단 결과와 관련 제품 요구 예측의 어

3 GPO(Group Purchasing Organization)란 다수의 병원들이 회원사로 참여하여 병원에서 사용되는 의료기기를 포함한 의료제품을 집단으로 구매함으로써 공급자들에 대한 구매력을 확보하고 이를 통해 회원사의 구매비용의 절감을 도모하는 전문구매조직을 말한다.

려움

- 의료 제품에 대한 명칭/코드의 표준화 미흡
- 공급사슬관리를 지원하기 위한 정보기술 인프라 구축 미흡
- 병원 구매인력의 경영 분야 교육 및 SCM 역량 부족

Everard(2001)는 특히 공급사슬의 변화를 저해하는 요인으로 역량을 갖춘 관리자의 부족문제를 지적하였다. 공급사슬관리자가 갖추어야 할 역량으로는 타 산업 분야의 혁신사례로부터 학습할 수 있는 능력, 폭넓은 경영분야 교육, 공급사슬 관리요소와 영향의 이해, 전략적 사고와 이를 조직에 확산할 수 있는 역량 등을 제시하였다.

의료산업 차원의 공급사슬 개선 전략: EHCR

EHCR(Efficient Healthcare Consumer Response)이란 의료제품 공급사슬을 효율적이고 효과적인 방법으로 관리함으로써 공급사슬 내에서 발생하는 모든 비효율적인 요소들을 제거하여 관련비용을 최소화하려는 의료산업 차원의 전략이다.

또한 EHCR은 의료제품 유통 주체 간의 정보공유를 통해 의료제품 유통 환경의 변화에 적절히 대처하고 공급사슬 프로세스를 개선하여 비용을 절감하

표 14-3 | EHCR의 전략 분야

전 략	시스템	내 용
효율적 제품흐름	• 재고통제시스템 • 연속 재고보충시스템 • 제품 포장과 취급	ADC, EDI, 운송 및 유통과정 추적, 유니트로드시스템, 표준 팔레트, 운송의 계획화, 기능별 비용관리, DRP 시스템, 창고관리시스템
효율적 주문관리	• 계약 및 가격관리 • 구매주문과 대금지불	EDI, 기능별 비용관리, 성과측정
효율적 정보공유	• 전자적 제품식별 • POS 데이터 획득 • 전자적 고객식별	EDI, 표준상품코드, VAN, RF, 데이터 공유, 전자제품카탈로그

출처: EHCR(1996).

고 고객만족을 개선하려는 전략이다.

EHCR은 당초 식품·잡화산업에 성공적으로 도입된 ECR 전략을 의료산업에 도입하려는 취지로 추진되었다. 따라서 EHCR 추진전략은 ECR 전략과 유사한 형태를 띠고 있으며 크게 효율적 제품흐름, 효율적 주문관리, 효율적 정보공유 등 3가지 핵심전략으로 구성되어 있다.

EHCR의 경제적 효과를 분석한 연구결과에 의하면 미국의 경우 위에서 언급한 3가지 전략 추진을 통해 연간 약 110억 달러의 비용절감을 기대할 수 있는 것으로 나타났다(EHCR, 1996).

- 효율적 제품흐름: 67억 달러
- 효율적 주문관리: 17억 달러
- 효율적 정보공유: 26억 달러

이는 연구가 이루어진 1995년 미국 전체 의료제품 공급사슬 비용 230억 달러의 47.8%에 해당하며 미국 전체 의료제품 관련 총비용 830억 달러의 13%에 해당하는 규모이다. 참고로 1995년 미국 전체 의료비 지출규모는 1조 2천억 달러에 달한다.

의료 공급사슬관리 사례

의료산업의 공급사슬 개선은 의약품이나 의료기기 등 의료제품 구매 분야에 초점을 두고 이루어져 왔다(Cook et al., 2001).

Cedars-Sinai Health System

미국 Los Angeles에 소재한 Cedars-Sinai Health System은 자재관리 운영의 중앙집중화를 통해 1998년 기준으로 연간 1.56백만 달러(환자 1인·일당 6.73달러)를 절감하였다.

Cedars-Sinai는 첨단 정보기술을 갖춘 “자재서비스센터”를 운영하고 있다. 간호사의 요청이 물류센터로 전달되면 센터는 재고를 파악하고 필요에 따라 도매업체에 구매주문을 전자적으로 전송한다. 이를 통해 병원과 물류센터 간 커뮤니케이션이 개선되었고, 재고 감소로 인한 여유 공간은 진료실로 전환하였다.

Eisenhower Memorial 병원

Eisenhower Memorial 병원은 JIT 배송체제 도입을 통해 18개월 만에 재고 수준을 1.5백만 달러에서 142,000 달러로 감소시켰다. Eisenhower Memorial은 Allegiance Health Care Co.에 전체 재고관리에 대한 위탁계약을 체결하고 시스템 개선을 위해 별도로 "자재서비스관리자"를 채용하였다. 자재관리자는 의료진과 긴밀하게 협력하고 각 부서의 요구에 따른 공급과 재고관리를 책임진다. 그 결과 의료진은 환자 진료에 보다 많은 시간을 투입할 수 있게 되었다.

이처럼 물류를 전담하는 인력의 채용은 장기적으로 의사, 간호사, 고객에게 편익을 가져다 준다. 또한 효율적인 재고관리를 통해 재고의 감소와 고객만족 증대를 통해 병원의 수익성을 제고할 수 있도록 한다.

2. 항공산업

항공운송 서비스란 항공기를 이용하여 여객과 화물을 출발지에서 최종 목적지까지 이동시키는 상업적 행위를 의미하며, 이와 관련한 제 과정을 서비스 상품으로 판매하는 기업을 항공사라 한다. 즉, 항공 상품은 항공기를 이용하여 화객을 대상으로 고객이 원하는 두 지점 또는 다 구간 간 이동 서비스를 제공하는 행위 그 자체를 의미하는 것이다. 이와 더불어 최근에는 여객과 화물의 지점 간 이동 서비스뿐만 아니라 더 나아가 항공여행을 편리하게 하는 데 필요한 다양한 여행정보, 기내에서의 안락한 여행이 될 수 있도록 제공하는 제반 서비스, 여행에 필요한 항공스케줄, 지역정보, 기후 등에 관한 간접 정보까지는 항공상품에 포함시키는 것이 추세이다. 이때 이 모든 항공 서비스 정보의 가장 기본이 되는 것은 여객을 대상으로 제공하는 항공좌석(seats)과 화물을 실을 수 있는 기내 공간(space)이라고 할 수 있다.

항공상품은 그 대상에 따라 여객운송 서비스와 화물운송 서비스로 구분한다. 일반적으로 여객운송 서비스는 최초 고객이 직면하게 되는 판매, 예약 서비스와 이를 기반으로 항공권을 발급하는 발권 서비스, 당일 공항에서 고객에게 제공하는 공항 서비스 및 목적지까지 가는 항공기 내에서 이루어지는 기내 서비스로 구분, 제공된다. 한편 화물운송 서비스는 운송대상이 여객이 아닌 화물

그림 14-5 항공여객 서비스 구성체계

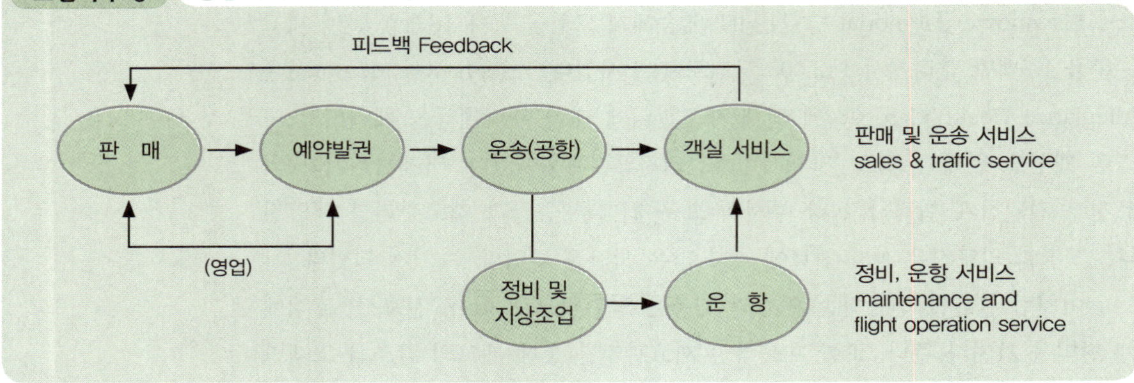

출처: 윤문길(2008).

에 대하여 여객 운송서비스와 같은 과정으로 제공되는 일련의 운송 서비스를 일컫는다(윤문길 외, 2008).

항공사의 공급사슬 개선은 주로 항공기 부품, 자재 등의 구매 분야와 제조업체의 공급사슬과 유사한 형태를 가지는 Catering(기내식) 공급사슬 개선 분야에 초점을 두고 이루어지고 있다.

항공산업의 Catering 비즈니스 시장규모는 연간 약 170억 달러에 달하는 것으로 추정되고 있다. B747 항공기의 경우 매 운항 시 고객 서비스를 위해 40,000개 이상의 아이템이 탑재된다.

일반적인 Catering 공급사슬은 다음과 같은 5단계의 프로세스로 구성된다

1. 예측: Catering 종류, 수요량, 수요처 등을 예측한다.
2. 요구 확정: Catering 종류별 실제 수요량을 계산한다. Catering의 배송 시기와 장소를 결정한다. Catering 공급자들에게 주문을 발주한다.
3. 준비: 공급자들에 의해 Catering의 생산이 이루어진다. Catering이 항공사가 지정한 시간과 장소에 배송된다.
4. 보관: Catering을 입고하고 보관한다. 부패성 및 비부패성 아이템을 분리한다.
5. 배송: Catering을 최종 출발 지점으로 보낸다. 항공기 출발 전 Catering을 최종적으로 준비한다.

Catering 공급사슬관리의 목적은 주어진 항공기에 정확한 시간에 최상의 품질로 Catering을 전달하는 데 있다. 성공적인 Catering 공급사슬의 구축을 위해서는 정확성(punctuality), 품질(quality of consumption), 재고 수준(amount of stock) 등 3가지 관점이 충분히 고려되어야 한다.

- 정확성: 주어진 항공기의 Catering 수요는 정확하게 정시에 충족되어야 한다. 그렇지 못할 경우 항공기의 출발 지연이 초래되고 항공사에게 많은 비용을 초래하게 된다.
- 품질: Catering은 소비 시점에 최상의 품질로 제공되어야 한다. 그렇지 못할 경우 고객만족에 부정적인 영향을 미치게 된다.
- 재고수준: 재고 수준은 Catering 비용에 직접적인 영향을 미치게 된다. 아이템이 장기 보관될수록 비용이 증가하게 되며 품질문제로 발생시킬 수 있다.

나아가 Catering 공급사슬은 구체적으로 다음과 같은 목표를 달성할 수 있도록 운영되어야 한다.

- 정시 제공: 정확한 시간에 항공기로 Catering을 제공함으로써 항공기 출발 지연을 방지해야 한다.
- 품질 확보: 공급사슬을 통해 Catering의 품질을 관리하여 고객만족에 직접적인 영향을 미치는 Catering의 품질을 확보한다.
- 재고 감축: Catering의 재고 수준을 허용 가능한 범위에서 최소화해야 한다. 이를 통해 항공사는 재고비용과 손실을 최소화할 수 있다.
- 물류비용 절감: 각 Catering 아이템이 운송되는 시간을 최소화하여 운송비용을 절감한다.

최근 British Airways나 Singapore Airline 등 주요 대형 항공사들이 Catering 공급사슬 프로세스 진단 및 개선, 자재 공급 및 물류서비스 아웃소싱 추진 등을 통해 획기적으로 비용을 절감한 사례들이 보고되고 있다.

참고문헌

- 윤문길 외, 항공운송 서비스경영, 한경사, 2008.
- Burns, L., The Healthcare Value Chain, Jossey-Bass, 2001.
- Cook, J.S., K. DeBree and A. Feroleto, "From Raw Materials to Customers: Supply Chain Management in the Service Industry", SAM Advanced Management Journal, Autumn 2001.
- EHCR, Efficient Health Care Response: Improving the Efficiency of the Health Care Supply Chain, American Society for Healthcare Material Management, 1996.
- Ellram, L.M., W.L. Tate, and C. Billington, "Understanding and Managing the Service Supply Chain", The Journal of Supply Chain Management, Fall 2004.
- Everard, L., "Blueprint for an Efficient Healthcare Supply Chain", white paper, Medical Distribution Solutions, 2001.
- Fitzsimmons J.A. and M.J. Fitzsimmons, Service Management: Operations, Strategy, and Information Technology, 5th Edition, McGraw-Hill, 2004.
- Lin, Yong, Y. Shi, and L. Zhou, "Service Supply Chain: Nature, Evolution, and Operational Implications", G. Huang et al.(Eds.), DET2009 Proceedings, AICS 66, Springer-Verlag, 2010.
- McKone-Sweet, K.E., P. Hamilton and S.B. Willis, "The Ailing Healthcare Supply Chain: A Prescription for Change", The Journal of Supply Chain Management, Winter 2005.
- Schmenner, Roger W., Service Operations Management, Prentice Hall, 1995.

제15장

공급사슬관리의 미래

역방향과 순환형 공급사슬관리

역방향 공급사슬

순환형 공급사슬

공급사슬관리 2.0

차세대 공급사슬 전략에 대한 논의

공급사슬관리 2.0

탄력적 공급사슬

수요기반 공급사슬

그린 공급사슬

Chapter 15

사례 읽기 15-1

#1. 2006년 독일의 슈피겔 기자들이 공동 저술한 《자원전쟁》에서는 다음과 같이 천연자원에 대한 신(新) 냉전시대를 예고하고 있다. "2006년 초 국제정치 전문가들이 발간한 연구보고서에 의하면 국제테러가 세계경제에 대한 주요 위협 중 두 번째로 큰 요인으로 꼽히고 있다. 이보다 더 위험한 것은 오로지 한 가지 밖에 없다. 그것은 바로 총체적인 천연자원 부족과 이와 결부된 유가상승이다."

#2. 2001년 11월 SONY는 크리스마스를 겨냥하여 네덜란드 세관을 통과하던 플레이스테이션이 수입불가 판정을 받았다. 플레이스테이션에서 허용기준치 100ppm을 초과한 카드뮴(Cd)이 검출되었기 때문이다. 이 사건으로 SONY는 부품교체, 판매 손실 등 약 200억 엔에 달하는 손실을 입은 바 있다.

#3. EU는 RoHS(Restrictions on Hazardous Substances) 지침을 통해 2006년 7월부터 EU시장에 판매되는 전기전자제품에 납, 수은, 카드뮴, 6가크롬 중금속을 포함한 6가지 유해물질이 포함되지 못하도록 규제하고 있다. 또한 EU는 WEEE(Waste Electrical and Electronic Equipment) 지침을 통해 2007년 1월부터 EU시장에 판매되는 전기전자제품의 생산자가 사용후 제품에 대해 정해진 재생 또는 재활용 비율을 반드시 준수하도록 규제하고 있다.

#4. Wal-Mart는 2005년 가을부터 전사적인 녹색캠페인(Green Campaign)을 추진하고 있다. 2012년까지 물류에너지 사용량을 20%까지 줄이고 기존 및 신규 설비의 탄소배출량을 각각 20%, 30% 저감한다는 목표 아래 차량의 연료효율성 제고, 물류센터의 에너지 관리 강화, 녹색상품의 구매 확대, 환경 친화적 포장재의 사용 등 다양한 녹색물류 대책들을 추진하고 있다.

역방향과 순환형 공급사슬관리

1. 역방향 공급사슬

소비자들의 환경문제에 대한 인식이 증대되고 관련 규제가 강화됨에 따라 보다 환경친화적인 제품의 출시뿐만 아니라 사용후 제품의 안전한 회수 또한 중요한 문제로 부각되게 되었다. 결과적으로 물류계획에 있어서도 제품, 부품, 부분품, 폐기물 및 용기의 순방향 및 역방향 흐름을 함께 고려해야 할 필요성이 증대되고 있다. 이러한 새로운 형태의 상품 흐름은 주로 공급사슬의 끝 단에서 발생하며 다음과 같은 상품들이 포함된다.

- 품질이나 성능에 문제가 있으나 수리 또는 재사용될 수 있는 제품
- 노후되었지만 아직 가치를 지닌 제품
- 소매업체가 판매하지 못한 제품
- 리콜(recall) 제품
- 현장에서 수리된 부품으로 아직 가치를 지닌 제품
- 2차 용도를 가진 아이템, 즉 원래 용도는 소멸하였지만 다른 용도로 사용될 수 있는 아이템
- 폐기되거나, 에너지 생산을 위해 사용되는 폐기물
- 원래의 출발 지점이나 다른 물류시설로 반송되어야 하는 수송용기

Guide and Van Wassenhove(2002)는 역방향 공급사슬(reverse supply chain)을 "고객으로부터 사용후 제품을 회수하거나 이를 폐기 또는 재활용하기 위해 수행되는 일련의 활동"으로 정의하고 있다.

Blumberg(2004)는 역방향 로지스틱스(reverse logistics)를 "재처리, 재활용 또는 폐기를 위해 사용처로부터 자재, 부품 및 제품을 집하하고 이를 적합한 장소로 배송하는 활동들을 조정하고 통제하는 것"이라고 정의하고 있다. 여기에는 사용처로부터 회수되는 제품들을 접수하는 서비스, 회수된 제품, 부품, 부분품 및 자재를 진단, 평가, 수리 또는 폐기하거나 또는 이를 순방향 공급사슬에

그림 15-1 역방향 공급사슬(Reverse Supply Chain)

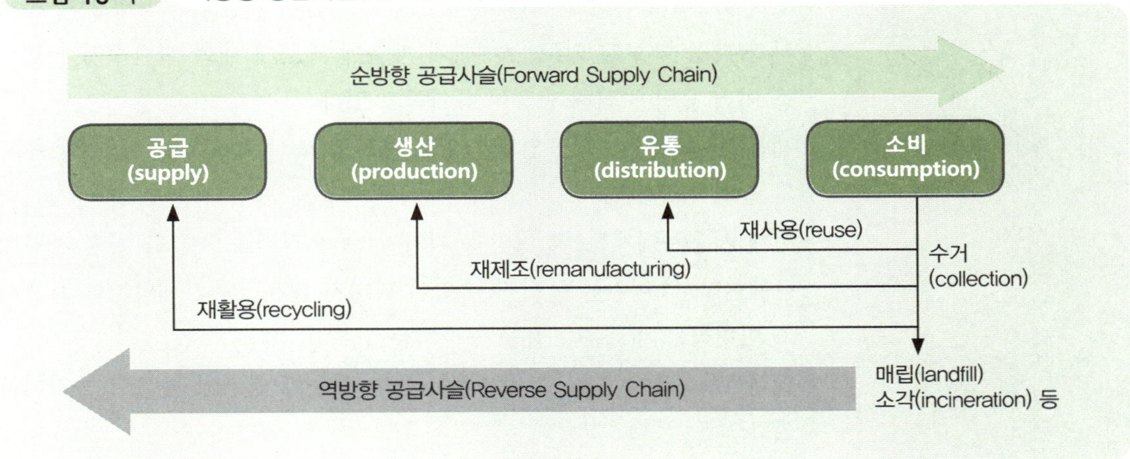

재투입하거나, 중고시장으로 보내거나, 혹은 완전히 폐기하기 위한 프로세스들이 포함될 수 있다.

아래와 같은 매우 다양한 요인들이 역방향 공급사슬 개선에 대한 필요성을 증대시키는 데 영향을 미치고 있다.

- 환경에 대한 규제와 함께 이에 대한 소비자들의 인식이 증대되고 있다. 환경규제가 강화되면서 제품의 최종 폐기에 대한 제조업체의 책임이 증대되고 있다. 회수제품으로부터 얻을 수 있는 가치가 커짐에 따라 사용처로부터 안전한 회수에 대한 필요성이 증대되고 있다.
- 고객 서비스와 만족에 대한 요구가 높아짐에 따라 소비자 반품이 증가하고 있다. 또한 대형 유통업체의 경우 대개 공급자들에 대해 반품에 대한 계약조건을 명시하고 있다. 이러한 계약조건은 원래 품질에 문제가 있는 제품을 대상으로 하였으나, 단순히 판매되지 못한 제품까지 확대되고 있다.
- 제품 수명주기가 짧아짐에 따라 제품의 진부화(obsolescence)가 빨라지고 있으며, 이에 따라 회수의 가능성과 잠재성이 증가하고 있다.
- 비용 절감 또한 중요한 이슈이다. 기업들은 재사용, 재활용, 중고제품으로의 판매 등을 통해 잠재적으로 양호한 제품들을 재사용하기 위해 노력하고 있다.
- 전자상거래의 확산에 따라 인터넷을 통한 판매가 급증하고 있으나, 소비자가 제품을 보지 않고 구매하기 때문에 제품에 대한 불만족이나 변심 등 여러 요인에 의해 반품이 증가하고 있다.
- 제품 판매 이후 수리, 업그레이드, 재조정(recalibration) 등에 대한 수요가 증가하고 있다.
- 현재 사용자에게는 더 이상 가치가 없으나 잠재적 가치를 가진 제품이 존재한다. 소비자들은 아직 수명이 다하지 않은 TV나 세탁기를 보유하고 있더라도 새로운 제품을 구매하는 경우가 있다.
- 팔레트, 컨테이너 등 회수와 재사용이 가능한 용기의 활용이 증가하고 있다.

표 15-1 I 순방향 vs. 역방향 공급사슬의 비교

순방향(forward) 공급사슬	역방향(reverse) 공급사슬
예측이 상대적으로 용이	예측이 더욱 어려움
一 대 多 배송구조	多 대 一 배송구조
제품 품질이 균일	제품 품질이 균일하지 않음
제품 포장이 균일	제품 포장이 자주 손상됨
도착지/경로가 명확	도착지/경로가 불분명
사용후 처리가 비교적 명확	처리방식이 불명확
가격이 상대적으로 균일	가격이 여러 요인에 의해 영향을 받음
속도의 중요성	속도의 우선순위가 높지 않을 수 있음
물류비용의 파악이 용이	역방향 비용의 파악이 용이하지 않음
재고관리의 일관성 유지 가능	재고관리의 일관성 유지가 어려움
제품 라이프사이클 관리 가능	제품 라이프사이클이 보다 복잡
주체 간 협상이 상대적으로 용이	추가 고려요인에 의해 협상이 용이하지 않음
마케팅 기법이 명확	마케팅이 복잡함
프로세스 가시성 확보 용이	프로세스 가시성 확보가 용이하지 않음

- 품질보증에 따른 회수가 존재한다. 품질 보증기간이 있는 제품이 회수될 경우 폐기나 재활용 여부를 결정하여야 한다.
- 렌탈에 따른 회수가 존재한다. 자동차, 가전제품, 가구 등 다양한 제품에 대한 렌탈 시장이 확대됨에 따라, 일정 기간 사용된 제품을 어떻게 처리해야 할 것인지는 결정해야 한다.
- 제품에 대한 리콜(recall)이 이루어질 수 있다. 제조업체는 품질이나 안전 등을 고려하여 자사제품을 리콜 할 수 있다. 이 경우 수리, 교환, 환불 등의 조치가 이루어지게 된다.

그 결과로 나타나는 제품 흐름은 순방향 공급사슬과는 상당히 다른 특징들을 가지게 된다. 〈표 15-1〉은 순방향 및 역방향 공급사슬의 특징을 좀 더 구체적으로 비교해서 보여주고 있다.

Guide and Van Wassenhove(2002)는 역방향 공급사슬을 구성하는 5가지

핵심 활동들을 다음과 같이 제시하고 있다.

1. 제품 획득(Product Acquisition): 사용후 제품이 반드시 회수되어야 한다.
2. 역방향 로지스틱스(Reverse Logistics): 수집된 제품은 검사, 분류, 처리 등을 위한 시설로 운송된다.
3. 검사와 처리(Inspection and Disposition): 회수된 제품은 테스트, 분류, 등급 부여 등을 거친다. 회수된 제품으로부터 최대한 가치를 복구하기 위한 처리활동이 필요한지를 결정하기 위해 진단적 테스트가 수행될 수 있다. 만약 거의 새로운 제품이라면 공급사슬로 재투입될 수도 있을 것이다. 일부는 수리 또는 다른 형태로 재처리되고 일부는 폐기 또는 재활용을 위해 판매될 수 있다.
4. 수리(Reconditioning): 일부 제품은 수리되거나 아예 완전히 재제조될 수 있다. 사용되었지만 새로운 제품이고 보증기간이 남아 있는 경우에는 원제조업체를 통해 수리를 하게 된다. 일부 제품은 재사용 또는 예비부품 목적으로 부품을 추출할 수 있다. 여타 제품은 잔존가치를 위해 매각하거나 재활용된다.
5. 유통 및 판매(Distribution and sales): 수리 또는 재제조된 제품은 중고시장에 판매될 수 있다. 기존에 수요가 존재하지 않을 경우에는 새로운 시장을 형성할 필요도 있을 것이다. 물론 이들 제품을 중고시장에 유통시키기 위한 채널이 필요하다.

Blumberg(2004)는 역방향 공급사슬의 조정, 관리, 통제를 위해 고려해야 할 중요한 특징들을 다음과 같이 제시하고 있다.

- 자재의 불확실한 흐름: 기업들은 아이템이 언제 회수될 것인지 어떤 상태로 도착할 것인지를 알 수 없는 경우가 많다. 이러한 아이템은 새로운 제품일 수도 있고 수리가 필요하거나 아예 폐기될 수도 있다. 현장 서비스 담당자는 고장이 발생할 경우 노후된 부품이 불량이라고 가정하고 새 부품으로 교체하는 경향이 있다. 이때 노후 부품은 회수된다. 결과적으로 양호한 부품과 불량 부품이 혼합된 흐름이 발생하게 된다. 조사결

과에 의하면 하이테크 회수제품의 30~35%가 품질에 전혀 문제가 없는 것으로 나타나고 있다.

- 고객의 다양성: 회수흐름은 특정 고객이나 최종 사용자에 따라 매우 다양한 형태로 나타날 수 있다. 때문에 특정 고객과 이들의 제품 사용 용도에 대해 충분한 지식을 가지고 있어야 한다.
- 시간: 비용이나 시간의 관점에서 아이템의 회수/수리/처리는 가능한 신속하게 처리되어 폐기나 재사용이 신속하게 이루어지도록 하는 것이 바람직하다.
- 가치 개선: 기업들은 회수된 제품으로부터 최대의 수익을 얻거나 이를 최소의 비용으로 처리하기 위한 방안을 모색할 것이다.
- 유연성: 수요가 변동적이기 때문에 시설, 운송, 기타 서비스는 회수된 자재에 대한 기업의 목적을 달성하기에 충분한 유연성을 가져야 한다.
- 복수 주체 간 공조: 역방향 로지스틱스에는 항상 여러 주제들이 관여되기 때문에 효율적이고 신속한 커뮤니케이션 시스템이나 네트워크가 필요하다.

2. 순환형 공급사슬

회수 프로세스를 통제하는 데는 자재의 원공급자(original supplier)가 가장 적합하다는 인식이 점차 증대되고 있다. 기본적인 역방향 로지스틱스 모델은 원제품을 전달하는 순방향 공급사슬과는 독립적으로 운영될 수 있다. 하지만 기업이 순방향과 역방향 전체 프로세스를 통제하려고 할 때 이를 순환형 공급사슬(closed loop supply chain)이라 부를 수 있다.

일반적으로 순환형 공급사슬은 역방향 로지스틱스 프로세스를 직접 책임지는 제조업체(어떤 경우에는 구매자가 될 수도 있음)를 포함한다. 제품, 부품 등은 원제조업체(original manufacturer) 또는 원제조업체의 현장 서비스를 담당하는 유통채널을 통해 회수되고 복구된다. 순환형 공급사슬의 경우 원제조업체가 순방향 및 역방향 전체 흐름을 통제한다는 점이 역방향 공급사슬과 주된 차이점이라 할 수 있다.

그림 15-2 순환형 공급사슬(Closed-Loop Supply Chain)

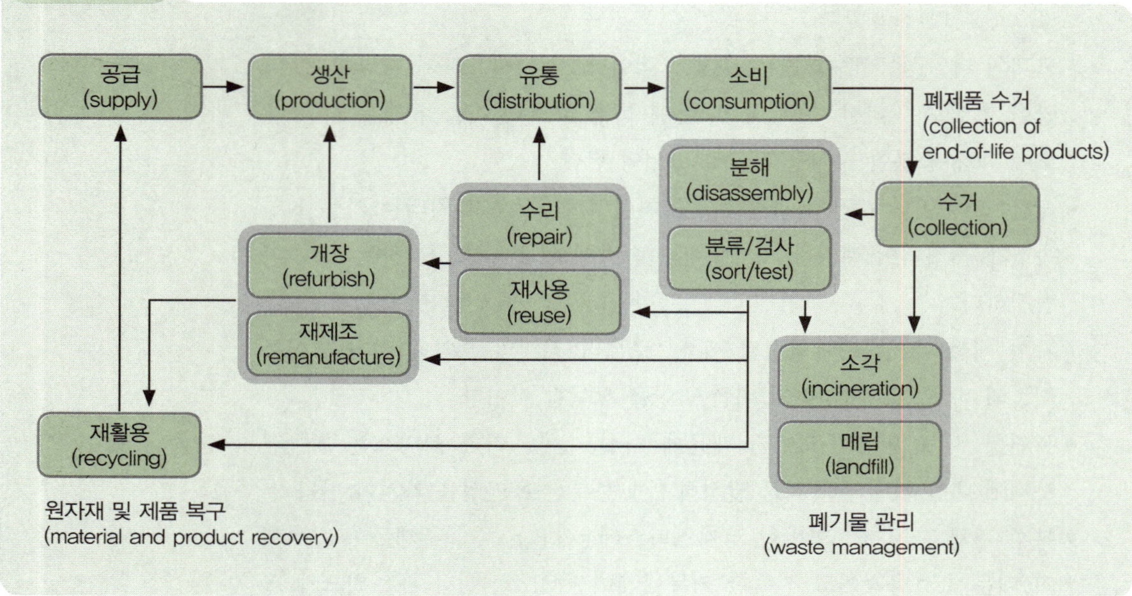

소비자 시장의 순환형 공급사슬에서 주된 상호 작용은 소매업체와 원제조업체에서 이루어진다. 회수 제품은 품질에 문제가 있거나 단순히 반품된 것일 수도 있다. 이러한 순환형 공급사슬에서는 소비자와 소매업체 그리고 소매업체와 원제조업체 사이에 두 개의 역방향 연결고리가 존재한다.

순환형 시스템을 통해 기업은 제품과 제품의 실패 그리고 수리에 대한 경험을 추적할 수 있기 때문에, 현장 서비스를 비용 효과적으로 서비스하고 지원할 수 있는 방안을 도출할 수 있게 된다. 또한 순환형 시스템에 의해 제공되는 신속한 통제와 복구를 통해 현장 지원을 위한 재고를 최소화할 수 있게 된다.

Blumberg(2004)는 다음과 같은 이유로 재고의 가치가 극대화된다고 제시하고 있다,

- 재사용을 위한 제조업체로의 신속한 회수
- 가치를 가진 제품, 부품 등을 중고시장으로 공급할 수 있는 능력
- 환경 및 기타 규제의 범위 내에서 재활용이나 처리를 통제
- 회수된 제품을 원공급사슬에 재투입할 수 있는 효율적인 프로세스 역량

나아가 재고의 감소는 기업에 다음과 같은 추가적인 효율을 창출시킬 수 있다.

- 소매업체 및 도매업체 회수 프로세스의 단순화를 통한 비용 절감
- 회수로부터 발생되는 불필요한 손실(shrinkage)과 손상(damage) 방지
- 전체 제품주기에 대한 가시성(visibility) 개선
- 폐기 사이클타임의 단축과 현금 흐름 개선

Blumberg(2004)는 또한 순환형 공급사슬관리와 역방향 로지스틱스의 전략적 가치를 다음과 같이 제시하고 있다.

- 회수비용의 절감
- 제품 잔존가치의 증대
- 제품 지원의 신뢰성, 유지보수성, 만족성과 관련된 중요 정보 획득
- 소량 운송의 감소로 인한 운송 및 창고비용 절감
- 전체 회수 프로세스의 자동화와 통제력 강화

순환형 공급사슬관리와 관련된 중요한 이슈로 제품수명주기관리(product life cycle management)가 있다. 제품수명주기관리란 제품의 설계, 제조, 사용 및 수명 말에 걸친 제품수명주기 동안 환경에 대한 영향을 최소화할 수 있도록 하는 활동 및 관련 기법을 의미한다. 단계별로 이루어지는 주요 활동들은 다음과 같다.

- 설계단계: 제품의 환경 영향을 평가하는 전 과정평가, 제조, 사용 및 폐기 시 환경에 미치는 영향을 최소화되도록 제품을 설계하는 환경고려설계 등이 포함
- 제조단계: 생산공정에서 사용되는 원자재 및 자재를 환경친화적인 것으로 대체하거나 오염이 많이 발생하는 기존의 생산공정을 환경친화적인 방식으로 변경하는 활동
- 수명 말 단계: 제품의 수거, 분해, 재사용, 재활용, 재제조, 폐기 등에 관련된 활동

그림 15-3 제품수명주기관리

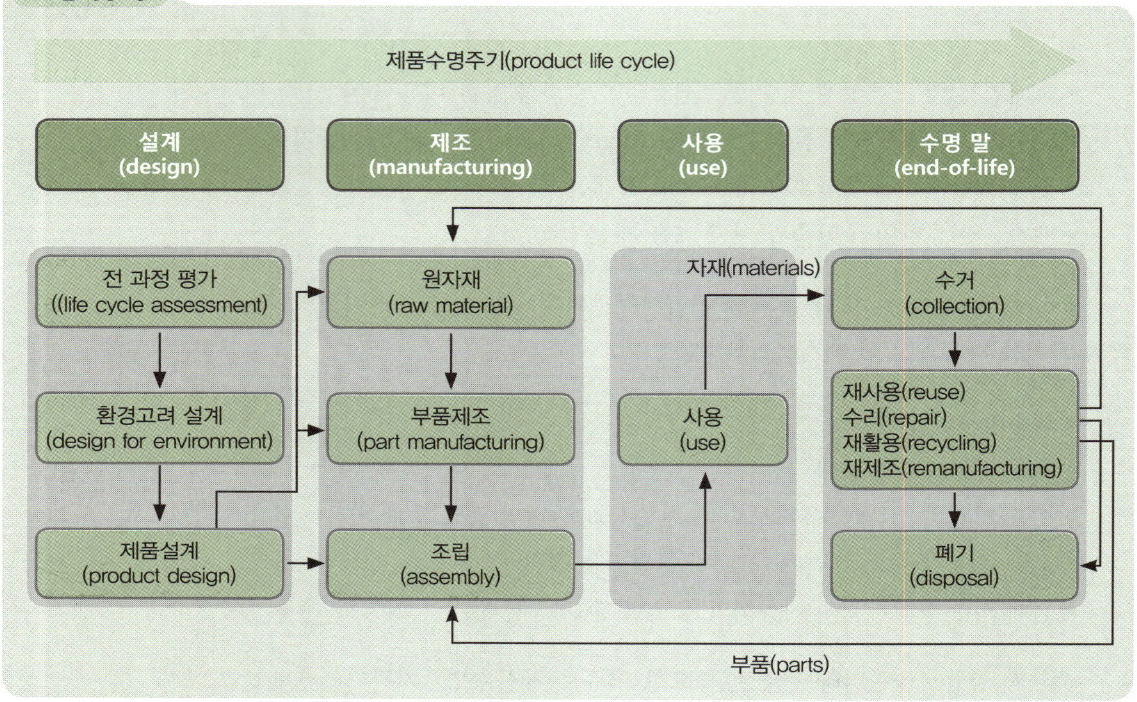

제품수명주기관리를 구현하는 개념이 친환경 제품설계(environmentally friendly product design)이며 이는 제품의 설계에서부터 생산, 그리고 폐기에 이르기까지 제품의 전체 수명주기에서 환경적인 요구조건을 충족하는 것을 의미한다. 친환경 제품설계를 위해서는 다음과 같은 3가지 요소들을 고려하여야 한다.

1. 재활용을 고려한 설계(design for recycling): 같은 기능과 성능을 갖는 제품도 다양한 설계로 만들어질 수 있다. 설계 대안 중 가급적 재활용성이 큰 부품들로 구성된 설계를 채택하는 것이 바람직하다.
2. 환경을 고려한 설계(design for environment): 제품이 환경에 주는 부정적인 영향이 최소화될 수 있도록 제품을 설계하는 것이 바람직하다.
3. 분해를 고려한 설계(design for disassembly): 수명 말 이후 부품의 재활용을 위해서는 제품을 분해해야 하는 경우가 많다. 또한 분해는 수작업으로 이루어지는 경우가 많기 때문에 분해가 어려울수록 비용이 증가하

게 된다. 따라서 제품의 분해가 쉽게 될 수 있도록 설계하는 것이 바람직하다.

공급사슬관리 2.0

1. 차세대 공급사슬 전략에 대한 논의

글로벌 기업들은 비용절감이나 리드타임 단축 등 공급사슬 효율성 제고에 초점을 두었던 SCM 전략을 바탕으로 미래 새로운 공급사슬 환경에서 차별적 경쟁력 확보를 겨냥한 차세대 SCM 전략으로 SCM 2.0으로의 발전을 모색하고 있다.

SCM 2.0 개념은 당초 Web 2.0의 개념을 공급사슬 운영에 접목한다는 개념으로 제시되었다.

i2는 차세대 SCM 솔루션인 SCM2.0을 개발하면서 미래 공급사슬은 기업이 지속 가능한 경쟁우위를 창출할 수 있도록 급변하는 시장 환경에 적시 대응하고 지속적 혁신을 가능하게 해야 하며, 이를 위한 적응역량(adaptability), 유연성(flexibility), 스피드(speed)를 갖추어야 한다고 하고 있다.

MIT-CTL(2004)은 최근 "A Review of the Leading Opinions on the Future Supply Chains" 보고서에서 미래 공급사슬은 하나의 생명체처럼 완전한 연결성을 가지게 될 것이며, 글로벌 공급사슬 어떤 변화에도 적시 대응하기 위한 유연성(flexibility), 적응역량(adaptability)을 갖추어야 하며 고객 중심적(customer centric)이 되어야 한다고 제시하고 있다.

IBM(2009)은 최근 "Smarter Supply Chains" 보고서에서 400여 개 기업의 SCM 담당 임원들을 대상으로 한 공급사슬 전략과 운영에 관한 조사결과 다음과 같은 특징들을 제시하고 있다.

1. 원가절감과 같은 전통적인 공급사슬관리 역량이 변동성(volatility)으로 인해 위협받고 있고,
2. 글로벌 공급사슬 가시성(visibility)에 대한 정보가 여전히 미흡하며,

3. 고객중심 운영이라고 하지만 공급자들과의 연계를 더 중시하고 있고,
4. 위험관리가 공급사슬 이슈들 중에서 우선순위가 매우 높게 나타나고 있다.

삼성경제연구소(2008)는 최근 "경쟁우위의 원천: SCM" 보고서에서 차세대 SCM 전략으로 SCM 2.0은 탄력(resilience), 그린(green), 고객지향(customer-oriented) 등을 추구하며 '유연성 확보'를 중시해야 한다고 제시하고 있다.

2. 공급사슬관리 2.0

기업의 공급사슬이 미래에도 지속 가능한 경쟁우위를 갖추기 위해서는 ① 위기 대응력을 갖춘 "탄력적(resilient)" 공급사슬, ② 고객 중심(customer-centric)의 "수요기반(demand-driven)" 공급사슬, ③ 지속 가능성을 고려한 "그린(green)" 공급사슬의 세 가지 요소를 갖춘 차세대 SCM 전략의 프레임워크인 SCM 2.0 전략을 모색할 필요가 있다.

사례 읽기 15-2 Nokia와 Ericsson의 위기관리

2000년 3월 New Mexico주 Albuquerque에 위치한 Philips Electronics 공장에서 발생한 화재로 인해 휴대폰 제조업체인 Nokia와 Ericsson가 반도체 칩 공급에 장애가 발생하였다. 두 회사 모두 해당 반도체 칩을 Philips에서 전적으로 의존하고 있었기 때문에 화재에 의해 동일한 영향을 받았으나 이 두 기업의 대응은 전혀 다르게 나타났다.

Nokia는 바로 이러한 상황을 위해 개발된 특별 프로세스를 발동하였으며, Philips와 칩을 "감시대상(watch list)"으로 지정하였다. Nokia 엔지니어들은 매일 Philips에 전화를 걸어 상황 변화를 체크하였다. 그 결과 화재가 상당한 장애로 작용할 것이며 공장은 수 개월 가동하지 못할 것이라는 것이 명확해졌다. 이를 해결하기 위해 Nokia는 공격적인 대응을 하였다. 공급을 복구하기 위해 30명의 직원을 Philips와 다른 공급업체에 파견하였다. 필요한 칩을 생산할 수 있는 Philips의 전 세계 생산능력을 최대한 확보하는 것과 함께 타 제조업체를 활용하기 위해 다른 칩을 사용할 수 있도록 가능한 범위 내에서 휴대폰의 설계를 변경하였다.

이와 반대로 Ericsson은 사태의 심각성을 간과하고 적극적으로 대응하지 않았으며 수 주 후에야 장애가 심각하다는 것을 파악하게 되었다. 회복 노력에 착수할 때는 이미 전 세계적으로 문제가 된 칩의 공급을 Nokia가 확보한 후였다.

Nokia는 판매계획을 무난히 달성하였고 Ericsson은 중요한 신제품 출시를 놓치게 되어 4억 달러의 매출 손실을 초래하게 되었다. 얼마 후 Ericsson은 자사 브랜드를 사용한 휴대폰 사업에서 철수하게 된다.

전문가들은 Nokia의 이러한 복구역량(resilience)이 상당 부분 'Sisu', 핀란드어로 '용기와 결단력'이라는 기업 문화에서 기인한다고 보고 있다. 이러한 민족성은 Nokia의 공급업체들과의 긴밀한 관계와 결합되어, 이 기업이 상황의 심각성을 신속하게 파악하고, CEO에서부터 말단 직원에 이르기까지 조직의 모든 구성원들에게 이 뉴스를 공유하고, 즉시 행동을 취할 수 있도록 만들어 주었다.

출처: Sheffi, Yossi and James B. Rice Jr., A Supply Chain View of the Resilient Enterprise, MIT Sloan Management Review, Fall 2005.

3. 탄력적 공급사슬

MIT대 Sheffi 교수는 공급사슬 장애에 대한 대응 역량을 갖춘 기업들과 그렇지 못한 기업들에 대한 폭넓은 사례연구를 통해 장애로부터 신속히 회복할 수 있는 역량을 갖춘 기업을 의미하는 "탄력적 기업(resilient enterprise)"의 개념을 제시하였다.

아직 많은 기업들이 위험관리나 비즈니스 연속성을 전략적 관점에서 다루지 않고 있다고 지적하면서, 탄력적 기업의 구현을 위한 전략적 접근의 중요성을 강조하고 있다.

장애로부터 신속히 회복할 수 있는 조직의 역량을 의미하는 탄력성(resilience)은 여유성(redundancy)의 창출이나 유연성(flexibility)의 증대를 통해 개선될 수 있으며, 비용 증가를 수반하는 여유성의 확보보다는 운영측면의 경쟁우위를 창출하는 유연성의 개선에 초점을 두어야 한다고 주장하고 있다.

공급사슬 장애에 대한 기업의 취약성(vulnerability) 평가는 세 가지 사항에 대해 이루어진다. 무엇이 잘못될 수 있는가? 발생 가능성은 어느 정도인가? 발생할 경우 결과는 어떻게 되는가?

기업 자산에 대한 테러와 같은 특정 위험에 대한 취약성은 기업에 따라 서로 다르게 나타난다. 예를 들어, American Airline의 경우 테러의 발생 가능성도 존재하고 그 영향도 매우 심각할 수 있다. Limited Brands와 같은 기업은 테러의 대상이 될 가능성은 낮지만 제품의 상당 부분을 단일 물류센터를 통해 처리하고 있기 때문에 상당한 영향을 받을 수 있다. McDonald와 같은 기업은 30,000개가 넘는 매장이 프랜차이즈 형태로 운영되기 때문에, 비록 테러의 발

그림 15-4 취약성 지도

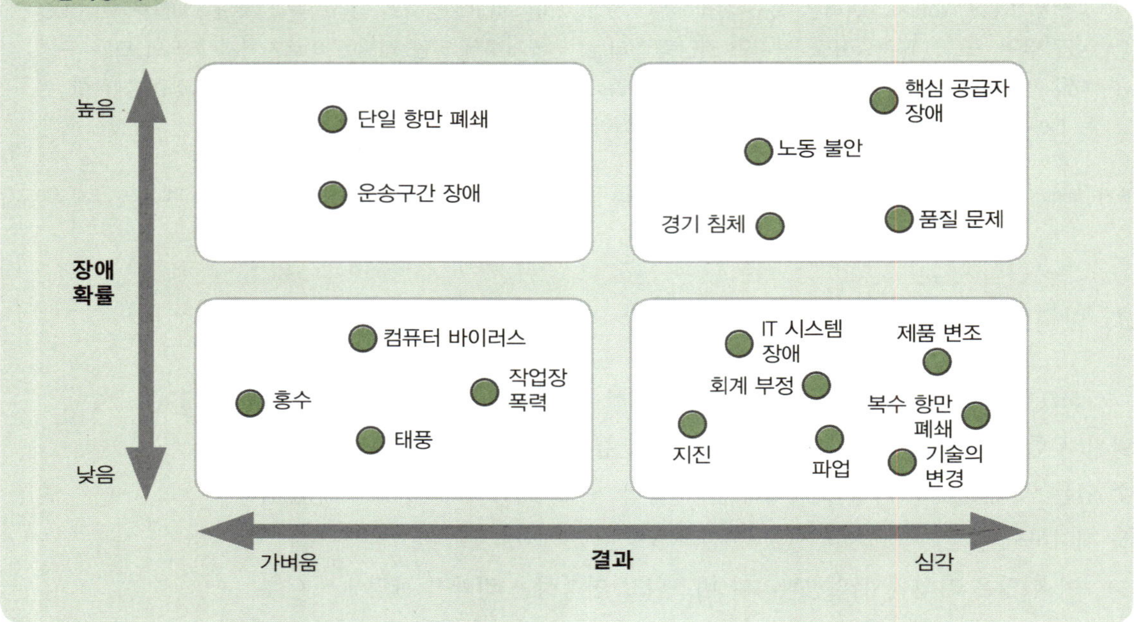

출처: Sheffi and Rice(2006).

생 가능성이 있다 하더라도 그 영향은 크지 않을 것이다. 반면, 소비자 신뢰에 직접적인 영향을 미치는 광우병의 발생에 대해서는 매우 취약할 수 있다.

취약성 지도(vulnerability map)는 잠재적 위협의 발생 가능성과 이들 장애의 결과를 수준별로 구분한 것이다. 이러한 취약성 지도는 경영진의 관심을 이끌어 내고 계획의 우선순위를 설정하는 데 유용하게 활용될 수 있다. 〈그림 15-4〉는 공급사슬에서 나타날 수 있는 다양한 장애의 발생가능성과 결과를 함께 보여주고 있다.

Sheffi and Rice(2005)는 공급사슬 장애에 대해 유연성을 확보하기 위한 분야별 방안들을 다음과 같이 제시하고 있다.

공급 및 구매 분야

소수의 공급자에 대한 높은 의존도로 인해 발생할 수 있는 위험을 줄이기 위해 다수의 공급자를 확보하는 방안이 있다.

반대로 오히려 공급자 수를 줄여서 각 핵심 부품별로 단일 공급자를 두는 방안도 있다. 이 방안은 상대적으로 장애에 취약할 수 있기 때문에 매우 긴밀한 협력관계를 구축하는 것이 필요하다.

1997년 2월 Toyota 공급업체의 하나인 Aisin Seiki사의 화재로 Toyota의 일본 내 모든 공장에서 생산이 중단되는 사태가 발생하였다. 다행히 Toyota는 Keiretsu(系列)의 도움으로 9일 만에 생산능력을 복구하고 공장들을 재가동할 수 있었다. Toyota는 부분적으로 문제가 있는 여러 공급업체를 유지하는 비용이 매우 높다고 판단하고 이후 부품별로 단일 공급업체를 두게 된다.

생산 분야

생산 유연성이란 기업이 보유한 생산시설 중 한 곳에서 장애가 발생할 경우 이에 대응할 수 있는 역량을 의미한다.

신속한 대응을 구현하기 위해서는 표준화된 프로세스를 구축하거나 상호운영성(inter-operability)을 갖춘 복수의 시설을 두는 방안이 효과적인 대안이 될 수 있다.

1994년 1월 UPS(United Parcel Service)의 항공허브인 Louisville 공항이 강풍(blizzard)으로 인해 운영이 중단되고 도시 전체가 일주일 간 통행이 금지되는 사태가 발생하였다. 즉시 100대 이상의 항공기를 다른 공항으로 노선을 변경하였으나 여전히 Louisville 허브에서 각 지역으로 특성화물을 배송해야 하는 문제에 직면하게 되었다. 오래지 않아 공항 자체는 재가동되었지만 통행이 금지되었기 때문에 지역 직원들이 공항으로 올 수 없는 상황이 초래되었다. 이에 UPS는 타 지역 직원들을 항공편으로 Louisville 공항으로 파견하여 특송화물 처리를 지원하도록 하였다. 이러한 대처가 가능할 수 있었던 가장 큰 이유는 바로 UPS의 화물처리 프로세스와 장비가 표준화되어 있었기 때문이다.

고객 충족 활동

공급사슬에 장애가 발생하면 관리자는 무엇보다 어떤 고객을 먼저 서비스할 것인지 하는 문제에 직면하게 된다.

이 경우 고객 취약성 또는 수익성, 비용, 고객의 중요성과 같은 내부지향 기준 등을 고려하여 의사결정을 내릴 수 있으나, 무엇보다 우선순위를 설정하는 방식에 일관성이 있어야 하며, 공정한 배정 프로세스를 구축하여 고객과의 장기적 관계가 손상을 입지 않도록 해야 한다.

나아가 기업이 장애에 지혜롭게 대처할 경우 오히려 고객과의 관계를 더욱 긴밀하게 만드는 기회가 될 수도 있다.

통제 시스템

이상의 유연성 확보방안들이 효과를 거두기 위해서는 장애를 신속하게 인지하고 신속한 해결책을 도출할 수 있도록 '공급사슬 이벤트관리(SCEM)'와 같은 통제 시스템이 구축되어야 한다.

사례 읽기 15-3 Dell 공급사슬 전략을 전환하다

2006년 Knowledge@Wharton과의 인터뷰에서 Michael Dell은 당시 CEO Kevin Rollins에 대한 지원을 표명하면서, 공급사슬 효율성과 직접판매가 이 기업에 경쟁우위를 가져다 주었고 고객서비스를 크게 개선하고 있다고 설명하였다.

그 후 일년 동안 어떤 일이 일어났을까? 2007년 1월 Michael Dell은 Rollins로부터 경영권을 다시 넘겨 받았다. 2007년 6월부터 Dell은 직접판매모델을 보완하기 위해 Wal-Mart와 Sam's Club 매장을 통해 PC 제품들을 판매하기 시작하였다. 고객 만족도를 개선하기 위해 다양한 색상을 갖춘 노트북을 출시하였으나, 아직 일부 화려한 색상의 모델을 주문한 고객들은, 서로 다른 볼륨의 다양한 모델들을 생산하는 데 따른 공급사슬의 문제들로 인해, 배달 지연을 경험하고 있다.

Dell의 재정비는 전 세계 시장점유율 선두기업의 위치를 HP(Hewlett-Packard)에게 내준 것이 주된 요인으로 작용하였다. IDC에 따르면 HP의 2007년 2/4분기 전 세계 PC 시장점유율은 19.3%로 Dell의 16.1%를 추월하였다. 2005년의 경우 Dell과 HP의 시장점유율은 각각 18.2%, 15.7%였다.

현재 Dell의 가장 큰 도전은 이 기업의 대표적인 두 가지 비즈니스모델인 "공급사슬 효율성"과 "직접판매 모델"이 과거처럼 우위를 가져다 주지 못하고 있다는 점이다. 실제 HP는 과거에 비해 강력한 경쟁자가 되었다. 2007년 8월에는 대만 PC 제조업체인 Acer가 미국 PC업체인 Gateway를 인수할 계획이라고 발표하였다. 이 인수가 이루어지면 Acre는 세계 3대 PC 제조업체로 부상하게 될 것이다. 이러한 경쟁자들이 Dell과 공급사슬 경쟁력의 격차를 좁히고 있다.

마지막으로 Dell은 전통적으로 소비자 시장-최근 수 년간 대부분의 기술 성장과 혁신을 주도하고 있는 시장-보다 기업 시장에 초점을 두어 왔다. 2007년 7월 신제품 출시에 맞추어 Michael Dell은 앞으로 기술 제품을 패션 제품으로 보는 경향이 증가하고 있는 소비자들에게 어필할 수 있는 제품 설계에 더욱 초점을 두게 될 것이라고 발표하였다. "우리 산업은 이제 패션 비즈니스입니다. 우리는 여기에 더 많은 에너지를 투입하고 있습니다. 장래 제품들에는 이러한 점이 반영될 것입니다."

출처: Can Dell's Turnaround Strategy Keep HP at Bay?, Knowledge@Wharton, September 2007.

4. 수요기반 공급사슬

공급사슬관리의 초점이 제품 중심에서 고객 중심으로 변화하고 있다. '저비용으로 신속하게 제품을 시장에 공급하는 것' 보다 '고객이 원하는 제품을 적기에 시장에 공급하는 것'이 더욱 중요해지고 있다.

이러한 관점에서 일부 전문가들은 공급사슬관리를 '수요사슬관리(DCM, Demand Chain Management)'의 관점에서 접근해야 한다고 주장하기도 한다.

수요사슬관리란 수요사슬 전반에 걸쳐 최소의 비용으로 고객에게 최상의 가치를 제공하기 위해 공급자와 소비자 사이의 상류(upstream) 및 하류(downstream) 관계들을 관리하는 것이다. 수요사슬관리는 공급사슬관리와 거의 동일한 의미로 사용되지만 고객 끌기(customer pull)에 보다 초점을 둔다는 의미를 담고 있다. 수요사슬관리는 시장지향(market orientation) 관점이 강조된다는 점에서 공급사슬관리의 확장 개념으로 볼 수 있다.

AMR Research 등에 의해 제안된 '수요기반 공급네트워크(DDSN, demand-

표 15-2 | 전통적 vs. 수요기반 공급사슬의 비교

	전통적 공급사슬	수요기반 공급사슬
수 요	수요 시그널의 가시성	수요에 영향을 미치거나 수요를 형성
재고보충	밀기	끌기
계획기법	확정적	확률적
성과관리	KPI 측정	지속적 개선
조직의 제휴	수요, 공급 및 제품혁신에 대한 스토브파이프(stovepipe)식 접근	고객중심 의사결정을 위한 영역의 통합
제품 혁신	외부에서 공급사슬로 연결되는 프로세스	공급사슬 디자인과 의사결정의 중앙집중화
측정지표	효율성, 총비용, 내부 KPI	처리량(throughput), 기회 포착, 고객에 의해 측정되는 지표
네트워크 경계의 변화	자사에 초점, 공급사슬에 미치는 영향	효과적인 네트워크 협업 개발을 통한 시장 기회 포착
문 화	공급 및 비용 지향	고객 수요를 위한 투자, 혁신적 공급네트워크의 창출

출처: AMR Research.

driven supply network)'는 고객 시그널에 대응하여 공급사슬을 구축하는 데 초점을 두는 공급사슬관리 전략이라 할 수 있다. DDSN의 가장 중요한 특징은 고객 수요를 중심으로 한다는 점이다. 전통적인 공급사슬과 비교하여 DDSN은 공급사슬 내 타 주체들과 보다 많은 정보를 공유하고 협업할 수 있는 시장기회를 가져다 준다.

수요기반 공급사슬은 전통적 공급사슬과 비교할 때 다음과 같은 점에서 차이를 가진다.

- 수요: 조직의 목표는 수요 시그널을 정제(refine)하고 개발하는 데 있어야 하며, 이를 통해 시장 수요에 영향을 미치고 수요를 형성(shape)할 수 있어야 한다. 공급 프로세스는 수요 시그널을 반영할 수 있어야 한다.
- 재고보충: 재고정책과 생산능력 등이 고객과 수요에 초점을 두고 재정립 되어야 한다. 자원은 재고생산을 중심으로 완충(buffer)재고를 가지는 시스템보다는 끌기(pull) 시스템을 구축하는 방향으로 투입되어야 한다. 프로세스는 유연성을 제고하는 방향으로 재정립되어야 하며 자재는 가장 유연한 형태로 투입되어야 한다.
- 계획 기법의 초점: 의사결정지원시스템은 불확실성을 보다 잘 반영할 수 있도록 구축되어야 한다.
- 성과관리: 성과측정만으로는 충분하지 않다. 거래 파트너들과 지속적 개선을 위한 기술을 도입하고 관계 개선의 문화를 정착시켜야 한다.
- 조직의 제휴: 조직 내 기능 간 협업적 의사결정이 활성화되어야 한다. 공급사슬 조직을 수요(demand), 혁신(innovation), 그리고 수익(revenue) 중심으로 전환하여야 한다.
- 제품 혁신: 신제품 개발은 고객 수요 트렌드에 대한 깊은 이해를 바탕으로 이루어져야 한다. 신제품 출시는 모든 공급 프로세스들과 긴밀하게 연결되어 진행되어야 한다.
- 측정지표: 측정지표는 전사적으로 설정되어야 하며 고객과 수익의 초점에 의해 정의되어야 한다.
- 네트워크 경계의 변화: 관리의 초점을 협업적 관계(collaborative rela-

표 15-3 | 수요기반 공급사슬 역량모델

	Level 1	Level 2	Level 3	Level 4
	반 응 (Reacting)	기 대 (Anticipating)	협 업 (Collaborating)	오케스트레이션 (Orchestrating)
1. 비즈니스 프로세스: 수요, 공급 & 제품				
2. 조직				
3. 측정지표				
4. 지속적 개선				
5. 기술				
6. 문화				

출처: AMR Research.

tionships)의 조정에 두어야 한다. 그 성과는 채찍효과의 해소, 완전주문(perfect order)의 개선, 아이디어 및 혁신의 가치생산성 등으로 측정될 수 있다.

- 문화: 수요, 공급 및 혁신은 고객의 목소리를 듣고 이해하는 것에 기초하여 이루어져야 한다. 프로세스는 목표와 가치에 기반을 두고 지속적으로 재정립되어야 한다. 투자는 "이 프로세스가 고객의 이익을 위해 얼마나 기여하고 있는가?"라는 질문에 중심을 두고 이루어져야 한다.

AMR Research는 기업이 수요기반 공급사슬의 역량을 얼마나 갖추고 있는지를 평가하기 위한 역량모델(capability model)을 제시하고 있다.

수요기반 공급사슬의 역량 수준은 다음과 같은 4 단계로 구분할 수 있다.

① 반응(reacting): 자사 중심의 통합이 결여된 전통적인 공급사슬

② 기대(anticipating): 연결된 기업(connected enterprise). 내부 통합 중심

③ 협업(collaborating): 연결된 네트워크(connected network). 외부적으로 통합되었으나 전략적 통제 결여

④ 오케스트레이션(orchestrating): 동기화된(plug-and-play) 외부 통합. 기회가 발생할 경우 새로운 비즈니스를 창출할 수 있는 역량

사례 읽기 **15-4** Wal-Mart의 그린 공급사슬

2005년 10월 Wal-Mart CEO인 Lee Scott은 전 세계 6,000개 이상의 매장의 160만 명의 종업들에게 중계된 연설에서 Wal-Mart가 글로벌 환경에 대한 영향을 혁신적으로 줄임으로써 "세계에서 가장 경쟁력 있고 혁신적인 기업"이 되기 위한 비즈니스 지속가능성 전략(business sustainability strategy)에 착수하였다고 발표하였다. 이 자리에서 Scott는 3가지 야심 찬 목표를 제시하였다.

- 100% 재생 가능한 에너지를 사용한다.
- Zero Waste를 창출한다
- Wal-Mart의 자원과 환경을 지속시키는 제품을 판매한다.

Wal-Mart의 Green SCM 추진 예

- 10년 내 트럭 에너지 효율성을 2배로 개선: 하이브리드 디젤-전기 트럭과 엔진이 꺼져 있을 때로 냉각이 가능한 소형 전력장치를 갖춘 냉동차량을 구매하여 연료 효율성 25% 제고 – 연간 40만 톤의 CO_2 절감
- 2008~2013년 5년간 포장재를 5% 절감(34억 달러의 비용 절감 기대): 매년 60,000개 이상의 공급업체들을 대상으로 포장재 절감 실적 평가
- 유기농 목화(organic cotton)만을 구매: 5년간 구매를 보장하고 농장주들에게 휴경기간 대체작물도 함께 구매하기로 약속. 2006년 세계 최대의 유기농 목화 구매기업으로 부상
- 2011년까지 수산환경단체인 MSC 인증 수산식품만을 구매
- Toshiba로부터 RoHS(유해물질 제한지침) 기준을 충족하는 컴퓨터 12주 분을 구매

출처: Plambeck, Erica L., The Greening of Wal-Mart's Supply Chain, Supply Chain Management Review, July 2007.

5. 그린 공급사슬

환경, 자원 등 지속 가능성이 중요한 글로벌 이슈로 부상함에 따라 공급사슬 전략도 비용 절감, 가시성 확보, 통합 운영과 같은 효율성 중심의 전략에서 환경친화, 에너지 및 자원 절감, 보안과 안전 등 지속 가능성 이슈를 보완한 전략으로 전환될 필요성이 등장하고 있다.

지속 가능성 이슈를 반영할 경우 공급사슬의 범위가 기존의 '조달에서 판매까지'에서 '조달에서 재활용'까지로 그 범위가 확대될 필요가 있다.

'조달에서 생산' 영역에서는 RoHS 지침의 준수, 녹색구매(green purchasing), 윤리적 구매 및 공정무역, 공급업체와 보다 심도있는 협업과 가시성 확보가 중요한 이슈로 부각될 것이다.

그림 15-5 공급사슬에 있어서 지속 가능성의 반영

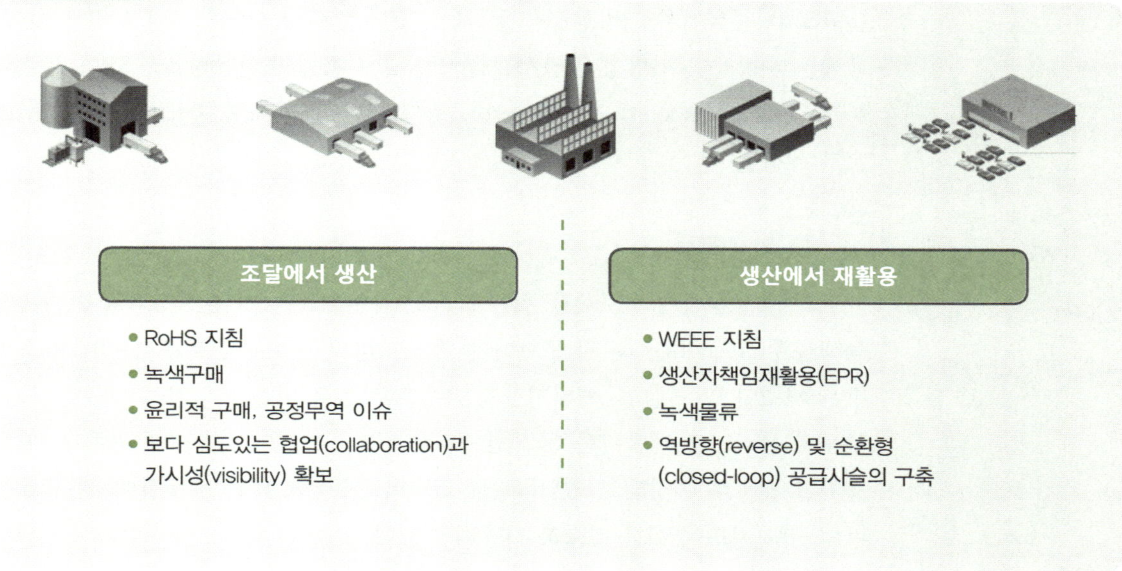

표 15-4 | EU의 RoHS 및 WEEE 지침

RoHS(유해물질 제한지침)	
규제내용	• 2006년 7월 1일부터 EU시장에서 판매되는 전기전자제품에는 다음의 5가지 물질이 포함되면 안 된다. • 납, 수은, 카드뮴, 6가 크롬 등 중금속 4종 • 폴리브로모비페닐(PBB), 폴리브로모디페닐에테르(PBDE) 즈롬계 난연제 2종
적용대상 제품군	• 대, 소형 가전, IT통신기기, AV기기, 조명관련기기, 전동공구, 완구, 자동판매기

WEEE(폐전기전자제품 처리지침)	
규제내용	• 2006년 12월 31일까지 생산자는 사용후 제품의 정해진 재생 또는 재활용 비율을 준수해야 한다.
적용대상 제품군	• 냉장고, 세탁기 등 대형가전, 자동판매기: 재생비율(80%), 재활용 비율(75%) • 컴퓨터 등 정보통신장비, TV, 오디오: 재생비율(75%), 재활용 비율(65%) • 진공청소기, 소형가전제품, 조명기구: 재생비율(70%), 재활용 비율(50%)

'생산에서 재활용'영역에서는 WEEE 지침의 준수, 생산자책임재활용(EPR), 녹색물류(green logistics) 등이 중요한 이슈로 부각될 것이다.

이러한 환경변화에 대응하여 최근 공급사슬관리의 범위가 기존의 순방향(forward) 중심에서 역방향(reverse)을 포함하는 방향으로 확대되고 있으며, 장래에는 순방향과 역방향 공급사슬을 연결하여 자원 재활용성을 극대화하기 위한 순환형(closed-loop) 공급사슬의 구축에 대한 논의 또한 활발하게 전개될 것으로 예상된다.

녹색 물류

그린 공급사슬의 구현을 위한 중요한 분야의 하나가 환경친화적인 물류인 녹색물류(green logistics)의 구현이다. 우리나라의 경우 수송부문의 에너지 소비량은 제조업 및 건설업, 에너지산업 다음으로 높은 비중을 차지하고 있다. 물류부문의 온실가스 배출량은 2020년 6,600만 톤까지 증가, 2001년 대비 2.3배로 증가할 것으로 예상되고 있다. 특히 도로화물수송에 의한 배출량이 전체 배출량의 90% 정도에 이를 것으로 전망되고 있다.

녹색물류를 구현하기 위해 고려해야 할 요소들은 다음과 같다.

- 녹색 운송(Green transportation)
- 녹색 물류시설(Green facilities)
- 역방향 물류(Reverse logistics)

녹색 운송

녹색운송을 구현하기 위해 고려해야 할 요소로는 환경친화적 운송수단 및 연료의 선택, 운송 효율성 제고 등이 있다.

철도와 선박은 트럭과 항공기에 비해 상대적으로 환경친화적인 운송수단이다. 따라서 트럭에서 철도나 선박으로 운송수단을 전환하는 모달 시프트(Modal Shift) 정책이 추진될 필요가 있다. 하지만 적시생산(JIT)의 확대 등 재고측면의 효율성 제고를 위해 운송수단의 선택에 있어서 시간과 속도를 중시하는 현상이 광범위하게 나타나고 있으며, 이와 함께 전자상거래의 확산에 따라 소량운송에 대한 수요가 급증하고 있다. 또한 대부분 운송비용에 환경비용(environmental costs)을 고려하고 있지 않기 때문에, 특히 국내운송에 있어서 트럭을 이용하는 비중이 계속해서 증가하고 있다.

표 15-5 | EU의 디젤엔진 온실가스 배출기준

(단위: g/kWh(매연 m−1))

	적용시기	CO	HC	NO_x	PM	매연
Euro Ⅳ	2005. 10	1.5	0.46	3.5	0.02	0.5
Euro Ⅴ	2008. 10	1.5	0.46	2.0	0.02	0.5
Euro Ⅵ	2013. 01	1.5	0.13	0.4	0.01	

출처: Dieselnet.com

한편 2008년 10월부터 도입된 EU의 Euro V 기준과 같이 디젤엔진에 대한 규제 강화는 트럭의 온실가스 배출량 감소에 기여할 것으로 보인다. EU는 2013년까지 온실가스 배출기준을 더욱 강화한 Euro VI 기준을 적용할 계획으로 있다.

트럭을 대형화하여 운송비용을 절감함과 동시에 온실가스 배출을 저감하려는 노력도 있다. 'Road Trains'는 하나의 트랙터 엔진에 3개 이상의 트레일러를 연결하여 운송하는 방식으로 일부 국가에서 국내운송에 대해 제한적으로 도입되고 있다.

정보시스템을 활용하여 공차운송(empty trips)을 줄이거나 최적화 기법이나 S/W를 활용하여 운송 효율성을 높이는 방안도 도입될 필요가 있다.

트럭이 사용하는 연료를 온실가스 저배출 연료로 대체하는 방안도 있다. 바이오 연료, 수소, 전기 등의 대체 에너지를 활용하여 온실가스 배출을 근본적으로 저감할 수 있다. 다만 이 경우에는 자동차 엔진과 연료공급 시스템을 변경해야 하는 과제가 수반된다.

그림 15-6 Road Trains

출처: Martin Phippard Collection.

녹색 물류시설

항만, 공항, 물류센터 등의 물류시설을 보다 환경친화적으로 건설하거나 개선하는 것도 녹색물류의 구현을 위해 중요한 분야이다.

항만에서 선박이 도착하면 자체 엔진을 사용하지 않고 접안시설에서 별도

그림 15-7 항만의 Cold Ironing 시스템

출처: www.coldironing.us

로 공급되는 전기를 사용하도록 하는 'Cold Ironing' 시스템이 좋은 예라 할 수 있다.

네덜란드의 Maasvlakte 2 항만은 자연환경 보존과 온실가스 감축을 위해 초기 단계에서부터 환경단체와 긴밀한 협의를 통해 건설이 추진되었다. 항만에 바지선과 철도를 연결하는 터미널 시설을 구축하였으며, 터미널예약시스템(terminal appointment system)을 도입하여 미리 반입을 예약하지 않는 트럭에 대해서는 불이익을 주고 있다. 또한 컨테이너에 다리가 장착된 'Swap Body' 시스템을 도입하여 트럭 회전율을 높이는 방안도 활용되고 있다.

그림 15-8 Swap Body 시스템

출처: en.wikidepia.org 출처: en. factolex.com

역방향 물류

본 장의 앞 부분에 설명한 역방향 물류(reverse logistics)는 제품 회수에 따른 물류활동을 효율화하려는 전략으로, 단순히 비용의 절감뿐만 아니라 수명이 다한 제품으로부터 가치를 지닌 자원을 획득하여 추가적인 부가가치를 얻을 수 있기 때문에 그 중요성이 점차 증대되고 있는 분야이다. 또한 역방향 물류는 경쟁이 치열한 물류시장에서 물류기업들에게 새로운 사업기회를 제공할 수도 있다.

참고문헌

- 삼성경제연구소, 경쟁우위의 원천: SCM, CEO Information, 2008. 8. 20.
- Blumberg, Donald F., Introduction to Management of Reverse Logistics and Closed Loop Supply Chain Processes, CRC Press, 2004.
- Guide, V.D.R. and L.N. Van Wassenhove, "The reverse supply chain: smart manufacturers are designing efficient processes for reusing their products", Harvard Business Review, Vol. 80, No. 2, 2002.
- IBM, The Smarter Supply Chain of the Future, 2009.
- MIT-CTL, A Review of the Leading Opinions on the Future Supply Chains, Dec. 2004.
- Reference for Business, Encyclopedia of Business, 2nd Edition.
- Sheffi, Yossi and James B. Rice Jr., A Supply Chain View of the Resilient Enterprise, MIT Sloan Management Review, Vol. 47, No. 1, Fall 2005.

영문색인

[A]

[B]

[C]

D

[N]

[O]

[P]

[T]

U

V

W

국문색인

ㄱ

ㄴ

ㄷ

ㄹ

ㅁ

[ㅇ]

ㅈ

ㅊ

ㅋ

ㅌ

ㅍ

ㅎ

권 오 경

미국 MIT대 공학박사(물류학)

한국과학기술원 연구원, 한국교통연구원 연구위원

현) 인하대학교 경영대학 아태물류학부, 물류전문대학원 교수

한국로지스틱스학회 회장

공급사슬관리

2010년 7월 30일 초판발행

2020년 8월 10일 중판발행

저 자 권오경

발행인 안종만 · 안상준

발행처 (주) 박영사

서울특별시 종로구 새문안로3길 36, 1601

전화 (733)6771 FAX (736)4818

등록 1959. 3. 11. 제300-1959-1호(倫)

www.pybook.co.kr e-mail: pys@pybook.co.kr

저자와 협의하여 인지를 생략함

정 가 29,000원 ISBN 978-89-6454-042-8